1. 本书是教育部人文社会科学重点研究基地华中师范大学中国农村研究院 2016 年基地重大项目“作为政策和理论依据的深度中国农村调查与研究”（16JJD810004）的成果之一。

2. 本书是华中师范大学中国农村研究院“2015 版中国农村调查”的成果之一。

中国农村调查

（总第33卷·口述类第13卷·农村妇女第3卷）

徐勇　邓大才　主编

天津出版传媒集团

天津人民出版社

图书在版编目(CIP)数据

中国农村调查. 总第 33 卷, 口述类. 第 13 卷, 农村妇
女. 第 3 卷 / 徐勇, 邓大才主编. -- 天津 : 天津人民出
版社, 2019.1
ISBN 978-7-201-14355-2

Ⅰ.①中… Ⅱ.①徐… ②邓… Ⅲ.①农村调查-研
究报告-中国 Ⅳ.①F32

中国版本图书馆 CIP 数据核字(2018)第 299971 号

中国农村调查(总第 33 卷·口述类第 13 卷·农村妇女第 3 卷)
ZHONGGUO NONGCUN DIAOCHA

出 版	天津人民出版社
出 版 人	刘 庆
地 址	天津市和平区西康路 35 号康岳大厦
邮政编码	300051
邮购电话	(022)23332469
网 址	http://www.tjrmcbs.com
电子信箱	tjrmcbs@126.com

策划编辑	王 玙
责任编辑	王 玙
特约编辑	王 倩
装帧设计	汤 磊

制版印刷	天津市天办行通数码印刷有限公司
经 销	新华书店
开 本	710 毫米×1000 毫米 1/16
印 张	35.25
插 页	2
字 数	800 千字
版次印次	2019 年 1 月第 1 版 2019 年 1 月第 1 次印刷
定 价	750.00 元

总　序

2015 年是华中师范大学中国农村研究院历史上的关键一年。在这一年，本院不仅成为完全独立建制的研究机构，更重要的是进一步明确了目标，特别是进行了学术整合，构建了一个全新的调查研究计划。这一计划的内容包括多个方面，其中，中国农村调查是基础性工程。从 2015 年开始出版的《中国农村调查》便是其主要成果。

学术研究是一个代际接力、不断提升的过程。农村调查是本院的立院之本、兴院之基。本院的农村调查经历了三个阶段。

第一阶段主要是基于项目调查基础上的个案调查（1985—2005 年）。

20 世纪 80 年代开启的中国改革开放，起始于农村改革。延续二十多年的人民公社体制废除后，农村的生产功能由家庭所承担，社会管理功能则成为一个新的问题。这一问题引起我院学者的关注。1928 年出生的张厚安先生是中国政治学恢复以后较早从事政治学研究的学者之一，他与当时其他政治学学者不同，他比较早地关注农村政治问题，并承担了农村基层政权方面的国家研究课题。与此同时，本校其他学者也承担了有关农村政治研究的课题。1988 年，这些学者建立起以张厚安先生为主任的农村基层政权研究中心，由此形成了一个自由结合的学术共同体。

作为一个学术共同体，农村基层政权研究中心有其研究宗旨和方法。在学术共同体建立之初，张厚安先生就提出了"三个面向，理论务农"的宗旨。"三个面向"是指面向社会、面向基层、面向农村，"理论务农"是指立足于农村改革实践、服务于农村改革实践。这一宗旨对于政治学学者是一个全新的使命。政治学研究政治价值、政治制度与政治行为。传统政治学更多研究的是国家制度和国家统治，以文本为主要研究素材。"三个面向"的宗旨，必然要求方法的改变，这就是进行实地调查。自学术共同体形成开始，实地调查便成为我们的主要研究方法。

自 20 世纪 80 年代中期，以张厚安先生为领头人的学者就开始进行农村调查。最初是走向农村，进行全国性的广泛调查，主要是面上了解。1995 年，在原农村基层政权研究中心的基础上，成立了农村问题研究中心，由张厚安先生担任主任，由 1955 年出生的中年学者徐勇教授担任常务副主任。新中心的研究重点仍然是基层政权与村民自治，但领域有所扩大，并将研究方法凝练为"实际、实证、实验"，更加强调"实"。这种务实的方法引起了学术界的关注，并注入国际学术界的一些研究理念和方法。我们的农村调查由面上的了解走向个案调查。当时，年届七旬的张厚安先生亲自带领和参与个案村庄调查，其代表作是《中国农村村级治理——22 个村的调查与比较》。这一项目在全国东、中、西三个地区选择了 6 个重点村和 18 个对照村进行个案调查，参与调查人员数十人，并形成了一个由全国相关人员参与的学术调查研究团队。

第二阶段主要是基于机构调查基础上的全面调查（2005—2015 年）。

1999 年，国家教育部为推动人文社会科学研究，启动了教育部人文社会科学研究重点基地建设。当年，华中师范大学农村问题研究中心更名为"华中师范大学中国农村问题研究中心"，由徐勇教授担任主任。2000 年，中心成为首批教育部人文社会科学重点研究基地。在基地成立之前,以张厚安教授为首的研究人员是一个没有体制性资源保障、纯因个人兴趣而结合的学术共同体,有人坚持下来,也有人离开。成为教育部研究基地以后,中心仍然坚持调查这一基本方法,并试图体制化。其主要进展是在全国选择了二十多家机构作为调研基地,为全国性调查提供相应的保障,并建立相互合作关系。

作为教育部重点基地,中心是一个有一定资源保障的学术共同体,有固定的编制人员,也有固定的项目经费,条件大为改善,但也产生了新的问题。这就是农村调查根据个人承担的研究项目而开展。这不仅会导致研究人员过分关注项目资源分配,更重要的是易造成调查研究的"碎片化"和"片断化",难以形成整体性和持续性的调查。同时,研究人员也会因为理念和风格不同而产生分歧,造成体制性的学术共同体动荡。为了改变调查研究项目体制引起的"碎片化"倾向,2005 年,徐勇教授重新规划了基地的发展,提出"百村观察计划",计划在全国选择 100 多个村进行为期 10 年、20 年、30 年以至更长时间的调查和跟踪观察。目标是像建立气象观测点一样,能够及时有效地长期观测农村的基本状况及变化走向。这一计划得到时任华中师范大学社会科学研究处处长石挺先生的鼎力支持。2006 年,计划得以试行,主要由刘金海副教授具体负责。最初的试点调查村只有 6 个,后有所扩展。2008 年,在试点基础上,由邓大才教授主持,全面落实计划,调查团队通过严格的抽样,确定了二百多个村和三千多个农户的调查样本。

"百村观察"是一项大规模和持续性的调查工程,需要更多人的参与。同时它又是一项公共性的基础工程,人们对其认识有所不同。因为它要求改变项目体制造成的调查"碎片化"和研究"个体化"的工作模式,为此,学术共同体再次出现了有人退出、有人坚持、有人加入的变化。

2009 年正式启动的"百村观察计划",取得了超出预想的成绩:一是从 2009 年开始,我们每年都要对样本村和户进行调查,调查内容和形式逐步完善,并形成相对稳定的调查体系。除了暑假定点调查以外,还扩展到寒假专题调查。每年参与调查的人员达五百人左右,并出版《中国农村调查》等系列著作。二是因为是调查的规模大,可以进行充分的分析,并在此基础上形成调查报告,提供给决策部门,由此也形成了"顶天立地"的理念。"顶天"就是为决策部门服务,"立地"就是立足于实地调查。这一收获,使中心得以在教育部第二次基地评估中成为优秀基地,并于 2010 年更名为华中师范大学中国农村研究院,由徐勇教授担任院长,邓大才教授担任执行院长。三是形成了一支专门的调查队伍并体制化。起初的调查者有相当一部分是没有受到严格专业训练的志愿者。为了提高调查质量,自 2012 年起,研究院将原来分别归于导师名下指导的研究生进行整合,举办"重点基地班"。基地班以提高学生的调查研究能力为导向,实行开放式教学、阶梯性培养、自主性管理,形成社会大生产培养模式,改变了过往一个老师带三五个学生的小作坊培养方式。至此,农村调查完全由受到专门调查和学术训练的人员承担,走向了专业化道路。四是资料数据库得以建立并大大扩展。过往的调查因为是项目式调查,所以资料难以统一保管和使用。2006 年,我们启动了中国农村数据库建设。随着"百村观察计划"的正式实施,大量数据需要录入,并收集到许多第一手资料,资料数据库得以迅速扩展。

第三阶段主要是基于历史使命基础上的深度调查(2015 年至今)。

农村调查的深入和相应工作的扩展,势必与以行政方式组织科研的现行大学体制发生碰撞。但是已经有一个良好开端的调查不可停止。适逢中国的智库建设时机,2015 年,华中师范大学中国农村研究院成为完全独立建制的研究机构,由1970年出生的邓大才教授担任行政负责人。

中国农村研究院独立建制,并不是简单地成为一个独立的研究机构,而是克服体制障碍,进一步改变学术"碎片化"倾向,加强整合,提升调查和研究水平,目标是在高等学校中建设适应国家需要的智库。实现这一目标有五大支撑点:一是大学术,通过以政治学为主,多学科参与,协同研究;二是大服务,继续坚持"顶天立地"的宗旨,全面提高服务决策的能力,争取成为有影响力的决策咨询机构;三是大调查,在原有"百村观察计划"的基础上构建内容更加丰富的农村调查体系,争取成为世界农村调查重镇;四是大数据,收集和扩充农村资料和数据,争取拥有最丰富的农村资料数据库;五是大平台,将全校、全省、全国,乃至全球的农村研究学者吸引并参与到农村研究院的工作中来,争取成为世界性的调查研究平台。这显然是一个完全不同于以往的宏大计划,也标志着中国农村研究院的全新起步。

独立建制后的中国农村研究院仍然将农村调查作为自己的基础性工作,且成为体制性保障的工作。除了"百村观察计划"的持续推进以外,我们重新设计了2015版的农村调查体系。这一体系包括"一主三辅":"一主"即以长期延续并重新设计的"中国农村调查"为主体;"三辅"包括"满铁农村调查"翻译、"俄国农村调查"翻译和团队到海外农村进行实地调查的"海外农村调查",目的是完善农村调查体系,并为中国农村调查研究提供借鉴。

现代化是一个由传统农业社会向现代工业社会转变的过程,这一转变是从农村开始的。农村和农民成为现代化的起点,并规划着现代化的路径。19世纪后期,处于历史大转变时期的俄国,数千人参与对俄国农村调查,持续时间长达四十多年。20世纪上半叶,日本在对华扩张中,以南满洲铁道株式会社为依托开展对中国农村的大规模调查,持续时间长达四十多年,形成著名的"满铁调查"。进入21世纪,中国作为一个世界农业文明最为发达的大国,正在以超出想象的速度向现代工业文明迈进。中国需要也应有能够超越前人的大规模农村调查。"2015版的中国农村调查"正是基于这一历史背景设计的。

"2015版的中国农村调查"超越了以往的项目或者机构调查体制,而具有更为宏大的历史使命:一是政策目的。智库理所当然要出思想,但"思想"除了源自思考以外,更要源自于可供分析的实地调查。过往的调查虽然也是实地调查,但难以对调查进行系统化的分析,并根据调查提出有预见性的结论。在这方面,19世纪的俄国农村调查有其长处。"2015版的中国农村调查"将重视实地调查的可分析性和可预测性,以此提高决策服务的成效。二是学术目的。调查主要在于知道"是什么"或者"发生了什么",是事实的描述。但是这些事实为什么发生?其中存在什么关联?这是过往调查关注比较少的,以至于大量的调查难以进行深度的学术开发,学术研究主要依靠的还是规范方法,实地调查难以为学术研究提供必要的基础,由此会大大制约调查的影响力。"2015版的中国农村调查"特别重视实地调查的深度学术开发性,调查中包含着学术目的,并可以通过调查提炼学术思想,使其作为一种有实地调查支撑的学术思想也可以间接影响决策。为此,"2015版的中国农村调查"在设计时,除了关注"是什么"以外,也特别重视"为什么",试图对中国农村社会的底色及其变迁进行类似于生物学"基因测序"的调查。三是历史传承目的。在现代化进程中,传统农村正在迅速消逝。"留得住乡愁"需要对"乡愁"予以记录和保存。20世纪以来,中国农村发生了太多的变化,中国农民经历了太多的起伏,农民的历史构成了国家历史不可或缺的部分。"2015版的中国农村调查"因此特别关注历史的传承。

基于以上三个目的，"2015版的中国农村调查"由四个部分构成：

其一，口述调查。主要是通过当事人的口述，记录20世纪上半期以来农村的变化及其对当事人命运的影响。其主体是农民个人。在历史上，他们是微不足道的，尽管是历史的创造者，但没有哪部历史记载他们的状况与命运。进入20世纪以后，这些微不足道的人物成为"政治人物"，尽管还是"小人物"，但他们是大历史的折射。通过他们自己的讲述，我们可以更加充分地了解历史的真实和细节，也可以更好地"以史为鉴"。口述史调查关注的是大历史下的个人行为。

其二，家户调查。主要是以家户为单位的调查，了解中国农村家户制度的基本特性及其变迁。中国在历史上创造了世界上最为灿烂的农业文明，必然有其基本组织制度为支撑。但长期以来，人们只知道世界上有成型的农村庄园制、部落制和村社制，而没有多少人了解研究中国自己的农村基本组织制度。20世纪以来受革命和现代化思维的影响，人们对传统一味否定，更忽视对中国农村传统制度的科学研究，以至于我们在否定自己传统的同时引进和借鉴的体制并不一定更为高明，使得中国农村变迁还得在一定程度上向传统回归。实际上，中国有自己特有的农村基本组织制度，这就是延续上千年的家户制度。家户调查关注的是家户制度的原型及其变迁，目的是了解和寻求影响中国农业社会变迁的基因和特性。

其三，村庄调查。主要是以村庄为单位的调查，了解不同类型的村庄形态及其变迁实态。农村社会是由一个个村庄构成的。与海洋文明、游牧文明相比，农业文明的社会联系更为丰富，"关系"在中国农村社会形成及其演变中居于重要地位。中国在某种意义上说是一个"关系国家"，但是作为一个历史悠久、人口众多、地域辽阔、文明多样的大国，关系格局在不同的地方有不同的表现，由此形成不同类型的村庄。国家政策要"因地制宜"，必须了解各个"地"的属性和差异。村庄调查以"关系"为核心，注重分区域的类型调查，通过不同区域的村庄形态和变迁的调查，了解和回答在国家"无为而治"的传统条件下，一个超大的农业社会是如何通过自我治理实现持续运转；了解和回答在国家深度介入的现代条件下，农业社会是如何反应和变化的。

其四，专题调查。主要是以特定的专题为单位的调查，了解选定的专题领域的状况及其变化。如果说前三类调查是基本调查的话，专题调查则是专门性调查，针对某一个专题领域，从不同角度进行广泛深入的调查，以期获得对某一个专门领域的全面认识和把握。

"2015版的中国农村调查"是一项世纪性的大型工程，它是原有基础的延续，也是当下正在从事、未来需要长期接续的事业。这一事业已有数千人参与，特别是有若干人在其中发挥了关键性作用；当下和未来将有更多的人参与。历史将会记录下他们的功绩，他们的名字将与我们的事业同辉！

2016年6月，教育部公布了对人文社会科学重点研究基地的评审结果，我院排名全国第一，并再获优秀。这既是对过往的高度肯定，也是对进一步发展的有力鞭策。为此，本院再次明确自己的目标，这就是建设全球顶级农村调查机构、顶级农村资料数据机构，并在此基础上，形成自己的学术领域和学术风格，而达到这一目标，需要一代又一代人攻坚克难，不懈努力！

徐　勇

2015年7月15日初序、2016年7月15日补记

口述类序

口述是当事人的语言表达。口述调查是通过当事人的语言表达而获得调查依据的一种调查方法,在当下愈来愈成为社会科学研究的重要手段。

人类社会是一个变化的历史过程。人类不断前行,需要从走过的路寻求启示,于是需要记录历史。历史不仅是客观发展的事实,在一定意义上也是人们记录甚至塑造出来的事实。人类为了顺利前行,必须全面、准确、真实地记录历史,从中汲取经验与教训。对历史的选择性塑造可以使人获得某种短期效益,但最终会受到历史的惩罚。因为历史与自然一样,都有规律可循。只有全面、准确、真实记录或者还原历史,人们才能够科学把握历史规律。

中国是一个历史悠久的大国,历史感特别强。在中国,历史具有宗教般的神圣感。正因如此,长期以来,中国特别重视对历史的记录。传统中国设有专门的史官职位,民间社会也有记录历史的特殊方法。今天,对历史的记录愈来愈全面,有人将国史、地方志和族谱视为记载历史的三大支柱,但还远远不够。口述史因此应运而生。

过往对历史的记录有两个特点:一是以上层人物为主,二是以文字记录为主。人们经常讲,历史是人民创造的,但历史何以记录芸芸众生的创造活动?在历史中保留和传承下来的仍然是少数大人物。即使是芸芸众生也热衷于大人物的活动,从而放弃了历史本身。造成这一现象的重要原因之一,是记录历史的方法主要是文字。在相当长的时间里,文字还只是少数人的专利,只有读书人才能记录历史。读书人读什么书,怎样记录历史则受到人为的约束。因此,由读书人记录下来的历史总有一定限度。许多历史事实因此可能被舍弃、遮蔽,甚至塑造。

口述的出现是对历史记录的一场革命性变革。随着社会进步,对历史的记录不再是被垄断,而是发展为一门科学。对历史的记录也不再为大人物主导,那些过去根本不可能进入历史的小人物也可以因为口述而进入历史。特别是口述可以反映历史的丰富性、复杂性、生动性和隐秘性,大大丰富以文字记录的历史,从而有利于促进全面、准确、客观、真实地记录历史。

中国是一个农业文明古国,无数的农民是农业文明的创造者。但长期以来,农民作为一个群体并没有进入历史记录之中。即使是在口述被广泛运用于社会科学研究的当今时代,也很少以农民为口述对象。这不能不说是一个历史的巨大遗憾!更重要的是,随着工业化和城镇化,传统农民正在迅速消逝,成为"最后的农民"。尽管这是一个历史的进步,但历史进步中人的生命和活动则是需要给予充分记录的。如果没有对这些"最后的农民"的历史记载,也许这将成为历史无法挽回的巨大遗憾。

作为一个农村研究机构,除了与其他机构一样,要匆匆往前赶,完成各种任务以外,我们在农村实地调查中也深深感受到抢救农民历史的紧迫性。历史责任感驱使我们记录农民的历史,口述则为我们提供了最为合适的方法。因为对于农民来说,有关他们的文字记录太少了。

农民是以土地为生的人。土地对于农民不仅仅是一种生产资料,而是一种在长期历史中形成的深厚的感情,甚至崇拜。如许多乡村田野都供奉土地神。因此我们所做的农民口述首先围绕农民与土地的关系而展开。

在世界现代化进程中,中国有着独特性。一则中国是在一个传统农业文明保持相对完整的状态下一步跨入现代化门槛的,二则中国跨入现代化门槛之后的变迁特别迅速。这使得农民与土地的关系发生着深刻而急剧的变革。这种变革的深度、烈度、广度、弯度都是世界上少有的,对农民的生活及国家政治的影响也是世界少有的。

如果从现代化进程看,中国的农民与土地的关系变迁经历了四个阶段:土地改革、土地集体化、土地承包、土地流转。

土地改革是迈向现代化大门的起点。现代化不是凭空产生的,它是传统社会向现代社会转变的过程。农民是传统社会的主要因子。就中国而言,农民的命运对于现代化具有特殊意义。一则中国农民在进入现代化之前,没有如英国一样发生内部演变过程;二则中国传统农民人数太多,直到20世纪80年代还占全国人口总数的80%以上。这一状况使得农民与土地的关系在中国政治关系中具有基础性地位。中国现代政党一诞生,就将解决农民与土地的关系问题作为基础性议题。在中国,土地问题不仅仅是产权问题,而且是政权问题,土地问题承载着大量的政治、文化和社会因子。因此,到20世纪中叶,土地产权改革一直伴随政权的变革,并带来了全面、深入的社会变革。这一变革是历史性的,它将变革引向中国的基础性部分。而这一部分在历史的王朝变更中是从来没有被触及的,因此它改变了整个中国的政治基础,也改变了无数人的命运。如今,经历过土地改革的当事人正在迅速走向人生的终点,他们的口述可以让我们对这样一场历史大变革有更多的认识和理解。

对于中国而言,20世纪中叶是狂风骤雨的年代。土地改革完成不久,中国就开展了农业集体化。集体化对于中国农民而言,特别新奇。因为数千年以来,中国农民都是以一家一户的方式进行农业生产经营的。而在推动集体化的主政者看来,正是这种一家一户的生产方式造成了农民的贫穷。土地改革让农民有了土地,但一家一户的生产方式有可能再次造成农民的贫穷,于是以国家的力量推动农业集体化,农民的土地、生产,直到生命活动都以农村集体的方式加以组织。集体因此成为中国农民生产和生活的基础,其影响一直延续到当下,"大集体"成为当事人难以遗忘的历史记忆。

在土地集体化进程中形成的人民公社,其兴也勃,其废也忽。20世纪80年代初,人民公社体制得以废除,以家庭为单位的土地承包经营制得以兴起,并被确立为农村基本制度。土地承包实行以家庭为单位的经营,在形式上与传统的家庭经营相似,以致有人一度认为是"辛辛苦苦三十年,一夜回到解放前"。但历史不会倒退,也难以简单回归。土地承包毕竟是在土地集体所有基础上的一种新的经营方式,并因为这种承包关系使得土地具有了所有、承包、经营、收益等多重性。这种多重性的产权关系是世界上很少有的,它既促进了农业发展和农民保护,也会给农民与土地的关系带来许多复杂性。当事人的叙说也许与土地关系一样有不少复杂元素。

土地给农民带来生存和希望,也可能造成对农民的束缚。不断增长的人口使土地负载过重更是农民贫困的基本原因。农民与土地关系的调整和变革,有可能解决农民一时的生存问题,但难以从根本上避免重回贫困的陷阱,而走出土地或许会获得一片新的空间。20世纪80年代,世世代代视土地为生命的农民开始离开土地,寻求新的产业和发展空间。土地流转因此得以启动。流转必须建立在产权明晰的基础上。进入20世纪,由国家主导进行土地确权,并第一次全面深度介入农村产权领域并担负着保护产权的功能,其深刻意义也许还要许多年才能显现,但它对农民的生活和意识的改变则是无疑的。

农民与土地的关系是农村基础性关系,但并非全部。中国农村已经并正在发生深刻的变化。这一变化不仅仅体现在不同领域,不同人群在其中也有不同的状况。我们还将从不同领域和以不同人群作为特定的口述对象,更全面、充分、广泛地记录大历史中农民小人物的生活与命运。比如,我们稍后启动的农村妇女口述史调查,就是围绕"关系·惯行视角中的农村妇女"主题,记录农村妇女与家庭、家族、宗族、村庄、市场、国家、政党等的互动、互构关系以及农村妇女自身的发展变迁历程。

当下,口述史调查愈来愈多,我们的口述调查除了特定对象以外,还有以下特点。一是专业性。尽管我们的口述对象主要是农民,但我们的目的是用于学术研究。因此特别注意客观性,以口述事实为依据,避免主观倾向性。二是可分析性。我们的口述调查不是一般的描述事实,更不是讲故事,而是能够从事实中获得发现,其事实具有可分析和二次、多次开发的价值。因此我们设计了结构化的基本调查提纲。三是规模性。学术性开发需要一定的样本数量,我们的口述调查注意规模和比例。考虑中国地域大,不平衡性强,我们的调查尽可能照顾到全国各个区域,如农民与土地的关系口述调查力求全国农村每个县级单位都能够有所反映。

我们的口述调查从土地改革开始。为此,我们特别请本院初创人张厚安教授做了口述,并作为口述类第 1 卷导语。一则在于张先生作为土地改革工作队队员,亲身参与了土地改革,有丰富的实践经验。二则在于张先生长期从事政治学和农村研究,具有专业功力和眼光,他的真知灼见具有启发意义。

历史的生命在于真实。但历史的真实与真实的历史总是有距离。与其他方法一样,口述也有限度。口述对象同样会产生对事实的选择、加工,甚至塑造。小人物与大人物一样,都希望在青史上留下好名。我们在进行口述调查过程中,力求客观、准确、真实、具体,只是所希望的与所能达到的还是会产生距离。但无论如何,农民口述可以为农村农民史保留一份珍贵的记忆,也是我们正在进行的大规模中国农村调查的重要组成部分!

徐　勇

2016 年 1 月 8 日

编写说明

作为教育部人文社会科学重点研究基地，华中师范大学中国农村研究院历来重视农村调查与研究，《中国农村调查·口述类》是该基地新版"中国农村调查"项目的重要成果，在付梓出版之际，特作以下说明：

第一，口述调查依托基地"百村观察"项目，从全国31个省(市、自治区)的300多个定点观察村庄和众多非定点观察村庄中，通过随机抽样的方式，选取最合适的对象。同时，考虑到中国地域大、不平衡性强，根据抽样原则，对口述样本相对缺少的省份、县市进行了补充调查，口述样本覆盖全国各个区域。

第二，口述调查对象都是亲身经历过特定历史变迁、身体健康、头脑清晰、记忆力较好的老人，这些人都能完整地口述相关事件。但是由于受访者基本上是80岁左右的老人，受个人经历、记忆偏差等的影响，受访者对同一历史事件的讲述会出现不一致的地方。为客观、真实地展现受访者的叙述，材料中除对个别明显有误的内容进行更正或注释外，一般都保持原样。读者在阅读时需要注意。

第三，口述调查时全部进行了录音，调查结束后由调查员将录音一字一句地转换为原始文本，包括受访者口述时的语气、神情等，均在原始文本中做了记录。之后在原始文本基础上，按照历史事件的发展过程进行分阶段整理。本书即是分阶段整理、分地区编排形成的。材料中出现的地名、人名、单位等均为实名，文字整理基本上采用了受访者的原话，保留了大量的地方性话语，有些方言口语化明显、且难以理解的做了相应注释。

第四，本书中的文字材料、照片、证件资料等，均获得了受访者的书面或口头授权。凡是从档案馆等机构获得的资料，均注明了来源。

第五，对于受访者讲述到的容易引起争议以及有待进一步核实的内容，在不影响材料完整度和客观性的前提下，编辑组进行了部分删减，其他内容则基本保持原貌。

第六，由于访谈对象提供内容的局限性，并非所有访谈的栏目都是齐全的，编辑组未强求统一。

第七，由于是口述几十年前的历史，同一个村的老人对同一件事往往说法不一，对这类问题一般都会按多数人的说法统一，但少量的不一致无法处理，但对整体阅读没有什么影响。

第八，书稿中的受访者一般都有单人照片，但也有少量的照片是受访者与调研员及他人的合影，考虑到绝大多数照片都没必要说明，照片也就没有一一介绍了。

《中国农村调查》编辑组
2018 年 3 月

目　录

CL20170213YZY 苑自英

调研点:河北省磁县岳城镇界段营村

调研员:陈璐

首次采访时间:2017 年 2 月 13 日

受访者出生年份:1934 年

是否有干部经历:否

是否生育:是

受访者结婚的时间节点、生育子女的具体情况:1954 年结婚;1955 年生第一个孩子,共生七个孩子。

现家庭人口:2

家庭主要经济来源:子女赡养

受访者所在村庄基本情况:界段营村位于岳城镇西部 6 千米处,属丘陵地貌,全村共有 2480 人,耕地面积 1197 亩,主要农产品为小麦、玉米,村民人均纯收入 3000 元,主要收入途径是务农和务工。村中姓氏以"陈"姓为主,占 90%,且联系紧密和睦,无派系、家族之争。

界段营村是移民村,在 20 世纪六七十年代,为了修建岳城水库而移居到此居住地的,村民除务农外,大部分在周边城区打工,男性多从事建筑业、运输业,女性大多为服务业和务工,务工主要聚集地为京津冀。现任村"两委"班子成员 9 名,其中支委 5 人、村委 4 人。

受访者基本情况及个人经历:老人名叫苑自英,小名梅子,小时候家里有两个哥哥,就她一个女儿,比较受宠。老人二十岁时结婚,丈夫家是下中农,共育有一女四子。老人未曾出过远门,没有打过工,一辈子过相夫教子的生活。在合作化时期十分能干,评工分评为十分。当前子女均已成家,各自居住,老人和老伴儿在一起生活,子女支付养老金,并时常回来探望老人。

一、娘家人·关系

(一)基本情况

官名叫苑自英,小名叫梅子,一出生就起了名,大人取的呗,不是俺娘就是俺爹,或者是俺爷爷奶奶。没有什么意义啊,以前的老人就那样乱起的呗!以前女孩儿都叫什么梅呀、什么花呀,都是这样起的。小时候家里有两个哥哥,就我一个女儿,比较受宠。集体化时期我评工分能评十分,以前没几个女人能拿到十分的。我二十岁时结婚,丈夫家是下中农,共育有一女四子。现在儿女和孙儿、孙女都知道孝顺,日子都要过到蜜罐里去了。

(二)女儿与父母关系

1.出嫁前女儿与父母关系

(1)家长与当家

在娘家的时候,俺爹和俺爷爷一起当家,说当家吧当什么家呀?那时候啥啥也没有,那就地里边收的时候就打点儿谷子,不收就算了。麦子都是三年种两年收。那时候就没钱,就算有点儿钱也是我爹管的。到秋天的时候种点儿棉花,卖一二十斤棉花,然后买点儿盐或者买点儿油什么的。俺娘那个时候也不当家。那家里也没什么,就一些米或者面,到做饭的时候自己做。自己磨面,这就是俺娘的任务。如果谁家的男人没能力的话就是女人当家。都是小家庭,也不说什么家长不家长的。比如俺娘吧,两个小子、一个女孩儿,后来我九岁的时候,大嫂就嫁过来了,大哥先后娶了两个嫂子,后来人越来越多。最开始的嫂子不规矩,成天往外跑,后来我大哥就跟她离了婚,然后就娶了这个嫂子,后来就分家了,人越来越多,每个小家庭都是三四口人。

(2)受教育情况

小时候没有上过学,就偷偷去过一上午,去了一小会儿。中华人民共和国成立后斗争完了以后,每天上午上速成班,每天上午去上两个小时,那就是十几岁吧,就上那个学校,别的没有上过。两个哥哥上过,都是自己在本村上学的。我记着我大哥,不知道在哪儿找了一个老师,读了两三年的书;我二哥上过学,在外面上过大学,也不知道是大学还是高中,反正就是在外面上学。那时候都不让姑娘上学,学校里边不怎么有小女孩儿,十个里边也没一个。那时候的封建社会就不让女孩儿上学。

(3)家庭待遇及分工

小的时候家里男孩儿和女孩儿待遇一样,家里面就我一个小女孩儿,还娇养呢。吃饭的时候也说不清谁先放。就我一个女孩儿,我也不去厨房,俺娘做好饭以后就都给盛上了,都是一起吃的,座位也没有什么讲究。俺哥哥大了,他每天要在外面干活儿,回来以后就先给他盛饭。家里没有桌子,吃饭的时候都是端着碗去外面吃的,就只有一个大糠窝子舀一碗饭。如果做衣服的话也有闺女的,也有小子的,都是一些大粗布衣服。下面都是粗布裤子,上面煮一个紫色,做一个布衫。后来流行起来染布,才做蓝布衫子。那时候那都算好的了,有的人连这些都穿不上。过年俺爷爷给压岁钱,一个人给一毛钱或者两毛钱。有的家庭一毛、两毛都没有。我爷爷开着一个药铺,卖了药挣点儿钱以后,就给点儿压岁钱。女孩儿也出去拜年,就满大街转呗!跟着俺嫂子一起去邻居家磕头。只有街坊邻居,亲戚家不去,亲戚家太远了,亲戚家都是男的去拜年。

家里要洗完衣服是一起搭，那都是自己家，就在院子里边儿扯了一条铁绳子，都在那儿搭着，都是自己家，不用分。干活儿的时候都去，割麦子的时候、割谷子的时候，摘豆角、摘棉花，到忙的时候就忙两天，不忙的时候也没什么活。我十二三岁的时候也去，去地里学怎么摘棉花。给我一个小布包，让我去地里摘，能摘多少算多少。

那时候做衣服、做鞋都是我们手工做的，做完一个人的再做一个人的。给这个做完就给那个做，要做都做。都是手一针一线做出来的。一针一针可慢着呢，就算再赶紧做，一天也最多能做一个布衫子。头一天晚上先把线准备好，第二天早上就开始做，得一直到晚上才能做完。一般人都做不完，要是别人知道谁一天能做一个布衫子，那就算特别有本事的人。我就能一天做一个。

（4）对外交往

女孩儿去走亲戚的不多，也就我爷爷经常带着我去，十三岁的时候还能去，后来大了就不让去了。平常也就能在门口逛逛，村里面都不能去。有的家里门口也不让去，热了就在家过道里乘凉，干活儿也是在过道干活儿，不让出去。但是农忙的时候，该去地里还是得去地里。从地里回来以后，就在过道坐着。（女孩儿）都不能出门，那肯定不能跟男孩子玩儿了。

（5）女孩禁忌

规矩多着呢，不让你出去玩儿，夏天的时候也不能光脚，再热你也得穿着袜子，外面看戏，赶会根本就不让女孩儿去，我们家就我这一个女孩，在家里比较娇养，我爷爷出去的时候还带着我。有一次我记着爷爷带我去赶会，那时候我都十三岁了，回来的时候下大雨，全身都淋湿了。到家里面换了一身干衣服，但没有穿袜子，光着脚在过道坐着。俺爹回来以后说，呀，就你那个脚热得很?! 就这我就害怕了，赶紧回去穿袜子。他倒也不是在吵我，俺嫂子根本就没有光过脚。俺娘还是绑着小脚呢！有的家里边儿特别没规矩的也没人管。那个时候，有的小姑娘在外面光着脚，俺爹说看到她们就恶心。

（6）"早夭"情况

我小的时候不了解早夭的情况。我怀孕的时候生过两个孩子都是早夭，都是七天就死了，没有给他们打破伤风疫苗。他们也不吃奶，活不成。

2.女儿的定亲、婚嫁

那时候说亲是亲戚给介绍的呗，有的是亲戚，有的也不是亲戚，反正都是街坊邻居。我也不知道是什么亲戚，都不知道怎么沾上的一个亲戚，也不是特别亲，那个时候就他跟我老母亲说了说。那时候不像现在一样，还先让人见见面，那时候都不见。这个话呀提前说了都不管用，俺爹还说呢，咱家就这一个闺女，到时候找婆家，就找了一个院就一家的人，意思就是家里面比较有钱，能买起一个院子，或者是家里是独生子的。结果找婆家的时候，还真就找了一个院好几家子的人。

说亲如果愿意的话，就让婆婆家写一个红帖，就巴掌大的一个小帖，给了你以后这就算定了，不流行女方来男方家里。在典礼之前过"大说"的时候，也是给写个帖，拿一个红布袋，买两个戒指，有的家庭给买个手镯，有的家庭也不给买，媒人给拿到女方家里，这就算"大说"过了。我结婚的时候就流行要衣服了，婆子家里给做两身衣服，就这个。

那时候都流行大人给小孩儿合婚，看看男孩儿多大了，女孩儿多大了，也就算这个。定婚的时候不跟女孩儿商量，都是大人同意就行了。典礼的时候不见面，典礼完了大人也没有见过面儿。也就是结婚的那一天，男方家里去一个，那时候都不流行坐轿了。其实也还流行坐轿，只不过俺爹是个党员，不让坐轿，就去了一个破大车。亲家(双方父母)都是结了婚以后时间长了才见面的，之前谁也不见。结婚的时候来四个送客，我那个时候也流行女人来送了，来两个女的、四个男的，这就是送亲的。结婚以后在婆家住几天了，那时候也流行娘家过来，叫九天，那是后来叫闺女，也得往婆家带东西，给人家抬食盒儿、拿饭卷子。都是斤把重的饭卷子，一般都是抬四盒，每盒里面十个，最多的也就是抬四十个。要是那些穷一点儿的人家就抬四个食盒，每个盒里放八个。盒子那么高，都是两个男的一起抬着。到婆家以后，婆家的人留三盒、剩一盒，闺女回去的时候再抬回去。这就是"叫闺女"。现在都是女婿去娘家认家门了，去的时候还得拿东西，送酒、送点心、送杏仁露，那个时候都是娘家往婆家拿的。过五月端午、过八月十五、过二月二，都是娘家来婆家"叫闺女"，回家过了节以后再送回来。就叫九天的时候用往婆家送东西，其他的节日都不用。结婚的那一天啥仪式都没有，来了以后，一下车，点了炮，一吃饭，亲戚就都走了，就没有什么事了。过年初一的时候都不回娘家，都是初三才回去。初三回去吃顿饭就回家了，不在家住。结婚头年都在家住，这都是娘家去婆家叫的，有初六去叫的，有初八去叫的，如果家里穷的话就十二才去叫，十二去叫的话，只叫闺女不叫女婿。家里条件差不多的，把闺女和女婿一起叫走了，都去娘家过十五。

那个时候闺女找婆家都是蒙着头跳火坑呢，都不知道对方家好坏。就是那个媒人来回说的，这说说、那说说，两家没有意见，这就算成了。又不像现在这样介绍的一样，看看家的房子呀，看看女婿啊，那时候都不流行这个。男方娶了媳妇，需要去谢媒人。我嫁过来的时候不知道人家拿什么去谢媒人的，可能拿了十斤大米吧。

3.出嫁女儿与父母关系

要是在婆家受气的话也回娘家哭诉。那有的家庭，娘家就会让人来婆家理论，有的家庭也不来，生气了就在娘家住两天消消这个火气。女的被休了以后都是回娘家的，但是有的娘家嫌她丢人也不让回家。这也都说不清的，那把那个女的休了，她没有地方住了，不回娘家也不行呀！

娘家的养老有哥哥有嫂子。那要是没哥哥没嫂子的话，那肯定是闺女去养老，那分的东西也就都给闺女了，要是家里有孩子就不给闺女。不过如果家里只有闺女的话，不好拿到遗产，都是家里边儿这个亲戚来闹一闹，那个亲戚来闹一闹，都想把东西要到手。一般家里边有什么事儿的话，也是跟儿子商量，一般不找闺女。

(三)出嫁的姑娘与兄弟姐妹的关系

我闺女结婚的时候，她的舅舅、妗子(舅母)都过来。也就是我哥哥嫂子。那时候都流行姑娘出嫁的时候，姥姥家的人来送饭，男孩子结婚的时候就都来送礼来。妗子都是来添香的，撕一块布，蒸几个馍馍。姑姑、妗子都来。

二、婆家人·关系

(一)媳妇与公婆

1.婆家婚娶习俗

那时候结婚不用跨火盆、不用拜堂，就一群姐夫把你拽到院子里，拖的拖、拽的拽，闹一会儿就直接进屋了。也没有什么仪式，也没有主持人。咱们这儿不流行给公婆敬茶，都是去亲戚家,挨家挨户的,都是本家的大娘或者婶子。我的一个嫂子跟我一起去,她拿着一个垫子,说是去亲戚家迎拜,说是到他们家都得磕头,不过也没有真磕头,就是嘴上说,这是谁谁家新媳妇的迎拜来了,挨家挨户走走就是了。那些家族里的人就给些钱,有给一毛的,有给两毛的。男的不去,就只有女的去,俺嫂子和我一起去。这个家族也大,那个时候满街转。

2.分家前媳妇与公婆关系

我和我婆婆关系还行吧,她也什么都不管,只管给做饭和看孩子,没有东西吃的话就给我们说。我男人早早就开始当家了,俺公公也没有什么本事,他不早早地当家怎么办?十九岁的时候俺家的(指自己的丈夫)就当了。那个时候国家要购粮,咱家孩子也多,粮食拿不出来,每年都是去大队上先支一点儿钱,到收庄稼的时候,把钱再还回去。年年都是这样。我去地里干活儿的话,我婆子在家做饭、看孩子。家里就一个孩子、一个媳妇,那还分什么呀!那个时候都是队长领着干活儿,早上天一亮,就要出去了。我公公在队里当饲养员,也是一天五晌,俺家的在队里当会计也是一天五晌,我去地里干活也是一天五晌。我们这三个劳动力,全天都在外面干活儿,我婆婆在家里做饭、看孩子,后来孩子大了以后就都去学校上学。家里吃饭的人太多,不干活儿不行。家里面也没有什么规矩,都是穷,一直想办法挣钱呗!

3.分家后媳妇与公婆关系

(1)与公婆关系

我公婆就我男人这一个孩子,没有分家。

(2)分家

一直到两个老人去世,我们才算彻底地分开家自己住。1975年7月我婆婆死了的。2月份的时候,她就已经有些不舒服了,那个时候我们两个一起在织布,她给我递线,怎么也递不到我的手上,我问她怎么回事儿,她说她看不清,她还不知道她为什么看不清,后来她又说她头疼,我给我男的说,让他去找一个医生,医生过来看,说她是青光眼。第二天她去张村赶会,在那儿住了两天,回来以后就觉得难受得不行。我领着她去医院检查,本来是去看眼睛的,医生说她这个眼睛是毒气攻的,做了一个全身检查以后,医生说是胃癌,发现的时候已经是胃癌晚期了。后来就一直肚子疼,那时候也没有药治疼,也只能生生忍着,一直到7月就去世了。那公公、婆婆去世的时候,孝服都是自己做的大宽白布衣服。那时候家人去世的时候,闺女、侄女都穿孝服,媳妇儿就只是在头上戴孝,就是系一个白条子,男的不用穿孝服,只戴孝帽。按理说那个孝服应该穿一年或者穿三年,但是后来没有人一直穿那个,都是过了五七就不穿了。都是埋了以后去上坟的时候穿,回来的时候就都脱了。下葬的时候女儿、儿子、女婿都去,一直看着他们埋好了,给他们烧点儿纸就都走了。

(3)对外交往

解放前、解放后,我哪儿也没去过。闺女结婚的时候去过县城,最远的去河南看过病。我经常在娘家住着。娘家就我一个闺女,所以我爱回娘家。有了二孩子以后,我还成天在娘家住着,没有回婆家呢,他自己在家干活,几个月我才回来一次。

(二)妇与夫

1.家庭生活中的夫妇关系

(1)夫妇关系

生产队的时候,男人女人都在外面干活,如果饭不够吃的话先让孩子吃。家里洗脸、洗脚的话,不用给男人端水,谁也不给谁端,都是自己去。一般那个时候男人都不洗衣服,但我坐月子的时候家里也没别人洗,他那个时候要去岗坡顶用泵上水,周边也没有其他的人,没有人看到,他就把尿布洗一洗。俺家的在队里当会计也是一天五晌,我去地里干活也是一天五晌,我们这三个劳动力全天都在外面干活儿,我婆婆在家里做饭、看孩子,后来孩子大了以后就都去学校上学。家里吃饭的人太多,不干活儿不行。

什么时候夫妻两个也都有打架的,这都是断不了的事儿,就是现在也多着呢!解放以前都是男的打女的,不过解放以后有的女人打起来也厉害着呢!以前女的可不能还手。

(2)娶妾与离婚、婚外情

解放以前都是休妻,解放以后才能离婚呀!两个人谈不好的,或者是婆媳关系处不好的,也有离婚的。那离婚主要是孩子说了算,主要还是看家庭和睦不和睦。解放以前有纳妾的,解放了就没了,土改斗争的时候让小老婆就都离开了。之前家里面比较富有的都是两个老婆,穷人都是一个,有时候一个老婆都找不到,别说两个了。只有穷苦人家的闺女才去当小老婆。

2.家庭对外交往关系

那个时候我嫁过来,家里人都叫我大姐。二媳妇就叫二姐,三媳妇就叫三姐。那时候去街上,别人也都叫我大姐,不过也没叫几年,后来成立互助组以后,就都叫我老苑家的。如果需要借东西的话,男人或者女人出面都行。到红、白喜事的时候,男的女的都要出面。

(三)母亲与子女的关系

1.生育子女

(1)生育习俗

生第一个孩子的时候用去娘家报喜,给人家拿三升面,如果是女孩儿的话,就在篮子上插一朵花儿,如果是男孩儿的话就带一支笔。从娘家回来的时候人家回礼,回七个豇豆籽。咱也不知道这是什么说法,就只是回七个豇豆籽。那也是流行办事,到十八天或者满月的时候,娘家来人的时候给做个被子,或者做一件小衣服。一般也没有人做被子,都做不起,或者给扯点儿布。孩子够满月往姥姥家走的时候,抹一个白鼻子。从姥姥家回来的时候,抹一个黑鼻子。去的时候抹白鼻子,是姑姑给抹的,回来的时候抹黑鼻子是姨给抹的。没有人给大人脸上抹,都是在孩子脸上抹的。办满月酒的时候,娘家来人,然后娘家回去的时候孩子跟着回去,女孩儿住四天,男孩儿住五天。都是生第一个的时候办事儿,生第一个女孩儿的时候办事儿,生第一个男孩的时候也办事儿,再生了就不用办事儿了,最多就是做两回。

(2)生育观念

如果媳妇在家里只生女孩儿、生不出男孩儿的话她会受气,婆婆给她气生,男人也给她气生。以前生气,现在就都不生气了,男孩儿女孩儿都一样,从前就不行。以前俺大嫂头胎生的是女儿,到第二胎的时候还生的女儿,生到第五个都是闺女,一直到第六个才生小子。那时候别人给她算卦就说,养一巴掌也就是五个闺女,才会得来一个小子。我大儿媳妇生完第三个闺女,俺大孩子说要把她送给别人,托别人给找一个好人家,我当时就发话了,没有我说话,你们谁敢送走!我那个大儿媳妇和二儿媳妇都是一个人养三个闺女、一个小子,都是到最后才生小子。

(3)子女教育

我的五个孩子都上学了,就老三不怎么喜欢上学,没上几年就不上了。孩子上学要缴学费,都是想办法呗!说起来还丢人呢,就那一个母鸡,把母鸡下的鸡蛋都攒起来,攒攒攒十个,去市场一般卖五毛钱,就这样攒钱。那时候的学费、书费倒都不贵,一个星期最多也就是五毛钱。大闺女,上二年级还是三年级的时候,等着往学校交呢,家里拿不出钱,我家里的就去卖了一些梨,卖够了钱才去上学。后来我男人就一直在外面当会计,不当村里的会计就去钢砖厂当会计,还算有点儿收入,没有算太难过。

（4）对子女权力（财产、婚姻）

大女儿刚上班就才挣一二十块钱,刚开始还往家里边儿邮点儿,后来小儿子在县城里面上学,就是大闺女给供的,给他掏学费供他吃饭。大闺女结婚是她是自己谈的。后来她们有一个同学来家里说的亲。前三个儿子都是别人给说的。大儿子特别挑剔,说这个不愿意、说那个也不愿意,最后就相中了一个老师,他俩都是老师。

2.母亲与婚嫁后子女关系

我跟儿子和几个儿媳妇关系都不错,我跟人家谁也没吵过架,没有分家的时候都在一起吃饭,都是我做饭的,在一起吃饭的时候都是我给做,她们没有人做。分开家以后,她们就只能自己做了。

和几个孩子分家的时候,自己都要留财产,就是分家的时候,也要先把自己那一份留下来,要不然一分家,有的儿子、媳妇就不给养老了。我后来和孩子分家的时候,也把我住的这个堂屋先除出来,其他的屋子再给他们分。分家的时候,家里来了几个叔伯,他们在旁边看着,他爷爷写几个纸条团成纸团,让孩子们抽,家里除去这个堂屋,还有东西屋、南屋,这几个也不够他们分,如果谁抽到一个空纸条的话,就出去盖房子另住。我们家老二抽到了空的,所以我们花钱在下面给他盖了一个房子。闺女不参与分家。

现在几个儿子、女儿都有了本事,也都孝顺,我们家孩子都懂事,孙子、孙女也都懂事。现在的生活在村子里算是顶尖的。

三、妇女与宗教、神灵、巫术

村里有求雨的仪式,一直不下雨的话就求雨,村里边的人都轮流在庙里跪香,忘了是供的哪个（神仙）爷爷,白天、晚上香火不断,经常会那样。女的不用去。有一个村里面求完以后,真的下了一场大雨,他们当时要办活动,挨家挨户去攒（收集）东西,收点儿粮食或者油,当时要多少给多少,都没有人还价,高高兴兴地办个活动。

我们家过年的时候上供,烧烧香,拜拜家堂爷,平常拜老天爷,财神爷。上供烧香都是女人做的,男人拜菩萨的很少。每年初一十五的时候都蒸几个馒头,上上香。以前还有灶王爷,过道还有门神、钟馗爷。后来就都不拜了。家堂爷就是自己家里去世的祖先,把牌位摆到家里面。不过我们家没有摆牌位。

好像村里没有土地庙了,就只有奶奶庙和龙王庙。以前我腿不疼的时候经常去庙里面上上香,后来就都不去了,腰疼腿疼的走不动了。奶奶庙就是供奉送子奶奶,那时候我们这儿都说大奶奶、二奶奶,生的孩子都是奶奶送的。其实就是送子娘娘。奶奶庙的话男人都不去拜,都是女人去上香,有的上岁数的男人也去。

以前我们村有神婆,现在都没有人信这个了。以前都是上岁数的女人做这个,也有男的,不过男的少女人多,大部分都是女的。就是看病的,去的时候给她拿点儿东西。人家让你拿点什么就拿什么。有时候感觉是管用的,有的时候感觉不管用。现在还有一个老太太呢,现在老得都不能动了,今年八十六岁了吧。

四、妇女与村庄、市场

(一)妇女与村庄

1.妇女与村庄公共活动

外面看戏、赶会根本就不让未出嫁女孩儿去,我们家就我这一个女孩儿,在家里比较娇养,我爷爷出去的时候还带着我。结婚以后能出去看戏,都是乱坐的,随便坐,不分男女。解放的时候开会让女人去。土改的时候也让女人去,还来家里面动员呢,就指望着女人去喊口号了。有的男人不好意思张嘴,女人喊得倒挺起劲儿。都是解放以后才开会了,解放前没有人给开会。解放以后,谁是干部村里的人都知道。那个时候都开始开会了,成了互助组以后天天都要去地里劳动,当然知道干部都是谁。

2.妇女与村庄社会关系

我在娘家的时候结拜了个朋友,之前上午去学校上学的时候,跟一个小姑娘关系不错。两家等于是拜了朋友,其实走了几年亲戚以后也不走动了,现在都不知道去世了没有。我先结的婚,她跟我隔一岁,她第二年结婚的。她结婚的时候我也了,结了婚以后我们两家还一直走动着,后来到七十多岁以后都走不动就不走了。孩子们还经常走动着。嫁过来以后我跟谁也不吵架,跟街坊邻居关系都很好。

(二)妇女与市场

女人一般不出去买东西,都是男的出去买东西。我也去过彭城,以前家里边没有钱,自己想买东西的时候,明知道家里没有钱,所以就只能自己想办法。那个时候我就自己做鞋,做好以后去彭城卖,跟咱嫂子一起,还有街坊邻居那些女的,每个人都带三四双鞋。那个时候一双鞋才能卖两块钱,回来以后三毛钱扯一尺洋布,两块钱就能扯六尺洋布,过年的时候做一个袄,就觉得特别好看。那时候做鞋的料子都是做衣服的时候剩的边边角角,不用费多少东西,但是卖一次鞋的钱能做好几身衣服呢!要出门当然要给家里的人说了,给婆婆也说,不在外面住,早上去,晚上就回来了。

五、农村妇女与国家

(一)认识国家、政党与政府

1.国家认识

解放以后就都说国家了,因为总是开会宣传教育,还有也学,所以大家都知道国家这个概念啊,以前没有人知道。

2.政党认识

国民党跟日本一样是坏人吧,不给国家办好事。俺爹早就在共产党里边儿了,但是他不让哥哥进共产党。

3.夜校

上夜学的时候老师都是村里边的民办教师。

4.政治参与

我男的一直在大队里面当会计,我也当过妇女队长。最早一次参加投票是很早了,忘了。就是现在选干部还用投票呢!

5.干部接触与印象

社长一般都是男的,没有女社长。只有一个队是一个妇女队长。

6.女干部

解放以前,共产党员不多,俺爹那个时候是共产党员,解放前没有见过女共产党员。解放以后女共产党员还不少呢!

(二)对1949年以后妇女地位变化的认知

解放前男女不平等呀,以前男的把女的管得那么严,哪里都不能去,就土改斗争完以后妇女才大翻身,有了一些权力。如果谁家的婆婆不让去开会的话,她就马上举报,别人就要说她的婆婆,所以没有人说不让她去。我小的时候也裹过脚,不过她给我裹住以后,我自己就摘了。那太疼了,把脚趾头都弯下去,有的家里边儿,脚趾头弯不过去,还用棒槌砸呢,脚趾头都砸折。俺娘、俺婆婆她们那一辈的人都裹小脚,可真是受了罪了。她们给我裹住以后我都偷偷摘掉,后来俺娘就说不裹就别裹了。我们那个时候不裹脚的人就挺多的了。一解放以后就提倡不让裹脚了。

现在女人的地位当然高一些,不像以前,一句话说不合就开始打老婆。现在女的还挺厉害,还有敢打老公的。

(三)妇女与土改

土改完分地的时候,女性也是按人口分的,都成立着农会呢,东西斗争出来以后,收拾在一起,农会会长组织人给分东西,什么都分,衣服、农具、被子。

(四)互助组、初级社、高级社时的妇女

互助组时期,也让女人下地干活儿,不过一般都是秋收五月的时候才去割麦子。我们当时这个互助组里只有三个女人出去干活儿,其他人都不去干,我们在河滩地里割麦子,整个上午都割不了一垄,累死了。俺公公总是说,只要有活儿就得出去干,不出去干活儿的话就一直说,不说我就说婆婆,俺婆婆一个小脚,怎么能出去干活儿呀,所以就只能我出去干,早上起来就出去了。

成立社以后就都得干活儿,我愿意一起干活儿了,一起干活儿不觉得累。自己一个人干活儿的话,干一上午都累死了。在队里面干活儿的话,还有休息的时间,人多了一直说着话也不觉得累。

(五)妇女与人民公社、"四清""文化大革命"

1.妇女与劳动、分配

女人什么也干,也锄地。就是男人女人是分开干活儿的。我挣的分儿多。一开始挣八分儿,后来挣十分儿,那个时候队上大部分妇女都是挣八分儿,挣十分儿的没几个,我就是挣十分儿的。个子也大,什么活儿都做了,队里让干什么活儿就干什么活儿,抬大筐、出圈,男的干多少活儿我就干多少活儿,评分儿还是比较公平,有的人不愿意干活儿,他就没那么多工分儿。

有孩子的那孩子跟着一起去,家里孩子多,不上工的话,吃什么呀!一般都是我婆婆在家看孩子,我成天都是在地里干活儿的,成立社以后一年四季一直有活儿。妇女四五十岁还得去地里呢!大办钢铁那一年,我婆婆还一直去给人家敲矿石呢!她走了以后,就没有人给看孩子了,每天都把孩子放到食堂门口。一些老太太在食堂看孩子,那时候孩子也多,其实不太好看。

那个时候哪一户都没有余粮,都是够吃就不错了。就有一年河滩地种红薯收成好,那时候分的红薯多,我们家分了一万来斤红薯。我们把红薯晒成红薯干,我家里的拿着红薯干去石桥换玉米面,换了几千来斤玉米面。旱地都不收粮食,有一些人饿得没东西吃,就来这边借红薯片,借一斤红薯片到秋天还一斤半谷子,或者还一斤米。这后来才吃得不错呀,要不然哪一年都不够吃。

2.集体化时期劳动的性别关照

女人坐月子的时候不用去地里面,那一个月都不去。刚满月的时候孩子太小还得吃奶,那个时候也不去。差不多就是打几个月不用去干活儿吧!一般都是停六七个月八九月的时候吧,孩子能喝一些汤水的时候才去。你不去干活儿肯定也是没有工分儿的。

3.生活体验与情感

那时候妇女都愿意去食堂吃大锅饭,不用在家里做饭,也稍轻松点,去食堂吃点饭,一到时间就继续往地里边干活儿去了。

4.对女干部、妇女组织的印象

我就是在村里当妇女主任,我脾气好,跟村里谁也都能处得来。后来还成立了区,区里还有妇女来开会。村里也有妇女会,如果有什么矛盾的话,妇女会帮忙解决。

(六)农村妇女与改革开放

分地的时候都是男人去分的,女的不去。土地承包的时候,女性也参与分地,土地是按人口平均分的,不分男女老少。咱们这儿的土地都让修水库的时候占了,一个人分到的地很少。

六、生命体验与感受

这么长时间,一辈子过去了,也没啥感受。就是家里的这些家具,都是我和我家里的一手置办起来的,这件事感受比较深,一辈子可没少请木匠吃饭。

CL20170214GXY 关秀英

调研点:河北省磁县岳城镇界段营村

调研员:陈璐

首次采访时间:2017 年 2 月 14 日

受访者出生年份:1931 年

是否有干部经历:否

是否生育:是

受访者结婚的时间节点、生育子女的具体情况:1951 年结婚,1952 年生了一个男孩儿。

现家庭人口:2

家庭主要经济来源:无

受访者基本情况及个人经历:老人叫关秀英,小名田的,小时候跟着母亲去别的村要饭,在外面待了好几年。结婚后嫁过来没多久就和老人们分开家,由于受访者老伴儿是小时候过继到他大爷家,所以分家的时候什么都没分到。1952 年老人生了一个男孩儿,由于没有人照顾,在坐月子期间自己用凉水洗衣服、洗脚,伤了身体,之后再也无法生育。儿子结婚后,儿子、儿媳都不孝顺,不赡养老人。现在受访者和她老伴儿身体都不好,可是受访者和她老伴儿的身份证、养老保险存折都在孩子手里,所有的钱都被孩子取走了,自己没有一点儿收入来源,如果再这样下去只能出去要饭了。

一、娘家人·关系

(一)基本情况

关秀英,两个点的关,今年八十六岁了。小时候大人封建的不给起名,我去上学的时候老师给起的。小的时候叫田的,就是小名。俺娘就我自己一个人。小时候家里边穷,哥哥、姐姐去世的早,俺兄弟姐妹六个人,就丢下我自己一个,其他的没有养活。我没有按字辈取名。我出生的时候被别人包了一包,扔到院里边,没有人管我,俺亲奶奶嫌弃我是个小姑娘,不让我妈妈养。妈妈在屋里边哭,我在外面哭,外面太冷了,以前家里也没有什么东西,就拿一些脏套子给裹住,扔在外面。我上面有一个哥哥,十三岁的时候死了,他一直流血鼻子,最开始是滴答滴答往下滴血,后来是止不住地往下流,如果堵住鼻子,就从嘴里往外吐血;如果闭住嘴,就从鼻子往外流血。后来就死了。他比我大三岁,在我后面出生的那几个也都没有活成,时光太差。我十二岁时候就开始出去讨饭了。哎,那个时候人家放狗咬我们,别说讨一口饭了,我连鞋都跑掉了,他们老财主喂的狗都是那么高的大狗。我不是在本村讨饭,是在别的村,我跟俺妈妈两个人,找了两间破房子,就俺两个人在那里相依为命。俺爹跟小叔都去给地主当长工了,家里没有别人,就只有俺奶奶。那个时候也没有人能顾上俺奶奶,后来奶奶也去世了。最开始只有俺娘先去讨饭的,我跟老奶奶在家里,后来我给俺老奶奶说我想俺娘了,我要去别的村找她,结果真让我给找着了。我到那个村里打听俺娘,我说你还年轻呢,才四十多岁呀,人家说那你去王宝仙家里边看看吧!王宝仙是个大财主,好几套大院子。俺娘在那给人家做饭帮锅,看到我以后两个人就大哭,负责做饭的人偷偷给我掰了半个窝头,让我去一边儿偷偷地吃,我就跑到他那个房后面,蹲着吃了。俺娘也哭,我也哭,问我怎么找到她的。后来人家说那你也别走了,就留下来帮锅吧,跟帮两天的锅再说。在那个村里面待了一天以后,我跟娘又换了一个村,两人找了一间破房子,去地里面挖野菜,找那些别人剩下的烂掉的粮食吃。

(二)女儿与父母关系

1.出嫁前女儿与父母关系

(1)家长与当家

以前家里都是奶奶当家,俺爸爸也不当家。家里边穷,俺爷爷还吸大烟,家里的东西都让他卖了。去地里边收庄稼的时候,他也在旁边看着,收完庄稼就卖了。俺父亲弟兄两个,那个时候也没有分家,他们也都还小呢!那时候娶媳妇都早,十二三(岁)就娶媳妇了。以前俺爹跟俺小叔都在东边儿给地主家当长工呢,管给别人种地干活儿。外面的事儿就是俺爹跟俺小叔商量着一起管家里边儿的事儿,家里就是奶奶当家。以前家家户户都是这样,男的当外家,女的当内家,就是这个社会。如果谁家男的不争气的话,女的能当外家,以前也有有本事的妇女。等孩子大了以后,就让孩子当家,等孩子娶了媳妇以后,就懂事了,大人不当家以后就可以退给孩子了。一般没有分家的话,就家里边的大孩子当家。俺有老奶奶,俺爷爷就是过继给俺老奶奶的,他们没有孩子,俺爷爷过继给他小叔了。

(2)受教育情况

上了十几天之后俺爸爸就不让去了,以前太封建了,不让小女孩儿上学,整天就只让在过道里边儿待着。那个时候我们家房后面种的一棵槐树,等开槐花的时候吃槐花,栽了四五棵树,那时候我就沿着这个树爬下去,偷偷去学校,就趁家里边儿大人在过道睡着的时候去,要不然他看着不让我出门。就偷偷去了十几天以后被他们发现了,就不让再去了。就是俺哥哥也上不了学,那时候没钱上学。八路军解放以后,就有小女孩儿上学了,解放以前没有,以前都觉得小女孩儿上学没用。解放以后都上的村里面办的速成班、识字班,还有夜学,解放以后我还去了两天夜学,不过也是小女孩儿跟小女孩儿一起上,小男孩儿跟小男孩儿一起上,不能在一起上。

(3)家庭待遇及分工

家里边儿男孩儿比女孩儿待遇好,吃饭的时候会先让老人吃,就是先让当家的吃,人家吃完以后不管留多少,下面的人再分。稀饭管喝,煮一些萝卜吃,有萝卜的就吃萝卜,没有萝卜的就是野菜,去地里边儿挖的野菜,我们有时候还去人家河南拽嫩柳叶吃。干粮不能随便吃,大人只能吃半个,就那种锅饼火烧,也就跟脸一样大的那种,那些男的需要干活的吃一个,不过就吃一个他们也是吃不饱的,那个时候时光太差了,吃不饱也没有办法,女的不能吃干粮,只能喝点儿稀饭,吃两个萝卜。做新衣服的时候也是先给当家人做,当家人负责往下分布,人家让做新衣服才能做新衣服,让你补衣服就得补衣服。大人的衣服不能穿了,给小孩子穿。那个时候啊,对男孩子还是比对女孩子好,吃饭的时候也是男孩儿多吃点,女孩儿少吃点儿。过年也没有压岁钱。以前洗完衣服都伙在一起搭。都是一家人嘛,都在一起晾,等干了以后就自己拿自己的。我的衣服摘到我屋,你的衣服摘到你屋。

女的只有忙的时候去干农活儿,(农历)五月割麦子的时候,秋天割谷子的时候。小孩子也去地里面,很小的孩子就拾麦穗、拾谷穗,把掉地上的零星的麦穗捡一捡,反正是不能自己在家玩儿。纺花织布,这就是小女孩儿的工作。小男孩儿也得去地里面学锄地,不过家里面的活儿他们不用干,不用学纺花织布和做饭。我学纺花是七岁或者八岁的时候吧,俺妈妈教给我的,这不,现在我家里还有纺花车子呢!以前家里奶奶当家的时候,直接往下面分棉花,大人分多少棉花,小孩子分多少棉花,算好以后就直接分给我们了,分好棉花以后自己小家就织自己小家的布,我奶奶她也有闺女,俺姑姑给她织布。有棉花的时候自己给自己纺花,没有棉花的时候就给别人纺花挣钱,给地主干活儿呗!鞋也是自己做的,我十二三岁的时候开始学做鞋,学做鞋的时候也很困难,我学不会,俺娘还拿针在我手上扎,嫌我不操心,那个时候纺会儿花,或者做会儿鞋,小女孩儿都去家门口查子[1]呢!

(4)对外交往

小的时候能随便出门,小女孩儿不怎么管。以前出门的时候小女孩儿都梳个辫子,编得好长的辫子,小时候当然是短点儿的小辫子,大了以后就是那么长的大辫子。家里面如果特别穷的话,到十五六岁还得出去拾柴火、挖野菜;十六七岁的时候还得在地里面干活儿,所以主要还是看他是穷孩子还是富孩子,富孩子不出门,穷孩子还得去河南[2]拽柳叶子,俺娘她娘家有船,我们摆船去河南。但是女孩儿必须得跟家人一起才能出去,自己不能出门,也不能跟男孩儿在一起。俺家里只有俺奶奶不用下地,俺娘也得下地干活儿。

小女孩儿不用去拜年,都是去门口玩耍的。男孩子才用出去拜年的,不过过年的时候俺

---

① 查子:即一种游戏,游戏道具为五个小石头。

② 河南:指河的南面,下同。

娘也要出去拜年,不是大年初一去,初三的时候回娘家,那个时候俺姥姥和姥爷都还在,在婆婆家是不用出去拜年的。

(5)女孩禁忌

没有什么规矩,不纺花就去门口耍去了,就是街坊邻居家的小女孩儿都在一起玩儿,只能小女孩儿和小女孩儿在家门口玩儿,不能走远了。如果是有钱人家的话,十三四岁就不让出门了。

2.女儿的定亲、婚嫁

一般结婚的时候是媒人给说亲,年轻人还不让见面。我跟我家里那口子在结婚前谁认识谁呀!说亲都是大人说的,大人给定的,俺有奶奶,俺奶奶当家,俺爸爸跟俺妈妈不当家。当时找婆家说亲的都是给俺奶奶说。说亲的时候就是这样介绍的:会纺花、会织布、会摘棉花、会做衣服。以前的衣服都是一针一线做出来的。我十九岁的时候就会织布了。以前村里童养媳也不少,家里面特别穷,没有办法的话就把自己的闺女送到别人家了。

我是解放后结婚的。定亲的时候有的人家有传书,这是小帖。定婚的时候会传书,书里面放一对银手圈①,就是往手上戴的,这就是定亲的时候给的。媒人说亲的时候,一般不会介绍家里边婆婆的情况,就到我们家问闺女有婆家没有,没有的话给你家闺女找一个婆家吧,然后就去家里提亲。当时介绍也不用多说别的什么话儿,就只是说人家不错,有饭吃,家里人都肯干活儿,这就是好家庭。当时的生活如果人不肯干活儿,那肯定是吃不饱的。

说亲需合八字,要找算卦的,算一算看八字合不合,合合婚。说成的话用给媒人钱,男方家给。家里有钱的就有彩礼,家里没有办法的,就给闺女找一个吃饭的地方就行了。我那个时候也有彩礼,男方家给的钱,就是以前马拉犁的票子,给了八块钱,都给了俺奶奶了,俺奶奶能使那个钱。到婆婆家以后,人家又给了一张桌子,也没有给做衣服。彩礼给的钱就看那个时间段都使什么钱,日本人在这儿的时候,彩礼就是给日本票子,中央军在这儿的时候就给马拉犁票子。

定婚的时候双方家长也不见面,只有媒人在中间走动。小女孩儿自己做不了主,有的家里大人会问一问小女孩儿的意见,有的家里也不问。定婚以后可以悔,如果不愿意的话,要把彩礼退给人家。两家说不成也就算了,不用给什么补偿。定婚以后,准女婿不去女方家,以前的封建社会都不见面,只有结婚以后才互相见面的。说亲说一个瞎子就嫁一个瞎子,说亲说一个跛子就嫁给一个跛子。找的婆家好了就过得好,找的不好就过得坏。

结婚的时候用写婚书,不过我忘了怎么写了,是男方家写的,以前的流程啰唆②着呢。女方家里没有什么仪式。都是男方家拿着彩礼去女方家叫媳妇,以前新娘子都是坐轿,解放以后就是坐车,我那个时候坐的就是铁轮车。女方家里面有几个送亲的,都是哥哥、弟弟或者侄子,这些都是送客,新娘子的父母不能去。娘家也要待客,招待亲戚,都是亲戚或者关系好的,去送吃的东西,送一些烧饼,然后在女方家吃饭。村里面的村主任或者甲长他们都不去。

嫁妆就不等了,有的家庭里给有的家庭也不给,我当时结婚的时候娘家给了一个小柜子,后来俺孩子结婚的时候,我把它给儿媳妇了。这个主要还是看娘家经济条件,娘家穷的

---

① 银手圈:指银手镯。

② 啰唆:指烦琐。

话,那就什么也不给;娘家富的话,那就说不定给什么了。

结婚前我啥也没有,自己根本攒不住钱,那时候钱全在俺奶奶手里面掌握着。结完婚以后找一个好日子,娘家有人过来叫闺女,来了以后问问人家婆家让回去住几天,也是挑一个好日子再回来。回去也只是媳妇自己回去,男的不去。一般来会叫的时候谁都能去,大部分都是哥哥、嫂子,或者是侄子、侄媳妇。回门的时候也要带点儿东西,一般都是蒸一些馒头带回去。

以前送到别人家当童养媳可以来回走动。我们这个附近没有换亲的情况,都是通过媒人或者亲戚给说亲的。两家大人关系不错的话,也要在中间找一个人给说一说。入赘的话一般都是女方家里面没有小子,愿意让女婿过去掌握她家里面那一摊事情。一般都是男方家里条件不好的话才会入赘,有了孩子以后,把姥姥、姥爷称作爷爷、奶奶,但是姓名还是跟着父亲姓。改嫁也有彩礼,都是两个家庭互相商量着的。

3.出嫁女儿与父母关系

一般闺女都是初三回娘家拜年,除了初三,还有十五。第一年结婚的时候,闺女要回娘家过正月十五,这个就只是头年。过了头年以后,你想回家过正月十五也可以,不想回也可以。平常也可以互相走动,节日不节日的倒没有那么严格。一般这些时间都要回娘家,比如正月十五、五月端午、中秋节。谁家闺女孝顺的话就多走动,一般都是闺女自己回娘家看看,如果闺女和女婿关系好的话,两个人也会一起回去。出嫁以后,闺女就不用管娘家的事儿了,都是家里男孩儿管。这就已经变成两家人了,闺女都变成人家婆家的人了,娘家也不用管闺女,闺女也不用管娘家,不过如果闺女在婆家受什么欺负的话,也可以找娘家帮忙的。有时候闺女在婆家受了气,也能回娘家住两天,娘家找人把她送回婆家,也去婆家里面理论理论,一般都是找娘家兄弟过去理论的。

男方把女方休了以后,女的就回自己娘家住,都是自己的闺女,娘家也不舍得让女儿无家可归。就算家里的兄弟姐妹不愿意,那也没他们说话的权利,这都是家里大人说了算的。离婚的女人去世以后不能往娘家埋,婆家把她休了以后人家不要了也不能埋到婆家,那就只能埋到地边儿。如果娘家有男孩儿就不给女孩儿分财产;如果家里没有男孩儿的话,还得女儿去给他们养老,那财产就是女儿的。娘家有男孩儿的话,就不用女孩儿给他们养老,就只是过节的时候往家里边儿送一些东西,愿意拿什么就拿什么。娘家父母去世的时候,女孩儿也要往娘家买一些东西,并且娘家会给她孝服,她需要穿孝服。孝服也是就埋的那一天才用穿,平常不穿,还有过头七、五七或者一年的时候用穿。出嫁的闺女就只是埋的那一天穿孝服,往后也不用她们管了,过了头年,也不用女儿回去上坟,就算女儿想回去,娘家人也不让她们回去,只要娘家还有男孩儿,就不要女儿管。

(三)出嫁的姑娘与兄弟姐妹的关系

在以前娘家兄弟的身份其实是很关键的。都是自己的闺女,如果想回家住的话,娘家的人也都欢迎,并没有说不能在家里住。以前媳妇在婆家都受气,经常挨骂挨打。女孩儿结了婚以后和娘家兄弟走动挺多的,回娘家的时候也去哥哥、嫂子家看一看,去的时候也不用带礼物,如果自己当家的话要是想买点儿东西也可以;如果家里是婆婆当家,那就没钱买东西。娘家发生什么大事的话,有时候也会让闺女回来商量一下。娘家有矛盾的话,闺女也能回去调解,再怎么说闺女也是自己家一个成员。

二、婆家人·关系

(一)媳妇与公婆

1.婆家婚娶习俗

结婚的时候在男方家没有什么仪式,就是吃吃饭招待亲戚,也不用跨火盆,不用拜堂,没有什么特别的仪式。第二天去外面给男方家的亲戚磕头,这是本家嫂子领着去。结婚前不用去男方家祖坟拜,到该上坟的节日,比如清明节的时候,就跟着一起去上坟。就只是第一年去,往后就不用去了。主要还是看下面有没有小孩儿,如果家里有男的和小孩儿去的话就不用女的去了。

2.分家前媳妇与公婆关系

我嫁过来的时候家里面人不少,七八口子人呢,家里是爷爷、奶奶当家,后来爷爷、奶奶死了,就是公公、婆婆当家,都是大人当家的。爷爷是在外面当家,奶奶是当内家,那家就是管吃饭什么的,家里边儿的事儿就是奶奶管。从前都是老人当家,没有人让年轻人当家的。我公公他们兄弟六个人,那时候也都没分家,他们也还年轻呢,才三十五岁!我嫁过来以后生了一个孩子,我婆婆还生了两个,她还超了我一个。

到农忙的时候也要去地里割庄稼,平常是男人下地干农活儿,女的在家看孩子、做家务。做鞋、做衣服,家里洗的、涮的,这些都是女人的活儿,男的不用干家务活儿,如果男的干家务活儿,村里的人也会笑话他,说他怕媳妇。成立初级社以后,男的、女的都要出去干活儿,社长给派活儿,让你干啥你就干啥。这个时候就不用管公公、婆婆啦,已经分了家,各自挣各自的工分儿。如果家里面有小孩的,就和其他有小孩儿的家庭搞互助,一人轮替一上午看孩子,一个人看好几家的孩子。

家里如果有大事的话,媳妇也有自己的说话权,可以提建议,反正都成一家人了,有什么事可以商量。

以前有几个婆媳关系处理好的?大部分都不好。处理不好的就要分家。没分家的时候回娘家需要给婆婆商量,分了家以后就可以自己做主。没分家的时候就一直是媳妇做饭,婆婆不做饭。以前的人都干活儿,倒也不用专门去伺候公公、婆婆,不用早起晚上端茶倒水,吃饭的时候也是自己舀自己的,不用给他们端饭。我嫁过来以后,婆婆家也没有桌子,都是自己端着碗吃。家里摘了棉花以后,婆婆按照人口给分棉花,该分两斤分两斤,该分三斤分三斤,分完以后婆婆就不管了,纺花织布就是我们自己的活儿。如果和婆婆吵架了,那也是该干活儿干活儿,该做饭做饭,做完饭以后喊他们一声该吃饭了,唉,一般过两天也就好了。以前也有虐待媳妇的情况,婆婆打媳妇,婆媳吵架的时候,儿子都是和自己娘一口气,没有人帮媳妇。解放以后,这种情况比以前好多了,女人也可以提离婚,有什么想法也敢说了,从前都不敢说话。如果男的和婆婆有矛盾的话,媳妇也可以在中间调解,本身孩子自己和他娘的矛盾也就不大。公公、婆婆对媳妇管得不严,想去哪儿走走或者串门的话都比较自由。

3.分家后媳妇与公婆关系

(1)与公婆关系

以前婆婆对媳妇不满意,让孩子休妻的话,孩子一般就是听自己娘的话;如果不想休妻的话,那就是分家。娘家不同意休妻不管用,这个主要是婆家说了算。休妻的时候也不说什么名堂,就只是说我们不愿意了,你回娘家吧!休妻也不用请人过来作证。解放以后,婆婆在离婚这方面权力就不大了,主要还是小两口自己说了算。如果男人不在了,改嫁不用通过公公、婆婆同意,但是带不带孩子需要经过公公、婆婆的同意,人家让你带几个走,你才能带几个,不让你带孩子的话,孩子就得全部留在公婆家。改嫁的时候可以把自己的财产带走,反正分家以后,那些东西就已经是你自己的了。改嫁以后也不用再给孩子什么东西,不过你当娘的,如果你自己想给的话也可以给,婆婆家也没有什么意见。

(2)分家

分家算男孩儿人数分的,所有的财产按男孩儿总数分,不算闺女,闺女没有。最开始啊,老爷爷跟老奶奶都还在,分家的时候,俺爷爷他们有弟兄三个,他们分家的时候是按照老三股分的,下面生的这些孩子都不算,就按他们弟兄三个分。那次分开以后,是婆婆当家。

公婆去世之前就又和他们分家了,有了俺孩子以后我们和婆婆分开,就是自己当家,不过那个时候俺俩还年轻,一个十九、一个二十,平常也总吵架打架。当时家里的条件养活不了一大家人,需要分开,分家都是家长提出来的,孩子不能提,分家不分家都不由孩子说。分家以后就自己住,房子、地都是自己管理自己的,我们不是单独出去找了个院子,就还在原本的屋,原来住哪儿还是住哪儿,主屋还是公公、婆婆的,原本都是在一起吃饭的,分开家以后就各做各的,各吃各的,有两个厨房。和婆婆分家的时候不是平均分的,人家给多少我们就只能要多少,主要我男的是她抱养过来的,不是俺婆婆亲生儿子,所以我们没有要老人的东西。分了家以后我跟俺男的就一起当家,基本上是他主外我主内,有了大事,两个人一起商量商量,该怎么办就怎么办。

分家的时候孩子不在了,但媳妇还在,如果媳妇不改嫁的话也得分给人家,她也得吃饭呀!如果分家的时候你是带着产业分家的,那你就需要养老。我们当时分家的时候没有要老人的东西,所以我们不用管他们养老,他们的孩子分得了财产,他们自己孩子给养老。

(3)交往

一般家里有什么大事都是男人出面,女人不去,女人都是管家里面的家务活儿,还有带孩子。除了往娘家走,一般也不出门,不用女的出门去干啥。家里谁当家谁就去借钱,我们家里面我们俩都当家,那就他去借也行,我去借也行,等有了钱以后还钱,谁借的就谁去还。

(二)妇与夫

1.家庭生活中的夫妇关系

(1)夫妇关系

我们那时婚前不见面,嫁鸡随鸡,嫁狗随狗。夫妻俩就叫名字,我叫他陈玉秀,他叫我关秀英,有了孩子,以后就叫孩子娘、孩子爹。家里如果饭不够吃的话先让男的吃,男的需要干重活儿呢,先让他们吃饱了干活儿。后来女的也出工,那也都想吃饱呀,可是自己当了家,家里东西多就多吃点儿,家里没东西就少吃点儿,给孩子再留一块干粮,孩子正上学呢。如果需要花钱买东西当然先要男的花,不想让女的花。财政大权还是在男人手里掌握着。解放前女的得伺候他们了,给他们做饭、洗衣服,不过不用给他们端洗脚水,洗脸、洗脚都是自己端水。男人都不用管带孩子。早上的尿盆也是女的送,早上醒来就得女的先去送,如果让男的去送的话婆婆就要说媳妇。

自己纺花织布挣的钱自己留着，不用上交。男的、女的两口子伙当家，女的也可以自己去集市上买东西。孝顺、不犟嘴、听话、什么也肯干，这就是好媳妇。有打媳妇的情况，女的一般都打不过男的，婆婆也来劝，骂她自己的孩子，劝两个人好好过。

(2)娶妾与离婚、婚外情

就只是地主娶两个媳妇。小老婆喊大老婆姐姐，能在一桌上吃饭，不过小老婆平常很受拘束，得听大老婆的话，小老婆也需要去地里面干活儿，大老婆不去地里，大老婆管在家给她看孩子、做饭。至于娶妾的时候用不用给小老婆彩礼，这个我就不知道了。

八路军解放以后才能提离婚，解放前是不能提离婚的，只能男方不要女方，不能女方不跟男方。解放以后，女人提离婚的情况就多了。离婚的话，男方家里的财产女的不能带走，女的陪嫁过来的财产，女方想带走男方也不能拦着。

以前有卖妻的情况，都是那些不干活儿的男的，偷偷把媳妇给卖掉，卖媳妇的钱儿天就又败光了。像这种情况，一般都是找的外地的婆家，这个事儿瞒着娘家不让娘家知道，或者是这个女的是个孤儿，没有娘家了。

2.家庭对外交往关系

以前请客、送礼、送东西都是男人去，丈夫出面，女人也可以知道这件事，两个人商量着。家里来客人的话，一般只让男的在桌子上吃饭，不让女的在桌边吃，还是轻看女人。一般家族里面有什么活动的话，女人需要参与，或者红、白喜事的时候，都需要和女的说。

(三)母亲与子女的关系

1.生育子女

(1)生育习俗

生了孩子就是往娘家报喜，男孩儿的话拿个书或者拿支笔，如果在篮子上插朵花儿的话就知道是女孩儿。生了就去娘家报喜，刚生完孩子以后女的不能走动，都是家里边的小辈去报喜。我孩子满月的时候也要招待亲戚，煮一大锅菜，娘家也要来人，娘家父母都来，他们要抬食盒过来，就是吃的盘子菜。男方家亲戚来的时候都要带粮食，麦子或者玉米，一般都是带三升或者五升。孩子要在娘家住满月。满月要在娘家住，男孩儿住四天、女孩儿住五天。满周岁的时候没有什么活动，不管生男孩儿、生女孩儿这些都是一样的。生完孩子也不用去上坟祭拜祖先。

坐月子的时候，如果遇到一个好婆婆，婆婆就伺候她。我就生了一个孩子，坐月子的时候什么活儿都是我自己干的，没有人管，想喝汤还得自己煮，尿布都是自己去井里洗的。这都对身体不好啊，所以我就生了一胎，当时井里的水太凉，我洗完衣服以后还把腿和脚都洗了洗，把血给顶了，血凉了，往后再怀孕就都是宫外孕。当时我婆婆就什么都没有告诉我，月子里不能碰凉水，我根本就不知道！就算她告诉我，我也没办法，她不给我洗，我只能自己洗。

(2)生育观念

如果都生女孩儿会受歧视的，如果家里都是女孩儿，想过继一个男孩儿的话也可以。或者是挑一个姑娘招女婿，入赘到家里。一般不会因为生不出来男孩儿就休妻的。以前女的生不了男孩儿，想过继的话需要女人同意，这个事得两个人商量着来。

(3)子女教育

我孩子可能是四岁吧，上的村里的幼儿园，队里成立的幼儿园，也不用给钱，其实就是队里的托儿所,不耽误大人干农活儿。到小学就用缴学费了,到缴学费的时候我们就得借钱。八路军解放以后,村里面上学的女孩儿就多了,女孩儿、男孩儿一块儿上,不用分开。

(4)对子女权力(财产、婚姻)

孩子结婚的时候是媒人给介绍的,也不是我们托别人给说亲,是人家自己过来给我们说的。人家媒人就操心着,看有没有到结婚年龄的年轻人。说亲的流程就和我们当时一样,也是要去合八字的,定婚的时候也要给人家彩礼,给了人家三百块钱,这三百块钱一直找别人借的,再给媳妇做两身衣服,又给他们在院子里边新盖了一间屋子,这些钱都是我们老两口掏的。我们是十九结婚的,孩子也是十九结婚的,那个时候他还不能挣钱。

2.母亲与婚嫁后子女关系

我儿子找的那个媳妇我们以前都见过,都是本村的,通过熟人给介绍的。我跟我媳妇处的关系不好,他们结婚一年多我们就分开家了,但是媳妇坐月子的时候还得去伺候人家,给他们做饭。那时候分家也不用分地,都是在队里面干活儿的,就只是分开吃饭。现在孩子、媳妇根本就不孝顺。

三、妇女与宗教、神灵、巫术

在家都需要拜老天爷、财神爷、灶王爷,就这些,男的要是愿意烧香的话也可以。灶王爷在厨房,这个只是女人拜,没有人拜土地爷。求子的时候要出去庙里面拜送子奶奶,结婚后的新媳妇一直没有孩子,就去庙里面,人家庙里面提供布娃娃,拿个红绳子系到树上,再给孩子起个名,回来的路上要叫一路名字。等有了孩子以后,在去那个庙里面还愿。这个也只是女人去,男人不去。一般的菩萨都是男的,只有送子娘娘是女的。家里面还要拜家堂爷,就是自己的祖先,拜在堂屋正中间,这个是女人、男人都拜。

村里面有神婆,如果有人生病的话去求人家,让人家给看看是什么问题,有管用的,有不管用的。以前村里面信神婆的人挺多的,干神婆职业的人也挺多。我不知道这些,对基督教、佛教等都不了解。

四、妇女与村庄、市场

(一)妇女与村庄

1.妇女与村庄公共活动

女孩儿结婚前不能出去参加聚会,结婚以后就能出去,能出去吃饭、看唱戏。不过有的家里面穷的,也不管小女孩儿,谁家比较富有的管得严,不让女孩儿出门。看戏的时候不分男女,有座就坐。村里开会的话女人可以去,解放前不可以,解放后就可以了,成立社以后都在土地里面干活儿,休息的时候,男男女女都坐在地边儿,干部一组织,就算是开会了。村里面谁是干部,我们都知道。

2.妇女与村庄社会关系

以前只有农业税,这个是按土地收的,不管土地是在男人名下,还是在女人名下,都要收税。从其他的村嫁到这个村,用登记户口。我出嫁之前没有女伴儿,小时候家里太穷,每天都需要出去捡柴火、挖野菜,都不在家里,所以没有玩儿得好的女伴儿。嫁过来后和邻居关系都不错,现在经常在门口和老头、老太太、男女老少说话,有时候也在小卖部门口。

村里有谁结婚或者盖房子,女人都是自愿去的,该帮锅的帮锅,该做啥做啥。红事的时候也帮忙做被子,这也是你会做才行,你做得不好,人家也不让你去帮忙,并且你生过小子才行,只生闺女没有生过男孩儿也不能去做被子。白事的时候也是需要去,主要还是看你自己有没有本事,有本事的女的能在灵堂前当邀客。

以前纺花织布有新花样的互相教,闲来无事在门口坐着的时候会讨论这个,有时候也去别人家教她做。或者是去教新手织布,有的家里面织布机不好使了,也有人去给她看看给她拾掇拾掇。村里面有女人吵架的多着呢!一般也会找一个中间人调解,找和双方关系都好的人。

(二)妇女与市场

以前去市场上买过东西,以前做过鞋,去关台卖。关台那里有矿厂,每次都是去那里卖鞋,这是结婚以后的事,和村里面的女人一起去,在家里把鞋做好以后,趁着那边赶集的时候就去卖。也不在外面住,当天就回来了。

平常买东西有时候他去,有时候我去。有什么大物件都是他去买,买菜的话都是我去买。

五、农村妇女与国家

(一)认识国家、政党与政府

1.国家认识

没有什么认识,我也不识字,小时候太封建,也不让我上学。就只是觉得国家不错,现在老了不能干活儿了,只要有钱就能买东西,什么东西都能买到。

2.政党认识

国民党和共产党是对立的,国民党是坏人,没有解放的时候一直和国民党在打仗。其他的也没有什么印象。我知道孙中山和蒋介石,上夜校的时候在学校见过他们的照片。

3.夜校

解放以后都上的村里面办的速成班、识字班,还有夜学(夜校),解放以后我还去了两天夜学,不过也是小女孩儿跟小女孩儿一起上,小男孩儿跟小男孩儿一起上,不能在一起。夜学里面教别人上课的我忘了都是谁了,都是本村识字的人。但成立识字班以后,俺爹还是不让我去。

4.政治参与

我们家没有党员。

5.干部接触与印象

当时我身体不好,请假不出工,中午分饭的时候,他们就故意让我去地里吃饭,看我到底是真生病还是假生病,那时候劳动力抓得紧。评工分儿什么时候都达不到公平。跟干部关系好的就分儿评得高。

6.女干部

解放以前见过女党员,土改前有女党员过来做思想工作。村里有女性干部,我觉得女性当干部也不赖。解放前是没有女性当干部了,都是解放以后才有女性干部,有过女的当小队的队长。当干部的女的都是思想上进、干活积极的,比较能干,别人都会投票选她。女人也可以当计工员,可以当会计,干部里面女性还是比较多的。

7.政治感受与政治评价

我一个女人,对政治不敏感,国家让怎么做我就怎么做。

(二)对1949年以后妇女地位变化的认知

解放前不说男女平等,解放以后学校才开始宣传男女平等。解放以后,妇女在家里的地位就高点儿了,家里有什么事情都是男女商量着来。

(三)妇女与土改

1.妇女与土改

土改工作队都来家里走访调查,给老百姓们讲道理,也动员女的去斗地主,群众大会女的、男的都去。斗争比较积极的都是成年男女,三十来岁的妇女比较积极,不管是喊口号还是斗争都特别坚决,那个时候我们还小。

2.妇女组织和女干部与土改

后来从那些女人里面选了妇女主任,一正一副,村里有什么关于妇女的事儿都会去找她们解决。分地的时候别管男人、女人,都是按人头分的。我就记得分到了一些土地,其他的没记得分到什么东西。

(四)互助组、初级社、高级社时的妇女

互助组的时候妇女下地干活儿,我也去地里挖过野菜,去山上摘过酸枣,去河南捋过柳叶、菜出去卖,一毛钱一小碗柳叶菜挣点儿钱,什么活儿我也干过。成立初级社以后,男的、女的都要出去干活儿,一天到晚都在地里干活儿。

成立初级社以后,干活儿的时候要去都去,一打铃就都去了,干部派你去做啥你就去做啥。以前在社里面评工分,女人最多也就是九分,男的最多十分。成立社的时候我不用下地,我靠给别人做衣服来挣工分,都是别人去地里面干活儿时候穿的衣服。就找了几个人来做衣服,都是找做得又快又好的人。主要我身体也不好,做了好几次手术,一点儿重活都不能干,所以安排我来做衣服。那是做几件衣服,评一个工分,任务也是挺重的。

(五)妇女与人民公社、"四清""文化大革命"

1.妇女与劳动、分配

人民公社有很多劳动口号,干部领着社员去地里干活儿的时候喊着口号。生产队里男劳动力和女劳动力数量差不多,只要你是壮劳力,那肯定得下地干活儿,也有专门的技术人员,技术人也是有男的有女的,都是上过学,比较有知识的人。喂牲口的饲养员一般都是男的。我们那个生产队走副业,开了一个焦厂,炼焦的,这个厂子里面男女都有。

大炼钢铁的时候女人也去,我当时还去了,在县城西边一个村子里扎营,在那里住了一个月左右,在那里炼铁。从火车上把炭卸下来抬过去,白天晚上都要抬,我跟另外一个女的,两人合抬一个杠。

成立社以后,有孩子的家庭搞互助,一人轮半天看孩子。后来有托儿所就好多了。

2.集体化时期劳动的性别关照

女人如果身体不舒服可以休息,但是休息就没有工分了,这还是跟干部关系好的才行,跟干部关系不好的就是生病也不能休息。你说你身体不舒服的话儿,分饭的时候让你去地里

吃饭,怕你是装的。坐月子的时候可以在家坐月子,但出了月子就得去干活儿。在地里太累的话能休息,要休息的时候男女老少都休息,休息十分钟或者半个钟头,领导一说动工,这都起来干活儿了。

3.生活体验与情感

成立食堂的时候吃饭都定量,男女老少定量都一样。食堂做好饭以后去端饭,都端到自己家吃。成立食堂以后,干活儿负担稍轻点儿,但是嘴也吃不饱了。"三年困难时期",我们村没有受太大委屈,那个时候我们种红薯,红薯产量都高,所以生活没有太大影响。

4.女干部、妇女组织印象

我不知道有什么妇联会没有。

5."四清"与"文革"

"四清"是教育"四类分子",继续教育他们,给他们开会。

(六)农村妇女与改革开放

我觉得土地实行家庭联产承包责任制以后好,生活水平提高了。土地承包的时候,妇女也分土地,不过那个时候没有发土地证。

六、生命体验与感受

一辈子到头就是觉得过得太苦了,小时候刚出生奶奶就把我扔到院子去,童年时期跟着俺娘去要饭。嫁过来以后还是穷,和婆婆关系也一般,生了孩子没人管,月子里伤了身子,再也不能要孩子,就生了一个小子,给他娶了媳妇,现在靠国家发的这养老金、老年款生活。

CMZ20170206PXA　庞心爱

调研点:河北省保定市定州市杨庄子社区

调研员:陈明真

首次采访时间:2017 年 2 月 6 日

受访者出生年份:1928 年

是否有干部经历:否

是否生育:是

受访者结婚的时间节点、生育子女的具体情况:1947 年十九岁结婚,二十岁生下第一个孩子,是个儿子,随后生育三个孩子,总共两儿两女。

现家庭人口:2

家庭主要经济来源:务工、子女赡养

受访者所在村庄基本情况:朱集镇是 1965 年从程河区、双沟区分离出来的,程河区原来是由黄岗、上湾、朱集、马套四个小乡镇合并起来的。该镇位于南阳盆地的南端,唐白河流域(汉水最大的支流)。整体上属于南北气候,以北方气候为主。黄岗村是朱集镇的一个重要村庄,距离朱集镇 8 千米,村内有小河穿过,地势平坦,人口密度适中,适宜居住。全镇国土总面积为128 平方千米,地势属于平原地区,东面是唐河,西面白河,最北面与河南新野县五星镇、王庄镇相接。辖 31 个村,1 个居委会,178 个村民小组,7.6 万人,7.7 万亩(5133 多万平方米)耕地。

受访者基本情况及个人经历:1928 年出生于河北省定州市幺房头村,当时家里没有自己的地,靠租种西关王家地主 40 亩(2.7 万平方米)地维持生活,家中 24 口人,三代人居住在一起,爷爷奶奶当家。婚后生育四个子女,两儿、两女。现在大儿子在北京工作,小儿子在定州工作,两个女儿现在都居住在一起。四个子女一起承担扶养义务。

一、娘家人·关系

（一）基本情况

我叫庞心爱，我的名字是我父亲给起的。我们兄弟姐妹的名字是排着辈儿的，我有一个弟弟，也就是我那个后来去参加抗美援朝战争的弟弟，他是我们家的老三，他叫庞心学。还有一个妹妹叫庞心雪，我们家一共有兄弟六人。我们在下面就是顺字辈，就是这样按照族谱排下来的。比方说，顺起、顺达、顺昌，我那个婶婶家的儿子，也就是我的弟弟，他后来做了首长，他的名字就叫作顺昌。我那个兄弟现在发达了，两个孩子现在也都混得不错。那时候不管男孩儿、女孩儿，姓名都是排着辈分的，如果要是改名字，就一起都改掉。

土地改革以前我们家没有地，但是我们那时候种的是西关大地主王家的地。人家老王家是个大地主。这里的地都是他家的，从城里到城外，一直到西万村，都是他家的地。我家那时候一共种了四十多亩地，有西关老王家的地，还有我们村那家地主的地。我父亲是家里的老二，我大伯家，生一个孩子就死一个孩子。我记得小时候我特别懂事儿，我是家里的老大，后来我爸生下了我，我长成了人，所以我就是最大的，他们都叫我大姐姐。我记得那时候地主来我家收地租，地主的指甲特别长，我看到地主来我家收租子，当时特别心疼，于是问我奶奶那为什么我们家的粮食都给了地主了，我奶奶说：傻姑娘，这是人家的地，咱们种的是人家的地，这是该给人家的粮食，人家是主家。地主在收粮食的时候十分吝啬，等到粮食装满一斗的时候，地主就会使劲儿抖装着粮食的斗，这一斗就变得不满了，我们家就必须得继续往里装粮食。我没有上学，不识字。我们吃亏就吃在这上。我们家就在这城附近，我们家种的地，就在这个城墙下面，距离日本人很近，我们干什么日本人都能知道，也就是因为这个我也不能去参加妇女会，如果参加妇女会，被日本人知道后，我们一家二十多口人就都得被日本狗咬死。

（二）女儿与父母关系

1.出嫁前女儿与父母关系

（1）家长与当家

我的娘家是我奶奶和我爷爷当家。我父亲也就是我爹，因为家里穷上不起学，七岁的时候就去北京给一个大学教授家去当佣人了，给人家提尿壶或者是干点儿别的杂活。这个活儿是我们家一个亲戚给介绍的，人家说，现在有个茬儿，要不然让他去伺候教授吧，还能有口饭吃，没准儿还能学点儿东西什么的。我父亲特别听话，像我们都特别随我父亲，都是实实在在的老实人，都特别老实。然后我父亲就去北京了，去了就给人家提尿壶，给人家打饭，给人家扫地，给人家擦桌子什么的。后来，人家那个教授为了考验他，给他在地上扔了好多现大洋。我父亲是个老实人，一个都没有拿人家的，就把大洋捡起来，全都给它整整齐齐地摆在桌子上了。后来那教授觉得我父亲是个老实人，是个可靠人，就一直要我父亲在他家干，还教给我父亲很多知识，让他学了很多东西。人家把那大洋钱都扔得到处都是，什么桌子下面、门缝里面、各个角落，我父亲说，我就给人家捡起来，给人家放在桌子上，把桌子擦得特别干净，这才叫我留下来。人家看着我父亲特别有出息，就问我父亲为什么这么小点儿就出来伺候人？我父亲说，家里穷，上不起学，吃不起饭，出来想学点儿东西，混口饭吃。人家这个教授挺看得上我父亲，就教我父亲很多东西，后来感觉我父亲特别有知识、有文化。我父亲也死了，早早地就死了,也命短,五十多就死了。我爹妈都是早早地就死了,都命短,我这弟兄六个走了一个兄弟媳妇,还有五个都还活着。

(2)受教育情况

我这一辈子最遗憾的事儿就是不识字,这一辈子一个字都不识,特别憋屈得慌,什么都不认识,什么都不懂,一辈子稀里糊涂的。是我们的村离城太近了,人家别的村都组织了妇女夜校,教妇女们识字,我们村不敢弄,我也没法参加。我小的时候特别聪明,大人说什么我都可以记住,我奶奶都说,我这个姑娘特别聪明,我跟奶奶说,我想去上学,奶奶告诉我,我没办法去上学,家里什么都没有,我总不能饿着肚子去上学,家里没有条件供我上学。我说我去参加妇女会,去那里上学,我奶奶说,你要是去参加了妇女会,咱们家的人就都喂了日本狗了,就把咱们一家都给宰了。我小舅就是参加了红军,去打日本了,那时候我姥姥不让他去,说我小舅要是真走了,我姥姥一家就都喂了日本狗了。但是我小舅硬要去,让我姥姥对外说我小舅跳井了。后来我姥姥就想办法,哭着喊着,让村里人去各个井里打捞我小舅,其实我小舅就没有跳井,他去参加红军了,就这样,我小舅走了,我没有走成。没有参加妇女会,是因为我小时候,我们家有一个不对眼儿的人,他们有一个人叫老多,是个女的,长得特别高,和日本人靠着。她是个红眼儿病,看见别人家好就不开心。我奶奶说,我要是走了,老多肯定知道,就跟日本人说了,咱们家的人就都完了。

我跟你说日本人有多可怕,我们家有个亲戚,我叔叔家的一个亲戚,我姑姑给他说的亲,开始不知道,只知道他家是西汶村的。我们这里的西汶村出过一个事儿,日本去西汶村扫荡的时候,看见一家人,那个姑娘没跑得了,就被日本人逮住了,七八个日本人还有特务就把那个姑娘给糟蹋了,裤子撕得一点儿样都没有了,浑身是血。那个姑娘那时候才十七岁,就这样被糟蹋死了,血流了一地。就是她家,一家子都被杀了,就是被日本狗咬死的。那样糟蹋她,她哪里受得了,又不是家里人,会爱惜她,那日本人,哪里管她。那会儿我那个兄弟媳妇儿,还没有嫁给我的兄弟。我兄弟媳妇的父母有一天去草垛拿山药,看到一个人还以为是八路军,他就说,同志,日本鬼子走了你可以上来了。后来那个人是个特务,这样就把日本人给招来了。早先,咱们这里有个说法,北边儿的就是指的是日本,南边儿的指的就是八路军。我这个兄弟媳妇她爸就说同志你上来吧,北边儿的走了。后来那个人还没有走远,日本人就过来了,就把我那个兄弟媳妇他爹给绑了。兄弟媳妇她娘就说,你要是绑了他,就把我也绑了吧,你看我们家这四个孩子,这就过不了了,干脆把我也绑了,杀算了。那个女的说我给你们跪下,你看我们家这么多孩子,你们绑了他,我们怎么过?日本人根本不吃这一套,哪里管她,她在那里又哭又闹就被日本人一起带走了,就这样把他俩一起绑到了城里,十字街北街。那时候北街有一个宪兵队,就把他们带到宪兵队里,后来我们连尸首都没有看到,就让日本狗指哪儿咬哪儿给咬死了。后来我这个兄弟媳妇就看不了打仗的片儿,一看打仗的她就哭,因为她一看就伤心,这个兄弟媳妇也死了,去年死的,我那个兄弟也死了。

(3)家庭待遇及分工

男孩子和女孩子在待遇上也有一点儿区别,吃穿上其实也有区别,就是说人家这些小子还要干活儿,让他们吃棒子面饼子,我们这些姑娘不干活儿就吃山药面儿的饼子。早先咱们这里特别穷,晌午的时候不做饭,弄一锅山药放在盆子上,下面放上水,蒸山药,然后在水里放上盐和香菜,就这样吃山药和香菜汤。早先的人什么都吃不上,什么都没有,种着人家这四十多亩地，给人家缴完租子就剩不了多少了，等到春天的时候就更没有吃的了，更吃得特别差。春天的时候就去摘那个榆钱，弄很多榆钱，放一小点儿小米，放在一起煮，二十多口子人，连一升米都放不到，还不满。我们家那时候二十多口子人，锅特别大，就是那种大锅台，把两个人放进锅里也都可以装得下，我那时候盛饭还特别矮，都得蹬着凳子盛。

在家庭分工上，我的妈妈和爸爸一样，和男的一样就是用那个辘轳浇地。就是那个大井，大井上的辘轳，然后浇地。有这么一个大罐，然后这样一样地去浇地。做饭、洗衣服，在我们家就是我两个婶子、一个大娘还有我妈，她们一共妯娌四个，两个人一班做饭，就说四个人围着锅头做饭，在冬天的时候。在夏天的时候就是有上地里去的，有的时候就都上地里去了，我奶奶做饭，我们闺女们就都不去地里去了，闺女们就不去地里去，都在家里学做活，纺棉花、做活、做鞋。等到秋天麦熟的时候，就去地里送饭，就担着挑子送饭去，等到春天的时候，点上棒子了，有乌鸦，那时候那个鸟特别多，老哥他就戳那个棒子，就上地里去看着那些鸟。那时候就上地里去摘榆树叶，那个榆树的叶特别好吃，那个榆树面也好吃，在地里晒得黢黑。我们就用榆树叶子去做汤，我们就喝，就是吃一半子，饿一半子，我们也就过年的时候吃得饱，过年的时候就让吃饱一点儿。

(4)对外交往

过年的时候姑娘们不拜年，都是这个，老爷们儿们和媳妇们去拜年，大年初一的时候，也是先是老爷们儿去，挨家挨户地拜年，然后等到快晌午的时候，媳妇儿们才出门开始拜年，不和男的一起拜。大年初一的时候，早晨先给家里的老人们磕头，磕完头、拜完年才可以去端饺子吃。你要不给老大磕头，你这饺子就吃不成，这家里必须得有个规矩，要是没有规矩，这街坊四邻的就会笑话。那时候家里就得讲究规矩，你这老人们就得给孩子们立下规矩，什么规矩就必须得按什么办，不磕头就没有饺子吃。那小姑娘们不出门也不给人家拜年，但是过年的时候吃饭是一样的，就是过年了，大家都辛苦一年了，都吃一点儿好的。过了初二之后，我们就又开始吃渣滓饼子了。初二的时候就放上点儿掺子朝上点豆子、渣滓，过年做豆腐剩下的那个渣滓，然后就做点儿渣滓饼子吃。也就过年的时候能吃点儿白面，平时都吃不上。你虽然租着人家的地，人家一收租子，我们就剩不下多少可以吃的粮食，这一年哪能吃得下来呀，这粮食都吃不到头的。等到青黄不接的时候，就一天天地我们就去卖菜、去城里拉粪，这样赚点儿钱，买点儿粮食吃。有的时候这麦子还不熟，还青乎乎的，我们就拔着吃了，因为没有吃的了，都饿得慌。所以必须得拔着吃了。平常吃饭的时候，就切一大锅就是一大筐、一大筐白菜放在锅里炒，把那个山药干压成饼子，把棒子压成片片子。这么搅着白菜吃，那白菜哪里放油呀，就是用那锅把它烤干了，切上一棵葱，滴上一两滴酱油，这就成了炒菜了。那时候什么都吃不上，你看现在这人们吃什么！都天天吃的肉呀、馒头呀，现在都享福了，看现在吃得好的。到现在我是菜汤都舍不得倒掉，都得用馒头把它蘸着吃完。人，现在这年轻的，人家就倒掉了，人家剩下的饭都不吃了，像我就不，我舍不得。

(5)女孩禁忌

我小的时候，在我们家里不让女孩子上桌吃饭，除非过年的时候，女的和女的在一桌，男的和男的在一桌，这才让在桌子上吃饭。但是平时吃饭是一样的，就是不让女的上男人的桌子。你要是挂着头吃饭，这奶奶或者是妈妈就该说你了，说你，你看你有个闺女样吗？你看你挂着个头，坐没有坐相，立没有立相，给人家做媳妇儿去，人家谁看得上你！给人家做媳妇儿去的时候才叫难受呢,给人家伺候了月子,或者是你坐着月子的时候,还要给人家磕头,给人家做饭。这鞋都不让穿大鞋,都让你穿小鞋,穿小鞋憋着脚,你看,把我的脚掌脚背憋着,憋了一个大包。这我还没有赶上裹脚呢,我姑姑就裹脚来着,我姑姑比我大五岁,她就裹脚了,我就没有裹脚,我就没有赶上。但是也让我们穿小鞋,平时就说我们,你看你穿的大鞋,任着那脚往大里长,等着以后寻个婆家,人家谁要你的大脚片子。我们那时候大脚不好找婆婆家。等到后来了,解放以后,这妇女的地位提高了,就不让说这些了,就不管叫脚小了。

　　2.女儿的定亲、婚嫁

　　我们早先的时候定婚,流行换大红书,我十八岁定的婚,等到十九岁的时候正好是咱们定州城解放,我叔叔就说这解放了天下太平了,可以结婚了,你看着解放了,老吆喝这名字,斗争、胜利、果实都叫这名字,上这斗争地主,上那斗争地主什么的,就让人家婆的走算了。正月二十六我就嫁了,就上了人家当媳妇。那时候媒人们给两家说亲的时候,说闺女就是说稳当,也好脾气,像我们十九的时候给人家当媳妇去了,就是会做活儿、能干、做鞋、做衣服,上地里去不让女的去,有的家庭人比较少的可能让她们去上地里去。我们家人比较多,有二十四口人,所以就不让我们去。说媒的时候如果说男方那边,就说是好材料儿,说男的正干(正派、能干),不是那种偷偷摸摸不正干的人,也是看两边的情况。我们结婚以前都不让见面,也不让登记,我们结婚之前也没有见过面。等到娶了之后,我也特别害羞,等到黑夜的时候,等到人们都走了,吓得不行,没有人了,把门子一上,特别害怕,就自己接受不了,一个小女孩儿跟一个男的一起睡觉,不知道人家长的什么样子。第二天早上他出去了,我从窗户里看了一下,长得特别好。那就叫嫁到婆婆家了。等到解放以后了,我有个叔伯妹妹叫心花,人家就赶上登记了,人家登记买衣服,还要谈话,就让结婚之前说话了,就可以见面了。现在的人越来越开放了,人家都在婆婆家住着,人家住够了才结婚。

　　我们定亲的仪式就是买一个黄包金镯子,婆婆家给买,就是包着一层,里面是铜的,婆婆家买的,黄的,娘家就陪送白的。婆婆家给买了一个袍子,一个娘袄,带一个收腰。我出嫁的那一天是坐着轿子出嫁的,等到娶媳妇、聘闺女的时候,也骑马也坐轿。定亲的时候还要换婚书,就是换书的时候写那个大红书,是我的给他,他的给我,里面写的什么我也不知道,我也不识字。我们定婚都是父母说了算,我一点儿都不知道,当时我正在地里看着瓜,我和我一个表妹在地里看着瓜,她说姐姐我取饭去呀,我取饭去呀。我们那时候天天回去取饭去,取得饭来了,一看又有热菜又有凉菜,也有两个小果子,还有米饭,姐姐你看这是什么饭,家里在给你定亲呢,你现在可是有婆家的人了。我当时又害羞又生气,就开始追着她跑,就围着这个井台,井边有一个大水车挡着那个井,也掉不下去,我去追着她跑了好几圈儿。她说:你别追我,你有了婆婆家了。她就比我小个三四岁,就那么逗我。现在想想特别有意思。

　　我出嫁的时候,家里也算给了嫁妆了,我们那时候出嫁,我们家还在伙着(家人在一起生活,没有分家)的,给了我十斤棉花,是那种去了籽的,给了十斤,叫卖掉给我买嫁妆,我妈就给头大的闺女攒个钱什么的,像我们这种围城的,就去这城里去卖掉,就买一段洋布,就是那个花布,平时也舍不得穿,就是过年的时候穿一穿,我婆婆家就给买了两件衣服,就是两个旗袍呗。

　　像我们年轻的时候,没有女的主动说离婚的,没有离婚的说法,只有说婆家不要了给休了。家里的大人早就教给你了,你嫁鸡随鸡、嫁狗随狗,你嫁给谁就跟着谁,好女不嫁二夫男,你要说不跟人家了,那叫人家休了你了,写一封休书休了你了。这样人家不要你了,娘家也不让你进门,人家嫌弃你丢人。肯定是你不好,你要是好人家为什么休你,那时候的家长都是这样的态度。娘家就说活着有个人、死了有个坟就行了。那时候过不下去的要不就是上吊,要不就是跳井,早先是吃锌,吃锌死,跟石头一样,砸一块儿吃了之后就死了。丈夫也不要,娘家也不要,你说你不死你干吗呢?现在还有个去处,比方说去打工什么的,那时候也没有什么去处,那时候哪里让女的抬头呀。你看现在,媳妇吃在头里,婆婆做在头里,嘴里含着怕化了,脑袋顶着怕歪了。

3.出嫁女儿与父母关系

出嫁以后,头一年有的接十五,头十五,过了初六了,就接闺女和女婿回去,去了,当家实户就请女婿,村里有的人嫁的小女婿,那个小女婿穿着缎子袍子就爬上麦秸堆上玩耍,把那缎子袍子弄得都是毛。那个地主们都是嫁给小女婿,像我们这个庄家主子都不嫁给那样的小女婿。就是女婿家有钱,图你能干活儿,去了就叫你给人家干活。我一个一块的大娘,她家的小子叫扣子,人家娶了一个媳妇,他十二岁,人家十九岁,人家就叫他妈妈妻。我大娘说,你可要记着把他尿尿,要不然尿了尿一大截。我大娘还在外面放一个小板凳,在门外听着,看看有没有对他儿子不好,人家也挺好的。

一般来说,出嫁以后就不会再管娘家的事了,一般的事人家也不跟你这里说了。早先的女的要是和丈夫打架了,要是精的人家不去娘家,等到换气了①才回娘家,因为人家要是接②,你去(娘家)那正好,人家要是不接,你去(娘家),最后写一个休书把你休了你怎么办,自己也没有办法再回去。我们这儿有个人回娘家去了,他兄弟送她回婆婆家,嫌弃她回去晚了,就把门子锁上了,不让进去,他弟弟就让她跟他回去,她不走,跟婆婆吵了一架就进去了。你看以前唱的歌:“一天三顿饭,早晨起来给老婆婆把盆端”,早晨起来给老婆婆端尿盆去。做媳妇跟做丫鬟一样的,还不如丫鬟呢。你生了孩子以后,人家给你做两顿饭,但是照样让你吃跟人家一样的饭。等到走的时候,老人还教你,等到走的时候给人家跪下磕个头,临走的时候还给人家拜一拜。那时候就是婆婆或者是其他的婆婆家的亲戚伺候月子。

(三)出嫁的姑娘与兄弟姐妹的关系

出嫁以后和兄弟姐妹关系也都特别好,我跟娘家人走得比较近,后来一直在娘家住着。像我们家二十四口人,等我有了孩子,我们还没有分家,我们谁跟谁都没有吵过、没有嚷过,分家的时候也没有吵架过。那会儿兄弟家就是父母家,我们那时候都不分家。我弟弟在我的婆婆家说话没有分量,因为我那是一个后婆婆,我不怎么在婆婆家住。所以我弟弟在婆婆家说话没有什么分量,但是弟弟在我家说话分量特别重,因为我弟弟是个军人,他很早就去当兵了,比较有见识。我又不识字,有什么事情都跟他商量。我们家的孩子结婚的时候也跟我这兄弟们商量来着,人家也跟着张罗。

二、婆家人·关系

(一)媳妇与公婆

1.婆家婚娶习俗

一般的人结婚都是婆家人来迎亲的,但是我没有上他家去,我在我们这边结的婚。我们家老头子是个后娘。我那个亲老婆婆死了,丢下了一个孩子,就是我老头子。我老公公就又娶了一个,就是我这个后老婆婆,她又生了五个孩子。所以我也不像别人那样住在婆婆家。就刚结婚了之后,就要去人家的祖坟上去拜坟,我们都会去。

2.分家前媳妇与公婆关系

在婆媳关系方面我倒是没有受到过什么虐待,因为我是没有亲婆婆。那在早时候婆婆虐待媳妇的事情非常多,人们都不觉得这是事儿。以前女人们都会盘那个小发髻,老婆婆就揪着那个发髻打媳妇。我们村有一个地主,他的老婆特别厉害,他儿媳妇要生孩子了,她不要她儿媳妇上床,生怕把床给弄脏了,要她在地上站着生孩子。她儿媳妇躺在地上,就这样把孩子生了,第一个孩子生出来是一个女儿,老婆婆一下就不高兴了:在地上猛地一顿拐棍儿。后来紧接着她儿媳妇又生下了一个儿子,是生了一对龙凤胎,这样又是人家的不对了,她说一下生两个让我们怎么弄。所以说那时候讲究养女儿不攀高亲,你要是攀高亲,人家就瞧不起你,就对你不好。像这个样子攀上了高亲,你看这女的多么受苦。在我们年轻的时候从来没有听说过女的管钱。一个媳妇刚娶了就去人家家当家、去家里管钱,那可没有门儿的事儿,那时候是谁当家谁管钱。也有一些比较精明的女人会攒一些私房钱自己花,就是有的时候自己养个鸡、养个鸭、攒个鸡蛋、绣个花儿,上集上卖一点儿钱,然后自己留下一点儿私房钱,买个胭脂、买个水粉什么的。买那个颜色颜料,现在的话就是颜料,染花布,然后做衣服。这样也攒不下很多钱,就是一点点钱。早先的思想顽固呀,女人们都活得特别辛苦。不管怎么着都是跟着一个人,你没有自己选择的权利。

我们那个村子里那时候还真的没有什么改嫁的。我们村里有这么一家,这也就是些闲话,你听听就得了。我们村里有一个叫臭蛋的,他身体不好,家里想给他娶个媳妇儿冲冲喜,那时候他都快死了,还要给他娶媳妇儿,就是为了冲喜。娶了媳妇儿过来第一天,晚上洞房花烛夜的时候,他看见他媳妇儿就死了。死了以后,这个姑娘也没有改嫁,就一直守在他家,在他家当媳妇儿,但是她还是个大姑娘,后来就和她的小叔子搞在一起了,后来怀孕了。你说那时候多么顽固,刚见面,丈夫就死了,还不赶紧回家改嫁,重新再嫁一个,最后闹成这么一个结果。后来她的小叔子又娶了一个媳妇儿,最后就这么不明不白地过着,他这个小叔子又和她在一块儿,又和他娶的那个媳妇儿在一块儿。以前咱们这西关有个出名的大地主,他们家就是在咱们西关头的那一片,放着一排贞节牌,上面刻着各种花,这一个个贞节牌就把女的给困死了。早些时候的女的心里都是想的是好女不嫁二夫男,好马不备双鞍子。你嫁了一个好人,就算你好命,你嫁了一个不好的也就得将就着过。在我这心里就这么认为,一辈子寻一个男的,就拉倒了,一辈子再也不和别人在一起了。

3.分家后媳妇与公婆关系

分家的时候给不给寡妇分家产,这个就在这个家庭了,就看你这个家庭怎么说了。要是知书达理的家庭好的家庭,就会觉得这个寡妇守寡这么多年不容易,给她分一定的财产。但是你像我的婆婆家分家,那时候没有他哥哥了,只有我一个人守寡带着这些孩子,什么都没有给我,我家老头子攒钱给他的父亲买的房子也都分给了他其他的儿子,因为那个婆婆是后婆婆不是他的亲妈,她肯定向着自己的儿子。

(二)妇与夫

1.家庭生活中的夫妇关系

在我们那个时代的家庭生活中,夫就是夫,妻就是妻,妻子不可以管丈夫的事情,丈夫去哪儿干什么都不会和我商量,我们那时候哪有说话的份儿,人家想去哪儿就去哪儿,挣回来钱就行了,养着我就行了。我们那时候女人们都特别老实,除了做活儿、生孩子、做饭,什么都不能干,别的事儿都不管。那时候女的不怎么出去,不怎么做买卖,也不会出去打工,大多数都是男的出去。那时候女的就是在家里干活,做饭、洗衣服、做鞋、做衣服。等到快过年的时候,就在屋里点着一个洋油灯在屋里做活儿。都是一样的呀,丈夫死了还是一样地过日子,和以前一样。那时候封建社会就是实行这个。你要是走了,人家多笑话你。那时候脸面值千金,人活着就是要个脸。但说那种放荡的也有,就是跟好几个人靠着,光跟人家瞎搞不嫁人,这样的也有,但是特别少。这样的人就会让人戳脊梁骨,你看谁谁那叫什么人呀,简直像婊子一样。我们那时候说这样的人就是不正经,你要是守不住你就嫁人,但是不能和别人靠着。我们那时候想想就除了做贼就是养汉,最让人戳脊梁骨。

早先的时候有娶妾的,当然有人家地主家都娶三个媳妇儿,像我们村最有钱的地主,老谢家就是有一个正房太太,还有两个偏房,平时地主在家的时候,就是什么都听地主的,要是家里的男人不在家了,就是老大说了算,有什么事情都是跟老大商量,老大就算是帮着她的男人支撑着这个家,这个老二和老三没有管家的权力,也没有在家里说话的份儿。那当然是不一样,那时候的妾特别没有地位。老赵家地主,那时候我姑姑和她家挨着住,他娶了两个媳妇儿,一个正房一个偏房,没有娶老三,后来正房死了,那个老二就想扶正,就想做大房,但是老赵家地主说,她死了你也没门儿做大房,我再娶一个黄花大闺女做大房。后来他就真的娶了一个大闺女,虽然比他家老二来得晚,但是她依然是大房,什么事情都听这个大闺女的,不会听这个老二的。那时候街坊四邻、叔叔、伯伯,当家的十户的都赞成这个地主的做法。

丈夫打媳妇儿的现象也是有的,我们那时候有这个说法:娶媳妇儿就是花钱买了头驴想骑来就骑,想打了就打。丈夫打你,你也不敢说什么,不然他就把你休了,休了之后娘家也不要,你哪儿都没得去,只能去死。那时候也不说,离也不说散,只要丈夫不休就不走,除非实在打得你没法儿了,你就直到跳江或者吃锌自杀。

2.家庭对外交往关系

对外交往方面,在我们这个家庭,就是我爷爷和我奶奶,陪家里的客人吃饭。我们这十七个孩子,那时候我们家有十七个小孩儿,一个都不让,在家全都轰到外面去玩儿,谁都不可以在跟前看着。等到这个客人们走了,我奶奶就到我们去玩儿的地方,把我们叫回去,每人分几个饺子。那时候我的丈夫还有小叔子什么的都不陪客人,都是老人们陪客人,都是家里的最长辈陪客人。男的客人来了是当爷爷的陪,客人们一起吃饭;女的客人来了,是奶奶陪客人们一起吃饭。在我们家来客人都是丈夫出面,我们也不插嘴。

(三)母亲与子女的关系

1.生育子女

早先的时候生男孩儿还是生女孩儿,那肯定是不一样。我生的第一个孩子是个儿子,后来第二个、第三个都是闺女。在我生我二闺女的时候,也就是我们家的老三,我的小叔子赶着一个牛车,带着他妈,也就是我的后婆婆来看我,进门看我在床上坐着,小叔子就说,看你生了个闺女,还有脸在床上躺着。我婆婆就说,人家那谁家生了一个大胖小子,我那时候已经生了一个儿子了,第二个是个闺女,你三个又是个闺女,人家就不高兴了,就开始说我。那时候把我气坏了,我就把我腰上的裤腰带解下来,围在我闺女的脖子上说我,我抽死你得了,但是把腰带缠上了,舍不得抽,因为毕竟是自己生的。

那时候都喜欢儿子,现在可不一样了,现在男女都一样,现在如果生了两个儿子还发愁呢。两个儿子娶两个媳妇儿那是很困难的,但是生两个闺女就没事儿。仪式上没有什么区别,如果是头一个(孩子)都是一样地摆席办事儿,但是就是你这个生孩子的人,你这个妈有点儿受气,生了女儿的话。这女人有三理:第一就是结婚的时候有理,你要是达不到我的要求,就不结婚,这娘家的人不来客人就不开席;等到生孩子的时候,也是女人有理,娘家的人不来也是不能开席;等到女的死了的时候,也是女人有理,娘家的人如果要闹的话,就不可以把尸首埋了。女人除了这三样儿,什么时候都没有说话的份儿,都没有理。

2.母亲与婚嫁后子女关系

我家的孩子结婚,也都没有什么彩礼、还有嫁妆什么的。我们家也没有给闺女弄多少嫁妆,也没有管人家要什么东西。婆媳妇儿的时候也没有给人家什么彩礼,那时候都还不是很时兴这些东西。那时候没有房子也行也嫁人,没有车也嫁人,你看现在没有什么也不行。你看我们两个女儿嫁的都是当兵的人,把被子抱在一起就算结婚了。我闺女她们结婚都没有做(仪式),叫他们是旅行结婚的。我姑爷是当兵的,他们就从石家庄到北京,再从北京到天津,再从天津回到石家庄,这么绕了一圈儿,就算是结婚了。在部队上开个会就算结婚了,两个闺女都是嫁的军人。然后摆摆席,把家里的人都请来吃个饭,热闹一下就行了。

三、妇女与宗族、宗教、神灵

(一)妇女与宗族

咱们这里没有宗族什么的,可能那个大户人家里可能有家里的祠堂,我们家没有。

(二)妇女与宗教、神灵、巫术

这个拜神上坟什么的有时候让女的去,有时候不让女的参加,出殡下葬什么的就不让女的去。

四、妇女与村庄、市场

(一)妇女与村庄

1.妇女与村庄公共活动

解放以前我们没有参加过什么活动,那时候姑娘要嫁,就大门不出二门不迈,我叔叔那时候可封建了,不让我出门。有一次我要我的奶奶带我去看戏,那时候我也有十几岁了,可能有十五六了，我刚拉着我奶奶走到大门口，我叔叔就在门口站着，说不让我去，一个小姑娘家家跑出去干什么，就跟着人家跑了，让我赶紧回去，后来我奶奶也没有去。开会什么的从来没有让闺女们去过。那时候闺女就是在家里干活儿。就是在家里做衣服、纺棉花、织布，也不上地里去干活儿。解放以前，村里面也没有村庄会议，应该是，反正也没有让我们参加过。

2.妇女与村庄社会关系

出嫁以前，我倒是有几个经常一起玩儿的朋友，那时候，我和几个小姑娘在我们前面的大院子里面踢毽子什么的，到时在一起玩儿，那时候姑娘们都不让玩儿的，时间太久就在一起玩儿，一会儿家里就都叫回去了。那时候姑娘出嫁，去陪的都是亲戚，那时候不兴找朋友，但是她们出嫁的时候我们会过去看热闹，去看她们出嫁，我有一个姐姐，算是远房的姐姐，我们一块玩儿得特别好，我妈说我出嫁的时候给我做一件旗袍，我那个姐姐说不要做了，反正我已经做了，我结婚的时候穿完等着，以后剩下就要你穿。

我结婚的时候也没有在他家接，所以也没有去串门，就是过年的时候到家，得去亲戚家去拜年。那时候哪有什么时间玩儿，都是在家里干活，除非是大年初一和一家子的人一起去拜年。夏天的时候特别热，也不会到外面去乘凉，也不能出家门，往时不是有树会成一大片阴凉，到房上去乘凉也不能到外面去。平时玩儿都是在家里玩儿，家里就有一块儿的地方，找姐妹们一起就玩儿了。

（二）妇女与市场

那时候女孩子不怎么上街买东西，买东西这种抛头露面的活儿都是家里的当家的干的。我们家那时候一种棉花就是八亩。等到熟了的时候，我爷爷就把棉花卖掉换成钱，问我们是要钱还是要棉花，如果要是要棉花，就给我们一人一大包棉花，要钱的话就给钱。给了我们棉花，我们就攒着以后做嫁妆，针线什么的都是老的（老人、长辈）在集上去给我买。还有那个在村里面卖东西的，带着东西走街串巷的，摇他的小鼓。解放以后，那就不用说了，也都可以出去干活儿了，也可以出去买东西，也可以赶集了。像现在都是女的们当家，男的们都不怎么管钱。该买什么的都是女的说了算。

五、农村妇女与国家

（一）认识国家、政党与政府

对于国家方面我还真的不知道什么，我不知道什么是国家，只知道大清朝。我奶奶他们那时候说过，就是那个大清朝吧。还有就是袁大头我还记得，那个就是铜钱，把那个给人家，人家就给我们东西。我不知道什么是国民党，在我印象中是不是国民党就是特务，是不是和日本人在一起混的那个叫国民党，这些我都不太清楚。

（二）对1949年以后妇女地位变化的认知

1949年以前从来没有宣传过男女平等，都是男的说话比女的说话算。那时候都是男的说话算，女的说话不算，那个女的哪里有什么地位，还让女的裹脚，我就差一点儿没有裹脚。解放以前，也有女孩子上学的，城里面有小学，但是村里没有。城里有南高，有东高，有一中。就是有钱的去城里面去上学，就是我们有一个不错的叫秀坤，和我们一般大，人家就在城里的小学上学。人家家是中农，人家也是自己家的地，有给人家做饭，人家是个小家庭，我们家是二十多口子的大家庭，没有人给我做饭。

（三）妇女与土改

土地改革我知道，就是斗地主的那会儿，我们还跟着去收东西来着。解放了以后让把大辫子剪掉，那个梳着发髻的也要剪掉，好像是有这么一个事儿，记不大清楚了，说是让剪掉顽固的尾巴。

（四）互助组、初级社、高级社时的妇女

从互助组以后这妇女就开始解放了，这妇女的地位越来越高了，以前结婚以前都不让见面，要是长得特别丑怎么办呀？

（五）妇女与人民公社、"四清""文化大革命"

1.妇女与劳动、分配

人民公社时期我们吃过食堂，我们在齿轮厂吃的食堂。那时候我们都不愿意吃食堂，但是那时候是那个运动，谁都没有办法。当时运动特别多，光听说过妇女也顶半边天，没有听说过铁姑娘队。毛主席说了时代不同，男女一样。后来老太太和老头儿也都可以在一起聊天了。

2.集体化时期劳动的性别关照

我后来就搬到城里去生活了，我丈夫在齿轮厂上班，我就打一点儿零工，所以没有参加合作社。

3.生活体验与情感

这以前我们女的生活得都太委屈了，都是抬不起头。现在好多了，你看现在就女的地位都提高了，也能说话了。

4.对女干部、妇女组织的印象

没有接触过那些妇女干部和妇女组织，知道有妇女会。但是没见过那个人们。刚解放了，我就娶了，就没接触这个了。

5."四清"与"文革"

听说过"文化大革命"和"四清"，就是那时候特别乱。具体的不太清楚。

（六）农村妇女与改革开放

改革开放以后慢慢地就变得胆子大一点儿了，但是洗衣服、做饭还是男人吃到头里，女人做到头里。早先洗脚的时候，来了外人还要扭到一边儿去洗。

六、生命体验与感受

我这一生中最难熬就是四十多岁的时候，那时候没有老头儿了，自己弄着四个孩子，也没有地也不打粮食，也没有工作，那时候日子不好过哦。

DMJ20170107YLY　杨林燕

调研点：山西省泽州县下村镇中村

调研员：段明杰

首次采访时间：2017 年 1 月 7 日

受访者出生年份：1932 年

是否有干部经历：否

是否生育：是

受访者结婚的时间节点、生育子女的具体情况：1948 年结婚；1951 年生的大儿子，共生 4 个孩子。

现家庭人口：1

家庭主要经济来源：子女赡养

受访者所在村庄基本情况：中村位于吾圣山脚下的下村镇北部，长河发源地，村纵横面积 3.767 平方千米，建设用地 0.52 平方千米，耕地面积 2225 亩（约 1.48 平方千米），全村共有 550 户，2100 余人。中村村紧邻政府所在地的下村村，西与沁水县樊庄相连，沁辉路由此经过，北与高平市的马村镇接壤，东与大阳镇相邻。该村现有党员 74 人，村干部人数 9 人，全村分为 7 个小组。

气候特点：大陆性季风气候明显，四季分明，一般为春季干旱多风，夏季炎热多雨，秋季秋高气爽，冬季寒冷干燥。地形地貌是山区。

中村村因位置居中而得名，建村初期，村庄姓氏分布刚开始主要由段氏组成，上溯段氏祖宗、金元时期任过泽州长官的段直，以文化州、文化县、文化村，自然形成了独具特色的村社精神和族姓品格，后来村里的姓氏多了起来，张氏、李氏等。人地矛盾不突出，农业生产状况一般。

受访者基本情况及个人经历：杨林燕，1932 年出生，祖籍是山西省泽州县。十六岁的时候嫁到中村村，之后就一直在中村务农至今，是一名普通的农村妇女，一生就是在地里干活儿、看孩子、做家务，没有从事过其他。没有上过学，有两个儿子、两个女儿。现在一个人单独生活，身体还算硬朗，自己一个人做饭，吃完饭就在门口坐坐，来回走走，距离儿子家也不远，有什么事的话过去找一下，一般也没有什么事，就是自己给自己做上吃上就好了，儿子、女儿也隔三差五地过来看看，生活来源主要就是国家对老人的补助，除了买点儿菜，一般也不买什么，一些其他的都是孩子买的。

一、娘家人·关系

(一)基本情况

杨林燕,1932年生,今年八十六岁。小时候没怎么读过书,上了几天学还是一个字都不认识,自己的名字也不知道怎么写,也不知道其中有什么意义。名字是刚生下来就由父母给取的,兄弟姐妹六个都是由父母共同起的,我也不懂什么辈分。我是老二,有个哥哥,两个弟弟和两个妹妹,现在都去世了,只剩我一个,家里的孩子都是亲生的,没有抱养过。我父亲是地主老财,说他是地主老财,不是因为他剥削过人,而是因为买的地多,为了置房买地,每天忍饥挨饿,土改时划分为地主。夫家这边穷,只有三亩旱地,土改期间被划分为中农,家里只有他一个独生子,他是由他母亲带过来的,和他现在的父亲的是二婚,他后来的父亲原来有两个孩子,但在十岁左右的时候就都去世了。我十六岁出嫁,十九岁时生的大儿子,也就是在1951年的大儿子,共生了四个孩子,两个姑娘、两个儿子。活这么大也不容易,可没有想过能活这么大。

(二)女儿与父母关系

1.出嫁前女儿与父母关系

(1)家长与当家

当家的一般都是父亲,那个时候我父亲是只管进,只管挣钱、种地,把钱都交给了母亲,由母亲支配,但是母亲还没有怎么管开事就去世了,是四十多时去世的。当家也是分人,看能力的,有时候尽管爷爷、爸爸都活着,但是孩子长大了,孩子要是有能力的话也能管事,那时候我奶奶是个聪明人,爷爷去世后,就是由奶奶管了。

(2)受教育情况

我父亲读过几年书,母亲没有,那时候主要是男孩儿读,女孩子读得少,兄弟、哥哥都读过,读了多长时间也说不清,顶多就是个小学毕业。我的兄弟都挺聪明的,大哥曾经在郑州做生意,二弟和三弟都是在厂里,三兄弟是在编造厂里编灯笼,二兄弟在厂里做保管,虽然他的文化不深,但村里上年龄的老人都是叫人家杨师傅,可见二弟备受别人尊敬。

我们几个女孩子都没怎么读过,家里虽然被划为了地主成分,但是买的那些地也都是忍饥挨饿买的,所以家里经济其实没什么钱。像有钱的人家也有女儿去读书,那个时候男孩儿和女孩儿在一块读书,也没有什么人说闲话。

(3)家庭待遇及分工

在家里是一家人都是一样的,会有偏男孩子点儿,像在吃饭、穿衣方面会有点儿不一样。不过这也是分家庭的,有的家庭就一样,有的还会更严重点儿,一般是吃饭的时候都一样。像在我们这边在家本来就上桌少,就都是端着饭围着火吃,或者是在门口蹲着吃,所以也没有说上桌不上桌的,更没有座次的区别了。一般添衣服也没有什么,每年都是做那么一两件。衣服都是烂了补,补了烂,没有说只能给男孩儿穿,而不给女孩儿穿。过年的时候都会给压岁钱,像姑姑、姨姨这些近的亲戚,男孩儿、女孩儿都有,差不多。

(4)对外交往

那个时候,过年的时候都要去拜年,给咱的亲戚、本家的,爷爷奶奶啥的都拜,不管男孩儿、女孩儿都去。那个时候的人都有规矩,过年的时候是先给祖先磕了头,才给爷爷、奶奶磕。

来了客人一般也不上桌,都是围着火吃饭,要是去吃酒席的时候,女的能上桌,就和现在的一样,男的一桌,女的一桌,都上桌。要是过不好的年头了,不管男女都有出去讨饭的,实在没办法的家户就是卖儿卖女的。

(5)女孩禁忌

那个时候的闺女出门少,都在绣楼上扎花、做衣服、做鞋,以前像这样的衣服、鞋都是自己做的,一般没有什么事儿的话也不出去上街,来回在外面逛的话,回到家里父母也会责骂,会说:"一个女孩儿家的,整天来回跑像个什么样子。"要不然那个时候就缠脚,不让来回跑,十几岁的时候就开始缠脚了,所以和同龄人也玩儿得少,男女玩儿得就更少了。那个时候都是父母主婚的,不像现在自由恋爱。洗衣服没有什么,就都是在一块洗的,晾晒就都搭在院子里。

(6)家庭分工

也没有什么具体的分工,就都是搭伙一起做的,母亲、女儿也照样都去地,可能像有些大户人家,人家一辈子没有去过地,一般户口的就都要去地的。做家务男的也做,不过是做得少,一般像洗衣服、做饭、收拾草、喂牲口,这都是女的做,男的在地是干比较重的活儿、锄地啥的,女的做的活儿比较轻一点儿。我纺了半辈子纱,那时候就是在火边,围着火,火头明晃晃呢,哪有现在的电灯。一般就是晚上吃了饭,等孩子睡了,就开始坐在火边纺花,纺儿两花,后来有了电灯,特别亮,晚上纺花、织布就在楼上,用的是大机器,我家的是手逮梭,不是手串梭。那个时候织一斤布是一块钱,一斤花是两块钱,我一年织好多布,织好了去下村卖。纺花没有固定时间,啥时候有空啥时候就去。学纺纱是在我嫁到这边才学的,刚兴起纺纱的时候,公家就组织大家纺纱,公家按你的年龄发纺花车,后来等到互助组成立又让织布,有老师专门来教,我学的是手逮梭,还有手串梭。互助组散了以后,自己也在家织布,织一斤布几块钱,一年能织个四五十斤,上一斤线是几毛钱,上这几十斤线给几块钱,上线是到下村才能上,那个时候中村是没有轮车的。也做鞋,一年做好几双,等社会好了,才有鞋就给你放在眼前,也不需要去买,衣服只说伸手就能穿了,也不需要做,我们那个时候还让手工缝衣服、缝裤子,现在都是机器。

(7)家长对孩子的教育

教育是父亲母亲都要管的,那时候有家规,不管男孩儿、女孩儿都不是能胡乱来的,不像现在的一些人胡搅蛮缠,没有一点儿规矩。我的孙女这么大了,从来没有一次给爷爷端过饭,每次都是自己先吃了。媒人说媒时,一般评价女的,那就是人家家庭可以,也孝顺,有教养吧。

2.女儿的定亲、婚嫁

我那个时候之所以说到这儿来,是因为我姑姑在这边,姑姑是引线,后来家里人也同意,要不然咱也来不到这边来。我是解放定的亲,我姑姑给说的,姑姑把男方的情况都和咱说清楚了吧。那时候的媒人是吃三顿酒席,不拿钱,说媒也要看生辰八字,看合不合婚。结婚的时候,赶上运动时期,男方就是给了几件衣服,给了五斗米,不过后来把米都给人家退还回去了,结婚仪式也没有什么,有钱的话搞得排场点,没钱的话就搞小点。那时候我父母亲和他母亲见了见面,他父亲去世早,当时定亲的时候咱还小,不懂得什么,家长也不征求咱的意见的。如果只有定亲后,男方去世了,可以解约,但结婚后,男方去世,那时候就不由你做主了,就由人家男方家人说了算。定亲之后,毁约的人也很少,那时候的人都有规矩,不像现在都很随意,说离婚就离婚了。定亲后男女一般都不见面,车走车,马走马,就是过了好多年,都还不知道男方脸上是痘还是疤,不知道。结婚后会有喜单,喜单上不写父母的名字。

结婚那天,穿着红裤、红衣服、鞋,头上不戴什么,我是骑着牲口来的,那时候已经没有轿了,经过桥、河,还有过什么来,都要扔一对已经包上的几对点心,到了男方门口后,先在门口围围草,男方的朋友会拿点燃干草围着你转三圈儿,下了牲口脚不让踩白地,在门口就放着一把红漆椅子,你直接坐上然后就把你抬过去了。现在没有红椅子了,是在门口铺的红毯子,新娘踩在毯子上,送客的话就是咱的朋友。出嫁那天娘家这边儿也会摆酒席,有钱的人家就吃好点儿,摆桌摆多点儿,没钱的就会少点儿,就是叫着亲戚、本家都来吃吃,不叫大队的干部,父母那天也高兴吧。结婚的那天,兄弟也都来,头一天嫁过来,第二天就和女婿都要去娘家走一趟,回家是拿的瓜角(馒头的一种)。

那个时候有换亲,就是兄弟或哥哥娶不上媳妇儿,把你换给人家,人家那边的闺女跟到咱这边儿,换亲是一酒待百客,一桌酒席办俩事。那会儿招女婿的少。嫁过来之后,过年就不回娘家了,就是到大年初二回娘家拜年,在清明、七月十五的时候,都会回去给爸爸或者奶奶上坟烧纸,现在年龄大了,就不去了,每年让侄儿把烧纸捎上。烧纸的时候就是一个人回去,丈夫不去。

3.出嫁女儿与父母关系

我们那时候也是,要是小两口吵架了,女方就跑回娘家了,那时候我也是这儿,有时候吵了,发了火儿就回(娘家)了,在妈那边住两天,过几天就回来了,都是这习惯,那会儿一般没有因为这些小事而离婚的。那会儿回娘家都是提一篮子馒头,招待就是给咱做顿面,那时候吃面一般都吃不上几回。娘家这边要是商量什么事儿的话,也叫我去商量,一般嫁出来后,娘家那边的财产就和你没有关系了,都分给儿子,即使人家没有儿子,也给得少,会想其他办法。女儿给娘家这边养老的话也是分情况的,有的有办法的话,也有养的,有的连自己都顾不了。要是父亲或母亲去世出殡的话,都是男的在前面,女的在后面。拿丧葬费也是分人的,有的话就拿,没有的话就不拿了。

(三)出嫁的姑娘与兄弟姐妹的关系

兄弟结婚都是上着五十元的礼钱,后来社会好了,也没有加过,不管兄弟办什么事儿上礼钱就都是五十,兄弟要是不孝顺的话,也能说说他,不过我家的就都孝顺,也去姊妹家坐,除了娘家亲,就是姊妹亲,和姊妹唠唠家常,一般不过夜,一个姊妹是嫁到柳树底,一个姊妹是嫁到下村。两个姊妹都不在了,近的话就去得多,远的话就去得少了。我的儿子结婚、女儿出嫁的时候,一般就不和娘家的那边人商量了,就是举办婚礼的时候告诉他们一声,他们过来参加。

二、婆家人·关系

(一)媳妇与公婆

1.婆家婚娶习俗

结婚时,男方这边就是叫亲戚、朋友都来参加,结婚当天放很多炮,说是要炸走妖魔,进门时要围围草,当天也会请有司仪这些人。结婚当天晚上进了婚房后就不能出来,一直到第二天才能出来。

2.分家前媳妇与公婆关系

来了这边后,婆家家里的大事小事都是婆婆说了算,婆婆是一个比较厉害的人,或者用别人的话说是比较混,就是难缠、胡来的意思,婆家家里有什么事的话,一般也不开家庭会,就是人家婆婆一人说了算。刚开始我和婆婆关系就不好,我也不会给她端饭什么的,什么时候也有婆婆打媳妇的,我婆婆虽然胡搅蛮缠,但因为她不在理,也没有敢说打我,不过现在比以前好多了吧,现在的媳妇都是比婆婆还厉害。要是人家娘俩有矛盾了,咱一般也不说,他们自己就解决了,没有什么要求说,什么节必须在哪儿过,婆婆一般也不讲究这些。不管是解放以前还是解放以后,有的婆婆厉害的话,孩子的钱就由婆婆掌管,一般都和气的,由人家夫妻俩自己保管的。

3.分家后媳妇与公婆关系

(1)公婆关系

我和婆婆的关系一直不怎么好,生了孩子,也没有给我看几天,就是我一个人带大的;公公也一般,他怕婆婆,一般也是顺着婆婆的意思来,我不怕她,我丈夫一般还是护着我多点儿,倒是也没有过什么大的纠纷。刚嫁过来的那几年都是在一块儿生活的,后来我有了孩子,我们人口大了,这才分开了。

(2)分家

分开后,也没有分什么财产,就是分开吃了,各做各的,其他的还在一块儿,像去地或者是干其他。因为丈夫家里就只有他一个孩子,所以也不存在什么分财产,关键是那个时候穷,家里本来就没有什么东西可分的。

(3)交往

一般出去得少,家里一摊子事,孩子要有人管,地要有人去,家务活还得有人做,也就是一年回娘家走几趟,偶尔去姊妹那儿坐会儿,其余的就是在门口邻居家闲聊吧,也没有什么其他的交往啥的。

(二)妇与夫

1.家庭生活中的夫妇关系

(1)夫妇关系

我姑姑说了亲之后,我还没有见过丈夫,后来准备结婚的时候,才见了见,那时候小,不懂什么,就嫁过来了,平时互相就是叫名字呢吧,置房买地的本子上那个时候就都是写男的名字的。我们一般有什么事儿就都是商量着来的。有的丈夫不成器的话,就是打媳妇。像家里的农业生产就是丈夫安排的吧,一般都是互相商量商量的。家里的活儿,像带孩子、做家务、洗衣、做饭这些就都是女的做的吧,男的做得少,当然像咱要是生病或者有事儿的话他也洗吧,以前洗衣服都是去河里洗的,生了孩子之后,就是担回水来在家里洗,婆婆不管。我也去地呀,我去了地,咱也不输给谁,他们锄一耧咱也是一耧,像丈夫一般去地和有时候到外面去卖点果木赚点儿钱。我们后来也男女平等了吧,不像以前男人管女人的多。

(2)娶妾与离婚、婚外情

一般都是娶一个妻子吧,是有的大户人家能娶得起两三个。丈夫要是有婚外情的话,会有舆论说他,有的人就会收敛点儿,有的人就不管,继续搞。那个时候要是没得吃的话,也有卖妻子的事,用妻子来换几斗粮食。

2.家庭对外交往关系

一般也没有什么对外交往,顶多就是父母、兄弟姐妹这边,再就是在邻居家,因为家里的一堆事整天都忙不过来,就没有时间出去有什么其他的交往,或者就是亲戚家谁家办事的话都去坐一坐。

(三)母亲与子女的关系

1.生育子女

(1)生育习俗

那会儿生孩都是坐干草,因为生孩子的时候,都是给你拿一捆干草,让浸血,那个时候的人穷,没有纸就让坐干草,等后来有了草纸,一块儿一块儿让浸血,有的有钱的买上草纸,没有钱的话就铲上一锨灰,在上面铺上干草,有的人不是在草就休克了,后来才不坐草了,在下面铺上灰,上面铺上草纸。那时候生了孩子一百天才敢出门,才敢去娘家,也有一月的,也有四十天、六十天,这个都不一样吧。生了孩子之后还要在鼻子上抹点儿黑,因为得了喜了,就给你摸个黑鼻子。生孩子百天后会办宴邀请人来,就是请的亲戚、本家和朋友,娘家人都会来庆贺,来的时候就是上礼钱和提一篮子馒头。主要就是百天,没有周岁庆生的。

(2)生育观念

我们那会儿还是重男孩儿、轻女孩儿,生了男孩儿就好,要是生了女孩儿就会说怎么又生了个穷闺女,人们就是这么个思想,养了之后待遇都一样,都会过百天,办宴邀请亲戚、朋友。

(3)子女教育

我的两个儿子都上到了初中,大儿子初中没上几天,人家不想读了,咱也没有办法,后来就不上了。二儿子读上书,到底现在不怎么出力,轻轻松松挣个钱,记得那时候二儿子人家就不去地,一说要去地呢,人家就不说话,扳个脸不想去。到底人家半辈子没去过地吧,就不去地。两个女儿都不好好读书,也让人家读,读了个小学没毕业就不读了。孩子的教育父母就都管吧,我对儿子、女儿都一样,只有说是他们不想上了,没有说我不让他们上。

(4)对子女权力(财产、婚姻)

孩子后来不上学,开始挣钱后,钱就是一直交给我的,结了婚以后还是把钱交给我,后来人家有了孩子,我说:"你不要给我了,我不给你们保管了,我要是没有钱的话,我和你们要,你们的钱就你们自己保管。"孩子的婚事是我给说的,之前给他说过好几家,孩子都不愿意,有一家都行了礼了,孩不愿意,咱也没办法,又退回来。后来才说成了一家,结婚的时候,需要房、家具、自行车、裁缝机这些,那时候给了女方两千。女儿结婚的时候,对方只给了二三百块钱,咱后来也都赔回去了,没要人家的。

2.母亲与婚嫁后子女关系

大孩子是二十四岁的时候结的婚,我的媳妇没有犯过混,只要你做当家的不胡说乱道,胡搅蛮缠,你说出这句话来占着理,媳妇她就听。也没有分家吧,后来也是分开吃了,分开后,孙子也经常过来。人家就是带了两张嘴到下面住了,什么也没有带,人家自己拿钱又买上家具,像种地这些农具还都是在一块儿用呢吧。闺女是十九岁上嫁出去的,那边的人倒也都可以，一般没有什么事，咱也不和闺女婆婆家那边来往，我也不去女儿家住。一般我就是一个人住在这，方便，想吃啥咱就做，住在别人家里感觉不自在。都有那种思想吧，就是养儿防老。

三、妇女与宗教、神灵

(一)灶王爷的祭拜

对灶王爷的祭拜没有说是要求男的或者妇女来做。在腊月二十三晚上，会买有糖板儿，二十三，糖板儿粘，说是用糖黏住灶王爷的嘴，让灶王爷说好话。

(二)送子娘娘

在我们这里的送子娘娘又叫"四奶奶"，村里专门有四奶奶庙，就是求子的老爷，后来求子的话都要给钱，以前呢是给个几十，现在是给个几百，有的老爷灵。

(三)求雨

求雨就是去五灵庙里，在扫把上捆上枣，这才不求雨了几年呀，没几年，去灵石是求，洗磨，我们可出了洋相了，熬上枣米汤，回来不敢落地，抬上这桶水去浇磨。

(四)宗教

有的人在庙里就是敛钱，人们拜神给老爷上上钱，他们自己拿上钱去放自己柜子里，老爷稀罕你去那边站一会儿，你花了老爷的钱，去老爷那儿充个名字，老爷能保佑你？你去给老爷买了香或者香炉呢？买了扫把，买了什么呢，让老爷去了实用，你们都拿上去分了，老爷还会保佑你们？有的家里安得乱吧，什么也有。我家没有，我家自从扒了家，当时就是安着这几个老爷，有个老婆说我家安的家神好。后来搬到新房，要安神，请了个人，人家说千乡百里来了一尊神，在你家的屋檐下待了两三年了，落不了座位，人家要往你家落座位。我说来人家在哪里修道行来还让人家回哪里，我说人家千乡百里来了，还不知道和咱家的神能不能相处呢，不像咱的人一样。后来她一下就把脸拉下来了。我不让他往这，你知道是好神，不像咱人一样，我说来不要。

四、妇女与村庄、市场

(一)妇女与村庄

1.妇女与村庄公共活动

村里开庙会的时候，会有唱戏。那时候唱戏都是和父母一起去看的，坐到哪里也可以，没有说是不能和男人坐到一块儿。出嫁前在娘家那边，年龄小，一般村里开会干嘛就不叫，小孩子毕竟什么也不懂，要是开大会的话，像母亲这些妇女也会去参加；如果是小会的话，就只有男的。

2.妇女与村庄社会关系

在娘家也有女伴儿，就是在一块玩儿呢，出嫁的时候就是女伴们送的。村里有专门的女领导来带领女性来劳动，女性也都要去地里干农活的，都要记工。新婚后第一年要去所有男性家里的亲戚去拜年，到了婆家这边儿就是和邻居们妯娌走得近吧。村里的红、白喜事一般叫的女的少，都主要是叫男的来帮忙。那会儿的人都诚心合意的，现在的人还和你聊一会儿呢！你在家玩儿电脑呢，我在家玩儿手机呢，你出去的话，你见过有几个人像咱俩一样，像咱仨一样这么坐着聊呢？门口的邻居，我上来都一年的多，人家经常过来，都没和我说句话，他经常去茅房经过这儿，看见我都没有和我说过话。

（二）妇女与市场

出嫁前也上街去买东西，和父母、朋友，出嫁后也一样，去的时候就和邻居们一起去了，小东西买上点儿，一般都不会赊账。市场上有女性商贩把，我们那个时候还去集市上卖花、卖布，集市上买上线，回去织布、做鞋。棉花有自己买的也有种的，做好后再拿到集市上卖，一年也赚好几十，卖的钱都拿来家里用了吧，那时候物物交换得少。

五、农村妇女与国家

（一）认识国家、政党与政府

1.国家认识

那会儿就不知道这蒋介石、孙中山谁的，那个时候还小不懂什么，再一个是咱读的书也少。原来就是打日本的，后来把日本赶出去后，国民党又和共产党打开了，后来才解放了吧。以前就不敢说男女平等，后来毛主席来了，才提倡开了，那会儿有歌谣就是唱男女平等的。

2.政党认识

解放以前那时候有国民党、有共产党，我记得民政他姥姥那会儿是国民党人，她可是个胡搅蛮缠的人。是毛主席带的共产党后来解放了中国了吧，不是来你有现在这么好？要吃有吃，要喝有喝，衣来伸手，饭来张口就行了。

3.政治参与

开会，那个时候的开会算大事，天天晚上要开会，一般开小会的话我们也不去，家里一堆事儿也懒得去，开大会就是强制去，家里没有什么重要的事儿的话就必须得去。

4.干部接触与印象

那时候的工作队来了，在村民家里白吃白住好几个月，村民们轮流给人家做饭，有时候是一天一天来轮流，有时候就是三天三天来。那时候的干部也都厉害，今天斗他呢，明天又斗他呢，天天是斗。

5.女干部

那时候也有女干部，像人家那些有的稍微认识点儿字的，就有去当的，大根媳妇儿那会儿就是干部，爱苗他妈、石宏媳妇儿都是那会儿的干部，现在都不在了。还有像当干部的女儿也有的就是女干部了。

（二）对1949年以后妇女地位变化的认知

1949年以后，总的来说妇女的地位高了吧，以前就是这女的就是受气，受父母亲的气，公公婆婆、丈夫，有的家里公婆和丈夫联手打妻子。那时候的婚姻就都是父母主婚的，没有像现在一样自由婚姻。后来毛主席来了才号召家庭平等、男女平等了。现在的家里打媳妇儿的事儿少了，以前就是常事儿，现在哪儿敢动动，动动就离婚。上学也都能上了，国家也有着义务教育的普及吧，要是没有义务教育，估计还是会有很多人辍学的。

（三）妇女与土改

当时村里就有这女干部了，都是老厉害人，动员人们诉苦、批斗老财，这些人有的是文化人,上过学,读过几年书,识点儿字;有的是贫农,起来翻身的。有的家里丈夫就不愿意,但那个时候,正好运动,他们也不好说些什么。土改那个时候说妇女翻身,就是妇女都走出去,能参加大会,当干部了。

(四)互助组、初级社、高级社时的妇女

互助组的时候那是才土改完以后走开互助组了,就是互帮互助,那个时候的人都诚心合意的,你帮我,我帮你,能处得来的话就组到一起。当时干部宣传说走了集体好,后来人们就相互之间组成了一组,去地的时候一起去,但地都还是自己的,牲口、农具也都是自己的,两个牲口拉一张犁,犁犁地。也有的家庭家里什么都有,粮食也够吃,就不愿意和别人组;有的是因为和别人处不来就是单干户,那时候是地里狼也多,一家去地就怕被狼拖走了。后来走开了合作社的时候,那刚开始是初级社,后来是高级社,那个也是干部都动员了,后来你不参加也得参加,那是政策,谁他敢推翻了政策。走了社之后就把地、牲口、家具、车辆就都入了,是先入的地,后来才把其他人的。那时候记工,我一般都是得七分工,妇女七分工就是最多了,我就没有下过七分儿,像男的一般是得十分儿,那个时候就是天天是去地,不挣工,你分不上粮食你就吃不上。记得以前还有合作社入股金的本本什么的,现在都找不到了,那会儿不是妇女去地,那时候妇女还是主力军,那会儿走农业社实际上是老婆多,汉们(男的)都去搞副业去了,都去挣钱去了,回来交副业款,人家放你走三个月,走几个月回来交多少多少副业款。牵耧踩耙我什么没做过?我去扒耧的时候是一天一工,他们男的也是一天一工,架起耧来种七八十来天,一天一工。

(五)妇女与人民公社、"四清""文化大革命"

1.妇女与劳动、分配

人民公社的时候,也是去种地,那时候我记得一队将豆①,和永昌他爸种七八十来天,咱干活儿也不比谁差,将豆架耧也是一天一工,只要男的在地里能做了的活儿,咱就基本都能做了,他们一天一工,我也是,那个时候就是看做的活儿来说话的,又不是说你是女的少给你记点分儿,你要是能做了,你也是那么多。那个时候也开着高炉,筛牛粪要大炼钢铁,用牛粪做燃料的,妇女就都去筛牛粪了,因为我正好生了孩子了,我就没有去,那时候天天都在那儿,不管白天晚上。

为了炼铁,家里连个铁盆都放不下,都交给人家了,家家户户都是用了个小砂锅,我记得那会儿我家放了一个黄黄的小盆,也让人家收走了,收得家里什么都不让剩,那也没办法。炼铁炼了好几年,那时候我是正好养了孩子了,就没去。修水库也是,有的妇女缠着两只小脚,去给人家扛锄,去干活儿,也是干着起劲儿着呢。干活儿就都是记工的。要我说的话,我不喜欢那种集体干活儿,一家一户有时候还出不来有矛盾,千家万户怎么能处得来呢?还是喜欢后来的土地下了户,就是那块地来,你想什么时候去什么时候去,干多干少也是咱自己来,不像在那时候不自由,说让你去你就得去,不去你就没有工挣,不挣工你就没得吃。

2.集体化时期劳动的性别关照

那会儿走大灶的时候,生了孩子了,大队给你十斤麦子,都是不好的麦子。刚生了孩子的人都可以在家喂养孩子,不用参加大炼钢铁和修水库,我那个时候就是正好生了我二儿子,

---

① 将豆:指种豆。

就没怎么去。走大灶的那时候，要是病了，咱这边儿有个叫关医生，都是找人家看的，也收钱，不是太贵，一般吧，我记得那时候谁要是去找关医生找不到的话，就可以到大队里广播台上叫一下，有一次我们找，怎么也找不到，后来广播，他从邻居家出来了。

3.生活体验与情感

走大灶的时候吃得不好，刚走开的时候还吃了几顿好的，那时候想这可是不错，不用在家做饭了，结果还没有走多长时间就都是清汤汤了，只有干体力活儿的男性能先吃，吃点儿稠的，女的都是最后吃，喝的汤，还不敢说吃得不好，要不然就被人批了。永耐他妈在吃饭的时候说了句一点儿稀汤汤，人家把她弄到讲台上，画上她的样子，把她贴到十字口，让过来的人都看看，可丢人了。

（六）农村妇女与改革开放

分配土地的时候咱也去参加，叫我的时候我就去听听，后来好了吧，一家一户种开地自由了，什么时间有空，什么时间去地，不像以前受约束，土地证上还都是写着男性的名字吧，现在的干部好了，选的时候咱也去参加。我一直说现在是社会好了，又不是人好了，那会儿的人大开着门，你去我家了，我去你家了，诚心合意的，做什么相帮相互，今天去干什么咱去吧，明天去干什么咱去，大家都一起。现在的人都是关门闭户的，一路上你就看不到人就。我一个人住在这个院子里，孩们要是想我了过来看看，我有什么事儿的话去找找他们，也没有电话、手机，有个电视就是天天晚上打开，让它叫唤叫唤。

六、生命体验与感受

一个人活（下来）真的不容易，我活这么大就没有说没有不让你烦心的事儿，我记得最难熬的时候就是修房娶媳妇，那个时候难熬，可是有帮手，我姊妹女婿，我一分钱没给人家，人家给我修了一院房，人家带了两个小工，给小工出了四十元工钱，大工一分钱都没有给。

DMJ20170119ZSL　赵书兰

调研点：山西省泽州县下村镇中村村

调研员：段明杰

首次采访时间：2017 年 1 月 19 日

受访者出生年份：1937 年

是否有干部经历：否

是否生育：是

受访者结婚的时间节点、生育子女的具体情况：1952 年结婚；1958 年生的二女儿，大女儿是抱养大的，共生 4 个孩子。

现家庭人口：1

家庭主要经济来源：子女赡养

受访者基本情况及个人经历：1937 年出生，祖籍是山西省泽州县。十五岁的时候嫁到成庄村，后又和丈夫来到中村，之后就一直在中村务农至今，一生就是去地、看孩子、做家务。没有上过学，有一个儿子、四个女儿。现在一个人单独生活，身体还算硬朗，自己一个人做饭吃，因为饮食习惯不同，不想和儿女住到一起，自己做自由，生活来源主要就是国家对老人的补助，一般也不买啥，家里自己种着菜，儿女隔几天过来看看。

一、娘家人·关系

(一)基本情况

赵书兰,1937年生,今年八十一岁。小时候上过几天学,没认识几个字,现在也都忘了。名字是刚生下来就由父母给起的,家里的四个孩子都是由父母共同起的。姐姐今年八十八岁了,叫兰富;妹妹七十三岁了,叫书环;弟弟叫安龙。我排行老二,现在姐姐、妹妹也都在世,弟弟去世了。我姐姐是抱养来的,在我刚学会走,也就两三岁的时候爸爸去世了,妹妹是我妈和后来嫁的父亲(第二任丈夫)生的,她也挺可怜,在她(出生)还不够四十天,她爸爸就去世了,后来母亲又嫁了一个人(第三任丈夫)才生的这个弟弟。你看看那会儿的事情唠叨不唠叨,活得就不像一个人。我记得那会儿家里有十几亩地,划的是中农成分,后来嫁过这边儿来,夫家这边儿穷,只有几亩旱地,土改期间被划分为贫农,人家这边儿兄弟姐妹多。他原来是成庄村的,娶了我以后,我们才一起过来这儿的。他有五个姐姐,有一个哥哥,再加上他,人家家里是总共有七个兄弟姐妹,他们这边家里的名字那我就记不得唤个什么了。我是十五岁的时候嫁过来的,二十一岁上才生的女儿,也就是在1958年的时候生的二女儿,大女儿是抱养的,当时我还没有养,就抱养了一个,那会儿是人家有了病了,我就给引回家了,就这么着抱养回来。后来才养的玉梅。我总共有五个孩子,四个女孩儿,一个儿子。说起以前,那个时候可是不容易过,可没有想着能活到现在,活到现在国家给咱发上钱,现在你想吃什么没有?现在的生活多好。

(二)女儿与父母关系

1.出嫁前女儿与父母关系

(1)家长与当家

当家的就一直是我母亲,因为我父亲在我两岁的时候就去世了,后来母亲又找了两个,第二个也是在妹妹出生几十天就去世了,后来又找了一个,主要就是母亲把我们拉扯大的。所以一般什么事儿都是由母亲做主的,那时候爷爷也还健在,但爷爷一般也让母亲做主。当家做主也是分家庭、分情况的,有的就是父亲当家,有的就是母亲当家,不过在那个时候还是父亲当家得多。

(2)受教育情况

我父母亲都没有上过学,那时候我们村里就没有老师,上学的话还需要去其他村跑好远。我姐姐没有读过,妹妹上过几天,弟弟上了个小学。那会儿家里没有劳力,也都吃不上,后来弟弟就不上学去放羊。我也是只上了几天识字班,现在还记得当时学的,"向左走,向右走",还念过那"一颗驴粪蛋儿,一碗小米饭儿",就是读这些。还有"鸡叫了,狗咬了,妈妈起来生火做饭,做好饭,大家来吃饭",这是当时教的。在那个时候家里有钱的会让女儿去读书,没钱的一般也就不读,孩子都在家里干家务、做农活儿,没有时间去读书。那个时候已经推行过来男女平等的观念了,男孩儿和女孩儿能在一块儿读书,也不会有人说什么。

(3)家庭待遇及分工

那时不管吃饭、穿衣裳男女就都一样。那会儿哪有吃来,每天就吃不饱,穿的也是那种不是裆补了一块就是屁股上补了一块。要是去拜年的话,家里的孩子就都要去,那时候就不说这了,领压岁钱也都一样,给男孩儿多少就给女孩儿多少,也就是咱的叔伯姨姑舅,这近的亲戚给。咱这边本来上桌就少,就没有这座次的先后顺序的讲究。对男孩儿、女孩儿的待遇一般是不像以前那么有严格的区别。

(4)对外交往

女孩儿也能在外边跑,我那会儿不是天天在外面玩儿,在外边放牲口,天天上树,那个时候我特别能爬树着,记得我家的茅房旁边有棵榆树,那棵树也是很高,我几下就上去了。有一次上树一不小心滑了一下,就那次算把我吓坏了。在放牲口的时候我爬上老大杨树,等我上去之后,牲口跑了地,我再下来赶了牲口,赶回来重上,那时候我能上树着。放牲口就是男孩儿、女孩儿在一块儿放的。来了客人一般也不(用)桌子,都是端着碗吃饭的,那个时候家里没有,要是有人办宴,去吃酒席的时候,女的能上桌,一般是男的一桌,女的一桌,男的都在一块儿喝点儿酒什么的。要是过不好的年头了,去要饭的话,那就不管男女了吧,还说你是女的就不让你去了,没的吃,谁也要去,有的真的没的吃的家户,就是卖儿卖女换点儿粮食。

(5)女孩禁忌

对于女孩子也没有什么要求,也一样在外面放牲口、干活儿,我十二岁的时候就看着姊妹纺线、喂牲口,看着孩子,还在一个家里喂了牲口,人和牲口在一个家里生活,男孩儿、女孩儿轮流在外面放牲口,男女能在一块玩儿。

(6)家庭分工

那时候不管男女都去地里,在我十二三岁的时候,就是天天往地里拉粪。弟弟也是后来回来在家放羊,去地干农活儿,不管男女,一般地里的活儿就都能给你了。我母亲也是天天在地,不去地就没的吃。我学纺纱是在推行过来之后的,当时是斗了老财之后,把老财的老婆弄过来教我们织布,老财的老婆一般都比较手巧,这些人一般也不去地。我学纺纱的时候才几岁,反正我就记得晚上去给人家搓纱,老财的老婆也是挑人教的,看到有的灵活人就教你,学得快。我头脑活,稍微看看就会了,我那会儿一天织好多。那会儿咱走农业社的时候我来了这里,带一斤线给人家一斤布,我挣一块钱,一年弄好多斤布,能挣点儿钱。记得第一次上轮车①,就是在先前看过,知道怎么上,就没有上过,后来人家让我上,我就给他弄了弄,后来就给他弄了一斤布。开始的时候是这边弄上火杵(铁棒),那边弄上火杵,挂上布,然后中间挂上型,然后才要织呢。后来就是一团一团上,头多,之前的只能挂十几个头。织上布做衣裳,那会儿做的就都是粗布衣裳。

(7)家长对孩子的教育

念书就是父亲、母亲就都要说呢吧,那时候一是村里没有老师,再一个就是家里也没钱,整天就顾着干活儿了,没有时间去念书。媒人说媒时,一般评价女的,那就是人家会针线、心灵手巧,能干了活儿。

2.女儿的定亲、婚嫁

我和丈夫的定亲是丈夫的姐姐说的媒,我和他姐姐是一个村的,他在他姐姐那住过很长时间,当时也不知道他比咱大这么多,要知道的话咱就不跟。那时候就是媒人和家长说好了,又不问小孩儿的意见,所以我就不知道,等家长都同意之后才会和你说,可不像现在,先是小孩们都谈好了之后才会和大人说,那会儿过去的和现在的不一样,要不怎么说那会儿是父母主婚,是现在来,那会儿只要是父母同意后,就完了,就不经过你小孩儿的同意,亲事定下来

---

① 轮车:织布机。

之后,对方就是泡屎你也得嫁给人家。媒人的话,那会儿就是送十六的时候,给他几个馒头,送八月十五都要给蒸饼(馒头的一种),后来流行开枣花(馒头的一种),就都给开枣花了。那会儿就不让蒸蒸饼了。毛主席过来,不让铺张浪费,一直给到人家自己养了孩子的第一年再给一次,以后就不再给他了。

结婚就都要看生辰八字,看看婚合不合。我们那个时候就开始领结婚证了,我那个时候才十五岁,他比我大八岁,那时候我的年龄还不够,当时是够了十八岁才能结婚,后来骗了人家,领的结婚证。彩礼就是当时给的衣裳,过去是给小布,就是那布,四丈布顶一身,给四身衣服,有钱人给得多,没有钱的人就是四身衣裳,那时候的风俗当时就是给六十块钱、给八十块钱,当做彩礼的。我出嫁那天是骑马的,那时候已经不坐轿了,手里拿了好儿对馒头,上马的时候扔一对馒头,下马扔一对馒头,过桥扔一对。具体什么说法,咱也不知道,这都是古时候就传下来的。送客在那个时候是不要这小闺女,就是不让没有出嫁的妇女来送,当时送我的是我婶婶和我嫂嫂,还是婶婶和邻居,送客陪着。那时候都是骑着驴,以后没听说过,就不流行这了,就不让骑。我那会儿结婚的时候身上是穿着大衣,戴着花冠,那会儿媳妇儿不是娶到大队了,后来不让铺张浪费了,不让家里用大锅,也不让骑马,也不让坐轿了,让新娘走着来到大队。娘家那边也会摆酒席,头一碗是豆腐和海带,这些东西在那个时候算是好菜,那会儿是没有现在的鸡、鱼。请的人就是亲戚、本家、朋友,这些和现在也一样。回门在那会儿是等到第二天,女婿和闺女要去老丈母家,老丈母给衣裳或者是裤,总是添半身吧。

年头不好,家里没得吃的时候,就有卖女儿的,卖给人家做童养媳,人家给几斗粮食,卖给人家就算了吧,之后就不会再有什么走动了。也有换亲,换亲就是比如说我有个闺女,你有个(男)孩儿,我也有个(男)孩儿,你也有个闺女,然后我的闺女嫁了你的(男)孩儿,我的(男)孩儿娶了你的闺女了,就是这么来看。换亲的不好,现在的换亲少,那会儿都是说不上,然后就有换亲,现在没怎么见,现在的人一般都不换亲了。过去的是闺女招(倒插门)得少吧,现在招得多,那会儿是本家就不让你招。现在也有冥婚,没有结婚的人去世了,找一个去世的未嫁的女子,这就是冥婚。以前的二婚少,你嫁给人家后,就由不了你了,就得听丈夫人家里的话,人家不允许你离婚,你就不能离婚,就不能改嫁。

3.出嫁女儿与父母关系

初二拜年,以前娶了媳妇先去老舅爷那,现在是先去娘家那边,过去是先给老舅爷拜年,现在是先去老丈母这儿。嫁出来之后,像娘家里的事儿就管得少了,一般嫁出来后,娘家那边儿的财产就和你没有关系了,我就是那个竖柜是我妈陪的,其余的什么也没有要。我们那时候也是,要是小两口吵架了,女方就跑回娘家了,等过两天,然后男方再去叫回来就好了。不过他比我大好几岁,他一般就不敢和我吵,我是没有受过这气。父母要是去世了,也要上坟,有办法的闺女也会拿钱共同来办丧事。

(三)出嫁的姑娘与兄弟姐妹的关系

和兄弟姐妹那就是过节的时候来往,过八月十五、过端午都会过来一趟,送点儿东西,人家给咱送了,咱还要再去人家家里走一趟,一年就是过节的几回吧,没事儿的一般也不去。结婚的时候就都要上礼,以前结婚人家也不知道给我们上了几块钱,现在等到人家的孩子开锁(十三岁或者十五岁举办的一个活动)的时候,咱给人家上了五十,人家还嫌少。原来上的礼钱少,后来过得就比以前强了,就上得多了,现在上礼钱都是几百。要是兄弟不孝顺的话,出嫁的闺女也能说她的兄弟,不过有的孝顺,有的不孝顺,要是人家不孝顺的话,你说也没有用。姊妹因为嫁得远,就去得少,嫁过去以后就没怎么去过,她是到清明节或者是七月十五回来走一趟,给爹妈烧纸。

二、婆家人·关系

(一)媳妇与公婆

1.婆家婚娶习俗

结婚时,男方这边就是叫亲戚、朋友都来参加,结婚当天放很多炮,说是要炸走妖魔鬼怪,进门时要围围草,当天也会请司仪这些人来主持,和电视上的一样样的,来了就是娘家的人坐儿桌,这边的亲戚坐儿桌。结婚了以后,头一年要上了坟吃火锅,后来就没有这个风俗了。结婚当天晚上进了婚房后就不能出来,一直到第二天才能出来。今年娶了媳妇儿了,到了明年清明的时候新媳妇儿都要上坟的,过去有办法的人上了坟上吃火锅,是不动哭声。

2.分家前媳妇与公婆关系

我婆婆在我丈夫十几岁的时候就去世了,我嫁过来的时候,他父母都去世了,他一直在他姐姐身边长大的。那个时候的婆婆厉害,我也没有婆婆,没有受过婆婆的气。像我妈那会儿,婆婆可是厉害,就是我奶奶可是管着我妈不让出门,不过那就老以前了,像我们这个年代的人,婆婆已经没以前那么厉害了,一般也不怎么管了,因为那时候毛主席的政策下来,就一直宣传、教育。我记得那个时候的歌是"丈夫打,公婆骂,无事不敢出门房,现在来了共产党,领导妇女社会上。"那歌还唱的有"领导妇女社会上,也要唱来,也要讲",这些都是推行过来唱的,还很长,现在也记不得了。那个时候就是因为没有这当家,家里的活儿也没人干,我去了地回来就是干家务,一点儿空闲都没有,有婆婆的话,她也能管管家,咱去了地回来就能吃饭,没有当家回来饭也没人做,孩子也没人看,那时候的人可遭罪着了。

3.分家后媳妇与公婆关系

我也没有婆婆,也没有这分家的情况。

(二)妇与夫

1.家庭生活中的夫妇关系

(1)夫妇关系

在家里一般就是我管的, 不过离开人家也不行, 每次他在外面挣了钱拿回来都是我管的,我没有说,就是挣一分钱也要交给了我,他身上是一分钱也没有,那会儿的人受苦,他可是更遭罪,冬天去宜城,就跑一冬天,上去的时候拉红果、回来拉盐,一冬天跑好几趟。我去地,也干家务,我的一个女儿,就是在走农业社、走大灶的时候,因为我去地了,家里没有大人在,我的大女儿看着她,不知道怎么就把她掉到火上了。那会儿天天去地,像割麦的时候,在场就得打上一个月,那你们就没有见过那,两个牲口拉了两个滚柱,我那会儿转了两个滚柱,就因为这,我还上过晋城小报的劳动模范。那会儿咱村里有四个场,我一个人转了四个牲口,那是叫碾场。我和丈夫也平等相处,一般也没有什么大矛盾,他比我大,所以一般也不怎么和我吵。有的家里男人就强势,那个时候就流行说:娶到媳妇买到马,也要骑来也要打,就是这么说,人家怎么就怎么了。现在没有了,像我们这么大没有受过这罪,是也有的男人打了,我姐姐那会儿嫁了之后,就被丈夫、婆婆欺负得不行,刚生了孩子,婆家都不让她吃点儿好的,后来是实在是过不下去了才离的婚。

(2)娶妾与离婚、婚外情

就是那些地主老财的话,有钱能娶上好几个,一般家户的就是一个,顶多娶个大婆、小婆,那还是以前,我们那个时候基本是没有。丈夫要是有婚外情的话会有舆论说他败家,有的人就会收敛点儿,有的人就不管,继续搞。到了收不上粮食的年头,没粮食吃,就有把媳妇卖了,卖的话就是和买家说好了,买家给你点儿粮食,你把媳妇卖给人家。

2.家庭对外交往关系

一般也没有什么对外交往,顶多就是父母、兄弟姐妹这边,再就是在邻居家,因为家里的一堆事儿整天都忙不过来,就没有时间出去有什么其他的交往,或者就是亲戚家谁家办事儿的话都去坐一坐。

(三)母亲与子女的关系

1.生育子女

(1)生育习俗

那个时候在风俗上没有什么不同,对于生男还是生女都一样。刚生了孩子满月的时候,外面的人才能进去看,过了一百天后要回娘家那边住几天,这个各地不一样,像山上的人有的就是过了四十天就回娘家了。生孩子百天后会办宴邀请人来,就是请的亲戚、本家和朋友,娘家人都会来庆贺,来的时候就是上礼钱和提一篮子馒头。主要就是百天,没有周岁庆生的。

(2)生育观念

在生育观念上,有那种男孩儿比女孩儿好的思想,但也不是太严重,比如说有的人生了个男孩儿,就会有人说人家太好了,生了个男孩儿,要是生个女孩儿就会说,也不错,不管男女都一样的,那个时候都是这么个说法。但在风俗上,不管男女都一样对待。

(3)子女教育

我和他爸一般也没人说他们,那就是交学费的时候给人家交了,要是想念你就念,不念了你就回来,没怎么管过,主要是咱也什么都不懂。就是玉梅读个高小,月梅没怎么念,把钱给了她让她去学校,她就是不去,我们也没办法。其他的孩子也没怎么读过,就是玉梅虽然那时候说是念了个高小,有什么用,现在还不是全忘了,字也不认识几个,和我们没上过学的没有什么区别。

(4)对子女权力(财产、婚姻)

孩子的婚事都是说媒的,定亲也要都看八字,不合的话就有可能这门亲事说不成,孩子结婚都需要我们同意,婚礼仪式也和我们那会儿的都差不多。我大女儿月梅出嫁的时候,就是男方给了二百块钱,剩下的就没有给其他什么,就这么定下来了。儿子结婚需要盖房,不盖房,你让人家住到哪儿,我住的房就是那会儿他结婚时修的,原来都在里面做豆腐,这儿弄了个厨房,还弄了个磨,后来因为结婚才修起这房来,费用就是咱自己掏的,顶多叫着兄弟们来帮帮忙,不给他们钱。

2.母亲与婚嫁后子女关系

我的儿子给人家说媳妇就说了四个,这个不愿意,那个不愿意,像他这么大的都还没开始定,俺就定上了,等别人都娶了媳妇养了孩子了,我们还没结婚。记得是在二十五岁的时候结的婚。头一年结了婚了,第二年就养了超超,十一年之后又养了这个小孩儿了。我们是超超八岁的时候分开的,家里也没有什么,孩子就是拿了个锅和碗就走了,还分什么家呢?孙子在分家之前就是我看看,后来分家了,就是人家过来了的话我看看他。

闺女结婚的时候,也没和亲家到一块儿谈,那时候有媒人,就是媒人都说好了,咱感觉也差不多,就答应了。男方是给了四双鞋,还有几身衣裳,没有记得做被子什么的,我就是陪了人家一个箱子。我一般不去孩子家里住,不习惯,我就安安心心地守在家里就好了。

都有那种思想吧,就是养儿防老,儿子多了有挑头,这个不孝顺,有那个,但是有的孩子不孝顺的话,你也没有办法,有的女儿强的话,也是把老人养得好着呢。

三、妇女与宗教、神灵

(一)灶王爷的祭拜

老灶爷是一家之主,咱家里的不管奉什么老爷都不敢离了老灶爷,男女都能拜,在腊月二十三晚上,会买有糖板儿,二十三,糖板儿粘,说是用糖黏住灶王爷的嘴,让灶王爷说好话,灶王爷的对联就是的,上联是:上天言好事;下联是:下界保平安;横批是:一家之主。这个对联就反映了灶王爷的地位。

(二)正月初一敬神

正月初一的大早上,会给家里的神都一一摆上东西,然后一一上香、磕头,家里无论男女都要一一给老爷磕头,正月里上香要从初一上到初五,每天早上和晚上各上一次。

(三)送子娘娘

男的女的都能拜,像在咱三神庙就挺灵的,现在求子的都好几百块钱,比如说你今年去求了,明年你生了,你就去还愿,给人家好几百块钱呢。那都要去呢,有的有当家了,妈、孩子、媳妇儿就都去呢,去磕了头,摆上供品。

(四)求雨

我们那会儿经常去五龙庙去求雨。那会儿我们拿上柳树枝走上去求,刚回来就下了,挺灵的。还有浇磨,那会儿就好是寡妇老婆浇磨呢,年轻人担上水,三个老婆去浇,那也灵,不过三天就要下呢,现在没人弄这了。反正记得只说你今天去了,一般不过三天就下了,有一次上午去了,不到下午就下开了,现在老槐树下面还有一个磨。现在的人都胆儿大了,也不怕旱,都没人去求雨了。

(五)宗教

我信佛教,你就不管弄什么都是求平安呢,或者是你有什么毛病了也去求求老爷,过去的庙里有和尚,和尚看管,过初一、十五的话就有男的、女的去拜。

四、妇女与村庄、市场

(一)妇女与村庄

1.妇女与村庄公共活动

那时候是过着妇女节的话都要叫妇女去开会,那个时候隔两天就要开会,开会可是大事儿,妇女、男的都去开,要是有人迟到的话还有小惩罚,或者你的老婆误了,误了去了就要让你出洋相。不过那时候早了吧,我记得我妈那会儿去开会误了,给人家学水鸪鸪叫,那时候的人真是出洋相呢,学狗叫唤,学鸡叫。我出嫁前因为还小,对村里的事儿不管,出嫁后因为参与到了其中,自然很多都知道。那会儿的出嫁、结婚都不需要请村里的干部。

2.妇女与村庄社会关系

在娘家也有女伴儿,天天在一块玩儿,村里有专门的女领导来带领女性来劳动,女性也都要去地里干农活儿的,都要记工。新婚后第一年要去所有男性家里的亲戚去拜年,到了婆家这边就是和邻居们妯娌走得近。村里的红、白喜事一般叫得女的少,都主要是叫男的来帮忙。过去过什么节都去开会呢吧,现在谁还开呢,就没有人开,像我们这么大的人,对好些年轻人就认不得,那会儿一起开会的时候,还说这是谁来,那是谁来,互相认识认识,现在你能认识人家了。接触不了,你就认不得,像现在的年轻人你能认得了,根本就认不得。

(二)妇女与市场

那时候坐着我家的马车去赶庙会,我们几个妇女,没有男的,我一直是赶车来,也会赶,这我行。想当年我十几岁上就一直是拉粪,那会儿的人种地、赶车我赶了多少年。赶会就是买线、买花什么的日用品之类的。庙会的时候都会有唱戏的,我们也能去看,到集市上买的线,回来织布,然后再拿到集市上卖。

五、农村妇女与国家

(一)认识国家、政党与政府

1.国家认识

和日本打的时候我还小,那时知道了中国和日本打,后来就是到了解放以后,国家成立了。

2.政党认识

就是毛主席的运动来了,才有共产党的概念,那时候很多歌谣都有,"自从来了共产党,把妇女都领到大街上"。

3.政治参与

那个时候的开会算大事,天天晚上要开会,没什么事儿的话还不敢不去,也不敢去迟了,要不然还得给人家出洋相。分地的时候就都是男的。要是男的不在的话叫上人家里的妇女。

4.干部接触与印象

工作队那会儿来了,就是在百姓家里轮着吃,我们轮着给人家做饭,今天你做,明天他做。

5.女干部

那时候也有女干部,不过女干部也少,有女队长,老过去没有,自从毛主席推行过来,有了这女队长了。女队长就负责带领这些妇女来干活儿。

(二)对 1949 年以后妇女地位变化的认知

我们后来妇女的地位就提高了,不像以前一样,妇女就没有地位,以前的妇女活着不容易吧,没出嫁前可能没有家里的男孩儿受宠爱,嫁出去后又要受公公婆婆、丈夫的气,后来毛主席的政策来了之后,才开始号召家庭平等、男女平等,才慢慢地妇女的地位提高了。现在的家里打媳妇儿的事儿少了,不让女孩子上学的观念也没有了。

（三）妇女与土改

1.妇女与土改

土改的时候我家划的是贫农，嫁过来这边什么也没有，穷着呢。那时候土改队是轮着在村民家吃，村民一家一户轮流着做饭。那时候要是诉苦的话，就会动员大家去开大会，是诉苦大会，斗老财，打恶霸，分田地。我家那个时候是给分了几亩地，当时咱也不敢要，怕人家到时候再要回去。刚开始的时候，就有些这厉害的女的，那时候叫积极分子，她们带头，动员其他人参与土改，我那个时候正好养了孩子，也就没有怎么去开会，那时候诉苦，看谁说得苦，多分点。

2.妇女组织和女干部与土改

当时村里就有这女干部了，都是有能力的人，能带动大家，动员妇女们走出家门，走到社会上，和男人一样平等。我一般就是去了看看，一般也不敢发言，有的妇女就在上面说。上面的政策推行下来后，妇女翻身了，就都走出去，能参加大会、当干部了。

（四）互助组、初级社、高级社时的妇女

土改完了以后，走开了互助组，互助组自愿结合，和谁处得来，你就和谁一组，不管多少户，这都没有什么固定的标准。我所在的互助组可能是有十几户，主要是和邻居在一块，地都不在一块儿，去地的时候就是都一起去，今天给他干，干完了之后，明天给他干，就是这么着，不管男女就都去地，那时候的去地算大事儿。到了冬天都是往地里拉粪，一直拉到过年的前两天，就不闲。那会儿的地不长，现在撒些白面长着呢，那会儿让你闲了一会儿呢，下了雨就要去地。后来走了初级社、高级社，刚走开互助组我还没有孩子，后来才有了，有了孩后，在一百天里能不去地，在家，到时候也会发点儿粮食，有了孩子后，就每天更忙了，去了地，回来还要做饭，还要看孩子。走开初级社，就是硬来的，把地就都交到社里面了，家具、牲口还是咱的。后来高级社就都入了，只说去劳动，按工吃饭，干得多，分得多，年年是不怎么够吃吧，我一般就是六七分工。妇女就专门有妇女带领着去干，有妇女队长来安排工作的，一般都要求去地，除非就是有了孩子，或是病了，可以不去，有的老人也要去，干个轻点儿的，挡个牲口呀啥的，都要记工的吧。

（五）妇女与人民公社、"四清""文化大革命"

1.妇女与劳动、分配

走开人民公社了不一样，男的一般都是一工，女的有八分呢、七分呢、五分呢，我那个时候推土推了一冬天的平车，有人给你装，给你装上你推，那会儿也有力气，一会儿我想着现在我成了这个样子了，什么也不能干，那会儿什么不能干？去地的时候，咱这去了地给人家踏踏实实地干呢。那会儿去割麦，男的割一趟，咱也割一趟，有的不行吧，有的跟不上。去了地人家也要挑好的，能跟上在前面，跟不上在后面。想着那个时候真是受罪了，现在来就是做着吃呢。大炼钢铁的时候我们那会儿去抬炭，抬上炭炼铁呢，我那会儿是没有去晒牛粪，晒上让烧，我是家里有孩子，没有孩子的黑来去晒，白天是抬炭，说起来，那会儿的人就不能活就，真正是受罪了。干活都是挣工的，没有工吃不上粮食，就是这么来养活这一家人。要不是毛主席来，现在的人能这么着享福呢，能这么着舒服地活，就像老人说的，他敢现在离了毛主席？还是毛主席万岁，人家是懂得这政治。

2.集体化时期劳动的性别关照

才开始是走管区了,后来走管区流行开了新接产,就不让往家里养,在家里养不给粮食吃。我养孩子那年还没开始,后来才开始的,新接产就是和咱的不一样,咱生了孩子是只让喝米汤,或者喝十天呢、十二天呢,人家那边的生了后让吃面,生了孩子先做上一锅汤面喝上,其他的也不记得有什么照顾了。

3.生活体验与情感

走大灶的时候,一个队里用一个大锅,都在一起吃饭,刚走开的时候,感觉那可是不错,也不用做饭,回来就说吃上就好了,还没走了几天就不行了。吃到后来吃的玉米叶子,把玉米叶子里放上石灰也不知道怎么弄成粉,那是你去地才能吃,在家里只能喝点儿稀汤汤。吃大灶上的饭那是只有去了地干活儿后,才允许吃人家那点儿饭,有的是真正有了病了,你不用去。那个时候过的就不是人过的(生活)。

4.对女干部、妇女组织的印象

那个时候妇女就专门有妇女干部来领导,那会儿唱的歌就有"自从来了共产党,把妇女都带到大街上",提高妇女的家庭地位,其实那个时候也是分人,有的家里男女就没有什么,可能是有的家里会有一点儿丈夫的权力大,像我家就没有,那时候公社里没有妇联。

5."四清"与"文革"

"四清"就是清干部,我记得那会儿丈夫当着队长的时候,不知道是做啥事了,别人家非说他贪污了,后来没有办法了,还是给了人家几十块钱,那事情才过去了,人家就不让贪污浪费,那会儿当干部也是受罪着呢,当干部就没有什么。

"文化大革命"的时候就是到你家里收你的古东西,那时候是红卫兵,我记得那时给小孩做的老虎帽人家也拿走了。还让简化婚礼、葬礼,不让浪费。出殡的时候音乐也不让用了。

(六)农村妇女与改革开放

现在的人日子好了吧,自从土地下了户之后,家里的粮食也都够吃了,社会也慢慢发展起来了,生活也越来越好了,楼上楼下,电灯电话,这是我的手机,我孩子给我买的,是老年机,人家都给我设置好了,只要按个123,就能打出去了,不过我一般没事儿也不打,出去也不带,闲装到身上不舒服。电视就是吃饭的时候打开,也不看,上午、下午出去转转。

六、生命体验与感受

不简单,我可没有想到能活到这么大,能像现在这样享受上国家给咱钱,你花的时候又方便,有吃有喝,什么也不缺,和现在对比起来,那会儿就不是人过的日子,那时候的人受罪了,可不像现在一样,天天有空去打打麻将,在家坐着,我们那会儿的人天天是在地里。

FJJ20170119KN 寇弄

调研点：河北省沧州任丘市长丰镇西杨屯村
调研员：冯娟娟
首次采访时间：2017 年 1 月 19 日
受访者出生年份：1933 年
是否有干部经历：否
是否生育：是
受访者结婚的时间节点、生育子女的具体情况：1954 年结婚；1955 年生第一个孩子，共生七个孩子，六个儿子，一个女儿。
现家庭人口：2
家庭主要经济来源：养老金
受访者所在村庄基本情况：西杨屯村位于任丘市东 30 千米，任丘、大城、文安、河间四县市的结合部，天津、保定、廊坊、沧州四市合围中心点，境内有津保公路横贯东的中西，东邻廊泊公路与津保公路的交叉点，地理位置优越，交通便利。面积 0.48 平方千米，其中耕地面积 1293 亩，总人口 1350 人。
受访者基本情况及个人经历：老人 1933 年出生，是河北任丘市长丰镇杨屯村村民。一直在寇村生活了二十多年，二十岁的时候嫁到杨屯村，抚育了六儿、一女。老人家庭氛围非常和谐温馨，老伴儿八十多岁了，老两口关系很是融洽，子女多半不在老人身边，但很孝顺。老人身体结实，思维敏捷，能够很好地照顾自己的生活起居。

老人有三个哥哥、一个妹妹，其在家排行第四。年幼的时候，由于日本入侵，只读了六年书，文化程度不高。老人从小生活条件优越，娘家拥有九十亩田地。老人的二哥在十九岁就开始从军，在平津战役中牺牲，所以老人的家庭属于军烈属家庭，土地改革的时候，被评为贫农。老人二十岁的时候，嫁到了杨屯村。结婚后，老人育有七个子女，一生从事农业劳动，辛勤地照顾孩子和丈夫，是个非常朴实的中国农村妇女。老人对现有的生活状态相当满足，对国家满怀感恩之情。

一、娘家人·关系

(一)基本情况

我叫寇弄,1933年出生,今年八十四岁。我的名字是父亲起的,没有什么特殊的意义,就是觉得合适随意起的。我有三个哥哥、一个妹妹,他们的名字都是父亲起的,也是没有按照辈分起名,大哥叫锁儿,二哥叫马子,三哥叫丫子,因为母亲特别想要一个女儿,所以为三哥取名为此。家里有九十亩地,生活较为富裕,刚开始被评成富农,但是由于二哥是八路军,为了中国的解放事业牺牲了,我们属于烈士家属,所以把我家的阶级成分改为了贫农。我是二十岁出嫁的,丈夫家有六七亩地,土地改革期间被评为贫农。我一生抚育了六个儿子、一个女儿,二十一岁的时候生了我的大儿子。

(二)女儿与父母关系

1.出嫁前女儿与父母关系

我的父母性格随和,没什么可以当家的,家里有什么事儿需要做出决定都是商量着来。在我的娘家基本都是男性为家长,负责处理家庭以外的事务。那个时候,女性的地位虽然不高,但是爹妈都可以当家,只是女性当家的少。当然也看能力大小,还有就是如果丈夫去世,妻子是可以当家的。在我娘家,一般情况下,爸爸是外当家,妈妈是内当家,像种地、出席村庄会议等外部事务都是爸爸做主,而像洗衣、做饭、教育女儿等事情都是妈妈负责。

我的娘家经济条件优越,我们几个孩子都有上学,不只是允许男孩子上学。那个时候没有学堂,教书先生在你家待几天,再在他家待几天,教书先生在谁家,我们就聚集过去上课。那个时候,读书是不用交学费的,当然读书与否也是完全自愿的,贫穷人家的孩子是不能读书的,因为孩子很小就需要帮助父母干活儿。对于我而言,不幸运的是在我十三四岁读六年级的时候,日本入侵到我们村,老百姓就到处逃跑,我也不能再读书了。

在我们家,男孩儿和女孩儿的待遇都是一样的,同餐同食。平日里妈妈负责教育姑娘,儿子教育就是爸爸的事儿了。平时吃饭就是家里摆上一个大桌子,一家人都在一个桌子上吃饭,座次也没有那么多限制和规矩。在那个年代,贫下中农家庭是没有那么多规矩的,也很少重男轻女、苛待女孩儿,一般都是富农地主、成分高的人家才有观念,讲究尊卑和地位,当然和村庄风气也有很大关系。如果你到了郝村就不行了,西郝村祖祖辈辈做官,在那个村庄就必须懂约束,尤其是女的,必须有礼节。过年的时候,如果给压岁钱,男孩儿和女孩儿给得一样多,添置新衣服也是一样的。

过年的时候,女孩儿不用去给村里人拜年,男孩子要没结婚也不拜年,在我娘家,只有结了婚的夫妻才出门拜年,人家说不结婚就不是大人,结了婚就是大人了。如果家里来了客人,女的是不可以上桌吃饭的,作为妻子只管伺候,没有出嫁的闺女也是不能上桌的,各人在旁边吃,但是大点的男孩子可以陪着客人共餐。这些都是祖辈遗留下来的规矩,大家世代遵循着。到别人家里做客,如果是比较讲究的亲戚,女性也是不能上桌吃饭的,只有自己的近亲才可以不那么多约束,对于男孩子都可以入席。如果没有饭吃了需要讨饭,家长也是会把女孩子带着的。

平日里大人把女孩子看管得很紧,你不能随便出门,没有伴儿也不敢出门。家族里有婚丧嫁娶的事情都是爸爸参加,如果爸爸出远门了,妈妈是可以代替父亲参加的。外部事务,未出嫁的姑娘不能出门处理或者参加,但是嫁人了成了人家媳妇儿就可以出门。女孩子不能到处乱跑,赶集也是不允许的,闺女不出门得多。即使是走亲戚也需要家人陪同,否则自己不可以去。坐要规规矩矩坐着,穿衣服也要齐齐整整。十四岁以前算是年幼的女孩子,是可以和周围邻居的男孩子玩耍的。在我的家庭,洗衣服的时候,一般情况下男的和女的衣服分开来单独洗,晾衣服的时候没有严格讲究。

我在娘家的时候,母亲一般只管在家里做事,例如做饭、养猪、喂牲口、做鞋子、衣服等。母亲基本上不下地干活儿,一是女人抛头露面不好,二是那个时候女人裹脚,小脚女人下地干农活儿非常不灵便。姑娘家就是绣云描花、做针线活儿,而且从十三四岁开始,我就学会了纺线。这些线是自家种了棉花,弹棉花,然后纺成细纱,接下来再织成口袋线的粗线,纺线是为了售卖贴补生活。我这些事情都不是母亲教的,都是自己平日里和周围的小伙伴们一起学会的。兄弟一般就是种地或者做买卖,他们也是帮衬着爸爸处理外边的事情,家务事他们不管,例如衣服都是穿脏了就脱下来不管了。

那个时代,女孩儿的教育都是由母亲负责,男孩子则是父亲管得多些。当时的孩子都很听话,不用父母太费心,自己就学着父母平时的举动行为了。女孩子是不允许打扮得花枝招展的,穿衣打扮、言行举止都要端端正正、规规矩矩。那时候,女孩子天天攥着个针做针线活,媒人在给女孩子说媒的时候,大家会把小孩挺老实、针线活儿好、懂规矩作为优点。

2.女儿的定亲、婚嫁

我是解放以后定亲的,属于包办婚姻。当时对于婚姻,女孩子和男孩子都没有自主决定的权力。当时人们都是非常含蓄的,媒人介绍的就是男孩子不呆不傻、小孩踏实,说了对方多少房子、多少田地。加上当时说媒的是我叔伯姐妹,叔家大伯的女儿,也算是知根知底。那个时候都是媒人主动代表男方上门提亲的,也不要任何报酬,男女双方及其家庭成员也不能见面,只能由媒人在中间叙述传达。定亲的时候很是简单的,男方买六尺红布、六尺蓝布,这些布是用来制作被里的,交换生辰八字以掐算一个好日子,就算把亲定了。四岁的时候就把他的八字拿来算过了。至于彩礼,男方甭用给钱和东西,就是女方自己娘家做几床被子、做几件衣裳,当作陪嫁就完了。定亲双方父母是不会会面商谈的,谁也见不着谁。只有等到结了婚,结婚当天夫妻俩可以见到彼此,而父母要几天后才能见到女婿。自己结婚,家长根本不会问问孩子愿意不愿意,上哪儿问去,给你定了就完了,就说了算,问你干什么呀!不愿意也不管用,根本不会听孩子的,不愿意照样得结婚,家长做主不得不听,不能也不敢反抗。过去有的人摊上瞎子也就是瞎子,摊上个瘫子也就是个瘫子,都是没有办法更改的。定亲以后没有悔婚的,定亲了就不可能退了,人们思想保守,根本不会那样做。定亲后,如果一方生病了,这种情况解除婚约得很少;如果一方去世了,双方是可以解除婚姻的,不需要去祭奠,彩礼也不需要退还的。定亲后,两家是不互相走动的,即使是过年,准女婿也不需上门拜见准岳父母。

我是二十岁的时候出嫁的,我们结婚的时候已经是解放之后,所以当时我们结婚就采取登记方式,并发结婚证了。结婚只要父母同意即可,是不需要族长、爷爷、伯伯等允许的,碍不着他们的事儿,人家也不管。

结婚的那一天,会由自己的娘家哥哥、嫂子、婶子、大娘等送嫁,这叫"送饭的"。我是坐轿子,这些送嫁的亲人乘坐马车,轿子是由男方派去的,马车是女方自己备的,叫"送饭的车"。我出嫁的时候,娘家没有筹办酒宴,一般闺女娘家都不办酒席的。只是在回门的时候,在娘家吃顿饭,再回去就结束了。

我结婚的时候,土地已经平分了,我家也算是小门小户,父母没有陪嫁田地等,像平常人家一样给我做了几身新衣服就出嫁了,这个钱是由娘家出的。那个年代是没有聘礼的。姑娘出嫁之前,纺线等收入,出嫁时是不会带到婆婆家的,平时家中大小买卖东西都是父亲经手,父母基本不给零用钱,当然也就没有私房钱。

姑娘刚嫁过去,娘家一般不会派兄弟去探望,没事儿的时候不去。我出嫁的那个时候,有的人四天回门,有的人六天回门,我是第四天回的门。回门的时候,娘家派马车把闺女接回去,女婿需要一起跟着回去,叫作"认门",女婿不需要携带任何礼品,去了以后,娘家的本家会轮流请新女婿吃饭认门,以便日后有事儿,女婿自己可以认识和处理,这都是有讲究的。我们那个时候拿着生日是不当回事的,在娘家还简单过一下,到了婆婆家基本不过生日的。

童养媳是解放之前的事情,解放之后就没有了。童养媳就像买的媳妇一样,一般情况是这样的,女方家里贫穷,吃不上饭,男方家境还可以,女方就把年纪小的姑娘送由男方扶养,男方这头给女方家点儿粮食或者钱财,再上他家去让他家养着去,就叫童养媳。养大了,养到十七八了,等到姑娘长大了就嫁给男方,俗称"囤相着"。送出去的童养媳和娘家也走动,那个时候就是不当亲戚走动。

换亲这个习俗与童养媳正好相反,换亲解放之前没有,解放之后非常普遍。解放以后,散了食堂就多了,咱村就多了,换亲转亲,净这个了,三家转的,两家换的,儿子娶不上媳妇儿,家里有个闺女,就再找个主,那个主也有个闺女,儿子也娶不上媳妇儿,都是两家娶不上的,两家对换,这么回事。那几年,咱这村里忒穷,都娶不上媳妇儿,该娶媳妇儿都娶不了。换亲一般是为儿子考虑,给儿子娶媳妇儿。那个时候,还有人专门给转亲换亲说媒,说成一个给点儿钱。

我们那个年代是没有招赘的现象的,在农村这是很没有面子的事情。

改嫁的妇女倒是有的,村里比方说男的去世了,女的可以改嫁,可就有一样,男方当家子得许可,不许可也走不了,也嫁不了。至于彩礼,改嫁就完了,改嫁就没有了,什么也没有,无论婆婆家是多么富有的主家,你走了就是一走两清,没礼。第一次结婚的姑娘是坐轿子,改嫁的人就坐马车。当时大家对二婚的妇女都有些偏见。

3.出嫁女儿与父母关系

姑娘结了婚就没说道了,愿意什么时候回娘家就什么时候回去。但是有的情况属于特殊就不可以做的,比如说年夜饭,嫁出去的姑娘是不能在娘家吃的,还有大年初一是不能在娘家过的,就是过年过节,你要过年了,初一这个不能在家里,连十五、正月十五不能在(娘家)家里过十五。就这么个礼,没有别的特殊的。如果父母不在世了,出了嫁的姑娘需要在清明节、十月一、七月十五三个节令到来前的几天带着烧纸和果鲜糕点去拜墓。大年初二,一般没有特殊事情的时候,嫁出去的姑娘需要回娘家看望父母。孩子和丈夫需要同去,给父母带着鱼或者烟酒这类的礼品。

俗话说"嫁出去的姑娘泼出去的水",出嫁后的姑娘回去就是客人了,娘家的事情就不会管那么多了,爹妈的生老病死都是儿子的事情了,姑娘有心,回去多看看,有能力就买点儿东西给点儿钱,都是看个人的能力和良心。娘家有困难需要帮忙的时候,姑娘家有钱就帮,也是一样的,如果姑娘家日子不好过,娘家也会帮衬着姑娘家。可是一般公公、婆婆在世的时候,是不愿意媳妇儿帮助娘家的,这个时候就帮不了,亲顾亲顾,是亲戚了,你这以后顾得了就顾,顾不了就没法了,不能计较。如果婆婆家遇到困难,都是姑娘回娘家求助,女婿和婆婆家的人不好意思亲自登门,娘家可以帮忙尽量会帮的。

夫妻之间有矛盾都自己解决,闹得狠,都互相劝一下就好了,很少会跑回娘家,和现在一样,主要还是看夫妻自己两个人的感情,想得开的怎么吵架也没事儿。如果父母在世,夫妻之间闹矛盾回去还将就(勉强)可以,如果父母不在了,哥嫂当家了,出嫁的姑娘就很少回娘家了,吵架了更不会回去。

那个时候,女方没有提出来离婚的,那个时候有休书,男的不要这女的,可以写休书休了,休完了以后,姑娘再回娘家就是很不光彩的事了,娘家很不愿意接纳,如果再想要嫁人就很困难了。被休了的姑娘,婆婆家的祖坟是不可能让她入的,因为已经不是人家的人了,娘家这祖坟也不让入,闺女哪儿有到娘家埋的,只能再嫁人入婆家的祖坟。

我娘家是寇村的,婆家是杨屯,距离有七里地。娘家和婆婆家打交道不太多,但是关系很是和谐。娘家有活儿就会让女婿去的,不过我娘家好几个人做活儿也没有什么活儿需要帮忙的。

出嫁了以后,就不能分父母的财产,不能分的,女儿分人家这儿子的去还行?人家也不给你。你要没有东西,日子紧张,娘家帮助你钱和粮食行,你要说是闺女分去,是分不了来的。如果一个家庭没有儿子,招了上门女婿,你这些财产就都由这个上门女婿继承,别人也是不能分人家的。如果只有女儿,没有儿子,也没有招赘,那么父母的财产是由女儿继承的。

那个时候,父母的生老病死都是由儿子负责的,闺女完全看个人意愿,可以接父母去住一段时间,可以赡养父母,也可以出医药费等,当然这些也都可以不做。闺女在农村的养老问题中是不作数的,不承担父母养老。

那个时候,父母去世的话,在丧礼上,闺女就是这么着和现在是一样的。闺女有钱,娘家没钱,就闺女可以帮助,给多少钱都行,多也行,少也行,没有要求,你愿意帮着就帮着,不愿意帮着就拉倒。丧礼上,闺女家要有东西给添行,要没有东西添,(帮忙)干么些的事儿,你就甭说(发言),说不行,"添言添钱"。

如果父母已经过世了,早于清明节姑娘是需要带着烧纸和礼品回娘家上坟的,不需要通知哥嫂,父母的坟墓维修都是儿子负责的,和姑娘没有关系。没有爹妈了,姑娘可以回去上坟,无论什么时候都可以回去。像咱们这里的礼节不就是十月一,你要阴历十月一、清明、七月十五,这些日子,闺女必须到时候得上坟烧纸去,得参加,不结婚的这个不参加。结了婚,父母都双在的时候,一趟也不去坟上。比方说七月十五这一个节令来说吧,接近七月,到了七月十五以前就不愿意回娘家了,家去串亲戚都不愿意去了,它是回家烧纸的日子,平常里爱什么时候去都行,你赶七月十五,头七月十五,头十月了,离将近了这个就都不回娘家了,没特殊的事儿就都不回家去了,因为它是给父母上坟的纪念日,她就不愿意回去了,因为父母双在呢。

(三)出嫁的姑娘与兄弟姐妹的关系

我有三个哥哥,哥哥都很疼爱我这个妹妹的,平时我回娘家都会特意去拜望哥哥们,给带些礼物什么的。没有父母了,自己的孩子们就去给舅舅拜年,自己用不着去了。给舅拜年好几十年断不了。按照惯例,嫁出去的闺女回家是客人,应当你管的你就管管,不应当你管的就不管。闹别扭的事儿可以说说，做决定的事儿不能说。娘家的大事情，比如说哥哥们分家出嫁的闺女是参加不着的。婆家的事情娘家人一般不会管，倘若干预就是多管闲事儿，有矛盾了劝说可以，不过归到底还是主要靠自己处理。可是一旦出嫁的闺女在婆家死了，娘家人绝不会善罢甘休，是必须得要个妥当的解决方法的，这种事情都少得很。

出嫁的姑娘给娘家兄弟和结婚送礼和给姊妹结婚送礼，礼金基本一样，有钱就多给，没钱就少给点儿。如果婆家需要钱，会优先向姊妹借钱，因为哥哥有嫂子，担心人家闹矛盾。

我平时回娘家都是住在父母那里，父母不在世以后，回家的次数就渐渐少了，关键也是看脾气合适不合适，如果姑娘和兄弟、兄弟媳妇投缘，合得来就会常去，走动频繁，如果不投缘就少去呗。和姊妹的关系也是这样的，一般的时候，如果姊妹的公公、婆婆在世且没有分家，我是很少去的，即使去了也不会留宿，怕自己姊妹为难。等到姊妹各人当家做主了，爱住多少日子就碍不着了，这些得有个区别，不是一概而论的。

亲娘舅在姑娘家说活还是很有分量的，如果自己和婆家起了冲突，发生矛盾了，兄弟过来说说这个、劝劝那个的就完了，这些都是小事情。如果自己儿子结婚是不需要娘舅同意的，不用打招呼。如果兄弟、弟媳之间或者父母之间发生矛盾，出嫁的闺女只能劝劝说说。如果兄弟、兄弟媳妇不赡养父母，出嫁的姑娘只能寻求娘家族人的长辈做主，自己说话兄弟不一定听从的。如果闺女家在娘家受气，哥不干，弟弟也不干的，又比如说有的闺女特别受气，给自杀或者被虐待致死了，可就毁了，娘家可就不干了，得需要正儿八经地请人上台面说道说道了，这娘家的人可以阻止下葬，要求出大殡，娘家提出的所有条件都得满足。

二、婆家人·关系

(一)媳妇与公婆

1.婆家婚娶习俗

我嫁过来的时候，婆婆家就两老人，还有个叔、婶子，他们都各人过自己的日子，分家了，碍不着我们。还有一个兄弟、一个妹妹。那个时候我老头和公公就是种地为生。

婆婆家这边提亲就是通过媒人，媒人是不收取任何酬劳的，媒人和我的父母商量着，这个男方家里合适就直接做决定，不会询问姑娘的意见。等到定亲的时候，媒人带着做被里的六尺红布、六尺蓝布交给女方父母就算是定亲了，直到结婚亲家男方和女方是不见面的。那个时候，需要把小帖送到女方家，按照两个人的生辰八字算出结婚的好日子。儿子定亲是不需要向族长报告的，自己家决定就完全可以了。

结婚的当天，有和新人属相相克的需要回避，不能出现在新人的婚礼上。无论男方家庭条件好坏，都要使用轿子去迎接新娘，还会请吹拉打唱的这么一班人在轿子到来之后开始表演。新娘接回来了，需要跨火盆，然后新娘、新郎在堂屋里向香火点头开始拜堂，拜天地代表得到了上天的祝福和认可，拜高堂代表着父母的祝福和应允，没有什么其他讲究。接下来就是入席了，座席吃饭不分男女，只论长辈和晚辈，长辈坐尊位，晚辈坐下席或者旁边，媒人也要坐上席，此外新娘家的亲属也要坐上席。吃完饭了也就下午了，一对新人需要到男方的祖坟上祭拜，这个结婚仪式就算完成了。结婚的第二天，新媳妇起来掏锅灰，会发现有个红包。四天之后回门，新姑爷需要到女方家吃顿饭再回夫家，这事儿就算结束了，再没有其他讲究。

2.分家前媳妇与公婆关系

我刚嫁过来的时候,婆婆是个有能力的人,公公不爱做主管事,所以在婆家是我婆婆当家,说了算,婆婆负责管理家庭事务。那个老公公什么事儿也不管,你说什么就是什么,我有点儿事儿的就和他奶奶商量商量。没有分家的时候,都是婆婆管理着钥匙,掌管着钱。

种地这类的外边的事情,我不管那些个事儿,他们说种什么就种么呗,也不需要我下地的,要忙了掰玉米去,做别的地里的活儿就不去了。家务事就是我管,不得听婆婆的,听她的,她也不会做,忒拙,都是我的事儿。就这么一点儿布票,给孩子们也做不了衣裳,也买不了布,每天等到天黑了都睡了觉,我就把衣裳拆了放到锅里烘干了,等到明天早上还穿上,那时候。做被子躺这么一炕,得了,我个人上隔壁屋里去做,该当做衣裳就做衣裳,做鞋就做鞋,那个时候,我都是这么做活儿的。反正也受了累,这么多人的鞋都需要一针一线地缝,累死人咳,纳底子。破了都舍不得扔,那时候,日子忒瘪咳,受过困难咳。

我们婆婆儿媳妇和闺女一样,没有分歧意见的。那个时候婆婆允许串门,自己也没有时间,整天带着这么多孩子,还有这么多家务事儿,没有空闲的。回娘家的时候,会和婆婆与丈夫说一声,都会让去的,不过平时根本没空回去。

我们这个家是非常简单的,小门小户没有那么多规矩伺候公公、婆婆的,平时都是在一个桌子上吃饭的,就是需要给公公、婆婆盛碗端饭,儿媳妇不能顶撞公公、婆婆。在我们家,媳妇与公婆之间没有什么格外的讲究,没有严格的尊卑,不需要格外对公婆照顾、行礼或者请示,和现在没有什么区别。解放以后,就是宣布了:男女平等,婚姻自主。共产党就号召这个:剪大辫子、撒脚(放足),也不裹脚了,辫子都剪了,也没有大辫子了,没有和前清似的大辫子,早就改了。

解放以前,婆婆虐待儿媳妇的非常多,媳妇还不能反抗,那个时候,有的人家媳妇和婆婆一顶撞,丈夫上去就打媳妇一顿,是旧社会。

家里与外交涉的事一般都是丈夫和公公出面,公公和丈夫商量事情,女人一般不能插嘴。不过也没有挑头,你说也不挑你,你不说去也不挑你,就是挑不出毛病来,因为它是平等的了,公公、婆婆、儿媳妇都是平等的,都和家里现在这闺女和妈一样,没有分别,我们这个岁数就都那样了。

那个时候,女孩儿一般都不陪嫁土地的,但是田地就不属于国家的地,属于个人的地。那个时候,就说陪嫁给了地了,都是旧社会的事情了。这个大家主,他各村里都有地,他不光是这一个村里的地,这一个村里的地都给他也没有那么多呀,都是那村里离着几十里地这样的村都有他的地。我这个闺女出嫁了,她那里不抵我这个主好过,我给你陪嫁几十亩地吧,那就是陪嫁,就给她当了嫁妆,她嫁过去就在那个村里决定这几十亩地。姑娘把土地带到婆婆家,姑娘得交给婆婆家,你带了去陪嫁了,你得交给你婆婆家,是你的地,你没权力管。那个时候,妇女没有那么大权力,没有那么高的地位,你嫁给了这个主,你带过来的地也是这个主的,也不是你的了。但是女方的嫁妆都是个人支配,个人使用或者卖了都可以的,丈夫可以管,如果丈夫不让卖也是卖不了的。

比方说媳妇个人纺纱、纺布赚了钱,她不可以个人要,她也没有那个权力,她也没有纺线的个人卖的那个权力。嫁到了人家这个主,你就得服从这个主支配,让你干,你就得干么。那时候,妇女最低了,解放以前,让你做饭你就天天做饭,推磨去,你就得推磨去,你想换换别的活儿也不行,婆婆让你干么去就得干么去。

3.分家后媳妇与公婆关系

我结婚后十二年分家的,这个分家时间没有规定,各家做各人的主。分了家,各人做饭吃就算了,我们这个分家也没有请人,也没有立分单,就是结了婚了,咱们各人做饭吃就完了。又没有东西分,没有多大财产,就是各人做饭吃,各人混各人就完了。我们那时候分家,就是各人在队里挣分儿,各人要粮食就完了,家家户户都穷,没东西分。老人就是把院子分了分,我们到了另一个院里去,公公、婆婆在这院里,其他兄弟搬到我们前面院里去,各人做饭吃吧,弄着点儿米、面,弄着点儿锅碗瓢盆和农用工具就分家了,就这么些个事。

解放以前,没有听说过有离婚的,离婚是不被人接受和认可的,再怎么不合适也得忍受着。那个时候,根本没有离婚这个说法,也没有这个词。但是如果妻子打骂公婆、不守妇道等,丈夫有正当理由是可以休妻的,不需要政府同意的。

如果丈夫去世了,妇女可以改嫁,公公、婆婆阻拦不了,但是改嫁不可以带走(财产),如果丈夫的兄弟不同意,是不能带走孩子的,因为孩子是男方的血脉,男方家属有权利阻拦。对于财产,妇女也是带不走的,有孩子就需要留给孩子,没有给了就得给兄弟或者族人,妇女没有带走的权利。

如果失去丈夫的妇女没有改嫁,还有孩子,无论男孩儿、女孩儿,公公婆婆分家的时候,对于财产都有和其他兄弟平等的继承权利。没有孩子的妇女,如果分了家,只要不改嫁,财产还是她的;如果没有分家,那么分家的时候也有对于公公、婆婆财产的同等继承权。丈夫去世了,儿媳妇依然需要赡养公公、婆婆,兄弟如果看着她挺可怜就让她少拿钱。

那个时候,像我们这样的小家小户,公公、婆婆是不过生日、不过寿的。公公、婆婆去世的时候,媳妇的孝服和丈夫的孝服一样,祭拜的礼仪也是一样的,下葬的时候和丈夫一起送到墓地,怀孕的不能参加下葬。我们这里是排棺葬,公公在东边,婆婆在西边,东边为尊,公婆的祭品都是一样的,给公婆立碑的时候,媳妇的名字是不上碑的,而且也不会在碑上直接写上婆婆的名字,都是写男人的姓和女人的姓,再加上氏字。媳妇在结婚的时候去祭拜一次祖坟,以后还去也行,不去也行,有人去媳妇就不用去了,男的去了,媳妇就甭去了,男的不在家,出门了,媳妇就需要去了。

解放以前,妇女外出帮工或者经营,必须经过公公、婆婆和丈夫的同意,一般情况下,妇女是不出门的帮工的。

(二)妇与夫

1.家庭生活中的夫妇关系

我是结婚的那一天才和老伴儿见着面的,之前都没有见过。那时候,除非登记去,否则谁也看不见谁。见面后,我对于这门亲事还算满意吧,不满意也散不了,那个时候不兴散。结婚以后,我们都不直接称呼姓名,都是叫孩子他妈、孩子他爸。

分了家以后,就是老伴儿当家了,有事情也是和我商量着的。分了家,公公、婆婆就不管了,老伴儿负责安排种地、盖房、借钱借粮等,管理着家外的事务。老伴儿管着钱,如果我需要用钱的时候,有时候问问老伴儿,有时候也不问,重要的事情或者花钱多的时候就询问。老人留下的话"家有千事,主事一人",家庭成员要都主事就不行了。

分了家以后,就是老伴儿操持着这个家里的大事,老伴儿当家,我们分家的时候就赶上在生产队了，我也是需要下地挣工分儿的，那个时候累呀，做活儿去黄洼了，在西部坑里挖一大筐头坑泥，上黄洼里背，累得慌呀，没有办法，为的是挣工分儿。分家以后，我感觉负担比分家以前沉重，因为这么多事情，公公、婆婆不管了，没有公公、婆婆的事情了，净个人的事情了，都需要自己去处理。家庭内看孩子、洗衣、做饭还是我负责的。总之，大体上就是丈夫主外，我主内。

我们那个时候，生产队也不让出门干活儿的。如果饭不够吃，没饭吃就济给老人吃，济给小孩儿吃，最后才是自己吃的。对于家里的开支也是这个顺序。

那时候，解放以前，就是大男子主义，男的管女的。男的就是说女的，妻子不可以顶嘴，顶嘴就挨打挨骂，他不让女的说话。厨房的事，带孩子等必须女的做，男的这样的事不管，男的不管家务事，男的什么都不干，就是管上地里做活儿去。你要遇见好的(丈夫)，两人商量着；遇见不好的，又骂还打，女的就受气，那时候，属于旧社会。

解放以前，没有听说过有离婚的，离婚是非常羞耻的一件事情，当时都没有听说过这个词语。解放以后，这些现象都不存在了，女的也不干，男的打女的一次，女的就不和男的过了，可能和男的离婚。解放以后，女的有权力说话了，说了有人给她做主，她就可以离婚。那时候，愿意离就得离，你说离就给离，因为刚刚解放的时候，提倡女性自主、婚姻自由，女性可以提出离婚，程序通过非常容易。现在不行了，现在你得说出个条件来，没有合理的条件你离不了。

那解放之前，男的可以娶好几个媳妇，大婆、小婆，咱就不懂了，咱这个家庭没有发生过。解放以前，说书唱戏有那个典当妻子和卖妻子的，实际上咱也不知道，估计都是有王朝的时候的事情了。只是听说过家大业大的就可以娶两个老婆，那一般娶妾还是会和大老婆商量着的，大婆婆允许了才娶第二个媳妇，这种多妻制度从中国解放之后就没有了。

分家后，如果妻子没有生男孩儿，丈夫要过继男孩儿，是不需要征求妻子同意的，丈夫对这件事有全部决定权，因为那个时候把生不出男孩儿归于女人的错误。

解放之前，那个社会都是男的当家做主，脾气不好的男的一言不合就会打骂自己的妻子，当着孩子和外人也是如此，不过还会凑合着过日子，没有大折腾大闹的。

家庭所有收入都是交给丈夫的。解放以前，女人都裹脚，那功夫小脚翘翘的，没事不赶集去，妻子没有丈夫的同意也不会私自买卖东西，当然油盐酱醋小事情不算的，女的可以自己合计着买的。解放之后，女的自主决定的权力比较大了，不过一般还是商量着的。

2.家庭对外交往关系

嫁过来之后，除了偶尔到亲戚家之外，基本上极少玩儿的。到亲戚家也是为了参加红、白喜事吃酒，我送过四五次亲，就是送新娘子到男方家去。在婆家，我和妯娌关系还是很好的，他们几家有红、白喜事都找我主事。平常时候，家里一大摊子事儿，一大堆娃娃，自己家里都忙不完，不出门，也不交朋友，都是为了生活操劳。需要出门张罗的事情就大家商量着办，自己平日就是抓紧过日子糊口。

丈夫在外边欠了钱、借了钱的，那妻子不知道，那妻子需要还这部分钱的，当时这部分钱必须是为了这事花销的。你需要的时候，人家为了帮助你借给你家钱，所以只要有余钱就马上还给人家。下次再借也好借，不然以后你再有困难，没有人愿意帮助你了。

解放以前，我还没有出嫁，家里对于未出嫁的闺女管得非常严格，没事情是不许出门的，不许东奔西跑的,最远也是父母带到镇的集上买点衣服的。

(三)母亲与子女的关系

1.生育子女

娘奔死,儿奔生。我有七个孩子,六个小子、一个闺女。在我二十一岁的时候生了我家大儿子。生了孩子以后,挂红色布条在门上就是当时一种报喜的风俗,男孩儿、女孩儿都是一样的,目的是告诉乡里乡亲,这家生孩子了,孩子怕见生人,没重要事情的就不要去打扰了。那个时候人们穷,加上家家户户孩子很多,对于孩子并不稀罕,不办酒席什么的,不像现在一样折腾,非常省事的。十二天和满月,我的几个孩子都没有过,那个时候拿着孩子不当回事,偶尔才有一家人给孩子过过。生了孩子以后,娘家人会来人庆生,送来鸡蛋和大米,有空就待两天,没空就回去了。等到二十多天的时候,娘家就把孩子大人都接回去照顾,等到满月了再送回婆家。关系好的乡里乡亲都会过来看望的,有的送鸡蛋,有的送红糖,有的给钱上礼。等到孩子满月的时候就可以抱出来给人看了,这个时候孩子就壮实点儿了,不容易夭折。孩子出生不需要到祖坟上去祭告的,就在家里上个供就行了,没有那么复杂。

我儿子生得多,觉得生姑娘好些。有的姑娘生多的又希望生儿子,这是一回事。那个年代,第一个孩子和第二个孩子,公公、婆婆和丈夫就愿意要男孩儿,生了男孩儿,他们欢喜。不过,我就这么一个姑娘,公公、婆婆、丈夫也是很疼爱的,不重男轻女。其实我就觉得姑娘、小子一样。不过没有孩子不行,老了连个人看望都没有。像傻景山(人名)一样无儿无女,住进养老院了,过年了想回老家看看,连有人接都没有。解放以前,听说过女的总是不生男孩儿有休妻的,但是现实生活中没有遇到过,也不是很了解。不过现实生活中倒是有终生没有娶妻的光棍儿过继兄弟弟儿子来养老的现象。人们欢喜男孩子也是因为当时男的有力气,当时农业生产主要依靠人力,所以男的是主要劳动力,由此产生了重男轻女的传统观念,现在都变化了。

我一共生了七胎孩子,六个儿子、一个姑娘。我二十一岁的时候生了第一个孩子。我的孩子们都上学了,就数小六上的时间最长。就是老大和老二赶上做活儿了,就上了几年就不上学了,那个时候孩子上学也不需要缴学费的。孩子太多,对谁也是一视同仁,偏见不了,没有钱,没有压岁钱,孩子们平时也没有个零花钱,日子紧紧巴巴的。那时小孩们也不用大人教育,大人哪有时间管理他们呀,他们都是自己跟着大人学的言行举止。

儿女们婚前挣的钱都交给家长管理,六个小子需要娶六房媳妇、盖六处房子,钱需要努力攒着。不然怎么够呀。儿女分家的时候,钱早就在他们结婚的时候花光了,哪里还有钱给他们,净顾他们还顾不清了呢。

那个时候,我们家孩子结婚都是媒人给提亲去。我和孩子他爸爸不拿主意,孩子自己他们愿意就成,成了就结婚,孩子们的结婚仪式和我那时结婚不一样,他们都各人安排就成呗,就完了,也甭管一样不一样了,都没买很多东西,也就是置办个酒柜、大衣柜。那个时候,媳妇也不要聘礼的,不像现在一说就是结婚十万,女儿结婚也没有办嫁妆,这么多儿子结婚还愁坏人呢,闺女就差不多得了,没办法。

2.母亲与婚嫁后子女关系

国胜是1983年(结婚的),国营是(一九)八五年,国友是(一九)八七年,国旗是(一九)九四年,国赞是(二零)零五年,小六是2001年结婚的。我们这个家庭都是很憨厚的,婆媳之间没有什么矛盾和冲突之类的，我对儿媳妇也是由人家自己做主，一般的事情咱都不管人家，不找事。孩子结婚的时候也没有那么多事情，不需要拜见公公、婆婆或者伺候丈夫什么的，都是普通家庭，没有那么多事情。儿子结婚了就分家，分家都是我和他爸爸提出的，媳妇也没有什么嫁妆，就是老六家陪送得多点，都各人带着了。闺女无论出嫁与否都是不参加分财产的，分家就是自家屋里去单独做饭，拿着一些锅碗瓢盆，没有请证人，也没有立文书就算分家了，分家了就各过各的日子，没得什么关系了，都要糊口。孙子都是我带大的，都和我特别亲近。

我就有一个姑娘，姑娘是二十岁定亲的，她也是媒人提亲的，到了女儿说亲的时候，时代早就变化了，都是自己相相看看的，自己可以参考意见，在我家都是非常民主的，都是自己的婚事自己拿主意，孩子自己愿意就成，不愿意就拉倒。定亲以后，八月十五、过年的时候，准女婿买点儿东西到家里来看望一下，都是拿着鱼过来的。闺女那个时候聘礼就是八百，这就算过礼了。现在了不得了，我的孙女小雪光聘礼，男方就给了九万，男方还得买车买楼。

解放以后，偶尔也有招赘的，都是只有女儿没有儿子的家庭，招赘不需要和族人及村长商量，也不需要写手续这类的，就是登记结婚，如果招赘的女婿不听话、不孝顺，族人是可以出面说服的、训斥的，入赘女婿的孩子一般是跟女方姓，也可以商量着跟男方姓的。他就像儿子一样，可以分家，可以继承财产，可以当家主事。但是如果离婚了，在法律上上门女婿是有财产的，可是实际生活中，他分的房子就会闲置下来，村庄内没有人会购买，因为大家认为他带走女方财产言不正名不顺。

姑娘对我特好，经常回来给钱、买吃的、买衣服。现在，我和老伴儿身体都还硬朗，精神也不错，还没有用他们赡养，平时都是不用要，都争着看望我们，给我们钱。如果没有儿子，只有女儿的人家就由女儿赡养，等到动不了了，年纪实在大了就住到女儿家里了，无儿无女的就是侄子赡养。按照中国的传统，还是养儿防老的观念。我不愿意上儿女们家住去，儿家里，我都不去吃，来了哭，"妈哪怕在我那里住一天去呢？"我说："我住一天去还不够走道的钱呢。"仅走就走一天，开车走就走一天，我不上他那去。这不，昨天六儿（老六）来了也是说嘛，做饭，我爱吃糯稠的，嫌汤忒多，熬菜吃，熬菜，我说："看熬得薄了呱啦的净水。"你爷熬的，六儿说："妈，你跟着我们去吧！"接着我说："跟着你去呀！""我们吃饭，小平子熬菜熬得糯稠得舀不动，不是爱吃糯的吗？"我说："我？我不上你家去，谁家我也不去吃。"我说："我们这个在家里走到哪儿，哪儿说话，上你家去干么去呀？谁认得谁呀！和谁说话去。"不去，一会儿也不去。上了岁数呀，哪儿也不动身，年轻还没动过呢，爱怎么着也不动身吃。我有七八个孙女，还有五个外甥女，天天这东西都摆坏了，吃不了。可惜不来，好些日子才来一趟，来了呀，瞎买吃，北京出的核桃酥，一箱子有六七八斤的，买一箱子核桃酥，一来就两箱子。下趟来呀，打点儿肉来吧，打肉，一打十多斤。我跟你说呀，闺女要疼妈呀，你就甭提了，疼爹疼妈的，这屋里铺的盖的，净闺女买的。国旗来了，买鱼，他一买得过十斤的那个，十天也吃不完呀。

三、妇女与宗教、神灵

赶到了年关，就把灶王爷的画像烧了，叫作"送走"，然后还要在灶门口烧香与磕头，磕多少个头没有规定，把灶上的一切准备好之后就敬神、点灯、烧香、摆饺子，这叫"请灶王爷"。

我们这里还有天地爷，每个家庭院子里都建有一个"天堂"，到了节令，比如八月十五、大年初一、正月十五等都会包好饺子，摆在"天堂"那里，烧炷香祭拜天地爷，祭拜是为了祈求人畜平安健康,避免鬼神找麻烦。

每年的十月一、七月十五、年三十、寒食,这些节令都是需要男人去上坟祭祖的,咱们这里都是男的去上坟,媳妇一般不用去,男的到坟上烧纸、放炮、摆祭品就完事了。这都是旧社会遗留下来的风俗,俗话说"烧纸风一刮,人死一摊泥"。实际上就是告诉小孩们不要忘记老人们。

那个时候,我认识的妇女是没有信奉宗教的。吃饭是真家伙。我不信,我信劳动。劳动是正确的,不劳动没得吃。往常和现在一样的,勤快点儿呀家里舒服,懒散点儿肚子饿着,一样的道理。

四、妇女与村庄、市场

（一）妇女与村庄

1.妇女与村庄公共活动

出嫁前正月里会去看庙会,一般都是和爸妈一起去,爸妈不去就和兄弟姊妹一起去,总之不可以一个人去,需要有伴儿一路去。庙会是非常热闹的公共活动,不知道是谁组织的,总之是非常受大家欢迎的。从土地改革开始,村庄就不停地开会,有的时候,会召集所有劳动力去开群众会议。我有时候也会去参加会议,土改集体的时期几乎天天开会,平日里开会都是老伴儿去的。

2.妇女与村庄社会关系

做姑娘的时候的玩伴就是自己邻居或者族间的和自己年龄相仿的姑娘们一起玩耍,我向她们学做针线活儿,学习绣花,就是这么个事儿嘛。一提起做鞋来,那一年小明他妈,我哥死了,我嫂让（被）她婶子偷着卖了她了,使（用）八斗玉米交换的,就把她嫁人了,我嫂有一双大鞋,没有做上,我妈就哭了,你嫂也走了,给我把活儿撂下了,还一双鞋没有做上呢。我接过来这一双鞋,说:"你别哭了,我做。"我那一年才十六（岁）,我就接着那么着,我就学会了做大鞋了。

我那个时候爱听唱大戏的,有一次,记得当时我也就十一二岁,北张村有唱戏的,我们几个孩子就凑到一块儿听戏去了,非得赶听完了戏才回家。等到长大了一些就圈家里,需要帮家里做活儿了。新婚后,回门的时候是需要拜望邻居和族人的。那时候,娘家死了人,赶出了殡,上婆婆家来,还得到处给长辈去谢孝去,现在没有那个了。有的小时候玩伴结婚邀请我送去,也没有什么特别的讲究,只要穿着干干净净就可以了。出嫁后,我和妯娌之间没有矛盾,大家都不挑事儿,都是很好说话、很随和的人。他们一般有红、白喜事才找我帮忙送亲,建房子还请我去做饭。平时很少串门或者聊天玩儿,因为家庭负担重,根本没有空闲时间,多半都是亲戚家红、白喜事才去,平日里不出门,家里孩子多,日子过得不好,忙自己家的事情都忙不完。

我嫁到这边以后都挺好的,没有和我合不来的人,我在街上坐的,这小孩子们围着我转,我净哄着他们呀。我这个脾气和谁都不一样,自己弄着这么些孩子,我没为孩子们会别人抬过杠。

（二）妇女与市场

出嫁前,姑娘家是很少上街的,必须得大人跟着才可以,姑娘家家的没有自己去赶集的,会有人笑话的。等到以后长大了，十五六岁的时候，还去集上卖线去呢，就是各人家种了棉花，纺成线，再到集上卖掉，卖了钱交给家长。那个时候，赶集出门的干正事可以，不能出门玩儿去。只听说过有织布的，我们的鞋子都是自己做自己穿，没有能力做出许多拿去卖。那个时候，小户人家都是穿粗布衣裳，后来日本进攻中国，日本来了才建立了纺织厂，在大都市里，天津、北京呀，大都市里建立的纺织厂、纺纱厂，才有了这洋线洋布，外国人制造的，中国人不会。

五、农村妇女与国家

（一）农村妇女认识国家、政党与政府

十几岁的时候，我总是听到国家这么个词，人们总是唱歌。我娘家二哥是八路军，在家他就总讲蒋介石退了，毛主席来了，那就是男女平等了。那个年代的女孩子都是要裹脚的，我正好赶上日本鬼子来了，大人就让把裹脚布撒开了，不然鬼子来了跑不了，像我这脚裹了一半儿，脚趾都裹断了，也是弯曲的，八十多岁的都赶上裹脚了。共产党不让裹脚了，不让留长头发了，都是促进女性解放的举动。那个时候，村里没有建立学堂。

日本一来了，记得那小时候还看热闹呢，也是因为日本刚来了不打人。他们要是一来了，就听到茶缸子、刺刀碰撞得叮叮当当地响。后来日本人开始打人了，因为他们问老百姓八路军的事情，老百姓都不说，他们就生气，在这以后就有汉奸，我们叫他们"白脖子"，是日本人让中国人治中国人的所使用的手段。

那时候缴皇粮国税，这个从来就有，封建王朝也有，改朝换代也有。缴公粮是按照户里的土地数量，不是按户人头收取，这一户种了多少地就缴纳多少公粮。解放以前就听说国民党了，那个时候，孩子的舅是八路军，他天天净研究这个，整天说道这个。家里不听他那一套，也不愿意他参军的，我妈总是嫌他老出门跑去，开会去，不在家里干活儿。那个时候，书上就这些知识，记得书上写着"孙中山先生，看到清朝腐败，就实行革命，推翻了数千年的专政，建立了民主国家，伟大的中华"，这是一本书上写的。我不知道国家主席是谁。而且那时候女的都不出门，女的东奔西跑会被人说闲话，所以也没有女共产党员，寇村里有个女的，整天到处跑去，丈夫就不要她了，她就嫁给了乱柱他爹。

那个时候，八路军天天开会，他们还到家里来动员事情什么的。村里开群众大会，妇女也去参加，鼓励人们读书上学。那时候，我从来没有参加过投票。

我感觉政府要女的走出家门，参加社会劳动，提出婚姻自由，这些都是非常重要的，也是非常有用的。

（二）对1949年以后妇女地位变化的认知

现在妇女解放了，男女平等，妇女地位提高了。以前没有妇女参加工作的，现在妇女可以从事工作了，妇女可以读书识字，女孩子对于自己的婚姻有了选择权，而且结婚、离婚自由了。女性的社会地位真是发生了翻天覆地的变化呀！

（三）妇女与土改

土地改革的社会，我还没有出嫁，我娘家被评定的成分是贫农，我家条件很好的，因为我二哥是八路军牺牲了，所以给我们家改成了贫农成分。那个时候，国家下派了土改工作队到村子里指导土改工作。有的时候，土改工作队员会到家里来问问情况。那个时候他们也动员妇女参加土改,劝说劝说妇女,不过效果不好。开会的时候,妇女也都让去,愿意不愿意都得参加,尤其是贫农更得需要去。

土改工作队员就对大伙儿净说地主富农的净欺负贫苦的人,让大伙儿站出来反抗斗争地主富农,他净说贫农对,地主富农不对。无论怎么说服,我都不去斗地主。

现在想想土改的时候,妇女翻身解放体现在不让妇女裹脚了,不让妇女留长头发了,允许妇女提出离婚,等等,而且还有妇女队长、妇救会的。那个时候,咱村有个在妇救会的天天抱着孩子搞工作。她是大伙儿选出来的,选了就得当,既然选了你,就说明你有那个能力干好工作。

(四)互助组、初级社、高级社时的妇女

我们这里的土地都归了集体了,人都是参加集体劳动了。那个时候集体是分三个阶段的。首先是入互助组,入互助组的时候,地主、富农成分高的是不让参加的,怕他们进去搞破坏。后来就是成立初级社,成分高的还是不让入,互助组和初级社都是自愿加入的,也可以不入。

原先解放以前,女的不下地干活儿,后来入了初级社、高级社,妇女下地干活儿了,这个感觉挺好的,挣工分儿才能够分粮食呀。政策执行起来了,你不想干也不行,就像入社的时候,东西都需要交集体,你不交不行的。我没有当过队里干部,但是那个时候是有妇女队长的,人们都是看着哪个妇女能干就大伙儿推荐她当,带着妇女一块儿干活。关于干部什么的投票,我没有参加过,自己不愿意去,觉得没有用。

在队里妇女也是挣工分的,一般妇女干轻松一点的活儿,挣的工分也少点儿,一个男的算整劳力挣十分,妇女没有挣十分的,最多也就挣八分,男的力气大,干活儿多,挣十分也是应该的,比方说拔麦子,男的拔十个眼,女的拔六个眼,当然女的工分就比男的挣得少。我当时更愿意在自己家地里干活,不愿意在集体干活。那个时候,觉得男女一起做活蛮不习惯的,不习惯也得那么做去。对妇女没有特殊照顾,例如妇女生孩子坐月子了,她下不了地就没有工分。

在互助组、初级社、高级社的时候,我就有孩子出生了。那个时候的孩子不宝贝,就是给小孩们做饭吃就完了,做活回来就给他们做熟饭。那时候跟放羊似的,小孩在街街到处跑,也没有偷孩子的,和现在不一样。那个时候,小孩死就死了,很平常,也没有多么心疼。我一个月顶多干十天,挣十天的工分。为什么地里也打不了粮食,都不怎么做活儿,去了糊弄糊弄就回来了,谁也不像给自己家干活儿一样认真。

合作化时期,妇女下地干活儿没有年龄限制,只要是干得了都可以下地挣工分。那个时候也是经常开会,基本上妇女都是不发言的。

(五)妇女与人民公社、"四清""文化大革命"

1.妇女与劳动、分配

人民公社时期,"亩产双千斤""肥猪赛大象"都是当时的劳动口号。现在就产得了,那会儿产不了,那个数据是试验田的数,在试验田里可以产那么多,当时组织人们到试验田里去参观,有这么一小块地准时栽上麦子,地周围有好几个吹风机吹风,麦子不透风它不长,试验田里的肥料也充足,所以它的产量当然高了,咱这普通庄稼地里根本打不了那么多粮食。"放卫星"呗,卫星上天呗,那时候。卫星上天了,"亩产双千斤",都是那时候。一天天上公社里汇报,今儿个你这村里,你这支书去了,这村里今儿个这一天拉出多少粪去呀? 五千车,赶明儿去了八千车,哪有那么多呀? 都不是实事,你那么涨着劲儿地说,他也那么涨着劲儿地说。你不说好不行,人家拉三千车,你为什么拉二百车呀? 你们干么了? 上级不干。你会说呀,我还会说呢,你拉了三千车呀,我拉了五千车,他这个八千车。其实不是事实,你怎么来的那么多粪,你没有地方来,你没有来源。还有就是不会因地制宜,有一年国家让种稻子,老百姓都把稻种吃了,咱这里根本就不长水稻,太干旱了,种水稻就是瞎指挥,就是胡闹。

那个时候生产队是有副业的,就是织布,需要点儿技术的人才能去,织布需要有男的,也要有女的。纺线一般是女的,养猪也是女人的活计。生产队里的干部基本都是男的,最多有个妇女队长,也不是每个小队都有的。国家有的时候需要劳力去挖河,全国都去,没有不去的,但是不是所有男劳力都去,就是每个队里去两三个人就行,影响不到农业劳动的。

那个时候,确实有"大炼钢铁"这项运动,但是农村里没有搞,大炼钢铁在农村里就是收废铁,运到城市里去炼。家里没有人,连锅都给拔走,那一次,我去地里锄草了,回来烙饼锅子就给弄走了。

那个时候,男劳力和女劳力挣工分是不一样多的,劳动强度也不一样大,男的整劳力一天可以挣十分,女劳力最多挣到八分,那时候,给队里打草去,喂牲口没有草,一斤干草就只有二分钱。生产队里分粮食是按照人头和工分进行分配的。自留地一个人是二分,不管大人小孩儿都一样多,一个人头就是二分自留地。那个时候,家家户户能够吃糠咽菜吃饱饭就不错了,上哪里找余粮去,都不够吃的,人们常年到地里干活儿,挣的粮食不够个人吃的。

2.集体化时期劳动的性别关照

那个时候,女的怀孕了,还有喂养小孩儿的时候,队里对这样的人没有特殊照顾。也没有产假工分,不干活就没有分挣的。那个时候,小孩儿就是老人照顾,大点儿的孩子看着弟弟、妹妹们,没有托儿所,孩子们像放羊一样没有人看护。

3.生活体验与情感

食堂是1958年开始(办)的。食堂的时候,大伙儿需要把东西都交给食堂,锅碗刀具都要拿到食堂去,个人就不许可(自家)做饭吃了,看见灶筒冒烟就挨罚。大食堂名字好听,饭可不是随便吃的,数量是有限制的,规定量的,不是爱打多少就打多少。一个人一点儿,把饭打回家去,你够吃的就够吃的,不够吃的就拉倒。村里那个宝林(人名)拿着粮票买个小红薯还不给。那个时候,人们挨饿了,国家发下来玉米芯,用火碱把玉米芯捣鼓碎了,在这筐箩里撒上点儿玉米面,攥成个大菜团子,在里头这么滑动,拿出来了,还取名叫"淀粉豆包",就吃这个。

4.对女干部、妇女组织的印象

我记得有妇女当小队队长的,就是领着干活儿,也没打过什么交道,没有人羡慕的,各人做各人的活儿。选出来的让你领着,你就领着,到时候,不去不行。

5."四清"与"文革"

"破四旧"就是老书、老画、佛像,只是老的就不要。拜年也不着拜了,也不许可烧香、上坟了,封建社会留下来的好些个习俗,习俗也破,代表旧社会的遗留,还有旧社会遗留下来的迷信,迷信一类的东西都属于"四旧"。

（六）农村妇女与改革开放

土地责任制了，承包了以后，中国这农业才搞上去呗。现在我对别人就说："生产队这一个队了这一年产两万斤麦子，现在我个人产两万多斤。"这个土地承包妇女分到的土地和男的一样多，土地证上也有我的名字，没有名字就不分给土地了。土地承包以后，打粮食多了，吃饱饭了。

闺女们要是嫁人不许带走土地，结婚就走你个人就算了，改嫁也是如此。

与 20 世纪 80 年代相比，计划生育政策不严了，那时候严，那时候罚，就那么穷折腾。现在人们生活条件好了，电视、洗衣机等家用电器都有的，老人们都在一起聊天、晒太阳，也是非常开心的。平时里了解国家政策都是大队里宣传，还有就是电视里新闻播报。这么大岁数连字都不识，也学不会用手机和电脑了，男性老人爱学习捣鼓的，他们有手机的比女性老人多。

六、生命体验与感受

现在能够赶上这一段好时间才好呢，这一辈子，这么多经历，这么多事情，早死的老人可是悔死了，他们把罪也受够了，也死了，连一天好时候也没赶上。现在时代好了，（我）还但愿多活几年啊。

FJJ20170121KC　寇从

调研点:河北省沧州任丘市长丰镇杨屯村
调研员:冯娟娟
首次采访时间:2017 年 1 月 21 日
受访者出生年份:1934 年
是否有干部经历:否
是否生育:是
受访者结婚的时间节点、生育子女的具体情况:1954 年结婚;1955 年生第一个孩子,共
生六个孩子,四个儿子,两个女儿。
现家庭人口:2
家庭主要经济来源:养老金
受访者基本情况及个人经历:老人是河北省任丘市长丰镇杨屯村村民。老人从小在北庄
村生活,二十岁的时候嫁到杨屯村,和老伴儿一生辛勤抚育了四个儿子和两个女儿。老人如
今已经八十多岁的高寿了,老人家庭氛围并不是非常和谐温馨,不过老两口关系很是融洽。
目前老人身体结实、精神矍铄、思维敏捷,能够很好地照顾自己的生活起居。

老人的一生非常艰辛,婆婆是个能干而又强势的人,对待老伴儿并不友善,老人和公公、
婆婆一起生活十二年没有分家,婆婆掌握着这个家庭的经济大权,婆婆对待这个儿媳妇可谓
说相当苛刻的,老人必须尽职尽责地侍奉公公、婆婆和丈夫,照顾孩子。

根据老人的陈述,老人的婆婆总是贴补五个女儿,待她却是百般刁难。后来老人还承担
起为小叔盖房和娶妻的责任。老人精打细算、勤俭节约,为小叔和自己的儿女都解决了婚姻
大事。老人的一生艰难而平凡,一生从事农业劳动,是个典型的农村妇女。

一、娘家人·关系

(一)基本情况

我叫寇从,1934年出生,今年八十三岁了,名字是小时候爹妈给起的。家中有一个哥哥、两个姐姐、两个妹妹,还有我,兄弟姐妹的名字都是爹妈起的,大人让叫什么就叫什么,不按照辈分排。我们早些时候是寇村的,老根是寇村的,后来搬北庄去了。我们家不好过,也就二十几亩地,土改期间被划分为贫农。我是二十一岁出嫁的,丈夫家有个四十亩地,土改期间被划分为上中农。丈夫家兄弟三个,还有三个姐姐、两个妹妹。我是二十三岁的时候生的我家大儿子,共生了六个孩子,四个儿子、两个姑娘。

(二)女儿与父母关系

1.出嫁前女儿与父母关系

在娘家的时候,爸爸当家,爸爸是家长,那时候,我爸爸做小买卖,到处赶集烙大饼卖去,爸爸管钱。一般都是男的是家长,也有女性是家长的,不过少之又少。要说当家都可以当家,爹也可以当家,妈也可以当家,就是像现在一样,也看能力,能力有大的,能力有小的,谁当家好就得谁当家呗,跟人的能力也有关系。平常爸爸管种地,妈去不了,再说这一个不大一个的、不大一个的小孩子,闹鬼子最后一年,我才十一,下边还有两个妹妹,妈在家忙活这些都很吃力的。男的一般管外面的事情,女的一般管家里事情,家里家外都需要处理得当。我的妈贤惠又善良,特别疼爱我们。

男儿长得丑,五湖四海走;女儿长得乖,灶门口儿待。那个年代,只给小子供读书,不让女孩儿读书。穷家小户也供不起,大家人户是读书的。家里经济也确实困难,这么多孩子吃饭都成问题,哪里有经济能力读书。我和姐姐们没有读书,哥哥还是读书了,小时候,我们村庄是有学堂的,女孩子是可以上学的,但是都是经济条件好的,贫穷的人家没有钱,上不了学。哥哥识字,我和姐姐们都不识字,两个妹妹读书了。在家里我是主要劳动力,因为我们都在家里做活儿就可以忙得过来,妹妹们就有空读书上学了。那时候,读书也学不正道上,今儿个让你送兵去,明子让你干这个事儿去、干那个事儿去,净去游行,甭说了,上学有限,识字多不了。在生产队的时候,还成立了一年夜校,让家庭妇女吃完晚饭去上夜学。那个时候,我家老大出生了,没有人给我看孩子,我就只能自己抱着,没有办法跟着老师学写字,去了两个晚上,后来就不去了。当时是小孩们白天去学校读书,媳妇们白天到生产队干活挣工分,晚上上夜校。姑娘教育调教是妈管着,儿子教育不好就是爸爸的事。我读了几天夜校,队里开课的,没有学会什么东西,当时没有人给我看孩子,我没有办法学,就只有带着孩子,后来就不去了。

在家里,都是同餐同顿,座次也没有个讲究,不过由于家里五个闺女,就只有我哥哥这么一个小子,平时都是特别娇惯的,平时牲口是我喂的,哥哥虽然比我大,就什么活儿都不干。在家里都是自己盛饭吃,没有过多的规矩,在小户人家是很随意的,只有大户人家才丁是丁卯是卯,有个讲究。后来嫁到婆婆家,公公、婆婆就在炕上吃饭,我就得给盛碗,人家吃一碗,公公、婆婆在炕上,俩人对着一边一个,我就得在下头给人家盛饭。小的时候,在娘家的时候,来了客人,闺女是不可以上桌吃饭的,小子也不行。那时候,东西少,人们很穷,家里来了客人,安排点儿吃的东西,根本没有本家孩子吃的,客人吃剩下才给孩子们吃点儿。只有爸爸可以陪着客人吃饭,媳妇当然不可以在桌子上吃饭的,那个时候给人家当了媳妇,就最不受重视了。至于添新衣服也是极少的,不过女孩儿和男孩儿都是同等待遇的,不区别开来的。过年的时候,我们都一样有压岁钱,就是少点儿,一毛两毛的。

那个时候,男孩子到了十五六岁都得给长辈拜年,年龄小的不去。未出嫁的姑娘不用去,但是嫁人了成了人家的媳妇就不金贵了,就得年年大年初一给族中长辈们拜年。没有出嫁的时候,要是到别人家做客去,爸爸和妈都可以去,闺女和岁数小的男孩子不可以去。有婚丧嫁娶的亲戚,爸爸不在家,闺女是不可以代表家长去,小子可以去,小子负责给人家帮忙去,洗盘子、端碗等帮忙,闺女不外出参加这些的。男的、男孩儿不管什么时候都可以出门,平日里大人把女孩子看得紧的啊,女孩不能随随便便出门,没得伴儿也不能出门。那只要等你出嫁了,大人就不管你了。年龄小的姑娘平时可以出门玩儿,不过只能和熟人、邻居、亲戚玩,而且不区分性别,也可以和男孩子一起玩耍,等到稍微长大一些,十二三岁就不让出门了,也不许和男孩子接触了,需要在家帮忙干活儿了,洗衣服、做饭。不过有娶媳妇的、嫁闺女的,要有死人的这样事儿,如果有空闲时间是可以看热闹去的。平时都是妈和我们管给家里人洗衣服,爸爸和哥哥是不管的这些家务事。洗衣服的时候,上衣和裤子要分开洗,男的衣裤单独洗,女的经期衣服也要单独洗。晾衣服的时候没有严格讲究。生个姑娘不容易的,要留个好头发,能挽簪环首饰,要缠个好脚,还要把针线学好,人家做成什么样子,你也要做得出来,要贤惠。要培养的姑娘行行拿得起,针线、茶饭,主要是讲这两样。

一般情况下,女的是不用下地干活儿的,那个时候都时兴裹脚,小脚女人也做不了地里活儿。除非农忙的时候,实在没有办法了,妈和闺女才下地干活儿。我那个时候在家里推磨,家里开着磨眼,卖白面赚钱。

儿子的教育都是爸爸的事儿,教育不好是爸爸的不对。姑娘就完全是妈妈调教了。那个是闺女要规规矩矩的,坐有坐相,站有站相,不能东奔西跑的。

2.女儿的定亲、婚嫁

我们家姐妹多,那个时候,我嫁人抱着的态度就是一定不嫁给大女婿。我有俩姐、有两姑,她们嫁的人都是年龄比她们大很多的,外人们就说是他家门里时兴大女婿,就都得嫁给大女婿。我就个人赌气,我说,高低不嫁个大女婿,哎,反正我就有这么个心眼儿。之后你伯去了,我一看呀,小孩儿也行,长得也不赖,我就看上了,看上了,谁知道他家这个主不行呀。那个时候,一般人还不能自己见面的,我是和几个小闺女一起,也是巧合才见到的。

当初媒人到我家就说挣钱多,出门挣钱,一个月挣七十块钱。干瓦匠活,那时候就是好的了。等到真正嫁过来才发现,人家挣到钱不受我支配,人家说得好听,但是你管不了人家。

我们那个时候定亲简简单单,既不给钱,也不给东西,就是给你拿去这么一张红纸,上边写着字,这在当地叫"过四柱"。我不识字也不知道上边写的什么,父母做主都是属于包办婚姻,也没有告诉我上边是什么字,这就算定亲了。这张纸是男方给女方的,女方不用给男方。那个时候,老人们会给我们算算生辰八字,看看两个人合适不合适,这是迷信罢了。

当时那个年代,家家户户都不富裕,结婚的彩礼给得也简单,给买四身做衣裳的布料,里还是买的大宽的,就是一种里是自己织的白布,买的颜色染的,而外皮是买的布,至于其他的东西都没有。那个时候,他娶我花了总共二百块钱。结婚的时候,男方这边配置的家具就是两个柜子,两个柜子都不想买,只想买一个,我妈答应了,我不干,我寻思着将来再买到和这个柜子配套的难,不如现在买了,而且新人的东西都是成双成对的,哪里能够买单个的,最后依着我了,买了两个柜子。

那个时候,双方父母是不见面的,我们定亲一年才结婚的。在那段时间里,不是过年、八月十五的节日,男方是不需要去拜见准岳父、岳母的,什么都不用送的,男女双方也不能见面。

如果双方已经定亲了,男方生病了或者死了,女方是可以解除婚姻的,就是告知媒人,并和男方协商好即可,不需要任何仪式。给的定亲礼、彩礼是不用退还的,因为是由于男方原因导致婚姻解除的。如果男方去世了,女方是不需要去祭奠的。反过来也是一样的,无论男女,如果没有结婚,都是不能入祖坟的,就找个地头随便埋葬了。

那个时候,婚姻都是父母之命、媒妁之言,自己对于婚姻是没有自主权的。但是如果两个人实在不合适,总是闹别扭、有矛盾也可以退婚的,程序媒人也会传达,双方协商好了就行,也是不需要给任何补偿的,不过在那个年代是没有这样的。

我二十一岁就结婚了,我那时候结婚就登记了,也发结婚证。那个时候,结婚是不需要经过族长、爷爷、伯伯同意的,就是父母做主就行。结婚那天,女方不用摆设酒席,就是男方派去轿子,女方有婶子大娘送嫁,人家称呼为"送饭"。然后等四天或者六天回门的时候,再由哥嫂用大马车接回去,丈夫也跟着回去,不用带礼物的,这样就完事了。那个时候,我正好赶上过年了,所以在婆家待了十天才回门的。

那个时候,小门小户的就是给闺女做十身衣服,有单衣、棉衣作为陪嫁,这些衣服都是自己做的,不用雇人。姑娘在家里纺线织布等挣的钱,出嫁的时候是不可以带走的,那个时候日子不好过,家里也是需要吃穿的,吃穿都不富裕,哪里有多余的钱让女儿带着。有哥哥弟弟的,父母还有攒钱给儿子娶媳妇,更不会给女儿多的陪嫁。那个时候,没有标准,条件好的多陪嫁点儿,条件不好的少陪嫁点,就是再一般的也得十身衣裳。

那个时候,我没有私房钱,一天天在家里就是推磨、刷锅、洗碗、做饭,就这点儿事儿,还得喂个牲口。我只有一个哥哥,非常娇惯,人家什么都不管干的,他比我大两岁,不干活儿,都是我自己的事儿呗,十多岁开始,我就干这些活儿的。

家贫且姑娘多的人家才做童养媳,童养媳就是自己供不起口粮了,就把姑娘让男方养着,等姑娘长大了就嫁给人家做媳妇,见得很少。家里没有儿子的人家就可招赘,和现在的风俗是一样的,上门女婿和儿子的区别,老人不顶事了,这个女婿就可以当家,也是可以继承老人的财产,孩子要姓女方的姓,如果上门女婿不孝顺或者不听话,族人就会出面管一管的。

比方说你家有一个小子和一个闺女,我家也是有一个小子和一个闺女,你家那个小子娶我家这个闺女,我家那个小子娶你家那个闺女,这就叫换亲,如果三家就是转亲,换亲和转亲也是需要媒人的,这个做法都是为了照顾小子,为了给小子娶媳妇。我们家那个时候,老头非得用大闺女给大儿子换亲,我死活不同意,我觉得那样对不起闺女,所以我家大儿子等到二十八才娶上媳妇。

那个时候很少有改嫁的妇女,二婚是没有彩礼的,二婚的妇女也有坐轿的,坐轿就是做敞轿,那男的那轿子,男的那种轿子有玻璃,看见人了。而且二婚的妇女需要迈火盆,头婚的新人是不需要的。

3.出嫁女儿与父母关系

出嫁的姑娘回娘家不能和姑爷同宿,俗话说,可以借别人的屋停丧,不能借别人的屋同

— 73 —

床。俗话说"嫁出去的姑娘泼出去的水",出嫁的闺女在娘家就是客人,娘家的事不可以参与。娘家距离近的话,什么时候想回去了都可以,没什么特别的讲究,就是有些特殊的日子不能够回娘家,过年的时候不可以在娘家吃年夜饭。如果父母安康,出了嫁的姑娘就不需要回家拜祖坟;如果父母过世了,女儿需要在清明、七月十五、十月一这三个节到来之前去给爹妈烧纸、供香。

结成亲家就都是亲戚了,有需要帮助的,能够帮忙还是尽量帮忙的,如果娘家需要帮忙的话,自己分家单过了还好说;如果跟着公公、婆婆没有分家,想要帮助娘家是非常困难的,想都甭想。闺女出嫁了就不管娘家那么多事情了,爹妈的生老病死是儿子的责任,姑娘孝顺就多回家,有能力就买东西给钱,都以能力和良心决定。

夫妻之间有矛盾都自己解决,闹得狠,劝说一下就好了,类似于现在,主要是夫妻两个人的感情。如果闹得厉害了,就回娘家了,是需要婆婆家来人接的,个人就不会轻易回去了。女儿提出离婚需要经过父母同意,如果两个人实在过不下去了,父母不同意也得离。为什么那个时候净横死①的呀?就是闺女太受气了,受不了了,想着离婚了,父母不同意,不同意就不让离,不让离,她就横死了,过不下去就横死了。那时候,为什么有吃药、喝卤(水)、上吊的,就是因为这个。那个年代对于离婚也是有偏见的,回到娘家也没有面子,如果父母在世还有个去处,如果父母不在了,娘家的哥嫂也是不愿意接纳。离婚的出嫁女死后是不可以归葬娘家祖坟的,只能随便找个地方埋葬,也可以嫁给一个已经去世的男的,并入男方的祖坟。

我娘家和婆婆家不是一个村的,双方关系一般,交往不算多。出嫁的闺女是不能分父母财产的,在农村都是由儿子继承父母财产。如果说父母没有儿子,闺女养着就可以分财产。人家招上门女婿了,那他所有的财产都由这个上门女婿继承,老人也让这个上门女婿赡养,出嫁的闺女是没有继承权的。那个时候,嫁出去的姑娘就没事了,父母有儿子,没有人用女儿赡养的。如果说父母生病了,那嫁出去的姑娘有钱,愿意管就管,要没钱,不愿意管就拉倒。儿子必须得管,老人有病了,管服侍,儿子出钱。父母去世的话,女儿不能主持葬礼,她说了不算,儿子爱怎么办就怎么办,你添钱就添钱,你要没钱呀,你也甭说话。在葬礼上披麻戴孝,儿子和女儿没有区别。清明节之前,姑娘需要回娘家上坟,不行礼,就是在坟前给烧纸、上供,烧完了就走人,七月十五还有一回,十月一还有一回,一年三趟,三个节令必须得去。

(三)出嫁的姑娘与兄弟姐妹的关系

出嫁了还有什么地位啊,出嫁的闺女回去一天看看就得了,有爹有妈的呀,愿意休两宿就休两宿;没爹没妈的呀,去了,当天就回来了。出嫁的闺女回娘家,怎么也得带点儿东西,不能空手回去呗,空手人家会笑话。

娘家有什么大事,这出嫁的闺女不参与,那兄弟分家什么的,那个更不参加了,避嫌。闺女嫁出去了,她兄弟结婚和姐姐妹妹结婚,送的礼金不一样多,谁有钱就多送点儿,谁没钱就少给点儿,按照自己家的经济条件来说。婆家需要钱的话,我一般不会向兄弟姐妹借钱,借得看你这个主,你这亲戚家要有钱,看你这有钱,他要有事了,想着借你点儿,估摸着你没钱也不向你借。回娘家的话,那时候,我会住爹妈家,如果爹妈不在了,也就不怎么回去了,兄弟都好说,弟媳妇、嫂的要不高兴了就另一个样了。去妹妹家,也不爱住,妹妹要有公公、婆婆更不愿意去了,给妹妹添麻烦,我这辈子没怎么出去过,除去在闺女家住着去,没有怎么在姐妹家

---

① 横死:指自杀。

里住过，各人家里一帮孩子，上哪儿住去都不放心，去了吃个饭就赶紧回家，一般不在外边留宿。婆家的事情，娘家人一般不会干涉，干涉就是多管事情，有矛盾劝一下，最终靠自己解决。但是出嫁闺女没有大错，在婆家受虐致死，娘家人会出面大闹，这种事情都非常少。

娘舅分量很重，那时候呀，都是那么说，"这个舅比什么都大"。我们那个年代，舅说了算，舅说外甥了，外甥就必须得听舅的话。不像现在一样，现在舅管不了了，没人听了。娘家的弟弟、弟媳妇有矛盾的话，出了嫁的闺女不主动去调解，如果正好赶上了，就和兄弟媳妇或者嫂子说点儿好的，也就是那么点儿事儿呗。那时候，姑姑说话的分量没有舅舅重，也不如舅舅说话顶用。

如果说嫁出去的闺女要是在婆婆家受气的话，那娘舅可以过来管管，但是管也不一定管得了，要受气谁也给你管不了，婆婆摊牌了不待见你，娘家来人，当时管用，等走了就又回到原来的样子了。但是那个年代，人家受气，虐待死了，娘家可就不干了，就会要求大发丧，折腾几天，必须满足人家的要求。那时候和现在是一样的，闺女、儿、娶媳妇、嫁闺女是一样，爹妈同意就行。我们那个时候，爹妈不同意也结不了，再早的时候，结婚之前，姑娘连见都见不到女婿，不知道是个瞎子，是个瘸子，是个拐子的。那个时候，女性地位低，没有自主决定她婚姻的权力。姑娘回娘家拜年，带着烟、酒、肉，初二回娘家，头一年结婚了，男的回去，女的还得跟回去，还上婆婆家去。第二天，娘家才来接走。过年回娘家以后，女婿会给女方各家亲戚拜年去，按照年纪长幼和关系亲疏决定拜望的先后顺序，闺女不拜，闺女初一那一天在婆婆这边拜年。

这闺女嫁出去了，兄弟要是不娶媳妇呀，这说实在的，和姐妹一样亲，等人家娶了媳妇，兄弟就听媳妇的了，兄弟就不听你的了，和兄弟可能就不如姐妹的走得近了。

二、婆家人·关系

(一)媳妇与公婆

1.婆家婚娶习俗

我结婚的时候，婆婆家里有四十多亩地，家庭条件很一般，家里有一个傻哥、一个十二岁的小弟弟，还有五个姐妹，丈夫是个木匠，有个手艺，其他人就是种地为生。

那个时候男方定亲就是先请媒人去女方家里提亲，向女方的父母介绍一下男方本人及其家庭的情况，如果愿意了，就选择个合适的日子商量着定婚，定婚方式就是男方委托媒人带着一个写字的红纸交给女方，那个时候日子苦，条件不行，男方也不会摆定亲宴。结婚之前先给新人算好生辰八字，以便选择一个结婚的吉祥日子，也方便通知亲戚族人过来帮忙和庆祝。然后，男方给女方四身衣服的布料，再置两个衣柜作为家具，然后就是在结婚当天派去轿子和轿夫迎娶新娘，娘家的哥哥、嫂子、婶子、大娘就护送着新娘来到婆家。当时，算着我哥哥的属相和我们相克，所以他在结婚当天需要回避。下了轿子，婆婆就会给新媳妇一条裤子，叫"下轿裤子"，然后在厅堂底下拜了天地了，拜完天地就上屋里去了，换上婆婆给的下轿裤子，男方就开始宴请亲朋好友了。结婚拜堂时有回避的人，忌属相。下午吃完饭，男方的婶子、叔叔的就会抱着个褥子领着新人去祭拜祖坟，一般是坐马车去，不用步行，需要磕头行礼的，褥子就是用来磕头的。第二天早晨起来掏锅灰，说生，生了有点儿麸子，给放上，这叫"抓夫"，意思是生男孩儿，在灶坑里给你放上两毛钱，掏灰钱。第四天回门，吃饭后就回夫家，这个事情就结束了,没其他讲究。

2.分家前媳妇与公婆关系

婆家是婆婆当家,公公不当家,钱在她手里掌握着,她说了算,家就是她当家呗,管理家庭事务。那个时候,如果说公公去世了,婆婆可以当家,她要不愿意当了,上了岁数了,她就推出去了,儿媳妇就分开了,要有哥们儿,哥们儿就分开家了。回趟娘家,那时候不用向婆婆请示,个人想回去就多会回去,如果丈夫在家,告诉丈夫一声,在家也可以不请示,我个人想抱着孩子走就走。家庭也不开家庭会议,家里要是买房置地等事情不会让儿媳妇参加意见。其他的事情,单看什么事儿了,公公、婆婆要是为了他们闺女的事情,就他们说了算;如果为了你丈夫的事情,你就可以稍稍说点儿,就得看着掂量着办。那个时候,公公、婆婆和丈夫也不一定都听公公、婆婆的,谁说得有理,更有利于这个家就听谁的。那时候,他叔没房,给他叔买房盖房,净打仗,一明两暗的这么住着,净打仗,我说:"盖房子吧,不盖不行呸。"那就我说了算,我说:"不盖,非挤出事儿来不行。"我得出钱,我得盖,我还得费心呀。

我们和公公、婆婆一起时候一共十二年,没有分家。一般情况下,我老头出门干瓦匠活儿,老公公就管种地,我也需要下地干活儿的。平时特别忙,带着这么一大群孩子,洗衣服总是利用晚上时间洗,白天都需要下地干农活儿。婆婆基本上不干事,她给带着孩子就算不错了。我进门以后,婆婆就不做饭、洗衣服了,基本上都是我的活儿。结婚的时候做了十身衣服,来回替换着穿呗,穿坏了就没有了。讲理的那婆婆过春天、过麦收、过了秋给你个说①,遇到这不说理的婆婆,说都不给你。媳妇是不能顶撞婆婆的,如果顶撞就打起来了,她说我就说我,我吱声不顶撞。平时吃饭的时候,都在一个桌子上,我自己搂着孩子吃饭,还要给公公、婆婆盛碗,人家两个坐到炕里边主位上,吃一碗我就得盛一碗。丈夫和公公商量事情,我不能插嘴,人家也不让我知道。我和丈夫有矛盾了,公公、婆婆不调解,反而净煽风点火,就会矛盾更大。

有一回做饭,丈夫和婆婆闹别扭了,我不知道这件事情。第二天早晨起来,我做饭熬的红薯干子粥,那时候净喝红薯干子粥,熬好了粥,我就叫婆婆起来吃饭。婆婆说嗓子疼,不吃。不吃拉倒,因为我知道,她就是个毛病,单做着吃惯了。经常早晨不起,不吃饭,一会儿晌午了,你就得给做饭吃去,就是这个毛病。不吃拉倒呗,拿着工具,带着孩子去晒谷场了。丈夫这里就不三不四地找我屋里去了,"你吃了饭,你走,你瞧没你行不行!"这够说句人话吗?你说够句是人的话吗?你要说是:"咱妈没起,我和咱妈闹点儿气,你怎么不叫叫咱妈呀?"也是句人话,我是叫了是没叫。哎,为这个,我俩就打起来了,晌午咱得给做饭吃呀,给他妈做的面条,就吃了喝了,这是晌午的饭呗。我又自己洗的红薯,揣着个孩子,系着腰,又贴的饼子,赶做着吃着呢,揭锅吃饭。丈夫进来,回来叫他妈,他妈要说是:"我吃饭了。"就也没事了,老的会裹着事不会裹着事,丈夫叫婆婆起来了,婆婆说:"不吃了,不饿。"他就以为我没有给他妈做饭吃呢。这就上锅里去拾那红薯,然后在盆里和面,和面就擀面条,这是他。我气坏了。他就说:"你走,瞧没有你行不行?"这不他在这儿了,我要说一句瞎话,我就……这么着,他就气得我就说,我这嘴也不是老实的,气得我说:"你问问你妈,我给她做着吃了没有?"哎,这么句话他妈起来了,起来了,"你别走嘞,你给我做着吃嘞,是你的妈,你叫捏叫么呀。"你看看这老的。

大年初一必须在婆婆家过,是不能回娘家的,其他时候都可以回去。

---

① 给你个说:意为按照礼节给钱。

没有分家之前，我纺线挣钱都见不着，我就光管做活儿，服侍这老少的吃，公公或者小姑去集上卖，根本让我见不着，更别说有私房钱了，婆婆掌管经济权力。

3.分家后媳妇与公婆关系

结婚十二年以后，小叔娶了媳妇，正好他娶了四十天，公公、婆婆提出分家。之前，婆婆就说："娶了媳妇就分家。"老两口子这么商量，我那个大小子在屋里睡觉，就听见说了，听见他们商量，就告诉我了，咱这褥子、被子都没有，我就和丈夫商量，"咱们换换呗，小叔娶了媳妇就和咱们分家，咱们褥子、被都没有，光剩下棉花套了。"丈夫说："分么家呀，还分么呀。"娶了十天，腊月二十七娶的媳妇，二月初十分的家，多少天呀我们就分家了，就是分家什么也没有，气得我说："六口子人分家，分得净光。"其实小辈恨不得一时间快点儿分开呢，我分开家，我个人松心，我就不伺候他们了。分家就是公公、婆婆说了就算，不用请示别人，当时有分家人就行，分家人都是找会写字的人，为的是记账，族间的长辈也在场，叔、大伯的，立个文书，就各人做饭吃去了，就算分家了。什么也没有，要嘛没嘛，光自己的筷子不够用的，娶媳妇就多买的筷子。赶买了赶分家的时候，婆婆说："把筷笼子给你吧。"我们那老公公说了："不行，那个我还要呢，给她这个。"给的这是旧的，那老人就这么可恶，新旧筷子不一样吃饭呀。那个时候，家里的任何事情丈夫都不让我说话，人家管着我。分家的时候不公平，丈夫要不管着我，我不就和他们争论争论吗？东西都归了他们了，分家什么都没有，什么也不给我，他要听我，让我参加意见，我不得和他们争论争论吗？他不让我参加意见，我什么也别说，多少东西，他们按下，你没有，分家的时候就分了点儿粮食，锅碗瓢盆还不够一人一个，六个人给了五个碗。可呗，四个孩子和我们俩大人，给了五个碗，这个十月的小孩子用我们的。种地的农具没分，需要自己去买。当时，土地都入社了，我给他叔盖了一处房，我给他娶的媳妇。小叔子是我给他娶的媳妇，盖的房，我分么呀？我就分了这么个小夹道，两小间房，东西都没有。赶上叔也娶媳妇，儿也娶了媳妇，净打仗，这么三间，住两间，净打仗，想要盖房和公公商量，公公说："我不管，爱盖不盖。"这是公公说的话，气得丈夫回来和我抱怨，我说："甭说了，盖。"我说："你不盖，这怎么弄，挤出事来算怎么着，挤出事来谁的事？"他爷俩打仗，公公和小叔打仗，抱着柴火点房去，把三间厢房要是点着了，上哪儿去住去呀，你说，这算怎么弄！我得管呀，所以我给小叔盖了房子。我们老头说盖房呀，公公、婆婆骂他是"白脖子，国特"，中国人给日本办事的这叫白脖子，国特就是特务，就是里通外国呗。公公、婆婆向着闺女，盖房就给不了闺女东西了。我们那个二闺女四岁了，热天就光着，婆婆还说："咳咳，不嫌寒碜，这就是你妈那个影儿。"这是我们那个婆婆。那个时候，家里钱都是婆婆掌握着，我没有钱给孩子买，婆婆也不给，老人就这么可恶待承我，我这媳妇可怜，我自己天黑了净哭。

我娘家的妈也是五十多，她就做那个粗布单裤，做大衩，看不见做，她得好天呀净照着太阳才可以做呢，我去了，我说："我拿着吧，我去做吧。"这两条单裤拿来了，白天，我要是出去做事，婆婆翻我东西，在褥子底下也翻，翻出来就对老头煽风点火，说："把煤油都点了。"你说我一后响点多少煤油呀，把煤油都让我点了，婆婆就这么厉害。就给我妈拿了两条粗布单裤来做，不是他家的，这要是他家的就会说我偷的。

如果分家的时候，几个兄弟，有一个去世了，媳妇和孩子也享有一份财产继承，男人死了，人家也有一份的，人家不改嫁就得给人家一份，人家另嫁人的话，就没有人家的了，人家一般都会把孩子带着改嫁的。

分家之前,我们添置的农具东西的,分家的时候,也是大伙儿一块儿分,不能成了自己小家的,公公、婆婆不干。

儿子同意离婚,公公、婆婆不同意就离不了,那样可以不离婚,说好了分家各过,那种情况可以分家,公公、婆婆也别搅和得人家两口子不合了。离婚不离婚,娘家是不参加意见的。休妻是我小时候听说过,没有见过。如果丈夫去世了,媳妇要改嫁的话,是不需要经过公公、婆婆同意的,不同意也走得了,但是婆婆家的东西带不走,自己的陪嫁可以带着。

公公、婆婆年老了以后需要儿子、儿媳妇赡养,儿媳妇也有赡养义务。如果说这个丈夫去世了,儿媳妇就不养了呗,儿媳妇光她家这一口子还弄不清了呢,还让她养着去呀!公公、婆婆去世的时候,丈夫和儿媳妇行的礼一样,穿孝服一样。不过,公公、婆婆的墓地有左右之分,男的棺材在东边,女的棺材在西边。结婚了以后,公公、婆婆要是去世了,媳妇不用去上坟,男的要不在家,女的就去;男的要在家,女的就不去了,而且公公和婆婆的祭品是一样的。公公、婆婆上坟,一年去四次,清明一趟,七月十五一趟,十月一一趟,大年三十还一趟。

(二)妇与夫

1.家庭生活中的夫妇关系

刚开始,看到丈夫的样子,觉得小伙儿还行,也是个瓦匠,有一门谋生的手艺,但是来到他们家就不满意了,他家条件不行。我那天还跟老头儿说呢,我说:"你家骗我嫁了,没出嫁的时候,家里人们就都说:'他家门了净兴大女婿。'我说,我就立下这个劲儿了,反正我高低不嫁个大女婿。"这个小伙呀,看着这小伙行,就行了,一个月挣七十块钱,行了看了,来着这么个主,哎。挣七十块钱挺好的,可是不交给媳妇,我连见都见不着,给他爹、他妈。

那一年,我上宣化去了四年,张家口那里。每个月,他多会儿开支也不交给我呦。按说你在外边开了支,你家去交给我,不交给我。公公、婆婆一去信儿老要钱,天天要钱,气得老头儿说:"我这是开着银行了,老上我这么要。"出去四年,我一个布丝也没买,只买了一双鞋。我说:"出去这四年,回娘家,你有爹有妈,我家里也有爹有妈,四年我没有回娘家了,回去这一趟,你不能让我空手回去呀,你得给我个钱吧。"结果一分也不给我,气得我在道上偷老头儿十五块钱,我这个人不说瞎话,看了吗,就对待我这么可恶。在宣化时,他给我钱让我买面去,够我花的,关键是日子长了和你算账,质问你干么花的,算不上来就会你吵架。

分了家以后,就我主事儿了,钱就我掌握着了。分开家,我这事儿还忒多,四个小子没媳妇、没房,气得我说:"在这个家,甭说人家闺女,咱的闺女也不嫁给这么个主。当院会夹道似的。"要不后来就紧着盖房,盖上一处房就娶了大媳妇,又盖一处娶老二那个媳妇,赶后来盖了这两处,这两处是一块儿盖的,老三、老四连着一年一个,这就娶完了。没分家的时候,盖了三间厢房住着,我就住着这三间厢房,他奶奶就住着两间北房,后来北房也倒了,南房也倒了,那个院整个都是我重新盖的。那时候没房产证。分家之前,我也见不着钱,分家之后就交给我了。

分家以后,我就负担轻了,别看我盖房事多,我那么着也松快。日子好过了,也不吃糠不吃菜了。以前,都是尽着老人先吃,济给儿女吃,婆婆不疼我这孩子,她个人吃够了,还藏起来,集上买了火烧肉,个人偷着吃,咬一口,掖了被褥里。

2.家庭对外交往关系

自己家里都忙得不行,也不往哪里跑,不交个朋友,都是思考着吃穿用度和孩子,至多亲戚里红白喜事去吃酒就去下,家里一大摊子事儿,一大帮孩子,没有心思去玩乐。

那个时候,听说日子好过的大家主(指大户人家)有娶好几个媳妇的,正妻拦不住的,拦着也不行,说了不算。听说长丰街上一个人娶了仨媳妇,大小婆,大的就受气,小的就时兴,小婆厉害,有人说他们家里做面条,叫小婆吃,她不吃,等进屋看到大家都在吃面条,她脱了鞋就把脚放面条盆里了,这个小婆子就这么厉害。

如果媳妇没有生育能力,丈夫过继孩子也需要经过媳妇同意,当然,媳妇阻止也不行。那个时候,女性没有地位,丈夫打妻子很正常。还有丈夫在外边欠了债,如果是为了正事,妻子是需要还债的。

(三)母亲与子女的关系

1.生育子女

我有六个孩子,四个小子,两个闺女。在1957年,我二十三岁的时候生的大儿子。生了孩子以后,需要到娘家报喜,通知娘家人,报喜去要东西吃,娘家拿东西。坐月子,婆婆家添人呀,这娘家得拿东西服侍去,鸡蛋、糖、面、饽饽、衣裳、小褥子,这都得娘家给,生闺女、生小子都得给这些东西。到二十多天的时候就把孩子和女儿接回家,过了满月,婆婆家去接去再送回来。生了孩子以后,生了儿子、闺女,这门上挂红布条,代表生了,坐月子了,别进去,不见生人,怕见人带进风去,怕抽风,十二天以后就可以抱出去给人们看啦。

过十二天包顿饺子吃,就是过十二天了,满月就完了,不过了。百天也不过,那时候,没有给过的,我们这儿孩子没有过过生日,孩子多,不宝贝了。孩子出生以后上祖坟上去拜坟,没有那么多讲究,大家主的有钱人才那样过大百岁什么的。那个时候,关系不错的农户就给送鸡蛋,有给十二个的、二十多的,有给一斤红糖的。那个时候,老人都希望生男孩儿,有重男轻女的观念。

我的六个孩子,三个大的没有上学,三个小的上了,三个大的正好赶上和公公、婆婆没有分家,我自己做不了主,婆婆当家,不愿意让上学就没有读书。等到分家的时候,我的大儿子就十一岁了,我得去挣工分,不挣分去,队里不干,他在家里给看着孩子,我去挣工分,这就拉下来没让他上学。这两闺女也没上,就后来这三个小子就让他们都上学了。我想让两个闺女读书,老头说闺女上学没用,就让俩闺女在家里搭手弄弄孩子呀、做做饭吃呀,最后也没有上学读书。

儿女结婚以前,他们挣了钱交给我,结婚之后,咱就不要了。这些孩子结婚都是媒人给说的,当然经过我同意才能够结婚,我不同意,谁给他们钱结婚娶媳妇呀。

闺女家结婚,婆婆家不给钱,聘礼也不给,给买衣裳。大儿子二十八的时候,老头非用女儿给儿子换亲,我就不吐口(同意),我说你要是给他换亲,多好的个主,咱是给他换的,屈着闺女了。你为了给儿娶媳妇,咱就闺女屈着了,我就不同意,高低也没依着他。恰好那一年给梦(人名)说的个媳妇,赶让他去接去呢,梦疯了,梦和我们一样,也是哥四、俩闺女,正好我们这个主就接去了,正月十五接来,这么一说一看,也是新盖的房,第二天就走了,去了个七八天子回来了,媳妇就领来了,媳妇就在这儿住了个十多天就回去了,这么着,回去了你俩算旅行结了婚了。

媳妇没有陪嫁,什么也没有,就早些给做了一个褥子一个被,因为儿多,我就得这么跟着来,慢慢安排,就都盖了,赶结婚就给他们盖了。我说一个人给一个单被吧,这个当婆婆的就会委屈着似的,因为她是个外来的,外来的什么都没有带,就来了个人。这么就把我这个存放被就给了老大,有个压脚被的是不是呀?我们这个老二就结婚了,不干,那一年这俩分家,她就高低要过一个被去吆。她结婚呀做了俩被,你赶上做俩被(风俗),就做俩被是不是呀?她结婚那时候做俩被就行,赶这俩结婚呢,(风俗上)也要仨被,你就得做仨被,她不干。高低这俩分家,她又要了个被去吆,就这么认东西吆。一个人盖一处房娶一个媳妇。

2.母亲与婚嫁后子女关系

跟我相比,现在的儿媳妇不听婆婆的,不再是婆婆说了算的,我也不管她们,媳妇自己爱怎么着怎么着。说实在的,儿媳妇又不是你养的,愿意听你就听你,不愿意听你就不听你,你不说也不管不生气。媳妇不用伺候公公、婆婆了,儿子都娶了,我们就自己做饭吃了。

儿子结婚了就分家,结一个分一个。大儿子也没有跟我们一起多久,为什么跟他分家呢?因为大媳妇是个外地的,那时候咱忒穷。她是个外地的,春天吧,麦收的时候坐月子,她妹妹来服侍她,你说来了穿着一身棉衣,你说咱是给买单衣呀,还是不给呀,为难呗。你说她妹妹来服侍她,穿着一身棉衣裳来,要不给安排吧,说这婆婆不对;你要给吧,咱没钱,所以就分家了。分家不用立文书,商量商量就完了,跟孩子们分家也不用公公、婆婆同意,我们和孩子们分家,公公就已经去世了,就只有婆婆了,她也不管了。

儿女们结婚的彩礼钱比我嫁人的时候增加了。我这人脑筋活便,我三儿子结婚的时候距离现在二十多年了,他娶媳妇的时候,人家要黑白电视,等到快结婚要个带色儿的彩电,老伴儿就不愿意,我说:"差不多就得了,不就要个彩电吗?那么老二家结婚要么买么,你吱声吗?怎么这个就差这么点儿事儿,你就不干?"为了这事我和他争了一个多月呐。他嫌花钱花得多吆,我的外甥给说的这门亲事,他没在家,外甥来了和我商量:"妗子,咱俩人合计合计给多少钱",我这么合合呀,三千五,这个媳妇呀,给人家三千五就娶家来了。能够时候,我儿子过年都二十五了。合计好了,等老头家来和他商量,商量就和我打起来了,"你都合计好了,还和我商量什么呀?"我说:"合计好了,你不和我合计这个事儿,咱也有闺女,咱别不翻个儿,咱要有闺女娶,给东西忒少咱干吗?"他不会你翻个儿。我说:"有三千五就下来了。"后来,他还不干,不干正好,女方那边不要钱了,让你拿着钱去跟着买去,还有数吗?今儿个儿你拿着钱去,得挑费吧。挑费给买了点儿东西来,赶明儿个再去,再拿着钱,你还得挑费吧,我拿出来三千五都不够了。这么着一看不行,这就给人家三千五,高低依着我了,还得依着我那个辙。这东西合价呢,你看这个社会,这东西得多少钱买这些东西,得这么看看。他看,他不算那个,就说是别出钱就行。

大儿媳妇是外地的,我就多照顾点儿。那一年,过了麦收,我给大儿媳妇二十块钱买条裤子。我说,你买条裤子去,那时候布便宜,我说你买裤子呀,再买个被里。结婚的时候,有人送了块帐子,我没要就给了她。我说你买个被里,回来呀,就得有棉花,种了棉花了,我说再给你做上个被。我那心里说是呢,不给她做被,她家有好几个兄弟,要娶媳妇,把那个被面弄着走了呢,我要给你做成被呢,就要不走了。

我大女儿是二十四岁定亲的,小女儿是二十二岁定亲的,女婿都是媒人给说的,女儿定亲的话都经过我的同意,我不是死心眼儿,我说,你们个人看,对象个人要是看上,我参加别的意见行,人,我不参加意见,你们个人看上了就行。和我那个时候大不相同了,定亲的时候,闺女可以跟女婿相相看看了。到了麦收,婆婆家就接闺女去住两宿,我们那时候不行,而且过年过节的时候,女婿就拿着礼品来看望我们,有烟、酒、鱼的时候,有拿肉的时候。女儿结婚的时候,彩礼就是要了几身衣裳,四身、五身,顶多要六身。我们那个时候是四身,这个倒是没有变化。我那个时候结婚,婆婆家布置的家具就是俩柜,还有个应门桌,我娘家陪嫁俩箱。女儿结婚的时候,婆婆家安排大衣柜、电视柜、电视机的,比我那个时候多了好多东西。孙子结婚聘礼也不多,他那会儿一万,买组合、沙发、床铺、电视、电脑,我那时候和现在没有办法比呀。

现在没有招女婿这一说了,我们那个年代招女婿,要是离婚的话,女婿不能把财产带走,有把孩子带走的。

孙子都是他们自己带,我都没带过,自己都过不了日子。我历来身体就弱,带不了孩子。孙子要不带,外孙子就更不带了,外孙子和孙子不一样,说是你向着闺女,给闺女带着孩子也不行,各人这孙子媳妇要不给带,谁我也不给带,一律对待。

我们老两口都是自己自立,每年谁愿意给我们个钱就给,不愿意给呀就拉倒。这四个儿,有两个不给的,有两个给的。在农村,虽然名义上不用女儿赡养老人,其实闺女比儿花的钱还多呢,一年来好几趟,哪一趟也不空着。你这儿呢?哼。就像这一趟,前两天,我们那个大闺女来了,给打来的肉,买来的蛋糕,买来的苹果,花钱呗。我一般不住闺女家的,早些时候净生病的时候去住,因为闺女照顾得好,在家里,儿媳妇养不住。闺女伺候,闺女一看我不行了,这就要养不好了,要坏事。闺女就和我商量:"妈,我把你接着走吧,接着上我那儿去,孩子上学,我也耽误不了,这么着我这不是个长法,天天来呀?"我说:"行,去。"人家说:"你妈呀不是多么厉害的病,就是忒弱了,吃不上,喝不上的,就忒弱了。"那会儿刚一分开家忒穷,什么也没有。这俩儿连着盖这八间房,又连着娶这俩媳妇,你算算我多少钱呀?身体就垮了。

三、妇女与宗教、神灵

我们小时候有行雨呀,十二寡妇来扫坑,十二学生是洗澡,那时候我还会说呢,现在不会了,还有一个大圆簸箕①,底下是个人当王八,还有一个乌鸡。就这样敲锣打鼓求雨啊。有时候还是会求下来的,赶上下雨那么个时候啦。

那个时候还祭拜灶王爷,过年过节的时候,包饺子给他上供祈祷一下就好了。家家户户灶台上贴着灶王爷,快过年送走了再接回来。传说是灶王爷要上天去禀报事情,给家里说好话去就会给家里赐福,那时候事儿多,二十三就揭了,糖瓜祭灶二十三,三十又贴上新的。

这时候,年轻人没有上供的了,上了年纪的呀还讲讲这个迷信,剩下的,人家这年轻人,谁上供呀。

四、妇女与村庄、市场

(一)妇女与村庄

1.妇女与村庄公共活动

出嫁前也去上街啊,只不过去得少,一般都是为了正事儿出门。如果是村庄有唱戏的来了,小闺女出去听戏可以的。小时候就是玩儿得带着弟弟、妹妹去玩儿,看着孩子。土改和集体化的时候,我有时候也去开会,平日里开会都是老伴儿去的。平时家里忙得不行,都是没有时间的。

---

① 大圆簸箕:指一种盛粮食的器皿。

2.妇女与村庄社会关系

小时候,不能干活儿的时候,跟着邻居女孩子玩儿,向女伴儿学习针线活儿,就是这么个事儿。长大了以后,小时候玩伴结婚是不需要去陪伴的,只有拜了干姐妹才郑重地随礼和送嫁。嫁人后,我和妯娌关系还好,大伙儿的红、白喜事都是找我去操持,我负责送亲什么的。送亲都是成双成对的人家,儿女双全的,寓意为婚姻长久,多子多孙。结婚后就不动身了,都是亲戚有红、白喜事儿才去,家里几个娃娃一堆事儿走不开。在娘家的时候,平日里就是磨面,别的也没有认真学,到了婆婆家都学会了。

(二)妇女与市场

偶尔可以赶集,但是需要寻找闲暇时间,没有工夫去不了,我快结婚的时候,(腊月)二十三的那一天,还推了半天磨的。布都是买的,我自己不会织布,鞋子都是自己做,然后自己穿。上街是自己任意的,不需要商量,但是轻易是没有空闲时间出去的。那时候,哪有年轻人在街上坐着说话的,没有,除了看孩子的。怎么可以出去呀?没人给看孩子,正点时候需要去队里做活儿挣分儿,到了晌午,自己看着孩子街上晒暖去。孩子跟着婆婆都睡饱了,赶晌午,孩子不睡,多累你都得就抱着孩子在街上。

那时候刚结了婚,不用去拜望邻居的,就是过年的时候,到邻居和关系不错的人家走动走动,到长辈家里拜年。二十多(岁)时候,我才开始穿洋布,结婚之前,还得穿粗布,结了婚就不穿了。从闺女嫁人了,我就不用做鞋了,偶尔会做一双自己穿穿,感觉自己做的鞋很舒服。一般情况下,都是男的去集上买东西,女的很少去,即使去也是带着孩子去,顺便看着孩子。

五、农村妇女与国家

(一)认识国家、政党与政府

我们小时候就听说了国家这个词语,国家闹鬼子多厉害呀,老百姓院子里只要有自行车就不行了,非说你是共产党。那个时候,洋火柴是贩私的,日本人不让用,看见了不行。家里要是有男性,鬼子来了,看你这桌子底下有个烟袋盒,他说你这是好人,这是正儿八经的庄稼人;你要有烟卷,就是坏人。

我不记得什么时候了,国家是宣传过男女平等的。那个时候,都是裹脚的,我大姐就赶上裹脚了,到了我小时候,正好闹日本,国家就号召妇女放开裹脚布,方便逃跑,减少伤亡。我还记得国家有一段时间号召女孩子把大辫子剪短,都剪成短碎发,有的就剪成秃子了,剪了头发既好看又凉快,老百姓也是很愿意接受的。闹日本鬼子那一年我才十一,爸爸和哥哥出去做买卖了,到袁庄集市上去烙大饼卖去了,他们走了,这里就说来了鬼子了,烧过村那一年,他看你不顺眼就打你,人们听说鬼子来就赶紧逃跑。姐妹里头我是老三,大姐十七就结婚了,那时候,家里不敢留着大闺女不结婚,因为不知道哪会儿鬼子来了给抓住了就欺负了,闺女大点儿就赶紧结婚,结婚交给婆婆家,就爱怎么着了。当时是害怕的,懵懵懂懂有点儿感觉担心国家的,因为年龄太小了,懂得不多。

除了现在,任何时候都是缴公粮的,皇粮国税。那个时候是按地的亩数交高粱,不是按照人头。那个时候,也听说过国民党,国民党反正闹得有年头了,都是不了解具体的。国民党就是拉兵拉夫的、抢东西的,他们看见什么就拿。

我爸爸就是共产党,那个时候共产党都是秘密的,不让人知道。他们都是晚上留下记号,等到半夜就来砸家里的墙,砸三下,我爸爸就知道是他们的同志来了,就起来去开门。有没有女的是共产党,我就不知道了,我想女的共产党得是识字的、上学的那些。我也不知道入党的条件是什么,小时候不知道是怎么回事。

我没有当过村干部,也没有投票过,自己家里的事情还忙不过来呢,哪儿有空闲去当干部,也轮不到咱。投票也不投去,连去也不去,也不委托别人投,我不写你,你也别帮着我投。解放前也没得女的当干部的,碍不着能力大小。解放后就讲男女都是平等的,没有差异。公社有女的当干部,也有妇救会的。不过还是男的占主导,女的只是帮着,又不干什么重要事儿。

那个时候,因为人口太多,需要控制人口数量,所以实行计划生育,但是效果不好,公社里弄着一帮妇女号召带避孕套,那个时候谁也不会去买。

(二)对1949年以后妇女地位变化的认知

现在闺女和我们那时候大不相同了,愿意去哪里都是自由的,我们那时候年龄大点儿了,爹妈就严格要求、规规矩矩的了。

我记不清什么时候了,反正是有妇女会,咱不知道这妇女会是怎么个回事,是干什么的。后来就听说男女平等的号召了,平等难,平等得了吗?现在儿女们找对象,基本都是自己拿主意,不再是父母包办了。父母包办的那个不行,俩人不合适,总是闹别扭,揪心呀。

现在妇女解放了,妇女地位确实提高了很多。记得我八岁就刷锅洗碗,才多大啊。八岁刷锅洗碗,够不着揭锅后头那个饼子,让铲子揭,一下子滑倒了,把碗打了,还挨了大人儿笤帚。现在十几岁的小闺女还像小孩儿一样的。

在教育方面,女孩子的教育改善多了,改善得不是一点儿半点儿的,如果说我们那时候在地上,现在的女孩子就上天了。我和闺女都不识字,哥哥识字,现在我的孙女们都上学读书。

不过,现在女的当干部的几乎没有,我现在也是不愿意去投票,感觉和自己无关,作用也不大,谁当都一样。

(三)妇女与土改

土改的时候,我家评定的成分是中农。那个是土改工作队到大队里去,不上主家来,大队里有大队干部。当时我也赶上斗地主了,不过当时我还太小,斗地主就打呗,分地主房、地、粮食、家具,斗争呗,弄你大队里去辩论去,光脊梁,冬天让地主把衣裳都脱了冻着。妇女一般不参加斗地主,妇女在家里带孩子,都是男的去。

土改对我们这些穷的都还好,没有田地的或者缺少田地的就分给田地种庄稼,没有屋子住的给你分屋子。那些富有的人日子不好过啊,土都掘了三尺。

(四)互助组、初级社、高级社时的妇女

那个时候,我们没有入互助组,也没有加入初级社,到了高级社,全村的人就都必须入社了。我们就也入了高级社,家里的土地、工具和牲口就都入了高级社了,我们这些人的田都归集体了,人都是集体的了。妇女们对入社的事情也是不愿意的,可是不入还不行,不愿意也得入高级社。

男女有时候也干一样的活儿,就是允许女的早家来①一会儿,给一家人做饭吃,工分自然就不一样多,男的整劳力十分,女的最多七八分。坐月子请假,生病了请假,这个行,别的不

---

① 早家来:即回家。

行,但是不干活就没有工分。当了婆婆就不干啦,够岁数就得干,那岁数小就得干去,一个人给你定多少钱的工。不干活也是分给口粮的,就是让交钱。

社里开会都是老伴儿去的,我一点儿空都没有,天天一大堆事儿,还有一大帮孩子。

(五)妇女与人民公社、"四清""文化大革命"

1.妇女与劳动、分配

我们劳动的时候,孩子们在读书年龄的就去读书,再小的就放在屋里让婆婆带着,或者你就背着去做地里干活儿。等在地头上歇着的时候,这上了岁数的老男人就你一句地、他一句地聊天,这女的都不说话,都在旁边去,各人拿着做点活儿去,有工夫各人拿着针做两针活儿。妇女们下地都拿着鞋底子的,也有拿着鞋帮子的,随时准备干家里的活。妇女在地里一般摘棉花、割谷、割豆子、掰玉米、掐高粱,都干。生产队里还是男劳力多,女劳力少。家里这男的,小子大点儿了也去,女的有一部分在家带孩子,有病的出不了工,所以男的就多。副业上也是男的多,副业有许多是需要动力气的,需要强壮的,需要长时间站着干活儿。这女的家里都有一帮孩子,一下班都往家里赶。

那个时候,每个人是有二分自留地的,自留地长的粮食多,每家都在自留地里挖个土井子窖,家里这点儿茅厕粪都上了自己的自留地里了,没有人去交队里去了。队里就那点儿牲口粪,你这家里这点儿茅厕粪,上了几分地里也行,怎么庄稼也能够长强。再不行,人们起早呀再拾点儿粪去,那时候净拾粪的筐子呗,差不多的都背粪筐子,那会起得早。从自留地的产量来看,我那时候觉得个人单干好。

那时候,吃的那糠、那菜就没数了,坐个月子还小胡萝卜干子粥、谷面,一点儿余粮都没有呀。

2.集体化时期劳动的性别关照

生孩子可以请假,坐月子请假,生病了请假,这个行,别的不行,但是不干活儿就没有工分。没有什么托儿所什么的,当时想要建,没有建成,因为专门有人带着孩子,他就得挣工分,大伙不愿意把自己的工分白给看孩子的,都是不容易挣来的,所以没有建成,都是自己带着孩子。

3.生活体验与情感

大概是1959年、1960年的那时候,集体吃过大食堂,都是女的在食堂做饭,一般都是派那出色的能干的女的。当时这是允许劳力去吃食堂,不干活儿的不能吃,随便吃,爱吃多少吃多少。我不愿意吃食堂,但是比在家里强呀,家里净吃糠、吃菜的,还吃不饱。大炼钢铁的时候,我没有在家,丈夫去宣化当瓦匠了,我就也去了。听说他们在家的可是受罪了,挖白马河、吃玉米芯。

4.对女干部、妇女组织的印象

我记得大队小队都没有妇女干部的,妇联也没有听说过。

5."四清"与"文革"

"文化大革命"的时候就是闹红卫兵,咱不知道人家是干么的。"文化大革命"的时候没有重新斗争地主。"文化大革命""大跃进"这都是国家那形势。"破四旧",反正不着讲迷信。自留地后来也没收了,生产队一散,自留地就收回来了。当时办婚礼都是非常简化的,穷得没办法,弄几桌带亲戚就……那席什么席吆?(不像)这时候啥席似的,那肉切这么薄的肉片,在盘子表面摆着,底下是菜。

(六)农村妇女与改革开放

土地责任制了就是把地分给大伙儿了,个人单干随便吆,多会儿有空多会儿去种地去,你要是集体,不投你的空,敲钟必须去。土地承包分配的时候,人们生活水平大大提高了,土地是按照人头分的,男女分的土地一样多,闺女结婚的时候也不带走承包地,户口迁走得了。我也没有参加过村里选举的。现在计划生育不严了,没有人管了,没人管人们也不多要。有闺女、有小子,俩就得了。我这孩子多,闹得我自己不愿意稀罕孩子了。我觉得有闺女、有小子就正好,有一个闺女一个小子正好呗。像我这六个孩子,这操多大的心呀。

平时里老年人的政策,给老人发钱呀,养老保险等等政策都是大队里、电视里广播的。我没有手机,老头有。

六、生命体验与感受

要说我这一辈子真是不容易,受累了不得了。现在感觉生活比那时候好多了,各人随便爱做什么吃了,儿也给点儿,闺女也给点儿,这几年国家给的这一部分钱好多了,这八十岁以上的七百多,再加上养老保险,两千多块钱,不到三千多块钱,这一年管大事了,现在比那时候强多了,活着,国家这么照顾。种地不拿(交)公粮,还给补贴,好呀!

FXY20170104ZSX　左书香

调研点:河北省保定市唐县王京镇拔茄村

调研员:冯雪艳

首次采访时间:2017 年 1 月 4 日

受访者出生年份:1930 年

是否有干部经历:否

是否生育:是

受访者结婚的时间节点、生育子女的具体情况:1954 年嫁到王京镇拔茄村,嫁给了工人耿春来。后来与耿春来生育了两个儿子、一个女儿。

现家庭人口:1

家庭主要经济来源:务工

受访者所在村庄基本情况:唐县位于太行山东麓,华北平原西部山区边缘地带,地势自西北向东南倾斜,素有"六山一水二分田,一分道路和庄园"之说。拔茄村地处河北省保定市唐县县城东南 9 千米处,距唐县王京镇驻地 4 千米。村东与东、西马寨接壤,西与东、西冯村相邻,南与安乐村(东、西、北)相连,北面毗邻留九庄。中华人民共和国成立前村庄面积为333 余公顷,其中耕地面积 233 余公顷。现村庄面积为 466 多公顷。其中耕地面积为 280 公顷左右。

拔茄村位于平原地区,年际降水量变化较大,因而春季抗旱、夏季防涝很重要。据村民回忆,拔茄村位置相对比较优越,地势海拔相对较高,雨季雨水不易汇集,旱季因地下水位较浅,以井水灌溉较为方便,因而旱涝保收,每年的粮食产量较为稳定。

受访者基本情况及个人经历:左书香,河北省保定市唐县拔茄村人,1930 年农历九月出生,今年八十六岁。中华人民共和国成立前,自己的父母由于经常吵架,所以在 1934 年离婚,后来就一直居住在自己的外婆家。1954 年嫁到王京镇拔茄村,嫁给了工人耿春来。后来与耿春来生育了两个儿子、一个女儿,如今与老伴儿在家中安享晚年。

一、娘家人·关系

(一)基本情况

我姓左叫左书香,名字是我太太们(祖奶奶)起的,当时有和自己的姐姐一样的字,有一个一个排下来的。我有兄弟,有一个哥哥、一个兄弟,还有一个妹妹,我是老二。我兄弟姐妹的名字也是上一辈儿的人给起的,爸爸他们也给起名字,我爸爸和妈妈和不上来就打架。至于那会儿家里多少地,我比较小也闹不清。闹土改的时候我家里是上中农,把粮食献出去,柜什么也献要出去。我是二十四结的婚,我婆家这边地比较少,这边(婆家)是下中农。我和我老伴儿有三个孩子,两儿子、一个姑娘。

(二)女儿与父母关系

1.出嫁前女儿与父母关系

(1)家长与当家

爸妈在我十几岁上就离婚了,后来我就住姥姥家,家里没人管,在姥姥家舅舅管。分家早的时候是爹娘管,分家晚的都是爷爷管着这事。要是爷爷去世了,一般就是叔叔、大爷的当家。一般都是男人们和女人们分工协作,做饭什么都是女人管,外头的事儿都是男人们管着。如果去接儿媳妇去,管着儿媳妇还是母亲管着,这些几乎都是母亲管着,是长辈的事。

(2)受教育情况

当时我在老家读书读得不多,就是上夜校读了两年。我妹妹当时读到了高中,是高中水平。我弟弟当时读到了高小六年。他现在在北京通县,一家人都在北京那儿定居了。

(3)家庭待遇

当时男孩儿和女孩儿一样不一样,男的吃香,小丫头们不行。我在姥姥家的时候,从来不和舅舅家的孩子抢东西,因为我比他们都大,都是让着他们。当时吃饭也没什么讲究,吃的都是一样的饭,那会儿不吃什么好饭,大家都围着桌子一起坐着吃。年底的时候,如果添衣服,就给两块布自己做,都是一样想穿什么自己做,男孩子的话就有可能给做好了。过年的时候根本就没有压岁钱,因为当时的生活都是比较穷的。

(4)对外交往

我们这里女孩儿在没有出嫁前是不用出门拜年的,这是这里的习俗。过年的时候来了客人,也是不让女孩子上桌的,男孩子还没有成年也是不让上桌子的,一来呢小孩子不懂事,怕出笑话;二来呢是觉得小孩子上桌子是对客人的不尊敬。陪着客人吃饭的就是爷爷们、爸爸、叔叔们,有他们陪着就行了。当时我们家里人都多,哥儿六个都有孩子,都好几个,家里好几十口子,那时候孩子们都不让上(桌)。如果有结婚的了,妇女们也去坐席,就是男人们不在家了,都是女人去。

(5)女孩禁忌

平时女孩们在家里的时候,就是女孩们不让出去玩儿去。如果洗了衣服,男孩儿的衣服和女儿衣服能晾一块儿,对于晾晒衣服没有什么忌讳的。只是对于女孩子出门玩儿,要求得比较严厉。

(6)家庭分工

那个时候几乎都是男的去外面干活儿,女的在家里干活儿,男的干的主要是种地、赶脚儿这类的活儿,女的就是在家织布、纺棉花、做饭、带孩子,等等。也有那样的女人也得出去干活儿去,因为地里活儿多。那个时候女孩们到了十四五岁就可以纺花织布了。学习织布、纺棉花也得长大了,长高了大概是十五六岁上的时候。当时半天能纺一把线,一天能织一块布,大概是两丈到三丈的样子。没结婚的时候,在家里也没有什么规矩,也并不是很严厉。

2.女儿的定亲、婚嫁

(1)定亲说媒

我当时出嫁的时候就是媒人介绍的,媒人那会儿就是简单地夸夸这个姑娘,一般就是怎么好怎么来,我那会儿也没怎么说,就是说了几句就结了。结婚的时候也没有说什么门当户对,能凑合过就行了。我老伴儿是个工人,他在工厂干活,主要就是管理车床机器。当时说媒的时候,媒婆也没有怎么介绍婆婆的情况,我在当时就是图了(男方是)一个工人,媒婆说了说,相了相就结了。当时不用给媒婆钱,就是如果说成了,做成媒就给一篮子馍馍,馒头大概有二三十个。

当时结婚的时候也没有婚约,说了说,找几个人吃了顿饭就结了。虽然表面上是不重视的,但是生辰八字都是要请先生来看的。当时我和我老伴儿的生辰八字还是挺搭配的。人家也有不信这种生辰八字的,然后就结婚的那种,虽然是结了婚的,但是这样的虽然结了婚,也是不和谐的生活,之中也总是吵架。在当时结婚的时候,虽然说也是要彩礼的,但是彩礼要得比较少,多少也会给点儿。在我结婚的时候,双方家长也没有见面,也没打听怎么着,就图了一个工人就结了。当时双方定了婚了,有一方出事了,是可以解除婚约的,当时结婚有没有婚书,当时是登记证,登记证上写的是我俩的名字。我结婚的时候连酒席也没有办,舅舅嫂子送我去到那儿吃了顿饭就算完事了。当时我结婚的时候,是我舅、我妗子①、媒人送的我。

(2)嫁妆

当时我出嫁的时候也没有像样的嫁妆,当时舅舅们就给做了两个大褂子、一个大袄。嫁来都过年了,过了年初六,可以回娘家,一般情况下是回娘家待九天。再从娘家那边住七八天回来,那这个姑娘嫁到这个婆家来,第一次过生日的时候婆家这边也不给过,当时主要自己是小户人家,所以不给过生日,再有就是自己也没有听说过这个传统。

(3)换亲、转亲

当时这边有换亲这种说法,也有的人家换亲,这会儿没了,那会儿两个的是换亲,三个人家的是转亲。转亲是(因为)娶不上媳妇儿,这头穷那头也穷,换换,两家的就叫换亲,三家的就叫转亲。

(4)童养媳、小媳妇

童养小媳妇,是在早先的时候存在的一种现象,我听说过这个童养媳从小就在婆婆家长大,这个童养媳主要是这个小姑娘家里面比较困难,过不去了,八岁的时候就跟着婆婆了,也就是说让干活儿就干活儿,等到二十多岁了就圆房。婆家这边就是怕那个男孩子大了之后娶不上媳妇儿,就买这么一个小姑娘,当童养媳。这个童养媳圆房的时候,没有特别的仪式,就是说大了之后圆房就行了,当时这个女的大了之后,也有不愿意的就有偷着走了的。当时的圆房就是说让他们住在一起就算是完事了。

---

① 妗子:即舅母。

（5）入赘（上门女婿）

早在我们这里，也是有这种倒插门的，就在现在这种现象也算是屡见不鲜。出现倒插门的情况，一般是家里没有儿子或者是那边儿子多，娶不上媳妇。当时那个孩子是跟女方的姓，也是很自然的，也不会有人瞧不起人家，当时的时候，还让这男的改姓，改成女的这边的姓。

（6）改嫁与冥婚

当时也有改嫁这种情况，就嫁了之后由于男方出事了，或者是两个人就是离婚了，男的不要这女的了，然后这女的又嫁人的情况。当时出现了这种情况，这个女的是可以再重新嫁人的，但是有一点就是嫁人之后，这个二婚就不吃香了，当时如果男方这边实在是很穷的话，娶不上媳妇会给这个再婚的妇女彩礼的，否则是不给的。

这边的娶阴亲是有说法的，就是说不愿意这个还没有结婚的人死去之后，这么孤单地离开，所以就给这死去的孩子找个老伴儿，一般娶阴亲就是这死者上方的家长都愿意了，然后死者男方会给死者女方一部分钱，就这样两家就成了死者的亲家，把女方的尸骨迁到男方的墓地，这就结束了，之后这两家在现实当中来往得也不是很多。

3. 出嫁女儿与父母关系

（1）风俗禁忌

当时就说解放之前，这个姑娘嫁出去回娘家的时候，这个姑爷也跟着回去，拜年也跟着回去。回娘家要住娘家的时候，这个姑爷和这个姑娘是可以住同一间房的，在这里没有这么多的讲究，结了婚了就可以住在一起的。

（2）婚后与娘家关系

当时我跟我老伴儿结了婚之后闹矛盾，我没有回娘家，当时也是我老伴儿脾气挺好的，吵架也不多，当时这个村子里是真有几乎天天吵架，回娘家的情况，然后就是找管事的人去调节，这样其实不好。结婚之后，我也是不怎么回娘家，因为我的情况比较特殊，我爸爸妈妈的原因，其实回姥姥家的时候也比较少了，因为怕自己的舅舅、妗子们嫌弃。这闺女们出嫁之后，就不能分到娘家那边的财产，就是这边的人了。

（3）婚后尽孝

当时在解放以前，养老人有那个合着摊钱的、留给粮食的，差不多就是哥儿几个轮着养，那时轮着在这家待一年的、待几天的、待几个月的都有。那时我们家的老人就是不轮着，老人比较有个性，就是跟着我们。现在这个村子里面的养老和那个时候一样轮着养，这会儿村子里面的年轻人看老人看得都比较轻，还不如原来的时候孝顺，但是也管，冬天的时候给生火给掏电费。这会儿（现在）国家也给老人们有一些补贴，还好受点儿，生活还好点儿。

要是说这个老人他没有儿子，只有一个女儿，女儿嫁出去了，这个老人还是要靠闺女给养老。一个孩子也没有的，就靠着村里面管。当时村子里面给粮食，要是做不了饭了，就派人去给做饭。姑娘的爸爸、妈妈去世了，等到那个烧纸的日子回家上坟的时候，除了爸爸、妈妈的，对于拜其他人的坟就很随意了，但是爸妈的坟是必须要拜的。

（4）离婚

结婚之后离了婚了，这女的回了娘家，等她死了之后，一般情况下就是埋她自个儿的地里。她那个地后来有当家的归当家的，不给当家的她和谁合的上来就给谁。当时就是这样的，当时的人际关系和现在差不多。

(5)娘家与婆家关系

在我刚嫁人的时候,娘家和婆家关系还是不错的,比如说我嫁出去了,娘家那边需要帮助了,婆家这边也会帮忙。同样要是说婆家这边出现困难了,娘家那边会帮忙的。但是在当时要是说条件好的,人家能帮忙就帮忙了,条件不好的不能帮也没办法了。当时也有这种情况,就是说两家子比较合得上来愿意帮忙也就帮忙了。解放前跟解放后都差不多。

(三)出嫁的姑娘与兄弟姐妹的关系

爸爸、妈妈去世,都需要请亲戚朋友四邻八舍的乡里乡亲来帮忙。我出嫁了之后我和舅舅家的孩子关系都挺好的,对于当时嫁出去的姑娘什么时候回娘家都可以,但是我当时是回去得比较少的,嫁出去的姑娘们回家拜年一般的都是初二回家拜年,没了老人都是初三。

二、婆家人·关系

(一)媳妇与公婆

1. 婆家婚娶习俗

当时就是结了婚之后,家族里面有这个女管事的,一般就是婆婆管事,结婚的第二天,我们家不需要给婆婆上茶,因为我们没有这个讲究,可能是我们是小户人家,可能大户人家有这个讲究。但是对于祖坟的祭拜这里的要求也不是很严格,一般是第二天去拜祖坟的,当时我们家的情况比较特殊,就没有去拜祖坟。

2.分家前媳妇与公婆的关系

在分家之前,家里面就是老婆婆、老公公管事。对于家里的钱就是婆婆、公公他俩管着。对于家庭生活的事就是需要和婆婆商量。虽然婆婆会管,但是在婆婆这边也不需要开会,当时做错了事情的话,婆婆就是说说,不会动手打人的,有事就说说。当时早上吃饭的时候,大家就在一块儿吃,座位没什么讲究,也不吃什么好饭,大家围着桌子吃。当时婆婆也要求儿媳妇伺候儿子,规矩挺多的,当时管得挺严的。

3.分家后媳妇与公婆的关系

(1)分家

当时我们分家的时候,我是五十五岁,我老伴儿那年是五十六岁,我那么大年纪才分的家,我老伴儿这边弟兄六个人,分家比较晚,我们家当时分家分得也简单,当时就分了一处房,谁在哪儿住谁就住哪儿。一般分家时间没什么讲究,当时说了说就分了,分家也简单。分家的时候只有婆婆在,公公那时候去世。当时分家是老人提出来的,那时候弟兄们都不愿意了人多,过着闹别扭,老人就提出来分家,于是就分了。

(2)公婆祭奠

在公公、婆婆去世之后,这公公和婆婆的坟的安放是有讲究的,公公的坟在左边,婆婆的坟在右边,当时的说法就是男左女右。当时在上坟的时候是先上公公的坟,再上婆婆的坟,就是一起安好了,基本上就是先到公公那儿,然后再去旁边的婆婆那儿。这个媳妇只有结婚的时候去拜一下祖坟,那其他的时间不用去了,不是结了婚的,第二天上上坟就没事了。清明节、七月十五、十月一烧纸的日子上坟,媳妇儿想去就去,不去就拉倒也没事儿,一般都是儿子去。如果说这个婆婆和公公去世了,当时这个儿子和儿媳的孝衣一样。

(二)妇与夫

我和你爷爷(指自己的老伴儿)结婚之前也见面,当时他在工厂工作也忙,说来说没多久,都结婚了。

当时结婚的之前也是相亲,然后看中了,接着就是说了说就结了。在结婚之前,如果男的赌博是不能当这个家的,当了家肯定会把家给祸害进去的。家里需要盖房的话,就是老公公帮着商量盖不盖房。当时盖房的时候比较随意,在哪盖房子都可以,也不用登记。当时都给的那个房基地,我啥时候想盖就盖,家里多少人就给我多少房基地。当时家庭成员的地位排列顺序,就是老头第一、我第二、儿子第三、女孩第四,以后也没什么讲究了。当时刚结婚那会儿,并不像别的地方还要先给婆婆打洗脸水,都是自个管自个。在我的记忆里边,在解放之后,娶媳妇儿没有娶两个的,娶两个的时候是在旧社会的时候了。当时娶二房的妻子是不用经过那个正房媳妇儿的同意,在当时不同意也没有办法,不同意也得同意。娶二房主要是因为这个正房自己生不了小子的才娶小房。还有就是说这家人是个大财主家,人家就是也娶二房。娶二房和那个娶大房,办结婚的时候那个仪式都差不多。一般过了门之后大房就叫大房,二房就叫二房。我们这里和别的地方不同的,是这个二房要是生个男孩子,男孩子不会让大房去养着,还是跟着自己的母亲。

在那个解放之前,这里没有过买妻子、卖妻子的现象。还有一种情况就是过继,比如说这个老大家没有男孩子,老二家有男孩子,就把老二家的这个男孩子给老大家,那时候这个男孩子在送殡的时候,又送他过继的这个大伯,等那个分财产的时候,就说分他大伯的财产,老二家就没有这个人了。假如说要是说老二家只有一个男孩儿,男孩儿其实是不用过继给老大家的,但是如果人家老二家愿意,就可以过去给他,不愿意也就不用过继了。

(三)母亲与子女的关系

1.生育子女

(1)生育习俗

我们这里的习俗就是生的第一胎孩子待遇要好一点儿,这边就是过九天。当时如果是个男孩子,当时也不会办酒席。如果要是说娘家那边过来了,就待待亲戚。这里的习惯就是孩子的九天要过,如果过了九天都接走了,就接到娘家去了孩子和我都回娘家了,一直住到收麦子的时候回来了。

(2)生育观念

我当时是在我二十七岁上生的第一个孩子,当时女人们其实是挺辛苦的,坐月子也没有人管,在当时就是自己管自己,过了九天就开始干活儿了,都不让歇着了。现在早不那样了,现在婆婆伺候,伺候可好了。当时生男孩儿和女孩儿,对我都一样,没那么多讲究,孩子们多。我也是读过书,所以自己在思想上还是比较开放的。

(3)子女教育

当时生的男孩儿、女孩儿都可以读书的,我们家的孩子都读书了。在我们家里男孩儿和女孩儿是都可以读书的,而且也没有分先后,只是说在当时,只要家里能供得起孩子们读书就都书,因为当时我们在家里务农,可是我老伴儿是工人,在生活条件上我们家还算过得去,所以我们就都让孩子们读书了。

(4)对子女权力(财产、婚姻)

我这几个孩子结婚时都是媒人给说的,并不是定的娃娃亲。娃娃亲就是小孩儿小的时候,两家大人给他们定下来的。当时我们家的孩子们被媒人说了亲之后几乎就都定下来了,在解放之前都是大人说的,都是父母之命,媒妁之言,孩子不敢,解放后都可以自搞了。

2.母亲与婚嫁后子女关系

(1)婆媳关系

我儿子现在也分家了,就是我的那个孩子在外面,这个孩子留家了。过年回家都住在这个家里。那个时候我帮忙给孩子带孙子,生了第二个孩子才分开家,他们自己过,等他上了班孩子都给我带。

(2)与已出嫁女儿关系

我没有去女儿家住过,我闺女是二十七上结的婚,她男的是唐山的,在农大上班,也是别人给说的。当时闺女结婚的时候亲家也没有见面,那时候快过年了,来个电话定了日子年底就结婚了。当时女儿结婚,男方也没有给了彩礼,那时候他爸给了闺女1000块钱。

三、妇女与宗族、宗教、神灵

(一)妇女与宗族

我们这边没有祠堂,所以在我结婚之前,这边没拜祖宗,我嫁过来之后也没有拜过家谱,也没有那个讲究,当时要是说清明节去扫墓,妇女是都能参加的,这些对于妇女的(要求)不高,想去就去。

(二)妇女与宗教、神灵、巫术

在解放之前,老早的时候有过求雨。当时就是找十二个小男孩儿,找十二个小女孩儿,还有找十二个寡妇,当时就在一个大坑旁边磕头。那说法就是十二男、十二女、十二个寡妇来求雨。当时就是说一会儿烧烧香、磕磕头。(求雨仪式后)有时候下雨、有时候不下雨。当时的这十二个小男孩儿和十二个小女孩儿也没有什么讲究。当时求雨的时候,是有人主持的,组织者一般就是村里边,这个需要下雨的人,主持人一般就是比较积极的、好管闲事的人。

在解放之前村里面也有灶王爷,在老早的时候还要祭拜,后来就不祭拜了。老早的时候有土地庙,当时就是去里面烧香磕头。那当时男女都可以去,谁愿意去谁就去,没有什么讲究。也有观音菩萨,也是给烧香,也是说男女都可以去拜。就是在解放之前村子里没有请过巫师,这边不流行这个。我这一辈子什么也不信,不信教、不信神、不信鬼,就这么活了一辈子,在解放前后,村子里面也没有溺婴现象。

四、妇女与村庄、市场

(一)妇女与村庄

1.妇女与村庄公共活动

(1)村庄活动参与

在我出嫁前,我也参加过村里的会议,当时参加得比较少,在村子里有唱戏,我们也去看,当时也让妇女们参加这些活动,不管是出嫁后还是没有结婚的姑娘都让参加。根本没有像老时候(过去)不让这些姑娘见外人,没有那么多的习惯礼俗。

（2）开会

那时在我没结婚之前，当时我比较小，村里面好像是有保长、甲长，让参加他们的会议，在我没结婚之前，村里挖个井、修个路的，也让妇女们参加会议帮忙干活儿，那时候还挖地洞、挖地洞藏进去，日本人来了，躲进去，挖地洞，在里边躲着，日本人走了，再慢慢地爬出来。我结婚之后也有参加过村里的，也参加过，那时候开会就是干部拿喇叭头子一吆喝就过去了。当时开会的时候也让妇女发言，当时有妇女主任、有副主任。那时候妇女主任我给忘了，后来有一个叫荣芬的，还有一个叫马占茹都是干部妇女主任。

（3）对村庄绅士、保长、甲长的印象与接触

在我没结婚之前，那个保长和甲长的名字，我就已经记不住了，时间长了，岁数也大了，都记不清了。结婚之前需告诉村里的保长和甲长，自己要结婚了，需要把名字迁走，这样就可以了。

2.妇女与村庄社会关系

（1）村庄社会关系（女伴、邻居、妯娌、同房同支等）

当时我在姥姥家住的时候，也有一块儿玩的小伙伴儿，那时候那片儿比我大两岁的、小两岁的都认识。我还知道其中两个叫什么名字，一个叫张丽芬，有一个叫张芬艾，还有好多不记得了。我们那时候结婚的时候比较简单，就做了两个褂子蓝色的。也没有办法，自己也没有钱。

（2）务工与报酬

我结婚之后也有女孩儿参加劳动，当时妇女都参加。那时候干家务活儿家里留个人，留个人在家里做饭、洗衣服，洗洗涮涮的。到大公社的时候，家里都不用留人了，都出去干活儿挣工分儿。当时家里都一起出去上工，钟一响大家一起去上工。那时候搞协作去，都是互相帮助。

（3）妇女聚集与活动

妇女们在一起也经常的聊天，那时候洗衣服都是在家里洗，从井里打水，用那个辘轳打水。我们平时聊天都是在大树底下聊天，因为天比较热，所以就经常在大树根底下聊天。妇女们在一起聊天，就是闲得没事瞎唠。一般男人聊天都聊什么我也不清楚，他们聊什么也不告诉我。一般这都是晚上上完工回来没事，就歇着说说话，女人聊天，男人也会参加，会在一起聊天。我感觉结婚前和结婚后村里变化挺大的，像修房了、盖屋了，都变成新的了，变化大多了。当时我们妇女们在一起也没有带头的，基本上就是不出门，最多就是在自己的门口几个人坐着说说话，妇女们聊天不去外村。当时男人们在一起聊天，男人们说话我们女人基本上不去听那个。现在妇女也有在一块儿聊天的，在一起打扑克。

（4）交往习俗

结婚之后我也回娘家看看娘家人、看看邻居们。但是回娘家就是我自己回去。老头那时上班工作比较忙。放假就是五一和十月一放了三天两天的。所以我回娘家，一般就是我自己回去，放了假他也很少跟着我回娘家。我嫁过来之后我和谁关系也挺好的，和邻居走得挺近的，关系都挺好的。当时我们怎么也是农村，根本就没有什么姐妹会这些组织，当时聚在一起也是简单地聊一下天而已。

当时要是村子里有结婚的，我有时候也需要去接亲，那时候也简单，到那儿吃完饭就回来了。村里红、白喜事，远的不去，离得近的、关系好的才去。当时这个帮忙都是自愿。一般这

个红、白喜事帮忙的都是亲戚、弟兄们,邻居关系好的都来帮忙。一般的结了婚的和不结婚的妇女做的活儿都一样。

(5)女红传承

我干活儿是跟着我妗子学的,她们怎么做我就怎么做,那些东西做得也简单,一看就会。我学会了织布、纺棉花,还会绣花,当时也会点儿,绣过花。这些都是自己学的,在当时有些闺女在未过门前,什么也不学,到了婆婆家什么也不会,就得在婆婆家现学,这样难免会受婆婆的气。

(二)妇女与市场

1.市场参与市场排斥

我在出嫁以前也去赶集,当时赶集就是跟邻居,还有玩儿得不错的一块儿去赶集卖线,就是平时纺棉花纺的线,拿到集市上去卖,然后卖的钱又买了棉花。当时就是嫁到了婆家之后也依旧是去集市上买棉花纺线,卖线子。一般是不买其他的东西,还有就是买柴米油盐这些东西。当时买东西一般就是和邻居一起去。在当时也有妇女在集市上出摊儿卖东西,当时也没有瞧不起人家。这边这个村子里就有集,当时有时候也去外面的村子赶集,这就看情况需要了。那个时候出去买东西不可以赊账,赊账人家也害怕还不了。

2.交易活动

当时织的布儿乎都是自己用,也没多余的卖,只有多余的才卖。卖的钱就给当家的,买油盐酱醋。那时织布用的针和线就是在街上买的,当时有在街上卖针线的。结婚之后有菜票、油票、织布票,都是用票换东西。那票是按人头说,一个人给多少票,当时油票那时可难弄了,一年一年不怎么吃油,都是用那个棉花籽换油吃。当时没有肉票,那个时候家里都喂头猪,过年的时候赶出去叫杀猪的杀了,把肉拉回来,村里有杀猪的,杀了猪一般都是自己留着。当时要给这杀猪匠的工钱,同时他还要猪肠子、猪毛。

我家开始用洋布做衣服,这就到了改革开放之后了,自己家里到了我五十多岁的时候还在自己做鞋呢。我结婚之后就需要去供销社买东西,家里缺东西了就去买,一般买盐油酱醋。

五、农村妇女与国家

(一)认识国家、政党与政府

1.国家认识

新中国成立是在1949年10月1日建立的,我当时也挺高兴的。我听说过男女平等,当时办学堂可以促进男女平等,让学生们读书,可以促进感情。在1949年之前村子里面有小学,当时女孩子也可以上学,但是女孩子比较少,男孩子当时比较多。当时男孩儿和女孩儿,能在一起读书,学的内容是一样的,我觉得这是一个进步,越过越好。

一般的穷人家的,还有就是家长思想落后的人家的女孩儿不能去上学,是家里的大人不让去学校读书。在新中国成立之前,早的时候是洋钱,还有发的那种红票儿,还有日本人发的那种绿票儿。当时日本人侵略中国的时候,我挺害怕的,日本人都不是人,烧杀的,一听日本人来了,抱着孩子就躲起来了。在1949年以前,妇女不需要给国家缴税,男的们需要缴税。

2.政党认知

对于国民党我听说过,共产党我也知道,虽然我不是党员,但是我的老头是党员,在我的记忆里我认识的人里面没有国民党。孙中山也只知道,当时学校里说过孙中山这个人,像这些有名的人还有蒋介石,这些几乎就是看电视看的,当时书本上也有讲到过这些东西。现在的国家主席是习近平,在新中国成立之前,我听说过共产党,当时就是宣扬中国共产党的好,领着人们打江山,在我认得的人里就有共产党,我老伴儿就是个党员。在我上学的时候也学过共产党和这个国民党的知识,那时候书上也有。

3.干部接触与印象

我当过村里的干部,就是那时候村里开会去选的组长。组长一般就是干活儿的时候看着他们,不让他们偷懒,但是我当时没有参加过投票。我老伴儿他入党入得早,他二十多(岁)入党的,我也记不清了,当车间主任还当过副厂长,就是没有文化。家里面他们兄弟六人,其中只有一个人不是党员,在我的眼里我觉得他们都挺优秀的,那时候特别羡慕参加共产党。那时候当干部都办好事,和老百姓都能打成一片。在1949年之前,我参加过保长和甲长开会的次数不多,也没有发过言。

4.女干部

我支持妇女入党,在1949年之后,我没有接触过干部。当时村里面有妇女当干部的,当干部都是挺积极的,我不当也不行了,选我我就得当。我没有想过自己的儿女去当干部,我挺愿意他们当干部的,有人选就当,没人选,想当也当不了。当时就是这样。

5.政治感受与对政府的评价

我没有裹过脚,我们那会儿就没那个了。要是有裹脚的老太太,大概得一百多岁了。我见过小脚的人,那时候就是用布缠硬把那个骨头捏断。一般裹脚就是裹到结婚,要过好几年呢,一直裹到结婚,后来就不裹了。老早的时候不剪短头发,后来剪不剪短头发就不要求了。我也参加过夜校,当时教我们的都是有些文化的人。那个时候挺愿意去上夜校的。

接着后来就有这个计划生育了,我觉得计划生育很不错,那时候国家人多,生多了罚钱。我的孩子们没有赶上计划生育,孙子们赶上了,所以一家就只有一个孩子。让那个妇女出门参加劳动我觉得这个事挺好的。我觉得现在的儿媳妇有的参加工作,有的管着家里,比以前辛苦,但是现在日子好多了,比以前幸福多了。

(二)对1949年以后妇女地位变化的认知

1.妇女地位变化

我听说过妇联主任,我觉得需要有妇联主任工作,当时开会都需要她去叫。我没有参加过妇联、妇女会,我是在小时候听说那个妇女平等的,但是当时的时候人们的思想就开始慢慢地发生了变化,妇女平等也提得比较多了。

2.婚姻变化

解放后,儿女的婚姻还是由家里的老人们管着。如果是父母们给定了,老早那会儿,孩子们不愿意也得愿意。后来不愿意,也就不再坚持了,也尊重孩子们的想法。这就是一个过程,我觉得这就是一个进步。

3.政府与家庭地位、家庭关系

解放后,就没有婆婆虐待儿媳妇这种情况了,这种虐待以前有。在中华人民共和国成立之后,女人在家里的地位就提高了,对于丈夫就是愿意伺候就伺候,不愿意就不伺候,当时自己的丈夫和别人说话,自己也不会过去上去插话,当时也有丈夫说自己媳妇的,还有打架的,有男的要求女的做什么事,女的不做这就打架。家里的饭都是女人做,后来就有男人也做了。

4.政府作用认知与妇女的政治地位

村里出现男人打女人的时候干部们有的时候也管。解放后,女的也有参加祭祀活动的,当时女的上坟一般都是看老人。就是自己去世的父母,在七月十五、十月一这些烧纸的日子都会去的。现在村里妇女干部就比较少了,这会儿几乎没有妇女干部了。

(三)妇女与土改

当时土改的时候,我姥姥家划的是上中农。我知道土改工作队,他们去过我姥姥家,当时就把地拿走,把那个不好的地分给我们,把好地拿走。当时把那个远的地给了我们,近一点儿的地别人拿走,当时生活挺苦的,生活受到牵制,还要把粮食献出来。那个土改工作队动员妇女参加土改,当时有那个妇女干部儿,村子里面闹得挺不像样子的。当时村里面也不太好,穷人闹不好,因为他们是不干活,这些人们比较懒。土改中给那个妇女分土地的政策具体的我也不知道,当时就是给妇女们也分到地了,和男人们一样多。至于当时为什么有的妇女愿意被动员、有的不愿意,是因为像穷人家的妇女能分到东西。

在土改当中,妇女们能分到土地,当时我在我姥姥家也分到了土地,分到了一亩地。我还记得我姥姥村里面的斗地主,号召打地主,就是这穷人们去斗争地主,给这个地主戴高帽子游街。当时我姥姥这个村子里面大概有四五家斗地主,斗地主的时候没有打死的,就是斗争,当时就是说把那个财主家的人家轰到那个比较穷点儿的人家去住,把这个穷点儿的人家让住财主大房子。当时地主没有藏起来,藏不起来了,藏起来就要挨揍。

我姥姥家当时就是分出去了点儿地,分出去了点儿粮食。当时斗地主的时候,我也不高兴,也不害怕,就是觉得他们打这个地主,看见了就是觉得心里不舒服。斗地主的人就是和这个地主要钱、要枪,大地主把钱献出来,把枪献出来,胆儿小的就跑着走了,不然就真打人。

当时村子里面也有妇女参加斗地主,斗争得挺厉害的,也有带头的妇女。她们平时就是开会,当时就是说,在斗争地主的时候斗争得越厉害得到的东西就越多。当时土改分地的时候,这个妇女能参与,我当时就参与了,并且还分到了土地。当时这个妇女和那个男人们分到的土地一样多,土改的时候分给我的土地就是家里边做主。我出嫁的时候,不可以把土地带走,因为也不是同一个村带不走。

(四)互助组、初级社、高级社时的妇女

1.合作社时期

我结婚那年,这个村子里面闹互助组。大概有个五六家,当时一起种地打了粮食,然后一起分。当时就按这个出工和那个按地来说。如果出工多的,那就可以多分些粮食;出工少的,分不够了那就少分点儿粮食,出钱。我参加互助组了,当时就去地里面干活儿,收秋、割麦、收山药,然后晒成干儿,完事儿了之后分了。互助组的时候妇女也用下地干活儿,我嫁到这边来就没有我的地了。

当初那个土地入社的时候,也没有征求农民个人的同意,不入社不行,大家伙儿都入了社了。我认为当时入社不好,不如自己种点儿地打的粮食多。到了那个入大社的时候,妇女也要下地干活儿,那时不干活儿不行。当时动员妇女入社,这个互助组的时候可以不参加,但是到了第二年不入社就不行了。

2.性别分工、劳动与分配

妇女工分,如果干活儿好的就是八分五,干活儿不好的都是八分。男人们和女人们干的活儿基本都是一样的。男人的工分多,女人的工分就少,主要是因为男人力气大,一样的活儿干得比较快。这个妇女在下地干活儿的时候,有身体不舒服的时候,那她们可以休息,但是就是不能挣工分了。没有工分,然后分粮食的时候我就分不到了。当时就是分粮食是按照工分来分配的,男人们和女人们的工分是不一样的。男人们一天挣的工分要比女人们要多,所以按这么算下来,男人们分的粮食要多。

参加集体劳动的时候,我大概有一个孩子了。当时既做家务又得干活儿,又得看孩子,如果不干活儿没有工分。当时一般就是婆婆给看孩子。做夜工就是看麦子、浇园,妇女可以不去,不去就没有工分。当时就说我这一个月几乎每天都要干活儿。这个合作社的时候,这个妇女一般六十以前的就是壮劳力,挣的分就多,六十以后的挣的分就少了。以后等干不了了的时候就不用去了,那也就不用挣工分儿了。当时孩子们挣的工分多,然后就是孩子们给粮食。

3.妇女政治参与与话语权

那个时候共产党的会多,妇女们也参加会议,也有妇女发言,但是当时发言得不多。如果妇女们当时说话有用,要是说对了就听,说不对就过了。

(五)妇女与人民公社、"四清""文化大革命"

1.妇女与劳动、分配

(1)妇女与劳动

我知道人民公社,在公社里和生产队里要鼓励妇女下地劳动。比如就是比赛收粮食,看谁收得快,收完了之后就奖励一个毛巾。妇女跟男的分工几乎没有区别,差不多就是男的和女的一块儿干活儿,当时就是有些活儿女的干不了,就让这个男的去干,比如说就是拉粪什么的。当时我在的那个生产队还是男劳动力多,在那个大田里干活儿的时候,这些基本的农活儿是女劳动力多,有些男劳动力有的就出去干活儿了。当时有些男劳动力他们是老师、工人。

耕地、耙地是技术性比较强的活儿,这些活儿一般都是男的做。生产队里的饲养员一般都是男的,生产队里边的那个干部,像当时的这个队长、会计还有记工员都是男的。

这边修那个水库的时候,这男人们被调去修水库了,那大多数农活儿基本上都是有女的干,但是修水库的也不是都去,这一个队里去几个人,剩下的也是大家伙一块儿干活儿。当时还有大炼钢铁,黑夜白天的这么炼钢铁。当时大炼钢铁妇女们也去,家里面没小孩儿的妇女就去得比较远。修水库妇女们也去,但是去得比较少。

在人民公社的那会儿还唱歌,其中有一段是这样的,"五八年呹,吼嗨,大跃进呹,吼嗨"。那时就唱这种歌。当时干活儿没有口号,当时就是敲钟。妇女们在集体地里干活儿的时候也不马虎。在自留地上干活儿的时候,打的粮食是归自己的,干劲儿就比较强,在自留地干活儿的时候也是小工夫才能去。上粪的时候,是能在自家自留地上上,就是偷偷地上的。谁家也有自留地,发现了也没事儿。要是累了,就是坐下歇一会儿。

(2)单干与集体化选择

要是让我重新选择,我愿意分田到户,当时集体干怎么也不如这个单干打的粮食多,当时就是受苦的年头。

（3）工分与同工同酬

工分当时就是说早上起来是二分，上午是四分，下午是四分，一天十分。但是最后结算的时候，妇女们一般就是按八分算。我当时的劳动工分大概就是八分。那当时男人和女人做一样的事，工分不一样，我觉得也公平，因为男的干得比较快。生产队给妇女评工分，就是大家伙儿一块儿商量地评的。当时我们家还没有分家，挣工分的人比较多。当时大概出去五六个人。当时我们家的男人们都去参加工作了。

（4）分配与生活情况

当时生产队里的分的那些油、口粮是男女是一样的，自留地是按人口分的，男女一样。在当时我们家就是缺粮，挣不上吃的。如果这妇女常年出工，挣的工分是能养活自己的。

2.集体化时期劳动的性别关照

（1）"四期"照顾

在当时集体派工到时候，要是这个女的来月经了，也要去干活，当时哪里都去。那要是怀孕了也要下地干活儿。只有生孩子去不了了，这才不去下地干活儿，只是为了挣这点儿工分，到时候能换上粮食吃。一般生孩子可以待一个月，但是没有工分，但是为了早点儿下地干活儿的话，多挣工分儿就可以早点儿去，完全是自愿的。不去的话就没有工分。

到了那个人民公社的时候，妇女要是怀孕了也没有照顾但是可以请假。在"大跃进"时期，这个妇女因为在怀孕的时候，没有被照顾到，产生身体疾病了，那个集体和政府不管，当时没有人管。在当时就是说有喷农药的，然后不小心受了点儿伤，当时也有照顾，但是照顾得不多。

（2）托儿所

当时在那个闹大食堂的时候，生产队里面有没有托儿所，一般就是老人们照顾孩子们。

3.生活体验与情感

（1）大食堂

我还记得人民公社吃大食堂，刚入社不太长的时间就开始吃大食堂了。一开始的时候还是说换着花样地吃。到了最后的时候就没有吃的了，没有粮食了就散了，后来就自己做饭。刚吃大食堂那会儿，一开始的时候就是把家里面的锅啥的都拆掉，不让家里面冒烟。

当时在大食堂，小孩儿们和大人分的粮食不一样多，小孩儿们吃得少就分得比较少。男人和妇女会分得一样，老人们和这个壮年人的粮食都一样。在大食堂的时候一般都是女的做饭。在大食堂吃饭的时候不能随便吃，都给定量的，打饭员给打饭。我和村里的妇女是不愿意吃大锅饭的，因为当时吃饭是定量的，吃不饱也不给打了。在一开始的时候吃得比较好，等到了第二年就吃得不好了，当时一般也是吃干粮。吃大食堂的时候，我并没有感觉轻松。然后后来食堂办不下去了，因为没粮食了。吃食堂的时候，家里的铁锅是交公了。

（2）文娱活动与生活体验

大集体的时候天天开会，而且还有夜校，但是就没有演节目、唱戏。在大集体大家伙儿一块儿上工的时候挺热闹的，在一起说说笑笑。妇女们一起上工也会发生小矛盾，但是这种情况比较少，发生了矛盾就是别人说合说合。妇女们会骂街，骂得很难听，一般就是因为说闲话骂街的。在解放之前村里没有妇女自杀；到了集体化时期，也没有村庄里的姑娘自杀；改革开放后，没有听说那个村里边儿有自杀的妇女。铁姑娘队我没有听说过。

4.“四清”与“文革”

在“文化大革命”时,村里面分了好几个派别,这些派别还对打开枪,放枪放得不行,就在屋里面藏着,谁也不敢出去干活儿。当时还有斗地主、斗干部,但是我没有参加过。那些地主婆和那个地主的女儿们在村子里边儿的生活也不是很好,当时大家都贫穷。他们的分工和别人一样,他们和别人都是干一样的活儿。他们的婚姻也会受到影响,集体上工妇女回娘家走亲戚就不给记工分了。“文革”时期“破四旧”,就是说把那个庙堂里边的那个佛像给扔了,扔到了大坑里面。“文化大革命”的时候,那个婚礼和葬礼是比较简单的,当时这么简单是没有办法的,没有钱,不简单也不行。

(六)农村妇女与改革开放

1.土地承包与分配

到了土地承包分配土地的时候,这个妇女也参加了。我比较愿意一个人单独干,因为感觉这样效率高。我感触比较深的就是感觉生活变好了,能吃上饭了,也越来越尊重妇女了。这妇女能够分到土地了,当时我还分到了一亩多点儿的地。当时土地证上还有我的名字。

2.计划生育认知

(20世纪)80年代实行的计划生育,跟那个前面那个计划生育相比,就是觉得计划生育越来越严了,一开始的时候还不太一样,那时候就又砸锅又打墙的,闹得挺厉害。现在挺好,这个计划生育不太严了。如果让我现在选择,我会选择生上两三个就行了,孩子们有个伴儿。

3.社会参与

现在精准扶贫政策,对那个男老人和女老人几乎没有区别。村里的男老人和女老人依旧可以在一起聊天儿,我家里边也有电视可以了解国家政策,我也听说过上网,但是我不会,我没有手机。我感觉还是男老人们有手机得多。我和孙子联系的时候,就是用孙子爸爸妈妈的电话,打个电话来我们就聊天儿。

六、生命体验与感受

我这一生中感受最深的就是那些吃苦受累的事儿,现在日子好过了。

FXY20170105MJX　马俊先

调研点:河北省保定市唐县王京镇拔茄村

调研员:冯雪艳

首次采访时间:2017 年 1 月 5 日

受访者出生年份:1930 年

是否有干部经历:是

曾担任的干部具体职务及时间:妇女主任

是否生育:是

受访者结婚的时间节点、生育子女的具体情况:1953 年出嫁;1955 年第一个孩子出生,
与老伴儿共同生育五个孩子,两个儿子,三个女儿。

现家庭人口:1

家庭主要经济来源:务工

受访者基本情况及个人经历:马俊先,河北省保定市唐县王京镇拔茄村人,1930 年农历
六月出生,今年八十六岁。结婚前有兄弟姐妹五人,排行老四。上面有一个姐姐、两个哥哥,下
面有一个弟弟。父母靠种地为生,自小父亲就去世,与兄弟姐妹和母亲相依为命。1949 年入
党,1953 年出嫁,1955 年第一个孩子出生,与老伴儿共同生育五个孩子,两个儿子、三个女
儿。如今老人在家中安享晚年。

一、娘家人·关系

(一)基本情况

我叫马俊先,今年八十六岁,阴历六月十六出生,我是 1949 年入的党,入党也有六十多年了。我的名字是爸爸妈妈给起的。我爸爸死的那会儿我还不记事。我是一共有兄弟姐妹五个人,其中有三个兄弟、姐妹两个。当时起名字就是爸爸妈妈挑一个字儿,然后就顺着起下来。比方说第一个孩子起名字叫什么名字,然后接着的就从第一个孩子的名字里面挑一个字就顺着起下来。女孩子的名字一般就是挨着女孩子的名字起下来,就像我叫马俊先,我姐姐叫马翠先,我哥哥他们叫深河、清河、东河。

我出生的时候,娘家这边大概有个五六亩地,土改的时候,娘家这边划的是贫农,婆家这边划的也是贫农。我是二十四岁上结的婚,1953 年的时候嫁过来的。结婚之后生了五个孩子,两个小子三个女儿。老大是一个姑娘,在我结了婚两年之后生的,当时我是二十六岁。

(二)女儿与父母关系

1.出嫁前女儿与父母关系

(1)家长与当家

我在娘家那会儿是我大哥当家的,我爸爸走得比较早,后来我的两个哥哥都全当兵走了,就剩下我的一个兄弟、我和我娘,我们三个人当家。当时我哥哥算是家长,家里有些重大的事都是我哥哥管事,后来我们家种地的时候有给我们家代耕的,我长大了之后去地里干活儿都是我的事儿了。我们家那时候也不分内当家和外当家,一般家里没有男性在家时,就会认可女性当家。就像我哥哥当兵后我母亲、我还有我弟弟就开始当家了,即使家里面仅有女性的情况下,也不会让同族的男性担任家长的,一旦家里出什么大事都是家里人管。如果爷爷去世了,我可以当家,但是一般都是男人们当家。那如果父亲去世了,母亲是能当家长管事的,但是我们家就是说我父亲死得早,后来两个哥哥去当兵了,就是我母亲管事儿。如果家里面都是女儿,一般也不会请同族的男性来当家长。

(2)受教育情况

我们那个年代男孩儿、女孩儿都在一个教室读书,很少有不让女孩子读书的情况,那个年代我仅仅上过一天学,因为村里的小姑娘们上学的时候都要买裙子穿,然而我家里没有钱买,所以只是报了个名就辍学了,大多数辍学的都是因为家里穷,上不起学。我家里的其他兄弟除了一个弟弟都读书了,但是也只是读了两三年就去当兵了,所以我现在就想着让我的子女们能好好读书。我在家里排行老四,上有一个姐姐、两个哥哥,还有一个弟弟。家里很穷,一天只能吃两顿饭,有时候只能吃树叶维持生存,为了摘树叶甚至有一次差点儿从树上摔下来。后来国家发土豆丝,但是每天只能吃一顿。当时我不能读书,就想着以后要让自己的孩子们读书。在当时我上学读书的时候,村里面让够了岁数女孩儿读书。男孩儿和女孩儿是在一个教室读书。当时村里人就是到了岁数就送了自己的孩子去读书,没有说女孩子读书没有用。那个时候的思想不和以前的思想一样(没)那么保守。当时有些孩子不去读书,就是因为没有钱供着孩子读书。

(3)家庭待遇

在娘家时男女的待遇区分并不是很大,吃的、穿的都差不多,当然有的家庭确实是区分对待的。我们盛饭吃饭的时候也是大家一起吃饭，和其他兄弟一个饭桌，关于座位也没有现在人那么多讲究，一家人都很随意坐下。衣服也一样，谁的衣服穿坏了就给谁做衣服。总体来说没有太多的讲究。

(4)对外交往

每逢过年的时候规矩也比较多，比如没有过门的女孩子不用去拜年，姑娘回娘家的时候也不需要拜年的，男孩子大概七八岁懂事之后就开始随着大人拜年了。过年的时候家里人都在一起吃饭，包括妇女、小孩儿们，这里并没有什么忌讳的。还有一点儿规矩，就是母亲和父亲在家里办红、白事的时候都要出席，如果父亲不在家的时候可以由哥哥们出席，但是女孩子出席的时候很少，大多数都由母亲出面。当家里实在穷困不得的时候需要外出讨饭，但是女孩子大多不会出面。

(5)女孩禁忌

对于家里女孩子的禁忌，有些家里管得比较严格，女孩子都不让出门玩耍。但是有的家庭就可以出去玩儿，我家里就属于比较严格的，家人都把我们扎上辫子不让出门，最多就是让在门口和其他女孩子玩耍，如果随意出门可能会挨爸妈骂的。在村里面男孩子和女孩子一起玩耍得还是比较少的，即使有这种也不至于被挨打。女孩子一般可以出门串亲戚之类的。还有传下来的一条规律就是，家里洗衣服也都是先洗男孩子的衣服，再洗女孩子的衣服，不过晾衣服都在一起晾。

(6)家庭分工

以前家里活儿比较多。家里只剩下了我和母亲，母亲在家里织布、纺棉花，有耕地活儿的时候，我也去帮忙种地耕地。村子里面有一些大地主，他们都不用自己干活儿，只找别人给干活儿，有长工也有短工，一般来说长工按年给佣金，短工按天给佣金，只有农忙的时候才会去雇佣短工。那个时候一年里边儿种一季儿的棒子、种一季儿的谷子，当然也有的地种麦子、棉花、山药。我们种地都买不起化肥，很多人把自己积累的粪和猪圈里面的撒到地里去。一些家里条件好的还会养牛羊之类的。我们家里就养不起。我在没有过门之前就喜欢看别人纺棉花，看着看着就会纺棉花了。纺棉花的时候都在地窨子里纺织，一个地窨子大概容纳二十人左右，每天都工作八九个小时，织出来的布都数不清有多少了。地窨子大都盖在别人家闲庄窠里。有时候这些地方要盖房子，就不得不拆了地窨子。不过当时很少有盖房子的。另外我也会织布，从十几岁就会了，织出来的布拿出去卖，赚了钱就再买一些棉花，剩下的钱交给妈妈买一些柴米油盐之类的。由于棉花很多，所以经常吃的油也是棉花籽油。那时候跟着我姐姐还会做鞋、做衣服，我们自己穿的衣服和鞋都是自己做的，一直持续到改革开放。

(7)家庭教育

家里人教育我们的时候也没有很大的区别。男孩子和女孩子都是一起管教，相对而言女孩子管得比较严格，要好好读书，并且要去地里好好干活儿。

2.女儿的定亲、婚嫁

(1)定亲说媒

我们那个年代结婚大多都是媒婆给介绍的，当时媒婆就夸你爷爷人实在，不在外面瞎胡闹。媒婆夸女孩子一般都是会做饭，懂规矩，会针线，会干活儿。我跟你爷爷就是相亲见面来的，双方父母也在一起见面，如果父母不在就由哥哥、姐姐出面会谈。我是解放后相亲的，双方介绍也就是条件好,小伙子干活儿卖力之类的,我嫁过来之后我的婆婆对我也挺好的。那时候提亲有的是媒婆主动上门的,有的是父母请来的,父母感觉孩子不好娶媳妇的时候就会找个媒婆帮忙介绍。事成之后一般都是给媒人一篮子馒头。要是说这家不好娶媳妇的话就会给媒人一些钱,一般而言也没有娃娃亲。而且媒人也不是固定的,我也当过一次媒人给别人牵线,不过当时就给了我一个褂子。定亲的时候一般都是换换东西,比如买个手绢、买个壶什么的,女方都要向男方要彩礼,彩礼也就十块钱左右,没有等级之类的,就是穷人给得会多一点儿,富人给得就会少一点儿,兄弟多的要的彩礼也就多了,兄弟少的要的彩礼也就少了。彩礼要过来之后,有时候会给这个姑娘的,有的也不会给。定亲的时候还要看生辰八字,不合的话很可能就不定了。定婚的时候都会谈一谈结婚的日子,我定婚的时候都没有征求我的意见,不过我也是很满意的。定婚之后如果一方出现意外去世的话,婚姻自然也就解除了,定金之类的也要退回去,双方便不再有什么关系,女方去世也不会埋在娘家祖坟。定婚之后也有毁约的,只要口头说明下就可以,不过毁约之后,彩礼自然不会退回了。那时候结婚的时候也没有写婚书,有些结婚需要征求族长的同意,但是我家没有这种情况。在仪式上没有太多的忌讳,当时是媒婆、妈妈、姐姐和弟弟来送嫁的,其他人就不能来送嫁了。

(2)出嫁心情

出嫁那天意识到自己要嫁人了,心里还是挺难受的。婆家给摆了好几桌酒席,请来了一些关系比较好的人,大家按照辈分的顺序入座。有时候这样结婚的事也会请保长和甲长来。

(3)嫁妆

出嫁的时候家里给了一些馒头和一点儿钱作为嫁妆,有的家里男方还会给一些家具作为嫁妆,女方都是自己买一身衣服就可以。我当时买衣服的钱也都是自己纺布挣来的钱,那时候赚的钱都给了我的家人,买点儿柴米油盐之类的。当时嫁过去后第三天要回门,在外婆家再住九天,然后回娘家再住上个七八天再回婆家,这是规矩。有些家里条件好的,在回娘家之后女婿也跟着回去了。女婿会带一些礼品或者一些点心看望。

(4)童养媳、小媳妇

至于童养媳,一般没有这么一种说法,不过有些家里比较穷的,小时候就把闺女给卖出去了。有些人怕孩子长大后娶不到媳妇,就买个小姑娘做自己的儿媳妇。

(5)换亲、转亲

我听说过换亲,就是这边的男的娶那边的那闺女,那边的男的娶这边的闺女。这种情况一般也是家里比较穷怕娶不到媳妇,所以就定下换亲。还有一种转亲的就是说,家数比较多,就是三家的,三家的这个男孩子和女孩子这么倒。有些家里换亲、转亲也需要媒人介绍。

(6)入赘(上门女婿)

我们这里还有家里很穷的或者男孩子比较多的家庭以至于倒插门,基本上也是家长决定,不需要通过同族人认可,一般倒插门孩子要随母亲的姓,父亲不需要改姓,但是大多都是女方当家。

(7)改嫁、冥婚

还有因为闹不和而改嫁的妇女,二婚的妇女就不一定会要彩礼和嫁妆,有的话也是娘家来筹备嫁妆。有一些人缘不好的在二婚之后还会受到歧视。还有一种是冥婚,我们这里叫死亲,死亲是没有彩礼的,一般男方把棺材买了葬在一起就可以了。

3.出嫁女儿与父母关系

(1)风俗禁忌

当时这个出嫁的姑娘回娘家是有风俗禁忌的,这个出嫁的女儿不能在娘家吃年饭的,在初二的时候回娘家拜年,回娘家拜年的时候带着姑爷,带的东西就是一篮子馒头。出了门的闺女和姑爷回娘家的时候可以住一间房。这出了嫁的闺女不能回娘家拜坟,拜婆家的坟,一般都是初三的时候男的拜。

一般就是姑娘出嫁了,三天之后要回门儿,其余就是说过节的时候,比如说八月十五的时候,正月十五的时候,这些都要回娘家。回娘家自己回也行,跟丈夫、孩子一起回也可以,当时就是说带点儿吃的。

(2)婚后与娘家关系

嫁出去的女儿还几乎不管娘家的事了,如果娘家有困难,我也是经常帮助的,在当时就是说有钱的话就给钱,没有的话就帮着借借,先把困难度过去,要是帮助多了,婆家也不会有意见的。女儿出嫁以后,要是婆家遇到困难了,娘家这边也会帮助的。如果女儿和丈夫闹矛盾了就是回自己娘家住着。回去之后可以和别人见面也能出门,当时自己的母亲和兄弟们也是怕自己受委屈,所以父母还是愿意让回娘家的。说和的情况是这样的,就是婆家那边找人过来接。出面调解的一般都是婆家那边请的、家里面有头有脸的人物,主要就是能管事儿的人。婆家那边认了错,然后劝劝女儿就这样回去了。姑娘出嫁以后就不能分到父母的财产了。

(3)婚后尽孝

在解放前如果这个姑娘自己有兄弟就不用养父母,如果要是说没有兄弟就得养着父母。如果父母有病了,姑娘有钱的话就可以分担一些,没钱也没有办法。解放之后也是这样,在父母去世之后,这个女儿不能主持葬礼,因为这些都是小子(儿子)的事儿。

当时出嫁的女儿穿的这些孝服以及站的位置是没有什么区别的,就是按照老大、老二这么排。当时就是说男的戴的是孝帽,女的戴的是孝布,根据亲疏远近的不同,关系越近的孝布就越长。男的就是说有孝衣。关系近的才有孝,远的就没有了。当时女孩子就是摆桌子。清明节的时候,姑娘可以回家上坟,还有初三的时候需要上坟,七月十五要上坟,十月一要上坟。父母的坟墓就是儿子们来修的。七月十五回娘家上坟的时候就是烧烧纸就行了。

(4)离婚和娘家与婆家关系

在解放前如果出嫁的女儿提出离婚,需要这个娘家这边同意,如果父母不同意的话,就找家里面的人说和。这段时间里姑娘是可以回娘家住的。离婚的出嫁女死了之后是不可以再葬到娘家的祖坟,当时我们这儿有这么一个人,她是葬在了自己的地里,最后她把自己的地给了别人。我娘家和婆家是一个村,这两家关系还挺好,平时交往也挺多的,干农活儿的时候就是经常一起干,在我看来,我自身觉得亲戚之间的关系比较好的。

(三)出嫁的姑娘与兄弟姐妹的关系

1.我与兄弟姐妹(娘家事务)关系

我出嫁之后与娘家兄弟关系挺好的,相互之间有走动,如果回娘家有时候空手去,有时候带些礼物。在当时空着手去也不会有村里人说闲话。一般回娘家的姑娘算是客人,因为我们家就是本村的,当时回娘家就是有啥吃啥,要是比较远的,回去之后都是给吃得不错。一般情况下,娘家的大事情有些事会请姑娘回来讨论,然后帮着做一下决定。对于娘家的事情,

家里边儿需要花钱啦这种大事儿,会请这姑娘们帮着参考一下

出嫁的姑娘给娘家兄弟结婚送礼与给那个姐妹结婚送的礼金会有所差别的,一般都是给兄弟的钱多给姊妹的钱少,这就是习俗。如果家里面需要借钱,是会向兄弟姐妹借的,一般就是先跟姐姐借。因为觉得和姐姐亲,和兄弟借会因为有那个嫂子兄弟媳妇儿,这样不太好。我回娘家时是住兄弟家,因为我是本村的娘家,所以在我兄弟家住得也比较少。我去姐妹家一般也不会留宿,因为我和我姐姐是同一个村子里。娘家兄弟在我家这边说话的分量还是比较高的,我与婆家人这边发生了矛盾,有时候要请娘舅出来调解。

2.兄弟姐妹与我(婆家事务)关系

如果姑娘在婆家受虐了,然后死了,娘家兄弟就会闹,让婆家赔钱。娘家人不出席,姑娘不能下葬的。闺女的儿子、女儿的婚嫁是不需要经过娘家兄弟同意的,但是儿子、女儿结婚出嫁了,是要请娘家人出场的,出场的席位是没有什么讲究的。如果自己的儿子、女儿不听话,或者与自己闹矛盾,舅舅是可以说孩子们的。如果儿子、女儿不听劝解,也没有办法,就慢慢劝。儿子分家是请本家的长者出面的,如果娘家没有娘家兄弟,娘家的姐妹可以代表娘家参加儿子的婚礼,因为他们也算是娘家人。

3.亲戚来往

姑娘回娘家拜年通常大年初二,基本上就是这一天,但是也不是必须的。去的时候就是带些吃的,一般就是下午走。到了娘家就是给姑娘的婶子、伯母、伯伯、叔叔,自己这比较近的一家子拜年。父母去世后还是会给娘家人拜年的,如果孩子们长大,就孩子们去。我出嫁后和自己的姐姐走得比较近,一般就是八月十五,去看看自家的姐妹。过年的时候走娘家亲,先走走自己的父母,再看哥哥、嫂子、兄弟和兄弟媳妇。

二、婆家人·关系

(一)媳妇与公婆

1.婆家婚娶习俗

我结婚的时候婆家也挺穷的,我嫁过来的时候家里有婆婆,但是没有公公,两个姐姐也嫁出去了。男方家里还有一个弟弟,那个时候都还没有分家。刚嫁过来的时候丈夫是种地的,也没有做生意。婆家定亲之后,男方暂时还不需要准备宴会。儿子定亲的时候,父母也不必要向长辈报告,只需要结婚的时候报告一下就可以。当时的条件限制,也没有什么特别的仪式,就是告个别之类的。婆家也不需要仪式,没有所谓的跨火盆之类的,甚至没有拜天地。当时我的主婚人是男的。婚宴上一般娘家人坐在里屋,婆家人坐在外边,有男席和女席的区分。具体的座位没有什么安排,大家都是一起吃饭。结婚第二天我们没有像古代时候给公婆、哥嫂磕头请安,或者端茶之类的。结婚之后一般都要去拜祖坟的,不过当时我并没有去,往后的年份我都去了,基本上是大年初三的时候。

2.分家前媳妇与公婆的关系

公婆在没有分家之前是婆婆当家的,因为我家公公死得比较早,后来就是大哥当家了。当时家里有什么大事都是要请教婆婆,不过没有开过家庭会议之类的。我嫁过去之后,男人主要是去地里干活儿,女人就是洗衣、做饭,和我在娘家的时候都差不多。我和婆婆的关系还是很不错的,刚到婆婆家的时候,婆婆每天都看着我。平时婆婆看得会比较紧,一般去哪里都

要跟婆婆打招呼,比如回娘家的时候。

婆婆在原则上是可以打骂我的,但是我从来都没有挨骂过,有时候出去串门,或者参加活动都是说一声就好,几乎都不管的。吃饭的时候都在一个桌子上吃饭,没有什么特别的对待。在解放之前还有婆婆打媳妇的情况,而且儿媳不能够反抗,如果反抗的话就会被赶出家门。解放之后就没有这么严重了,婆媳关系好了很多。婆婆年纪大了之后,还要给婆婆端茶送水,有时候也会给婆婆叠被子。还有就是不能在婆婆面前大声说话,这是不尊重的。

家里的大事都是男人管,但是比如随份子的钱,这些都是女人管。丈夫和其他兄弟商量事情的时候一般女人也可以介入的。如果婆婆和丈夫闹矛盾的话,儿媳妇不怎么管的,晚上就向着丈夫说话安慰。如果儿媳妇和妯娌吵架的话,公公、婆婆也可能会出面调解。回娘家的时间一般在过节的时候,比如八月十五。如果家人过世的话,每年的七月十五、十月一都要回家烧纸的。如果娘家有事来接的话也是可以直接回去的。一般媳妇带来的嫁妆钱都是自己用了,也没有必要告诉丈夫。儿媳妇挣的钱也没有必要给婆婆,一般只供养自己的儿子就可以了。

3.分家后媳妇与公婆的关系

(1)分家

结婚后我是在吃大食堂的那一年分的家,当时分家主要是因为三兄弟的媳妇不合,我就提出来就分家了。分家之后就开始轮流伺候老婆婆了。分家的时候就是他们哥三个参加的讨论,女的们都没有参加。还要请证人来,分家的时候家产是儿子平分的,就是一家一半儿,不会分给女儿们。如果儿子去世了,那么这个儿媳妇倒是可以分到一些。我家当时分到了一半儿的房、还有一些地。我从娘家带过来的钱都是自己保管,不会参与分财产,家里一些自己出钱买的东西,最后不会被分配,还是自己所有的。

(2)离婚

离婚的现象一直都有,解放前如果婆婆不满意的话,不管儿子是否同意都要离婚的。如果儿子想要离婚,婆婆不同意的话那么也是可以离婚的。如果儿子想要离婚,但是媳妇不同意,那么也是可以离婚的。如果娘家不同意离婚的话,女儿被送回娘家,娘家也可以不接受。当时如果有婚外情那是可以无条件休妻的。休妻的仪式需要找证人来证明,但是不需要官府的同意。在到了四九年以后,如果丈夫去世,儿媳妇想要改嫁就需要经过婆婆的同意才可以。改嫁的话家里的财产是不可以带走的,孩子也是留给了婆婆家。如果没有离异,那么公婆的财产也可以和其他兄弟一样平分。婆婆年纪大了之后就由兄弟几个轮流照看。婆婆办寿的时候,作为儿媳就是帮忙做饭。再后来,公公、婆婆去世了,我们都穿着一样的孝服(帽子会有一点儿差距),一起跪拜,参加下葬仪式。公公的墓地一般安排在左边,婆婆的墓地一般安排在右边。上坟的时候也是先上公公的,再上婆婆的坟地,然而祭品都是在一起的。有的过了门的媳妇也会拜祖坟,都是上面留下来的说法,公婆去世后每年七月十五和十月一去烧纸。

(二)妇与夫

1.家庭生活中的夫妇关系

我和我的丈夫都是一个村里的,以前就天天见面。后来见面后互相都很满意,结婚后我们互相称呼名字,然后到分家的时候,他就作为当家的。当时的耕地都是丈夫安排的,一般也会和妻子商量。平时借钱借粮也都是丈夫出面,因为容易一些。如果要盖房子之类大事也是丈夫做决定,不过只有房子不够用了,或者坏掉了才需要重新盖,村里面盖房子也不需要登记什么的。家里遇到买卖地皮的时候,丈夫也会和我商量,一般的我也都会同意。买卖地皮的时候,都在村里登记一下,写上我丈夫的名字。一般的家里买柴米油盐的小钱,我都可以自己做主,如果遇到大钱就要商量。我也没有私房钱,纺布挣的一些钱都给孩子们买衣服和日用品了。等到分家之后,我的嫁妆都还是归我的,我丈夫如果要用我的嫁妆也要经过我的同意。分家后,我还是会干一些农活儿,就是种种地什么的,不过相对以前要轻松不少。

2.家庭对外交往关系

分家以后的一些宗族关系都是我丈夫出面解决的,在村里生产队和大队公社的关系、借农具、借钱、集体地里拿粮食,这些也是丈夫出面处理,不过婚姻随份子这种事情都是我自己出面处理。如果丈夫要外出务工,一般都会和我商量的,一般我也会同意,我就没有过外出务工了。

那时候家里的地位首先是丈夫,再后就是我,然后就是孩子们了,(对待)孩子们一般都会有重男轻女的现象。有时候饿得都吃不饱,但是能坚持下来就够了。有的家里还去要饭,我家没有这种地步。解放之前女人一般会伺候丈夫,不过就是打打水洗脸什么的,没有把饭菜端到桌子上或者把衣服找好之类的事情。如果丈夫花钱赌博或者找别的女人,作为妻子是一定要管的。丈夫和别人讨论说话的时候,一般作为妻子也可以插嘴说话的。丈夫也不是绝对要听从的,有时候丈夫要求做的事情不正确也不会听从。厨房、马桶、洗衣服和带孩子的事情是必须女人打理的,即便生病或者坐月子了一般丈夫也不太管。

解放之前有些大财主家还会娶妾,原因就不太清楚了。娶妾一般不需要讲究门当户对,不过也是要有彩礼的,而且还要更加隆重。妾一般都称呼妻为大姐,不必要行跪拜礼,但是也要干活儿的。如果妾生了孩子,一般也都是自己养。妾是不能够主家的。分开后如果妻子没有生孩子的话有的会过继男孩子过去,当然还要妻子的同意。在当时如果大哥家没有男孩子的话,就要过继二哥家的老大,如果两家关系比较好的话也会过继孩子过去。在解放前丈夫打妻子的情况还是很多的,妻子犯错了就会被打,而且几乎没有反抗的,有时候还会当着孩子的面打妻子。妻子被打了之后,基本上也不会找公婆投诉,但是会回娘家的,回了娘家之后就会请人说和说和,一直到解放之后打媳妇的情况也没有太大改变。

解放前村里都觉得会干活儿的、孝敬公婆的都是好媳妇。有一些怕媳妇的男的,不过当时很少。那个时候纺棉花挣来的钱基本上都给孩子买书缴学费了,不需要交给丈夫,总的来说还是丈夫赚的钱多。那时候一些生活用品都是婆婆管理的,等分家之后就是我管理了,如果买一些小的东西是没有必要和丈夫商量的。在解放之前妻子是不可以未经丈夫同意而去集市上买东西的,也不能偷偷把自己家里的东西卖出去,我们家里也没有丈夫偷偷卖东西的情况。解放之前小两口如果要离婚是需要父母的同意的,也要经过夫妻对方的同意。如果离婚之后妻子就不能够和丈夫分家里的财产了。如果离婚的话一般都是女人先提出来的比较多。

家里有些事情比如借东西、请客都是丈夫出面,像随份子都是妻子出面。家里来客人了或者去别人家吃饭我也会跟着去,如果丈夫不在家,我也可以代表家庭出面。当时丈夫如果赌博的话妻子是没有义务帮忙还债的,真有这种情况,丈夫一般也都会承认的。解放之前如果丈夫搞婚外情,村里的人都会在背后指点(指手划脚),父母也会说他。那时候我也会出门和女性朋友玩耍,一般都是邻居,住得挺近,出门前告诉丈夫一声,丈夫也会同意我出门。解放之前基本上是不出门的,所以和朋友间的也少,整天在家里织棉花。那时候出的最远的们就是回娘家了,就是本村里的,随意,基本上想什么时候回去就回去了,也不用请求丈夫的意见。

(三)母亲与子女的关系

1.生育子女

(1)生育习俗

我有五个孩子,我的大孩子是(一九)五五年出生的。当时家里面生孩子有过九天,过九天的时候,就是说告诉家里边儿,家里、院里面,就是为了告诉他们又添人了。第二个孩子、第三个孩子就不过九天了,只有第一个孩子过九天。当时老大过三天、过九天。当时办酒席办得也不隆重,就是请请娘家人。会有关系好的人过来看孩子,然后给贺喜,他们当时就是给麻糖,第一个孩子的时候会给些鸡蛋,第二个孩子就只给麻糖了。娘家人来庆祝,一般就是带麻糖、带鸡蛋,就是嫂子和兄弟媳妇儿,还有就是说自己的娘过来看看。孩子一个月的时候就可以抱出来了,娘家就是孩子过满月的时候接过去,一般就是住一个星期。

(2)生育观念

当时生男孩儿跟生女孩儿报喜的风俗是一样的,在我们这里生的无论男、女头胎的待遇都是一样的。婆婆和丈夫对待生男孩儿和生女孩儿的态度和待遇是不一样,对待男孩子就是比较好。在当时就是男孩越多越好,因为男孩儿越多就能养老,家里面的人就是喜欢小子。在那个解放之前,如果媳妇就是说只生女孩儿或者是没有生育就是过继。

(3)子女教育

因为家里边穷,所以就我的三闺女读书了。当时的二姑娘读到了三年级就不上学了,参加劳动挣工分儿了,当时不挣工分儿不行,这一年下来亏好多钱。当时一般的人家不会借钱让孩子们读书的。

(4)对子女权力(财产、婚姻)

儿女在结婚前赚的钱交给家里保管。儿子赚的钱,就用这钱给他们娶了媳妇儿了,我儿女他们有私房钱。当时他们结婚需要征求我的同意。结婚仪式比我结婚的时候要强一些,都差不多。我女儿结婚的时候没有要聘礼,陪嫁就给了二百块钱,让她自己买衣服。我儿子娶媳妇儿几乎都是我和丈夫承担的,儿媳妇的陪嫁是由儿媳妇儿自己拿着,儿子结婚前还要盖新房,这些都是我们的事。如果家里面发生困难的事了,这出嫁的女儿有钱的话就会给些帮助。

2.母亲与婚嫁后子女关系

(1)婆媳关系

我们家有两个儿子,其中老大十九岁结的婚,老二是在复原的时候回来结的婚。儿子结婚的时候,媳妇不会拜见公婆了,也不用给公婆端茶。如果婆婆跟儿媳妇闹矛盾的事情,就是请村里的明白人过来调解调解、说和说就行了。当儿子们分家的时候,就是请了村里面的明白人,家里的财产就是一人一半儿,房子也是一人一半儿,当时分家还需要写字据,分家的时候女人们不用参加,在分家单上只写当时分家,不用给女儿留财产。人家媳妇的那个嫁妆钱也不会拿出来作为家产平分,当时如果人家儿子媳妇儿买了家具、农具什么的,分家的时候还是归他们自己。

（2）与已出嫁女儿关系

当时就是说分家的时候，老三还在念书没有出嫁，当时也没有给老三留嫁妆，老三什么也不要。我是允许闺女们自由恋爱，我的三姑娘就是自己谈的。解放之后我女儿出嫁的时候，婚嫁没有多大的变化。现在农村的彩礼挺贵的，五六万到十来万的，现在的那个年轻人选对象的标准就是有钱的、有车的、有房的。我这个祖宗三代的聘礼和陪嫁变得越来越重了，花钱越来越多了。解放之后，家里面有招上门女婿的，招上门女婿一般就是那个家庭条件不太好的。上门女婿的孩子跟女的到这边的姓。如果这个上门女婿要离婚，财产是不可以带走的，如果姑娘家有困难，父母会出钱帮助的，那会还带着看孩子。

（3）养老

养老就是小子们养老。我们家儿子就是轮班。现在农村的老人，如果儿子或女儿不赡养也没有办法。如果打官司的话一般就是告儿子。如果村里面这家人没有儿子，只有闺女，老人就由这个闺女来养。如果老人能自己动的话，就单独住，老人不能动的话就住闺女家。我觉得是为了防老，还是养儿子好，在一块儿住着照顾得好。我喜欢自己住，因为不会给别人添麻烦。

三、妇女与宗族、宗教、神灵

（一）妇女与宗族

这个村子里面没有祠堂。

（二）妇女与宗教、神灵、巫术

当时村庄里面没有求雨，而且村里面也没有这种溺婴的现象。这个村子里面有买到灶王爷（的像）供的。

四、妇女与村庄、市场

（一）妇女与村庄

1.妇女与村庄公共活动

（1）村庄活动参与

我出嫁以前也参加村庄的活动，一般就是开个会啥的。村里边儿看戏，也让未出门的闺女去参加，出嫁后的妇女也可以参加，还就是说出去吃饭看戏的时候，这个妇女们和男人们要分开坐的。

（2）开会

解放前妇女们不经常参加村庄会议，因为那个时候都在家织布、纺棉花，几乎没空参加。当时修路、挖井这些都允许妇女参加，我出嫁后参加过村庄的会议，闹土改的时候，还有后边儿人民公社的时候都参加过会议。解放以后，村庄的会议都是村里边的干部召集的。有的要求妇女参加，有的没有要求，要求妇女参加的，如果妇女不参加，就到家里来动员，我参加过村庄的会议，会上也有妇女发言。

2.妇女与村庄社会关系

（1）村庄社会关系（女伴、邻居、妯娌、同房同支等）

我在娘家的时候有在一起玩儿的小伙伴儿，当时就是一起玩儿纸牌、玩儿扑克。再大一点儿了,就是一起做鞋、织布、纺棉花,有时候在家里玩儿,有的时候在街上玩儿。当时这个女伴儿出嫁的时候我去陪她了,作为陪嫁我穿的蓝颜色的衣服,当时对于颜色没有讲究,只要是新的就行了。那时作为陪嫁我还哭了,当时有自己丈夫这边院里的,平辈儿的那些人领着去邻居家磕个头。出嫁到婆家之后,也就有了新的朋友了,我当时是和自己脾气相投的人走得近。如果同族的人要盖房了,主要干活儿的是男人,他们就过去帮忙,女人们就是过去帮着做饭。

如果是同村的朋友也要过去帮忙。村里红、白喜事儿都有人过去帮忙,一般情况下妇女是不用过去帮忙的。要是实在忙不过来了就过去帮忙,这些都是自愿的。这个一般情况下,结了婚的妇女一般就是帮着做做饭,或者是帮着请请朋友。

那没有结婚的妇女一般就不去帮忙。男女有分工,男的一般就是端条盘,女的一般就是帮着做饭。当时和这些玩儿得好的妇女,冬天的时候就是在家里,夏天晚上的时候就是在街上玩儿。洗衣服就是在家里洗,当时家里面都有井。男人们聊天有时候在家里聊天儿,有时候在街上聊天儿,有时候夏天的时候就在大树底下聊天儿。

他们聊什么我们也不清楚,就是看着他们聊着一大顿,一笑就过去了。夏天晚上乘凉妇女们可以出来,当时就是拿个扇子出来乘凉。冬天猫冬的时候,妇女也可以聚在一起说说话,女人们聊天的时候一般男人们不参加。现在这个妇女们还在一块儿聊天儿,就是聊聊这些琐事儿。

(2)务工与报酬和妇女聚集与活动

解放之后,到了闹社的时候,女孩儿们就参加劳动。当时女的外出务工得比较少,几乎是没有。当时虽然有换工的时候但是也没有什么区别,换工也是说两家关系比较好才去换工的。当时村里面没有这些姊妹会、佛缘会这些组织,也没有什么妇女组织。

(3)女红传承

当时妇女们纺纱、织布、做衣服,这些新花样、新技术就是说学会了之后,就说你跟着我学学,这样一个传一个地就学会了。我学的这些织布、纺棉花、做鞋的时候都是在娘家的时候学会的,如果嫁过来的时候不会织布、纺棉花,婆婆会瞧不起的。学这些东西伙伴们之间就是相互学习。

(4)妇女矛盾调解

当时村庄里边妇女跟妇女之间有吵架的,基本上没有人来调解。当时就是说,和这一块儿玩儿的劝劝就行了。当时这个妇女们吵架,丈夫不会出面帮忙,如果妇女和这个男的吵架谁来调解,就是在村里面找个管事儿的过来调解调解。

(二)妇女与市场

1.市场参与与市场排斥

我出嫁之前去赶集,一般就是和自己一块儿玩儿的去。赶集的时候需要和自己的爸爸、妈妈说一声。出嫁以后妇女去市场一般就是和邻居们一块儿去,有时候告诉有时候不告诉。当时集市上有女商贩,男的、女的都有。女的能去外乡的市场,就是去得比较少。这个妇女在外面,回不去了要留宿的话,就得和自己的丈夫说一声。在解放之前,女的在市场上买东西不能赊账,解放之后也不能赊账,主要是因为不认识。

对于娱乐的活动比如说听戏,人们几乎是没有时间去干这些事,有点时间还得织布纺棉花挣俩钱儿。家里纺纱的棉花是买的,就是说纺了线,然后卖了再买棉花。当时也种棉花,但是当时种得比较少,根本就不够纺线用,所以得买,织布的纱是自己纺的。织出来的布一般就是自己用了,纺的线才拿出去卖钱了。一般我去卖。卖的钱就给家里边儿了,当时就顺便地就买些柴米油盐。做鞋、做衣服的针头线脑就是在集市上买的。

2.交易活动

当时去集市就是买棉花、卖线子。解放之后,妇女们在集市上一般就是买个针头线脑,买个吃的或者买棉花、买线子、织布卖布卖线子。国家给家里面发布票、肉票、粮票,当时大家又没钱几乎就不买布,有布票我就是都给烧了。粮票就把它卖了换成盐了。到了(一九)六几年七几年的时候,有我们家大丫头的时候还用的土布。我家可以不自己做鞋了,这得到改革开放之后了。在解放之前,村里边的人就是有拿鸡蛋换粮食的这种现象,一般是女的拿着鸡蛋去换小葱。

五、农村妇女与国家

(一)认识国家、政党与政府

1.国家认识

在解放以后,国家宣传过男女平等,就是不让轻视妇女。国家在村里建立了小学,女孩子可以上学。女孩子和男孩子在一个学校学相同的内容,一般家里的女孩子不上学,是因为家里没有钱上不起了,当时我就去了一天。解放之前我没有见过几种钱,家里面也没有钱,当时妇女要向国家缴税,要和男的缴得一样多,但是女的不服劳役。

2.政党认知

对于国民党当时不就宣扬不好。解放之前,还听过孙中山、蒋介石。我知道现在的国家主席是习近平,看电视看的,在解放之后我是认识共产党员的,因为我就是党员,家人里也有党员。

3.干部接触与印象

我认识的人中有党员,我哥哥他们就是当兵的就是党员。我没有上过学,关于共产党的知识就是平时聊天的时候知道的。我听说过革命,但是也不懂。我没有裹过脚,当时就已经不用裹脚了。当时有开办过夜校,但是我没有上过夜校。剪短头发,那个时候没有严格的要求。

4.女干部

我在村子里当过妇女主任,那个时候天天开会就是上面号召的那些事。我最早参加那个共产党组织的投票,是选代表。当时我娘家那边除了我那个兄弟娶的都是党员,这边就是我丈夫是党员。入党就是别人给介绍,也觉得共产党好就入了。那个时候也觉得党员比较优秀。我第一次接触女性干部是解放的时候,当时就是有能力就可以当(干部),解放之后也是这样。我也希望自己的女儿或者是儿媳妇当干部。

5.政治感受与政府评价

我认为共产党闹土改的时候和百姓走得比较近,这个时候和妇女走得也比较近。我觉得计划生育好,因为当时人太多了,所以才计划生育的。我还动员他们实行计划生育了。还有我觉得政府让那个妇女把走出家门参加劳动比较好,比方说现在的这个姑娘、媳妇儿又要顾家里又要工作,辛苦虽然辛苦,但是还是比较有地位的。政府要求废除一些人情礼俗,我认为政府应该管这些事。

（二）对 1949 年以后妇女地位变化的认知

1.妇女地位变化和婚姻变化

那个时候我就是妇联主任,这是村里边组织的,因为我是党员。当时的工作就是帮着做宣传。在解放之后,儿女的婚姻基本上是由父母做决定,但是可以自己自由谈恋爱。

2.政府与家庭地位、家庭关系

在那个解放之后,政府没有号召不准丈夫打老婆,主要解放之后夫妻和婆媳关系变好了,我感觉这个妇女在家里的地位提高了,我认为这个妇女在家里的地位提高了与政府有关系。

3.政府作用认知

解放之后,家里边做饭还是由女人做,孩子还是由女人带,家里面的大事仍然是丈夫说了算。政府和村里的干部几乎不管男人打女人的这种琐事。

4.政府与教育和妇女政治地位

孩子们上学比我小时候好多了。我大女儿是三年级,二女儿也是二三年级,三女儿上到了大学毕业。现在村里边有妇女干部,乡里面也有妇女干部,我认为那个妇女的地位确实提高了,在选举投票时如果她干得好,就会投给她。

（三）妇女与土改

土改的时候我们家是贫农。当时有斗地主,斗地主就是给他们戴高帽子,让他们游街,不是让他们把东西都交出来。当时把地主斗倒出来的东西再分给大家伙,这些东西是由贫农代表来分的,我家没有上台诉过苦。这个桌子就是分的地主家的。当时我的心情是比较开心的。斗地主的时候,村里边的妇女不是很积极。土改分地的时候,这个妇女可以参与,但是几乎没人参与。女人和男人们分到的土地是一样多的。

（四）互助组、初级社、高级社时的妇女

1.合作社时期和合作化时期女干部

我们家没有参加互助组。在入高级社的时候,家里的土地和农具都入高级社了,当时就是说这一家子的土地男的说了算。到了那个合作社时期,入社的妇女都得下地干活儿。我没有当过合作社的干部,当时在那个合作社的时候也没有女社长。

2.性别分工、劳动与分配

当时在合作化社的时候,一般情况下就是男的干重活儿,女的干轻活儿,大多数的妇女和男人们干轻活儿的时候干得是一样的,但是当时干活儿时的报酬不是一样的。当时男的记工分一天是记十分,女的是记八分。粮食分配的时候就是按照工分来分的。当时我是喜欢自己单独干活儿。刚开始的时候与其他男人们一起干农活儿,这些妇女们还算习惯,男人们说粗话,女人们听着就行了,不搭话。当时就是说在那个生产队里面,这个女的要是说怀孕了,干活儿的时候也是照样干,来例假的时候也要干,产假大概就是休息一个月。我去地里干活儿就给我记工分儿,不去地里干活就没有工分。

开始参加集体劳动的时候,我就有了两个孩子了,当时有孩子的妇女可以上夜工也可以不上,上了就有工分,不上就没有工分。这个合作社妇女的劳动也并不轻松,没多大的差别。在合作社时妇女干不活儿了,就不用去了,就是说人家那个儿子多干活儿得多,就不用参加下地干活儿了。

3.妇女政治参与与话语权

当时共产党会比较多,妇女参加会议,妇女们有时候发言有时候不发言。妇女说得对了就会听。

(五)妇女与人民公社、"四清""文化大革命"

1.妇女与劳动、分配

(1)妇女与劳动

到了人民公社的时候,我大概二十九岁。当时都下地劳动,这个妇女和男性分工几乎没什么区别,一般情况下就是说男的干的活儿比较重,女的干的活儿一般都是轻活儿,但是重活儿很少。在生产队里还是男劳动力多,但是在大田里边儿做这些农活儿的时候是男女差不多,在农村里边农活儿技术性比较强的工作一般都是男人们干,因为他们力气大。烧窑的工作一般是男人做,生产队的队长会计这些干部都是男的没有女的。男人的被调去修水库了,那大部分农活儿还都得由妇女来干。

当时大集体的时候,妇女也参加大炼钢铁,我和我的大闺女去山里边儿拉石头炼钢铁。当时累比较累也比较苦。"大跃进"的时候我就是说把孩子抱到地里去,把孩子放到高岗上,让他自己玩儿,然后就下地干活儿。

(2)单干与集体化选择

如果让我再选择我喜欢单个儿劳动。

(3)工分与同工同酬

劳动工分,女的一天基本上就是八分,男的十分。我觉得不公平,当是干同样多的活儿,却给的工分不一样多。评工分是生产队评工分,就是干这一天的活儿,去记分员记上分就行了,年终的时候结算。我家挣工分的人不多,就我,还有我丈夫。

(4)分配与生活情况

当时生产队分口粮和油的时候,男女是一样的。自留地是按照人口来分的。当时我家里是缺粮户。妇女常年出工挣的工分可以养活自己。

2.集体化时期劳动的性别关照

(1)"四期"照顾

到了这个人民公社的时候,这个妇女要是怀了孕,可以不用去干活儿,不去干活儿就在家里,但是没有工分。

(2)托儿所

当时公社里面没有专门负责照看孩子的托儿所,小孩子基本上就是跟着家里边的老人们。如果家里面没有老人的,就带着去地里面一边干活儿一边看孩子。

3.生活体验与情感

(1)大食堂

当时在整个集体食堂的时候,有专门的做饭员。在当时主要是男的做饭,食堂的饭不可以随便吃的。在粮食少的时候妇女和孩子发的量不会减少,要减少就是整体减少。一般在食堂里面就是喝稀饭、吃山药面的饼子。村里面的妇女都不愿意吃大锅饭,因为吃不饱。吃食堂的时候我家的铁锅、铁铲都交公了,因为当时是大炼钢铁,全部把铁交公。

(2)"三年困难时期"

困难时期我家就是少吃点儿, 有点儿东西吃了就是大家伙儿一块儿吃点儿, 垫一下肚子。当时妇女们觉得大食堂挺坑人的,就是觉得不好。

(3)文娱活动与生活体验。

当时妇女们一起上工避免不了产生一些小矛盾,一般就是生产队长给调解调解就行了。闹矛盾严重的妇女还有骂街的,她们一般怎么难听怎么骂,这是不能解决问题。在解放前、集体化时期、改革开放之后,这个村里面没有妇女自杀。

4.对女干部、妇女组织的印象

当时公社和大队有妇联,他们的主要任务就是宣传政策,引导人们参与国家的号召。

5."四清"与"文革"

"文化大革命"当时村子里面闹得比较厉害,有一些干部和地主重新受到了批评,那些地主婆的生活挺苦的,当时人们的生活都比较苦,他们和别人一样劳动、一样干活儿、一样分工分,当时这些人结婚的时候只能嫁给娶不上媳妇的那些人。当时在"割资本主义尾巴"的时候,家里边的自留地没有被没收,这一点儿到是挺好的。鸡蛋也不可以卖了,妇女们需要的日用品就去供销社里面买。当时"破四旧"也搞得比较厉害,我有个花瓶还被砸了。"文化大革命"时期的葬礼和婚礼简化还挺好的。

(六)农村妇女与改革开放

1.土地承包与分配

就是在(20世纪)80年代土地下放的时候,分配土地的过程中有妇女参加,按照我自己来说我比较愿意单干,因为单干的时候积极性比较大。当时妇女也分到土地。

2.选举和计划生育认知

我参加过村委会的选举,当时是自己不能填的选票,但是当时我选妇女了,因为觉得她能担任就选她了。(20世纪)80年代的计划生育和那个之前所颁布的计划生育比我认为要求越来越严了,可是后来就放宽了。如果让我现在选择生孩子的话就和原来一样就行了。

3.社会参与

精准扶贫的政策对男女老人没有什么区别,村里的男老人与女老人经常在一起聊天,没事了就在家里看看电视、听听新闻。我也有个手机,只会接不会打,孙子们打电话来我就接。

六、生命体验与感受

我印象最深的就是合作化时期,带着自己的二闺女去地里面干活儿,当时没有人给看孩子,就把孩子放在高岗子上面,当时还有虫子,那个时候那个村主任过来了就说,怎么把孩子放这儿,也没有办法,为了挣工分,不挣工分没有吃的,我对这个印象挺深的。

HD20170206SBF　舒碧芳

调研点:湖北省黄冈市团风县宋坳村五楼子湾

调研员:胡丹

首次采访时间:2017 年 2 月 6 日

受访者出生年份:1928 年

是否有干部经历:否

是否生育:是

受访者结婚的时间节点、生育子女的具体情况:1949 年结婚,生有两儿一女

现家庭人口:1

家庭主要经济来源:务农、子女、国家

　　受访者所在村庄基本情况:受访者所在的村庄是在湖北省黄冈市团风县总路嘴镇宋坳村五楼子湾,这里属于大别山南麓,地处山区,亚热带季风气候,四季分明。现在人口土地矛盾较小,主要是农村主要劳动力流失,许多人进城务工。一般老人在家种植稻谷、花生、棉花等。

　　受访者基本情况及个人经历:受访者叫舒碧芳,原名舒银先,后来在大生产的时候,碰到与人重名的问题,所以改名叫舒碧芳。自己娘家是十里八乡有名的地主,父亲在镇上和县里都有店铺,自己结婚的时候,风声已经紧了,父亲准备的很多嫁妆都没有用上。自己丈夫家里很穷,是佃户出身,丈夫毕业于黄埔军校,也曾在国民党内任职,后来回家探亲,家里人不让离开,最终留在家乡。舒碧芳老人经历过斗地主,也经历过因为出身问题遭受歧视的事情。老人有两个儿子、一个女儿,现在都成家立业了,大儿子目前在镇上做生意,小儿子经营一个养鸡场,女儿嫁到襄樊去了。对于目前的生活,老人还是比较满意的。

一、娘家人·关系

（一）基本情况

我叫舒碧芳,今年有八十九岁了。目前身体还比较健康,就是耳朵不太好,眼睛一点儿都不看见啦,都是糊的①。我出生于民国十七年,老名字是舒银先,这后来做生产,小队里有两个一个样的名字,两个名字写分写错了,不是写到另一个舒银先上面去,就是写到我上面去。后来就有位刘先生就帮我改了。我的姊妹伙②的有三个人,大妹妹一个叫舒少先,小妹妹叫舒碧鹏,没有按照辈分来起名字。我的娘屋是在舒家大湾,长林岗村那里的舒家大湾。我出生的时候屋里有地,我娘屋里③是地主啊,当时是大地主啊,家里金银财宝什么都有。但是实际上当时我家收课没有收多少,收课只收到千把户④,千把户的,家里就是做生意得多。我的父亲是做生意,做杂货的生意,叫舒义忠的号,舒义忠的牌子,一边是广货⑤,一边是杂货,生意是有点儿大,后来到了三十五六年⑥在团风⑦胜利⑧做,前面是舒义忠后来就是胜利。我自己是二十二岁出嫁的,也就是民国三十九年,当时新中国已经成立了,所以婚姻仪式也是新式的。丈夫家很穷,丈夫兄弟六个,他上面有五个哥哥,我们老六,我们最小,我自己在婚后生下三个孩子,两个儿子、一个女儿,我生第一胎时已经有二十三岁了。

（二）女儿与父母关系

1. 出嫁前女儿与父母关系

（1）当家

以往男的当家多一些,我的家里老伴儿当家多一些,不过那个时候我们哪里有家当啊,整天做分,过年什么都没有。丈夫家族里都是大伯当家,老子⑨去世得早,我的老伴儿很中活儿⑩,老实。

（2）读书

我只读了少数书,我的两个妹妹读了多些,我小学只读了一年,其余就是父亲教点儿。那个时候我在贾庙小学读了一年,那是外婆家读的。后来也家里私塾读了一点儿,父亲很板⑪啦,不要女的读书啊,他不要女的读书,他说哪儿有女人做官啦!我觉得那要是书读得好啊,我就不在屋里。我现在都忘记字了,好长时间没有接触,原先有二十多年没有看书接触,那个时候又没有电视,耳朵好,没有电视,后来看电视又记起来一点儿,现在耳朵聋听不到,不晓得。

我的两个妹妹倒是读了书,小妹妹读书父亲完全同意,他完全想培养,因为父亲没有儿

---

① 糊的:模糊的。

② 姊妹伙:姐妹。

③ 娘屋里:娘家里。

④ 千把户:大约一千户左右。

⑤ 广货:广东出产的货物。

⑥ 三十五六年:民国三十五六年。

⑦ 团风:地名,现属于湖北省黄冈市团风县。

⑧ 胜利:店名。

⑨ 老子:丈夫的父亲。

⑩ 中活儿:老实。

⑪ 板:偏执,固执。

子,想把小妹妹培养出来。我的二妹妹在外读书,也是想让她认几个字儿,她那里的婆家也是地主,都在外面做事,所以要她读书。没有解放的时候,一般是地主就认识些字儿,那都是请私塾①教,不是在学校上,是几家人请那个先生在屋里教,读书都是富人家庭,一般家庭都没有读书。我的四叔,他只有一个姑娘,他不要她读书,二十四岁到人家去的,一直不要她读书。我的那个姐也是翠,脾气很拐②。她一个字儿都不认识,她没有上过学,她先在屋里也没有读书,她自己也不读,什么都不学,就只是做鞋、纺线子,自己穿。我四叔也是很板,弟兄伙③四个,三个做官,一个是保八团的连长,一个是三里畈④连的连长,一个是武汉铁路上的站长还是什么,三个做官,还有一个大伯,没有出去。这后来就是四叔、三个儿子、一个姑娘,她就回来了,回来了就在屋里生产,三个儿子都读书了,就这一个姑娘没有读书。

(3)压岁钱

我们做小孩子,没有哪个给钱,那就是我在娘屋里我父亲给了一点儿,那个时候钱还是很金贵⑤的。小孩儿都没有钱,女人也都没有钱。男的当家,我的父亲当家,屋里什么东西都是他搞。

(4)纺线织布

我纺线、织布是从八岁开始的,八岁开始纺线子,七八岁要坐着车子上纺线子,不知道有几板⑥呢。后来到了十一二岁,嫂儿要是出去看戏就带着,要是姑娘就不要你一个人去,不要姑娘出去,只能要跟着嫂儿一起去,不准你到哪里去,只能在屋里织布、纺线、办绸。

(5)外出禁忌

我小时候那没有哪个偷偷跑出去的,后来到了十一二岁,嫂儿要是出去看戏就带着,要是姑娘就不要你一个人去,不要姑娘出去,只能要跟着嫂儿一起去,不准你到哪里去,只能在屋里织布、纺线、办绸。

(6)拜年

以前拜年,女孩子都不出去拜年。男孩儿有的出去拜年的,男孩儿带着,那是老习惯啦!

(7)上桌吃饭

我们以前要是屋里来了客,要是来了哪个客呢,就是在大厅里吃,女的不能上桌子,我和我妈都是在厨房里吃饭,我总是跟着妈,姊妹伙的三四个一起吃饭,妈妈不陪客。但是后来有我的小妹妹的时候,就开放了点儿,就让她上桌子,就在下部位⑦站着,我们原先弟兄伙的三四个,话说那还是爱我,我上桌子吃饭啦,去夹个什么菜,爹⑧就把眼睛瞅着我,我头一低,凳子翻了,碗摔了,脸上就划了一个口子,还有个痕迹。没有放开的时候,普遍小孩子都不让上桌子,男孩儿大点儿可以上桌子,要大点儿,十岁、十几岁以上。

---

① 私塾:我国古代社会一种开设于家庭、宗教或乡村内部的民间幼儿教育机构。

② 拐:坏。

③ 弟兄伙:兄弟。

④ 三里畈:地名。

⑤ 金贵:珍贵。

⑥ 有几板:束缚人。

⑦ 下部位:桌子的下方。

⑧ 爹:爷爷的意思。

(8)过生日

我小时候不过生日的,那大人过生①就买点儿什么吃的,小孩没有谁过生。那个时候即便你是做整天事情,但是赚钱还是没有看见钱。我们做小伢的时候,先做不到什么事情,后来到了七八岁的时候就做事。

(9)外出玩耍

我小时候那没有出去玩儿,就自己院子里大大小小的孩子在一起玩儿。没有出去玩儿,就是和哥哥兄弟一起玩儿,哥放假的时候就会回家。记得当时四伯他们家有很大的院子,进来的时候就把那个院子关着,两头都有房子,这头也是院子,那头也是院子,就在那个院子里面玩儿,也很好玩儿呢。都是自己家的人,也没有人到别处去玩儿,大人都不准许的,玩儿得好的都是自己家的人,别家的都没有。然后就是表兄妹舅舅家,舅母娘家的,兄弟姐妹,然后到了就一起玩儿,那都是在一起玩儿。也不知道哪里去玩儿。不像现在随便哪里都可以去。

2.女儿的定亲、婚嫁

(1)婚姻缔结

我的老伴儿是三八年②回的,他在武汉做事儿,装潢厂里管账,那个时候在武汉做了一年的事儿。在武汉上和行里面做事儿,有一个姓江的爹爹,叫作江滨城,然后他跑了,跑了之后,那个爹爹跑了,是为钱的事跑了,然后跑了之后这个厂就垮掉了,跑垮了之后,垮掉大家都回了,回来了之后就在屋里面来了,然后三八年就回了。

我是民国三十九年出嫁的,刚刚新中国解放的时候才结婚的。我结婚的时候已经是新社会了,所以没有过路③而是直接结婚了,那个时候很仓促,一个湾里的刘先生做的介绍,我先是在嘎婆④里开的亲,是老亲开亲,舅爷的儿是抱养的,就把我说给舅爷的这个儿子。当时父亲也不大同意,舅爷同意,我妈妈同意,那是没有办法。后来他的人出去了到台湾去了,没有人回,是死了还是怎么的,就是没有人回。这后来过了两年,突然就是刘先生,碰到化无,张化无在黄泥塘那里教书,就是他们介绍的。怎么介绍的呢,这个湾里刘先生,他的儿子叫艳新,他是做生意的撒,在我们舒家买绸,这个是自己织绸,他就买绸,年年去买绸,五月间起丝,到了七八月间出世了,就做绸,然后就是买绸做生意,两家就这样熟的。他家里也还可以,他家弟兄伙人也蛮好的,他是一直做生意的人,彼此熟悉。然后他在我四叔家住着多,去得多。这是怎么说起来的呢,这个叫作张老师,叫张化无,他是在黄泥塘教书,我小妹妹在学里⑤读书,我那个时候(民国)三十六年父亲在团风胜利那里做生意,我们就在那里住了几个月,后来我四伯的侄女叫林二姐,林二姐把我们带到武汉那个厂里,张化无那个老师也是在那个厂里做事呢。我就第四,姓舒,她总是叫我舒四桂,我二姐说舒四桂很聪明啦,她什么都做到,她这织布、纺线什么都会搞,我一走过去,就上那个什么班,上摇架,走去就上了。后来我舅爷也去看一下,我三伯去了,都带钱给我用。一个人拿十元钱,现洋。他带十元,我没有用啊。之后做了几个月我就没有做了,然后就回到屋里来了。回到屋里来了,我就慢慢和妈妈两个人慢慢做,

---

① 过生:过生日。

② 三八年:民国三十八年。

③ 过路:定婚的意思。

④ 嘎婆:外婆。

⑤ 学里:学校里。

后来胜利生意歇了业也回了,就办布做绸,就这样做了几年。然后化无就在黄泥塘教书,就问我小妹儿,说舒四桂是你姐啦?她说你怎么知道?他说,我听着刘先生说,他说你姐开亲了吗?她说没有,没有开亲。他说,你姐没有开亲,我就跟你姐做介绍诶。她就回来跟妈说,她跟我说,我说你怎么跟他说这话啊?她说,他问我呢,就是这样说起来的。

　　但是我的父亲不同意,他说人家他是晓得的,但是就是家里穷些。父亲(19)57年死了的时候,说我一错再错,说我不好。那个时候这个家里还是很为难的,都不好,我父亲要死的时候就跟我谈话,比如说今天病的,然后我就料理了三四天,到了厉害的时候,就跟我说了一些话,就在余家祠堂那里说了一些话。他说你啊,总是受罪,先也错,后也错,一错再错。他说你要是不错,原先是老脑筋,他说要是跟她们一起出去要好些呢,要好得点。我父亲之所以不同意,他说这里穷,没有房子,又是二妹妹的佃户,家里兄弟多,我父亲完全知道他的底子。二妹妹来收他的课总是叫我父亲来说,说田干了,谷没有长起来呀,就叫我父亲来说,那个姓余的爹爹很相信我父亲,我父亲说什么样就是什么样的。对于我的婚姻,他也不是说什么同意啊,是没有办法,后来解放的时候,他参加合作社呢,二妹妹就在马曹庙不到一年就回来了,他觉得管不了了,就没有管。我母亲呢,是个婆婆人家,父亲知道我的老伴人可以,也聪明,也是就家里不好,什么都没有,种粮田课地呢,自己没有己业田呢,一直都不愿意。这叔伯房的哥就说这算了,到这一步来了,算了。就是这样我就到老伴家里来了,然后结婚,结了婚,父亲也给我办了一些东西,我都没有要,就是拿了一些手边重一点儿的东西呢,那就是垸子①、嘎以②,厢柜③就没有什么了,床罩被子,被子有,他算是办了四床被子,然后就是帐子,那都有。那个时候,三十六年我们在团风住了年把④,到武汉那个张老师在武汉开布厂,那个时候就那个来了,我那个时候就到汉口去了,到汉口一个月呢,后来回了,回了就刚刚解放。那个时候就有那个号召,他就把那个婚姻法的书给他看,怕我父亲不同意,我父亲一直不同意,我母亲要好得一点,告诉我父亲婚姻法说,现在是自由的。我那个时候是糊涂的,怕,有点儿怕,不敢怎么说,也不敢想哪里同意不同意,就让他们去说。我父亲后来参加合作社了就没有管,于是就这样到江家来了。

　　我嫁过来的时候这边什么都没有,那住的房子都没有,是租的房子。上无片瓦,下无寸土。光人⑤,一点儿什么都没有。我出嫁的时候,陪嫁的东西办着,但是不敢给,也不敢要,最后就是一担箱子,一担礼篮子,再就是一担椅儿,然后就是垸子、嘎以(家具),就是这些东西,那些粗嘎以都没有要啊,我的父亲都定着呢。后来父亲看不兴⑥那些东西就没有要那些东西了,钱也没有要,什么都没有要。我那个时候没有多少,只是风声来了,有这个号召,父亲就不敢办,当时粗的嫁妆,父亲定了给了钱,就好比那木匠师傅,钱给他了,叫他做了那什么大柜、衣柜、茶柜,还有春台⑦,大桌子大椅子。现在坐的椅子都不怎么样,那个时候坐的椅子很好,都是挖空了的,白漆做得漂亮极了,原先的东西比现在东西都扎实一些,做得蛮好。不能要这些

---

① 垸子:挑土的工具。
② 嘎以:音译,家具的意思。
③ 厢柜:装衣服的柜子。
④ 年把:大约一年。
⑤ 光人:什么都没有,只有人。
⑥ 不兴:流行的意思。
⑦ 春台:长方形的柜子,一般放在中堂下面。

东西,我就自己做的一些东西,仿绸两匹、棉布有三四匹,格子布、白布,买的一些什么百花条子,还有花床单,这样有几条。我记得我结婚的时候,娘家请了三桌酒,什么嫁妆都是没有的。结完婚之后,我就要三朝回门,然后吃了中饭就回来。那个时候没有人接,就自己回去。

(2)送嫁

小时候,玩儿得特别好的伙伴儿也是自己家里的孩子,那都是自己家里的孩子。那个时候不兴那样,没有兴说玩得好。现在就有一对姑娘送,那个时候没有。现在用的是小车子,那个时候用的是轿子,没有别人送,都是娘家的哥啊、兄弟送啊,然后都是走。他们送去之后都要回去,有的哥啊、兄弟送住了一晚上,然后第二天吃了早饭之后就回去,那是因为有的太远了。

3.出嫁女儿与父母关系

(1)打脱离①

解放前有的女人离婚了,后来没有嫁人,去世以后依旧埋在婆婆屋的。没有找人,她就没有出去,还不是在那个男人那里,一样埋在那里。离了婚,她没有走,她还是在他屋里住着,脱离不脱家撒,男的还是在外面搞,就是那样的。那个时候这样的多啊,脱离不脱家啊,她男的不管,男的不要的话,她不管,让你去找一个也可以,女人把屋占着,她死了,还是归他的,那样的有。如果离了后来结婚了,就葬到后来那个男的那里。

(2)三朝回门

我们那个时候有三朝回门,远的有一个月才回门,近一点儿的也是用轿子的,我三朝回门,没有用轿子,我们也要买一些吃的东西,多少家人家就带多少对东西,就要散包给人家,包里面的东西就是一些今果②,就是那样的一些东西,都是甜的,拿纸包着,就这么大的,那还是很大的,那里面要装很多东西啊,都是给自己家里的人。之后从娘屋里带着鞋子呢,做鞋的簸箕、做鞋子的箩回来。除了三朝回去,手上就要拎一些东西,之后的话有什么就带点儿什么,没有什么就不带什么,不买东西不强求。你有什么东西你愿意送给娘家去就送给娘家去,没有什么就算了。

(3)报生

嫁到婆屋里来过第一个生日时,娘屋的人要过来报喜,说女儿是什么时候过生日,婆家后来就知道了。

(4)回娘家风俗

出嫁的姑娘能够在娘屋里吃饭,但是年饭那就要回去吃。不能够在娘屋里歇③。无论什么样子都要回去,就是不能够在娘屋里歇,具体什么原因我也不知道,那有的墓家田那边的到这里来吃年饭,然后也要回去。两个一起。我和老伴儿闹矛盾很少回到娘屋里面去,但是有的时候也回去,回去的时候也不说,具体也没有为什么,就是有的时候搞得心里不舒服,不说话,回娘屋去也不说话。

(5)权力与责任

有儿子的家庭,出嫁的女儿是没有办法得到父母的财产,当时说"儿得家当女得浮财"。浮财就是钱,而家当就是田啦、地啊,房子那都是给儿子,那是家当啊,他说给了她的家当,就

---

① 打脱离:类似离婚,断绝关系。

② 今果:白色、裹糖的零食。

③ 歇:睡觉。

不会给她老财,老财都是儿子的。浮财就是流动的一些东西,那个时候女儿不养父母,都是儿子养,女儿不养也没人说闲话。如果没有儿子,那就是女儿、女婿养,就是女儿女婿的事儿了。

(6)富家女儿

我的那些姐们,男的回来就把她们接回去住。她们整天在家也不做事儿,男的在外面做事。我记得我的三嫂写信。她开始写什么呢?亲爱的润泉哥,只看见你的信,没看到过你的人。我就在旁边看着,好笑。她说你这个鬼丫头在旁边笑什么。她说,亲爱的润泉哥,只是看到了你的信,总没看到过你的人。我三哥,润泉哥在湖北师专的,在那个里面教书了。现在都死了,那比我年纪都大一些。我的三嫂也是的,后来生了两个孩子,三哥结了婚还没到一个月,就出去了,要等到放假了之后才回来,那就是两个人就通一个信了。二哥就是做生意的,他还在宋家坳做生意了,宋坳天成的,那就叫作德泉,德泉二哥。二嫂姓杜,就是那杉树湾的姑娘,他们都认识字,那算是在家里,但是在家里有时候也没回家。没回家,二嫂就约着一些年轻的人,在娘家就打牌,打牌就那样玩儿,也很好玩儿呢。年轻的时候就看着她们,那些哥,哥们,一时搞一堆人回。二时也是带一堆人回来,全部都是同学的人放了假,那个时候嫂儿就回来了,之前总是回到娘家去住着。我的那些姐们也是总是在娘家里住着。这个说林哥回了,那个说马哥回,然后就都走了。女婿基本上都是姓林的,姓林得多,姓林的百丈崖那边都是富人,顺湖冲那边也是很多富人。

(三)出嫁的姑娘与兄弟姐妹关系

出嫁以后,之前和姐妹走动机会多一点儿,后来整天生产的时候就去得少一些,整天在家里生产。我有两个妹妹,之前在妹妹家里住着,走亲戚。后来生产就没有工夫去了,闲的时候就去得多,真正生产的时候就去得少。那个时候要请假,她准你住多少天你就多少天要回来。我年年都去我的两个妹妹那里,总是在菜场那里撞到①村里的人了。我姨婆婆②总是带我在菜场里去,那里很大的菜场,那原来的时候就是大集体,那就是请假去。初一就去,然后住三四天就回,住一个星期就回,那年年都要去一回。而在这之前,我的老二小些,老大四岁,老二没有多大,那个时候我带着在那里住了一两个月,那个时候没有生产,没有合作社,就在那里住了一两个月,中间的日子简直没有去多少,中间放了几天假呢,然后放了几天假呢,就是一个星期呢,总是那样。那个时候请假准啦,平时管它哪里不去,就是过了年,没有哪里去的,请个假那算是准,请了一个星期。总是只有一个星期,过年去。请假的时候,就没有工分了,回来就回了,回来就做事呢!这后来就是有时间就去,这后来爹爹走了之后,他就接我去,三月份,过了清明,接我去,然后就九月份回,在两个妹妹那里。这几年,爹爹走了的几年,后来就住的时间长些。她们都在武汉,没有哪里去的,就只有我一个人在屋里。

她们一直都在武汉。那个时候没有解放③,是不准放妹妹出去的。这是我妈妈和舅舅有熟路子,七大爷他们在那里,先大队一直不放,后来七大爷就写了一个条子,说姑娘家留在屋里做什么,然后就让她清明去,然后就把那个条子给乡政府一看,他们才放她出去的。然后我的叔伯房里的一个大姐一直是在外面,一直是在汉口,我妈妈后来去了,去了以后,我建议我妈妈在布厂里面去,妹妹后来就在纱厂里面呢,小妹妹后来就在武汉读书,二妹妹和妈妈一起

---

① 撞到:遇到,碰上。

② 姨婆婆:妹妹。

③ 解放:此处指改革开放以后。

做事儿，一点点钱就培养她了。

二、婆家人·关系

(一)媳妇与公婆

1.婆家婚娶习俗

我嫁给老伴儿，他的老爹爹弟兄伙的六个，我的最小，是老六撒。政府要抓壮丁，买了两个名额还要一个，家门口很深的草，没有人住啊，都跑了，都跑到别处去住。我的三嫂过月里，抓壮丁捉的来了，我三爷在五房那里，那里隔着一个墙儿，一下子就跳到那里去了。后来那些人就去搜，然后屋里人就说，你搜可以，但是我屋里①有人过月，要是有长短，你就要负责哈！后来他们就走了，不敢搜。那个时候儿伤心啦，门口都是很深的草都没有人住啊，先是这里住，原先这里叫江家茅屋儿，我们都是在这里住呢，后来都搬过去了。那个时候儿穷，都是茅屋儿，一间瓦屋，那住着结婚，又要退给五房，五房的结婚，就是一间大厅，一个瓦屋，留着结婚，剩下的就是茅屋儿。我老爹爹住茅屋儿，四爹爹住茅屋儿，都是茅屋儿，轮到我连茅屋儿没有，那不知道儿穷。我老大还是茅屋儿生的，我老二还是在转转屋②里，是姓方他屋里生的。实际上当时结婚的时候，这边的日子不好过，就连彩礼也没有，就只有爹爹这边收了一些彩礼钱，娘家我也不知道办了多少桌酒席，但是这里办得还可以，怕是有好多桌。那都是五哥和大哥料理办的，钱都是我老伴儿自己出的。之后我们两个在沙河头还是马庙那里去领的结婚证，结婚证现在都不知道放在哪个地方，那个时候复查，然后放在箱子里就一起拿走了。

那时候结婚要花两三天，它那好比③今天的日子，今天晚上来，明天喝酒。来客第二天喝酒，第一天来的也是有酒喝的，晚上也是酒。头天晚上来有酒，第二天早上有酒，第二天中午是正酒。早上要拜客、拜父母亲、拜自己大人呢。自己屋里的吃了早饭以后，刚喝了酒，中午就拜客，拜正客，拜客时有的人给了钱，有的又没有给钱，基本上有钱就给，没有钱就不给。不过有钱那就是随便几块钱呢。那个时候接亲是大轿，是四个人抬，旁边有两个人，就是电视里面那种大轿子。他们这湾里到那湾里也是轿子，我们还要过河呢，舒家大湾在那边，我们那里挨着黄泥塘没有多远，来到这里也没有多远，不远呢，没有多远也是要坐轿子。有的有十几里路了，我有个姐姐，是舒家大湾的，嫁到浠水去。她说的亲娘在那么远，亲娘现在说的就是谈朋友，现在的话就说走破④一下。两个谈好了，两个一起走破一下。那个时候过路⑤也是很烦。过路办酒呢，男家办酒，吃了就到女家来，女家办酒要差一点儿，男家的酒要盛一点儿。那个时候就兴那样。她吃了早饭就发轿，天黑了才到。有那么重的人，然后轿子也很重，走在路上也要歇一会儿啊！

我听着我姐说，我姐结婚的时候，娘屋里办得多得很呢，什么都有，给田也有。我那个大姐到人家去就给了两斗田，那两斗田的谷归她收，只是不写条子，就是口头地说一下，就好比说这里的田我要给我姑娘，她收课呢，她来收谷。要是田里干了，还要找人来说，让一让，缓一

---

① 屋里：家里。
② 转转屋：就是很窄的房子。
③ 好比：打比方。
④ 走破：类似有婚约，定亲了。
⑤ 过路：定婚。

缓,田干了什么,什么样的。不仅是给田,娘屋里还办了好多嫁妆啊,睡柜、衣柜、大柜,几百件的也有,百把件①的也有。那被子、里子都办着了,都做成了装进箱子里。我那些姐姐在人家去总是有六十多人挑嫁妆,那几样的柜子、箱子、检箱②,三百多件衣服,头一箱是什么呢?玉器,跟箱子一样长、一样宽。红壳子、红布裹着,把那首饰,环子、镯子什么戴的啊,这些东西啊。那就是抹衣链子都钉在上面,放在头箱里面。打开看第二箱,二箱是什么呢?金货,都是金的,戒指啊、抹衣链子都是金的,还有什么金起子,还有掏耳朵的金钳子,上面还有两个铃铛,是钉在上面。第三箱那是什么呢?银器,各样东西都钉在上面,那什么东西都钉在上面,打开箱子,银晃晃的、亮晶晶的,很可爱。

婚礼那很热闹,那多少人啦,走礼呢,有的一般的都要走礼呀!走礼就是男的的同学,男同学都来了,都是年轻人,也是特别好玩儿。前面几个,新郎、新娘在中间,前面的礼生都是同学。一般说是走礼呀,都是读书的人,种田的人就没有走礼。夫妻在婆屋里走礼,男方来接新娘子的时候走礼,都来随礼,那蛮热闹的,走礼年纪大的了就在那里玩儿、看。走得很好玩儿,我看到过很多。新娘、新郎在中间,礼生就在后面。牵娘呢,牵纱的有两个姑娘,还有打亮的有两个姑娘。四个有五六个,还有两个牵娘、两个蜡姑娘、两个牵纱的。很热闹也好看,穿得很漂亮。一共七八个礼生,连牵娘、新郎、新姐十几个。牵娘都是结了婚的女的,再一对牵娘,那都要选一下啦!要选漂亮一点儿的娘屋里。那都是差不多一个辈分的人,两个牵娘的年纪也差不多。然后老古话说了要有造化,牵娘要有儿子,有儿子,就要选择生了一两个儿子的,就是要选那样的。还有生怕小孩子哭和小孩子吵。我刚刚说了走礼还有叫礼呢!家里的就是还要搭个台子,就像两张桌子合在一起,后面放一张椅子,很高。上面就放着茶呀、烟呢,请人叫礼,我父亲叫了好多礼,稍微年长的专门叫礼,然后是让礼生叫什么样就要什么样,这些年轻的男孩子,一般的都走三线礼,三线礼就像线子爬一样。

例如我那个嫂过来的时候六十四人送嫁妆,东西摆在院子里,到处都是的。我嫡亲叔伯的嫂嫁到这边来,我哥是大学生,他的老子我们叫四伯。那是自家屋里的哥,这新姑娘是哪里的了?是上巴河街上的,姓汪,汪生康那是最有的。他家姊妹两个,三栋房子,三个门面做生意,一边是杂货,一边是广货,杂货广货还有一面是卖副食的,女人穿。三个门面摆着,儿子的那边,大姐、二姐得这边嫁出来还给课她,让她收课。这时正有③的,她有啊!有的对有的④,读书的就跟着读书的。那个时候都是大人做主的,老亲开亲得多。两家是老亲开亲,两个都是读了书的人,然后两家都是收课人,两家都是做生意,自己屋里好多家,都是那样的好多家。我嫂子那戴的是金花,颤颤的。我哥就带着那个银的飘带花,一朵两朵就戴在面前,哥就穿着水红颜色的皮袍子;我嫂子第二天拜客换了四次衣服,皮袄子、皮袍子,两件酱色的皮袍子、两件酱色的皮袄子,红的、朱红的那样的衣服,那披纱配得很好看,那比现在还好看一些。

我年纪有这大,东西倒是都看到过了,世面倒是见呢,无论什么东西都看到过了。

2.媳妇与公婆关系

我嫁过来的时候,家里已经分家了,所以和婆婆的关系还蛮好的,我婆婆这么多媳妇没

---

① 百把件:大约一百多件。

② 检箱:结婚第二天,新媳妇会把从娘家带来的东西给婆婆检查。

③ 正有:正在发财福裕的时候。

④ 有的对有的:有钱人家对有钱人家。

有挨在一起，婆婆这么多房都不看孙子，她一个也不帮忙照顾。即便是我们出去做事的时候，她也不帮忙照看，她那么大年纪也是在畈上做事，她也是八十七岁，她和大伯在一起是在街上住着，她屋里是有房子，她那一间房子和一个客厅，客厅很宽。她后来就炒一些花生那些东西卖。我也是听她们说，我听着五嫂和三嫂说婆婆。我婆婆说，这也要提着细爷①，那也要提着细爷，然后还要提着大伯的，还要提着孙姑娘，就是大伯的女儿。再就是养着大猪都要留着大伯，那个时候都是大伯当家，三婆婆说什么事都是大伯做主。我来的时候，第二年正月间，二伯就和我们家分开了，分开了之后一箩谷，就把一点儿谷给我的，我也没有什么东西下，装东西工具都没有。那个时候筷子啊什么都没有，碗也要自己买，五爹爹做生意，他们都帮忙。三婆婆年年都要说，年年都要说，三婆婆她出嫁的钱、出嫁的布都给大伯，拿去搭股金，然后给老五做生意，最后钱也没有、谷也没有，什么都没有。那时候百把件衣服、八匹布都拿去做生意了，都搭股去了，后来什么都没有。大伯是顾②老五，老五是做生意，后来解放之后就参加合作社，后来什么都没有，年年没有。大伯当家，老子去世得早，爹爹(讲者的丈夫)很中活，老实。

一般上面叫我做个什么我就做什么，也不到哪里去，无论什么东西也考验不住我，无论什么东西我都能做到，后来生产的时候别人就说，她怎么生到产了，以往学别人做什么，我也会学。比如说我婆婆。我是冬月初三来的，正月见她就在那里做腊米。她端一个筛子和一个簸箕，她以为我不会筛，我筛我会筛，然后她说我舒家的能筛。然后用大筛子筛呢，我能筛到大筛子。后来她说我怎么什么都能做。那时候在娘屋里什么都能做，让我什么都会学着做，妈妈说你不学着做，以后到人家去就会受罪，她做什么我都要学着。二妹妹也能做，小妹妹不会做。

(二)妇与夫

1.家庭生活中的夫妇关系

(1)夫妻关系

爹爹以前在外面做事，他是在国民党做事呢，他解放后回的。他是十二岁出去的，他读了三年书，他十二岁时弟兄六个抽壮丁，买了两个壮丁，后来他十二岁出去，顶一个壮丁，跟着徐会之一起出去的，就是徐会之从这里路过，在徐会之旁边当勤卫兵，后来又开书店。后来勤卫兵没有当，就开书店，后来他又学习读书，考取黄埔军校，然后又到西安驻学，驻了几年，老虎口驻学。他这个人蛮聪明，算那个尖子生，就在那里带了三回班，当时住在黄埔军校，又带了三回班，这是他自己说的。他后来就回来了，从黄埔军校回来了，回来的时候是连指导员，他说他十几年没有回来了，让他看下他母亲，叫他回来探会儿亲就转去。他一回来，就十几年没有回，他回来了，家里一个两个人就像什么到了一样，就不要他走，一个两个都不要他走，他本来就是团级干部。他回来之后不要他走，后来就后悔呢，说当时应该让他走呢，说他后来受的不是罪啊！回来的时候有点儿钱，还有很大的戒指，都交给大伯呢，都交给大伯手上了，他料理自己结婚的钱都有呢，就是大伯、五爹爹料理一下，成下家，房子没有，那是宋坳租的房子。后来就留在屋里，留在屋里就在武汉做了一年事，在上和行，有一个姓江的爹爹。那是叫作江滨城，江滨城后来跑了，跑了之后，这个厂就垮掉了，跑垮了之后，我老伴儿就在那个厂里面，装潢厂。那个爹爹是为钱的事跑了，然后跑了之后大家都回了，回来了之后就在屋里

---

① 细爷:小叔子。

② 顾:照顾。

面来了,当时是民国三十八年呢。

(2)离婚

买卖媳妇的事,那也听着有,只是听说。我的大伯不喜欢他婆婆,不爱他婆婆。现在过得不好,就要离婚,以前过得不好也不准离婚,然后还要打条子①。以前他一定会让你在这个家做媳妇,还要接户长(请户长到堂),要打条子。要你跪着要用刺条抽,有的绑住了,有人没有绑住,有的打条子她也要走,她那不自由。有一回,舒家大湾的后面那个湾子,他的媳妇要走,那个接房户长,这就是那有地位的人,就要打条子,那户长和房长是一个房里的人,就不要她走。

(3)照顾关系

对于我来说,我一直是这样的,老伴儿的洗脚水、洗脸水、饭菜我总是拿到他手上,到我儿媳头上就不一样了,那一回,我小儿子吃饭完把个碗伸给他媳妇,他媳妇说道:"我今天阴着②跟你说,你再别这样伸给我,你再伸给我,我就不得接,莫说我丢③你的人。"她说她只阴着跟他说,她桌面上丢他的人,就不好意思撒!事实上到我媳妇头上就改革,她觉得除非丈夫那天累得特别厉害,我就拿给你吃,你再指望我拿给你吃,那是绝对不可能,小儿子后来总没有这样做。但是我记得我老伴儿临死的时候,我还是把洗脚水端到手上,一生都是那样的。

2.家庭对外交往关系

(1)请客吃饭

农村免不了人情往来,在外面随礼那都是男的吃饭,没有女人,那要是哥哥成了人,那哥哥就可以去,再就是爹爹,那不要女人管闲事。

(2)娶妾与妻妾关系

娶小媳妇的人那也有,但是是少数。有一个是我的六爷,我六爷有两个媳妇,是因为没有儿子,大夫人生了两个孩儿都是女儿,他后来就有了一个小夫人生了三个儿子、两个姑娘,一共生了五个孩儿。他也是地主,是有④的人,没有儿子,他有钱了,他就很轻松,就最后有三个儿子。生下的儿子是给到大老婆照顾,大房也爱儿子,她没生她也爱,她生她也爱,都是一样的爱,她想要儿子,那个时候把儿子看得很重。大夫人和小夫人都是一起住着,然后就一起看⑤。一个孩子叫醒民,是我们的弟弟,哥哥叫觉民和惠民。现在他们都在武汉。那个大夫人的两个,我们叫姐姐的两个都去世了,姐姐们都是读书的,读书了就带出去了。女的不认识字,男的就不喜欢。她们都是认识字的人,那就是要能够学会写信,那个时候只能写信。

细爹只有一个儿子,就是六爷,这样不是绝了后代吗?后来过了很多年,那先是说了,保证不开亲,过了几年之后不开亲,不是绝了后吗?后来才结了一个亲,结了一个很好,是富人家的,是有的人,又有钱、又有粮、又有屋,什么都有。结果后来就生了两个姑娘,生了两个姑娘。之后又没有生儿子,然后又要讨⑥小的了,讨小呢,这个小夫人姓许,她家里也是很有钱,

---

① 打条子:打人的工具。

② 阴着:偷偷地。

③ 丢:丢脸。

④ 有:财产。

⑤ 看:此处指养育。

⑥ 讨:结婚的意思。

她的哥哥在外面做事,她是许绍行的妹妹,她的哥哥叫许绍行。她后来生三个儿子,即便是当小老婆,偏偏她就愿意了,她是个很漂亮的人。我细爹那个时候说,我许儿今天穿这样、明天穿那样。

(三)母亲与子女

1.生育子女

(1)报喜风俗

男方要去媳妇娘屋里报喜,生男孩儿、生女孩儿那都不用提什么礼品去,不过就是要捉一只鸡婆①去,然后还要捉一只鸡公回来,两个要配在一起,然后都要带回来。一旦孩子诞生下来了,娘家就要准备很多东西,那就是鸡呀、面呀,还有小孩子的衣服也要拿一些,都是新的,带一些细瓦②,衣服啊、片儿。有的人就办新的了,那个一点③的人就办旧的,用旧衣服办,主要看你家里有多少了,一般大小孩子的衣服都要办着,那什么都没有的人家也有。那有的做小孩子的抹衣④要做百把件,等到九天以后来送粥米⑤带过去。

(2)家长与子女的关系(财产、婚姻)

我自己有三个孩子,两个儿子、一个女儿。老大1952年生的,老二是1954年,那个姑娘是1957年,儿子结婚都是自己料理自己。他们两个伤心,现在两个奔着⑥有口饭吃下子,那个时候几伤心啦,他们弟兄伙的两个都伤心,都受了罪啊。他的爸爸都是心疼他们两个受了罪。这后来到了大集体的时候,做到分才好了点儿,原先都受罪了。这是到了后来,慢慢奔呢,都有个饭,有个房子住一下,原先连房子都没有住的。他们两个在外面做事。我总是说,你们要做事就好好做事,别在外面惹祸、别乱说。他说他们晓得啦。

他们小时候都很懂事。老二呢,嘴巴多一点⑦,跟着这个英华两个一起,受了两回那个,我心里不知道几过不得⑧。有一回,夜晚守哨,轮班守哨,个个守哨,地里苔个个摘着吃,别人都摘着吃,他和英华两个守哨,也摘着吃。稻场有姓何的爹爹,还有顺意他爹爹,他们几个在稻场打谷,我也在稻场打谷,我拿着一个扬叉⑨的,何家爹爹拿了一个扫帚,就说这个苔都被他们拿着吃了。我小毛就答应,别人吃我就吃不得撒? 他把个扫帚拿着说,你就是吃不得。我在旁边就说小毛你少说点儿、少说点儿。我心里过不得,别人都能够吃,就说他吃不得。心里想得很恹人啦,想着自己的伢伤心。

还有一次他跟着英华两个人,大概"双枪"的时候,过一段时间就要去放牛,就到山上去放牛,正是发大水的时候,他和英华两个都去放牛,发大水那个翘嘴巴鱼儿不知道有多少,那个队长就说,你和英华两个去搞点鱼儿,看着很多人搞鱼儿,他们两个也去搞鱼儿,搞了一篮子,有一篮子,他们两个就拿回来了,拿回来了,我的小毛拿回来的鱼,我就一家给两个,一家

---

① 鸡婆:母鸡。

② 细瓦:小孩子护裙,类似现在小孩子的披风。

③ 一点:穷人。

④ 抹衣:小孩子裹在前面的衣服,防止衣服弄脏了。

⑤ 送粥米:娘家给姑娘送衣物、食物的日子。

⑥ 奔着:生存,创造。

⑦ 嘴巴多一点:话多一点。

⑧ 几过不得:多难受。

⑨ 扬叉:将谷子堆在一起的工具。

给两个,没有卖钱,自己腌了几个,看到是个热天气,会臭了,不好。英华的鱼就拿到街上去卖了,清早就卖了,卖了二十块钱。后来夜晚开会,开会说我小毛搞了鱼,卖了几多钱。那个队长姓郑,叫郑六,他就罚钱,罚我家二十块钱,多么怄人啦,我家罚钱,我的鱼一个没有卖,都给了自己屋里的人,一家给几个吃了,自己看着是个热天里面,我有留几个腌着,结果罚了二十块钱。

(3)子女婚姻

虽然说为成分,我们受了不少委屈,不过小儿子开亲,小儿子是一九八二年结的婚,没有讲这些东西了,那个时候糊里糊涂的,实际上那时候也有人讲。只是有的讲,有的不讲,媳妇糊里糊涂的,不晓得讲。小媳妇娘家那个时候是贫农,她不怕他是地主、国民党工作人员的后代,她说管他是贫农还是富农,没有想到那一方面。后来有人说,哎哟,你好大胆子啦,他的成分不好,小媳妇说管他成分不好呢,实际上是糊里糊涂的,后来才想到了,之前一直都没有意识到成分不好,成分不好对你不利啊,之前一直都不晓得。

(4)喊月①

以前有很多地方要喊月的。就好比是我坐在这里,别人要在门那边,她就喊婆婆、婶娘集福,把点什么月蒙子②过去,她也不到你门口去。那个时候很讲究,说有厌气③,我想那样的人很多啊,经常旁边,塘旁边有一棵树,有很大一棵树,喊月的人就在那个树桩子上坐着,坐着喊呢,家家户户就送一点儿饭给她留菜,好菜就一样夹一点儿给她,给她吃。然后自己吃了就拿着一个袋子,装回去,过月里的人很是可怜。现在没有这样的。那解放后现在什么都很好,开放了以后谁没有钱了,每个人都有钱了。

2.母亲与婚嫁后子女关系

从我的女儿结婚到现在,我一共去了四回她家里,她在襄樊,一共才去了四回。现在都想念昏了,不想念啊?她现在也有一两年没有回来了,都是因为嫁得太远了,那个女婿原来在化纤厂,湖北化纤厂,现在这个厂也垮掉了,别的地方做去了。她们现在退休了,之后她就这里搞一下,那里搞一下,姑娘也在这里做一下,那里做了一下,现在都不知道做什么,一两年都没有回。前年老大的儿子结婚,女儿回了一下,然后一直都没有回。大前年回来了,一下就走了。

当初为什么愿意把女儿嫁那么远呢?主要是因为我们那个时候很为难④。人家没有做舒坦,只是搬到了那个湾里面去了,刚刚好了一点儿。那是一九七四年的时候,搬到那个里面去了,我的三爹爹,这个爹爹的哥哥,是我们的三哥。他说把姑娘养这么大,不给她说个人家?我就不喜欢说那个话,我的那个姑娘就更加不喜欢,她就在那个山上挑草头。一些人很年轻的人就说,丽媛,丽媛。我女儿叫丽媛,她说,你三爷⑤说你怎么不说人家?她说,别着急,我保证把我三爷捉的打一顿,她说她要按着打她三爷。然后别人个个就笑她说你怎么不打,你怎么不把你三爷按着打一顿呢?

---

① 喊月:孕妇刚生下孩子,没有吃的,出门讨米的行为。下同。

② 月蒙子:坐过月子的人的称呼。

③ 厌气:晦气。

④ 为难:家庭环境不好,一般是指穷。

⑤ 三爷:三叔叔。

其实当时说了好多人家,她自己不同意,我也不大愿意,那个时候总是希望能够说得好一点儿的人家。那时候才刚刚开放,原先那种事,觉得自己家庭说不到好的人家,总是心里想着姑娘大了,有二十二岁了,别人做介绍,我也不大同意,她也不同意,不同意就都不作声了。她说她这个时候就不想说亲,后来呢,后来是艳新,就是刘先生,他家原来在街上做生意。他的儿子原来也在化纤厂里面,那厂在襄樊,他回来了啊。他就说,丽媛,我给你找个人家,他说这个男孩的老子呢跟这个刘先生人很好,那个刘先生就跟我说这个余先生一直跟他很好,他有个儿子跟我的艳新也在那个厂里做事,五房的一个人也是在那个厂里。他就说,我就跟他介绍一下,我介绍给他的儿子,吉铭,跟吉铭结个亲,他就这样说结个亲。我说我也不知道丽媛同不同意,她现在也是个大人了,她如果同意就算的事,她不同意也是她的事。

后来丽媛就从街上回来,从她门前经过,她婆婆就喊,她说丽媛、丽媛,来一下子,她说怎么啦?她说你来一下子,那个孩子就已经在她家里了,她就把那个孩子叫来了,放假了,一起回来玩儿的。她就说来呀来呀,丽媛就进去了。然后婆婆就笑,看着那个孩子也是笑。他朝着丽媛看着也是笑,丽媛就走了。然后就过了一天,她说丽媛,你什么时候再到我家来玩儿一下!然后丽媛就说,管它[1]什么时候来了,她也是在外面生产,天天要出工了。后来就叫刘先生,就叫伯伯,他说丽媛,你到我家里去一下。他就说我给你介绍一个亲戚,那个孩子叫吉铭,在这里看,看见没有?她说看见了,看见了。他问她觉得怎么样?她就说,马马虎虎的。然后就这样就成了事儿,成事了,八月间,就走破[2]了。

吉铭他家里那个时候没有房子,什么都没有,也是很穷。那个时候,丽媛在企业上做席子、做蛋篮子。然后就在那里待着,待了一段时间,然后有好几年,他们那边要结婚,他的哥哥还没有结婚,都没结婚。然后我们就不同意,说我们这边哥哥没结婚。然后吉铭,说哥没结婚,那哪里知道什么时候结婚呢,他那边他大一些,那边爹爹要结婚,他也要结。后来,过了一年才答应的,那一年没有答应,后来还是他的爸爸来了,他爸爸来说就是要结婚,就这样就到他家去了。到他家里去之后她又进不了厂,找不到事,找不到事之后她又回来了,后来企业也垮掉了,然后她又回来住了。然后到了第三年的时候生了一个儿子。现在那个女婿也是先这里做一下,那里做一下,女儿也到新疆去做过,这两年没有回来,就不知道了。

三、妇女与宗族、宗教、神灵

(一)求雨

我记得我们以前有求雨的风俗,抬菩萨呢,都是爹爹家端着香炉、穿着道袍求雨。那我看到好几回了,就在我外婆家那边,看着抬菩萨,爹爹家都把道袍穿着、端香炉、拿着扇子,那后来天天下雨。那有一回,像那样搞着,还没有屋里去,然后就下雨,还没有到庙里去,然后就下雨,再就是念经、念几天的经。那都是甲长、保长在一起。那一回是怎么的,我看着很灵呢。我一共看见过两回,有一回没有下雨,没有下雨就念经呢,把菩萨放在庙上,然后归位呢!归位念经,磕头念经搞几天,才下了点儿雨。还有一回是下了好大雨,还没有念经就下雨。求雨它是别的地方的龙王菩萨,就抬去,那是别的地方的菩萨,很高的山、庙上,再就抬到自己湾里

---

① 管它:无论、任意什么时候。

② 走破:两家来往了。

的叫响堂①,到响堂去归位,到那个里面去念经。参加的都是男的,那女的就是看,没有女的参加,管做什么都没有女的参加。

(二)算命

以前如果家里有些人生病,然后请人掐时②呢,但是有的婆婆去掐时,好比你掐到时,就请你来掐时呢,谁病了就让婆婆请人去掐时。

(三)信教

我自己是不信教的,我在总路嘴住着,姓舒的个爹爹,也是姓舒的,他在东边河住着,我在街上住着。他信教,总是劝我信教,我不相信,我也不知道为什么他信呢!

四、妇女与村庄、市场

(一)赶集

我没有出嫁的时候很少上街,我上街有十几岁了。正月十五到总路嘴,我父亲在总路嘴做生意,舒义忠,一走去就上到楼上去,那个时候都是木质的楼房,一走上你就到楼上去,你就趴在窗子上看底下,看下面,你就不到街上去玩儿,不要你到街上去。我父亲很板,他就叫作入皇,我们要是在湾里出去玩儿一会,他们就说这是她入皇不在屋里。他很板,个个人怕他,叔伯房的兄弟、妹儿见到他,就不敢到屋里去玩儿,都是各人在各人屋里。那什么看戏都是嫂儿要出去,你就跟着去玩儿会,那就在她身边,不能到哪里去玩儿。她要你到哪里去玩儿呗!

(二)生意

我们那个时候上街,做生意都是男的,没有女的,没有女的上街买东西赊账,女的不能赊账,都是男的赊账。女的不敢赊,哪里有女的上街呢,上街顶多是正月间、十五的、过节去到街上去玩儿会儿,没有谁赊账,买东西得都很少。那个时候吃饭的地方有饭馆,没有茶楼,那都是男的在里面吃饭,没有女的在里面吃饭。

(三)纺线

我们那个时候纺线子,棉花有的是自己种的,有的是买的,这个织布,这边纺了拿到西边去卖,西边卖了买线子回来织布,织布又拿到西边去卖,卖了又买线子织布。西边的棉花足一些,我们这边的棉花少一些。我们这边的棉花少一些,家家只种了一点儿,然后自己织布自己穿,那都是棉布,都是缝的。那个洋布,都是洋纱搞着织呢,都在武汉买的,武汉买了就织着,然后再卖,卖了又买,就是那样的。整天就是办那些东西,那就是做生意呢。把布就做得多得狠,这样的格子、那样的格子,都是拿出去卖了,卖了然后又拿回来织。

我们只是光做,卖钱是不晓得,都是大人管的,我家都是父亲管。买针线啦,门口有叫货郎担,我父亲在街上做生意,他那里也可以拿点儿回来,碰巧③也可以拿点儿回来用,拿来的那也有洋线,一般都是棉线啦!一般纺线子都是用的棉线,洋线都是少数,实际上洋线好用些,棉线是自己纺的,粗一些,一般都是穿棉布得多,没有几多洋线。我们绣花的花样是买的,然后用画,画印着。那个是湿折纸,一个本子,画下来,然后自己做,你就画下来,画着布上面

---

① 叫响堂:类似宗族大堂。

② 掐时:算命的意思。

③ 碰巧:有时候。

做,然后有个绷子①,你就在上面做。鞋子上呢,那个鞋,纸壳子粘着呢,小些,那就做点儿花儿在上面,鞋子这些都不卖,都是拿出去自己穿。要是到人家去结婚,就自己绣枕头,自己绣帐檐子,结婚的东西都是姑娘自己准备的,买的也有,一般自己绣得多。我记得我现在才买鞋子穿,以前都是自己做的,我跟爹爹两个在街上做生意的时候,还是自己做鞋子穿。

(四)花朝节

二月十五是花朝啊,那要是出去玩儿,就和嫂儿一起,跟着嫂儿就去街上玩儿一下。总路嘴就是根据地。民国三十年我的都去了,那里有个李医生啊,民国十二年生的,跟我的爹爹是一年生的,去年(2016年)去世的。我们都去街上,我家里的老大在那里做房子,李医生就说你们来了,你们在根据地来了。到了街上去玩儿,那也不买东西,那就是跑到楼上去,那个时候就是后来做的新房子,是板子做的。那跟以前是一样的,也是做了两层楼房,我们跑到楼上去趴在窗子上看过来过去的人、灯啊、踩轮船呢!我们都趴在窗户上望着看着。

以前有传说,在花朝节这天女孩儿打耳洞耳朵不疼,而我的耳洞是我三姐在那边做花给我扎的。床上面的花,绣那个花,也是小孩子。我说你把我耳朵穿一下子哈,三姐,你把我耳朵穿一下。她说我给你穿一下,你怕不怕疼?我说我不怕疼。她后来还真帮我穿呢!后来就到我妈妈那里去啊,我说妈妈,我的耳朵叫三姐帮我穿了,穿得好疼啊。她说谁让你自己穿的呢,你要穿呢!等于就是花针穿耳朵,我是看见别人要穿,我要我才要穿。

五、国家关系中的农村妇女

(一)农村妇女眼中的国家、政党与政府

1.剪头放脚

我记得我的妈妈是小脚。但是我是大脚,我没有包脚,我是(民国)十七年生的,那十六年的时候,妇女协会那个时候就不兴包脚。我的外婆结婚的时候,原来只有很小的脚,后来慢慢放、慢慢放,然后就变得长了一点儿,那个时候就刚开始是三寸面子。那是多小的脚啊!痛得日夜都睡不着啊!那个时候流行剪头放脚,我也是听他们说的。我父亲很板,我那个时候扎着两条辫子,然后我大嫂说,你扎什么辫子啊!我跟你剪了它,扎什么辫子啊!我父亲就从街上回来了,然后就让我跪着,他说你的头发是谁剪的?我说是大嫂剪的。我还不是一样得跪着。那个时候是没有多大,才只有五六岁。

不知道怎么回事,后来抓人来了,然后就跑,然后我那个三嫂的鬏巴就跑掉了。后来,都剪了,没有鬏巴。

2.国家认知

解放以前,我就知道孙中山和蒋介石,都是听我父亲说的,世界大战的时候,我父亲、伯爷他们在屋里聊天,我就听到一些。我记得那个时候有保长和甲长,那个卢保长,甲长也是姓卢,保长他是卢家榜的,甲长也是那里的,那个很大的体型,经常来五楼子湾呢,那就认得。甲长、保长就是收这、收那呢,哪里来的队伍,国民党的队伍,来了住几年,有个队伍来那里扎了两三年啦,收柴,收这个搁铺②的板子,还要出兵呢,柴要烧、要做饭吃,甲长、保长还要收钱。

---

① 绷子:支撑的东西。

② 搁铺:做床。

钱是按户头算,柴也是那样的,一家要几多,不论多少,一般他说要几多你就要给几多。甲长、保长很厉害呢!那个时候他们也不组织开村民会,开会就只父亲晓得,他们坐在一起谈一会儿。甲长、保长、卢保长,他就到那屋里去坐着谈一会儿,都是男人照看,那没有女人参加。

现在的国家主席是习近平,总理是李克强,其余六个我都认得,一代代的主席以前我都记得,现在都忘记了。

3.共产党印象

我晓得共产党,而且也认识一些共产党员,那还是我们的亲戚,在荆州革命,当一个司令员,姓林,伯母的一个侄儿,那在外面都死了,我们百丈崖有好多革命的人,经常到这里来,他这解放了之后也没有好处,伯爷是枪毙的,六爷也是枪毙的,他们以前帮过好多共产党员,我的二爷也是共产党的,他后来有好多人保,就在我这儿住着,就在后面房的住,住了一个月,别人都晓得,都来就那么保着呢,后来就回家嘛,家是在马曹庙这里的,回家后三天,国民党就抓去了,当时是乡政府,乡政府抓去就枪毙了。他的后辈还有好些呢,儿子好像也死了两个,他原来还有两个姑娘在这什么湾!挨着大塘角,叫什么湾,姓林,然后就没有什么来往,人死了,以后走的走了,之后就没有什么来往。他也是姓舒。

那个时候偷偷革命,那还是有,那后来就走到很远呢,那就是到荆州那些位置,现在到哪里都方便,这里隔着呢,那里隔着呢,不能回。这个林继生的人,是顺湖冲的人,十八岁出去革命,没有娘、没有老子。他是男的,他的那个女的没有结婚,他在外面革命没有回来,但是这个女的还是到他家里来了,他的姑大、姑爷,这个郑家、方家收课,林继生他的收课,这个女的叫作徐素金,他们两个没有结婚,她就在屋里。她在屋里就是收课,后来解放以后就参加合作社,后来找了个爹爹就是墓家田的,也是姓林的。那个时候也有女共产党员。

4.国民党记忆

那解放以前,我也知道有国民党,国民党没有女党员,没有听说过。解放以前是没有女干部的,我父亲不要女儿读书,他说哪里来的女人当官呢!那解放后就有了,那是新社会。

5.上夜校

我认识一些字,后来没有上过夜校,主要是学校不让我参加啊!因为我的成分不好,我是地主,那个时候女的都要上夜校,都是我老伴儿教啊!老伴儿教了一年,教夜校。他教书,这也是叫他那也是叫他,不做事不行呢,他说叫你怎么样就怎么样。教书也没有什么报酬,她们晚上都去上夜校,我在屋里招呼我五嫂的伢。她们读什么书,读了都不认识。那以前有个婆婆,叫蓉儿她婆,叫孙家姐,她姓方,我老伴儿以前教书啊,他说憻那就是孙家姐憻①,你教她女儿经呢,她就说头一昏。他说她是真憻啊!一天也是那样,两天也是那样。我五婆婆去读书啊,她一个也不记得,什么都搞忘记了。

(二)妇女与土改

我记得土改的时候,土改队的人到我娘屋里去了,那墙上写标语,那墙上多得很啦!那都是地委的,那都是年轻人啦!一起三四个、四五个、五六个啦,都是搞土改的年轻人,提个灰桶到门口去写。我忘记写些什么东西,我只记得我那屋头边那是青砖,一色的青砖,上顶的屋,屋里做生意,田课没有收多少,就是做生意,房子做得好,总路嘴的房子做得好,家里房子是

---

① 憻:蠢。

青砖上顶,人家从那里路过就像响堂一样,就是做那样的房子。总路嘴的房子做两层,是木头做的,做得很好,后来变成合作社,这江爹爹,江彩清他也在那个里面做,合作社他们也在里面做。这后来解放以后都被别人拆去了,这姓杨的呀,姓陈的呀,一拆就两幢,一人拆一幢去了,都毁了。

那个时候土改队来了,我们像是被批斗一样的,他们不光要土地,那就是你有什么、有几多都要你拿出来,你要拿干净。再呢,就扫地出门,把你搞到别的地方去住着。只是当时没打人就捉着、吊着呢!吊着还要拿个青砖在上面。你要不说,那硬是要讹得一点儿什么都没有,那就算了。他总以为你有,总以为你有,以为你没有拿干净,土改都拿出去了,最后那什么都没有了,就光人出去,扫地出门。我还记得当时里面刚开始有一些女土改队员,那是少数,都是男的搞,越穷就越狠,就越高亢些,他以为他是那个撒!

我这湾里有个,这湾里有个啊,叫作火山,他老子很厉害,他老子是土改什么,他在里面搞的什么,他就很狠,我的这个爹爹(讲者的丈夫)一直在外面做任务。小队就要他写饭账,写饭账呢,又要他发饭,爹爹在做饭,做任务呢,我爹爹就信盛①,不管哪个来了都盛,盛了就要写账。他火山回了,就说六爹爹发饭呢。他说这怎么要他搞啊!那算是搞得巧②吧!我听着不作声,我听着不轴不过③。但是那时有个叫作胡桂华的爹爹对我爹爹很好,我爹爹有病,有痔疮病,做不得重事,他就让他管账,我还到那里去过,我现在搞忘记了,胡家湾那胡桂华,我还到他家去过,我那回去过在大队部。他说,你莫担心啦,我叫他管账啦。我说他就是个病,这病那病的。他说做不得,没有做,我让他管账呢!叫他管账。那有的爹爹很好,这五楼子湾的爹爹很拐④啦!那个爹爹蛮拐。他解放以后,有的开放的时候,他说没有这个巧事。那个时候住着有干部,有的干部住到我这儿。他说现在开放怎么好怎么好,地主富农儿女可以当兵,那个爹爹说没有那个巧事;地主反革命分子儿女可以当兵,他说没有那个巧事,我说开放了以后什么都好,他说没有那个巧事。他对着你说没有那个巧事,他故意说着爹爹听的。后来干部什么的就是到我家来吃饭,现在这些干部都是在团风,那贺书记叫我小毛挑油菜,叫他挑油菜,后来都没有芥蒂。这个房子是这里开田辟地,就把那些茅屋儿拆着干干净净,集体做明三暗六的屋,细湾里的人都搬到那湾里去住,我们也搬过去了。

我记得那个时候有贫农团,但是没有女的参加,贫农团我好像没有看见女的,一般都是年轻的人参加呢!

(三)互助组、初级社、高级社时的妇女

1.转社

我已经不记得互助组了,但是到了合作社的时候,那个田已经是小队的了,中间有一段时间田是自己的,当时我有八升田,不晓得是按户头分的还是人头分的,反正我只有八升田。之后啊,那就是种了那个田种了年把,原先转社,我们后转的,他们是先转的。转社他是按你们的成分,我们成分不好,迟转一年,后来才转上去的。等于说先进分子先转,我们当时想转,但是他们不要我们转呢,没有办法,他要什么样我就随他,他们那个时候转社都是在集体,都

---

① 信盛:随意盛饭。

② 搞得巧:反语,意思就是不应该让受访者的丈夫管账,盛饭。

③ 轴不过:憋屈不过。

④ 拐:坏,故意使坏。

在集体做撒！把你放在后面就是要你自己做下子,让你自己造一下。

2.集体劳作

我们转社之后,就和他们一起到地里去做事,那会儿,我管他怎么样做,随便怎么样,那个时候他说怎么样就怎么样。不过说实话,我们想和大家一起做,不愿意单干,他们一起做什么都有,爹爹,又种不到田撒,就是我也不会种田呢,那是看见别人怎么做,我就怎么做呢,那个时候在一起,在一起就好一些,一个人就不知道怎么搞。

3.照顾子女

我跟着别人到畈上做事的时候,大概已经有两个孩子了,就是集体的时候,别人怎么样你就怎么样,有的带到畈上去做任务,找婆婆去看孩子。我的两个大孩子放在屋里,这里睡一个,倒着门口上,他睡在他面上,他睡在他面上。回来的时候什么都没有,亮也没有,烧个把子在中间,料理孩子烧水洗,洗了之后就把孩子放在中间睡着,回来就东倒西歪的呀,没有人看着啊,他们有的小孩子就把窠带着,什么都带着,把孩子招呼着,他们都在工地上做事。我那个时候孩子大些就没有,有的还是大的放在屋里,由自己的大姑娘招呼,女儿大些,有的毛头儿①就带到畈上去,带着两个婆婆在那里去看着。我的婆婆一直不看孙子,她几房的都不看,我的婆婆晓得快活②,她跟着大伯一起,大伯说什么样就什么样,大伯当家。

(四)妇女与人民公社、"四清""文化大革命"

1.妇女与劳动、分配

水利建设。我记得我水库都修过,这白坳啊还有很多叫不出名字的地方都去过,水库是住着,晚上很晚回。别人都放了工,你还得挑两担呢,从感情上说没有什么苦不苦,你到那里来了,没有什么想法,苦也算了,别人做,你也做,就是你要比别人多做一点儿就是的,我们是不会说什么。但是那有的女的可以说呢,就说,我们这个时候还不放工,屋里又是伢怎么样。但是我不能说。那有的还不是跟队长吵架呢,说清早什么来,一点儿粮食的话,带到水库上,屋里伢也不能吃。有的女的挈到不去,她粮带到那里去了,她也不去,挈不到很长时间,那就天把,自己也要吃啊!她粮带到那里去了。有的年纪大一点儿的婆婆,现在都死了,那五楼子湾的几个婆婆喜欢吵架。还有一个姓何的婆婆,就在那江家茅屋里住着,经常和队长吵架,一吵吵得什么样的,听着、看着好笑。那个时候都很多孩子,三四个,几多个数。跟我年纪大点儿的婆婆都很多孩子。我记得那个时候一天就二三两饭,那总是吃不够,总是吃野菜、吃家菜。我没有做野菜吃,我的孩子随我了,见野菜不沾,那个大麦出世,他们就把大麦拌着吃,我也学着拌呢。几个都不吃,我也不吃,都接着我的代了,他饿可以,就是不吃。

我记得当时我每天都出工,不出工就没有饭吃,你要不出工,你的口粮都带到工地去了,你不去屋里就没有,你就没有吃的。我当时的一天的工分,跟他们是一样多分啊,是七分。女人分数是七分,一般是七八分,有时候多拿一点就是八分、九分,一般是七分多一些。做七分那就是挑担呢、推车呢、推土,那样就多一点分。男的大概有十多分呢。男的底分就是十分呢。我和爹爹不知道一个人可以做到多少分。都忘记了,我们的分还要提任务分,你也是十分,他要提两分,你不像别人,别人不提,你就要提两分的任务分。任务分就是你要多做,就是白做。当然是因为家庭成分的关系。但是我们和别人做的事是一样的。

---

① 毛头儿:小娃娃。

② 快活:舒服,轻松。

2.集体化时期劳动的性别关照

大集体事,要做任务,劳动很重,我们如果来了例假的那都是用布料,条件差。而且也是需要做事情,不过不挑,就上土。如果生了孩子,就休息一个月,这一个月也就没有口粮。

大集体和大家一起上工,我觉得习惯了还可以,那个时候总是怕扣分,总是张张忙忙地搞。那个时候妇联说到哪里去做,就去哪里做,说小队里做什么做什么,都是一大群,都是一起去、一起回,伢就是放在屋里丢着,也没有哪个看着。后来我的孩子大一点儿了,在河边徐家读书,就在我家四大①那里吃饭,我就把点儿米给她。这两个就放在屋里,两个放在屋里。我五房的有几个呢,然后就放在一堆,就那样做呢。小队里没有想办法给我们解决这个难题。但是做水库呢,就是做水库的时候,叫了婆婆去看孩子,那个时候孩子还没有几大,有的就把窠带着,把婆婆带着呢,就在那里看着,是特殊情况的时候才会叫婆婆去看小孩子。我们中午休息一会儿就要去喂奶呢!吃饭也要喂奶呢!要是请个婆婆就要给分啦,这个分就是从我们做的分中提供。

3.生活体验与情感

(1)生活体验

人民公社具体哪一年我不记得了,我只记得我生小儿子那一年大概是做长三堤,那一年,要到别的地方去做啊,我为什么记得呢?是因为我的爹爹总是要在上面做啊。那一天回来呢,那个时候我还怀着老二,爹爹要回来拖树,这湾里有个大哥姓方,两个一起回来拖树。那天我肚子有点儿痛,我就先把地挖着,把土粪挑到那里去了,挑到那里去,他那天就回了。我肚子有点儿痛,就把菜再下籽,就把菜秧扯着,想把菜栽着,他就栽,我就扒土粪,我肚子一痛就蹲在地上,我也没有作声,就在那里栽,然后就把土粪扒在地上,把两箱菜栽完了我就回了,回来洗澡、洗头,把衣服都洗了,到夜晚痛狠了他就晓得,然后他就说你是不是发生②啦。我说我也不晓得,怕是的。也没有过夜,我把澡一洗,就到床上睡了,他们吃了一点儿,那个时候九月间,九月间,睡到半夜,我就起来了,我就是奔上奔下③的,奔上奔下的。一个小湾子,什么人都没有,我就没有作声。他就醒了,说你怎么起来了,那个时候什么东西都没有的,我就那样蹲在地上啊,生了伢,系带没有落下来,孩子滚了很远,滚了很远。怎么着呢,那个时候就像别人说的,又没有烧水。他然后就把热水瓶的水倒着一洗,洗了过后,伢滚着好远,那个带子没有下来,我原先生了大的就知道,那个洗狗婆④就知道,她说那个系带挽在手上,把这挽上两道,然后再揉两个手背,然后就下来了,我之后也是记起来了,就把那个系带捏着然后就下来了,我把系带一剪,然后把伢一洗,要找那个线,线也找不到,我说那个线在那个屉儿里面,然后洗一下,然后把系带系着。

到了第二天,那个时候又没有什么吃,什么都没有吃的,买面也买不到,也没有钱买。别人后来清早起来就走了,湾里的人就喊大哥,叫细叔细叔,走吧!老伴儿说我去不成啦!别人就问怎么了?他说细婶娘生了。别人问,生个什么啊?他说生个儿。别人就说,好啊,真福气。他们都没有儿,我心里想着一愁,爹爹就到街上去了,走了,我也不晓得他去哪里了。我记得

---

① 四大:四婶娘。

② 发生:快生小孩了。

③ 奔上奔下:睡不安稳,这里是指进进出出,不能入眠。

④ 洗狗婆:接生婆的意思。

有的婆婆姓舒,我叫姑大,是舒家大湾的,她也来了,说你生了伢?我说生了,她说又生了儿子呢?老六哪里去了?我说清早起来了,哪里看到人呢!她说那你清早不是没有吃东西?我说没有吃,哪里有东西吃,那个时候是五四年。她后来送点儿泡儿①来,她送了一升泡儿来,她搞点儿开水拌着送点儿我吃一下子,她说老六不知道到哪里去了。后来好半天,原来我爹爹搞了半中午,他去搞条子,搞点儿面条什么的,先说一样有一点,但是后来买不到,最后买了一点儿尾面,黑乎乎的,只有那么一点东西卖呢。糖没有办法买呢,没有东西吃,就是吃点儿饭,吃点儿粥,买糖那时候都是要大队里搞条子才能够买到。

生老大呢就在这里住着,我妈妈那里扫地出门,这里什么都没有,挨着五房的,挨着他住着,接的婆婆是我三房的一个姑外婆,她接生,接她来接,三婆婆做一点儿什么东西她吃,她说你别做啊,别做给我吃,你做点儿什么东西给这人吃,这人什么东西都没有。那外婆是那样说,那个时候是生老大!那是五月十八的生的,我的母亲那边很可怜,都扫地出门的,都没有在家里面居住,不要在屋里居住。我那个时候还不是学着我的老娘,她跟别人做衣服呢,学着弹棉花呢,然后别人给点儿衣服什么的,她就偷偷地留着!她跟别人换就买点儿面呢,买点儿蛋呢,她就搞着二三十个蛋呢,因为天气热,最后都臭了。

生老幺,那个小的、那个姑娘啊,一九五七年,又没养鸡什么的,什么都没有。那个时候想养鸡也没有什么喂呢,人也没有什么吃的。一个队上的口粮只有那么一点儿,这样他们一点儿都吃不饱,那时的都没有谁养鸡,老二养了两个鸡,在这个湾里住着,被榨屋打去了,榨屋里打去了,鸡在那边地里吃东西,吃他们的麦子,啄他们的菜。一九五八年的时候不知道搞的什么名堂,那个地上到处都是谷子,吃了两个月的大集体。后来一粒粮食都没有,不知道他们是怎么搞的,就是你看着到街上去的那条路上,都是草,都是草头②,然后上上下下,遍地都是谷子。后来到腊月间,一点儿什么都没有,我们那个时候真的特别难过,但是就慢慢过了,那个时候孩子饿的,伤心了。那一定是一九五八年,她是一九五七年,她总是要吃奶,然后我也没吃饭,总是没有奶,心里就很难受。那天清早啊,还连着好儿天,那分什么了,分那个豆渣,队长挑一担豆渣回,挑着一担豆渣回。他说快起来呀,起来呀,分点儿豆渣了。我说豆渣怎么吃啊,我心里想着。一家人就分这一碗,分一碗呢。我拿着洗洗了就剩下一点儿,分了一点儿炒着,然后放在锅里炒着,没有谁吃,老二不吃,老大也不吃,那个小的她也不吃,那就是饿。到了第二天清早,清早又在喊,队长又在喊,快起来呀,煮点儿粥啦,起来吃点儿粥啊,然后大家都起来了。

(2)大锅饭

吃大锅饭,一般是队上的,队上有财经,他专门搞食堂,专门做饭。吃食堂你个人就抓一点儿米放在饭钵里面蒸着,米都是集体提供的,那过后忙的时候,食堂里插秧割谷啊,食堂里就专门有专人做饭。然后你自己就拿米去把饭钵洗着,让他们蒸。放了工之后,他就喊,端钵,然后一家一户就去端钵,一个人一个钵,你想吃多点儿就蒸多一点儿,你不想吃就少蒸一点儿。那没吃多久,那时候就搞什么三菜一汤啊!其实我们并不想在里面吃,那还没有吃一个月,一个月就垮掉了,什么都没有,吃什么吃啊。家里的锅倒是没有交上去,只是有的家里的一些东西掉了,因为那个时候男人、女人你到我队上做,我到你队上做,就像那样搞。那都是

---

① 泡儿:用糯米炒的食物。

② 草头:稻穗扎成捆。

晚上做到什么时候,都是挖很深的沟,很深的沟,横沟、直沟,晚上也要去做,那叫深耕。别人住在这个湾里的人,一些东西全都偷去了,我也不知道为什么要换来换去,那算不是很长时间,不多。后来就各过各的好一些,原先都是乱搞、瞎搞一气。

只是处在当时,我们就很糊涂,只是觉得说这里到那里,那里到这里,各搞各的不行吗?那就是心里想着没有作声,后来各个队就各搞各的。我们这个队上总是要搞得好一些。因为那个队长管得严格一些,保管也严一些,然后那就是整天不闹停地做,那就是收入高一点,别人队上总是要差一点儿,我们队上没有,然后那个保管就说,你们不做你们不做,你们做我们队上什么都要强一点儿,吃的油什么都有一点,有的队上没有,我们队上还是有一点儿油,什么都有一点儿,棉花、芝麻、菜籽什么都有一些,后来打油就分一样都分一点儿。那就是缺粮,缺粮就只分一半。

(3)缺粮

我那个时候就是缺粮户,三个孩子,两个人什么都得一半儿,有的队长那个人他故意不给。大队粮、棉、油基本上是要给的,基本的粮油都要给人家,非基本的粮棉油不给可以,后面的都是要拿钱去买。非基本的事,有重的别人给了,别人缺粮啦,缺粮了也可以不给。

(4)妇联矛盾

没有谁吵架,有的很喜欢,有的孩子大了,就带着鞋底、鞋帮子做啊,年轻的就打点儿扑克啊,年纪大的就做鞋,年纪大的就都带着鞋子。丢了扁担、莞子,就把鞋底纳着。当时要穿呢,那个时候一家都是有两三个孩子,两三个,那个时候,现在都老了。

4.对女干部、妇女组织的印象

(1)与女队长关系

说起女干部,我身边有妇女队长,这队上是我那个侄儿媳妇,先是细王家湾,她的儿子叫作猫子,他妈妈搞了两年,最后就是我的侄儿媳妇,叫作桂英,她搞得长一些,她现在在黄州。开始没有妇女队长,原先都是男队长、男会计、男保管呢!女队长是后来的,她们当队长要求说话呢,会说,看事儿行,再就是选代表,代表叫丹子的她婆婆搞代表。她说话很那个,看事儿行。不过,她们开会之前,也不是会问我们一些意见的。这代表说话是代表什么呢,那成分历史高的,有的公道,那就很好。如果一般,人家就说她不好,她说话公道一些,她们那一类都差不多。那个时候我自己不想当妇女队长,也轮不到我当。女干部性格都还可以的,如果哪里开会不让我去,她就跟我说一下,她说你在屋里做什么做什么?她说我们今天下午都要开会,那我就知道,我不去,无论开什么会都不让我去。一般就生产的会会让我参加,其他的会不让参加。

(2)女干部记事

还有村里那时候叫王春荣,宋坳人,是个女队长。就是整天负责生产,她就带着女的去割麦子,全部都是女的跟着一起。那个时候也把我带着去了,宋坳街上有好些女的去了,割麦子我去了,但是唱戏我不去,她说让我去,我说我不会唱。她说你会认识字啊,我说有些字我不认识啊,说我不会唱啊,后来就没有去。王春蓉如果在的话,现在也有八九十岁了。我不知道她现在在不在,她原先是王家岗上的姑娘。原先个爹爹也是个很好的爹爹,就是有一些狂,后来离了婚。原先的爹爹叫正中,江正中,她后来参加那个之后就和正中两个离了婚。他们两个离婚,她那个时候刚好是卡在了新婚姻法颁布之后,那时就松动了。她离婚了以后,后来就有很多人离婚了。那个时候是公社的,宋坳有公社撒,都到那个里面去离婚。

我这湾里那个什么,猫子的妈妈。爹爹不知道有多喜欢她,她到汉口去住了,不知道为什么搞翻了,那就离婚。她的爹爹叫刘汉先,不知道有多好。她后来找了个爹爹很细算①,她说汉先,她说她无论用的什么东西,化妆品,还没用完就买回来了,什么都买在手上。她说在这里(后面的丈夫)呢,生怕你用的钱,什么都不会让你过手,过早也怕你用了钱。后来才想到了汉先,想到刘汉先。那个爹爹还在,现在在武汉。最开始,他们上半年很好,后来回来就离婚。她的嫂子不是在街上做生意嘛,我说汉先的媳妇是怎么搞的,怎么要离婚?听着说要离婚,望着她天天到街上来。她说我还不知道是怎么搞的,去了没有多久他就说把很好的绸缎,我连②衣服给汪,媳妇姓汪,不知道是怎么搞翻了,不知道是怎么样翻了的,两个人要离婚。我说她们两个天天来街上要过堂③,天天来,没有过多久就离了婚,搞清楚了。

那个《婚姻法》刚出来的时候有很多离婚的,刚刚《婚姻法》就出来。有些人就要离婚,湾里还有一对儿,男的要离婚,那是男的变了,那是一个黄陂的缠了他,那个时候男的到汉口去了,屋里的婆婆头发上都梳了一个鬏,农村的打扮,黄陂的一个女的打扮是新式样,好看,后来那个女的也缠上他了。这个爹爹很漂亮啊,他的弟兄都很漂亮,黄陂女的缠着他,然后就离婚了,他三个孩子,两个儿子、一个姑娘带到汉口去就给了人家,抱到人家去了。这一个儿子在马曹庙,这个儿子就挨着他爸爸了,全部都在做事。

(3)妇女节日

我昨天看电视,三八妇女节很热闹,专门是女的,我们以前三八妇女节也有活动,街上去玩儿,那别处的到总路嘴,墓家田那边也过来,都有玩儿灯的。我有一年,第二年,初兴④妇女节,我也去了,到马曹庙、沙河图,到那里去玩儿。那是初来第二年,那个时候还没搞成分,还没搞历史,后来就没有参加了。因为要划成分了,划成分之后,成分高了,什么事情他就不找你了,说你成分太高了。

5.“四清”与“文革”

(1)“破四旧”

“文化大革命”“破四旧”啊!他说把旧菩萨转下来,新菩萨转上去,是老东西都要破坏掉。新菩萨我也不清楚是什么,但是那个时候有这么一回事,原先不是有人吃斋⑤?王家岗上也是有人吃的。他就打狗,煮着要那个王家岗上的婆婆,打着要那个婆婆吃,要开荤,要“破四旧”。那个时候也不准敬菩萨,什么都不准。就是那样搞啊,那个时候做的老东西,他也要给弄掉,什么都不要,全部都要把它打掉。那菩萨庙上的菩萨全部都打了。你屋里什么老东西,做的什么花、画的花,他都拿着烧了,他们就那样搞。我们没有什么东西,就有一个花本子,很厚的一个花本子,各式各样的花样,各式各样画的花。我五房的一个侄女儿叫作润生,她傻,我本以为给她,她拿出来呀,别人拿着烧了。后来到人家去⑥想要做枕头。我说你那个时候不是拿着烧了,我很想你留着,你留着就留得住了,别人留不住了,我说你现在做花,要是有用还能用

① 细算:节约。
② 连:缝衣服。
③ 过堂:政府公证离婚。
④ 初兴:刚刚流行的意思。
⑤ 吃斋:戒荤腥。
⑥ 到人家去:嫁到夫家。

得上,现在哪里用了!润生说我不知道啊。我说你现在要往哪里要啊。

那时候"破四旧"就是,老东西都要弄掉,完全不要。当时我还有戒指,原先我有爹爹也有。原先爹爹从西安回来,他有戒指,但是他是五房的大伯当家。小兄弟回了家里,他的钱、戒指都给他了,他给老五在街上做生意。我的戒指斗地主的时候要去了。他总是要,他知道你有些什么东西,然后就找你开会受刑法,就像那样地搞,然后就全都拿出去了。原先有几对儿戒指,父亲看着我没读书啊,二妹妹一对儿、我两对儿,她做生意,她在武汉。我总记得那个时候是老宝成,老宝成卖金货,是那个牌子,后来父亲不要我们去戴,不敢戴。

(五)农村妇女与改革开放

1.分田到户

我家里分田到户的时候,冲里分了一个田呢!那何畈上有一个,一共两三斗多田,然后还有一个菜园,菜园有一两升,大儿子只得了半截田,我没有看见土地证。

2.精准扶贫

精准扶贫,我不知道有多少钱,我有的时候一年没有领,有时候领了,有时候一年六七百块钱,二月间是我老二给我领的。那个本子上存着的,息钱没有领。去年老二二月间领着两个钱,千把元钱,大概有两千三左右,今年一年又没有领。我也不知道一年有多少。他说去年还是前年加了,这湾里的婆婆说去年还是前年说的她加了一些,我说我不知道加了没有,我也没有去,都是老二帮我领的。现在说是一个月一百,以前都是做着才有,谁给你钱啊!那个时候女的是没有钱的,男的当家,家里都是大人当家,女人没有谁当家。

六、生命体验与感受

我现在每天生活状态是马马虎虎,总是慢慢过,过得去,现在还是蛮满意的,后来他们成了人,心里就舒服一些。开放就好了,先心里总是像没有落阵①,总是飘浮着,他们都是自己奔,自己造的。我现在什么都没有做,就是光坐着,什么都不做了,我也没有到湾里去,往日在街上,脚好一些,眼睛也没有模糊,街上有些婆婆爱到我那里去坐,她们也让我去坐,我也去一点儿,她们也到我们那里去玩儿。在街上,我在老大那里住着多一点儿,他房子旁边的那个屋里住着,他左右隔壁的婆婆就玩儿一会儿,她们喜欢打牌,我不喜欢打牌。现在就是眼睛模糊得很厉害,一个眼睛好一点儿,一个眼睛相当于看不见。

---

① 落阵:着落。

HD20170307XXY　徐秀英

调研点：湖北省黄冈市团风县总路嘴镇宋坳村
调研员：胡丹
首次采访时间：2016 年 8 月 17 日
受访者出生年份：1923 年
是否有干部经历：否
是否生育：是
受访者结婚的时间节点、生育子女的具体情况：结婚时间：不详，女早殇。
现家庭人口：1
家庭主要经济来源：子女、国家
受访者所在村庄基本情况：受访者家居黄冈市黄州区，自己常年居住在周姓的侄儿家，两个侄儿分别在上海和四川，现在客居在黄冈市团风县总路嘴宋坳村的养子家。这里属于亚热带季风气候，村里多数人在外务工，只有一些老年人留守在家。

受访者基本情况及个人经历：受访者叫徐秀英，原名徐德生，后来因为自己不喜欢徐德生这个名字，自己和徐会之将军的女儿交好，于是就和她取了一样的名字。徐秀英父亲原先是做屠户的，但是由于家里遇贼，家道中落，举家搬往武汉纸坊种田，只留下徐秀英作为童养媳放在自己的姑母家。父母离开时委托家中两个叔伯照看她。在姑母家，作为童养媳的丈夫有些傻，什么都不知道，到了二十岁左右，姑母放了徐秀英一条生路，让其嫁人，于是嫁到了朱家，中间育有几子，但都早殇了，然后朱家就将外甥作为养子抱养过来，直到朱家丈夫因病去世，徐秀英觉得自己婆婆不喜欢自己，于是改嫁到周家，自己和丈夫抚养两个侄儿，一直到他们成人。

一、娘家人·关系

(一)基本情况

我叫徐秀英,出生于民国十二年,今年九十四岁了,我的名字是娘屋里起的,我的父亲起的。小时候叫作德生,是我自己不爱这个名字,我后来就起这叫秀英,我自己取的。那个时候这里有一个叫徐副业的。他跟我们姓是一个姓,他不是我们这一族的,他又是一族的,他是别处的一族的,别的地方的徐,叫作徐会之,他的女儿也叫作徐秀英,我跟她的女儿就叫同一个名字。那个时候我跟徐副业他的女儿玩儿得好,她叫什么我就叫什么了,就是这样叫的,那个时候我也有五六岁了,有六七岁了。我自己有四个兄弟姐妹,三个哥哥、一个姐姐,我是第五,他们的名字我的娘老子起的,我大哥叫作栖庭,我二哥叫作细庭,姐姐叫作贵生,我就叫作德生,后来我不叫,我叫秀英。那个时候起名字没有按辈分来,自己想起什么样的名字,就起什么样的名字。

我出生的时候家里有地,可能是担把地、担把田,我估计是担把田,不知道具体是多少。我父亲是一个屠夫,后来因为遇到强盗,经商失败,举家搬到武汉纸坊种田,只留下我一个人在老家,并且委托和母亲交好的一位远房姑妈照顾我,作为她傻儿子的童养媳,将我养大。划成分的时候,姑妈家被划为赤贫农,我的亲娘①没有种田,没有种地,亲爷②就靠着卖小工。到处卖点儿其他的什么东西,混口饭吃。我亲娘就专门织布。晚上回来织,白天就出去卖,卖了就买点儿粮食,挑回来吃。是那样过日子,他没有什么,一点儿什么都没有,那个时候就好为难。直到我成年之后,姑妈为人义气,想放我一条生路,就让我以女儿的身份出嫁了,嫁到了朱家,我在朱家待了十一年,生下三个孩子,先后夭折,后来抱养了丈夫家的外甥作为儿子抚养,朱家丈夫患疾病去世以后,由于和婆婆关系不好,我就又嫁到了周家。在周家没有生育了,将周家丈夫兄弟留下的两个侄儿抚养成人,现在养老基本都是两个侄子解决的。

(二)女儿与父母关系

1.出嫁前女儿与父母关系

(1)家长与当家

有个父亲就是父亲当家,我母亲很中和③,我母亲那个时候没有权力,那个时候她是地主成分,哪里有个权力,我母亲很老实。到了抱养我的家里,是我姑妈当家,那个男的也当不到家,他苕也不苕、傻也不傻。他跟别人卖工,黑了之后就把那个钱带回来,就给我姑大④,我姑大就买米、买油,就是这样过日子。他用不到,要是没有菜,他就在外面偷一点儿菜回来。他跟别人放牛,放牛也没有钱就混个嘴巴⑤。但是旧时代,一般是男的当家,男的多些,女的当家的少。那就是男的不成器,女的要是不当家,男的不顾家没有办法,生了伢,他不养,那只有自己奔⑥,自己做呢,也没有请人帮忙当家什么的。

---

① 亲娘:童养媳的婆婆,就是受访者的姑妈。

② 亲爷:童养媳的公公,受访者的姑父。

③ 中和:老实。

④ 姑大:姑妈。

⑤ 混个嘴巴:只管吃饭。

⑥ 奔:操劳。

(2)受教育情况

我没有读书啊,我一点儿天分都没有。我信教,信教有书,有这么厚的两本书,认识一点儿,但是这两年一直没有,脚痛去不了,一直也没有翻,我没有,没有这个缘分。我的兄弟、姐妹都没有读书,除了两位纸坊那边的大哥读书了,我哥读了一年书,后来我父亲(经营)失败了之后就没有读了,出了事情之后就没有钱读书了。湾里读书的人也少,只有一点儿,而且那是男孩子,男孩子多些,没有女孩子。五楼子湾一家有六个女孩儿、三个男孩儿,他的老子叫作刘化先,他有六个女儿也没有读书,就只有儿读了,他不要女儿读书,说女儿读书是读到别人家里去了,就是这样不读的。

(3)家庭待遇

小时候在姑妈家,我们盛饭都是哪个过去了就哪个自己盛饭,没有那么多讲究,吃饭座位也没有那么多讲究。

(4)晾衣禁忌

解放以前不知道,我们住在一个小湾里,而且也住在后面。前面我哥哥占了去了,他有儿子,他有四个儿子、一个女儿。我的嫂子看见是脏的,她有儿呢,儿子晒儿子的,娘老子晒娘老子的在一堆,女儿就跟着她在一堆呢,儿子就跟着老子在一堆呢!只知道这样晒,我们没有看见怎么样晒。

(5)家庭分工

我很小就跟着父母分开,自己一直是户下的姑妈养大的,这个户下有个姑妈,她是上畈的姑娘,她娘屋里很有(有财产),她家里开珠宝行,我就在她屋里听叫①,做些下贱事呢!倒桶子,扫地。我那一天冷,很冷,我那一天倒三个桶子,手就僵了,就把桶子搞泼了,泼了之后,我就吓得哭起来了,吓到哭。她的一个细女婿就说,这三个懒东西,要人家这点细伢②倒桶子,然后就跟着亲娘说,他说你去看啦,泼得到处都是的。亲娘说,没有吼她吧?他说没有人吼,没啦。亲娘就一收捡,把地上一扫,就问她两个女儿就说,你们也要她倒吗?她们两个说是那个细婆娘自己辍③着要倒的。她说我细婆娘自己辍着要倒的,我就说我没有,你叫我倒的。我也说的是一个本心话④,也是她叫我倒的。说了之后,她娘就一人打一棍子,打了之后,我一个小孩子就很喜欢。

(6)学手工

我记得我学手工是没有人教,那就是别人做饭去了,别人看孩子去了,我就跑到车上去乱搞,搞得到也是搞,搞不到也是搞,然后就是那样拖熟了的。到了后来,我姑妈她家里,她又没有田又没有地,你坐着屋里做什么呢?然后就要织布。到了大集体的时候,公家不让私人织布,除非公家起厂,你就可以去织布呢!

(7)家庭教育

家庭教育中,男孩儿、女孩儿的教育是否有区别主要看各个家庭,有的家庭有,有的没有。

(8)穿衣服

小时候旗袍很流行,旗袍也有腰身,二十多岁,十七八岁呢!五六岁,二十多岁呢,到了三

---

① 听叫:听候差遣。

② 细伢:小孩子。

③ 辍:主动。

④ 本心话:真心话。

十多岁的人还是可以穿。一般那就是家庭环境好点儿的，说了一个好男伢你就可以穿旗袍，说了一个家庭环境不好的，你就不能穿，穿不成，不能穿，我亲娘就是那样的。她的女儿要穿旗袍，我也要穿，她说你穿不得。我说怎么了，我穿了死人是怎么的？她说，不死人，她说你的男人是种田的。我说她怎么穿了？她说她的男人是读书的。我气疯了，怄死了。我回去织布，我那个时候八九岁，回去织布，我也织布，我也叫我舅爷去买，我舅爷就买了，我舅爷不说，那个时候就想旗袍穿。

2.女儿的定亲、婚嫁

（1）童养媳

我为什么会成为童养媳？事情是这样的，我一岁半，我父做屠夫，在我外婆那边，外婆她家里有（富），她是地主成分，在那个半边街，赵家大塆过去的那里有个街，叫作半边街，就在那里住着的，那边过去就是半边街，好像一边过去是杨四坳，一边是半边街，叫作半边街。两家人家就一点儿屋，就这么大点儿屋，还没有这么大的屋一半儿大，还没有这么大，两家人家就这么大点儿屋。他做屠夫，遇到强盗了，明天要兑官票，兑官票，今天从我外婆家挑四个半箩檐角子回，明天是兑官票的日子，明天人家就要来兑，他给官票你就要把那个钱给他。官票是先是借了别人的钱，借了别人的钱，像这样做了屠夫开支了，实际上像今年拿回来了，明年这个日子就到了，就要还钱了，不然别人就说你不讲信用。后来就要还钱，然后请了两个师傅，他们两个人挑箩檐，大半箩檐角子回，两个人就挑四箩檐角子回，回来之后我父亲就累倒了，就睡着了，睡着了。晚上就给强盗偷去了，强盗偷去了就算了，第二天早上我父亲起来之后就做①了一个五爪猪②，做了之后，我老子就把刀给扔了。这我记得说，把刀扔了，就把门一锁，我们就回了呢，就在细王家塆住着，我那个塆里就叫作细王家塆，细王家塆住着，就卖田呢，就卖屋啊，就把那债一平啦！把债一还，然后就到武汉去，武汉那里叫纸坊，就在那里种田。好比说我，我是今天下午到的，那家人家今天早上就搬走了，回去接儿媳妇。谷也还到这个老板了，那家人还一屋谷，当初他借着吃的，然后临到走的时候就发了财就还了一屋谷，屋里有一屋谷。我的③刚好去，然后就接着那一屋谷了，还是蛮有运气的，然后我的就在那屋里去住着的。住了十年就发了财，就好了，反正走到那里去没有欠④吃的，也没有欠喝的，然后走到那里去就有机会，老娘、老头子、哥啊，我姊妹五个带四个走了。我一岁半，我婆不让人看，我婆只允许一家之中留一个女儿，姐姐带去了，我那个时候要负担，只能吃，不会做，他们都要能做事的人。我的父亲弟兄三个，我婆都只要一家看⑤一个女儿。我母亲忠厚老实，我母亲是地主家庭，地主家里的人乱七八糟地搞不到，母亲也没有办法。当初我一岁半前没有出门，没有出房门，就躲在房里看着，怕我婆不让我母亲养我，然后就是我的哥在屋里喂呀、料理点，我母亲没有工夫，黑了就是娘，娘起来了就做事去了。大家人家要做饭呢，一家三个伙桌呢，妯娌三天火要烧呢！

她们走了之后，我被父亲留在大彭家塆做小媳妇，当时姑妈就把我给接去了。我家里是

---

① 做：杀的意思。

② 五爪猪：小猪仔。

③ 我的：我家的意思。

④ 欠：需要，想要。

⑤ 看：养育。

我伯当家,我的妈妈是在纸坊,没有当家,姑妈称一块肉给我伯伯,称一块肉给我三爷,就这两个当家。他们两个就答应了,说让我到她家里去,然后我就去了。我很烈躁,总是往回跑,总是跑。把那个凳子盖几高①啊,我也翻过去了,我也去了,我也走得到。我很烈躁,我在她家做小媳妇,她也没有给我家里什么,她自己家也很穷,穷得想饭吃,没有种田,也没有种地,到处荒山荒地都拿着种着。姑妈一生都没有种过田。这个家一个父亲,一个母亲,她自己有四个孩子,然后还有一个,是五个孩子。后来就是待在她家里,呆了四五年,过了四五年的日子,有五年。我亲娘,我是她养大的撒,无论是穷还是富,你都要在她家里,死也要在她家里,活也要在她家活。我小媳妇那个时候很伤心,照鸡②一年照到头,四岁,还没到四岁就照鸡。个个叫我毛孩儿,帮这个做事,帮那个做事,只要能够做到,做到我就跟别人做。那个时候屋里没有吃的,哪屋里做呢就添③一点儿给我吃,我就赶紧跟他做。叫我赶鸡就赶鸡,叫我看孩子就看孩子,叫我纺线就纺线。纺到她那里去纺,纺不到也那里去纺,把别人的绵绸都搞丢了,别人没有说我呢,总是说我伤心,很同情我。

(2)私房钱

我那个时候一岁半,后来就像今天、明天走。回来三天,田也卖了,屋也卖就准备走,三家人家还能拿点儿钱出来,田也卖了,地也卖了,留了一间屋,连着上下屋子,害怕我屋里④的人时常回来一下。后来呢,我就到了九岁,我很烈躁,我也织布到,我也纺线子到,我又什么都会做,我也会做饭到。跟别人做小媳妇,什么都做了,我亲娘很爱我,还是蛮爱我的,那不能说那没有良心的话,说不爱我。我大哥结了一个大嫂,嫂子是地主成分,她把我线子偷这么大一捆儿去了,我也看见了,我也打不赢,我也说不赢。我说她,她打我,我也晓得哭,哭了我回来就跟我伯说,我说我父有一间屋,我回来住可不可以?我伯说可以啊,叫你莫⑤回撒!我伯说你织布织不织得到?我说我会织布,织布我织得到,那个时候我在他家里我织了一年,八岁那个时候我已经成人了,会织到布。我亲娘是做私房,我嫂做私房,我还有个姐姐,姐姐也做私房,就是我一个做小事,这个叫我做这,那个叫我做那。后来旁边的人就说,让我也要做私房,自己赚钱自己用多好呢,这一做就做到了。

那个时候吃年饭,我有八岁,吃年饭,我就跟我亲娘说,我明年就不照鸡。她说你不照鸡,你做什么啊?我说我不照鸡,你们都做私房了,我也要做私房。我亲娘很好,那没有说阻拦我,她说你做呢,那哪里有本啦?我说我问我舅爷要不到本?我舅爷给五斤半棉绸给我,然后我就慢慢纺出来了,慢慢成家,慢慢就做了,这样做了之后我就慢慢很有钱。幸好我的亲娘没有要,我亲娘尽管家里很穷,但是她没有要我的。以前我照鸡呢,她每天按一大碗饭留给我,碰巧⑥吃不到的人赶⑦一些走了,赶一些走了我也算了。

(3)第一次改嫁

我是怎么改嫁的呢?那是第一次嫁那个人,是第一次做女儿。我是亲娘看的小媳妇,(未

---

① 盖几高:搭凳子,盖得很高。

② 照鸡:看鸡,不让鸡糟蹋粮食。

③ 添:盛饭。

④ 屋里:家里。

⑤ 莫:别回来,这里是反语,是同意让其回来。

⑥ 碰巧:遇到什么时候。

⑦ 赶:拨一些走了,取了一些走了。

- 143 -

婚夫)这个人是苕，他不晓得什么，然后就到他那去了。我的亲娘就说让我走，我后来就给钱呢，自己给了他们一千块钱，她说放我一条活路，这钱不要，我日子难过；要，我也没有这个规矩，她这样答应我。后来我说，我不要，你要啊！后来我就出去了，就到团风去打工了。她说了，她也说了，我在她家待了二十年，看了二十多岁了，那就是养成女儿了，她没有什么陪嫁，她也伤心，我就什么织布赚了一点儿钱，然后自己买的床帐被子。那个时候共产党来了，也不兴什么彩礼钱。

3.出嫁女儿与父母关系

我当了小媳妇以后，小孩子没有和自己的父母来往什么啦！他们也不知道我是在世上还是死了，没有来往。有个伯，有个三爷，跟他们联系，就靠他们，有什么问题就过来看哈，我生病了就过来料理一下。三爷和伯没有话说，大概我的老子走了之后也托付了他们，就是这个事情，没有什么事。

但是成年之后，我自己做私房很有钱，有钱我也晓得要顾及我哥，那个时候我父亲死了，我哥有两个孩子。他那个时候在纸坊，有两个孩子，两个孩子很好，很懂事，我也很爱那两个孩子，也晓得是亲①，也晓得跟他们很亲。我改嫁之后，家里遇到困难也会到武汉纸坊那里去找我哥哥要东西。二十八岁走到周家去了，那哭够了，到人家去，那家也是很穷，那穷得饭都没有吃的。我总记得没有饭吃，我娘屋在纸坊种田，我是十月二十八号去的周家，去了在他屋里结婚是怎么搞的。他住在那边岗上，来去有大半里路，没有米吃。我心想，刚去就没有米吃，我七找八找，找到他的那个缸，一个黄桶有一黄桶谷。两个孩子吃饭，加我们两个呢，加一个婆婆，还有一个哥，哥也有六十多岁了，一个婆婆也有八十多岁了，我说这没有饭吃，这找哪个呢！我心里想着，我就没有问哪个，我晓得是个年轻的人当家，就是心里想着，他就出去卖帽儿去了，就是那个帽圈呢，我在屋里没有做帽圈，我是织布的，没有做帽圈。他屋里大大小小的做帽圈，我说我也不会做帽圈，我还担心别人笑呢！我以为这个谷是别人的，还想向别人借呢，我说别人为什么放在他家里，他屋里这么穷。我清早起了一个大早，就把那一黄桶谷呢，就有三担谷，我清早就把那一黄桶谷给冶了，冶了之后，我就挑到大塘角，就是街那头，我就做了两槽一碾，碾了之后就办出来了，办出来就担把米儿，三箩楷米。我总记得三担谷呢，一担谷是一百斤呢，是一箩楷米呢。我算着刚刚可以过年，好比说今天是过年，明天就没有米吃，我就算着了。

我那个当家的呢，那天刚好是腊月十八，他就挑一担绺②走了，就去汉口去卖，我的娘屋也是在武汉那边纸坊，他前脚走了，我之后就买了一个吃的东西，就到娘屋去了。我就不想回家里来，我想我在娘屋过年算了，我就不想回，我心想这里这么穷怎么办呢？别的什么没有就算了，连米都没有吃的，这穷，我心里想着就没有作声。然后我就回去了，回去之后，我的老娘就说，你怎么今天就回了？我说回了。当时我是搭大东门的火车。我母亲就又问一遍，你怎么这个时候回了。我屋里又做了③一只三百斤的猪，我的嫂就不吃猪肚子里面的东西，我嫂不吃，就只我哥和我老娘吃，我的两个细哥也不吃。我老娘呢，就说你呀，怎么这早④啊！我也不

---

① 亲：亲近。

② 绺：类似帽子的东西。

③ 做了：杀了。

④ 这早：这个时间回了。

答应她。我的哥就说好冷，就兜①了一些热水给我泡手，把手一泡，脸一洗，用提灰扒②把罐子提出来，我也没有作声，刚刚天光，然后又很冷。我说母，我要睡觉。我妈说，吃了再睡，现在睡什么睡呢，待会儿就要吃饭。我说我不吃饭，我要睡觉。然后我妈就弄一些猪肚子汤给我吃，我也吃了，把汤吃了，然后我就搞水洗了脸，我就躺下了。然后我就说妈，你这个被子没有洗吗？没有洗被子过年？她说过两天再洗，今天还只是十八呢，二十几的去洗，二十四五的去洗。我说我等会儿跟你洗下子。她说我不要你洗，我自己会洗的。我母亲有好大个年纪了，有六十多岁了。然后我就说我跟你洗一下子怕好了。我妈说怕不怕什么，你洗下子那更好，就是你走得累死了，你不在这里，我还不是要自己洗。我说嫂不跟你洗？她说，哎哟，她不知道有几磨的③。我说你一生不总是两床三床被子换呢！她说她前天洗的被子没有干，哥把我的被子驮去了哇。我母亲就没有要我洗，我就有点儿闷闷不乐的。吃了一碗汤，肚子也饱了，到她那还很早，要天光④还没有天光，我就睡了。

　　我哥就回了，我哥就说这屋里像是来了一个人一样。我妈就说小妹回了。我哥就说小妹为什么这个时候回啊？这时候回来，这哪里有时间啦，她一个人做一个家。回来现在怎么了，我母亲就答应。我哥就说回来高不高兴啦？我母亲说好像不高兴。那就是那个人家不好啦！我哥就在这里问我，你怎么回来了，小妹？我要回，怎么了，我就呛，我说要回怎么了，不能回吗？我哥说没什么，没有说你回坏了，怎么这么呛呢，有什么话就说呢！我说，说鬼，说鬼，我就这样搞一段时间。他就跟我母亲说，她在屋里歇，妹夫晓不晓得？我母亲就问我，你回了，周儿晓不晓得。我说那要他晓得做什么，他叫你走就走，叫你不走就不走吗？我说你问得巧，我睡觉了，我就这样答应我的老娘。我哥就在湾里转了一下，然后就回了，就说，你问了她吗？我妈说问了啊，很恶啊，不晓得啊！我哥说他不晓得就要去回。我妈说他不晓得还要她去回呀？那她怎么同意呢！我老娘就说我不同意。我哥说不可怎么办，那就要她去回。人家娶个媳妇过年就走了，人家不道论⑤！不道论大人，不道论我们，不啊，那总是那家什么都没有。我妈说她没有，你管得了？她没有与你有什么关系。我哥说，我不管怎么的，让她饿死吗？自己的妹妹不管，她以前有钱也管了我们，我妈这说话真是，老人说话这不得人喜欢，你捞着就是你的，她现在伤心为难，你就说不帮，我是要帮的。这边是我哥当家撒！我妈说你要管你就管，我只管我自己，我也没有个钱。我哥说粮食有呢，肉有呢，鱼有呢。我母亲就说，你未必还把这些东西她撒？他说那不把怎么的，一个小妹妹，她脾气硬得很，脾气怪得很的人，你不帮她怎么的，她差不多⑥她不得来的。我妈说，你晓得她来就是要东西的？他说肯定是没有啊，他说今天是腊月十八吧，马上要她回去。我妈说，那她回去，她生了一肚子气，她回去？他说不想回去也要送回去，我明天就送啊。我妈说，你让她歇两夜晚啦。我哥说明天就要她走，不要她在屋里待着，这大湾之下人家不道论，这我哥说的。

　　后来我哥就给七八百斤米，我哥给了六百斤米，两百斤豆丝，鱼也二十多斤的干鱼，给了三条给我。又是肉给了一两百斤，又是腊肉，腌着的，腌了，做了三百斤的猪，都是自己吃，

---

① 兜：弄一些水。

② 提灰扒：从灶里取罐子的木制工具。

③ 磨的：慢吞吞的。

④ 天光：天亮的意思。

⑤ 论：评论，含有批评意味。

⑥ 差不多：不好的，不到一定的境况。

没有卖。他留了一百五十斤。我妈说，你给她这些做什么，你们以后在外面做事不是要吃。我哥就说我母亲啦，你自己的女儿也舍不得，她以前有钱也给啊，你没有总是回去，她有总是给你，她现在没有，你不给她，那像什么话，那我不做那个事，我哥就是这样说。我在床上其实都听见了，我没有睡着觉。我母亲就说，你给她那么多东西。我哥就说又不是给到外人去了，是自己的妹妹是外人吗？不管怎么样，这个担子要跟她挑过来。我哥就说，不管怎么样这个担子就是要跟她挑过来。后来，米啊、油啊、猪油、青油、鸡啊，捉十个鸡。我这个婆婆也不看（养）鸡，两三个鸡儿，我哥就捉了是个活鸡，把八个腌鸡。那个时候刚开始种田，娘家里有，那个时候娘家种田很发财。八个腌鸡，然后又是鹅又是鸭子。那个时候就装在火车上，挑到火车上，走汉阳那边，火车在汉阳那边，过来就搭船。那个时候就过了武汉大桥，我哥就送我搭船，搭船就是他们湾里的一个船老板，他就什么都没要，什么都没要，他就搭船，然后就起船。他说，起船你就照顾她一点儿，她还年轻，糊里糊涂，她不愿心走，是我要她走的。那个船老板就说你让她多歇几天啦！我哥说不啊，那个妹夫不在屋里，她生气跑回来的。船老板说哦哦，是这样的呀。然后那个船老板很好，就帮我把东西都拖上来。一清理，他说是不是这些。我说是的吧！我叔伯的哥也把了一百斤豆丝，也给了一百斤鱼啊、肉，说是一百斤，那是海里的鱼，有这么厚的膘，他那鱼大，他给了四十斤肉，他就装几袋子，反正一袋子米，一袋子豆丝。我叔伯的哥就送来了，我哥就一起搞着，这就有千把斤粮食，有千八斤鱼肉、豆丝什么的。

到了团风，起波呢，有个人很伤心，他五个人上了船去卖萝卜，淹死了四个，我就在那里坐着呢。他说你这个嫂子在这里坐着，你买不买萝卜啊？我说萝卜倒是想买，但是我没有钱，买什么啊，不买。他说我这千把斤萝卜，我只要一块钱。我说你这便宜我不要。他说我要不得钱，他就哭起来了，我一起五个死了四个，我们一起的。我说你们怎么搞的？他说我先上船的，他们是后来上船的，他们上船就歪了，萝卜也上船了，他们都淹死了。我说你怎么知道。他说他们在船上，萝卜压着，淹死了，我怎么不知道呢！都是儿细女小，他要回去。他让我把一块钱，我哥给我钱了，我就给了三块钱了。然后他就只要收一块，我说你把三块钱拿去，没有什么的。你这个萝卜，我可能带地回去，也可能带不回去。他说我这很好吃，我这萝卜都是沙地里种的萝卜，光蛋①了，一点儿什么都没有，是光蛋了，这大的萝卜这长，很好的萝卜。

我那湾里有一个送烟叶包，有五重车，送包。我刚到那里去，谁也不认识，我说，你们是哪里的人呢？他说我们是大石口的，你不认识我们，我认识你。我说你晓得我是谁啊？他说你是周家兴湾，大塘角啊！我说我那个湾里是大塘角。他说你是五爹他的，他说我丈夫的名字。他说你是五爹他的，你这些东西我帮你带回去。我说你跟我带回去啊？他说带回去啊！他说这都是你的？我说是的呀，萝卜拿得了就拿，拿不了就不拿，我说这萝卜人家不要钱，我给三块钱他不要，他收一块钱。他说这怎么要不得呢！他说你回去，屋里也没有菜。我说这怎么装得了？他说这都有袋子，他也姓周。我说那怕是好了。他是七爹爹，他说我还要留点儿位置你坐啊！我说那坐不了啊。他说我五重车，我跟你带回去，那都是满重车。我这伢②就在那个岗上站着呢，站着呢。我就听着呢，我就喊一声，我说五儿，叫叔叔他们过来端东西啊，我五儿就说我妈回了，我妈回了。耀儿就说怕不是的。五儿就说是的，是的，我妈带了一个帽子。实际

---

① 光蛋：没有疙瘩，光滑。

② 伢：朱家抱养的孩子。

上朱家和周家也是挨着呢,到那个冲里去,他就在那里望着,就给点儿东西朱家。

当时我们头日来的,第二天就回去,我哥就一定要我回去,开始一年在朱家也是没有,也是回去拿东西的,这后来到周家也是没有,也要回去拿东西,只是当时我不想回去,我想着,我那个时候恹,我怎么嫁这么一个人家,这出也难,进也难,这个人家负担也重,也有老人,也有小孩子,我就急。

回想起来,我老娘死的时候我没看见,她死了我也没有看见,她在武汉死的,她住着长远的,我怎么能过去呢,她在武汉待了几十年,我怎么能去呢,一个老娘,她有三个哥料理她,我那个时候带点儿钱可以,我卖鞋子带点儿钱她可以。她那个时候说,晓得细女儿有点儿命,她就养着呢!那个时候我赚不到钱。当时没去,主要是觉得屋里丢不下,你自己也要在这里过日子,你要是走了哇,乱七八糟。你在屋里就还可以。

二、婆家人·关系

(一)媳妇与公婆

1.婆家婚娶习俗

(1)家庭矛盾

去了朱家之去,后来我的朱姓丈夫死了,得病,得了火病死了,然后吐血,死了,死了之后,现在我客居的这里,是我抱养的儿子,他是八个月来的,我养大的,养到了十岁。然后老子死了,我婆婆不爱我,她有两个单身儿,如果没有两个单身儿,我也走不成。她还要说,把了一个给我了,死了,再不给你了,然后我就走了,她对我也不好,她总是多^①着你。那赶先的亲娘就赶不到,这样才走的。

(2)二次婚姻

我是十九还是二十岁离开了亲娘家。然后就说了一个人家,说的是哪个呢!他原先是在我们那里挖沙子,然后我们就认识,朱耀清他家里还有个堂客,堂客是我姑大家的女儿,然后去世了,有两个孩子也去世了,民国六年三个都死了。然后不知道怎么地都迁到团风里面去了,过了几年日子,然后回了。我在他家里也呆了十一二年,然后他就死了,那之后我就再走了。

2.分家前媳妇与公婆关系

在做小媳妇的家庭,当时我的亲爷在屋里,我的亲娘也是很伤心,得了一个下痨病,她女儿带去了,屋里没哪个料理,也没有哪个诊呢,她就跟着女儿了。经常屋里就是我跟爹爹两个人,那也过了四五年。

当初我做鞋子卖,挣了钱也知道给钱给我亲娘看病。我姑娘^②她也做了十多双鞋子,我说你做这些鞋子做什么,她说老娘诊病呢,她说你以为老师有好多钱啦。她说这要她拿钱出来诊病啦,诊娘的病啦,我姑儿,然后她就做了二十双带去了。她一带去,她的运气好,那个时候,在东一庙,我细大在那里住着,我细爷就在那里摆着卖鞋,五块钱一双,二十双鞋一端去就卖了,她是我姑儿的舅母娘,我是侄女儿,在这婆屋里,是她的外甥媳妇,是这样的一个亲。她说英的东西卖了,我说卖了就卖了,等着要钱,屋里要买药吃。她说,我母亲的病怎么好得

---

① 多:嫌弃的意思。
② 姑娘:姑大的女儿,自己名义上的姑儿。

了啊,死也死不了,好也好不了,把伢们都苛①死了。我说那是别的什么。她说每个人都要苛一下,也要苛一下你。我说我哪里去苛呢,我整天没有吃的,我整天吃菜,我怎么苛啦,我就这样答应她。她说管它,都要帮下子,姑大看你也吃了亏。这是说的正经话,姨娘就说了,我就把了十块钱她,卖了鞋。我也卖了鞋子,她卖了二十双,我卖了三十双,我姑大,我也同意,我给了啊。

(二)妇与夫

1.家庭生活中的夫妇关系

我算好没有种田,我的男的当家,他一直在外面做生意,我就没有种田。当时嫁到朱家来的,伢他爸是做生意的,不是种田的,他总是做别的什么事。烟包生意,做这杂货生意呢,做杂货生意多,到了八九月份叶子出世了,就做两三趟叶子生意呢,就是收购,然后转卖,做包,做这么高的四方包,就是做那个包卖。他在外面做生意,我就在外面卖东西,那个时候卖什么呢,那就是小伢的袜子,卖这些东西。东西都是到汉正街上去上货呢,没有自己织,那买回来了,我就卖,就佃②一个门面,我当家的就在那里做生意,然后我就摆在旁边卖呢,就招呼。他在外面卖工我就也是卖工。在他们家我待了十一年,然后男的就得病了,得病了诊不好,也没有钱诊,我婆婆说他老子也是得的这个病死的,后来没有诊就得了这个病拖死的,他的老子,他的婆婆说诊不到。所以我没有吃的,没有喝的,你一个妇女也借不到,别人也瞧不起你呢,也不把你借,没有办法啦!

就这样我后来就到周家去了。周家的丈夫,他原先这边有两个孩子死了,大孩子十二岁,小孩子十岁,死了之后就到江西去打工,他的姑爷在江西做了官,他就到江西去了。到江西搞了五六年,回了之后我们再去的,然后就做一点儿生意,我也慢慢混生活,我当家就做生意,然后我就在旁边卖鞋子,然后赚钱回来了就自己过日子。

其实当时我是感觉自己被熟人骗了。那个熟人是跟我姓朱姓先生一样好的人,我先生去世的时候就托付他,叫他跟我找个好人家,然后就找个这个好人家,周家丈夫跟他的是亲戚,是他的一个表舅爷,跟他的关系很好,就跟他介绍的。熟人叫作童汉文,跟我先生一样,一样的出身,都是做这个生意的。他们两个玩儿得好,我就以为他不会跟我撒谎呢,谁知道又撒谎去了。嫁到周家来,也没有过来看看周家的情况怎么样,那是把他认真③了,最相好的,他也是做生意,两个关系好,只要搁得人④就可以了,那谁知道那么穷,穷到我把娘家的东西搬回来了。那就是开始一年,后来就好了,后来就种了八斗田,第二年还是种那么多,也没有加一点儿,我的也是六个人吃饭,结了一点儿谷子,这个婆婆,人家把谷铲去了也不晓得,老了,这个婆婆看不到门。

2.家庭对外交往关系

当时从武汉纸坊回来,坐船遇到卖萝卜的人,我看着人家伤心,人家眼泪来了,我眼泪也来了。他说只要一块钱,搭个渡船过去,我说一块钱不够啦。他说一块钱可以啊,这能看见,能看见。我说你拿去,算了,我说本来我不要你的萝卜,我也拿不了。他说我这萝卜很好,有千把

---

① 苛:拖累死了。

② 佃:租用。

③ 认真:当真,信任别人。

④ 搁得人:容人,宽容大度。

斤,后来那些人帮我搬回来了,我自己也搬不到。回来湾里的人都过来帮忙,我就把那肉拿出来,就叫华庭,华庭能够做东西。然后我就说华庭你现在就做点儿饭呢,把肉切着,下点儿豆丝,他们吃了走啊,这不吃,饿啊。他们说,你这也没有人做饭,不吃算了。我说你们不吃,那就把东西都拿去,那我就不要啊!他说那好,那吃一点儿,吃一点儿。那个时候也没有饭吃,我后来就下了一点儿豆丝,然后切了一些肉,就单独弄了一个锅,一个豆丝,就是那样清水豆丝,我不喜欢糕粑①豆丝,然后就用大碗添,添得满满的,他们推车的人也能够吃,团风到屋里②那个时候有四十多里路啊!做事呢,只能亏自己不能亏别人。后来吃完之后,我就说你们一人拿点儿萝卜去,他们自己拿秤称,说我称十斤,我称十斤。我说要的,你们自己称,五个人称了六十斤萝卜,我说少了。后来又一个人加了两个萝卜,一个人又加了两个萝卜,一个人加了两个萝卜。那个人就说,你怎么这么好,你怎么这好,我说你们是做这个苦活儿也伤心,也跟我推这些鱼、推这些肉回来了,都有。

正月初八的,我后来叫他细爷,我说你把那个去年帮我把东西推回来的人,叫他们来我的吃餐饭啦,黑了就叫他来吃餐饭啦,我说贵人不能贱用,让他们来过餐夜,我说东西都有,鸡儿、肉儿都有,叫人家来吃餐饭撒!我说清早他要做事,黑了就有,然后表外甥带来了,我表外甥他们那里的。然后一人一包烟,那个时候游泳的烟不好买呀。那个时候在团风街上做生意,有熟人我就买了,买了烟,一人把③了一包,这些事都是我承头出去做的。他们也说了,他说你也是伤心的人,什么东西都是用钱买的,我说用钱买,哪里买了这方便呢,我说贵人不能贱用。当时我就跟他们说我没有钱给车费,你们一个人称几斤萝卜去,那些人还是很高兴的。

(三)母亲与子女

1.生育子女

(1)生育子女

我自己生了一个,生了两个,一生生了三个,大孩子养了八个月,老二养了半年,那个老三落下来就死了,三个都是儿子,后来到朱家帮忙养外甥,到周家来了就养两个侄儿。

(2)婆媳关系

我和我的大媳妇过了几十年,她不喜欢我,我也不说她,我跟她总是没有儿多话说,她不喜欢我,我也不喜欢她。我今年三月初六从她家回来过生日。我说周攀,你把我带到黄州去撒!他说你到黄州去做什么?我说我出来几个月了,想回去看下子,屋里要晒一下就晒一下。周攀,你什么时候来呀?我说住几天呢,不是你的就是他的,我总不是二面居住嘛,然后住了一二十天。然后周攀就说我接你去呢,你还要住多久,你已经住了一二十天。我说算了我住了一段时间,我说你五十多岁的人,哪里陪着我呢,我自己现在还健康,也可以料理自己住一段时间。他说要的啦,你自己的住一段时间,我过一段时间来接你哈!然后他就走到那个地方去了。我就说周攀,你不是说我喜欢在哪里住就在哪里住吗?这里又不冷又不热,我就在屋里住一段时间。

周攀就是我的那个大孙子,他现在有五十二岁了,他初六满的,他的儿子有二十七岁了。我是觉得有时候一个人可能自在一点儿,看着自己儿媳妇已经上了年纪,然后自己也可以

---

① 糕粑:音译,浓稠黏糊的样子。

② 屋里:我家里。

③ 把:给。

动,自己做一下子也可以。我的大媳妇做事不行,她跟你也没有言语,也没有什么说的,她搞她的,你搞你的,反正饭一熟了她就说吃,反正你吃就吃,不吃就不吃,那没有什么花言巧语,说不到什么,反正你吃就吃。

其实我觉得现在的婆媳关系和以前还是有差别的。我们对婆婆呢,那就又是一个样子,那怎么又是一个样子,婆婆总是婆婆,你在对她们的言语上总是要好点儿、客气点儿,那就是婆婆你吃不吃?吃就添给她吃,搞点儿好菜她吃,她喜欢什么菜就搞什么菜给她们吃,她说你就在这桌子上吃。我说算了,我要晒太阳。那我就搞点儿菜,有鱼汤就淘一点儿鱼汤,打的番茄汤、泡蛋就搞点儿汤给她。我的婆婆蛮啰唆,她不要搞到饭里面,要分开,分开她就吃,不分开她就不吃。你看见她没有吃,你就要重新调一碗,重新搞。但是现在媳妇,那你吃就吃,不吃就不吃。就是那个事,然后口里还要说我不爱料理人,我不爱料理人,那口里还要这样说。即便我的细媳妇也做不到这样,细媳妇她又会做,她又会吃。细媳妇做早餐卖,她很忙,她会挣钱,细媳妇把早餐做了,她就出去,那个时候有厂啊,她就去扒铁,扒铁,她去赚钱,她还是有两下子,会做事。我细儿子在外面做事,细媳妇做了一幢楼房是她一个人的,平房也是她一个人。她厉害,她有起有跌,她人是不错的。她不欠吃不欠喝,不欠人家的。我原先和细媳妇在一起住着,后来她到娘屋去做生意,我就没有跟着在一起去,屋里有两个孩子要读书呢,要在宝塔上学,后来我就料理孩子上学呢!

2. 分家

我嫁到周家,我丈夫还有一个单身的大哥,我大哥也伤心啦,两个侄儿都是他养大的,我的老大,他的媳妇,大媳妇,她先跟我住,大哥一个人过,他会做房子又会做帽儿。后来大侄儿结了媳妇,又想要一个去,我也算了,他想要一个去,他想要一个他的大侄儿,他就结了婚,我哥一生都很聪明,他就想要一个去,这个侄儿我料理结的,我是头年冬月间结的,第二年六月份他就要去了。要去了之后,小孩子年轻呢,他那个时候又会做碗,他又会做劈篾,他又会做粑,又赚了点儿钱。我这两个又不会赚钱,媳妇就跟我结①,然后就被要去了,他就给些钱这个媳妇和孙子,媳妇还是很年轻,就爱钱。

那有一天,她就说六月还是七月份,她要和我分开,七月份分。我说八月份分怎么样?她说哪天不死人撒,管它哪天分呢!她就这样答应我。头年六月份结的媳妇,第二年她就是这样答应我,我就怄着,那就是怄啊。她就说要分开。我说分开呢。她说我跟伯合着。我说你就是跟你姐合着一起也可以。我说你跟谁合着我就不管你了。她说那我明天就分。我说明天分就明天分,她原先就把谷分到屋里去了,她把那个户口下了之后就分了,一天也没有合在一起。那我就怄啊,舅爷就说,这怎么行呢,接个新媳妇,想抱个孙子,还没开始就分开。我说要分开就分来了,算了,那跟着樊大爹也相处不好,我说我明天就收拾好。她有个伯赚到钱,小孩儿的气象,一个伯能够赚到几多钱呢,她就看见了,就说和伯一起,那个时候我说你和伯合着,那就要带常性②啦,你伯有的时候爱发鸡窝毛病③啦,那就是惹一下子,就爱来了,动不动就爱生气的毛病。她说我不怕哪,我只要他给点儿钱我,我管他做什么都可以。我那个时候背常债结媳妇,我哪里有钱给她呢,你也不要你男的做事,自己倒一壶油点到天光,也不做事,点着

---

① 结:吵闹,找茬。
② 常性:稳定,一般是是指性格好,能够包容人。
③ 鸡窝毛病:容易生气的毛病。

亮睡觉,半年不做事。头年冬月结的,第二年到七月份还没有开始做事,儿子没有做,媳妇也没有开始做,没有做就算了呢,爹爹就说要他们做事呢。我说大湾之下,一个儿子,一个媳妇,你说他不做事,年轻人有那个事,管它怎么样呢。爹爹算是忍住了,没有说。我说一个儿,一个媳妇,你说他没有事,人家不道论,你说他没有做事,他要跟伯。其实之前我们先问他伯,说你想要哪个侄儿领哪个去,媳妇归我结。大伯说我不要,我不要,结了媳妇他就要了,他要了我们也没有说要坏了,他也是要个人料理。

　　七月间分开的,那天他到什么地方去,在溢流河剃刷子,赚了一点儿钱回去,赚了百把块钱呢,樊大爹就买了一个棺材给他自己,自己的钱就顾自己,买了棺材去了五十多块钱,然后带了五十多块钱回了。我媳妇就说伯,我做双靴子给你。然后不知道怎么一下子就翻了①。爹爹(大伯)就把十块钱。我原先就跟她说,你要烧两壶水,然后我媳妇就说,我晓得啦,你莫管啦!我就没有管,我说你烧两壶水,你伯爱喝水,我还提示一下她,我也是提醒一下,我担心两个人还没开始就相处不好,我心里想着,我就说你就多烧点儿水,他今天回了,你伯爱喝水,而且他喝酒。他带了一些肉回来了,带了鱼回来了,我哥好吃,然后这个媳妇就煎着,她做饮食也不会做,大伯煎的。然后她伯就说,这娘们有东西做不到。我就说你煎一下,你个老人,你会煎也会煮,你叫她看着呢,叫她烧火呢,以后就知道煎着。我叫她看个鬼呢,我自己做着自己吃,这是樊大爹说的,都不耐烦了。我说你要带点儿常性啦,她是个后辈,你像这样说,她等下不喜欢啦!他说,我管她喜欢不喜欢。她要十块钱,她说我跟你做靴子,给十块钱买鞋料,底子已经纳起来了,十块钱买底子和面子,叫我母亲给你做个靴子。她有点儿长舌头。"我叫我母跟你做个靴子,做个靴子,没有材料,底纳起来了"。我樊大爹就信着说底纳起来了,那就给十块钱她。那翻了②不要一会儿,害伢③,媳妇害伢,水提到屋里去了,一瓶开水拎到屋里去了。我是一个厨房里,我就在这头做饭,爹爹还没有回,他们就吃了,屋里放着一张饭桌,饭桌上吃饭。我就在外面扯绺,看见他们笑眯了,你也笑,我也笑,他就给她十块钱了。夜晚,黑了,这个爹爹就睡了,他喝了酒,喝酒就渴不过。他就问我有开水没?我说我有啊,我就是怕他们两个吵架,我说你提一瓶去,我有。他怎么提一个我那个没有水的瓶。他就倒了一缸子,然后就喝了,喝了之后又渴不过,喝酒的人,他就到她屋里去。我还在外面扯绺,我就等爹爹回,爹爹在大队里做,爹爹还没有回。樊大爹说,你别把开水瓶拿去了,我今天要喝水啦!媳妇就说,我也要喝水。媳妇害伢,也是要喝水,爹爹吃了新鲜鱼也要喝水,他也要喝水,她也要喝水,我在大厅里就多了一句嘴,她是个后辈,不知道老人的痛苦。我就说细杜,你把他的开水瓶倒一点儿给他啊,待会儿他要提水,你又睡了,他又要提水,又要喝水。她说,我懒得到他屋里去荡④的。她就像半吊子一样,她说她懒得到他屋里去荡的。我就没有作声,我后来看见说了那句话呢,她又不信,爹爹就进去睡觉呢。我就到我房里去了,爹爹,我的嫩爹爹就回了,我就到我房间里去,到我房里洗手脸。爹爹就说我洗了,我在大队洗的,这屋里一点儿水,洗了划不来,我洗了。我说你洗了怕好了,洗了。一下子媳妇睡了又跑过来。我说你怎么了。她瘪着嘴巴像要哭一样,我就说你怎么了,刚刚吃饭吃得

---

① 翻了:关系闹僵了。

② 翻了:翻脸。

③ 害伢:怀孕有,妊娠反应。

④ 去荡:闲逛的意思,这里有嫌弃的意思。

好哇。她说我爹爹他又要喝水啊！我说了叫你烧点儿水，你要节约柴，他喝酒，今天喝了酒，他肯定要喝点儿茶呢，要喝点儿开水。她嘴巴一翘，然后就回去了。第二天早上，看见她哭起来了，我说怎么了，怎么清早就眼泪唰唰的。她说她昨天问爹爹要了十块钱，他把了十块钱，然后怎么样怎么样。她的水就放在她头边，就像她的屋呢，她就提在她床头边，她的竹柜就放在踏板上，水就提到踏板上去，只有这样才能到踏板上去提水呢，她就说好像爹爹调戏她，上了她的踏板。我说他是上踏板上去提茶啊，我叫你烧点儿茶，你又不烧，我叫你倒半瓶给他你又不倒。你别说这话啊，这话说不得，他一生，回了这么多年，多少年，十五六年，没有听说过什么。这樊大爹是跟了一个婆婆，是对面呢，是我后面湾里一个地主婆婆，很漂亮的地主婆婆，樊大爹一生就是那个婆婆，他没有别人。我说这话说不得，大湾之下的，我说你这说了你以后怎么做人啦，你不敢说，你要把他命费了。她说我要说，我要对亚明说。我说你说了就是大祸临头啊，我说这说不得。我劝她别说，然后就没有说，就忍着呢！就没有说，就跟她姐说了，她姐就在隔壁，她姐就说这话也不能说，樊大爹一直没有这个言语①，我们现在回来也有一二十年了，他一向没有这个言语，你这样说是要把他的命废了，这说不得，她姐就跟我是一个话。

她后来过了一个星期，还是没有一个星期，她就是生气出、生气进的。樊大爹，她也料理不到，樊大爹也爱吃东西，有点儿钱就要吃干净，不吃干净不行，不吃干净他就不出去赚钱，就是要吃。樊大爹也说，这怎么办，这么不好相处怎么办啊！樊大爹的话不好说，我就没有作声。他兄弟就说，你又要伢跟你合着，跟我们合着挺好的，你又要跟你合着，你合着你又说伢百不好，说那个媳妇百不好，你投②人生吗？你这个爹爹说媳妇百不好，你要不得。他说她不晓得什么事，她又刁③着亚明，亚明这回来一二十天也没有叫我。我爹爹就说没有叫你就算了，你是个大人。我们都晓得，晓得是为这个事情，他的兄弟就说樊大爹是怎么了，怎么跟媳妇也搞不好啊，我说了，你叫他们两个合着。我说我什么时候叫他们两个合着。他们两个自己要合着，是我叫她合着的？我娶个媳妇劳神费力的，他一下子拉过去了，我还叫他合着，我没有叫，我也没有多嘴，合着就合着，不合就不合。

后来过了几天之后，媳妇就过来说，我跟你合着。我说，哎哟，不是小孩子搭瓦屋，合着做什么，你们那个时候奔来奔去要分开，分开之后又要合着，你情愿跟他过，过了还没有一段时间，你又不过，还没有两个月，你又不过。七月间，冬月间，还没有两个月，她就不跟他合着。我也没有作声。后来就是樊大爹自己是赚惯了、吃惯了的人，怎么会跟她过着上呢。后来樊大爹就单独过，也不跟我合，也单独过，她先是他拉过去的，然后也不好说，他没有说，我也没有说。我媳妇说我也不理那个事，你不跟我合着，我也不管这个事情。像小孩子搭瓦屋呢，我没有叫你分你要分，你分了还没有三天又合不到，免得以后你还没有三天跟我也是一样的，我说算了，你七月份分开的，冬月就分开了，那我也好相处啊④！然后我跟她姐说，我说你跟你妹儿说下子，我原先那么不要跟她分，她那么要分。我说二十二的立烟火，她答应我哪天不死人，二十一立的烟火怕什么啦！我说明天一天呢，今天是二十一，七月二十一呢，七月二十二

① 言语：绯闻、传言。

② 投：反语，意思就是说要投胎成人就要像个人一样。

③ 刁：告状，打小报告。

④ 反语，意思就是自己也不是很好相处。

立的烟火。分家嘛,她要立烟火,我也要立烟火呢,我说算了,二十二的立烟火呢,迟一天吧?今天饭我做不要你做。她说哪天不死人。她说话很蠢,很蠢啦!

分开了之后我就怄得伤心可怜,眼睛哭瞎了。她那个时候跟着樊大爹两个合在一起,我也病了,他们搞了点儿细鱼儿吃,香喷喷的。我就在后面,我总是病了,抬不起头的病,发烧。分家东西那让他自己挑啊,初的一个媳妇,哪个跟她搞什么呢,她得菜园,我也没有得菜园,我说苕,一人得一点儿菜园,她不可,媳妇不可。那个时候她还没有菜园,有三个人的菜园,她要得两个。我说得两个就得两个,我得一个,得了就算了,这样就很好。但是她总是嫌少了嫌少了,我说要做了就有啊,不种就没有啊,我就是这样说,做就有,不做就没有啊!

3.母亲与婚嫁后子女关系

农村里养老有的没有钱就照顾,有的有钱他不照顾,还是凭各人的良心,不会想的人就只是觉得自己快活,然后还要自己说一句,我也老了,我也动不了。实际上解放前没有儿子的,老了动不了的人,跟着女儿得多。我现在的养老就是靠着我自己的两个侄儿。

过去女儿不能够养娘老子,如果有儿子管,女儿那只能偷偷地接济下,要是敞着①就养不成。现在可以,你自己赚钱就自己养。儿女都一样的,有良心是一样的,有孝心的人出去不会忘记了自己的娘老子。那哪个不爱自己的娘、自己的老子。我们有这大年纪的就是多岁了,还记得自己的老子、自己的娘,自己的哥兄老子都记得,我姊妹十五个,叔伯的,我都记得。如果娘老子不健康,不喜欢就只有那一会儿,转过身去还是自己的娘、还是自己的老子,该给她吃的还是要给她吃,该给她喝的还是要给她喝。

我总记得我那个时候刚刚好了一点儿,那个时候娘屋里没有钱,我哥死了,我父死了,我一家人不好,看着一个孙子,我们那个时候也为难也伤心,自己养个孩子死个孩子,养个孩子死个孩子,也伤心,自己总是难过。

三、妇女与宗教、神灵

(一)神灵祭祀

求雨。我们那个时候,天上好长时间没有落雨了,就会有求雨的活动,活动还有仪式,那什么磕头大拜的,有的应急。那有好多人,带着什么东西求雨,然后有的时候求下来了,有的时候没有求下来。有女的参加,也有男人参加,但是女的少,男的多。这个事情我们只是听说,还没有亲眼看见,只听见别人说求雨,求雨。那一家都是当家的去,求雨是把自己湾里赚庙的菩萨往别人庙里抬的呀,哪个庙里灵就往哪个庙里抬,抬出抬进,然后就落雨。

(二)祭祀与权利

土地菩萨。我一直没有拜土地菩萨,解放前也都是男将拜,不要女的拜。那严得狠啦,女的少数,没有男的,或者男的在外面当官的、做生意的、做买卖的。抛家不顾的,就只有女的去,她在屋里养鸡呢、养牛呢,又是什么养猪什么的,养猪养羊就是菩萨保护呢,土地菩萨管六畜。现在风气变了,土地菩萨男将拜,女的也拜。

(三)宗教信仰

我是信天主教,信耶稣。我那个大孙一九九三年生的,就是那个时候我开始信教的,这后

---

① 敞着:公开。

来我的老伴儿死了之后我就没有去了,脚痛就没有去了。我也信了二十多年了,快到三十多年了。当初在黄州住着,有人跟我宣传,他们个个说这个教好呢,然后我就信了。以前每个星期我都会去做礼拜,捡破烂儿有块把钱呢我就献给教会的,有时候自己没吃就打饿肚,回来再吃。

四、妇女与村庄、市场

(一)妇女与村庄

开会。解放前,我见过保长和甲长,他们有时候会组织开会,但是一般不叫人,叫了也不去,都偷偷躲着,青年人一直没有见面啦!我们女孩子十几岁,打了辫子就没有见面。打了辫子就是大人,不敢见日本人,你是怎么敢见他们呢,捉去了就没有回来的可能。

(二)妇女与市场

解放以前我自己做鞋子穿,也做鞋子卖,这做鞋子,手指杀穿了。我这晚上瞌睡来了,这里插了一针,然后就放血呢,一边打瞌睡,一边又想做呢!我卖鞋子的环境比较好,我本人没有上街上去叫卖,是我湾里的一个姑娘,住在东一庙,是我叔伯的一个姑娘,在东一庙街上住着,然后有驻军队,广西佬,有个刘营长,就把她抢了去了,抢了去了。国民党抢了去了,我卖一点儿鞋子,她可怜我,说我没有出息,她就叫我做鞋子,我就一回做了五十双靴子,那种潮鞋靴子,那种潮鞋靴子好做一些,一有时间就做,白天在畈上就做,晚上回了屋里也是做,有一回我就做五十双,我会上鞋子,会做鞋子。

这个姑娘的娘就回了,她的娘想念她的女儿,总是两边跑,她也不讲究什么,她也不讲策略,就是两边跑,细大①,我们叫她细大。有的时候想念得很,就巴不得②我们做鞋子就可以往那里去。后来细爹不要她去,说丑③。姑娘又不会愿心愿意地跟他,而是抢了去了,你又搞不赢,他是军队呀,你又搞不赢他,搞不赢,只能做他的媳妇。

这个姐姐就说,你把鞋子做着,我说做多少?想做几多做几多,你做一千双我也跟你卖,我说你卖不丑。她说我跟他讲那么多事,那个时候太太卖鞋子是丑。她说我不跟他讲那么多,她说我自己人不顾及自己人啦,叔伯姊妹伙的,她说我给你卖。我那一回,做了一百双,我说这能卖了多少钱啦?她说卖了几多算几多,那卖几多,她说我八块也卖,十块也卖,十二块也卖。我说卖那么贵,到时候没有人要,她说不要也得要,我到时候就提着卖,我说你莫这样,到时候刘营长说。她说,我怕他说,他整年整月都不在屋里,我怕他说。她很恨那个人,也很讨厌那个人,她不喜欢那个人。在广济,我的细大,在那里搞一些布回来了,破布回来了,我们就拿着拆,拆了好的我就留着我爹爹穿,补着丑的我就拆成破片,拆着闭成壳子④,一回就闭一些,一回就闭一些,我伤心,我一边闭,一边流眼泪,就想着别人怎么那么好的条件,我是怎么在这个人家这么伤心,然后就是吃苕藤,然后就拼命闭呀。我一闭就闭很多,就那样做了半年,做了一百双鞋,一百双靴子,一次性卖了六百块,那个时候喜不过,那就是可以买米了,也可以买油,可以买吃的,可以买衣服。我总记得卖了二十多个现洋,我说现洋不搞,留着。现洋

---

① 细大:类似小婶娘的意思。

② 巴不得:热烈地希望。

③ 说丑:丢脸的意思。

④ 闭成壳子:用米糊浆将旧布一层一层糊上去,干成硬壳后,作为做鞋的材料。

带给我哥,娘老子没有房子,那个时候我哥刚好回了,我说,我哥刚好没有屋,你把我这钱的。他说你哪里有钱啦,我说我做鞋子卖的,我叫细姐帮我卖的。他说,你要是出去卖鞋我打死你。他很守规矩,不要我出去。但是我后来就是不要命地做,不要命地做。因为就只有鞋子可以值钱,别的什么都不值钱,你对着军队在这里卖呢,他也见不得女人的面,他也乱七八糟的。他抓着,这样那样的,因为我这个姐姐帮忙卖鞋子,以至于我总没有见军队的面,还是比较安全的。那时候街上没有女的卖东西,女的上街也不好。上街也不行,女的不能到处跑,不然就会被别人说没有教导①。而且一般的街上也不卖鞋子,因为街上各家都是有女的买什么鞋子呢!

五、国家关系中的农村妇女

(一)农村妇女眼中的国家、政党与政府

1.政党认知

国民党的军队很坏很坏,不像是共产党的,他们总是找花姑娘子,花姑娘子,我们总是没有见面,总是偷偷地躲着,在畈上去做生活呢,大家去做,他们就不敢呢,大家人在那里他们就不敢,你要是一个人在屋里,他就乱七八糟。我自己见过国民党的人,那吓死人了,他也跑,我也跑。我们也是不晓得他们是要做什么,我们也不懂他们的话,他叫我去找花姑娘子,我哪里找花姑娘子啊,我也不晓得什么叫花姑娘子,也搞不清楚,他叫我带路,我一个女孩子怎么带路,赶着就跟着他带路。我一直很刁,就跑了。然后就跑到那个破屋里面去躲着,钻到一堆柴里面去躲着,他把柴撬起来、撬过去没有看见啦,看见也是打死。那吓死人了,他到处找,没有找到,那找到就是死,找到就是打死。我们个小孩子哪里知道有花姑娘子,也不知道找花姑娘子做什么,只知道吓着跑、拼命跑,就是这样,没有见他。那个时候,我们也听说过孙中山、蒋介石,只是没有见过,只知道国民党都是坏人,就是拐人②,其他的什么好歹就不知道了。

日本人我也见过,那牛车河不知道死了几多啦,那就像肉猪睡着河里,那不知道怎么都搞到河里去了。那有几十人,不知道是被日本人打死的,还是自己跑到里面的,那水也淹不了,淹不死,那脚背深的水,怎么会淹死呢,那就是枪打死的,那死了一河。我们就到扬叉沟里面去躲着。

2.政治参与(投票、入党、当干部等)

国民党里面没有女人,女人是跟共产党做事。我身边就有妇女当干部的,但是总体上来说男的要比女的多一些,而且女干部都是要比较能干的女的,有故事的,能够说话的,不能干的女的也不要,免得糊里糊涂的。

3.干部接触与印象

共产党刚来的时候还是很愿意帮助别人的。

4.裹脚

我们小的时候是伤心得狠,光跟别人做事,跟人家纺线、抱孩子,我脚快手快的,一街人

---

① 没有教导:没有教养。

② 拐人:坏人。

就说我脚快手憨①的，因为我脚大撒！那个时候也没有包脚，我包了，我亲娘的女儿也包了，我们俩一起包的。那个时候扯的新裹脚。我的那个亲娘把那个线都缝着，缝着缝着我就去照鸡，脚痛不过，痛不过我就捡了一个瓦片，把那个线给割断了，割断了之后，也是缠着缠着包着。我亲娘就说她的女儿，她②包了脚，还在外面做事儿，你在屋里坐着，还呜呜吊吊地哭。她那个脚也没有松开，她面上放脓，面上都到处都折断了，放脓。我的脚撒门奇快③的。后来一个星期洗脚，我的亲娘就说你这个脚怎么活了八鲜的？我就不答应，我就不答应她。她说你好好说，你不说我就要打你。我说我痛不过，你要我照鸡，我给解开了。我亲娘也没有打我，然后就解开了。我亲娘这样说的，哎哟，我看的小媳妇，你这也不过第二家，解了就解了吧。我记得她说解开了就算了。

（二）互助组、初级社、高级社时的妇女

我们小组也有妇女队长，有的妇女队长为着我们，有的也不为，大多数为下，上面厉害了就为两句，上面不厉害就不作声。妇女队长都很聪明，我们也不怪她，基本上她们还是可以的。

实际上我也当过妇女队长，我是死猪不怕开水④试下，我是那样想的。我一共做了两次，第一次做了十年，第二次做了年把，后来我就懒得做了。那时候整天就是挑担子、开会呢。我们是妇女队长还要跑得快一点儿呢，你总要做得像个样子，不然你怎么说话呢，就是这样的，你要是做得百不像呢，你要做得要能够说话，不管是哪个你能够说得开话呢，心里就要想这个办法，但是吧，又忙。我屋里有两个伢读书，又有两个老的，屋里要照顾下，我自己要照顾伢，而且睡到半夜叫你起来开会，你是起来还是不起来呢，起来又冷，不起来也不行，也是忍着起来。

妇联主任，我也知道有，一个是江秋艳，细王家湾的。她是曹家嘴的姑娘，嫁到细王家湾去了，她娘是个哑巴。

（三）妇女与人民公社、"四清""文化大革命"

1.妇女与劳动、分配

我们那个时候做分就是角把钱⑤一天，做分还相当于一个人到，在外面车大水十分，在屋里做绉⑥也是做十分。我是到外面去车大水呢就是十分，我们四十多岁，别人就说我是嫩婆婆，四十多岁在外面做呢，一年中手上的分有三百多天。手上的分就是做绉，那就是大队统一叫我们做的，做绉你做多少得多少，反正我总要搞十分，不说搞八分几分，总要搞十分。我每天做三十个坯子，三十个坯子就是十分，也想做多。抢险车水就十分。我们没有休假的时候，只要闲一点儿，你就做坯子呢，做的那里去放着，不然你天天就那里去交啊，像这样做着，做着就放着，然后就那么一套，一天就套起来，天黑了就去交。

我们有三个婆婆，三个婆婆一年生的，一个月每天做十分工。我老伴是做饭吃也是十分，他做饭的，但是他不爱在屋里，他爱跑了，恨死人，他连着跑五年，我恨死了，总是停粮停粮。

---

① 手憨：手慢。

② 她：受访者。

③ 奇快：特别快。

④ 我是死猪不怕开水：自谦的比喻。

⑤ 角把钱：大约一角钱。

⑥ 绉：音译，帽子的意思。

他喜欢跑,我后来乱骂,脾气来了就乱骂,我一去称粮就没有,一去称粮就没有,称粮的人总说他差呢,他一直没有分子,总是他差。一差,就扣我们的粮食呢,很讨厌。我也拐呀,那里有一堆沙呢,他称的米不给我,一直结①,我顺手就把米倒进了沙里面,他也吃不成,我也吃不成。我反正也不怕人,我饿不过,我原先也拐②,不是不拐,也拐。倒在沙里面,你吃不成,我也吃不成。都是些小队的干部,小队的干部就称给你了,他说别端走了,别端走了,我说怎么了,他说五爹爹你没有报,回来了。我说什么时候回了的,你是什么时候看见回来了,回来了你怎么不作声,你总是在我面前打幌子,顺手我就把米倒了,他也不敢打我,也不敢骂我,我就拼命地骂,一边骂一边哭,吵啊!

细王家湾我的兄弟叫作莆庭,他是当书记,然后他们就跟他说,说我怎么厉害,怎么厉害,然后他说,我也不是为着我细姐,我细姐脾气是有一个的,在大塘角怕人,她站得住脚?站得住?大塘角搁不得人③,几搁不得人啦!余家奄的大塘角,以往有个易福安,就是大塘角,和我那个弟弟,一个是一个正书记一个副书记呢,我倚着我的有个干部,以前有个汪少岩也在我们那里驻队,以前有个卢秘书也是我们那里驻队,我不怕,我还是没有输,粮食也还是称了,后来也称了吃了,也没有欠粮食,我一年有三千六百分,一天也没有空的。丈夫不在屋里做呢,我有两个伢吃饭。其实小队的干部并不是一定要我的分和丈夫的分加在一起他们才给发粮食,我的粮他也要发,但是他要拐我,要像那样拐,不给我发粮,惹着我发脾气。我说你也不是不知道他喜欢跑,也不是我叫他跑,他以前也是喜欢跑。我说你捉他,你把他捉着,然后熬油点灯我也不说什么,也不会说点儿坏了,你抓不到他,你就抓妇联出气,就说我怎么样怎么样。你说两个人睡觉,他睡着了,我也睡着了,再醒来就没有看见人了,屋里一点儿粮食就被搞了去了,我一点儿都不知道,睡觉了就像死了一样,哪里知道。

第二天清早起来,没有看见人,实际上一看见走了就吓不过,吓不过就想办法跟小队干部吵架。你越是善,他就越是指着你说,指着你说,指着你说,指着你说,说你不知道是假的,实际上本来就是不晓得。小队干部还觉得你把他放走了一样,你就是冤枉死了,后来有时候哭,有时候不哭,别个听了还笑,别人没办法就说是的。

我怎么不恨呢?他没有想到他屋里有家有儿女。你有两个孩子,他没有娘没有老子,你要做着吃,做着喝,还有两个老人。我们受罪了,先为这个吃的受够了。他只顾他自己,跑也没有跑出名堂来,跑得烟火气断④的。那这是气死人了,也活活怄死人了,气死人了。我觉得女的当家都是男的逼出来的,那是没有办法。

2.生活体验与情感

(1)生活体验

大集体的时候基本上不能随便出去玩儿,那没有时间玩儿,那总是做事,那过去就追着做事,就要讨着做事,我们没有田,没有地就不会去抢粮,你就直接算一点工分。公家不让私人织布,除非公家起厂,你就可以去织布呢!

---

① 结:找麻烦。

② 拐:脾气坏。

③ 搁不得人:不容人。

④ 烟火气断:形容奔波的很累。

(2)妇女节日

那喜噻了①的,那就到娘屋去下,到姐姐屋里去下。那有钱,就带东西去,人家做得好,拿鸡儿啦,称点肉啊,包点儿包面②,做点水面③吃下,你来了也是那样的。

(四)农村妇女与改革开放

1.土地承包与分配

土地下放的时候,我们是有土地证的,但是不在我手上,就在伢们手上,土改的有没有就不记得了。土地承包时的土改证上大概有我的名字,就我这一个人户口在家里,我有个身份证呢,那就是名字。我家农村户口就我一个人,我的老大呢,他移到团风去了,他的户口是国家户口,我这孙子是考学出去的。目前家里有田,但是我没有种,我也没有管,那就是别人都领了去,现在养鱼得多,都搞去养鱼去了。

2.精准扶贫

据说现在每个人每个月政府是要给一点儿钱,但是我不是特别清楚,有时候叫你去领钱,但是不知道是什么钱,我的钱都是我孙女领的,具体我也不知道。去年领了一些,其他的就不知道。

六、生命体验与感受

我是长居在黄冈市的大斜塘,住在周家侄儿屋里,住在他家,他一家人在上海。幸好不用爬楼梯,感觉现在过得去,也不好,也不歹。我现在在黄州每天生活的状态就是,现在算是不想钱,三块的肉也买,两块的肉也买,五块也买,早上就吃点儿水面、或者吃点儿包面、或者买面窝,两块钱的面窝,一餐。我们有三个婆婆和四个婆婆。她要去就跟我带,我要是去就跟她带,不然就是自己像今天多买点儿,然后放在冰箱里,搁在冰箱里,自己那样做着吃,然后再做点肉,就是那样的。一个人两块钱也可以,五块钱也可以,后来两块钱不好买,别人不好割,现在东西也贵,我们就买三块钱的。然后卖肉人也说,这些婆婆不得了,割多了他们也吃不了,割少了,他们也不得了,然后就约着多买点儿。后来就没有买两块,总是三块、四块。也不是天天早上都那么吃,碰巧早上懒,我懒,四个婆婆也就我的年纪大一些,我早上懒,我不爱起早,我一生不爱起早,后来自己当家做主也没有起早,不起早。

现在我住在朱家养子家,像他呢,也好像养了九年零四个月。我后来走了,他也没忘我,我也没忘他。后来周姓爹爹死了就死了,已经有九年了。这里的这个爹爹④也就找去了,找了去了,胡家湾的一个人带去的,带去之后,他就接着跟我再走⑤了。我现在没有人管呢,他就接过来了,接就在他家里。

---

① 喜噻了:高兴。

② 包面:类似饺子,皮是正方形的。

③ 水面:机械做的面条,类似拉面。

④ 爹爹:朱家养子。

⑤ 再走:联系,来往的意思。

JSJ20170103MPY 马佩英

调研点:河南省鹤壁市淇滨区钜桥镇钜桥村
调研员:靳守姣
首次采访时间:2017 年 01 月 3 日
受访者出生年份:1934 年
是否有干部经历:否
是否生育:是
受访者结婚的时间节点、生育子女的具体情况:1952 年结婚;1954 年生第一个孩子,共生了四个孩子,三个儿子,一个女儿。
现家庭人口:5
家庭主要经济来源:务农
受访者所在村庄基本情况:河南省鹤壁市淇滨区钜桥镇钜桥村是一个比较大的村庄,有一千多户,五千多人。村庄大概有一千多亩耕地,这里的耕地不是旱地,是水浇地,地质相对比较好,而且地势平坦,很适合耕种,地里种的玉米和小麦,一年耕种两季。合作化时期钜桥村的土地比较多,好多都流失到隔壁的村庄,所以导致人均占有耕地特别少。因此很多人选择外出务工,有的在市区工厂和建筑地上工作。
受访者基本情况及个人经历:老人今年八十三岁,有三个儿子、一个女儿,老人没有老伴儿,现在在三个儿子家轮流居住,一个儿子家居住一年,老人有六个孙子、三个重孙子。老人身体比较健康,现在年纪大了,也没有经济收入,靠养老金和儿女的赡养费生活着。正是因为老人经历过以前艰苦的生活,所以老人觉得要珍惜现在的生活。

由于老人是娘家最小的孩子,老人家有两个哥哥、两个姐姐,所以在家里还是比较娇养的,老人出嫁的时候比两个姐姐都陪送了更多的东西。嫁到婆家的时候,老人的婆婆对她也挺好的,婆媳之间没有闹过矛盾。老人在娘家的时候读过三个月的书,老人是比较识大体的,对待儿女的教育问题和婚姻问题也看得很开。

一、娘家人·关系

(一)基本情况

我叫马佩英,我的名字是我爹娘起的,这个名字是上学的外名(大名)。我有两个哥哥,哥哥的名字是上学的时候父母起的,在家都是小名,上学的时候起个大名。当时的名字都是按照辈分起的。我今年八十三岁了,当时娘家有多少地记不清楚了。土改的时候家里主要是贫农,家里除了两个哥哥,还有两个姐姐,我是最小的。当时家里没有被抱养的。我大概十九岁的时候嫁过来了,他家(婆家)当时有五六亩地,土改的时候划分的也是贫农。他家里有两个姐姐、一个哥哥,我嫁过来的时候他们都结婚了。他家也没有兄弟姐妹抱养的情况。我有一个女儿、三个儿子,女儿是老二,当时我生第一个孩子的时候是二十一二。

(二)女儿与父母关系

1.出嫁前女儿与父母关系

出嫁之前在娘家的时候都是我爹娘当家,出去商量事情的时候也是父母亲,他们是老掌柜。年轻人,人家也不给你说。外面的事儿也都是父母当家,我在娘家读过书,上了一个月的速成识字班,三个月就毕业了,当时这个是公办的,只有晚上的时候上课。我的两个哥哥上的小学,上了几年也不太办事儿,家里孩子多,顾不上。我的两个姐姐没有上过学,她们不如我,我最小,所以在家里挺娇养的。当时村里富裕的家的孩子都会去上学,女孩儿读书的也不少,能读书的都是家里条件不错的人。上学的都是女孩儿一个班,女生是女生,男生是男生,都是在一个学校,但是不在一块儿。

在娘家的时候男、女孩儿的待遇都是一样的,盛饭的时候是都是一块儿盛饭的,都一样,也不分什么。吃饭的时候都不上桌吃饭,谁愿意端着去哪就去哪,那时候不上桌,现在都是在一个桌子吃饭,那个时候都是随便吃饭。平常添衣服的话不管男孩儿、女孩儿一个一身衣服、一双鞋子。我们那个时候也有压岁钱,男孩、女孩儿一样多,要不有意见。春节拜年的时候我会出去拜年,母亲年纪大了就不去了,在家等着收头呢!那时候但凡上些年纪就不出去了,三四十岁她都不出去。小孩儿们都出去拜年,人家给自己的家人拜年,咱敬人家的老的,人家敬自己的老的。

当时家里来了客人的话,母亲也可以上桌吃饭,她陪着客人们吃饭。大人都陪着吃饭的。母亲做好饭就会盛饭跟其他人坐到一块儿吃饭。我们小孩儿不分男孩儿、女孩儿都能上桌吃饭,不分男女都是大人的孩子。当时去别人的家里座席的时候都是一块儿去的,母亲也会过去的。就是再忙的话也都会停一下活儿去座席的。

当时我们家里没有人去外面讨饭,我娘家是做买卖的,我姐妹整天忙得不行,卖油条、蒸馒头、烙油饼。那时候我娘家家庭条件不错,我们没要过饭。我们小的时候也能出去玩儿,也不会做活儿只能出去玩儿,大了的话能做活儿的时候就不让出去玩儿了。平常玩儿的时候都跟男孩儿一块儿玩儿。我们当时衣服不会刻意和男孩儿的衣服分开,都是在一根绳子上晒,哪有阳光在哪里晒,没什么讲究,晒干为止。

出去干活儿的时候都下地干活儿,也不分男女,有活儿的话一块儿出去干活儿,我小时候还出去干过活儿呢!摘豆,收麦子,能干什么干什么。当时也不会有人说什么的,忙的话都出去干活儿了。我那时候十一二才会干活儿,那时候家里磨面,一接到活儿就没歇的时间了。

我哥哥也干活儿,好比家里炸油条的话,他们会出去卖卖,你蒸馒头他们出去卖。他们那时候十七八的时候就能干了。这重活儿都能干了,家务活儿的话自己能干的都自己干了,自己不能干的话父母干。一般男孩儿该烧锅烧锅,该淘菜淘菜。

我那时候会纺纱,也会做衣服、绣花之类的。我那时候十五六岁上的学,晚上还要扎花,这些都是母亲教的,纺纱除了干活儿的时间整天纺纱。我织布都是自己穿的,穿了就织,不是卖的。我当时做鞋的时候,也是要穿的时间才做。之前小的时候我也会做鞋,因为嫁出去了分家了谁给你做呢!一般也是只给自己做,不给其他人做。后来到了集体化的时候也纺纱,但是纺的比较少了,没之前纺的多了,那时候想卖个布换个花,弄点利的。

出嫁之前我过生日,生日的时候会煮个鸡蛋、擀个细面条,小的时候过,现在离开大人了,也不记得了。那时候我没过个成人礼,也没什么仪式之类的。

2.女儿的定亲、婚嫁

那时候家里有闺女的话,人家一般会问这闺女有婆家吗?没有婆家的话就给你找个好人。一般都是父母在,父母说啥就是啥,跟你介绍个啥就是啥。当时相亲的时候不能见面,都是靠媒人向双方说的,我不记得我是什么时候定的亲,只记得十九岁的时候嫁过来了,十九岁的时候定的亲,定了了就马上结婚了。那个时间农村的女孩儿也没固定的时间定亲,有小的,有大的,有的穷的送童养媳呢!顾不住吃喝,养活着吃喝。这些童养媳就是家里条件不好的,穷,吃不上饭,才把小孩儿送到人家家里了,送到人家家里总比饿死强吧!

那时候我是我姐帮我介绍的,相当于我姐是媒人,如果不是我姐,我都来不到这儿。她也是这个村的,我没少埋怨我姐姐。现在长大了就啥都不说了。当时给我介绍的时候也没有了解过,因为是自己的姐姐介绍的,也比较放心。定亲的时候没有写什么婚约,一换手续就行了,给我做了两件衣服,买了两个本,买了根笔,就是这样的。那时候我也没有收过彩礼,那时候不兴这,那时候都是坐轿子,不兴彩礼。地主家也不兴送彩礼。就陪送了一个木梳、镜子、茶缸、洗脸盆,给你做两件衣服。那时候我比俺两个姐都强,她们出嫁的时候啥都没有,我出嫁的时候给我做了蓝大袄、一个小袄,做了一身,我出嫁的时候没娘了,把我哭的。定亲的时候我们见面了,当时开通的话还能说说话,不开通的话一晃面就行了,有的甚至不让见面。当时我们双方父母也一块儿见了见面。我们见面也没说啥,当时不兴见面,说话就丢人了,见不见面都是自己的人说了算,家里人介绍的他也是比较可靠的。

当时定亲的话不兴毁约,只要一过门就成人家的人了,定过亲以后就会结婚的。跟现在不一样,想过就过,不想过就不过。你愿意定就定,不愿意也不强迫。当时我结婚的时候写婚书了,婚书上写着双方的名字,不写名字的话谁知道跟谁结婚了,婚书跟结婚证似的,上面没有父母的名字,跟现在的结婚证似的。

当时出嫁的时候我娘家这边没啥仪式,有送嫁的人,都是自家的亲戚邻家,那时候家里也会摆宴席的,跟现在一样。有穷人不摆宴席的,就是熬个大锅菜就可以了。那时候我们家也会摆宴席,也请了自家的亲戚,都随礼了,当时的亲戚都随礼了。那个时候富裕的家庭也不会陪送的,顶多就是陪个箱子,放个木梳挂头辫儿了,别的什么都没有了。一般的家庭陪送几身衣服就不错了。我之前出嫁的时候织的布都是自己穿,没有卖过,所以没有什么收入。

我嫂子当时是童养媳,那时候娘家里是山里的,也不富裕。我们做个买卖,有个饭吃,我们就养着她了,等长大了还是一门亲事儿的。就这样养了一个童养媳,当时俺娘她比较亲童养媳,光打女儿,人家都觉得我娘很奇怪,人家都是亲女儿,不亲媳妇,而我娘光亲媳妇,不亲女儿。她当时是十六七就过来了,那时候我哥一二十了,她在这儿过了好几年,到二十二三就跟我哥结婚了。当时她娘那个时候也在这儿住着,那时候山里穷。

当时村里有换亲的,他家的男孩儿大了,姐妹们多了,就跟人家换亲了,也是家里比较穷。一般换亲的话也是媒人介绍的,都知道两家的情况,换亲的时候也是同意人家才换的,不同意人家不换的,结亲家都是门户相对的。

我在娘家的时候有上门女婿,招上门女婿的话,晚上一家人围着一商量说想招家个女婿的,一商量就是这,人家家有男孩儿,没有女孩儿,你不让人家招吗?一般招的话,也是家里孩儿比较多,家里比较穷,才招到女方这里的。当时招女婿的时候要立合同,不孝敬老人怎么行呢?两情两愿,人家招女婿就是为了养老,等老了以后人家的产业就归他了。入赘的女婿生的孩儿都是跟他父亲的姓,一般很少跟女方的姓。入赘的女婿一般也不存在分家,人家的闺女多,不一定都招到家里,就是为了照顾他。如果他比较有能力的话也让他当家,不过一般当家的比较少,当时当家的都是父母,他比较(能)办事儿的话,人家就把掌柜让给他了。

3.出嫁女儿与父母关系

出嫁的女儿一般可以在家里吃年饭,初一初二到娘家拜节的时候不吃她的饭吃谁的饭呀!那时候也能在娘家住,有娘家人在那里的。出嫁的闺女也能回娘家拜墓(扫墓)。但是出嫁的闺女不能管娘家的事情,人家的情况能让她出嫁的人管吗?如果出嫁的闺女跟婆家闹矛盾了能回娘家居住,但是闹矛盾的比较少。那时候如果结婚以后不想过了就可以提出离婚,那时候离婚好离,当时离婚的时候有女方提出来的,也有男方提出来的,男方有本事了会嫌弃女方,就跟女方离婚了。离婚的话不需要同意,同意也得离,不同意也得离。出嫁的女儿也不能当她娘家的家。离过婚以后还会找个好人家的。出嫁过后的女儿还是要回娘家照顾一下的,只要闺女手里有钱的话,就可以孝顺孝顺她娘家,串亲戚的时候给她娘家弄个钱,给她娘买点吃的东西,给她买身衣服,这都是孝心吧!(老)人家要是去女儿家住两天也是可以的。如果娘家父母去世的话,出嫁的女儿需要摊一些丧葬费用,我那个儿媳妇人家放在她身上三千,那样也不能打折扣。我那时候没有娘了,就剩下我爹了,我爹那时候不兴,都不要。清明的时候也经常回娘家上坟,谁没有父母老的呢!七月半的时候我们这儿也会给老人烧纸钱。出嫁后的闺女有的回家祝寿,有的不回家不祝寿,我都不让我女儿给我祝寿,嫌太麻烦了。

(三)出嫁的姑娘与兄弟姐妹的关系

那时候出嫁的闺女不管娘家的事情儿,娘家的事情娘家人商量就可以了,与人家也没啥关系,如果需要拿钱的话就拿钱就可以了。娘家分家的时候出嫁的闺女更管不着了,他也不叫人家,人家也不管,人家是出嫁的闺女,他家的事儿他自己家的人商量。

出嫁的闺女给她娘家兄弟姐妹随礼的话都是随一样的,有钱的随大礼,没有钱随小礼。随礼的话都是量力而行,愿意拿多少就拿多少。当时不会跟我哥和我姐家借钱的,他们哪一家都不富裕,我们家三个男孩儿、六个孙子、一个女儿、两个外甥,谁家都不富裕,现在一个孩子一个负担。没有钱的话就向其他人借,也不找亲戚邻家,也不好意思找人家,人家如果有的话可以借你一些,没有不借也不太好看,所以能不找亲戚借就不找亲戚。

如果爹娘在的话,还是会去父母家住的,如果没有父母亲的话就哪里也不去了。我也会去我姐家住几天,我姐家是合营的,我三天五天住在那里。我要是跟我婆家闹矛盾的话,我也是需要找个条件才能把兄弟找过来，不找条件的话兄弟不会给你出力。当然在婆家闹矛盾的话，最先会让婆家调解的，一说一调解就行了。

我儿子和女儿结婚的话，也不会特意跟我娘家兄弟说一声，说说也行，不说也没关系，人家不管，只要他们自己本人同意就可以了，别人不当你的家。即使没有哥哥的话，我姐姐也不会代表娘家人参加我家的婚礼的，她只代表她自己，因为娘家都有正主，姐妹们都出嫁了，人家不管。

我娘家没人了，要是有我哥的话，我想去就去了，不想去的话有后代让他们去也行，没有老人了，也不用过去拜年了。我出嫁后跟姊妹和兄弟的关系都一样，各顾各的，谁跟谁走得都不近。

二、婆家人·关系

(一)媳妇与公婆

1.婆家婚娶习俗

我结婚的时候，我婆婆家是贫农，他们家也没做什么生意，我老伴儿是瓦匠，是修建队的。我们定亲的时候男方这边没有定亲宴，男方定亲的话会给自家的人说说，问问自己家人的意见，看看合适不合适，也会让人家参考一下。当时我结婚的时候，我婆家迎亲的话他派自家的亲属，大娘大爷、亲哥弟兄去迎的亲。我进他们家门的时候怀里揣了块镜子，人家说那是照四只眼的，女方弄个铜镜，人家就把拖把红线给你了，都是防备那些怀孕和穿孝的人的，现在都是买的镜子，那时候都是大铜镜。当时我到他家，那种喊一拜天地、二拜高堂的司仪是男的，也没啥禁忌，只要磕头就可以了。结婚第二天也不用给公婆端茶请安，我们那时候都不兴这些。那时候头一天给公公婆婆铺被子，现在都没人铺了，那时候把铺盖铺好，分公被子窝、母被子窝，那时候还兴扫房、扫桌、扫床。

我那时候结婚的时候不用到他(男方)家祖坟上拜拜，只要给他添桌底就行，就是一上拜，一作揖磕头就可以了。也不用专门去到祖坟上，一下车就有天桌，天桌上铺着红布，一拜堂就行了。我结婚以后人家说是有的地方兴拜祖坟，但是我没有去过。

2.分家前媳妇与公婆关系

我嫁过来以后只有一个婆婆，没有公公了，那时候他们家都是我老伴儿做主了，婆婆都开始轮流吃饭了。我老伴儿是老二，我嫁过来的时候，他们家已经分家好几年了。我们家管钱、管钥匙的是我老伴儿，我刚开始来他们家，摸不透人家的情况，啥事儿也不管。他们家有事儿的话，我一般也不参加，也不管人家的事儿。但是讨论婆家的事情的话，婆婆还是要参加的，因为没有老公公了。当时我婆婆什么都干，人家七十多了还干活儿呢！我跟她关系不错，从来没有拌过嘴，人家不惹自己，自己也不去惹人家。

我如果回娘家的话一般会给婆婆说一声，让人家知道你去哪里了，除非吵架了才不跟他说的。吃饭的时候我们都不上桌，谁愿意在哪儿吃饭就在哪儿吃饭，有的去土炕上吃饭，那时候土炕还挺暖和的，上桌的都是差不多的家庭，穷家都是个人盛个人的饭，搬个板凳喝喝。

1949年之前，我娘家那边也有婆婆对媳妇不好的，人家又没有生她又没有养他，能说到一块儿就说到一块儿。如果婆婆对媳妇不好，肯定也会跟她吵架的，媳妇也不管那么多，那种抠媳妇也特别多。他们一般也就是拌几句嘴，婆婆也不会把媳妇赶出家门的。当时我婆婆家里商量什么的事情的话，女人一般也不参与。媳妇被丈夫休了以后，也可以带走(嫁妆)，那是人家的嫁妆,人家自己管着,不过带走的很少。我结婚后织布只供自己家用。结婚后手里也没什么积蓄,私房钱之类的,除了爹娘给个钱。

3.分家后媳妇与公婆关系

我结婚的时候丈夫跟婆婆已经分家了,当时婆家分家的时候会跟自己家的人说说商量一下的,分家的话女的也会参与的。分家的时候是几个儿子平分,女儿是不参与分配的,即使没有嫁出去的话也不会参与分配的。分家的时候分家单上媳妇的名字也会写上去。如果婆婆对媳妇不满意了,让儿子离婚的话,儿子也不会离的,分家以后就是人家自己当家了。1949年之前,丈夫如果对媳妇不满意的话,可以写休书把媳妇休了,写休书的话也需要证人过来,不用政府同意。公公婆婆去世了以后,需要去给他们拜坟,每年清明节都去。

(二)妇与夫

1.家庭生活中的夫妇关系

我跟丈夫相亲的时候见过一次面,见面后觉得还可以,结婚后我一般也不叫他名字,什么也不叫。分家后我丈夫当家,农业生产丈夫管,请人家出工、建房子,都是丈夫管。当时结婚的时候也没什么嫁妆,只有两身衣服,娘家穷的都没嫁妆,有的话也是自己保管。一般村里要是有什么事儿,都是我丈夫出面,我一般也不管事儿。借债、借钱、借农具也是他管。

我一般在家做饭、带孩子,这些一般丈夫都不管。洗衣服都是女的洗,男的都不管。

以前有的男的娶个好几个,有老大、老二、老三。他娶好几个的话都是商量好了,我听说老大没孩子,老二也没孩子,所以后来娶了老三,娶了老三给了人家好几亩园地,要不人家不嫁给他。当时还有卖妻的,也是因为穷,吃不上饭,卖了老婆养活孩子,那时候人家说卖老婆不值钱,卖母鸡会下蛋,卖公鸡会叫唤。卖啥都不舍得,不舍得她也没办法。

那个时间如果妻子要是一直生不出男孩儿,也会跟妻子商量过继一个男孩儿,人家如果孩子比较多的话会过继,不多的话也不会过继,长子不离父。那时候丈夫打骂妻子的现象不太多,一家人都会有生气打架的,跟现在一样。如果男的打女的,女的会给她家人说,让她娘家人调解,也会跟她婆婆家的人说,他婆婆自家的人也是向理的。1949年之后男的打女的现象就少了,都挺好的,谁找这气受呀!平常我想买个生活用品的话也不用和丈夫商量,想买什么就去买了。当时也是去市场上买的。

2.家庭对外交往关系

家里请客送礼的话一般也是丈夫出面,家里有客人的话,我一般也会上桌吃饭的,当时待客的话,需要陪着人家吃饭。如果去别人家吃宴席的话,我也会去的,因为都随礼了,不去白不去。如果丈夫不在家需要出门去借钱的话,我就去了,一般人家也会借的。男的如果在外面欠债的话,也会去替他还的。男的出去打工的话一般也会跟女的商量,要不商量你都不知道他去打工了。解放前男的提出的离婚比较多,那时候离婚的也比较少,后来的话离婚的就比较多了,妻子能提出离婚。分家以后男方提出离婚的时候也得跟父母商量,父母也会压制他,毕竟娶个媳妇不容易。

(三)母亲与子女的关系

1.生育子女

我们家的男孩儿出生的时候会办酒,那是第九天的时候,一般亲戚自家的人都会来,人

家来的话也拿礼,生女儿的时候也是一样的,如果光办男不办女的算是重男轻女,看不起女人。我的儿子女儿都上过学,上的时间还不短呢!当时是男孩儿先上的,因为男孩儿是老大。即使家里没钱也会让他上学的,因为想让他学习文化,有文化过了哪个时候不会没(用)的。

我那时候会给儿子女儿压岁钱,给的都一样多。他们结婚之前的钱如果家里比较富裕的话就让他们自己管着,他爱怎么花就怎么花。分家后挣的钱就归他们自己花,人家不会和我们合着的。他们大了的时候挣的钱就可以自己保管了。我的儿子和女儿都有媒人介绍人,我女儿出嫁的时候,我们没给人家要那么多东西,人家就做了几身衣服,其余啥都没要。我的儿子女方也没要那么多,要的是银镯、银项链。当时女方陪嫁的话,家庭(条件)不错会陪嫁一柜一橱,就像现在的嫁妆,大立柜、小立柜。当时我儿子结婚的时候也没有盖新房子,翻修了翻修,那时候又娶媳妇又盖房子的话弄不了,跟现在没办法比。如果出嫁的闺女有钱的话也会帮忙的,没有钱的话就不帮忙。

2.母亲与婚嫁后子女关系

我跟我儿媳妇的关系还不错,要是她做得不好的话也不会怎么说的,不过自家人都会拌两句嘴的。儿子们结过婚以后就跟我们分家了,不分也没办法。当时分家会立个字据,写个分单,分家的时候跟本家商量商量。分家的时候儿媳妇、儿子都参加,我也参加了,分家都是大家相互商量的事儿。男女的名字都写到分家单上。分家之前人家买的东西,女方的嫁妆都是也是要给人家的。女儿不管出嫁不出嫁都不参加,轮不到她分。

定亲的时候会征求女儿的意见,我觉得差不多的家庭就可以了,人家要是特别有办事儿的话,人家能给你个穷人结亲戚,那样门不当户不对,门户差不多就行了。定亲的时候他们见过面,也要同意才行。当时也没要什么彩礼,也没让人家陪送那么多。

我婆婆这边也有招上门女婿的,招的时候也需要跟本家商量商量。要是生了孩子的话也是跟着男方的姓氏。倒插门女婿不能分家,招的时候就是为了让他养老,上门女婿离婚的时候也不让他带走家产。

现在也有那种子女不孝顺、不养老人的现象,但是比较少,但凡顾及脸面的话都会养老的,男的女的谁没爹娘,女的跟男的都一样,谁都有老的。如果真遇到这种情况的话,找村长一说一调解就行了。我不喜欢去女儿家,她家比较远,现在跟她儿媳妇在郑州领(带)孩子呢!我也没有去过女儿家里住。我现在在儿子家住,在三个儿子家轮流住,一人一年。我觉得养儿子、女儿一样好,儿子也孝顺、女儿也孝顺,但是孝顺的前提是他们手里有钱,要是手里没有的话去哪里孝顺。

三、妇女与宗族、宗教、神灵

(一)妇女与宗族

1.妇女与宗教活动

我们村没有祠堂、拜祖和祭祖的地方,外村有,我娘家那边也没有。妇女没有进过祠堂拜过祖,如果自家有什么事儿需要上坟的话一般都是男的去,男的不在家女的去,男的在家的话清明、寒食(节)到坟头压个纸之类的。如果是自己有事儿的话,人家一说就行了,人家也让参加,但是自己觉得没啥意思,一般女的也可以去的。妇女的名字可以写入婆家或婆家的家谱里,如果嫁过来的话就写到婆家的家谱里。那时候嫁过来没有那种本家分肉的习俗。我们这儿也没有专门管女人事儿的长老之类的。如果女的在婆家受到不公正的待遇的话,可以让她本家的人调解调解。我们这里也不兴拜祖婆之类的。

2.宗族对妇女的管理

我们村里没有那种孩子生的多了养不起那种溺婴现象,那时候除非他有个灾难,要不不会故意把他丢弃了不要,谁都下不了这个手。我们本家没有族田,本家会对寡妇进行救济,对她有照顾。寡妇可以改嫁,没人管她,人家还年轻呢!只要她本人同意的话,其他人也管不着。孩子的话有的带有的不带,要是孩子大了就不走了,人家能在这儿过就在这儿过了,不用跟他本家商量。如果他要过继儿子的话用跟他本家商量,孩子想跟谁过的话就跟谁过。倒插门女婿也需要参与丈母娘本家的事儿。如果倒插门女婿去世了,人家把他埋到哪里算哪里,有的就回老家了。

(二)妇女与宗教、神灵、巫术

我们村那时候有这种求雨求丰收的祭祀仪式,现在没有了。那时候都是女的主持,求雨的是女的,十二寡妇扫坑的,扫的扫,推的推,三天你不下,十二寡妇都要嫁。生病的话有请神的有请中医的,一般都是妇女多,男的少,给你抓抓、挠挠、吹吹。我们家里是不信这些东西的。我们这儿也祭灶王爷,男的女的都能祭。土地公的话男的女的也都可以。那种祭求子观音的一般也都是妇女比较多,村里有那种神婆也是妇女比较多。一般祭神的话男的比较少,男的都不信这些东西,女的信这些东西。我们家没有供奉过什么东西。因为我们家不信这些东西。那时候信的话都是一家一家的信,不分男女。

四、妇女与村庄、市场

(一)妇女与村庄

1.妇女与村庄公共活动

我在娘家还比较小,所以没有参加过村庄的事务,当时我小不记事儿,不操心。村里需要建什么东西的话都是派男的去,男的比较多,女的很少去。出嫁之前我知道村里甲长、保长、保丁,还有会计,那时候不跟现在一样几年一改选,一个甲保长干好几年呢!我出嫁的时候不用给他们说,嫁出去的话需要迁户口,人不在那里了,户口也不在那里了,人家也要你的户口,如果没户口的话,分东西的时候就没有自己的了。

2.妇女与村庄社会关系

我嫁过来之前在娘家也得到地里干活儿,当时有请女的当雇工。女的也可以当长工,长工就是一年给你个石二八斗的,管你个吃喝。那时候干这活儿的都是女的比较多,男的都是看米场、当短工,跟现在的打工似的。那时候穷了很的时候女的干,不穷的话人家就不干。女的也可以换男工的。村里如果有红白喜事的话也不兴女的去帮忙,后来才兴女的去帮忙。

(二)妇女与市场

出嫁之前我经常去赶集,那时候赶集的人还多呢!那时候女的卖东西的很少,那时候即使赶集的地方很远,也不在外面过夜,都会回家的,哪怕是打黑的。有的黄昏的时候才到家,远的话就会早点过去。集上买东西的话熟人可以赊账,不熟的话人家也不赊账。后来都有布票了,当时布票我们家不够用的话也会用人家的,人家用不完了会给人家要些,但是你也不能白要,没多有少,你应该给人家个钱。我用过洋布做衣服,洋布都属于好布了。我十八九的时候就开始用洋布了,在娘家的时候还是棉布。当时也去过供销社买过东西,那时候都兴供销社了,买布匹之类的。那时候也经常去,如果有东西需要买的话,不值当赶集的话就去供销社买点就行了。那时候也没有固定的时间去赶集,用着了就去了,用不着都不去了。

五、农村妇女与国家

(一)认识国家、政党与政府

我在娘家上学的时候没有学习过国家知识,都是学习的字。当时在娘家知道国民党,那时候都兴过来了。我当时是听人家讲过的,我也知道孙中山、蒋介石。当时也听说过共产党、毛主席、刘少奇。我以前是团员,后来让入党的,我来到婆家都兴不起来了,也没入。先是团员,团员经过几年,人家看你差不多了就让你入党。我当时当过干部,当过妇女队长之类的小干部,那时候经常开会。当时之所以上学是觉得没文化不好,现在都需要文化。

当时政府鼓励废除包办婚姻,自由恋爱,我觉得包办的不好,包办的就像老辈人说的瞎的瘸的也不知道,不见面就直接嫁给他。我没嫁过来的时候听过女人能当干部,我后来就不当了,人家把团员表给了我,我也不干了,家里事情比较多,也没闲心管其他的,那时候在家整天开会。我参加过妇联之类的,听说过计划生育,那时候命都不要了,生得多,城市只能生一个,农村的话还是俩。计划生育管得特别严,如果多生了就外逃了,家里把房子都给你搬走了。我不记得现在的国家主席,光听人家说过。

(二)对1949年以后妇女地位变化的认知

解放之后儿女的婚姻父母都不管那么多了,只要两个孩子同意就可以了。解放以后女的叫男的名字还是比较少,不习惯,不像现在都是叫名字。解放之后,男的打女的,婆婆打媳妇就少了,国家也不允许这种行为了,解放之后政府也管这些事情,妇女的地位也提高了。解放后妇女可以去娘家上坟。

我女儿上了一两年就不上了,那时候姐妹多,都是靠工分吃饭,没工分的话人家不给你分粮食。我们没有孙女,有六个孙子、三个重孙。那时候会给妇女投票,每个人都有选举票。

(三)妇女与土改

当时我娘家划的是贫农,工作队来过我娘家,给妇女和男人分地的话一样多,男的分多少女的也分多少,大人多少小孩儿多少都一样,有人头就是那么多地。当时我们家分了地主的地了,我爹娘比较老实,开大会什么的叫去,人家愿意斗就斗,咱也不说人家好也不说人家坏。当时我们分了地主家的地,地的话每个人都分了,东西的话我们家没有分。离婚的妇女也可以分东西,但是她如果走了的话就不能分了。我来婆家以后什么都没参加,在娘家的时候参加过,那时候经常去妇女会开会,早上晚上都开,当时我也会发言。当时当村干部的妇女一般都是成分比较好的,都是贫农吧!

(四)互助组、初级社、高级社时的妇女

当时入社的时候我丈夫决定的,互助组的时候妇女也得下地干活儿,那时候都记工分了,不愿意干的妇女是少数的,有那种不愿意干的强迫也得干。男的女的干的都一样,要干什么都干什么。当时分的工分的话女的低点,分粮食的话是按照工分分的,一般女的工分没有男的多。妇女例假来了或者怀孕了,集体会让她请假,要是怀孕了可以找个轻活儿,不让你干沉活儿。一般产假是一个月。参加集体劳动的时候我只有一个儿子,那时候一个月能干二十

多天,没事儿的话都可以去干,靠工分分粮食的。妇女如果比较小的话找个能干的活儿,拾个菜、摘个菜这都是小孩儿干的。妇女也可以在社里发言,但是必须得当,不能胡说。

(五)妇女与人民公社、"四清""文化大革命"

1.妇女与劳动、分配

成立人民公社的时候我也不小了,那时候男女也不分工,有本事的干好活儿,没本事的干坏活儿。人民公社的时候干活儿还是和以前一样,都是一样的活儿。那时候生产队男女劳力都是差不多的。农活儿的话男女都是一块儿干的,生产队的副业一般也是男的多,生产队的干部一般也都是男的。那时候女的一天挣六七分,这就是高工分了,一般都是三四分、四五分。那时候干活儿的就我们俩,小孩儿都还小,上学的都上学,不上学的小的话也不让他们干。我丈夫一天一个工,十工分。那时候分的口粮的话也是按照工分分的,不管男女有多少分分给你多少粮食。自留地的话也是按照人头分的。我们家既不属于余粮户也不属于缺粮户,刚刚好。

2.集体化时期劳动的性别关照

如果妇女挣的工分比较多的话也能够养活自己。人民公社的时候要是有特别的事儿也让请假的,当时产假是一个月,也有工分,工分的话跟平常一样。当时妇女干活儿的话按人分的话有个基本口粮,人劳各半。当时集体干活儿的话也没有听说有人生病,公社专门有看病的地方,有医院,看病跟现在一样也是要钱的。当时照顾小孩儿的妇女也没有什么照顾,不能干活儿只能少吃点了。

3.生活体验与情感

在食堂做饭有男的有女的,食堂的饭都有粮票管着你吃,一天就那么多,吃完了也没人管,有的人到晚上就没有饭票了。当时小孩儿分得少,大人没有饭票的话都会分给小孩儿。当时所有人都不愿意吃大锅饭,饭票卡着你呢!没有在家自在。食堂散了以后家里就差不多了。当时我还是觉得单干比较好,单干自在。集体干活儿也有好处,它就是那个熬的劲头。

4.对女干部、妇女组织的印象

当时村里男女劳动模范都有,给你个毛巾,给你个权,给你个铁锨。公社里成立了妇联,也有妇女大会,但是平常开得比较少。当时妇女大会的话都是讲的政策。

5."四清"与"文革"

我记得那时候斗干部斗得特别厉害,一到(群众)翻身的时候没人怕了,那时候当干部整群众整得特别厉害,所以群众翻身了也会整他。当时斗地主,地主放高利贷,斗干部,干部贪污。家里的自留地后来没有分走,散食堂以后就直接分地了。上工的话如果有啥事儿去娘家人家也准假。

(六)农村妇女与改革开放

当时分土地的时候就是上面的政策下来说分的,男的女的都参加分地,都有选举权了。分地的话都一样,土地证上也有妇女的名字,男的女的都有。当时大队选举给我选票,我也会去选举,妇女小组长、妇女主任,谁的票多谁就当,男女都一样。

我们家里现在有一台电视,我不知道网络,也用不好手机,也不太会看电视,眼睛不太好,喜欢听广播。

六、生命体验与感受

俺这三个孩子,要是放在现在真弄不了(娶不起媳妇)。俺大儿子那时候人家都没要过什么,给人家做了几身衣服,老二只要了三百块钱。老三是自己谈的,也没要啥。要是现在,(娶)一个都得好几十万,现在都得在市区买房,自己买的房人家还不行呢!现在又要房子又要车,还要现金。不像以前没这么大的负担,有个男的女的就行了。还是那时候清闲多了。

LKY20170222YSM　于淑敏

调研点:河南省邓州市赵集镇钱湾村

调研员:李克义

首次采访时间:2017 年 2 月 22 日

受访者出生年份:1927 年

是否有干部经历:否

是否生育:是

受访者结婚的时间节点、生育子女的具体情况:1945 年结婚;1947 年生第一个孩子,后夭折,在 1963 年收养一个女儿,在 1965 年收养了一个儿子。

现家庭人口:1

家庭主要经济来源:退休工资

受访者所在村庄基本情况:钱湾村位于河南省邓州市刘集镇西南 22 华里处,地处湖、河两省三市交界处(即湖北省、河南省、襄樊市、邓州市、新野县),全村共有 5 个自然村,8 个村民小组,593 户,25025 人,耕地面积 5720 余亩(约 3.81 平方千米),村西边有一座 100 余亩(约 0.07 平方千米)的水库。

钱湾村为平原地貌,农业种植以小麦、玉米为主,属亚热带季风型大陆性气候,受季风转换影响,寒往暑来,四季更迭分明,温暖湿润。钱湾村目前以钱姓为主要姓氏。

钱湾村位置偏僻,曾经道路阻塞,交通不便,生产力低下,只有传统的种植业,产业结构单一,是一个比较落后、经济贫困的村庄。改革开放后,钱湾村调整产业结构,发展"多种经济",积极配备农业机械,改变了钱湾村的面貌。现在钱湾村的基础设施逐渐完备,农业机械化程度提高,工商养殖业形成规模,村民生活和谐,社会治安稳定,村子正健康蓬勃地发展着。

受访者基本情况及个人经历:老人在娘家的时候,家庭条件较好,虽未上过学,但是从小在家中学习女红。老人在1945 年出嫁,因为身体原因很少从事农活。在土改结束两年后,老人因为丈夫在县城上班搬至县城生活,后在 1958 年进入工厂上班,直至 1983 年退休回到老家钱湾村,在家养老至今。老伴儿去世后,老人独自一人在老家生活,老人的两个孩子都在县城上班,平时会经常回去探望老人,每到酷暑和春节,老人的孩子们就会把老人接到城里去居住一段时间。老人经常去找自己的两个朋友们玩儿,不爱出远门。老人平时不看电视,就喜欢跟关系好的老人们坐在一起聊聊天。老人觉得孩子们孝顺,自己身体健康,对现在的生活非常满意。

一、娘家人·关系

(一)基本情况

我叫于淑敏。我是1927年出生的人,我都九十岁了。那时候好多人都没有什么名字,尤其这女孩子们,根本就是没有起名字,都是随便乱喊的。在解放前的时候,都没有分家,我们家人都在一起住着,我有一个姐姐(堂姐),她是家里的大女儿,我是这一大家的二女儿,所以人们都叫她大女儿,叫我二女儿,这就是我的名字了,随便得很,大家平时就是这么叫的。我记得当时人们对这个女孩子们(的名字)随便得很呀,我们村的女孩子们还有叫妞子的,真的是什么名字的都有呀!因为后来这就很久了,当时是说要上户口呢,我又没有名字,怎么办呢?我这个名字还是派出所里的人给我起的,我还记得,当时那个起名字的人看看我,看我是什么样的长相,然后给我起了这个名字。

我有几个兄弟,人家是男孩,家里面一出生就给起了名字,老大叫于建学,还有老二叫于建万。这男孩子们都是按照这辈分起名字的,男孩一出生,老人们就会根据这个辈分起一个好的名字,女孩子是没人管的,基本上都没有名字。

当时我们家里的人挺多的,我们那里的土地还算是比较多的,我们家当时有四五十亩土地,这要是在邓县这土地少的地方早就划成了中农或者富农了,但是我们这里有地的(家庭)多,我们在土改的时候划分的是贫农的成分,我感觉当时我们家的条件还可以。我们当时和我爹爹们就是在一起的。他们家(一起生活的大家庭中)有一个大哥和一个姐姐,我们自己家兄弟姊妹四个,我是老大,我还有两个弟弟和一个小妹子,所以我们这一家是六个兄弟姊妹。

我是在1945年结的婚,结婚之前也不是很清楚我丈夫他们那边的条件,都是稀里糊涂地嫁过去,后来结婚了才知道,他们家里的条件比我们家要差很多,他们也是农村的,当时家里面才只有七亩地,土改的时候也是贫农的成分,我丈夫家也没有生女孩子,只有弟兄两个人。我结婚之前在家里面当姑娘的时候,身体就不好,常年都是药水不断,后来结婚了,在二十岁的时候,我好不容易怀了第一个孩子,也没有保住,当时觉得身体不好,后来我就领养了两个孩子,一个女儿、一个儿子。

(二)女儿与父母关系

1.出嫁前女儿与父母关系

(1)家长与当家

我在娘家的时候,我们家里面的事情都是由我的奶奶在照顾着,她就是家里的当家的。她就管家里面的事情。当时都是男子当家,妇女都是在家里面干活,都是男的管事,要是外市场的话,就是我伯①,也就是我父亲在管着,我爷爷早就不在了,我父亲是老大,当时的岁数也够当家了,他也是一个比较好的人,所以非常理所应当地成了外市场上的当家人,代表我们家庭出席和处理这外面的事情。

以前旧社会的时候,这女人是没有出头之日的,都是男的在管着家。一般都是按照长幼顺序男人来当家,除非这个当家的老了,实在是管不动事情了,或者是长兄没有一点材料(才能),败家,才会更替这当家的。女的最多是管家里面的事情,不会说去管外面的事情,女的

---

① 伯:在邓州,老大的孩子不管老大叫爹,而是跟其他的堂兄弟姐妹一样,也是叫伯,同时管老二叫爹。

在家管着一天三顿饭,我那个大奶奶当时就是管我们的一天三顿饭,每天做什么饭都要先去她屋里请示一下。这家里面要是没有男孩子,只有女孩子就会被叫作光身汉子,女孩子不能当家。

(2)受教育情况

女孩子家,都是不读书的,我奶奶说,女孩子们,读书并没有什么用,上学也是人家的人,又跟自己家里没有什么关系。男孩子们是让读的,那时候都是私塾,村子里面有知识文化的先生专门教书,但是我的兄弟们都没有念成书,因为他们当时都没有好好读,最后也不上了。这不让自己读书,我就没有想要读书。我父母都没有说让我读书,我能有什么想法读书。再说了,我一个女孩子,在家里没有说话的权利,那时候和现在可是不一样,父母说话,没有辩理这么一说,根本就不敢的。解放前的时候我没有见女孩子读书。人们都普遍觉得女孩子读书没有一点作用,女孩子在家里把女红做好就行了,学的知识多了也没有用。

因为后来解放,这个女孩的地位比之前稍微强了一点,也不说一直大门不出,二门不迈了。解放后,我那个妹妹跟上读书了,就读了三年,男女都有,就是因为这个学校里面的男孩子多,女孩子少,她没过了多久就不愿意去了。

(3)家庭待遇及分工

我们也不算是什么大家,没有那么多的规矩讲究,但是这个吃饭也有最起码的一些规矩。到了盛饭的时候,都是我妈还有我婶子们去盛饭,男的们基本上都是不去厨房的,我记得当时我们家到了盛饭的时候,我妈先去给我奶奶盛饭,她是家里面的长辈,然后给我爹还有叔叔盛饭,这都盛完了可轮到这媳妇子和娃子们,要是娃子们小,都是媳妇子帮忙盛饭的,要是孩子们大了,自己去盛饭。

添饭的时候,没有什么规矩,谁吃完了,都是自己去盛饭,我父亲有时候不想去了,我母亲就去盛饭,这也没有什么规矩。那时候基本上小孩子们吃饭都是随便找一个地方吃的,在门后面,也不去坐到桌子前面。这男的女的也不一起坐桌子,因为我还有一个叔叔,这小叔子就不能和嫂子坐在一起。要是这家里面来客人了,女的都不会出面,更不用说坐桌子了,都是男的陪客人。根本就没有女孩子的位置,人家就说:女子家都不能出去见生人,出去干啥呢?害臊。平时家里面座位也没有什么讲究,因为都不在一个桌子吃饭,也没什么座次。要是家里面来客人的时候,人们都在我奶奶的堂屋里坐着,长辈坐上面,我爹和我叔是陪客的,到了那个时候,女的就不能上前面去,在灶火①里面做好饭,男的把饭端过去,照顾着客人吃。女孩子们都不算是个人。那个时候,买新衣服的次数少得很,印象中,我们的衣服都是自己做的。也就是到了年下,撕一块子新的布做一个新衣服就很好了。我们的衣服都是大的穿完了小的穿,节约得很。大家都是这个样子,没什么区别。就算是过年,也没有什么压岁钱,人们都过得可怜,哪有钱。

(4)对外交往

我们过年都要拜年,女孩子和男孩子都可以出去拜年,去给村里面辈分高的拜年,都是跟着我父母们一起去拜年。那时候感觉着,来走亲戚的也不多,就算是在家里面吃饭,这女人们都不会上前面去的。女的们就像是没有这个人儿一样,就灶火里面算是有这个人儿。我兄弟们当时岁数都不大,人家大人们谈事情,孩子们是不上前面去的。要是男娃儿们长大了,家

---

① 灶火:就是厨房的意思,下同。

里面来客人了,也能去上桌,可以坐那里陪陪。要是去别的人家做客,都是当家的跟上去的,带着我的兄弟们,我母亲们是不会去的,我们这些女子家更加是不会去的。

那时候也有一些家庭过不下去,妇女们就出去要饭,要不然日子也过不下去呀。这男的和妇女都能去要饭,女孩子们去的,我没有见过,大闺女没有出去的,都是这妇女们,大闺女们一般不出去,要是真是实在过不下去,就会把闺女们送出门儿,或者是卖了当童养媳妇儿。

(5)女孩禁忌

那时候的女孩子们不能随便出家里的门,吃完饭就要去屋里面做针线活,纺纱织布。根本就没有说出去这回事情。除非是这女孩子们成了家了,成为妇女们,才能出家门。旧社会里面,根本就没有说想出去跑着玩儿这么一说,就像那戏里面唱的,成天这女子们都在绣楼里面坐着,根本就不让出门。

女子们想随意出去逛,那时根本就是不可能的事情。就算是跟大人们一起都不行。哪个女子要是不吭气儿就偷偷出去玩儿了,那回来就要挨打,当时算是严得很。谁家的女孩子们要是天天往外面跑着玩儿,人家就会说,哟,这是谁家的夜叉呀!跟一个营里面的男娃儿们玩儿那是不可以的,根本就不让出去,也见不着。别说是跟一个老家子的男娃儿们玩儿了,就算是我兄弟们,我们都不怎么在一起玩儿,各在各家里面。我记得当时要是去我叔们串门子玩儿,我也就在我婶子那个屋里面跟着学做针线活,也不去跟我兄弟们玩儿。而且当时我兄弟们吃完饭都自己跑着玩儿去了,哪里还会在家里面待着,男娃们自由。我们就家里面,女儿们可以在屋子门口在一起抓石子或者踢毽子,要么就做针线活。习惯了这样的生活,觉得也没有说想要出去玩儿的想法,那个时候的女子们都是一个样子,没有什么不同的地方。那时候都是在河里面洗衣服的,我们家的衣服都是妇女们洗的。这些衣服洗的时候也没有什么特别的讲究,都在一起洗,也在一起晾着。都在外面拉一个绳子晾衣服。

(6)"早夭"情况

以前的社会,很多人的生活都过不下去,家里面要是添了孩子,很可能就会为家里增加负担,尤其是女孩子,很多生下来就直接由奶奶溺进尿罐子里面不要了。要是活下来还算是家里面条件稍微好点的,有的穷人家里营养不良,以前旧社会的时候,人们也没有有效的药,要是稍微重一点的病错过治疗的时间就会没了性命。这早夭的孩子也不分什么男女,有的有钱的就放一副木棺材安置一下,埋了就好了,以后也不会轻易提起。一般不可以葬入家族墓地的,除非是非常疼爱这个孩子的有可能有特例。

2.女儿的定亲、婚嫁

当时说亲的时候,可以说是"布袋买猫"。双方根本就见不着,这也是不允许见面的,媒人一般都是家里面的熟人。媒人来的时候,也不会让女娃们在旁边听着,早就把女孩子们弄到别处了。就是跟父母们商量商量。基本上说媒的时候都是亲戚,熟悉两家的人。我那个时候,这说媒的是我舅妈的娘家妹妹,说起来我娘叫她王姐,也是有点关系,我父母觉得都是自己的亲戚,很可靠,当时也没有打听对方的情况,就同意了。当时说媒的时候,我也不在旁边,人家说他们的时候,我也不知道,但是人家媒人说媒都是按照双方的条件来进行衡量的,一般也不会说给两家条件差很多的做媒。要是说女孩们,一般就是那种不爱出门,针线活做得特别好的女孩子是好的女孩子。有的时候,也有媒人说人家那一家的那个女孩子长得很好看这样的话。我记得当时还没起媒，我娘就把我送到了亲戚家了，我压根就不知道我要成婚的事情，还是结婚前三四天我才知道要结婚，我也根本就不知道人家长什么样子，结婚当天我才知道。当时我父母对对方的要求也不高，一般的家庭条件就行了，因为我的身体条件不太好，我娘希望我能嫁到一家土地不是很多，我去了以后能够不用下地干活，当时我老伴儿在城里学了个手艺，就是打铁，我嫁过去了以后靠这个生活就行了。说媒的时候，不仅我不知道他们的情况，我父母也不知道那边的情况。这婆婆的情况我也是后来到了那边以后，我才知道。如果要是双方都提前知道了各自的情况，那还真不一定能成呢。结果这我嫁过去了以后，可是感觉很后悔了。当时，我爹说这算是一瓢水泼到地上了。

我是在1945年结的婚，也就是在1945年那一年定的亲，当年定亲当年结的婚，也没有给这个媒人什么东西，也没有现在说的这个四色礼物①。嫁过去才知道对方家庭是什么样子，我当时就后悔了，到了以后觉得不满意那一家，我当时很生气和伤心，但是也没有办法了，就只会生闷气，结果把自己的身体给憋坏了，当时还生了一场大病。我回娘家的时候不敢诉说这不满意，因为我娘的身体非常弱，经不起我说这情况。我就只能自己忍着，也没有什么办法。定亲的时候，会提前把女孩子都给送到别的地方，都不在家里面。然后媒人来到女方的家里面，吃一顿饭就可以了。当时有的是男方给两套衣服，或者一些布料。定亲的时候，双方家长也不会见面，两个男女也不见面。因为要是说双方见面的话，很可能就成不了。也就是一句话，交换一下八字，确定下八字的合不合。一般这八字就是提前看一下，大不差异就可以了，没有听说过八字不合的。我父母自己都决定了，也不会征求我的意见。我根本就不知道，在那个年代，都是父母之言（命），媒妁之约。就那么一说就给定下来了。我结婚的消息还是其他的女孩子给我说的，我提前两三天才知道。我能有什么想法，没有什么满意不满意的。当时那些女孩子们都是父母当家，谁也不会反抗。

要是定亲的一方在结婚前去世了，那这个婚约就算是自动解除了。这一方出事，就有专门捎信儿的给那一方说一下，那彩礼也不用退还，也不用去祭奠，就算是结束了。这庚帖八字要还给对方或者直接烧毁，双方的关系彻底结束，不再有任何牵扯，剩下的一方再娶再嫁都没有什么关系了，对方也管不着。要是这未婚的女的去世了，是不能入祖坟的，只能葬在娘家土地的地脚。男的也不能入祖坟，找一块地埋了。悔婚的这种情况也是有的，先是由媒人出面，假如悔婚的是男方，这彩礼也不会退还，也算是结束了。要是这女方悔婚就要把人家的彩礼给退还回去，不然可是丢死了八辈子的人了。这些都是一句话的事情，也不用什么补偿或者说悔婚书。两家定了亲，两家也不会走条②，那个时候真是简单得很，就像是完全没有这个事情一样。要是走条的话，会被人们笑话的。

我是十八岁结的婚。我这个婚事就是我自己的父亲母亲决定的，都是我们这一个小家同意就行，结婚的时候没有婚书，没有任何的证明，就在这庭院里面的天地桌前面磕个头就算是有效了，其他的什么证明都没有。出嫁的前一天，我的兄弟们先用筛子筛陪嫁的衣服，这叫作把福气筛下来，不能带走福气。在出嫁的当天，出嫁都是坐花轿，他们家也不是很有钱的家庭，就租了一个一般的花轿。当天他们来了几个人抬着，到了我们这里以后，先放鞭炮，我父亲不管我们，然后我娘家的婶婶给我梳好头发，搀着我坐在这轿子里面，穿着租来的大大的

---

① 四色礼物：现在在邓州地区说的送给媒人的四种礼物。

② 走条：就是互相走动。

新娘裙子,戴着我娘家陪送给我的花冠。我娘家还要跟上两个送亲的,这送亲的都是叔叔辈和爷爷辈的,还有一个把轿门的,是自己老家里面的人,十七八岁,然后我就去了。然后还要穿着这个去走坟。然后就穿自己的衣服了。当时结婚当天没有宴席,等到回门第二天的时候一起摆宴席。摆宴席的时候,就要请自己家里面的亲戚过来,也没有非要请保长或者甲长,只有家里面跟人家有亲戚关系的才请。

结婚当天,我娘家陪的东西是一起拉上走的,当时有箱子,还有柜子,还有金银首饰(镯子、耳环、七支凤钗子、牙签子)这些东西,衣服、鞋子跟在花轿后面。结婚要带上(猪)心肺、肚子、四条腿①,还有一个肋条。还给我的首饰,一些镯子什么的,也没有给钱什么的。基本上当时都是那个样子的礼,除非很有钱的家庭,才会有更好的。大户人家的真是十里红妆呀,这边还在抬嫁妆,那边就已经到了婆家。嫁妆的钱是从家里拿出来的,我父亲拨出来置办嫁妆的钱,有的家具是我母亲当年的嫁妆,就比如那个柜子就是我母亲以前的。不管这家里面有几个人,谁家有什么大事,都是这个当家的掏钱,不论是我结婚还是我叔家的孩子结婚都是我父亲这个当家的拿钱,当家的掌握着家里面的财务。嫁妆的多少就是要看家里的经济状况,也不是说婆家给得多,陪嫁就给得多,这是没有关系的。我当时家里面有一个非常厉害的奶奶,我攒不下来体己钱,那时候的女孩们根本就赚不了什么收入,出嫁前就我自己做的针线活,有时候多了能换一点收入,那都是算给我父亲了,不算我自己的收入,我也不能带走。

结婚后,这个兄弟探望随时就可以的,一般都会三天回门,我兄弟们过来接我,这新女婿和我一起回家,还要摆宴席。等到三天回门的时候,还要把礼物回一些给娘家,把心肺给拿出来代表有心来有心去,猪腿的前后各一个蹄子,还有粉丝代表常来常往。这些都是约定俗成的事情。还有就是这新媳妇是第一年,要赶上六月六的追节②,追节的时候,这个女方的父母带上雨伞、扇子等一些东西给女儿,希望女儿以后在婚姻中更加心灵手巧,有的还接女儿回家一趟。其他的规矩也基本上没有了,什么过生日的都没有。我当时不愿意在婆家待着,经常在我娘家待着。

娃娃亲跟正常的是一样的流程。童养媳可不是这样的,童养媳都算是提前买过来的人,地位低,不需要这样的仪式。东院我的那个婶子就是个童养媳,都是娘家穷,送给这婆家让人家养,跟人家娘家算是没有关系了,养到结婚的时候,拜个天地就算是结束了。还有我们村还有一个童养媳,当时结婚的时候要上高高,我就去看了,就是她站在一个沫子堆上面,也是穿个上那衣服,头发一挽上去,进去屋里面就算是完了。这解放前,换亲的也有,有的是三换,有的是两换,这换亲的也有媒人介绍。倒插门的情况也有,这种都是家里面都没有女儿的,倒插门的还要立一个字据,说"小子无能,改名换姓,活不回营,死不归宁"。这种家庭女的地位也不见得很高,人家都改名换姓了,就算是这一家的人了,可以当家,可以分家。在封建社会,二婚的情况是少数的。这冥婚咱们这里也很少,盂县的那个地方有这种的,这个男的死了,就打听打听哪里有那种女孩子也早逝的,让埋到这男的身边。具体的情况我也不知道,咱们这里的没有见过,我这也都是听说的。

3.出嫁女儿与父母关系

这出嫁了的姑娘们平日里可以回娘家。但是过年了就会有很多的讲究,这过大年三十一

---

① 四条腿:就是猪腿。

② 追节:就是乞巧节。

般是不允许在娘家过的,除非是这个客人①没有了,当时我那个二姑就是老在家住着,她的客人不在了。到了大年初三就可以回娘家了,这姑爷和女儿一起带上礼物回去,也可以在家里面住,但是这两人可不能在娘家住在一起,到现在都是一样的,回到娘家也要分开不同的屋睡觉。这姑娘回家也不用去走坟,就是在婆家刚开始的时候要走坟,其他的时候就是自由的,没有什么讲究了。

平时什么节日都可以回家,家里面有老父母,也要看看家里面的老父母。要是说需要回家的节气,也就是每年的春节的正月初三就是回去娘家,还有这个结婚的头一年,六月六追节,娘家去婆家,带上礼物,一般都是给买生活用品,现在都是直接给钱了,这个时候要回娘家一趟。

结婚了的姑娘一般都不插手娘家里面的事情,娘家里有兄弟媳妇,人家都是管家里面的事情,这姑娘们都出门了,都是人家家里面的人了,平日里没事也不会去插手(娘)家里的事情,就管好自己家里面的一亩三分地就行了。但是也有着姑娘喜欢管闲事的,那个谁就是这样,霸道得很,这家里面的事情总窜着去管,别人的评价不是太好。

要是我们娘家有啥大的事情,需要经济上的帮助,就要另外看待了。那个时候我娘和我伯当时也没有跟我兄弟住在一起,我和那个妹子后来还经常往我们娘家拿东西,可以说我和我妹子也养活了我父母。当时我们家的麦多,我们老伴儿每年总是都装好一包子拿到我娘家,这过年的时候,我们回去娘家总会带上一大袋子的白面,也少不了会给一些钱。这春上一次,年下一回,每年都少不了,也是因为这样的,我的兄弟们不敢随意说我的不是,我对我父母也是尽心尽意了。我帮助娘家,这婆家也没有说什么,我又不是没有养活家里面的老太太。这婆家我也养活,这婆家也没什么口舌。要是我婆家这边有什么事情,这娘家也没有说不管。有一年,我记得我婆的娘家兄弟,去我自己的兄弟们了,我们娘家那里还种着烟,他说要烟,非要三捆子,这都是不给报酬的,我父亲说算了,给了就给了,这是婆家的亲戚。那时候,我一直在乡下住着,我老伴儿十六岁就出去了,在城里面做活,挣的钱也不少,人家还总想着能给我伯们一点东西,我那个时候也不用太担心这家里面的经济问题,我自己的父母也会顾及我的,要是我开口,想让我父母给我一点,也是可以的。那时候主要还是看家庭,家里面要是日子过得好,想怎么帮助就可以怎么帮助,要是这自己的日子都过不下去,就算是有那个心也帮不住,指望什么帮助,能顾着自己就算是很好了。

我在结婚以后,也没有跟我丈夫红过脸,他什么都听我的,对我也好,所以我还没有因为吵架这个事情要闹着回娘家呢。我一般都是愿意待在婆家了回家待几天,我兄弟也不会说什么的。

1949 年以前,离婚的我是没有见过。那个时候,女性的地位低得很,要是离婚都是这男子们一纸休书就送回家了。没有说什么离婚,这是解放后才有的说法。解放之后,离婚的慢慢多了起来,这离婚也是因为有矛盾,离婚不是男子一个人说了算,女性的地位提高了,女性也是可以提出离婚。我记得当时我们那里有一个女的,说要离婚,天天在人家那政府大院的外面,让那个负责的妇女给办理。解放后要是过不成也是要给娘家的父母说一下的,这离婚了以后上哪里去,根本就没有地方可去,不回去娘家去哪里。要是和女的离婚之后再找的,那都跟着人家住,去婆子家住。这一辈子没有结婚的就在娘家住一辈子,等到了死了就在娘家

---

① 客人:就是官人的意思,就是指现在的老公。

的土地地脚处住着,跟人家那个男的是没有什么关系了,但是也不能入进去娘家的祖坟。这离婚的女子们要是不住在这娘家也去不了什么别的地方,挺可怜,没地方可去。住在家里面就只能勤快一点,要是父母们都还在活着还稍微好一点,要是这父母们不在了,住在家里面是还要看着兄弟媳妇子们的脸色,是过得不自在。

我们家和我婆家不是在一个村,还距离了十五六里地呢,也不是亲戚。

我们自己家里面,当时我父母分家的时候,我是没有资格(参与分家)的,女孩子家都是别人家里面的人了,这家里面的一草一木,一针一线,我这女子家是一点都分不了,也没有任何的关系。有的人没有儿子,就只有女儿,要是有两个女儿的这种(情况),看谁愿意打影背襄(谐音)①,愿意的这个能够稍微多分得的多一点,剩下那个少一点。要是屋里面有上门女婿的,上门女婿就是这家的儿子一样,可以继承这家里面的全部遗产。

娘家父母的养老主要还是靠这个儿子们,但是要是这女儿们过得好,女婿很明事理的这种,女儿们还是能支持娘家很多的。要是女儿们嫁了一个好婆家,日子过得好,就能给父母支持一些粮食、白面还有钱。我们家当时我还算是过得去的,我老伴儿他以前在城里有来钱的门路,我们平时粮食和钱也有结余,支持一下娘家也很正常。但是这个养老的责任还是主要在儿子们身上,儿子们在父母的跟前,天天都能照顾住,老话说养儿防老,儿子们要是不养活父母可是要受到人们的谴责的。要是平时父母们生个大病,这作为儿女们的都要管才行,也不是说谁都必须拿出来得多,那谁要是日子过得宽展一点就多拿出来一点,要是日子过得紧巴就少拿出来一点,是全不在乎这个的。

父母要是不在的话,这儿子和女儿都要披麻戴孝。但是身为儿子,肯定是不一样的,在父母不在的时候,儿子要操持整个葬礼,因为儿子才是传宗接代,是这一家的当家的,跟出嫁了的闺女们都是外姓人了,是不一样的身份。儿子还得要照顾过来家里面吊唁的客人们,女儿们可不是主人,不用这个样子的。另外,出殡的时候,儿子是站在前面的位置上,女儿们稍微靠后一点的。这个葬礼的丧葬费用,儿子们是必须承担的,女儿们可承担可不承担的,看经济条件的好坏。

要是家里面的父母去世,还讲究这头七、三七,这样的说法,到了三七的时候要烧纸。另外,在这头两三年之中,去世的周年还有像清明和十来一②的时候,姑娘们也要称一点火纸回去烧烧纸,代表对亡者的追思。过了这头几年,烧不烧纸的都是看自己,想回去也能回去,也不强求着回去烧纸了。回去的时候自己回去就行了,也不用通知这家里面的兄弟们。

(三)出嫁的姑娘与兄弟姐妹的关系

我从来就没有和我娘家的兄弟们红过脸。我俩(夫妻)关系很好,从来没有吵过架。我回娘家住的时候,吃完饭就拎一个筐子去找妇女们做针线去了,我兄弟们家里有什么家务事,我也从来就不掺和,人家想咋着咋着。我那个时候回娘家一次,就在娘家住上个把月时间,我兄弟们也不说什么,平时回家也不是非要带东西,但是我总爱给我的侄儿子们带点好吃的,毕竟是个当姑的,给小娃子们带一点糖疙瘩儿。我回家也算不上什么客人,主人有我兄弟媳妇,也有我父母哩,我就是回去住住。

这娘家有事情都是人家自己决定的,与这嫁出去的姑娘们不相干,人家都不傻不咋地,

---

① 打影背襄:打幡戴孝。

② 十来一:谐音,就是七月半的鬼节。

要姑娘回去干啥,可管这大闺女、小闺女都是闺女,都一样。娘家就算是有啥大的事情,比如说这打发姑娘,娶儿媳妇这样的,姑娘们也要回去,不过可不是要参与决定,是要去添箱送礼去的。家里面到了分家的时候,与我这闺女也没有什么关系,我也不会去,也没有什么意见,与我也不相干,我也不插嘴什么的。这娘家要是有喜事,不管是姊妹们还是兄弟们全部都是一样地对待,没有说男女有别的这种情况。自己手里有钱了,多送一点,少了少送一点,主要看情况。而且这钱都属于我父亲了,也不属于他们自己。兄弟妹子一样对待。我一般情况下不问我妹子和我兄弟们借钱,要是我张嘴借的话也能借的来。我那些兄弟媳妇们都还怪好。我回娘家就算是租住在兄弟们家里,兄弟们也不会有什么意见的,又不是永久的居住,我那个妹妹嫁到了构林,我那个妹夫就在供销社里面工作,我有时候也去看她,有的时候也在那里住着,我那个妹夫也是一个老好人,也不说什么,这些都很正常。

我跟我兄弟们的关系都好,我兄弟们有一些事情也会顾及我,我在我娘家这边说话也算是有点作用的,我从来不拿我娘家的东西,我还老是顾及家里面的老的,家里要是有什么困难我也管,当时我们村子里面的人都说我父母享了女儿们的福气了,就这些我那兄弟们也不会随便小瞧我。在婆家这边的话,我跟我婆家这边也没有什么矛盾,也不需来我婆家来说理,要是真的在婆家这边有什么事情,我娘家的兄弟们可是要来的。当时要是这闺女在婆家被虐待或者挨打,这娘家人肯定不依他,是要去婆家出气,让这婆家说出来个一二三呢,有的还要打架出气。

我自己的孩子的婚姻大事都是我自己做主的,不用跟娘家商量或者说征求意见。要是说这举行仪式的位置(地位),这无论是在现在还是以前,这娘家的娘舅是来添箱的,来到婆家可是算地位比较高的,要是有什么待客,这娘家人都是在上座坐着呢,不仅坐在正位上位,还要安排这婆家的人专门坐在那一桌子上面陪客。因为那个时候都是舅家最大,婆家是没有什么上位的。一般这个儿子分家的时候,一定是要请这舅舅家过来看着,正分家呢,请舅家出面,要是没有舅家,也得去娘家的近门的表舅家。当时我这兄弟们分家的时候,我舅们都来了。

我对待我这兄弟们和姊妹们都是一样的,没有什么差别,我对他们就挺好的。我都是在初三、初四走娘家的,这女子们结婚的头一年回家是要在初四、初五,但以后就可以在初三、初四都可以了,回去也要带上一些礼品。等到了这父母过世了以后,也都不用回去娘家了。这要是和舅家盘网①了,就让我的孩子们去走舅家,还有一个网们。我们当时跟我姨家都没有什么往来了。

二、婆家人·关系

(一)媳妇与公婆

1.婆家婚娶习俗

我结婚的时候,我婆家这家庭条件是比我们家要不行一点,我这个丈夫比较能干,后来这日子过得好一点。我过来的时候,我公公和我婆子都在哩,我公公是做那个卷烟的,我丈夫在给人家打铁,我婆子就在家里面啥也不干。结婚的时候,他们用轿子把我给抬回来,就简单地拜一下天地,就行了,这婆亲的时候,也没有什么迎亲的,就是简简单单就过来了。有一个

---

① 盘网:就是说决定两家来往了,一般都是在上面的分家了以后或是父母去世后的情况。

主婚人,他们请的一个岁数大的男的,我也不认识。我丈夫的朋友也很多,当时他们来了以后,把钱放在桌子上面,我们就给他们磕一个头,当时好多人,男的女的都有,大家都可以过来看,就在那门上,人越多越好嘛,也没说不让谁来看。到了宴席的时候,先安置老头的外婆家,然后再安排我们家的老太太的娘家。当时结婚的仪式简单得很,咱们这里也没有敬茶这一说,可能人家地主这样的大家里面才有这样的事情,咱也不知道。这给公公婆婆拜拜也是在婚礼上拜父母高堂才拜的,第一年结婚过年初一给磕一个头,其他的任何人也就没有什么了。但是结完婚两天以后就要去拜拜祖坟,这祖坟以后就初一去一次就算了,也不用再去了。我们这里也没有祠堂,不用去拜祠堂。

2.分家前媳妇与公婆关系

我结婚以后,我婆婆和我老公公都活着哩,我婆家是我老公公在当着家,管着这里外里的事情。我那个婆婆成天啥也不干,就会出去打个牌,屋里面的事情是都不干。我嫁过去了以后,我刚开始不会做饭,身体也不好,就是我丈夫和我公公都做饭,后来我慢慢学会了做饭,我也做饭干家务活。就算是家里面有个什么大事,都是我公公一个人决定就行了,他们也不是啥大家,也没有那么多的讲究。再加上我那个时候成天也老是回娘家,都也不管这边的事情。

我当时除了去娘家也不去什么其他的地方,这边也没有什么管束,我这个人呢也不是这个夜叉,又没有什么做错的,那他们家也没有什么说的,我是回去娘家,又不是去别的地方,也没有什么管的。这个家都是小家庭,没有什么大事,都是我老公公一个当家的决定都行了。我在婆家也做家务活,当时就是做针线活,都是给自己穿的,我就做我自己的和我老伴的,这些东西也不卖,没有什么收入。我们这边就没有多少土地,平时农忙的时候,就是下地干活,要是不忙的时候,都是我老公公自己照顾着地里面的农活儿。

那个时候,我婆婆家里面穷,也不是什么大家的,没有那么多的规矩,我又不是说不伺候她,我跟她也没有什么矛盾,关系还算是比较好的,这个老婆婆也是一个有嘴无心的人,我也不跟她计较,我平时除了回去娘家,也不去串门子,我也老实,她也不会说我,所以也没有大的矛盾。我回娘家的时候跟她一说就可以了,她没有闺女,也没地方可去,有时候还想跟我一起去我们娘家转转。我在这里生活的比较自由,他们家里是小家小户的,没有什么规矩的,不像是那些大家那么多的规矩,我啥都不用做,但是人家还是长辈,虽然这些小事都不做,但是我还是要尊重人家。我老伴儿对我也好,他一回来就在家里面做饭,我婆子也没有什么意见,就是这个样子。主要我们这个婆家是一个穷家,小户人家,根本就没有什么讲究,解放后我都不跟他们住着了,我觉得这解放前后都是一样的。要是这有钱的大家都不一样了,规矩多一点。解放之后,这妇女的地位提高了一点,这婆子一般不敢再找媳妇的事儿。

我婆婆要是和我丈夫之间有什么矛盾,那是他们自己的事情,我也不会插手或者在这中间说什么,人家都是打断骨头连着筋,我管不了。这个妯娌儿间,关系还算是怪好的,我跟我那个婆家兄弟媳妇儿关系相处得比较好,没有红过脸。

我自己也没有很多自己的财产,当时我在解放前结婚的时候,也没有带来土地,没有钱,就带来了那一堆家具和首饰衣服,这些东西都是属于我自己的东西,任何人呢也干涉不了,就算是过不成了,这些东西也要带走的,都是娘家的嫁妆,谁都动不了,丈夫也不行。另外,我平时在家纺花织布,多了也可以卖钱,都是我公公拿到市场上去卖了换钱,这些钱都是归老公公了,他也不会给我钱,这都算是大家的收入了,贴补家用。所以我这平时除了丈夫带回来一点小钱,我没什么私房钱。

3.分家后媳妇与公婆关系

(1)公婆关系

对婚姻上,尤其是离婚过不成的事情,婆婆一般是管不住的,主要还是看人家这两个人,要是两个人的关系好,这婆子有什么不满意的?就算是婆子不稀奇人家这个女的,只要她儿子人家愿意跟着个女的在一起,是谁也管不住的。除非是那种一点子主见都没有的人,啥都听父母的摆布,这样的有可能会听老婆子的。说到底还是看这个男的的思想。要是男的不想过了,这婆子也要看看,这婚姻上的问题是出在了哪里,看看能不能调解调解,是这男的出问题了,还是这女的犯什么错误了,弄清楚了才能看看是咋回事,根据是啥事情呢!要是这男的非要跟这女的离婚,谁也管不住,就跟我刚才说的是一样的,这婚姻里面出的事情都是还靠两人自己。跟我们家当时那个老二,就是我丈夫的弟弟想跟她媳妇子离婚,这最后也是没有离,现在都八十多岁了,不是还过得好好的。

要是这夫妻俩离婚,娘家那算是也管不住,这人家离婚,娘家没有什么发言权。要是这丈夫家有大错,这娘家是来讨回理儿来了,没有原因把人家女儿休了,这也要给人家娘家兄弟说出来个一二三来,不然人家是要过来出气来哩,但是要是过来协商不成,人家就是要离婚,那就没有办法了,因为那个时候这女子就是地位比较低一点,这也没有办法,出出气也算是就这了。人家男人都要离婚,娘家把闺女送回来,要是愿意复婚的话就能复婚,要是人家男家就是不愿意要这女了,就没有办法,就算是送回去人家婆家也是不管的。

那些自己道德上有缺陷的女子肯定都会被丈夫不要,偷情算是很严重的了,要是有女子这样做的话,肯定就会被休掉的。另外,也有的女人好吃懒做,接回家来搁屋里啥也不干,屋里的事情啥也不管,那人家不要她也很正常。

解放前的时候,要是这男子说不要他妻子了,就会写一纸休书,就把这个女的给休了,也不管这个女的同不同意,也不需要啥证人,也没有什么仪式,这个女的就回家吧。因为以前的女的算是地位低得很,这婚姻上的事情从来都是做不了主。等到了解放以后,都变得不一样了,我记得解放过来,有些婆子还当家,但是没有先前怎(那样)厉害,也有女的主动提出来的离婚,女的地位上都平等了很多,这婚事上,屋里的婆子和老公公也没有像以前那样可插手厉害了,要是离婚都要去政府机关里面去,办理个离婚手续,有个证据,要是说离婚,有时候还有这妇女工作者给调解调解,总之,跟解放前相比的话是不一样的。

(2)分家

我记得在1951年的时候,当时我二十四岁,因为我们婆家里土地少得很,我丈夫在城里面给人家打铁都赚得比土地多一点,我身体变得越来越不好,我就跟着丈夫到城里面居住了,这个家虽然没有正式分,但是实质上刚开始也就算是分了一样,我看着这老二们家里情况不好,娃子们也多,我想着都算是留给他们了,我啥也没有要,全部都算是老二们了,后来我回来以后,我们家自己在腰店街上盖的房子。再后来,到了这我婆婆和我公公都不在了,这家是必须要分开的,于是我们将这家里面的东西才算是二一添做五,全部都平分了。我们这个分家说实在的,是因为父母都不在了才分家的,也有的家是因为实在过不到一起再分家了,成天吵架过不成了才分家,我们家是属于好好分家的。

分家的时候,我婆婆和我公公都不在了,都是婆家舅舅过来主持分家,也就是我老伴儿的舅舅过来主持分家,要是婆家舅舅不在了或者不值事,就只能让这婆家这边说话分量重的人主持分家。分家的时候,我们这女的不能参与,还需要专门找一个中间的证人,要不然,这妯娌们都想要多分一点,都有一些私心,那可是不行的。当时分家的时候都是各家一半,要是房子的话,一人一半,粮食是过秤称一下,各人一半。这个分东西的时候,也不需要写什么书面材料,就是当场一分就结束了。该是公家的东西,公共分了,要是每家自己以前置下的东西,那就也还属于个人,这个是不分的。

　　我当时属于我自己还有我丈夫置下的东西都全部自己带走了,这婆家子穷得很,也没有什么可分的,当时那个宅基地,我们家算是分了一半,另外还有粮食也分了一半,老婆子有一些首饰,一人分了一些首饰,其他的还有一些家里面的桌子、凳子小东西,我也不准备在家里面居住,我什么都不要了,把家里拿不走的东西全部都留给我们家老二了。

　　要是这家里面的儿子早逝了,这还有人家的儿子呀,这妇女要是不改嫁,带着儿子还是人家的后代,该给多少还是给多少,这妇女照顾着孩子,还得这一份钱。但是要是这妇女不走,又没有孩子的话,要不然她就得从她丈夫的兄弟们那里过继一个当她的儿子,要不然,这财产还是没有她的份。要是这妇女要改嫁,这财产算是没有她一份的,她净人儿走了,她就能带走她自己来的时候的那一份子嫁妆,其他的啥也没有。有遗嘱的话,俗话说这弓是弯的,理是直的,人家不知道就算了,知道了算是不会依着他的,凡事都要讲求一个道理,都是要二一添做五,还是平均分,这遗嘱也不作数。

　　(3)交往

　　解放前,这妇女都不当家,丈夫不同意都不能出去,还不说这婆子同意不同意,那时候虽说这妇女可以抛头露面,但是这主事儿的还是这男的,这妇女能干啥,一般都在家里面做家务事,丈夫要是不允许出去干什么那妇女都是出不去的。我当时身体也不是太好,我也在家里面,也是你那个爷爷养活这家。也就是这解放后,妇女比之前自由一点,我自己想干啥干啥,抬起来屁股都能走,还管她同意不同意呢!我解放之后,没有多久就跟着我丈夫进到这厂子里面工作了,我都拿工资了,她也管不住,我婆子、老公公在解放以后没有多久都不在了,也不说什么管不管了。

　　(二)妇与夫

　　1.家庭生活中的夫妇关系

　　(1)夫妇关系

　　当时我是盖着盖头被抬到他们家里面去的,他掀起来我的盖头子我才算是见到他的第一面,就跟一个不认识的第一次见面一样,以前是都没有见过的。我当时能有啥满意不满意,我父母给我说的亲事,我就想着就是这个样子了,不满意又能怎么样,我没有啥想法,就是一瓢水倒地上了,也收不回来。他对我有啥不满的,看看他们那个家庭那个时候可是穷得很,我们那个家庭条件比他们家庭条件好多了,他有什么不满意的。成完亲那个时候,好似乎我们两人平时也不喊对方的名字,干啥都是走跟跟前说,哎,你去把那个啥弄一弄,以后都还是那个样子,好像也没有什么称呼啥的。

　　我们分完家,就是我丈夫都算是家长了,说是家长,我们这人口也不多,也没有啥可当的,平时这家里面有什么事情都是我们俩在一起商量商量就行了,也没有什么当家的。我们家里面后来分完家都不种地了,我跟我丈夫都在城里面生活。我丈夫在的时候,我们家里面也没有盖房子,我丈夫不在了以后,这我自己才回去,又盖了房子。

我们这家里面经济上还过得去,我们也不用考虑吃饭这些问题,在城市里,我们家都是一样的,没有啥家庭地位,就这几个人,还啥子家庭地位,都一样的。以前的时候,家里面的钱谁想花就花呀,都管经济,也没有说谁管着,反正我们俩都有工资,花钱又不是胡乱地花,也不需要报备,除非说这屋里面添置个大件的东西才商量商量。除了我结婚的时候,屋里面那嫁妆是我自己的,我娘家陪嫁的,我丈夫也当不了家儿,谁也不能动,其他的就没有我个人私房的东西了。后来我们分家了以后,我刚才也说了我们都在这厂子里面住着,平时这家里面的家务活都是他干得多一点,我老伴儿也算是心地善良,平时在家里面干家务活也多,我也干,但是成天都在上班,也没有那么多的家务活,谁在家了,谁多做一点。在家里,说这照顾,妇女照顾着丈夫是应该的,女的还是心细,照顾是应该的,这也不论什么解放前后,我们家是这个样子的。也有的家妇女在家里面跟个丫鬟似的,解放后都好多了,丈夫是劳动力,多照顾也是应该的。我在家里也照顾我老伴,就是生活上照顾照顾他们穿的衣服给弄挺当①了,他自请穿呗。

解放前那时候,男的不让女的出门,女的是不敢出门的,要是敢随便乱跑,回来还挨打哩,女的都在家里面洗洗涮涮,照顾这孩子们,还有就是以前倒尿罐子这都是女的事情。要是女的生孩子坐月子,这家里面多的事情男的来做,都是一家人嘛,那女的做不成了嘛。解放后,似乎这女的地位上稍微高一点了,但是女的做家务活还是一样的,这男的是劳力,要出去干活呀!我们分家后,都不在我们那个村子里面住着,成天都在这城里面,他们都在这河北面哩,跟他们这一老门子都没有什么联系了。

(2)娶妾与离婚、婚外情

解放前,可有人娶妾或者又娶,是这号的都是因为这就是家里面的大房不中用,要么是憨不差的,管不住丈夫,要么就是人家那种家大业大的有钱家儿。我记得就跟我们那里那个孟及华那一家,就是家里有得很,他就娶了一个小婆,这大婆不是也没出门儿。我也不知道娶小婆是咋弄的,咱也没有亲眼见到过是咋娶的。

这小婆子的地位可是低,没有人家这大婆的地位高,我记得当时有一次谈论有一个女的,人们都悄悄地举小拇指头,我才知道,哦,这是个小婆,人们是都不抬举小婆呀。这小婆在家里成天都要称呼这个大婆为姐姐,有的大婆能管住小婆,有的大婆也管不住,要是这大婆有能耐,就不会让这小婆进来了。不过是在家里面,似乎这个大婆是地位高一点,这屋里面的侄儿子们都称呼这小婆婶子,称呼大婆为娘,或者大婆称呼妗奶,小婆称呼花妗奶,喊的都不一样。我们那里那一家娶了那个小婆,恶得很,那个大婆不中用,小婆还敢打人家那个大婆,大婆的儿子可是不依,说这小婆,你算什么东西,还敢打我娘,也就我爹能打,你算个啥东西。所以说这"丫头子做小,一辈子伏低"人们都瞧不起她。小婆生了儿子也是人家男的后代,还是小婆自己养着。这没有什么讲究。

解放前,我们这里没有卖妻子的,但是这男的打女的可是很多,打了就打了,谁也管不了,女的弱,就会哭,也反抗不住,一般这都是有错误了才打的。这解放后,我看着是少很多了,女的都是半边天了,都不敢随便打了。还有这女的都有主动提出来离婚的,数量上还多

---

① 挺当:意思是干净整齐的意思。

哩,人家这女的要离婚,人家带着自己的嫁妆都走了。婚姻上,要是男的在外面勾搭,有婚外情,这家里面就生气,吵呀打呀的,成天打架,也是没有办法。要是女的在外面不检点,男的可是要打她,有的甚至都不要她了。

2.家庭对外交往关系

解放前那个时候外市场上的事情,都是男的出面多一点,女的不怎么管外市场上的事情。要是这屋里有什么事情,来客人了,看是啥事情,有的女的也能上桌说说,有的女的不能上桌,一般上外市场上的事情都是这男的管的多一点,女的操心家里面的事情。女的都是在家里面,堂屋串到厨房,厨房串到堂屋,不怎么出去。我也不是太爱出去,就有时候找门上的妇女说说话,没有啥别的了。我就是回回娘家,有时候我老伴儿带我去城里面转转,就是这了。等到解放后,女的都下地干活了,当时还说这"女人能顶半边天"。

(三)母亲与子女的关系

1.生育子女

(1)生育习俗

我自己怀了一个孩子那个时候不是夭折了嘛,我的身体也不是太好,就抱养了这两个孩子,一个男孩儿,一个女孩儿,我这个儿子比闺女大一点,我儿子是在1965年生的,我闺女是1963年生的,都是我收养的孩子。

一般地,孩子生下来十二天就要请客,也算是通知人们家里添人了,大家的亲戚都来庆祝吃酒席。只要是有这个关系往来的都要来,都带上礼钱过来贺喜,有的也送鸡蛋。这娘家人是要来的,要来送鸡蛋,送钱。等到满月了以后,就可以回娘家了,这叫个"挪婆",就是到孩子的婆们家住住,有的住十来天,有的住六七天,就接回来了,都是丈夫亲自去把老婆娃子接回来。娃子们周岁了也要请客,过十二周岁也要请客。都还是一家的亲戚和平时有关系来往地在一起庆贺,这些现在也都是一样的。解放以后都是一样了,男孩、女孩都要待客,都是一样样。有的除非是生了好几胎了,不待客也可以,就是这头胎一般都要待客。

(2)生育观念

解放前的时候,感觉着人们似乎是比较重男轻女,就算是现在还有很多人都还是这个旧思想,但是我对我的这两个孩子都是一样的,我没有重男轻女的思想,都是一样的。我对待我这两个孩子,买什么,两人都买,也没有说是只给一个人,男女都一样。

(3)子女教育

解放前的时候,人们很多就想着让儿子去上学,不让这女子家去上学,有的借钱也让这男孩上学,什么都给男孩,重男轻女。这解放后,人家就提倡说让这女子们上学,后来女孩儿们上学的才多了起来。我这两个孩子,我都是一样地对待,都送去上学,谁能上的成谁就去上,上不成我也没有办法,我跟我老伴儿都是这个思想,对这个教育也看得很重要,我这个闺女儿就很争气,就是学习好,后来能在单位里面上班。

(4)对子女权力(财产、婚姻)

我这两个孩子结婚这都是在解放后好多年了,风俗都自由了很多。我的孩子也是由媒人牵线介绍的,那个时候都可以双方见面了,我们这当父母的也要过过眼,看看咋样,满意不满意,也要考虑考虑孩子们的意见想法,但是也不跟现在怎自由,想咋弄咋弄。

我的孩子们结婚的时候,仪式都跟以前旧社会变化大得很,我记得当时我儿子结婚的时候,门上还要扎彩①,门上可是要来好多的人来观看结婚的场面,热闹得很呀。还得提前请人喊亲戚帮忙,通知亲戚朋友过来庆祝,还要待客,还要给来的小孩子们发红包。实际上跟现在也差不多。我那个儿媳妇呀,娘家啥也没有陪,连个茶杯子都没有陪。就算是陪了额,跟我也没半毛钱关系,我也不插手人家的事情。哎呀,我儿结婚的时候置的东西也简单得很,我们也没有盖新房子,这媳妇儿也没有陪嫁贵重东西,就是简简单单都办了。

2.母亲与婚嫁后子女关系

儿子结婚了以后都出去单另住了,也没有跟我在一起住着,我也不管人家的家务事,我自己能独立生活,我也不愿意跟他们生活在一起,我一个人在这儿住着也感觉这怪美哩。俺们那里好像是也没有什么敬茶的这个风俗,结婚拜天地的时候肯定是要拜父母高堂的,这个倒是必要的。我跟我儿子还有媳妇儿都不住在一起,她城里面也有工作,人家单另住着,平时就有时候回来看看我,能有什么矛盾,我们俩没有啥子矛盾。

我就这一个儿子,分什么家,没有分家这一说。我儿子跟我儿媳妇都在城里面上班,人家都有工作,也不能一天到晚贴在我身边,我们不在一起生活着,我们老两口子也能照顾我们自己,我们也有吃的、有喝的,不指望他们。

我闺女儿是在 1987 年的时候结的婚,还是我妹子,就是我孩子的姨给说的亲事,两人见见面,都感觉还怪好,就定下来了,也算是谈了一段时间。我女婿华强当时也是个上班的,我们当时就是看他脾气好得很,关键是脾气好,感觉着以后能对我闺女好,就这都中了。这个时候的婚姻都跟与以前的包办婚姻不一样了,只要是年轻人愿意,看对了眼,就这都中了。再一个是说亲的也是说的门当户对,虽说不再跟过去时候讲究的恁严格,但是这个条件人家说媒的自己都掂量掂量,也差不到哪里去。我这个女婿是我妹子给说的,我也放心,我们当父母的觉得华强怪好,我闺女也没有什么反对的意见,两人处了一段时间,我们两家家长见见就算是定下来了,然后这就是结婚了,当时他们俩是旅行结婚的。那个时候婚姻跟以前都不是太一样了,怎么样都行,只要是两人愿意,父母也参与意见,但是也听听孩子们的想法。这解放后跟解放前的变化也算是很大,尤其是在城市里面,要是在农村还是有好多习俗保留着,感觉没有城市里面风气啥的更开放。闺女结婚的时候,我啥也没有给她买,就给她一张存折,我说你想买啥就去买啥。都是自由的,那时候流行结婚四大件,我反正钱是给她了,她们也没有办个婚礼,就旅行结婚了,省去了很多事情。她拿着我给她的钱想买什么东西都可以自己买。

这解放以后,也有着倒插门的,但是这解放以后好似乎是跟以前不一样了,就是马马虎虎都行了。以前在旧社会,还要立下文书,说自己愿意改名换姓,那时候湖北跟咱们这交界地带可是多得很。这解放后也没恁些讲究了。解放以后,这上门女婿也没说一定要改名换姓了,就是来到这没有男孩的家里算是当儿子一样,也还能当家的。我还没有听见过这上门女婿离婚的事情呢,也不知道人家是咋弄的。

我闺女是我的闺女,她结婚了也是我的闺女,平时咋不来往,她要是有个什么事情,我咋不管,可管。我没有重男轻女的思想,我对待我这儿子和女儿都是一样的。就这家里面的孙子跟孙女儿,这外孙女儿都是一样的,都是一样的看待呀。现在的老思想都变了,不分什么儿子和女儿,都养活父母。你看着过年我都在我这女儿家过的,我闺女很孝敬我的。有的那娃儿们

---

① 扎彩:就是在门口装饰很多饰品,显得很喜庆。

不养活父母，这也有啊，那父母也没有办法，那他不养活也没法儿。有的儿子不养活了，闺女孝敬了闺女也养活，那还有那一种只有女儿没有儿子的家，那闺女也得尽她的赡养义务呀，就得跟闺女住在一起。要是我自己能自理，能骨碌动，我还是觉得自己住着美呀。我这住在我闺女家这一个年下，他们成天也是忙得很，上班啥的，这回来还得照顾我，我自己觉得麻烦，也给他们添了很多事情。但是我这闺女儿可孝顺，平时经常回去看我，这每年夏天都要把我接到这里来住一段时间呢！今年年下，我在这里住了半个月了都，我住在这里时间长了也不美气，没有个熟悉的人在一起说话，在我老家我还能跟老头、老太太们说说话，感觉不无聊。

三、妇女与宗族、宗教、神灵

(一)妇女与宗族

我们那里有祠堂，宗族什么的我不是很清楚。这祠堂也没有人管，都是男的参加这些祠堂的活动，女的成天都在家里面。什么也不知道。我也不知道族田，没有听说过。我们这边，自己家庭里面的事情都是自己家都做主了，外人也管不住人家家里面的事情，也不去管人家家里面事情。我们那里也没有什么宗族！

(二)妇女与宗教、神灵、巫术

1.求雨

在曹庄那个地方，那二年经常求雨，以前要是旱了，就让这寡妇在坑里面把土往上撩，要是雨求下来，还年年还唱戏呢，这男的都不管，一准让寡妇们去办这些事情。我听人家说，这求雨还要唱歌，我听人家说是唱着"十二寡妇来持(谐音)坑，下满雨……"我也说不好。

2.宗教

我信佛教，现在都是戒腥荤，不吃这葱姜蒜，我都信了十来年了，这也算是个信仰。我每到初一十五，去庙里磕头上香。

四、妇女与村庄、市场

(一)妇女与村庄

1.妇女与村庄公共活动

在解放以前，女子都不出来去参加什么活动。就是有时候，可以去参加会①，我喜欢听戏，我好(喜欢)去会上听人家唱戏。正月二十三我们那里会大得很，人们都去参加，人山人海的，我也去听戏。这镇上的听戏，看人家玩把戏，不分什么男女，大家都能坐到一起来。要是在农村的村子里唱的，一般都是男的坐在一面，女的坐在另外一面，这都是镇上的会，人多得很，乱哄哄的，不分什么男女，这没有出门②的女儿们也能去看。

解放前这都是男人们的事情，除非这个女的就是个有头有脸的，就是个干部，否则一般的女人们都是不参加这些活动的。等到解放以后，这妇女们都能参加村里的会议了，人们都去，像开会也去，参加这村里面的造路什么的公共活动都能参加。开会的时候，这肚子里面有东西的妇女，人家能说会道，还能说到这点子上，人家还发言。像我这样拙嘴笨舌的，啥也说

---

① 会：就是类似于庙会，街上很热闹，人们都去赶集。
② 出门：就是出嫁，下同。

不出来,我也不发言。

我们那有保长、甲长这些,我们还是叫保长廖爷呢,他是廖寨的,我父亲的外婆还是廖寨的,都是他的管辖区域,所以还有一点亲戚关系。人家是一个头头,都知道他。在小的时候我还见过呢。等到了婆家,我都不清楚这些了。那时候结婚走了就算是走了,也不跟现在一样办理户口转移,那都是在解放前,没有这一说,也没啥户口。

2.妇女与村庄社会关系

我在没有出门的时候,我也有几个玩得好的女孩子,小的时候,我们在一起就抓子儿、踢毽儿、玩儿游戏,等到大一点的时候,就在一起做针线活。我们那几个关系也是好得很呢。她们在结婚的时候,大家也没有去送,这一结婚算是全部结束了,结婚了大家平时也没有什么来往,但是每到回娘家遇上了,大家还是说话呀,在一起笑呀,还是关系好。但是也不在一个地方嫁着,也没有什么亲密的来往了。

解放前,村子里面的劳动都没有女的什么事情。解放后,主张"女人能顶半边天",这女的也下地干活,也参加村里面的会议,这女人们也能跟男人们一样挣工分。

我这个人无论到哪里,都是个老好人,人们对待我都很不错,我人老实,没有多余的口舌,到婆子家以后也跟人们都相处得挺好的。在村子里面,我们这一老家,要是有来往的,我都去送个礼,人家说要帮忙的我就去帮帮忙,有的没有往来的,就不去。我在村子里面的时候,经常跟这附近的妇女们、老婆子们在树底下聊天,有时候在一起东聊聊西聊聊,坐在门上,说说话。我们西院子有一个杨婶子和二妗奶平时都对我好得很,我们也住得近,平时经常在一起说话聊天,说说这织布是咋织的,说说有啥好的织布方法。有的妇女们也去跟人家男的们在一起说话,人们都说这是夜叉精。那时候这村里面的妇女们也发生一些口角。这近门子上面的邻居过来调解,说说就算了了。丈夫一般都不管,要是这丈夫在家,这妇女一般上也不敢在那里吵。

(二)妇女与市场

在结婚以前的时候,我就不去赶集,就没有这个想法,该买什么东西都有人去买,我就不用操心。结婚了以后,这妇女们有时候也需要置办家里的小东小西的,可以经常去集市上去买东西。那个时候也有女的做生意的,还是比较少的。在集市上,不管这男的女的,一般都不赊账。这女的去集市上去听听戏也属于正常,有的去茶馆里面的可都是一些夜叉精,摔不烂。一般女人们都不去茶馆,那都是男人们去的地方。

1949年以前,纺的花都是自己买来的花。这做活的针线也是自己买的。这些东西纺好了,我们家里的老掌柜拿去卖了,钱都全部充公了。解放以后,就自己纺了一段时间,后来都自家买布做衣服了。后来,集体经济的时候,我还用过布票,想要买布的时候,拿上布证才能买,要是光有钱,没有这布票人家还不卖呢!在解放以后,还有物物交换,人家说鸡蛋换布,两不见钱。这些都是像家务事一样的,男女都可以去交换。

五、农村妇女与国家

(一)认识国家、政党与政府

1.国家认识

我在1958年进厂上班,厂里面成天开会说这个国家,我那个时候天天早上打钟了上班,晚上打钟了下班,其他的我也不知道个啥东西。我记得当时天天厂里面吃完饭,下了工开会的时候也说男女平等,还说要儿子、要闺女都是一样的,我也没有深究是干啥的,但是我还是赞成人家说的这些。

解放前都是私塾,女孩子除非是人家有钱家的,一般都没有上过学,我也没有上过学,解放以后都逐渐有专门的学校的,男的女的都能去上学。我没结婚的时候,就是使用的那个铜各子,我八岁的时候第一次见到这个钱,还没有什么概念,也看不懂这个钱的面值,哪一次我父亲给我说了以后,我就认识了。解放后就是用的纸钱,种类挺多的。我记得在解放前的时候,我偷偷攒了一些钱,人家说这钱不用了,钱换成别的了。我记得在老日本来了的时候,我就知道害怕,也不知道是干啥的。以前那个年代,也还要交税,叫作皇粮二差,具体啥情况我都忘记了。

2.政党认识

我知道蒋介石、孙中山,我知道国民党是蒋介石的队伍。我知道也只算是知道,这都是大人们说的,我随便听的,也没有深究过是什么。

解放后的国家主席是毛主席。我还知道周恩来总理。我那个时候都在厂里面工作了,厂里面天天都要宣传政治思想,这些都是我听人家讲的,这个人们都知道,没有人不知道这些的。毛主席就是共产党呀!在解放前的时候,这村子里面也有共产党来过,队伍在村子里面驻扎着,共产党的队伍也很守规矩,不拿群众的一针一线。解放后,我们那里有一些干部就是共产党。我也见过这女共产党员,就是那护士、医生就是共产党。在解放前我那时候听大人们说过,闹革命、闹革命,咱也不过问。后来这解放以后,村里面天天都要开会啥的,说是让妇女们也去参加,我那个时候因为身体非常不好,成天低烧,也没有精力和心情去参加这些会议。什么东西,我没啥材料,也不是村里面的干部,也不接触这些事情,都不知道。

我觉得共产党可是好得很呀。自从共产党来了以后,这女人们想做什么就能做什么。要是搁在解放前呀,这女人们就是在锅仡佬里,围着屋里面的锅和灶台转。解放后,这女人们可以当干部,跟男的一样,变化大得很。

3.夜校

在解放前的时候,我以前没有上过学,后来等到解放后,人们都上夜校呢,因为身体不好,一直都上不顺利,人家都顺利读到高中了,我这还在读一年级呢!这后来还在工会上了几年,也没有学住什么东西,都是因为害病,坏身体什么也干不成呀!

4.政治参与

这解放以后,村里面天天都要开会啥的,说是让妇女们也去参加,我那个时候因为身体非常不好,成天低烧,也没有精力和心情去参加这些会议。就是在我到厂里面上班的时候,天天接受这政治上的思想教育。

5.干部接触与印象

解放前我自己跟干部的接触不多,也不是太了解。就解放后在厂里面工作,在开会的时候听人家讲讲课,我觉得大部分的干部都是讲道理的。

6.女干部

当时还有女干部呢,我们这里有一个叫刘凤仙的,在解放后人家还当上了干部呢! 这女的呀,有的当干部干得好,有的干得不好。

7.政治感受与政治评价

当时这个计划生育政策也是有好处的,但是在乡下里面执行得很不好。我很赞同人家政府提倡妇女走出去的这个说法,还是出去干个东西(工作),人也更活脱了,也有个收入,还怪好的。

(二)对1949年以后妇女地位变化的认知

这政治上,政府提倡这个女人们走出家门,社会上有很多女干部,跟男的一样为人民服务。在生活上,男女跟以前也不一样了,能走上社会去干工作,地位也变高了。在家里女的也不是非得伺候男的。这男的虐待女的情况也变少了。另外女人们也开始接受教育,好似乎这思想上就变得不一样了。

(三)妇女与土改

1.妇女与土改

土改的时候,也有工作队来到我们村里面宣传政策,说土改了,打到恶霸地主,要给穷人分土地,穷人解放了。还动员妇女们都参加,解放广大妇女同志。这天天都是在开会,我都是听村里面的人们说的。我知道土改的时候,人们都划分了很多成分,有富农、地主划成了分子,这些都是斗争的对象,天天听说要斗这个斗那个的。当时贫下中农积极分子还积极地发动妇女们诉苦,揭穿恶霸地主们的罪行。我听说以前当过童养媳的,还有那大家里面的丫鬟头子都去揭穿那些恶霸的罪行,人们都去看批斗会。那时候我身体也不好,也不怎么参加这些活动。

我婆子这边都是贫农成分,分东西的时候还分得了几亩地,也分了一些农具,跟人家别人家还共用了一头牛。这家里分的土地都是我婆子们还有我婆家兄弟种着,因为这土改开始没有多久,我老伴儿就把我接到镇上,我都住在镇上了。我们也不种地,就在镇上了。我们家里面那个情况我都也不参与,家里面有啥事情,也都是我丈夫出面,我一个妇女,我也不过问什么东西。就是后来在厂子里面,总是在开会,说这阶级斗争的事情。我也没有去深究是干啥,我在这边的成分划得也低,我也没有受到什么待遇。

2.妇女组织和女干部与土改

后来我来到镇里面以后,人家厂里面经常组织妇女们去开会,我也不记得是什么情况了。开会的时候经常说现在这妇女们能顶半边天,妇女们要解放自己,敢于揭发这家庭虐待,要平等。我记得我还去白牛乡开过一次会,地主杨炳要在那监狱里面坐着,我说这里面的人在干啥,好好的地,人们在不停地挖挖,后来我才知道,原来是这些人们都在里面劳动改造,都是划成分是地主、富农的在劳动改造呀。

我可知道妇女会,那时候人家天天都嚷嚷着说让妇女们去开会,无论是啥会,男的也去,女的也去,有的女的们拿着针线也都一堆堆地蹲在墙边听人家讲话。我们这里有一个叫刘凤仙的,在解放后人家还当上了干部呢!人家那个嘴,能说会道的,本来就是一个泼辣的性子,那时候提倡妇女们解放,人家成分划得也比较低,关键是人家会说,会到处做思想工作,就让她当着这妇女们的代表,在村里面负责这妇女工作。那时候刚土改的时候,号召妇女们参加,一是我身体不是太好,不怎么参加这活动,而且没多久我就走了,具体的情况我后来都不知道了。

(四)互助组、初级社、高级社时的妇女

我对这个互助组记忆也比较模糊,就是记得这个互助组都是这几家几家的,说让人们在到一起劳动,这个时候,这妇女们有的也都下地劳动,当时也不躲,有的那裏过脚的下不了地干活,只能在家里面洗洗涮涮的,有的年轻的也下地干活,这婆子家搁到屋里面干个活啥的。我当时没有跟着互助组干活。我看合作社那时候,都还跟互助组时候差不多啥,就是人们都一起下地干活,挣工分,工分多了能多得到一点,工分少的少得到一点,人们在一起干活,感觉着也怪美哩,就是这个样子。合作社的时候,我都来到镇上了,婆家屋里那摊子我都不管了。

(五)妇女与人民公社、"四清""文化大革命"

1.妇女与劳动、分配

人民公社时候,我就在桑庄这铁厂里面工作,我丈夫就在这里,我也都进到这里面工作。那时候,人家还有个上工、下工,都有铃声响了提醒。我在这厂里面可是很多女职员,好多都是这里面男员工的家属,都到这里面来工作,这里面的活也不重,天天上工、下工的,还有工资,比在农村好得多。

我们那个时候在厂里面,男的都干重一点的活,女的干轻省一点的活,还是主要看这劳动力的强弱,劳动力强的干得多一点,弱的干得少一点嘛。

2.集体化时期劳动的性别关照

这要是妇女生小孩了,人家大食堂里面给照顾一下,那添的饭加加餐,伙食好一点,也没有什么其他的照顾,一生孩子那个时期都不能上班了,没有工资,没有报酬。做一个月的月子都不能上班了,咱那个时候也没有生孩子,也不知道其他是啥情况。

3.生活体验与情感

我们吃饭都有食堂,也不用自己做饭,一到下工的时候,就到食堂里面打饭,打好了就去吃,吃完了自己刷刷碗就行了,当时还觉得怪美哩。有一次我跟我丈夫回家去,农村里面也有大食堂,我记得当时我婆子说,你去食堂刮点饭去,我去看看,都是那黑窝窝头,一去,人家还说这大哥大嫂不经常回来,稍微多给一点,所以我们一回去,我婆子都让我们去打饭,就因为多给那一点点,那时候农村也可怜,一次打饭也就给那小两勺子,娃子们都少给一点。

4."四清"与"文革"

我可是记得"文化大革命",还有"破四旧""立四新",要不是我那时候因为我妹妹之前上南阳住院,我把那家里面的首饰等一些值钱的东西卖了,要不然后来"破四旧""立四新"的时候,可是要被烧了。我在镇上可见过斗人的,我就见过,那一次,说这个老婆子有两个儿子,她老是唆使这两个儿子打老婆,结果人家这两媳妇儿商量商量都离婚了,还告这个老婆子,说她跟旧社会一样虐待媳妇儿,这个老婆子就戴着高帽子被批斗。

当时的结婚,简单得很,我记得当时我们对门那两口子结婚哩,也没有跟以前那一样,怎些仪式,这女的陪了一对篮子、一个挑担,等到来到门口的时候,两口子唱一个"老两口学毛选",就算是结束了,那时候都是这个,简单得很。那个时候,没有什么葬礼这一说,以前还吹吹打打,在那个时期,这都是旧社会的方式了,当时好多死人的都连个棺材都没有,就一个铺盖席子一卷都埋了。

(六)农村妇女与改革开放

我后来一直在厂里面工作,经历着改革开放,生活也变好了,我的孩子们也很有出息,都在上班拿工资,生活也挺好的,我一直在厂里面到我五十五岁退休,退休了还有退休工资,我也挺满意的。退休后,我都回老家了,我经常去找我的两个朋友们玩儿,我们俩对劲儿。我平时也不看电视,就喜欢跟对劲儿的老人们坐在一起聊聊天,啥都聊。我孩子们经常会来看我,都孝敬得很,我对生活也挺满意的。

六、生命体验与感受

我现在也都九十多了,我感觉着这最幸福的事情就是后来在解放后我到了这厂里面工作,这生活上没有在农村恁吃紧了,在城里面工作的这段时间里面,我还遇到了一位老中医,把我多年的病给治得差不多好了,我这身体好了,觉得什么都有希望了。在这厂里面工作,我也算是有一个铁饭碗了,这退休后,每个月还有退休工资,一个月一两千,我也花不完,这都感觉着满足了。这一辈子,你这个外公也没有给我一点气受,我在他面前伸展①一辈子。这我觉得最辛苦的事情就是,我这啥都怪好,就是这以前的时候,成年地害病,三年卧床不起。幸好我老伴儿人好,那时候一下班就会来给我药煎好,给我倒好漱口水,还提醒我按时吃药,要不是他,我早就不行了,哪还有现在,想想还是幸福!

---

① 伸展:这里比喻不用低三下四,比较有地位一点。

LL20170121CDL 陈德兰

调研点：河南省南阳方城县广阳镇横山村

调研员：李璐

首次采访时间：2017 年 1 月 21 日

受访者出生年份：1936 年

是否有干部经历：否

是否生育：是

受访者结婚的时间节点、生育子女的具体情况：1954 年结婚；1956 年生第一个孩子，共生九个孩子，全部都是儿子，其中有三个儿子没养活，后来又抱养一个女儿。

现家庭人口：4

家庭主要经济来源：务农

受访者所在村庄基本情况：河南省方城县广阳镇横山村是广阳镇所辖的 40 个行政村之一，位于方城县西部、鸭河水库东岸，西与南召县相连，南与宛城区毗邻。全村现有 5 个居民小组，全村 222 户、812 人、10 名党员、0.4 平方千米土地。近年来两委班子团结奋进、带领全村党员群众，克难奋进，努力拼搏，认真落实新农村建设"二十字"方针，逐步实现了基础设施建设，产业结构调整，经济发展小康村庄建设的新突破。由于受地形、气候等自然条件的影响，广阳镇横山村以大面积种植花生为主，带动本村的经济发展，取得了显著的成绩。横山村所在位置，交通便利，物产丰富，人杰地灵，百姓和谐，干群关系融洽，社会稳定，经济得到快速发展。

受访者基本情况及个人经历：老人生于 1936 年，十六岁和老伴儿定了亲，十八岁结婚。总共生有九个孩子，全部都是儿子，但是只养活了六个，现在最小的孩子是个女儿，是抱养人家的，老人的子女现都已成家立业。老人的丈夫去世得很早，现在老人跟她的第三个儿子一家生活在一起。

老人一生心血倾注于自己的一群孩子和土地。生了一大帮孩子，想尽各种办法把他们喂饱、养大成人。除了孩子就是种地，因为没有其他经济来源，就是靠种地收粮食养家糊口。她特别勤劳贤惠，针线茶饭都很拿手。老人勤劳一生，为家庭奉献一生。现在老人的子女、儿媳都很孝顺，把老人照顾得很好，老人身体也很硬朗康健，老人整天都乐呵呵的，老人说，虽然她这一辈子没办过什么大事，但是看到现在的子女们，老人就感觉到很骄傲，很幸福！

一、娘家人·关系

(一)基本情况

我叫陈德兰，1936年出生，今年八十岁了。我的名字是在我出生之后，我爷爷给我起的。从小我就知道我叫这个名字，至于有什么含义我就不知道了。我们兄弟姊妹总共五个，在我们这一辈里面，我排行老二，我有一个哥哥，有两个弟弟，还有一个妹妹。我兄弟姊妹的名字都是我爷爷他们起的。我们都是德字辈，我哥哥叫陈德立，我弟弟家陈德运，我妹妹叫陈德桂。以前的时候，男孩子一般都是按照辈分起名字的，女孩子应该也是按照辈分起的吧。别的我不太清楚，但是我们家是女孩子也按照辈分起名的，就像我们几个，我叫德兰，我妹妹就叫德桂。在土改之前，我们家里大概就是二三亩地这个样子，以前我们家是给地主家种地的，每年都是跟着分粮食。土地改革的时候，给我们家定的是贫农成分。后来八路军过来之后，把地主的土地都分给了贫农，那时候又给我们家分了几亩地。在我们家里，我有三个兄弟，女孩就我妹妹和我，我们姊妹两个。我妹妹是抱养来的，抱曹店刘志富家的，以前的时候光景都不好，他们养活不住，我外婆家是曹店的，其实之前我有一个亲妹妹，但是她七八个月的时候得病死了，死了之后我妈妈很伤心，一想起来就哭，我奶就让我妈带着我去我外婆家住一段时间缓解一下心情，到我外婆家之后，一听说庄上那一家有一个小女孩饿得不行也没东西吃，扔了的话又舍不得，想找一家领养，他们都劝我妈把那个小女孩抱回来养，我妈说她不当家，得回婆家问问我奶让不让领养。让我回去问我奶，我奶一听就说："要啊，抱回来吧！"就这样我们算是抱养了一个小女孩。

我是十八岁的时候嫁过来的，那个时候我丈夫家有七八亩地。土改的时候，我丈夫他们这边是中农成分，没有分人家的土地。那个时候他们家里就她们姐弟俩，我丈夫排行老二，他上边有一个姐姐。他们这边没有抱养的，我婆婆就生了两个，就是他姐姐和他。我有七个孩子。我生的可多了，我都生了九个呢，有的没有养活，我自己生的只养活了六个。我自己生的都是男孩，总共是六个男孩，我们家这个女孩是抱养人家的。生第一胎的时候我是二十岁。

(二)女儿与父母关系

1.出嫁前女儿与父母关系

(1)家长与当家

出嫁前，我爷爷在世的时候是我爷爷当家，我爷爷去世后是我父亲当家，那时候我奶奶岁数大了，她就不管事了，就让我父亲当家了。我家的钱和钥匙这些东西是我父亲管着的。那时候女的一般都不管事，外边的事情都是我父亲管的，我奶跟我妈成天在家做家务活，她们也不咋出门，都不管外边的事情，她们算是内当家的，我父亲算是外当家的。在我还小的那个年代，女的一般是不当家的，除非有的地主家只剩一个寡妇了，那她能当家，一般的话，只要家里有男的，女的都不当家。一般都不会让那些荒唐不成器的人当家，是当家的都是一些成器的人。我爷爷去世后，那时候我奶在家就能当着我妈的家，她算是一个内当家的，外边的事情都是我父亲当家。如果父亲去世，母亲是否可以代理家长这我就不知道了。我只知道以前的时候，在我们家，我爷爷跟我父亲是管外边的事情，我奶奶跟我母亲是在家管家里的家务事。

(2)受教育情况

我没有上过学。我小的时候，我们那个村里面也有小学，但是我没有去上过。后来的时候,人家说是扫盲的还是什么的,有那种夜校,我就去过五六天晚上。那时候我们那个老师家里太忙,他妻子有病,家里的孩子全靠他照顾,每天他忙完之后去学校的时候都很晚了,我们坐得都瞌睡了,去了五六个晚上之后我就没再去了。那个时候我自己也不愿意去,我父母也不愿意让我们去上学,以前的时候人家都会说了,女孩上学没用,一般的话女孩都是不去上学的,女孩儿去上学的很少很少,都是男孩儿去上学。我哥去上学了,我两个弟弟也去上过学,我妹妹也去上过学,我从来都没有想过去上学。1949年以前,那个时候女孩儿去上学的也有,但是真的很少。我们小的时候,当时男孩跟女孩都是在一起读书的,那个时候村里边盖的有学校,都是在那个学校上学。我们小的时候,之所以女孩儿去上学的很少,以前都比较穷,思想也有点封建,那个时候人们都常说女孩读书没有用,都不让女孩儿去读书。中华人民共和国成立后,慢慢地女孩也都去上学了。

(3)家庭待遇

在娘家时,我们家里的男孩并不比女孩子的待遇好,假如说我们家要是重男轻女的话,那就不会抱养我妹妹了。那时候因为我奶奶没有闺女,她特别稀罕女孩。那个时候,添饭(盛饭)也是有规矩的,在我们家我妈经常就是先给我爷爷、奶奶添饭,给他们添完饭之后是给我父亲盛饭,给我父亲盛完饭之后才是给我们盛。在娘家的时候,那时候女孩儿一般都不上桌吃饭的,以前家里来客人的时候,女孩儿都不让进屋,都让出去了。来客人的时候,小孩们是都不进屋的,包括我哥他们也不能进屋。平时没客人的时候,女孩可以上桌子上吃饭,也可以跟我哥哥和我弟弟他们同席。不过我们家那时候都没有那么多讲究,平时都是盛一碗饭就端着出去吃了,一般都不喜欢坐桌吃。我们家是我妈做饭,在我们家,哪怕是把饭做得稀一点,都要保证每个人都有饭吃。没有出现过那种,让这个吃不让那个吃的情况。吃菜也没有什么讲究,做了多少菜都是一家人吃的,没有说必须先让谁吃,后让谁吃。我们小的时候穿的衣服都是自己家做。添衣服的时候也没有说是男孩在前,女孩在后,那个时候都是家里边谁没衣服了就给谁做。过年的时候,男孩和女孩都有压岁钱。压岁钱是一样多的。以前的时候家里贫穷,过年的时候给的压岁钱也不多,一个人就是一两毛、两三毛钱。

(4)女孩的家外交往

家里对外的交往男女也不一样呀!像我们小的时候,女孩平时都不怎么出门,过年的时候去拜年,一般都是去自己外婆家,其他的地方很少去。男孩儿都随便了,一般不限制男孩,他们可以随便出去跑着玩儿。过年的时候,我母亲就是去我外婆家,我父亲去的地方多,具体的我就不知道了。以前的时候,如果是我母亲的娘家来人了,那我母亲肯定要上桌吃饭,招待他们。如果是其他的客人,那我母亲有的时候也不去,我们兄弟姊妹也是不能上桌的。那时候都是小孩儿呢,有客人来了如果小孩上桌的话就不太好,不太礼貌,因为有的小孩爱淘气什么的,就会给别人留下不好的印象。以前,在我们家只有去我母亲的娘家吃宴席的时候,我母亲才会出席,其他的一般都是我父亲去的。如果我父亲不在家,要么是我母亲,要么就是我兄弟他们吧。以前家里没粮食的时候,有的女孩儿也出去要饭,她的父母跟兄弟也会出去要饭,他们都是一起的,不让小孩们单独出去。出去要饭的多了,有老婆们,也有老头们,也有男的。

(5)女孩禁忌

平常居家,对女孩子的禁忌就是不能随便出门乱逛。一般女孩都是到了十三四岁之后就不能随便地出门乱跑了。在家门口这几家,都是邻居们的地方,可以玩。以前的时候,女孩子不可以自己上街，去街上赶集或者买东西都是男的去的。走亲戚的时候可以一个人去了。我十来岁的时候，我一个人去过外婆家，别的地方我没有自己一个人去过。小的时候也可以跟男孩在一起玩耍，这些男孩子都是门口的邻居们，不过跟男孩在一起玩耍的还是比较少的，一般都是女孩跟女孩在一起玩。一般都是到了十三四岁的时候都不出去跟男孩们一起玩了。我们小的时候，我父母就教育我们说女孩儿大了，不能随便出门跑着玩了。那时候，女孩子的衣服应该是不允许跟父亲的衣服晾在一起，我记得在我还没出嫁的时候，我爷爷的衣服跟我父亲的衣服，每次我奶奶洗完之后都把它晾在一边了，然后小孩儿的衣服是在另一边晾晒的，都不放在一起。我也不知道这里边有什么讲究，也不知道是大人的衣服占地方大还是怎么回事。以前洗衣服的时候都是在河里边儿洗的，我也不知道是不是分开洗的。以前洗完衣服拿回家之后都不晾在外边，一般都是在自己院里面晾晒的。

(6)家庭分工

我在娘家时，我父亲就是种地的，我母亲成天在家纺花织布。我母亲不去地里边干活儿，以前的妇女都不去地里边干活儿。我哥他们那个时候是放牛、割草。以前只要家里边喂的有牲口，放牛、割草的活都是男孩干的。在出嫁前，我在家也不少干活儿。说起这个了，我母亲的视力不好，我奶奶的视力也不好，她们在家纺花织布，我小的时候她们就开始教我缝布了，从几岁起，我就是成天在家做针线活儿。我很少去地里边干农活儿，去干农活儿也是去地里边摘花。以前，我们村里也有大地主家，杨玉庭家就是大地主，旧社会的时候，他们家的土地很多很多，但是人家不作恶，人家行善，人特别好。大地主家的妇女和姑娘她们不用上地干活儿。一般家庭的女的也很少去地里边做农活儿，一般都是在家纺花织布。那个时候女孩儿也很少下地干活儿，很少去地里干农活儿的，一般去地里边干农活儿都是男孩干的。女孩儿一般都是在家帮忙做饭呀、打扫卫生呀、纺花织布、缝补个衣服，就是做一些家务。我兄弟他们不用做家务活儿，他们一般都是干地里边的农活儿，家务活儿都是女的干的。纺纱跟织布还不一样，我十四岁那一年就学会织布了。我从小的时候就开始学会纺纱了，那个时候我还坐在我奶奶的怀里边，我奶奶就教我学纺纱。纺花、做鞋、做衣服，这些活儿我也会做。这些活儿我母亲也教我了，我奶奶也教我了，我都是跟着她们两个人学的。织布用的纱有的是我们自己家种的棉花纺的纱，有的是去街上掏钱买的。做的衣服、做的鞋子都是我们自己家人穿了，我们没有出去卖，因为自己家做的东西都不够充足。我也没有算过一天具体能纺纱、织布的时间，反正那个时候在家，白天除了帮忙做饭、帮忙刷碗，其他时间都是在纺花织布。那个时候一般一天能织六七尺布，一匹布是两丈六也不知道是三丈，这个我都记不清了。以前的鞋子都不结实，上地里干活儿都不耐磨，有的时候一双鞋子连一个月穿不了都破了，一年下来也要做几十双鞋子呢。集体化时期那时候还纺花织布呀，不过不像以前那样成天在家纺花织布了，转社之后就要去地里面干活儿。我应该就是从1958年之后不再纺花织布了，那时候大炼钢铁把纺花车全部都收上去了，织布机也收上去了，都烧锅用了。

(7)家庭教育

父母对男孩、女孩的教育那时候也有区别呀，一般女孩都是说不让出去乱跑，但是男孩们就随便了。在我们家不管是男孩还是女孩，都是我父母、我爷爷、奶奶他们在一起教育的。那时候主要就是教育女孩要孝顺父母、孝顺长辈、不顶撞长辈，要有礼貌，家里来客人的时候不要随便去堂屋。穿衣打扮没有强调太多，以前的时候家里穷，也没有什么打扮上面的要求，穿得都很保守。言语上的要求,那就是说女孩子不能说脏话,要有礼貌,见到长辈要有称呼。我们家对女孩子没有什么家规。媒人在给女孩说媒的时候,一般都是说谁家有个女孩,心灵手巧,会做针线活、会做饭、会持家、孝顺等。

2.女儿的定亲、婚嫁

(1)定亲经历

当时是张福泰他妈说的媒,是我们邻居,她是我丈夫的表姐,她去我们家给我母亲说她有一个表弟,年龄跟我相仿,想把我说媒给她表弟,就是她牵线做媒的。她给我们做媒的时候,先说了一下男方家里面的条件和基本情况等,说完之后,她就问我父母说如果同意的话,那就让我去她家跟男方见个面。那时候也会说婆婆的情况。在把我介绍给我丈夫之前,我婆婆早都已经去世了,那个时候他们家里只有他们父子两个人,他姐姐也已经出嫁了。我是中华人民共和国成立以前定的亲,是我们邻居介绍的。当时也是媒人主动上门来给我说媒的,那时候我父母也没有说别的,就说可以先见见面,看看那个男孩长什么样,然后人品怎么样,一见面感觉长得也不丑,人品也挺好的,感觉很不错,就同意了。那时候不需要给媒人钱,只是说结婚后第一年回去的时候要给媒人带一份礼物就行了。当时有没有定亲这个我都不记得了,反正我记得的是,我们见过面两年之后我才嫁过来。从见过面,到结婚这两年时间,中间那都不见面了。

(2)出嫁经过

我是十六岁的时候就定亲了,到十八岁的时候结的婚。我不知道当时写没写婚书,那时候也是要交换生辰八字,然后看结婚的日子。我结婚的时候都不让陪送箱子、柜子等,光让劳动呢,兴陪送镢头、锄、筐子等。定亲的时候,我丈夫家就给我家拿了九十块钱,没给我们送过粮食,也没给我买衣服。以前的时候,好像也有娃娃亲,但是这彩礼有没有等级或者是一样不一样我就不知道了。我嫁给这边的时候,我们没有张嘴问他们要过彩礼,都是这边男方主动给的。以前的时候我奶奶就经常说,养个闺女就是图一门亲戚,不图人家拿多少钱、拿多少东西。我嫁到这边,当时我是图这边有柴火烧,我们娘家那边没有柴火,这边有很多柴火坡,柴火烧不完。定亲时,双方家长也是要见面的,那时候都是家长当家。我们见面的时候,是我父母跟我一起去的。定亲之前,我父母也征求我的意见了,就是问我对他满不满意,满意的话就定了。我不太清楚定亲后,如果一方去世,婚约能不能自动解除,我们那里没有发生过这种事情。那时候一定亲就不能悔婚了。定亲后我们两家也有走动,但是走动得不多。在我们结婚前,节气的时候他都没有去过我家,那时候就给我们送去一筐梨。那也不是什么节气,就是秋天梨子熟了之后,他们家自己树上的梨他摘了一筐给我们送来了。他也没有直接送到我们家,他把梨子送到他表姐家里,他表姐把那一筐梨送到我们家的,他也没来我们家吃饭,他在他表姐家吃的饭。从定亲到结婚之前,我丈夫都没去过我家。结婚前我们还去登记了,那时候他们这边看的有吉日,当时曹店街是区部,他先到那儿,我这边当时是我叔送我去的,到区部之后才见面。区部里的工作人员也问我图人家钱没有,我说:"我没有图他任何东西。"那个人又说:"那人家都给你家送去那么多东西?"我说:"我连他们一根柴火棍都没收到。"那个人又说:"那他们不是给你家赶去一头大牛吗?"我说:"我连一根牛毛都没见到。"那人又问我:"那你就同意?"我说"同意呀!"我真的是没有图他们任何东西。

我是十八岁的时候出嫁的,应该是 1954 年。结婚时也要写婚书,那时候区部里有人写呀。婚书上家长落款的姓名是父亲还是母亲这我就不清楚了,我只知道那时候登记完人家给了两本结婚证。我出嫁的时候都没有仪式,啥都不兴了,都是我自己走过来的。出嫁那天有哪些事情不能做这我也不知道。出嫁那天,当时只有我丈夫他表姐送我,我们家人都没有来,走到半路的时候他们这边的人才接上我,当时是羊角沟的有个人跟我丈夫关系好,他家里有牛车,他赶着牛车到半路接着我的,都没到我们家。以前也有这种不能送嫁的风俗呀,俗话说,"姑不接,姨不送",还有某些属相不合的也不兴送。我那时候除了他表姐送我,其他人都没有来送。出嫁那天,我父母也交代我:"到那边之后就是人家的人了,跟他好好过日子,要孝顺公公。"以前的父母都教育子女往好处学呀,交代着不能骂公骂婆。出嫁那天我也舍不得离开家,但是该到结婚的时候了,早晚都是要出嫁的,当时我也没想太多,就嫁过来了。我出嫁的时候,我娘家没有摆过宴席,啥都没有。

(3)嫁妆

1949 年以前,父母会给什么嫁妆我也不知道,我结婚的时候已经解放了。我结婚的时候,他们这边就他伯他们父子俩,我们家也没有让他们准备任何东西,褥子、被子都是我娘家准备的,以前都是给的褥子、被子、门帘、洗脸盆,衣服也是我自己带的。以前洋布很少,我娘家给我买的洋布做了两身衣服,就这么多东西,置办这些嫁妆花的钱全部都是我娘家出的。在结婚之前他们家给我们拿去的那九十块钱我一分都没花,全部都给我父亲的弟弟就是我叔当盘缠了,他当时在贵州当兵,他受伤了,他写信回来说没有路费回不了家了,我父亲把这九十块钱全部给他寄过去了。那时候的嫁妆也没有什么标准,家里富裕了多给点,家里穷了就少给点。比着其他穷人家,我的嫁妆当时也不少呀。出嫁前,我织的布没有卖过,也没有收入,我出嫁的时候也没有带走。在出嫁前,我没有私房钱。我刚嫁过来后,那时候我兄弟们没有来探望。我是结婚后第九天才回门的,那时候我刚嫁过来就开始下大雪了,雪下得特别大,一直到九天后有路了我才回门。我结婚后没几天我爷爷就去世了,但是因为雪太大,把路都封着了,我娘家都没人来叫我回去。以前姑娘回门都是有风俗、有说法的,有的是四天,有的是九天,有的是十三天才回门。当时,我回门的时候是我丈夫我们两个一起。我回门的时候正好是过年的时候,第一年回去带的是四样礼物,一条鱼、一个猪腿、一块肉,还有一样我给忘了。我还是小的时候在家过过生日,长大后就没再过生日了。

(4)童养媳

旧社会的时候有童养媳。那就是因为她自己家太穷了,养不起,才把她送去给人家当童养媳。当童养媳的姑娘,等她们长大成人,到结婚年龄之后她们也会举行婚礼。

(5)换亲

我们当地也有换亲的习俗,那就是家里都太穷了,他娶不起媳妇,正好这两家双方都是有一儿一女,正好可以换亲。换亲主要就是为了给儿子娶亲。换亲时双方结婚的日子是不是同一天这我不太清楚了,光知道换亲就是那样换的。他们那些换亲的估计也会有媒人介绍。

(6)招赘

1949 年以前,一般都是家里边没有男孩,全都是女孩儿的,才会找倒插门的女婿。入赘的女婿要是不听话或不孝顺,我不知道,也不知道是不是就把人家撵走了。入赘女婿生的孩子一般还是跟男方的姓。

(7)改嫁

旧社会的时候,村里也有二婚改嫁的妇女,不过不是很多。我不知道二婚是否需要给女方彩礼。

3.出嫁女儿与父母关系

(1)风俗禁忌

出嫁的姑娘回娘家也有风俗禁忌,一般姑娘出嫁之后腊月初八、腊月二十三,还有打春的时候是不能回娘家的。出嫁的女儿一般是不允许在娘家吃年饭的,而且出嫁的姑娘和姑爷在娘家过夜的时候不能住到一起。姑娘出嫁之后,我也不知道能不能回娘家拜墓,但是我是没有回娘家拜过墓。出嫁后的姑娘一般都是过年的时候,大年初二回娘家,其他的我就不知道了。

(2)与娘家困难互助

姑娘一嫁出去都不再管娘家的事了。不过娘家有困难的时候,我们也能帮助呀,我们都是尽自己的能力去帮的。那个时候我们这边也很穷,家里也没有别的东西,就在我兄弟结婚的时候,我们给他挑去了几挑柴火。那时候我帮助我娘家,我婆家这边也没有意见,还是他们往那边挑的。我嫁到这边之后也没有遇到过什么困难,像是两口子过日子吧,生气是难免的,但是都是口头上吵吵,事后就和好了,也没有说让娘家跟婆家这两家协商解决什么东西的。

(3)夫妻矛盾调解

不管是1949年以前还是1949年以后,媳妇跟丈夫生气、吵架、闹矛盾了能不能自己独自回娘家,别人的事情我不知道,反正我是没有自己回去过。

(4)离婚

出嫁之后,女方提出离婚的是在1949年后很长一段时间后才有的这种情况,在旧社会的时候,女的不能提出来离婚,那个时候只有休妻这种情况。

(5)娘家与婆家关系

我的娘家与婆家不是一个村的。在我嫁过来之后,我们两家关系都挺好的,也是经常来往。农忙的时候,我兄弟他们也来帮我们干过农活,我丈夫也会去我娘家帮忙。

(6)财产继承

出嫁后,女孩儿就不能分父母的财产了,我父母的财产都是给我兄弟他们了,我和妹妹我们两个什么都没有。假如父母只有女儿没有儿子,那这样的话,那女孩肯定是能分财产的,不然他分给谁呢!至于上门女婿是否能全部继承财产,这我也不知道。

(7)婚后尽孝

1949年以前,出嫁的闺女家里要是有兄弟的话估计不用赡养父母,有她兄弟养活她父母呢,要是没有兄弟的话就得她赡养吧,不然她的父母年老的时候谁管呢。1949年以后,我出嫁之后,我父母生病的时候我也回去伺候过他们。我父亲岁数大的时候是我哥家管的,我母亲是我弟弟家管的,我父亲去世的时候,我哥一个人安排着埋葬。我母亲去世的时候是我弟弟他一个人安排着埋葬的。我父母去世的时候,我兄弟跟我哥他们都没有让女孩承担这个丧葬费。女孩儿不能主持葬礼,葬礼都是儿子操办的。老人下葬的时候,男的是在棺材前边走着,女的都是在后边跟着。行礼的时候也是男的先,女的在后。姑娘一出嫁,一般清明节和十月一的时候,都不用回去上坟了。

(三)出嫁的姑娘与兄弟姐妹的关系

我出嫁以后,我们兄弟姐妹关系都挺好的,一直都很好。有的时候我回娘家看看,有的时候我哥跟我兄弟他们来我们家坐坐。以前的人都很穷,除了过年的时候回去带礼物,平时回去都不带礼物的。那时候空着手回去也没有人说什么闲话。姑娘一出嫁之后再回娘家都成客人了,都不是主人了。以前我每次回去我哥跟我嫂子他们都待我很好呀,真的把我们当客人了一样,做很多好吃的。娘家有什么事情除了跟父母有关的,一般情况下是不会找出嫁的闺女商量的。我哥跟我兄弟他们没有来找过我跟我妹妹回家商量什么事情。我兄弟跟我父母分家的时候,他们没有请我回去。我兄弟跟我妹妹结婚的时候,我就没有给他们送礼金,就我娘家的侄子结婚的时候才给他们送了礼金。如果家里办什么事情需要借钱的话,我们也会向我的兄弟姐妹借,通常是先向我哥跟我弟弟他们借了。出嫁之后,回娘家的话是住我父母家。我去我妹妹家做客的时候,不会在他们家留宿,没有在她家留过宿。一般都是上午去,下午就回来了。去我妹妹家,通常都是有空的时候就去看看嘛,也没有记过一年到底去了几次。

我跟我丈夫结婚之后,在这边一般也不咋生气,也没有请我兄弟他们来出面调解过。我没有责怪过我兄弟跟兄弟媳妇,他们都很孝顺,待我父母都特别好。我儿子跟我女儿的婚嫁事情一般是不需要必须经过娘舅同意,但是他们结婚的时候肯定是要请我兄弟们来的。我的儿子跟女儿都很听话,也都很孝顺,没有跟我闹过矛盾。

出嫁的姑娘回娘家拜年,一般都是大年初二回娘家。出嫁的第一年回娘家,一般都是初二的这一天。过了第一年,其他的任何时候回去都行。出嫁第一年回去的时候要带四样礼品,就是我刚才说的要带一条鱼、一块肉、一个猪腿,另外一个我也记不清是什么东西了。以后过年回去都带的是两样礼品,一般都是带一块肉,还有一捆粉条。我父母去世之后我们还回去呀,刚开始的时候,我是离娘家比较远,我们一家人都去了,后来我的孩子们就是长大之后都是他们去了,我都没再回去了。我出嫁后,跟我妹妹和我兄弟们的亲疏都差不多,但是相对来说还是回娘家的次数比较多。我娘家离我们家这里有十五六里的路,我妹妹家离我们家挺远的,有好几十里路呢。过年的时候,走娘家的亲戚,一般都是先回到我父母家,然后再去其他长辈家里。

二、婆家人·关系

(一)媳妇与公婆

1.婆家婚娶习俗

我嫁到这儿的时候,我婆家就剩我公公和我丈夫他们两个了,我婆婆那个时候已经去世了,我丈夫的一个姐姐已经出嫁了。那时候,我公公和丈夫主要就是种地的,我丈夫会杀猪,我公公是一个厨子,会做菜。我们两个那个时候结婚,也没有什么定亲仪式,也没有举办定亲宴会。

我结婚的时候真的是太省事了,也没有拜天地,他们这边也没有派人去迎亲,就我刚才说的就是我丈夫他一个好朋友赶着牛车,在半路的时候接上我把我拉过来的。结婚的时候也没有请客,他舅舅们也没有过来,就他两个表哥过来了,一个表格挑了一挑萝卜,一个表哥挑了一挑白菜。当时进婆家门的时候我没有跨火盆,也没有人主婚,也没有办婚宴。以前,穷人家都没有那么多的讲究,我们也没有说结婚第二天的时候给公婆、哥嫂请安的。结婚后我也没有去祖坟拜过墓。

2.分家前媳妇与公婆关系

(1)婆家家长与当家

我刚结婚的时候,在我丈夫家,我公公是家长。我嫁到这之后,家里面的家务事是我管的。在我们家,一直都是我公公是家长,我们一直到最后都没有分家。我公公去世之后,然后就是我丈夫当家了。我婆婆去世得早,我们家里面的大事小事都是我公公管的。我们家也没有开过家庭会议。那时候我们家商量着盖房子的时候都是我公公跟我丈夫他们做决定了,我都不管这些事。

(2)劳动分工

我嫁到我婆家之后,我主要负责做的就是家务活,在家做个饭、带小孩。那时候我一般都没有去地里边干农活儿,都是我公公跟我丈夫他们俩去地里边干活的。

(3)婆媳关系好坏

我嫁到这边之后,我公公待我可好了,他从来都没有打骂过我。我公公和丈夫他们也让我出去串门呀,但是我每天都忙得不行,也没咋出去串过门儿。我公公没有拦挡过我回娘家,但是我每次回娘家的时候,我都会提前跟他说一声打声招呼说我要回娘家了,中午的时候就让他们自己做饭。

(4)婆媳规矩与状况

1949年以前,媳妇伺候婆婆我也不知道有什么规矩,反正我在娘家的没出嫁之前,我看我奶奶跟我母亲她们两个的关系就很好,很亲呢,也没有什么规矩。我公公人好,他没有要求过我干什么不让干什么。在旧社会的时候,或许也有婆婆虐待儿媳妇的吧,不过我那时候也不出门,也没见过,也没有听我奶奶跟我母亲说过。

(5)外事交涉

那时候在我们家,外面的事情一般都是我公公跟我丈夫他们出面,女的一般不管这些事情,都不插嘴。以前都是男主外,女主内。

(6)家庭矛盾

我丈夫跟我公公他们两个没有发生过什么矛盾,有什么事都是他们俩商量着来的。

(7)过节习俗

以前的时候,没有哪些节日必须回娘家或者是必须跟公婆一起过,平时想回娘家的时候就回去了。如果娘家人来接,这是可以回去的。就像我前边说过的,出嫁的姑娘,一般都是大年初二回娘家拜年。

(8)财产权

1949年以前,媳妇在婆家应该没有财产权吧,我没有听说过媳妇在婆家有财产权的。以前也没有媳妇从娘家带嫁资地去婆婆家。我嫁过来的时候都没有压箱钱。我嫁过来的时候也没有家具,就带了两身衣服,这两身衣服都是带回来我自己穿的。我嫁到这边之后,纺花织布都是供我们这一大家做衣服穿,没有结余出售的。结婚后我还是没有私房钱,成天也不当家,也不上集买东西,藏点私房钱也没用。1949年以后,媳妇的财产权是否有变化这我也不知道,我都没当过家,也没掌管过钱。

3.分家后媳妇与公婆关系

我结婚后,我们没有分家,我嫁过来之后就没有婆婆了,就剩我公公一个人了,一直到我公公去世,我们都没有分家。1949年以前,没有听说过谁离婚了。旧社会的时候,如果丈夫去世了,我也不太清楚妇女改嫁用不用公婆同意,以前守寡的比较多,改嫁的不多。至于寡妇能不能跟其他兄弟平等继承公婆的财产,我也不知道,都没有听说过这种事。

旧社会的时候就是有的女的去给地主家做饭、洗衣服、打扫卫生,这也是我听别人说的。她们出去帮工这种事,应该必须得到公婆的同意才行吧!公婆年老时,那就是由儿子跟儿媳妇赡养。赡养公公与赡养婆婆的方式和费用有没有不同这我就不知道了,我只赡养过我公公。以前穷人家都没有办过寿,我公公没有过过生日。我公公去世的时候,那时候哪儿有孝服,我公公是1960年去世的,那时候正是闹灾荒的时候,人都没有什么东西吃的,他也没有棺材,就是用门板抬着去埋的。下葬的时候,我没有去。我公公和婆婆的墓地没有在一起,我婆婆去世的时候是埋到她娘家的墓地里面了,然后我公公的墓地是在这边,一直到现在这两个墓都是分开的。我公婆去世后,清明节我没有去给他们扫过墓。

(二)妇与夫

1.家庭生活中的夫妇关系

(1)夫妇关系

我跟我丈夫不是在结婚那天才见面,我们俩在订婚之前就经过媒人介绍见面了。见面后我对他挺满意的,他也对我挺满意的,要是不满意的话,我俩就结不了婚了。我丈夫叫王书臣,结婚后,我们俩也没有互相叫名字,就是直接说话。

(2)当家

我们跟我公公没有分家,后来是跟我儿子他们分家了。分家后还是我丈夫当家,我没有当过家。如果丈夫赌博或不成器,这种情况应该就不能当家了吧,我也不知道,反正我们家没有遇到过这种情况。家庭农业生产都是我丈夫安排的。他也没有跟我商量过,因为我也不知道什么时候哪一块地该种什么庄稼。平时要是出去请工、借钱、借粮食等,都是我丈夫出面。还的时候也是我丈夫去还的。我嫁过来之后,我们家还建了房子,这也是我丈夫决定的。建的房子,后来房产证上登记的也是我丈夫的名字。在我嫁过来之后,我们家没有添置田产或山林。结婚后我都没有问他要过一分钱,那时候我也不管钱,也不咋花钱,需要买东西的时候都是他去买的,我也没有私房钱。

(3)家庭分工(家内、家外)

我嫁到这之后,就像我刚才说的,我们跟我公公没有分家,但是那个时候已经在社里边干活儿挣工分了,我也要去干农活儿。家里边的家务活儿像做饭、带孩子、洗衣服、打扫卫生,这也是我的活儿。我丈夫天天干活儿挣工分。在我们家,处理家外的关系,都是我丈夫或者我公公去处理的。如果丈夫需要外出务工,有的时候他也会给我交代一下,他哪一天要去哪里干什么事。

(4)家庭地位

在我们这个小家庭里,家庭成员的地位,以前都是当家的优先吧,那就是我丈夫排第一位,我是第二位,我子女们是第三位。

(5)丈夫权力

1949年以前,丈夫对妻子有哪些权力这我也不太清楚,两口子过日子嘛,那啥权力不权力的,日子过好就行了。那时候我也没有听说,女人必须要伺候好丈夫,有时打洗脸水、洗脚水,这个就是平时想做的时候就这样做吧,反正做饭这活儿是女的,做好饭了就把饭盛好端到桌子上;衣服也是女的洗的,把衣服安排好这都是媳妇儿该做的。以前,丈夫与别人说话,女人一般是不插言的。在我们那个时代,厨房里的事情、带孩子这个事以及倒马桶这些活儿都是女的干的,男的一般不干这些活儿,男的都是在地里边干活儿的。实在忙不过来的时候男的也会帮忙做。但是以前,家里的衣服一般来说都是女的洗的,我的衣服没有让我丈夫帮忙洗过。我结婚后那个时候都没有要求必须分开洗了,都是在一起洗的。不过就刚生完小孩坐月子的时候衣服是我丈夫洗的,那时候身体比较虚弱,不能碰凉水,不然会落下月子病。我的衣服可以跟我丈夫和我公公的衣服晾在一起呀,那时候我们的衣服都是在一根绳子上晾晒的。

(6)娶妾与妻妾关系

旧社会的时候,丈夫娶妾是否要征得妻子同意这我不知道,我没有遇见过这种情况。我也不知道现实中的正妻和妾她们是什么关系,看电视上都是叫她姐呀妹呀什么的,具体现实中我也不太清楚。

(7)典妻与当妻

1949年以前,我基本上是不出门的,那时候我也没有听说过谁家把媳妇卖了。

(8)过继

以前也有过继小孩这种情况,但是我们家族之内没有这种事情,所以具体的情况我就不了解了。

(9)家庭虐待与夫妻关系状况

旧社会的时候,我那个时候还小,也不咋出门,没有见过丈夫打骂妻子这种情况。1949年以前,那时候公认的好妻子就是孝顺公公婆婆、会持家、对丈夫也好,把小孩们都教育得好,这就是好妻子。解放前,我没有见过丈夫怕妻子的现象。

(10)副业收入

我们家纺花织布没有卖过钱,全都是给一家老小做衣服穿了,要说赚钱多还是我丈夫赚钱多,我们家花的钱都是他赚来的。

(11)日常消费与决策话语权

我们家庭的日常消费支出都是我丈夫管着呢,我也没有管过钱,家里需要花钱的时候都是他出的。旧社会的时候,我也不太清楚妻子能否未经丈夫允许,自行前往市场买东西,那时候主要也都是男的才去赶集,女的很少去街上买东西。我结婚以后,我从来都没有去街上买过东西。

(12)离婚

旧社会的时候,我没有听说过有女的主动提出离婚的。

2.家庭对外交往关系

(1)人情往来

家里的人情往来一般都是我丈夫出面的,我出面的情况很少,一般都是我娘家的事情我才出面,其他的都是我丈夫去。如果需要宴请客人,这也是我丈夫决策的。在我们家,以前的时候,一般都是我娘家人来的时候我才同桌吃饭,不是我娘家人来的时候我就很少去同桌吃饭。要是到别人家吃饭或宴席,我也能去,但是我不喜欢出门。

(2)家庭责任与义务

1949年以前,我们家我母亲跟我奶奶没有出去借过钱,所以我不太清楚妻子出面借钱,对方借不借这种情况。

(3)婚外情

至于说,在旧社会的时候,丈夫在外头的婚外情,我没有听说过这种事情。

(4)人际交往与出行

那时候什么朋友不朋友的,反正我们年龄相仿的几个媳妇们都是玩得挺好的,我们都是邻居。1949年以前,我平时都不怎么出门。出去最远的地方就是去我外婆家,离家有二三公里吧。1949年以后,结婚后我也不怎么出门,但是相比着旧社会的时候,出门的次数要多一些,一般都是去我娘家,或者是去我妹妹的婆家。

(三)母亲与子女

1.生育子女

(1)生育风俗

我有七个孩子,我的大孩子是1956年出生的。生儿子、生女儿报喜的风俗也没有什么不同呀,就是回我娘家给他们说一下,生的是男孩还是女孩。我们这边对生儿生女的说法没有什么不同。以前的时候,家里生男孩了,有的家里边有钱的话也会办酒席,有的为了省事就没办酒席。生男孩,一般都是在第十二天的时候办酒席。我生了那么多小孩,我们都没有办酒席,也没有邀请人来庆贺。当时就是报完喜之后我母亲他们会做一些棉衣服或者准备一些鸡蛋,让我兄弟他们送过来。孩子一般都是满月了,才抱出来给别人看。我当时生完娃,(生)大孩子的时候,就是到满月之后,我父亲来把我们叫回去住了几天。以前有一种说法是说生完小孩第一次回娘家住,还不让住太长时间,一般都是三五天。在家住那几天,我丈夫也没有去看望,就是回来的时候是他去接我们的。小孩满周岁的时候也过生日,那个时候可没有生日蛋糕,都是煮个鸡蛋,吃一顿鸡蛋面条,就这些。生女孩会怎么庆祝我就不知道了,我生这么多小孩全部都是男孩,就一个女孩还是抱养人家的。

(2)生育观念

其实我公公和丈夫他们也都挺喜欢女孩儿的,但是我连着生的小孩全都是男孩,他们一看到小孩一落地就说又是个男孩,后来就不再生了,我们就抱养人家一个女孩。以前的时候,有的家庭就是全部都是女孩,没有男孩就特别想要一个男孩。那时候家里生男孩儿多也好呀,长大了都是劳力。在家里给男孩与女孩庆生日没有什么差别,都是到过生日那天煮鸡蛋吃。1949年以前,那时候还是旧社会,有钱人家就像地主家,如果他娶的媳妇不会生娃,有的地主家也会休妻呀,有的还会娶小老婆让给他生娃呢,这是我从电视上看到的,现实中是不是这样我不知道。

(3)学校教育

我的儿子和我的女儿他们几个全部都去上过学了,但是就是都没有上得太高。有的是小学毕业,有的是初中毕业。那时候也不是说儿子优先,那就是到该上学的年龄了都去上学了,因为我们这个女儿是最小的,她也是最后去上学的,但是没有说只能儿子去上学,女儿就不能去上学了,我们家没有这种情况。我儿子跟女儿上学的时候,那时候我公公跟婆婆都不在世了,他们也就没有发言权了。

(4)性别优待

我们家可没有给男孩子多一些优待,就一个女儿还是抱人家的,都稀罕得不得了,待女儿特别特别亲。

(5)家庭教育

在我们家教育这几个小孩没有分工,都是我和丈夫我们两个一起教育的,没有说是我丈夫教育男孩,我教育女孩。

(6)对子女财产权力

我的儿子跟我女儿他们婚前所赚的钱,都是他们自己管理的,我们都没管。分家的时候,人家赚的钱也是他们各自管各自的。

(7)对子女婚姻权力

我这几个小孩没有娃娃亲,都是成人之后媒人来说媒的。他们没有合过八字,当时就问问,家里的小孩多大岁数了。他们结婚肯定需要父母同意,儿子他们也同意了,然后才结婚的。我儿子跟我女儿她们结婚的时候都举行了婚礼。我女儿结婚的时候,我一分钱的聘礼都没有问人家要,陪送的也就是几双(床)被子。我儿子娶媳妇的时候,给女方拿的聘礼当时是给的钱。他们结婚当时花了多少钱我也不记得了,当时的花费大部分都是我和我丈夫承担的,我儿子他们那个时候也能挣工分了,他们自己手里也有一些钱。媳妇的陪嫁那肯定是由媳妇自己支配。我儿子结婚前没有盖新房子,他们也没有要求说要新房。

2.母亲与婚嫁后子女关系

(1)婆媳关系

我儿子他们都是哪一年结的婚,这个我还真的是不记得了。我儿媳妇嫁到我们家之后我就当婆婆了。我那个时候我婆婆已经去世了,我也不知道婆媳关系咋样,但是我觉得我当婆婆以来,我们这婆媳关系处得挺好的,我这几个媳妇都是好媳妇,对我都特别特别好,都特别孝顺。我感觉我这几个媳妇不管做什么都做得很对,都不需要我管。

(2)分家

我也不知道具体都是哪一年我儿子跟我们分家的,反正都是他们结完婚就分家了。分家是我提出的。那时候我有六个儿子呢,他们都结婚了,这家里边人太多,然后在一起的话,我担心他们合不来,容易生气。我就提议说,要不就让他们结完婚就分家,单独分出来自己做饭吃。分家之后,他们就各自操各自的心了。分家的时候,也没有请人来做中间人,就是他们兄弟几个坐到一起商量的,我都没有怎么操心管这个事儿。那时候都没有财产,房屋是一家分两间房子。儿子们也都同意这样分。分家时女人可以参加呀,婆婆可以参加,媳妇可以参加,闺女也可以参加。家产都是儿子们平分了,我女儿没有要一点东西。我女儿没有参与这个分东西,人家也没有要任何东西。

(3)女儿婚嫁(定亲、嫁妆)

我女儿是二十几岁定的亲,我也允许她自由恋爱呀,她的丈夫就是她在外边工作的时候自家谈的。我女儿找的对象,我挺满意的,也没有不同意。女儿出嫁,父母一般给置办的东西就是被子、皮箱、脸盆、暖瓶。我女儿出嫁的时候,都允许自由恋爱了。彩礼也比我结婚的时候多得多了,结婚形式跟以前也不一样,现在农村的结婚彩礼要得太多了。

(4)招赘

1949年以后,一般招倒插门女婿的都是家里边没有男孩,只有女孩,才会招女婿。入赘女婿生的小孩一般还是跟女婿的姓。入赘的女婿来了之后那就不分家了,把他招来就是要让他养活女方的父母的。如果上门女婿离婚,财产是否可以带走,这我不太清楚。

(5)援助儿女

我与我闺女家来往的多呀。我姑娘他们家挺有钱的,她没有问我要过钱,再说了,我也没有任何钱能帮助她。在家里,我儿媳妇她们忙不开的时候,我也帮忙带孙子呀!带孙子的花费都是我儿子他们出的,我没有出过钱。外孙我也帮忙带过。我认为外孙与孙子没有区别呀,手心手背都是肉,都是我的孙子,没有任何区别。

(6)赡养关系

如果老两口都健在的话,一般都是我儿子他们赡养的。我现在就是跟着我三儿子他们一起居住的。我丈夫去世之后,我一直都是跟着我三儿子他们一家人居住的,其他儿子,在我生病、吃药或者是需要意外花钱的时候,费用他们几个平分。我女儿也想承担赡养责任,但是他的几个哥哥们不让。我们村里边没有这种不赡养老人的,儿子们都挺孝顺的,老人岁数大了,都有人赡养。村里人家如果没有儿子只有出嫁的女儿,那就是由她女儿跟女婿赡养。我几乎每年都去我女儿家住,我平时也不断地去她们家住,像今年我就在那儿住了大半年了,才回来没多少天。要我说我还是感觉在儿子家住着方便,我闺女家是在市里边呢,我在那住着虽说他们都对我很好,但是还是感觉不太习惯。

三、妇女与宗族、宗教、神灵

(一)妇女与宗族

我们这里没有宗祠、祖堂、族祠。

(二)妇女与宗教、神灵、巫术

我不信神,我也不知道哪些神灵是由男人祭拜的,哪些神灵是由女人祭拜的。我们家里没有供奉家神。我信仰宗教,我信的是基督教。也没有为什么,就是想信就信了。我丈夫他不信。村里信仰宗教的主要还是以女性为主,女的多,男的少。我信耶稣就是为了求平安,为了得永生。

四、妇女与村庄、市场

(一)妇女与村庄

1.妇女与村庄公共活动

(1)村庄活动参与

我出嫁前都不怎么出门,很少参加村庄的活动。没有出嫁的姑娘们也可以去看戏呀,我也去看过。出嫁后的妇女们也可以去看戏。看戏时妇女与男人是要分开坐的,都是男的坐一边,女的坐一边。除了看戏,别的我就没有参加过其他活动了。

(2)开会

旧社会的时候,妇女都不参加这种村庄会议的,以前的保长、甲长全部都是男的当的。1949年之后,村庄的会议都是村干部们召集的。1949年后群众大会都要求妇女参加了。如果妇女不参加,干部们也会来家里边动员。那时候我也去开过群众大会,但是去开会的时候都是坐到会场里面听一听,那个时候很少有妇女发言。

(3)性别摊派

1949年以前,村庄公共事务建设的资金与劳役摊派,我不知道女性是否有摊派。以前的时候,我好像听说过有给男的派拉官车的,也有抓壮丁的。

(4)对村庄绅士、保长、甲长的印象与接触

在我出嫁之前,那时候我还很小,我也不知道我们村的保长、甲长都是谁,我只是听说过。出嫁后,我不认识我丈夫他们村的绅士、保长、甲长,我也不知道他们都是谁。我不太关心这种政治方面的事情。1949年以前,不知道出嫁时是否要告知娘家所在的保长、甲长等。

2.妇女与村庄社会关系

(1)社会交往

在娘家时的女伴就只有我妹妹一个,别的就没有了。那个时候都是在家里边玩的,一般不出门玩。我妹妹出嫁,我没有去陪伴她,更没有去哭嫁。

(2)务工与报酬

旧社会的时候,村庄不会安排女性去参加劳动,就是1949年之后,女性才开始参加劳动。我嫁过来之后,参加劳动的时候就开始挣工分了。我一天都是七分。那时候女的干一天都是七分,男的干一天是十分。

(3)交往习俗

新婚后,那时候也没有人带着我去拜访邻居,跟邻居们认识了,都是一来二去地就认识了,见面就知道该怎么称呼了。出嫁到婆家后,与我关系不错的,那就是我们这个庄上跟我年龄差不多的几个媳妇。我们家那个时候就我丈夫一个独子,我也没有妯娌,走得比较近的就是邻居那几个媳妇。我们在一起没有组织过什么会。同宗族或姻亲建新房,妇女一般是不去帮忙的。村里的红白喜事,他们也没有邀请,我也没有主动去过。

(4)妇女聚集与活动

我们在一起玩儿得好的几个妇女通常都是在门口的大树下面聊天。我也不知道男人他们在哪儿聊,他们都聊了啥。夏天晚上乘凉,女的不出来,女的晚上是不出门的。我们关系好的几个妇女里边也没有自然形成的挑头人。我们都不去外村,那个时候都那么忙,都忙着干活儿挣工分呢,谁还去外村聊天呀!现在的妇女也在一起聊天呀!聊天的内容、地点肯定有变化了,都不是一个时代了,时代在变化,现在聊天的内容也是有变化的。

(5)女红传承

纺花、织布、做衣服、做鞋子,我在娘家就学会了。

(6)矛盾调解

我们这几个媳妇儿之间没有吵过架。妇女与男的吵架,由谁来调解,这我就不知道了,反正我是从来没有跟人家吵过架。

(二)妇女与市场

1.市场参与

出嫁前,我没有去过市场,我从来都没有去赶过集。出嫁后,我也没有去赶过集。我从来都没有参与过买卖。我在家成天都是屋里到院里、院里到屋里。

2.市场交易

家里纺纱的棉花都是我们自己种的,织布的纱也是我们自己纺的,纺出来的布全都是我

们自己做衣服用了,我们没有卖过。做鞋做衣服的针头线脑,以前有货郎下乡卖这些东西,我们在家门口就买了。我也不知道妇女在集市上都能买卖些什么,那个时候我们家里边也发的有票证,有粮票、布票、肉票。当时发的这种布票都是按照家里面的人口发的,但是我们都没有用过,因为我们家也没有钱,他就是给我们发了这个东西,我们也没有钱去买。我结婚的时候就是用洋布做了两身衣服,后来嫁到这边之后,从大炼钢铁开始之后吧,就不再用织布做衣服了,全都是用洋布做的衣服。我也不知道是从什么时候开始自己不再做鞋了,刚开始街上也有卖鞋的,但是我们家买不起,我们还是自己做鞋穿。旧社会的时候有用鸡蛋兑换东西的,还是比较多的,1949年之后就不多了,后来都是用钱买的。

五、农村妇女与国家

(一)农村妇女认知国家、政党与政府

1.国家认知

1949年以前我没有参加过保长、甲长召开的会议。我也没有接触过国民党的干部。我只知道八路军过来之后,后来就解放了,解放完之后就是成立了新中国,就是从这个时候我才知道有国家的。以前的时候我就不知道了,那个时候我还很小。1949年以前,那时候可没提倡过男女平等。1949年以前国家也在农村建的有小学。女孩子也可以去上学呀,但是那个时候女孩儿上学的很少。以前,都说女孩读书没有用。1949年之后都开始扫盲了,那时候有学校,鼓励着大家都去上学。1949年以前,我见过的钱有两种,一种就是那种圆的,中间有个孔的那种钱,那个时候这种钱都不用了,它是古代的时候用的钱,后来就是用的中央票,那个时候就是国家发行的中央票,有一百的,也有一千的。过老日①的时候这个情况我都知道,当时给我吓得不行。就是日本人入侵中国的时候,开始让人感受到国家的存在。1949年以前妇女用不用给国家交税我不太清楚,但是我知道男的是要交人丁税的,而且男的还要被抓去当壮丁。

2.政党认知

1949年以前,我是知道国民党的。1949年以前,我知道蒋介石是谁呀,蒋介石是国民党的主席。1949年以前,那个时候也知道共产党、八路军。我没有上过学,关于这方面的知识都是听别人说的。我就是在八路军过来之后,才听说过共产党、革命这些词的。以前开会最多的时候就是土改的时候,我没有参加过投票。那时候都是家长代表,投的是黄豆。我们家里边没有党员,我也没有入党。我认为共产党跟老百姓走得最近那段时间,就是从土改开始后来农业合作化的时候。

3.政府认知

我没有裹过脚,从我们这一代开始,那个时候就兴放脚了,就不允许再裹脚了。我不知道政府是怎么宣传放足的。政府强制着让剪短发,这个我可真是经历过。我当时就是留了很长的头发,我的头发还特别好,但是政府要求着强制必须让大家剪短发呢,说如果不剪的话,政府又是罚呢又是怎么着呢,然后就把我的头发给剪了。我也去上过几天夜校,教我们识字的那个老师,人家以前就是在那个小学那边当老师的。我感觉政府号召废除包办婚姻,

---

① 过老日:日本入侵。

鼓励自由恋爱还是挺好的。旧社会的时候,我平时也不出门,我没有接触过什么干部。1949年以前,我没有听说过女的当干部,那时候的干部都是男的当。我第一次接触女干部,应该就是在解放后。1949年以前女的当干部的几乎没有。解放后就有女的当干部了,但是因为当时女的识字的也比较少,所以当干部的也比较少。对于我的女儿或者儿媳她们当干部,我不支持也不反对。我感觉政府实施的计划生育政策很好,我也不知道实行计划生育的具体困难在哪儿。

(二)对1949年以后妇女地位变化的认知

我是土改之后才听说有妇联的。我没有参加过妇联会、妇女会。具体从什么时候开始听到的,我也不记得了,但是现在人家都说男女平等了,妇女地位高了。刚解放完,那个时候儿女的婚姻还是父母来决定的,就最近这些年才开始有自由恋爱。现在的媳妇们在家里面地位可高了,哪有丈夫还打媳妇的,以前都是媳妇听婆婆的话,现在都是婆婆得听媳妇的话。这些变化与政府也有关系呀!政府要有个不准媳妇虐待婆婆这种政策就好了。

1949年以后,妇女在家里边的地位都逐渐提高了。妇女在家里的地位的变化与政府也有关系。现在在家人面前,女人都可以喊丈夫的名字,现在好多都是直接叫名字了。小夫妻出门别说肩并肩一起走了,有的还拉着手呢!现在女的说话没有受限制的,都可以插话。丈夫训女人,有的也会顶嘴。现在家里的饭可不是必须是女人做了,有的家里边的女的都不会做饭,都是男的做饭的,小孩也是男的带的。现在丈夫打媳妇的现象不多了,就是有个别户,干部们一般不管这些事,这些都是人家家里边的事,政府不干涉。1949年以后,妇女的地位都提高了,现在不单可以入族谱,也可以参加祭祖活动。

跟我小时候比,现在的女孩在受教育上,不但有改善,改善的还不少呢!我女儿当时是初中毕业,我孙女现在都上大学了,还没毕业。当然与政府有关系了,现在都是九年义务教育,一般的小孩最起码都上到初中毕业呢!现在村民代表里有妇女,村干部里有妇女,乡里、县里、国家政府里都有妇女,说明妇女的地位都提高了。我没有参加过选举投票,都是我孩子们去的。

(三)妇女与土改

土改的时候,我们家被划分的是贫农成分。土改工作队也来过我们家,那个时候都是轮着管饭,他们就是来我们家吃饭的。当时土改工作队动员妇女参加土改,那就是人家一喊召开群众大会,然后也找女的去参加,去听听讲的什么内容。我不知道土改中给妇女分土地的政策,土改的时候,有斗地主的事情。当时我还小,他们说,哪儿哪儿斗地主呢,然后就要去看嘛,我就跟着他们一起去看的,当时是听说要斗杨玉庭他小老婆呢,在会场里边,当时也没有人斗。就像我刚才说的,这家地主人特别善良,做了好多好事,没有做过恶事,虽然人家是地主,但是也没有人上去斗他们。

我也不知道分地的时候,妇女是否有权参与,反正我是没有参加。土改的时候给我们家也分的有土地。当时的妇女组织做了什么工作我也不知道,我也没有参与什么妇女组织。土改中说妇女翻身解放,除了给妇女分地,妇女的地位也提高了,别的应该也没有什么了吧!我一个字都不认识,我没有当过干部,也很少参与政治这方面的事情。

(四)互助组、初级社、高级社时的妇女

1.互助组时期

我是嫁到这边之后,就参加互助组了。当时我们这一个庄上是一个互助组。入组或者入社都是当家的决定的,我没有管过这些事情。互助组的时候,妇女也都开始下地干活儿了。

2.合作社时期

合作社时期,家里的土地和农具都入高级社了,分给名下的土地也要入社,没有征求我个人同意啊,一说要入社,把地都没收上去了。合作社时期,妇女们都得下地干活儿。当时不去地里,不干活儿不行,转合作社之后都是开始挣工分了,不干活儿的话就没有工分就分不到粮食。以前也有这种人呀,她们之前没有下地干过活儿,现在都要叫大家去地里干活儿呢,她锄地的时候把庄稼苗都锄掉了。当时都掌握不好,连农具都不会用。互助组跟合作社时期,我印象最深的事情就是,每天一吃完饭,有组长在那儿一敲钟,大家都拿着农具出来,集合完之后就说上哪地里边干活儿呢,大家都去那块儿地里边干活儿。

3.合作化时期女干部

我没有当过互助组跟合作社里面的干部,从来都没有当过干部。我们这里没有女组长,也没有女社长,组长、社长都是男的。

4.性别分工

互助组跟合作化时期,男女干活儿都有分工,男的干的活儿比较重,女的干的活儿都相对轻松一些。女的去地里边一般都是薅草、摘花、摘豆、割麦子、锄地、割草等。我也是慢慢地跟着别人学着做农活儿的,就是看着人家怎么做我也跟着怎么做,一来二去就学会了。那时候男的干的活儿都是比较重的,比方说,锄地、犁地、拉车、担挑子、出牛棚的粪。男女干同样的活儿,报酬是一样的。粮食分配都是按工分分配的,工分多的话就分配得比较多。一般男的挣工分都要比女的挣得多,男的一天是十分,女的一天最多是八分,还有六七分的。刚开始跟其他男的在一起干活儿的时候,有的女的也不习惯,后来慢慢地就习惯了。干活儿的时候也有男的说脏话,但是妇女们都装作没听见,也不接他们的话。妇女四期的时候,人家给分配活儿也会有照顾,会分配一些相对比较轻松的活儿。妇女四期的时候也可以请假,但是请假的话就没有工分。

5.集体劳动

开始参加集体劳动的时候,我有一个孩子了。当时生完我的这个孩子之后,我都没有怎么去地里边干活儿了,都是我在家带小孩儿的。不然的话,也没有人帮我带小孩。互助组跟合作化时期,妇女的劳动相对要轻松一些。我一般都是一个月出二十几天的工。

6.集体分配

合作社的时候,妇女到什么年龄就可以不下地干活儿了,这个我不太清楚。

7.公共事务参与

共产党的会多,那时候要求妇女们参加群众大会的话,妇女们也会去参加。我不记得有没有妇女发言。

(五)妇女与人民公社、"四清""文化大革命"

1.妇女与劳动、分配

(1)妇女与劳动

人民公社的时候,都还是在社里边干活儿的,女的也还是跟以前一样,都得参加劳动,才能挣到工分。人民公社的时候,我大概有二十二三岁。我也不知道当时都唱的啥歌,这个时间长了我都不记得了。那时候公社和生产队里也动员妇女们下地劳动。妇女和男性分工上也有区别,女的专门做的活儿就是一些比较轻松的(工作),像去地里边摘棉花。男女在一起干的活就多了,割麦子的时候也是在一起干活儿的,锄地的时候也是在一起干的。那时候生产队那边还是男劳力多呀,男劳力比女劳力多。在大田地里做基本农活儿的也是男的比较多。技术性比较强的工作就像犁地、拉车这些活儿,这些技术工种通常都是男的。在集体里的时候,生产队那边也有搞副业的,去搞副业的一般都是男的。那时候,生产队里面的队长、会计,记工员都是男性,生产队里面的干部大多数都是男的。当男人被抽调去修水库、做工程、农田水利建设,大多数农活儿都得妇女来承担,那时候我丈夫都经常去修水库,家里边的活儿都是我干的。女的很少参加大炼钢铁、深翻土地、修水库这些活动,修水库的时候我也去修过一天,那天因为上边有下来检查的,我是去占人数的,晚上的时候就回来了。

(2)单干与集体化的选择

当时妇女们在集体地里做事也有偷懒这种情况呀,这是避免不了的。如果再让我选择,我还是感觉分田到户比较好,在集体里边的时候,集体干活儿挣工分分粮食,老是分的粮食都不够吃,还不如自己干的时候。后来分田到户之后,各家各户自己种着自己吃,慢慢地生活就越来越好了

(3)工分与同工同酬

那时候都是男女同工同酬,我也听说了。我当时的劳动工分就是八分,有的时候是六七分。女性当时一天最多就是挣八个工分。男性的工分比较多,男性的工分一天一般都是十分。如果做的是一样的活儿,但是工分不一样的话,这也不太公平。那时候也是看这个妇女的,身体素质怎么样,干的活儿多不多,这样评分的。我在没有生我家小孩的时候,我们家是三个人挣工分,后来我生完小孩儿之后,我们家就剩两个人挣工分了,就是我公公跟我丈夫。

(4)分配与生活情况

我也不知道生产队分的口粮、油、薪柴等,这些是怎么分的。在生产队里面的时候,我们家是缺粮户,每年分的粮食都不够吃,那时候我们家小孩多、坠子(负担)大,但是劳力太少了,分的粮食都不够吃了。

2.集体化时期劳动的性别关照

(1)"四期"照顾

人民公社的时候,对妇女的生理周期也有照顾,有照顾并不是说不干活儿了,相对地会分配一些比较轻松的活儿。那个时候也允许请假。产假是没有工分的,也没有给专门的哺乳时间。反正就是坐完月子就开始干活了,在坐月子的时候不干活是没有工分的。"大跃进""三面红旗"时,当时那女的一般都没有坐过月子,生活上也不好,也有的都是在月子里落下了疾病。

(2)托儿所

那时候公社里边也专门建的有照顾小孩的托儿所。专门照看小孩的一般都是门口这些邻居们的老太太,她们岁数大了,下不了地,干不成活儿就把小孩给他们,让她们照看。

3.生活体验与情感

(1)大食堂

人民公社时期吃食堂的事情,有的我也记得。当时在食堂里边做饭的都是女的,只有一

个保管是男的。那时候女的在食堂做饭也是有工分的。食堂里面的饭也不是随意吃的,那时候都是分配着吃的。妇女跟小孩儿的饭比着男的是会减量的,男劳力是三碗饭,女的是两碗饭,小孩子们是一碗饭,更小的小孩儿的话是半碗饭。吃大锅饭的时候也没有吃过什么好的,那个时候都是菜比较多,一般都是煮菜,煮红薯叶子,还有萝卜叶子。那个时候没有人愿意吃大锅饭。吃食堂的时候,我家的铁锅、铁铲全部都被收上去了。吃食堂的时候,虽说有不用去做饭了,但是我们也没有感觉到轻松,也都闲不住,除了吃饭的时间都是在干活。

(2)"三年困难时期"

那三年时间可不好熬呀,那时候家里都没有粮食。想办法弄点吃的了,都是一家人一起吃。为了活下去我们还吃过滑石面,还啃过树皮呢!我还吃过蓖麻叶子,这个叶子的气味很难闻,刚开始吃的时候都忍着吃下去的,那个时候不知道吃这种叶子伤眼睛,后来眼睛感觉视力下降的时候看不清的时候才知道,这种叶子不能吃,后来就没再吃过了。当时我们还去地里面薅过芽芽麦,吃下边的白根。这个白根不管怎么煮都煮不烂,但是为了活下去也没办法,我们都把它切得很碎很碎,煮煮就那样吃了。那时候都没有人去生产队里边偷粮食,生产队里面根本都没有粮食。

(3)文娱活动与生活体验

那时候我们这个生产队里面也没有这些活动。在大集体里边干活儿的那段时间,这一辈子都忘不了。在大集体里边干活儿的时候,妇女们在地里边干活儿也是说说笑笑的,也可热闹了。在集体上工的日子很苦,人也不自由,不过妇女大家在一起说笑,时间会好混一点。

(4)妇女间矛盾

妇女们一起上工,小矛盾,这些都是难免的,不过都是吵吵闹闹的,过去也就好了。

(5)情绪宣泄(骂街)

我们这边没妇女。

(6)集体自杀

以前我没有听说过有女的自杀的。集体化时期是否有地方出现农村姑娘集体自杀的现象,这个我不知道,反正我们这个村里面没有姑娘集体自杀的现象。我们村里一直以来都没有自杀的。

4.对女干部、妇女组织的印象

我们这边没有"铁姑娘队"。公社或大队应该是有妇联吧,反正我恍惚记得以前在生产队里面有一个女的,好像是当了一个什么干部,都是她经常带着我们这些女的去干活儿的。

5."四清"与"文革"

我也听说过"文化大革命",那个时候都是斗干部们的。把队长、支书都斗了。我听说都是把那个干部们弄到乡里面去斗的,不是在我们村里边,我没有去看过。"割资本主义尾巴"时,家里的自留地被收了没我不知道!那时上集体工的话,妇女回娘家走亲戚肯定要受影响。"文化大革命""破四旧"的时候,我们家没有东西被烧或者被收,那时候我们家那边比较穷,啥都没有。

(六)农村妇女与改革开放

1.土地承包与分配

土地承包分配土地的决策过程后来也有妇女参加呀!我还是感觉,自己承包土地单干,

— 210 —

这要比集体劳动的时候好。那个时候,妇女们也都平等地分到了土地。土地证上不是我的名字,是我丈夫的名字。土地确权后,土地证上也没有我的名字,都是户主的名字。姑娘一出嫁,自己分到的土地集体都收走了。

2.选举

我没有参加过村委会选举,我一个老太太,也不认识字我参加什么选举呀,村委会选举的时候,都是我儿子们去的。

3.计划生育认知

20世纪80年代的时候的计划生育严得很,那时候一多生就罚得特别厉害。现在虽然也在实施计划生育政策,但是只要有钱,能把钱交上去都是允许生的。现在如果让我重新选择的话,我就不会生那么多小孩了。我感觉现在的家庭里边有两个小孩都挺好的,一儿一女都挺好的。以前的时候是没有计划,也不知道避孕,我才一直生、一直生,我们那个年代生多少都没有人管。

4.精准扶贫

我不知道精准扶贫政策,也不知道这个政策对男、女老人有没有区别。

5.社会参与

村里的男老人跟女老人也在一起聊天呀!我们家有电视,这电视是我儿子买的。其实我也不太关心国家政策,但是有的时候也会看一下新闻,有的时候是听我儿子、儿媳还有邻居们说的。我不知道什么叫网络,这都是你们这些年轻人玩的,我们这老年人都不懂。我不用网络。至于男女老人有手机的情况,我想这应该是男老人有手机的比较多吧!跟我的子女联系,一般都是他们回来看我的,有时候是他们打电话给我三儿子,有的时候我三儿子让我接一下电话。

六、生命体验与感受

我这一生最煎熬的时期,就是我这几个孩子小的那几年一起吃食堂的时候,那时候正好是在集体里干活儿时期,也没人帮我带小孩,我们家分的粮食成天都不够吃,后来又闹饥荒,那几年是最难熬的。最幸福的时期就是现在,我的儿子们都各自成家了,子孙都很孝顺,儿媳们也对我好得很,我成天都说,我真的很知足。

LL20170122WZL　魏芝兰

调研点：河南省南阳方城县广阳镇横山村

调研员：李璐

首次采访时间：2017 年 1 月 22 日

受访者出生年份：1934 年

是否有干部经历：否

是否生育：是

受访者结婚的时间节点、生育子女的具体情况：1952 年结婚；1955 年生第一个孩子，共生八个孩子，其中包括三个男孩、五个女孩。

现家庭人口：2

家庭主要经济来源：养老金、子女赡养

受访者基本情况及个人经历：老人生于 1934 年，十一岁和老伴儿定了娃娃亲，十八岁结婚。总共生有八个孩子，其中包括三个儿子、五个女儿，老人的子女现都已成家立业。老人跟老伴单独居住，没有跟儿子们生活在一起，老人的三个儿子结完婚老人就跟他们分开家了，现在跟老伴单独做饭吃，不过老人是在小儿子的房子里居住，因为老人的小儿子一家常年在外打工，他们老两口住这里帮忙看家。

一、娘家人·关系

(一)基本情况

我叫魏芝兰,1934年出生,今年八十二岁。我的名字是别人给我起的,我小的时候都没有名字,我母亲去世的时候我才一两岁,那个时候他们也没有给我起名字,我从小他们都叫我三儿,因为我在家排行老三。旧社会的时候,女的地位低,后来土改的时候说妇女们都让提高,让妇女们翻身,开会的时候都要叫着去开会,去开会的时候都要有名字,土改的那些干部问我叫什么,我说没有名字,后来人家就问我哥叫啥,我说我哥叫魏芝山,我姐叫魏芝什么我也忘了,后来人家就说,那就给你起个名字叫魏芝兰,从那之后我才有名字。我这个名字就是人家随便给我起的,我也不知道我这个名字有啥意义。我也不知道我哥的名字是谁起的,那时候我还小,反正我就知道他叫魏芝山。以前的时候,女孩儿的名字也是按辈分起的,我们是芝字辈。

土改之前,我们家只有三亩地,家里边的地不够种,我们还出去给别人家种地,土改的时候我们家里被划成贫农成分。我们家里兄弟姐妹总共是三个,我哥排行老大,还有我一个姐姐,我们家没有兄弟姐妹是被抱养的。我是十八岁出嫁的,我丈夫家那个时候有七八亩地。土改的时候,我丈夫家是中农成分。我丈夫家就他一个人(孩子),他是独生子,没有兄弟姐妹。我有八个孩子,我总共生了八胎,有三个男孩、五个女孩,生第一胎的时候我二十一岁。

(二)女儿与父母关系

1.出嫁前女儿与父母关系

(1)家长与当家

在我出嫁前,我父亲是我们家的家长。管钱、拿钥匙都是我父亲,因为我母亲去世得早,我们家里边没有内当家和外当家之分,家庭内外事情都是我父亲管的。以前的时候,只有长辈里边男的去世了之后女的才当家。农村家庭如果爷爷或者父亲荒唐不成器,那就没有资格当家长,他根本就当不住家长。如果爷爷去世,奶奶可以当家长;如果父亲去世,母亲也可以作为代理家长。

(2)受教育情况

在娘家的时候我没有上过学,我哥和我姐也没去上过学,他们两个也不识字。以前,村里边没有女孩儿去读书。以前人家都说,女孩读书根本就没有用,再加上家里太穷了,也上不起学,我们都没去上过学。土改之后,才开始有女孩儿去上学的。那时候国家鼓励这女的去上学,在村里开设的还有识字班、夜校,都是晚上的时候去学习,不耽误白天干活儿。

(3)家庭待遇

在娘家时,我哥哥在我们家的待遇也没有比我姐和我的待遇好到哪儿去,我们家没有重男轻女的,我父亲也不偏心,无论男孩还是女孩都一样看待。在我们家里吃饭的时候,添饭的时候也有规矩,一般都是先给长辈盛饭,再给晚辈盛饭。在娘家的时候,女孩子是不可以上桌吃饭的,特别是有客人来的时候,更不能上桌吃饭,一上桌吃饭就不好了。平时没客人来的时候,在家吃饭的时候,女孩子也没有上桌上吃饭。吃饭的时候,也能跟兄弟同桌吃饭,但是我哥我们一般都没坐到一个桌上吃饭,都是盛一碗饭端着去别处吃了。要是坐一个桌子吃饭的话,座次也有区别,都是父亲坐上座,别的我就不知道了。因为我们家平时很少坐到一张桌子上吃饭。在我们家里如果饭不够吃的话，一般都是先给长辈和男的先吃。吃菜也是有讲究的，一般都是最高的长辈先动筷子，长辈不动筷子的话晚辈是不能动筷子的。我们小的时候穿的衣服都是自己家做的，也买不起，那个时候也很少有卖衣服的。以前添置衣服的时候都是先给男的做。在我们小的时候，家里穷得不得了，根本就没有钱，过年的时候，在我们家不管是男孩和女孩都没有压岁钱。

(4)女孩的家外交往

在对外交往这方面，男女也是有区别的。过年的时候女孩应该是不可以出门给村里人拜年的吧，反正我没有出去给村里人拜过年。那个时候男孩子都随便了，都随便在外面跑也没人管。过年的时候，有的时候，我父亲也会去拜年、走亲戚。以前家里如果来客人了，女的一般都不上桌。兄弟是可以坐桌的，那个时候我们家来客人，我哥就得坐桌陪客人，我姐姐跟我不能去。以前人家都说女的不主贵，没有地位，不让女的上桌陪客。以前的时候，一般是去女的娘家亲戚家吃宴席的话，女的也可以去。男的就没有限制了，男的都可以出席。如果我父亲不在家的话，都是我哥代表出席，女儿不能代表家庭走亲戚。以前女孩是不出去要饭的，那时候在家吃糠咽菜，也没有人出去要饭。

(5)女孩禁忌

女孩子小的时候还能在外边跑着玩，慢慢长大之后就不让在外边随便跑着玩了。一般来说，女孩子十来岁的时候就不能随便出门了。平时在家门口附近玩的话是可以的，但是不能一个人去上街，也不能一个人走亲戚，反正我没有一个人走过亲戚，那时候女孩一个人走亲戚的话，家长也不放心。我小的时候，我们村里边的几个女孩儿在一起玩的，没有跟男孩在一起玩耍。以前父母也没有交代过，但是那个时候不知道怎么回事，都是女孩跟女孩玩，男孩跟男孩玩。在晾晒衣服方面，我也不知道女孩的衣服能不能跟男的衣服晾在一起，在娘家的时候，我还比较小，他们的衣服我也洗不动，都是我嫂子洗的，我平时也没有注意这个衣服的晾晒。洗衣服时是否需要分开洗我也不知道，我小的时候我们家的衣服都是我嫂子洗的，后来我能洗我自己的衣服的时候，我就只洗我自己的，我没有洗我父亲他们的衣服。以前洗衣服都是在河里洗的，洗完后拿回家都是晾在外边的柴火垛上。

(6)家庭分工

我在娘家的时候，我哥是拉官车的，(家里)忙的时候去地里边干活儿。我父亲整天就是上地干活儿或者拾粪，我在家帮我嫂子带小孩，我嫂子在家就是做一些家务活儿，做饭、洗衣服、纺花织布，她不去地里边干活儿。在出嫁之前，我在家里边也干过活儿，我嫂子嫁过来的时候我才九岁，她生我大侄子的时候我是十岁，然后我就在家一直带我侄子。等到我长到十三四岁的时候，我就开始在家磨磨了。我后来跟着我父亲也去地里边干农活儿，去地里边摘过棉花，到该种庄稼的时候，我就跟着我父亲帮他递种子，栽红薯的时候我也帮忙。那时候我跟着我父亲去地里干活儿，也没有被人家看不起，也没有人说闲话。那个时候跟我玩得比较好的几个女孩儿也都下地干活儿。我们村当时也有地主家，大户人家的女的都不用下地干活儿。穷人家的女的也不下地干活儿，那个时候都是裹脚了，根本就不能去地里边干活儿。以前的时候，在我们家我哥不用做家务活儿，我们家的家务活儿都是我嫂子和我，我们俩做的。我十二三岁的时候就学会纺纱了，十五六岁的时候就学会织布了。在出嫁前，我不会绣花、做鞋、做衣服，是来到我婆婆家之后才学会做衣服的。纺纱织布这活儿是我嫂子教我的，后来学会做衣服是我婆婆庄上老范家那个媳妇教我的。我织布用的纱是我嫂子给我的棉花我自己纺的。那时候织成的布除了我们自己家用的,剩下的全都卖了。我也不知道我当时一天能织布多长时间,都没有算过,有空了就坐下来纺纱织布,那时候晚上吃完饭之后还要坐下来纺一会儿花再睡觉。我也没有统计过我一年能织多少匹布,但是我纺花纺得特别快,我一天能纺三四两棉花呢!在娘家的时候我没有做过鞋子,那个时候我不会做,我们家人穿的鞋子都是我嫂子做的。集体化的时候还纺纱织布呀,那个时候家里边也没有钱,也买不起。转公社之后,后来发的有布票了,我就不再织布做衣服了。

(7)家庭教育

父母对女孩、男孩的在教育上肯定也是有区别的。在我们家那边,男孩儿跟女孩儿都是由我父亲教育的。我母亲去世得太早了,我一两岁的时候她就去世。我父亲在我们家是又当爹又当妈地把我们几个拉扯大的。那时候穷人家也没有什么规矩,女孩子出去不能吃人家给的东西,出去玩的时候不跟别人闹矛盾就行。仪容上也没有强调什么,我小的时候都没有母亲了,我穿的衣服都是捡我哥和我姐的衣服穿的,身上都补了好多补丁。在言语方面,女孩子只要说话的时候不说脏话,说话不大呼小叫就行了,别的也没有什么要求。以前的时候,穷人家就没有那么多的路数,没有定家规。以前媒人在给女孩子说媒的时候,都会给对方说这个女孩儿会做针线活,会做饭,话不多,孝顺父母,长得也不丑,想给人家留下一个好印象。

2.女儿的定亲、婚嫁

(1)定亲经历

我娘家离这里有三四里路。当时是我丈夫他大舅给我说到这儿了,那时候我还小着呢,啥都不懂,才十一二岁我父亲就给我拿回去一个红头绳,给我用红头绳绑头发,村庄上的人看到了就说我父亲把我卖了,卖给人家了。后来我长到十八岁的时候,我父亲就让我出嫁了。在嫁到他们家之前,我连他们家的门边都没登过。在结婚前,就登记那天跟我丈夫见过一面,之前都没见过。我丈夫我们俩都没有定过亲,也没有什么仪式。我们没有举行定亲仪式,他们也没有见过我,他们当时要见过我说不定也不要我呢,我那个时候长得也不好看,穿的衣服也破破烂烂的,都不像个样子。我跟他不是亲上加亲,就是他大舅当时去我们家找我父亲说的,我父亲给我找了婆家,也没有提前跟我说一声,也没有征求我的意见。在定亲的时候,我们家收没收到其他东西我就不知道了,反正当时我就收到了一根红头绳。定亲后,如果一方去世,婚约能不能自动解除,我不知道这种情况。反正在以前的时候,定亲之后就不能毁约了,旧社会的时候也不能离婚,要是离婚的话就会很丢脸,以前的时候也不叫离婚,那就是男的不要女的了,就是人家说的休妻。定亲后,我们两家也没有走动过,他也没有来过我们家,我也没有去过他们家。那时候我们都没有走动,他们这边有一个婆婆,我们那边就剩我父亲了,在结婚前,我们两家也没有什么来往。我不知道什么节令准女婿要上门拜岳父母,反正在我出嫁前,我丈夫没有去过我们家。

(2)出嫁经过

我是长到十八岁的那一年出嫁的,应该是 1952 年的时候。我们结婚的时候没有写婚书,反正我们都是去登记了,登记过之后,给我们两个发了两本结婚证。我不知道我们结婚前合没合过生辰八字,反正当时结婚的时候也是提前看好的吉日。我出嫁那天我们娘家也没有什么仪式,那时候都没有规矩,出嫁的时候我也不懂,我也不知道都有啥讲究不讲究的。我也不知道出嫁那天有什么事情不能做，那个时候我姐出嫁了，我母亲也不在了，也没有人交代我。我结婚的时候好像就是我哥跟我一个表哥，还有我舅来送我的。女孩出嫁时，姑姑不能送，姨不能接。我出嫁那天，我父亲也没有嘱咐什么，是我五舅妈给我说的，她说："妮儿啊，你从小没有妈，那边就一个婆婆，到婆家之后要喊妈，不喊妈的话就不礼貌，不然你怎么称呼人家呢！"我舅妈还说："你到那边之后，就你丈夫你们两个，一定要好好孝顺你婆婆。你从小都没有母亲了，到那边之后一定要把你婆婆当你母亲一样看待，好好孝顺。"我那个时候什么都不懂，啥都不知道，就这样晕晕乎乎地就嫁过来了。我出嫁的时候我们娘家没有摆过酒席，那个时候我娘家穷得不得了，啥都没有，我们婆婆家当时摆了一桌酒席。我还记得我是十月二十九那天结婚的。我刚嫁过来之后，第四天的时候我哥就来了，他来是接我回门的。我回门那天是我哥赶着牛车来把我接回去的，我丈夫没有跟着一起回去，他结完婚又去上学去了。以前回门的时候不需要带礼物，只有过年的时候回去的时候才带礼物。回我婆婆家的时候，是我自己走回来的。以前的风俗是结完婚在婆家住四天，回娘家住六天，在娘家住的第六天的时候就要自己回婆家。我从小都没有过过生日，我都不知道我是哪一天出生的，只知道过完一年就长一岁。

(3)嫁妆

旧社会的时候，我也不知道父母一般都会给什么嫁妆。我结婚的时候，我父亲给我做了一个箱子、一个柜子、一双被子、一双褥子，我舅舅给我做了两条裤子。给我置办的这些嫁妆花的钱都是我父亲、我哥还有我舅舅出的。我结婚的时候我婆婆家就给我拿去了两匹布，别的什么都没有。那时候我也不知道村里一般人家的嫁妆都是多少，那个时候我也不操心这方面的事情。跟其他姐妹比，我的嫁妆也不少了。解放后，原来是地主家的女儿出嫁，她们的嫁妆还没有我的多呢！我们庄上地主家那个女儿，她在出嫁前她父亲在街上给她买了一个立柜，但是后来被定成地主了，立柜也被分给人家了，她出嫁的时候啥都没有了。跟我玩得好的那几个姐妹，她们出嫁时也没有什么嫁妆。出嫁前我织的布，挣的钱都归我们家了，都是我嫂子她们管着呢，我在家是只管干活。织的布出嫁的时候也没有带走。在出嫁前，我自己也没有私房钱。土改的时候给我们分地是分到赵庄了，那个时候给我也分得有地，我出嫁之后，我的地就给我哥种了。

(4)童养媳

旧社会的时候有童养媳，我姐就是去给人家当童养媳了，她去给人家当童养媳的时候，她才十一二岁，她去了之后也没回来过几次，一直都是在她婆婆家待着的，她婆婆家跟我们家走动也不多。那时候就是我们家太穷了，我妈也不在世了，就想着给她找一个婆家，去那边有人照顾她，人家也有吃的，就让她去当童养媳了。那时候当童养媳的等她们长大成人之后，她们也没再举行婚礼仪式，我姐她后来就没有举行结婚仪式。

(5)换亲

我们这里以前不仅有换亲的，还有转亲的。当时都是双方家里边有女孩儿，也有男孩，但是双方家里边都太穷，没有钱。娶不起媳妇，才会选择换亲。换亲主要考虑的就是为儿子娶媳妇，用女儿换一个儿媳妇，又不用花钱。换亲时，有的双方是同一天结婚的，有的不是同一天。那时候换亲都是媒人介绍的，当然这个媒人也有可能就是他的亲戚。

(6)招赘

以前的时候也有倒插门的，如果入赘的女婿不听话或不孝顺的，我也不知道怎么办，我们家没有招倒插门女婿的。入赘女婿生的孩子有的是跟女方的姓,有的是跟男的姓,每家的情况都不一样。

(7)改嫁

以前的时候,我们村里也有二婚改嫁的妇女,我嫂子就是改嫁给我哥的。我不知道她嫁给我哥的时候要没要彩礼。她改嫁给我哥的时候都没有婆婆了,她婆婆都已经去世了,她以前的丈夫也去世了,她嫁给我哥的时候是带着她跟她前夫生的那个娃一起来的。

3.出嫁女儿与父母关系

(1)风俗禁忌

那时候就是说迎春、打春、腊八的时候,出嫁的姑娘不能回娘家,回家的话就方老的,对父母不好。出嫁的女儿也不能在娘家吃年(夜)饭,我出嫁之后没有回家过过年。出嫁的姑娘在娘家不能跟丈夫住到一间屋里。出嫁的姑娘也能回家上坟呀,但是我没有回去上过坟。出嫁后的姑娘一年中就端午节、六月初六、八月十五中秋节可以回家过。我在出嫁之后也不经常回家,回娘家的时候都是我自己回去的,有的时候是带着我的小孩,我的丈夫从来没有跟我一起回去过。

(2)与娘家困难互助

我在出嫁之后,我都不管我娘家的事情了。那时候我婆婆家都穷得顾不住自己了,我们怎么帮娘家,我娘家也没让我们帮啥。我在我婆婆家也没有遇到过什么困难,我婆婆对我像亲闺女一样,她跟我娘家也没有商量过什么。

(3)夫妻矛盾调解

在旧社会的时候,闺女在婆婆家生气了,她娘家不接她回家的时候她自己就不能回娘家。解放之后,女的都翻身了,可以随时回娘家了,没有以前那么多讲究了,以前都是封建思想。但是在我结婚之后,我跟我丈夫生气了,我谁也不说,我也不回娘家,回去了,我父母都不在了,我哥也不当家,我跟谁说呢,所以我就个人生气了哭哭,谁也不跟他们说。

(4)离婚

旧社会的时候,女的都不能提出来离婚,那时候离婚的都很丢人,有的是被男的休了。土改之后才有离婚的,土改后妇女们的地位都提高了,那时候才开始兴离婚。有一段时间离婚的很多呀,那都是以前都没有见过面就结婚了,结婚之后才发现不合适,在一起生活经常生气,过不下去了就离婚了。

(5)娘家与婆家关系

我的娘家与婆家不是一个村的,我父亲的老家在西坡跟,我就是在西坡跟出生的,后来土改的时候分地分到赵庄了,我们全家就落搁到赵庄了,我从小是在赵庄长大的。我婆婆家是聂盘的,这不是一个村。我婆婆家跟我娘家没有在一起干过活,那时候我婆婆的地找人种着呢,就不用我哥来帮忙干活儿。我丈夫也没有去我娘家干过活儿。

(6)财产继承

我出嫁之后没有分到我父亲的财产,我啥都没有分到,我父亲除了家里跟地里的东西也没有啥财产,都给我哥了。要是没有儿子的话,父母的财产肯定都是留给他女儿的,要是家里有儿有女,那财产就全部是他儿子的,女儿没有份。至于招的上门女婿能不能分到财产,这是人家的事情,我也没有打听过,谁知道是不是全部都给上门女婿了。

(7)婚后尽孝

1949年以前,那时候家里只要有男孩,闺女一出嫁都不用赡养娘家父母了,1949年以后也不用。以前的时候,父母去世闺女是不用承担丧葬费的。我父亲去世的时候,下葬都是我哥管的,都没让我管。父母去世,在丧葬仪式上,出嫁的姑娘和儿子有什么区别我也不知道。一般来说,女儿是不能主持葬礼的。当时埋葬我父亲的时候,我哥是在棺材前边背幡的,我是在后边的牛车上坐着的,我们的祖坟是在西坡跟呢,那时候是用牛车拉着棺材从赵庄一直拉到了西坡跟坟地。行礼的时候也是我哥先磕头,我哥磕完头我才磕头。清明时节也允许闺女回家上坟呀,但是我没有回去给我父亲上过坟。

（三）出嫁的姑娘与兄弟姐妹的关系

在出嫁之后,我跟我哥的关系还是很好的呀!那时候我哥还管着我。平时我们走动也比较多,我哥就会时不时地来我们家坐坐,然后就回去。他不断地来看我。那时候我姐他们家又迁到桥滩去了,离我们这有二百多里呢,我离娘家还是比较近的,就剩我这一个小妹妹了,我哥就会不断地来看我。以前的时候,我早晚回娘家都没有给他们带过礼物,那时候我婆婆家也比较穷,也没有啥东西可拿的。空着手去村里也没有人说闲话,那时候人都比较穷,不带礼物也没有人会说。按惯例,姑娘一出嫁,再回家就成客人了。我那时回家的时候都是我哥来叫回家的,都是家里边改善生活的时候来叫我的。我哥每次来叫回家都是回家吃好吃的,我娘家也没有办过什么大事,他也没有让我回家商量过什么大事。我哥跟我父亲都没有分过家,我头一年出嫁的,第二年我父亲就去世了,他们一直都是在一块生活的,没有分过家。出嫁的姑娘给娘家兄弟结婚送礼与给兄妹结婚送礼金谁知道有没有区别呀,或许别人家会有这种礼金。反正我们家就我们兄妹三个,我是最小的,我出嫁的时候我哥也结婚了,我姐就从小当童养媳出去了,我也没有给他们送过礼金。

以前的时候,我们家没有出去借过钱,我哥家里边也没有钱,他就是种地的,别的啥都没有。结婚后,我都没有在亲戚家住过。我父亲也就我哥这一个孩儿,他们也没有分家,而且我出嫁之后也没有回家住过,都是回家看看下午就回来了。我也没在我姐姐家留宿过,我总共也没去我姐姐家几次,有的时候一年也不一定去一次,因为她婆家离我们家实在太远了,我都是几年才去过一次,每次去都是当天就回来了。

在我结婚之后,我跟我婆婆生气,我没有让我哥出面来调解过。那时候拌两句嘴也不是什么大事。我也没有因为我哥不赡养我父亲责怪过我哥,我哥跟我嫂子待我父亲都挺好的。那时候我儿子跟我女儿她们定婚,结婚的时候都让我哥来看了看。我哥是他们的舅舅,他们结婚的时候肯定得请他舅来。以前的时候,我大儿媳跟我大儿子闹着跟我们分家、生气的时候就是请我哥出面来调解的。

姑娘回娘家拜年,通常是大年初二那一天。也不是非得这天回去,其他啥时候想回也都可以。我们那个时候人都很穷,过年的时候走亲戚,一般都是带一块肉,还有一簇粉条。父母去世后还会回去给娘家人拜年,但不是每年都去。后来我儿子跟我女儿他们大了之后都是他们去了,我就没再回去了。我结婚之后还是跟我哥走的亲,相对来说,跟我姐家就走得比较疏了。我哥家离我们家有三四里路,我姐的婆婆家离我们这里有二百多里路。过年时走娘家亲戚那就是先去至亲家,先回我哥家,再去我舅家跟我姨家。

二、婆家人·关系

(一)媳妇与公婆

1.婆家婚娶习俗

我嫁过来的时候,我婆婆他们这边就我婆婆跟我丈夫他们两个人了,他奶奶都已经去世了。我嫁过来的时候,我公公都已经去世了,他在我丈夫一岁多的时候就去世了,我婆婆守寡一辈子。我丈夫那时候还在上着学。我不知道我婆婆家他们这边作为男方的定亲仪式,当时我才十一岁,那时候我也不知道啥是定亲,反正当时他们这边就给我了一根红头绳、一根绿头绳,至于其他的有没有什么东西我就不知道了,那个时候都是我父亲当家的。结婚的时候,就是拜堂拜天地。我也不知道当时都是派的谁去迎亲的,我就知道是芹菜沟老楚家当时赶着牛车把我给接过来的。我结婚的时候没有跨过火盆。我们那个时候从娘家出门的时候是扯着布,一直扯着到坐上牛车。到他们这里之后是拿着一个口袋,五舅妈交代我,她说,到这里之后两个口袋的口对着的话让我下车,口袋的口没对着那我就不能下车。到这之后,我丈夫要先给我行个礼磕一个头,不磕头,我是不能下牛车的。下来车就拜个天地就完事了。我们结婚的时候也有主持婚礼的,是个男的,但是我也不知道他是谁。他就说着,引导着让我们去给谁行礼,那个时候除了给我婆婆行礼,谁递礼了,我们也要给人家磕一个头。那时候就是先给我婆婆行礼,然后只给两个姑姑行礼。结婚的时候,有些女人也是需要回避的,那时候像寡妇,还有二婚的女的都不能进到人家结婚的那个场地这边,这种不吉利。以前的时候应该有人管,不会让这种人进到场地里边。那时候我们结婚的时候也不算办婚宴,就做了一桌菜,请的都是至亲。座次我就不知道是怎么安排的了,我也不懂。我也忘了我结婚后第二天有没有给我婆婆端茶倒水,这些都是娘家交代,她娘家要不交代,我也不知道该怎么做。以前的时候,也有要求说结婚后去拜祖坟的,但是我没有去拜过,是因为我大舅不让我去。

2.分家前媳妇与公婆关系

(1)婆家家长与当家

那时候就是我婆婆是当家的,她那个时候才五十多岁,我丈夫还出去外面上学去了,家里边的家务事全部都是我婆婆当家的。我婆婆家他们都没有分过家,一直都是我婆婆当家的。我们家的钥匙、家内家外的事情这都是我婆婆一个人管的,我没有当过家,我一辈子都没有称过盐、灌过油,我只管干活儿。不管是我娘家还是我婆家,我们都没有开过家庭会议。我们家里边需要办什么事了,都是她们娘俩商量的,我都没有参与过。

(2)劳动分工

我嫁到我婆家之后,我就是在家里边伺候我婆婆,做饭、洗衣服、纺花织布。我嫁到这儿三年之后就转社了,转社之后我就开始去地里边干活儿了。在我二十一岁之前,就是我生我大儿子之前,我婆婆我们两个人还老是出去拾柴火。我丈夫那个时候还在外面上学。

(3)婆媳关系

我婆婆待我很亲,我很孝顺她,她待我也可好了,像对待亲闺女一样,她也没有打骂过我。我婆婆跟我丈夫他们也让我出去串门玩儿啊!我一回娘家,我都要提前跟我婆婆说一下,打声招呼。

（4）婆媳规矩与状况

那时候我也不知道都有什么规矩。反正我整天就是给她端吃端喝地伺候好，还给她煎药。平时我婆婆也不让我给她打水，她自己能洗的时候，她也不让我给她洗脚。我婆婆以前的时候没有要求我必须怎么伺候丈夫。以前的男的一般都不做家务活儿的，家里边的活儿都是女的干的。旧社会的时候，有些地主婆她会虐待她的儿媳妇。恶地主家娶儿媳妇她也不敢反抗，反抗的话就会挨打了。

（5）外事交涉

我们家里与外交涉的事，以前的时候都是我丈夫出面的。以前的时候，男的说话，女的啥都不懂，插什么嘴，都不能插嘴。

（6）家庭矛盾

我丈夫跟我婆婆可没有发生过什么矛盾，我婆婆就这一个儿子，宝贝得不行，有什么事情人家两个都是在一起商量的，他们两个都没有生过气。

（7）过节习俗

以前的时候，没有规定哪些节日必须回娘家过，有的节日兴回家过，但是也不是强求的。后来转社之后都忙着干活儿呢，我都很少回娘家了。如果娘家人来接的话，这是可以回去的，那时候我哥一来接我，我就跟着他回去。出嫁的姑娘就是初二的时候回娘家。

（8）财产权

1949 年以前媳妇在婆家有没有财产权我就不知道了，但是以前没有媳妇带嫁资地去婆家的。我出嫁的时候就没有压箱钱，我父亲都没有给我钱。我带过来的箱子，柜子跟衣服都是我自己用了，我婆婆没有要。我来到这儿纺的纱、织的布，都是我婆婆我们一家人用了。我们家的布没有卖过，都是全部给我儿子、给我婆婆，还有我丈夫，我们做衣服穿了。不管结婚前还是结婚后，我都没有私房钱，我也没有财产。

3.分家后媳妇与公婆关系

我结婚后没有跟我婆婆分家。至于 1949 年以前，在什么情况下，婆家家长或娘家家长提出或允许离婚，这种情况我也不了解。旧社会的时候，有的丈夫去世了，妇女也不能改嫁，就像我婆婆从二十来岁就开始守寡，一直到老守了一辈子。我不知道公公、婆婆的财产继承，有孩子的寡妇能不能与其他的兄弟平等继承。旧社会的时候女的一般都不出去做营生，除了地主家会找佃户干活儿，女的也不单独出去帮工，人家都说女的不主贵，分场的时候都不让女的在场里。公婆年老时都是由他儿子赡养的。我也没有赡养过我公公，我来的时候他就去世了，我是一直把我婆婆伺候到去世。我婆婆没有办寿，她一辈子都没有过过生日。我婆婆去世的时候，我丈夫的孝服跟我穿的孝服是一样的，下葬的时候我也跟着去送她了。我公公和婆婆的墓地是在一起的。每年清明节的时候，我没有去给他们扫过墓，都是我丈夫去上坟扫墓的。

（二）妇与夫

1.家庭生活中的夫妇关系

（1）夫妇关系

我们不是到结婚那天才见面的，在结婚前我们去登记的时候是我们见的第一面。登记那天是我表姐带着我去柳河登记的，那时候登记完我们去吃饭，吃完饭之后我表姐让我们两个去说话，我去给他说话，他也不吭声，我当时就给他表态，我说："咱俩今天是来登记的，我从小就定给你了,我们一直都没有见过面,我还没有断奶的时候我母亲就去世了,定给你之后,你妈也没有来看过我,你们也不知道我到底是个什么样子,你读书,你识字,我没有读过书,我也不认识字,你要是嫌弃我不中用的话,我们俩就此分手。你要是愿意的话,我们登记完就这样回家,你要是不愿意的话,我们俩现在分手都不晚。"我说了半天,他一句都没吭声,他一直到最后都没有说愿意不愿意。后来我表姐就带着我回去了,回去两天之后我们俩就结婚了。结婚后,我们俩谁也不称呼谁,都是直接说话。

(2)当家

我们也没有分家,刚开始的时候都是我婆婆当家,后来我丈夫不上学了,回来之后我丈夫就当家。如果丈夫赌博或不成器,这种人他是不能当家的,他要是当家的话,他能把整个家都给败了。我嫁到这之后,我们家里边的地当时是让老楚家种着呢,哪一块地种什么都是人家安排的,我们就没有管过,后来没几年都转社了。以前的时候,平时请工、借钱、借粮食等,像这样的事情,一般都是男的出面,还的时候也是男的去还的。我第一年嫁过来,第二年的时候我们家盖的新房子,那个时候是我丈夫他们决定盖的。房产证上登记的是我丈夫的名字。我们家没有添置过土地。我嫁过来之后没有花过他一分钱,我也没有私房钱。

(3)家庭分工(家内、家外)

我嫁过来之后,我成天上地干农活儿。我丈夫不上学之后他就去队里面当会计了,他也没有怎么做过农活儿。我们家跟外边的关系,这都是我婆婆跟我丈夫处理的。我丈夫那时候在村里当干部,他也不经常在家,每一次出门他从来没有跟我商量过。

(4)家庭地位

我在我们家也不当家,那时候在我们家里就是我婆婆是排第一位的,我丈夫排第二位,儿子跟子女们排第三位,我是排最后的。家里如果饭不够吃,要先保证让我婆婆吃饱,家里有什么好吃的,都紧着让我婆婆跟我丈夫吃了。

(5)丈夫权力

在旧社会的时候,女人都必须要把丈夫伺候好。媳妇在丈夫面前像丫鬟一样,平时在生活中都得把洗脸水、洗脚水准备好,饭做好之后,丈夫一到家就得赶紧把饭盛好端到桌子上,丈夫的衣服脏了也得赶紧洗好晒起来,他平时要穿什么衣服也得给他准备好。丈夫与别人说话,女的也不能插言。以前做饭这事儿都是女人做的,男人都不做饭,我的小孩都是我婆婆帮我带的,有的时候是我自己带的,我丈夫都没有怎么帮我带过小孩。哪怕再忙,我丈夫也很少帮着我做这些事情。那时候的衣服都是女的洗的,以前的时候都是去河里边洗。我丈夫的衣服跟我们的衣服没有分开洗,我们是一家的,我们的衣服都是在一块儿洗的。我生小孩坐月子的时候我丈夫也没有帮我洗过衣服,全部都是我自己洗的,他那时候给我买了一个大盆,我就是自己烧热水用热水洗的。我小孩儿的尿布也全部都是我自己洗的,我丈夫他才没帮我洗过。以前的时候,女人的衣服一般都不跟男人的衣服晾在一起。

(6)娶妾与妻妾关系

以前的时候,有的地主都能娶两三个小婆,他才不会征得他妻子的同意,他妻子肯定不会同意他娶小婆,有的是娶小婆就是想生儿子呢,但是他命里没有儿子,娶了几个也没有生儿子。那时候,有的正妻跟小婆她们都是以姐妹称呼的。我知道的那几个地主娶了几个老婆都没有生男孩,一直到老都没有儿子。

(7)典妻与当妻

我没有听说过有典妻或者卖媳妇的现象,那他媳妇也是家里的一个人呀,怎么能随便典当或者卖了呢,又不是一件东西。

(8)过继

以前的时候也有这种过继给人家当继子的。以前的时候都是男的当家,女的不会生男孩,人家不把她休了就是好事,过继一个儿子她还能有啥反对的,养一个儿子的话,到她岁数大了,有人给她养老送终。

(9)家庭虐待与夫妻关系状况

1949年以前,丈夫打骂妻子这种情况也很常见。以前公认的好妻子都是那种孝顺的妻子。旧社会的时候没有丈夫怕妻子的现象,都是妻子怕丈夫。

(10)副业收入

我们那个时候织的布都顾不住一家人做衣服穿,我们没有卖过,也就没有副业收入。那时候成天都是在社里干活儿挣工分,我们就也没有使到过余粮钱。家里不一定弄啥见一点钱呢,那也是我丈夫挣来的。

(11)日常消费与决策话语权

我们家里边称盐、买油都是我丈夫去买的。我从来都没有去赶过集,从来没有去街上买过东西。那时候我们这里可有街市,我也没有去过。我从来都不当家,除了干活,忙家里的事情,把家里的事情处理好,别的我都不管。

(12)离婚

旧社会的时候没有女的提出来离婚的,只有男的休妻的。解放后,女的翻身了,有一段时间离婚的很多,好多都是女的提出来的。

2.家庭对外交往关系

我们家的人情往来都是我丈夫去的,我从来都没有去过。如果需要宴请客人,这是我丈夫当家的。家里有客人来了,都是我丈夫去陪客人,我从来没有上桌吃过饭。到别人家吃饭或宴席,也都是我丈夫去的,我没有去过。1949年以前,如果是妻子出面借钱,对方是否愿意借,这我不太清楚,反正在解放前,我没有出去借过钱,我嫂子也没有去借过。旧社会的时候也有男的在外边混的有人(有外遇),但是他妻子也管不住,就算她知道她也没办法。在娘家的时候,我也有朋友呀,我们庄上有几个女孩子跟我年龄相仿,她们稍微比我大一两岁,我们成天在一起玩。旧社会的时候我基本上都不出门,经常都不往哪儿去。在我结婚前,我去的最远的地方就是去我舅家,离我们家有十来里路。结婚后我去的最远的地方就是我姐姐家,离我们这里有二百多里路。

(三)母亲与子女

1.生育子女

(1)生育风俗

我有八个孩子。我第一个孩子是我二十一岁的时候出生的,那个时候刚刚转社,应该是1955年的时候。以前生小孩之后,丈夫要回妻子的娘家报喜,报喜的风俗也没有什么不同,那时候就是生了小孩之后第三天,我丈夫回我娘家给我哥他们说生了一个男孩或者是女孩。生儿生女在我们这里也没有什么说法。在我们家,就生我大孩儿的时候我们家办过酒席,后来生的几个小孩都没有办过酒席。生男孩都是在第十二天的时候庆祝。就我第一个小孩的时候请了几个人来吃了一顿饭，其他的几个都没有。当时是我哥跟我嫂子他们都来了。他们那时候来的时候带了一筐面，面上还放了一些鸡蛋，还带了两尺布，还给我孩子做了一个夹袄和一条棉裤。孩子都是满月了才把孩子抱出来给别人看。娘家会在小孩子满月之后，一般都是小孩儿三四十天的时候接女儿和外甥(外孙)回姥姥家。一般都是回家住一天就回来了，以前的时候人家都说小孩第一次回外婆家不让住太长时间，住太长时间的话容易闹人以后就不去外婆家住了。我带着小孩回家的时候，我丈夫没有跟着，也没有去看。回来的时候是他去接的。孩子满周岁的时候都要过生日，以前的时候人穷，过生日的时候都是煮鸡蛋吃。后来我生了几个女孩都没有庆祝过。我生我的几个女儿，我娘家嫂子没来过，她不稀罕女孩。

(2)生育观念

我婆婆跟我丈夫他们都特别喜欢女孩，待女孩比待男孩还亲。以前的时候，人家可能有封建思想，想着家里必须有个男孩才行，男孩越多越好，男孩是家里的根。但是在我们家的情况是男孩、女孩都有，我们家男孩、女孩都一样看待，在我们家没有重男轻女的现象。在我们家里给男孩、女孩庆祝生日那时候也没有什么差别呀，过生日的就是煮鸡蛋、做捞面吃。1949年以前，如果这个媳妇不会生小孩，或者是只生女孩儿，她婆子家就不待见她了。特别是那些地主家，他们有的就会把他媳妇给休了，或者是重新娶小婆。

(3)学校教育

我的儿女们都上学了，因为我没上过学，没读过书，我感觉我啥都不知道，挺丢脸的。我任凭砸锅卖铁，不管妮儿(女孩)、娃儿(男孩)我都要让他们上学。但是他们都不争气，没有上多高就不上了。在我们家也不是男孩优先上学，都是谁到上学的年龄了，该上学了就让他去上学，不论男孩还是女孩。在我的孩子读书的问题上，我婆婆她不管。我们家是男孩儿、女孩儿都一样看待，做衣服的时候谁急着穿就先给谁做，并不是说先给男孩做衣服，再给女孩做衣服。

(4)性别优待

我们家是男孩儿、女孩儿都一样看待，做衣服的时候谁急着穿就先给谁做。那时候我们家没有钱，过年的时候也没有给过他们压岁钱。在我们家吃饭的时候也不是男孩优先吃，吃饭的时候总是先让我婆婆吃，她是长辈嘛，然后是我丈夫，给我孩子们吃饭的时候他们几个都是按照大小排着坐到桌子旁边，我给他们盛饭。

(5)家庭教育

在家庭教育方面，我们家里边没有分工，我这儿子跟女儿，我丈夫都没有管过，全部都是我自己一个人教育的。那时候我丈夫成天在村里当会计，他不是被调去这个庄就是去那个庄，经常都不在家，就是回到家里也不怎么管我们的孩子。

(6)对子女财产权力

我的儿女在结婚前也没有赚过什么钱，他们有一点钱都是他们自己保管着，我们没有要过。分家前所赚的钱也是他们自己管的。

(7)对子女婚姻权力

我儿女们的婚姻不是娃娃亲，他们的婚事都是找媒人说的。那时候也是有人给他们说媒了，就先让双方见见面，感觉还满意的话就定亲。我记得我这几个儿女定亲的时候，也还合生辰八字。他们结婚也需要我们的同意啊！他们的婚礼仪式跟我当年的时候都不一样了,我嫁过来的时候还是坐牛车来的,我大妮跟二妮出嫁的时候都是走着去的,剩下这几个是人家来一辆车接走的。我这几个女儿的婆婆家都比较穷,也没有什么钱,我们也没有图他们什么聘礼,他们就拿了一点点钱。我大妮结婚的时候她婆子家就给我们拿来四百块钱。我当时给我的几个女儿都是陪送的柜子、箱子。我三个儿子婆媳妇的时候,给我儿媳妇娘家也拿的有聘礼,那时候给的钱都不多,具体给多少我也不知道,那时候我不当家,都是我丈夫给的。我儿子他们结婚花的钱,都是我和我丈夫承担的。我儿媳妇嫁过来的时候,她们陪嫁的东西都是她们自己使用,我不动她们的东西。我的几个儿子结婚前我都给他们盖的有房子。房子都是我和我丈夫给他们盖的,花的钱也都是我们出的。

2.母亲与婚嫁后子女关系

(1)婆媳关系

我也不知道我的儿子都是哪一年结的婚,反正他们结婚的时候都二十多岁了。以前的时候我跟我婆婆的关系可好了,但是我当了婆婆之后,我发现婆婆真的不好当,婆媳关系真不好处理,我的二儿媳跟三儿媳对我都挺好的,但是我的大儿媳对我就有点凶,她老是喜欢跟我们生气,但是我不搭理她,不跟她一样。媳妇做得不对,我没有管过她们,管得多容易生气。

(2)分家

我儿子他们结完婚,我就跟他们分家了。分家都是我提出的。我怕跟他们在一起生活我儿媳妇不习惯,分开家了,他们俩是一家人,他们俩有什么事可以商商量量地就去干了,就不用管我们。分家的时候是让我侄子来当证人分的家,分家的时候就商量好了,一个孩子一年给多少钱。分家的时候除了土地别的没有什么家产,我们老两口的地就让我这三个儿子平分了。分家的时候,女人也可以参加。我们当时分家的时候,我女儿跟我儿媳妇他们都在场。我们分家的时候,我几个女儿都全部出嫁了。分家时,家产就是由我儿子他们几个平分了,我女儿她们一分都没有。

(3)女儿婚嫁(定亲、嫁妆)

我大女儿是十九岁的时候定亲的,二十一岁的时候结的婚,另外几个女儿也是二十一二岁的时候就结婚了。我的几个女儿她们不是自由恋爱的,都是有人介绍的。父母一般准备的就是被子、褥子、柜子和箱子。在我女儿出嫁之前,那个时候自由恋爱的比较少,就这最近几年时间才有很多是自由恋爱的。现在农村结婚的彩礼都很多,有的是要在市里边买房子的,有的还必须买车,这种现象要是搁在以前那个时代,都娶不起媳妇了。

(4)招赘

1949年以后,招倒插门的那种家庭都是只有女孩、没有男孩,家里要是有儿子的话,他就不会招倒插门女婿了。入赘女婿生的孩子都是姓他父亲的姓。入赘的女婿进门之后,就不能分家了,把他招来就是让他养活人家呢,他要是还跟人家分家的话,那招他来干嘛呢。上门女婿来了之后如果过不下去了,要是离婚的话,他岳父母的财产他肯定带不走。

(5)援助儿女

我们也经常跟我的闺女来往呀,我闺女她们也经常回来看我们。我闺女家没有问我们借过钱,她们也知道我们老两口手里没钱。我没有帮我儿子他们带过孙子,我也没有帮忙带过外孙,人家那边有爷奶帮忙带着呢,我就不用管。我觉得里孙、外孙都是孙子的,也没有什么区别。

(6)赡养关系

我们老两口现在还是单独做饭吃,没有跟我儿子他们一起吃。我儿子他们只用给我们兑钱、兑粮食。我们老两口单独居住,没有跟他们住一起。我儿子他们就是每年给我们老两口拿钱、拿粮食,我们生病住院的时候,他们也要伺候我们,平时还给我们买药。我女儿她们也想承担这个赡养责任,但是我儿子他们也不让她们承担这个责任,但是我这几个女儿都很孝顺,她们平时给我们买菜、买衣服,我们家里面的菜都吃不完,我们现在穿的衣服都是我女儿她们买的。现在农村也有那些不孝顺的,他们不赡养父母,但是我们也没有听说谁去政府打官司告自己的女儿或者儿子的。村里人家如果没有儿子只有出嫁的女儿,只能是由他女儿来赡养。我一般是不去我女儿家住的,就是我前几年的时候生病了,我去我小女儿家住了半个月,去我大女儿家住了十几天。我一般都不去她们家住,岁数大了,不爱出门,不管去哪都没有在自己家里边方便。

三、妇女与宗教、神灵

我不信神,我不知道哪些神灵是由男人来祭拜,哪些神灵是由女人来祭拜的。我们家里没有供奉的家神。我信仰宗教,我信的是基督教,我信教已经信几十年了,我丈夫他不信教。村里去教会做礼拜的还是女的比较多。我们信耶稣那都是为了找一个精神寄托,人家讲道的就经常说:"孝顺父母不生气,一信来到主怀里",都是教人往好处学呢!

四、妇女与村庄、市场

(一)妇女与村庄

1.妇女与村庄公共活动

(1)村庄活动参与

出嫁前,那时候我还小,我也不懂事,也没有参加过什么村庄活动。成天在家就是干活儿,帮我嫂子带孩子。在我没结婚之前,我都没有出去看过戏,那个时候村里面都没有唱戏的。

(2)开会

解放前那时候我还小着呢,我也没有上过学,啥都不懂,我开什么会。土改的时候,村里面的会议都是贫农会的干部们组织的,那时候都要求妇女们参加。当时有的妇女也不想去参加,她们感觉去参加这些群众大会,耽误她们干活儿,但是不参加不行,不参加的话干部们就来动员她们去参加。土改的时候,妇女的地位都提高了,妇女也翻身了,开群众大会都要求妇女去参加。我也去开过群众大会。土改的时候也有女干部,当时开会的时候也有女的在上面发言。

(3)捐税摊派

1949年以前,那时候我也不知道是否给女的摊派任务,以前的时候,各家各户都摊派牛捐、还会摊派买枪,以前还有抓壮丁的,还有派去拉官车的。

(4)村庄绅士、保长、甲长印象与接触

旧社会的时候,我们村里边可有保长、甲长,但是因为当时我太小了,我也不知道都是谁。我嫁过来之后,我丈夫他们这边的保长、甲长我也知道。他们这边的保长、甲长是靳广义、冯毅山、红山沟那个支书他爷,这个人我也忘了叫什么名字了。1949年以前,出嫁时需不需要告诉娘家所在的保长、甲长,这我不知道。

2.妇女与村庄社会关系

(1)社会交往

我在娘家也有在一起玩得好的女伴。我们在一起也是啥都说,我们平时都是在家门口玩呢,也不会跑太远,我们一起去地里拾麦穗,闲的时候我们几个女孩在一起抓石头子玩。我的几个玩伴她们都比我大,她们三个出嫁之后我才出嫁。她们出嫁的时候我没有去送她们,但是我都知道她们哪一天出嫁的。以前也有哭嫁的,都是父母舍不得才会哭嫁,我没有陪着哭嫁。

(2)务工与报酬

土改之前,女的不用出去参加劳动。土改之后才开始给女的安排活儿,那时候有的女的也去打河坝、修水库。我还去修过水库呢!我刚嫁过来的时候,他们家的地还是让别人家种着呢,我没有上地干活儿,后来两三年之后就转社了,转社之后我就开始挣工分了。那时候,我一天能挣八个工分。

(3)交往习俗

我结婚后没有人带着我去拜访邻居。嫁到这边之后,我跟我们这个庄上的老范家的那个媳妇我们关系挺好的,她是我们的邻居。那时候我们这个庄上也有几个跟我年龄差不多的媳妇,我们在一起都相处的挺好的。我们这几个妇女也没有组织什么会,天天都是在家干农活儿、带孩子。以前有亲戚或者是一大家的建房子,那时候妇女都不用去帮忙,都是男的去帮忙的。村里的红白喜事也不会邀请妇女们去。

(4)妇女聚集与活动

那时候我们几个都是去河边洗衣服的时候聊天,还有转社之后去地里边干活儿的时候,会边干活儿边聊天。男人他们都在哪儿聊天我也不知道,我们那个时候妇女们都不敢说男人的事情。夏天晚上乘凉,妇女们都不能出门。我们这几个关系好的妇女在一起,中间也没有带头人。以前的妇女们一般都不去外村聊天,本村的都不怎么去串门了还去外村呢,那时候都没有时间,成天都是干活儿,家里边的事情都忙不完。现在的妇女也都还在一起聊天呀,我们这老太太们能说话说到一起去,这平时闲着没事都坐到一起唠嗑。聊天的内容、地点这肯定是有变化的。现在大家都不去河里边洗衣服了,聊天的时候都是串串门,她来我家,我去她家。

(5)女红传承

那时候也是我们这几个媳妇在一起,老范家那个媳妇手巧会做一些新花样了,我们就跟着她学学。我在娘家的时候只学会了纺纱织布,后来到我婆婆家之后,才跟着人家学会做衣服、做鞋子。

(6)矛盾调解

我们庄上这几个妇女们相处得很好,没有吵过架。我这一辈子从来没有跟别人吵过架。

(二)妇女与市场

1. 市场参与

在出嫁前,我从来都没有去过街上。在娘家的时候是我父亲跟我哥、我嫂子他们当家,我也不当家,我去街上也没事干。我也不知道其他的妇女在出嫁后去街上过没有,但是我是没有去过。包括现在我都没有去赶过集市。

2.市场交易

我们家纺纱用的棉花,有的是我们自己家里边种的,有的是我们去街上买的,还有一些是我表姐给我送过来的,我表姐当时在棉花站工作,我帮她养了一个闺女,她就每年给我们拿来一些棉花。织布用的纱都是我们自己纺的;织出来的布我们没有卖过,全部都是自己家用了。做鞋、做衣服的针头线脑是在我们庄上买的,以前的时候有货郎担着挑子下乡卖这些东西,需要买的时候我们就趁货郎下乡卖的时候就买了。以前我们家里也发的有布证,那时候家里边有钱的话能拿着这些布证换一些布,但是给我们家发的布证我们都没有用过,那时候我们家里面没钱,根本就买不起。我也不知道我是从什么时候开始用羊皮做衣服的,我这几个小孩小的时候,我表姐每年还给我们拿来一些布,给我们这孩儿们做衣服。我们自己不再做鞋了,全部都是买鞋穿,这真的是没几年呢。以前的时候人们没有钱,都是用东西换东西的。以前的时候人家都会说嘛,"鸡蛋换盐,两不见钱"。

五、农村妇女与国家

(一)农村妇女认知国家、政党与政府

1.国家认知

以前的时候,我只是听人家都说国家、国家,但具体是什么概念我也不清楚。后来解放之后,人家都说毛主席建立了新中国。1949 年之前,女的都没有地位,都没有听说过男女平等。那时候女的在男的面前连一句话都不敢说。1949 年以前那时候也有小学,我们庄上就建的小学。旧社会的时候女孩都不去上学,都是在家干活儿呢,学纺花织布。一般家里女孩子还是上不了学,主要还是因为那时候家里边都比较穷,人的思想也比较封建。解放之后,妇女的地位提高了,都鼓励女的去上学了,那个时候还专门开设的有扫盲班,让女的也去上学,去上夜校。我小的时候也见过钱,那时候那钱都是我哥他们拿着呢,我也没拿过,也没用过。那时候的钱肯定是国家发行的,国家又不允许私人制造钱,看电视上的新闻说,私人造钱还是犯法的。日本入侵中国的时候,这事我也知道呀,当时过老日的时候成天给我们都快吓死了,吓得都不敢出门。1949 年以前,妇女要不要交人丁税我不知道,就是交税他们也不跟我说,我也从来都不问。

2.政党认知

解放以前,我只听别人说过国民党、共产党,但是我不知道国民党到底是什么样子。以前的时候有的人家墙上贴的有画,人家说这个人是蒋介石,那个人是谁谁谁,我也不认识字,我也分不清。解放以前,我也认识共产党,那时候只是听说过有八路军,后来 1949 年后才听人家说是共产党。解放之前了解到的国民党和共产党的知识,我都是听别人聊天的时候说的。我是从解放后,土改的时候才听说共产党、革命这些词的。土改的时候,我才去参加过群众大会。但是我没有参加过投票,那时候都是家长代表的,一家出一个代表就行了,投票的时候,我也不知道是投的黄豆还是写的选票。我们家有党员,我丈夫就是共产党员。我没有入党,我大字都不识一个,怎么入党,入党人家也不要我。我认为共产党跟老百姓走得最近的时候,就是从土改开始的,后来一直到人民公社。共产党为妇女们办得最好的事情就是让妇女们都翻身了,地位都提高了。解放以前我才没有去参加过甲长、保长召开的会议,旧社会的时候,那

个时候也不怎么开会。解放以前,我没有接触过国民党的长官,最早见过共产党的干部就是解放的时候,那时候八路军过来的时候经过我们村里。

3.政府认知

我没有裹过脚,我听人家说是我小的时候政府就不让裹脚了,让放大脚。我也经历过政府强制剪短发,那时候我的头发辫子到腰里那么长呢,但是后来都强制着把头发给剪了。转社之后我们庄上也有办识字班,都是晚上的时候上课,那时候我的孩子们都还小,都需要照顾,我走不开,去了两晚上后我回来就不去了。当时在那上课的老师是我八叔。

我认为还是现在的自由恋爱更好。现在的人,人家能够自由恋爱,在结婚前能够谈谈恋爱,好好了解了解对方,谈一段时间之后就知道两个人在一起合适不合适。不像我们那个时候,都是父母包办,我们在结婚前连对方长啥样子都不知道,结完婚之后好多都在一起不合适,成天生气吵架的。

以前的时候,我很少接触干部,就是从土改的时候开始,我才与干部接触得比较多。后来我丈夫在社里边当会计,那时候村里的干部经常来我们家。解放以前,那时候都没有女性干部,反正我是没有见过女的当干部的。我第一次接触到女性干部就是土改的时候,那时候郭半坡有女的当干部。解放以前,女的都没有地位,根本就当不了干部。解放后女的就可以当干部了,那个时候女的地位都提高了,后来都说男女平等,有的女干部人家把工作也做得很好。至于我女儿跟我儿媳妇,我不干涉她们当不当干部,这些事情我也管不了,也不想管。

我觉得政府实行计划生育政策也是好的呀,以前的时候没有计划,人们都随便生,生多少都没有人管,后来的时候国家就嫌人多了,就开始实施计划生育政策。

(二)对1949年以后妇女地位变化的认知

土改之后才有妇联,那时候还有妇联主任,不过我没有参加过什么妇女会。我是土改之后才听说男女平等、妇女能顶半边天这句话的,旧社会的时候可没有人这么说过。解放以后,儿女的婚姻还是父母做决定呀!但是也得儿女们满意才行,他们同意了,父母也就同意了。包括现在也还是父母们做决定,就是两个人谈着再好,也得征求父母的意见。现在家里边好多都是媳妇当家,男的都不敢打老婆了,婆婆也得听媳妇的,媳妇说啥都是啥。这都是社会风气在变化。解放后,妇女们在家里边的地位慢慢地都有提高了。妇女们在家中的地位变化与政府肯定有关系,就是政府宣传着男女平等,女的都翻身了,地位提高了,在家里边的地位才有变化。现在的媳妇们在家人面前,都喊自己丈夫的名字,但是我一直都没有喊过。小夫妻出门都是一起走,有的还手拉手呢。现在有的男的跟别人说话,他媳妇不但能插嘴,有的家里边是女的当家,男的还得听媳妇的。我们那个年代,那时候家里边做饭、洗衣服、带孩子这都是妇女的活儿,但是现在就不一样了,时代变了,现在有的女的都不会做饭,在家做饭、带孩子的都是男的。现在有的两口子生气了也会打架呀,但是这些事人家政府和干部就不会管了,这毕竟是人家两口子的私事。解放后,妇女在宗族的地位有没有变化我不清楚,我们家也没有修过族谱,我也不知道妇女能不能入族谱。跟我小时候相比,现在的女孩儿们接受的教育水平都很高,几乎都读过书,认识字。现在条件多好呀,小孩三四岁就能去上幼儿园了。我女儿是小学毕业,我孙女大学毕业已经参加工作了,我的重孙女现在在上幼儿园。教育上的变化当然与政府有关系了,就像你们当时上学的时候,国家都普及九年义务教育了,每个小孩都要求去上学。现在妇女的地位提高了,村民代表、村干部、乡里、县里、国家政府里都有妇女。

我没有去投过票。

（三）妇女与土改

土改的时候我还在娘家,我们家被划分的是贫农成分。那时候,土改工作队也到我们家去过。当时土改工作队员在我们村那边开会,让我们去开会呢,我不想去,我想着我嫂子一个人在家太忙了,我就帮她干活儿带孩子呢,但是人家就来我们家劝我说让我去开会,说不去开会不行。土改给妇女分地的政策这我不知道,土改的时候是给贫农分地,那时候只要是贫农成分,家里边没地的话,都给分地。土改的时候就经常开群众大会,斗地主,批斗地主们,我还去看过呢!那时候,有的人把地主用绳子捆着在会场里边批斗。土改的时候在新集还枪毙过地主。那时候还有诉苦大会,有的老太太们哭得稀里哗啦的。土改分地我没有参加,我也不知道妇女是否有权参与决策。土改的时候,应该给我分的也有地,那个时候都是按人口分地呢!我出嫁的时候,土改分给我的土地肯定带不走,我出嫁之后这块地就给我哥种了。现在回想起来,土改使女的翻身解放了,就不再受以前的旧风俗的压迫了,地位也提高了,女的也高贵了。

（四）互助组、初级社、高级社时的妇女

1.互助组时期

那时候就是国家号召着让大家加入互助组的,然后我也不知道我们家就怎么加入互助组了,后来干活儿的时候是我们这几家在一起干活。这个互助组里的人都是跟我们家关系比较好的邻居。入组或入社这些事我哪能决定得了呀,都是当家的决定的。互助组的时候,有的妇女去下地干活儿,有的女的不去。

2.合作社时期

转社的时候,所有人的地全部都入社了,在娘家的时候给我分的地是从赵庄就入社了。合作化的时候,妇女们都得下地干活儿,就是小脚老太太他们也得下地干活儿,不干活儿就挣不来工分,不干活儿就没有粮食分。那时候也开会动员妇女们下地干活儿。那时候就是鼓励所有人都去地里面干活儿,就是工分制。当时我们庄上这个老范家的媳妇,她丈夫比她大了十二岁,她那个时候还比较小,家里有两个小孩,她丈夫跟她婆婆不让她去地里边干活儿,那年秋天她就没有分到粮食,后来,人家还辩论、批斗她了呢!刚转入集体的时候,有的老太太从来就没有去地里边干过活儿,初让她去地里边干活儿的时候,她都不知道该怎么干,不会的话就看别人是怎么干的,就跟着学。互助组、合作社时期,我印象最深的事情就是我们这几个妇女们成天都在一起,一块去地里边干活儿,别的也没有啥事儿。

3.合作化时期女干部

我没有当过互助组和合作社里面的干部,那时候人家也说让我去当队长呢,但是我拒绝了,我说我不当,我也当不了。那个时候我都带着我的几个小孩呢,家里边也太忙了,我也不认识字,当干部的话也耽误人家的事。那时候也有女队长,但是没有女社长。

4.性别分工

当时在社里边干活儿的时候,也是根据这个劳力的情况来分工的。有时候男女是干一样的活儿,有时候有些活儿女的干不了,就让男的干了。以前干活儿的时候还实行包干制。有能力的话你就多做一些,这样挣分就更多一些。女的那个时候就是去地里边锄地、薅草、摘豆子、摘棉花、拾红薯、割麦子、给牛割草。我在娘家的时候就会做农活儿了,从小就跟着我父亲去地里边干活儿。合作化时期,男的都是犁地,深翻地、出牛粪、挑挑子。大多数时候,妇女跟男的都是干同样的活儿。干同样的活儿的话,报酬也是一样的。分粮食的时候就是按照工分分配的,工分多,分的粮食就多,工分少分的粮食就少。男的也是按工分分的。刚开始与其他男人一起做农活儿,那时候女的也不太习惯呀,以前的女的都比较封建。如果男人说粗话,妇女们就装作没听见,以前的时候女的也不说脏话。转社之后,集体派工的话也会考虑到妇女的三期。在集体里干活儿的时候,妇女来月经的时候不用干活儿,但是这是得请假才行的。坐月子的时候也不用干活儿,但是这个时候是没有工分的。满月之后就得下地干活儿了。以前的女的都没有好好地享过福,怀孕的时候也得去干活儿,一直干到快生的时候。

5.集体劳动

开始参加集体劳动的时候,我当时就只有一个孩子了。那时候我在社里边干活儿,白天的时候,小孩就是我婆婆带的,晚上是我自己带的。人民公社的时候相比互助组跟合作社时期,妇女们的劳动量更大了。人民公社的时候一天四场工,晚上女的还得出去干活儿。不出去干活儿都不行,谁要是不去,就会被送到劳改队。当时我一个月都是出二十五六天工。

那时候女的到六十岁了,还得下地干活儿呢!以前的小脚老太太们,很大岁数了还去地里摘棉花呢。都干到好大的岁数,实在干不动活儿了就不去地里了。

6.公共事务参与

那时共产党的会多,妇女们可去参加会议,以前的时候一说开群众大会呢,女的都得参加。当时也有女的发言,但是不多。

(五)妇女与人民公社、"四清""文化大革命"

1.妇女与劳动、分配

(1)妇女与劳动

人民公社的时候,妇女参加劳动的情况,我大体也知道,毕竟那个时候我也经历过。转人民公社的时候,我才二十四岁。人民公社时唱的歌这我就不记得了,现在我也不会唱了。那时候都要求妇女们去地里面干活儿,不去都不行。以前妇女和男的在分工上也有区别,比方说想摘棉花,这都是包干的,包给女的干的,女的都去干。那时候在生产队里还是男劳力多呀,女的劳力不多。在大田大地里做基本农活的还是男的比较多。在农村,就像犁地、耙地,深翻地,这都是技术性比较强的工作,这都是男的干的,女的都干不了。在生产队里搞副业的也都是男的做的,没有女的去搞副业。生产队里面的队长、会计、记工员都是男的。当时的干部主要都是以男性为主,女的当时毕竟都是思想上比较保守、比较封建,当干部的不多。那时候男的都被抽去修水库了,打河坝了,剩下的活儿都是女的干的。那个时候,一天四场工,从早上起来都在上地干活儿,晚上和吃完晚饭了还得去地里边干活儿。大集体的时候,女的也要参加大炼钢铁,女的也去修过水库,打河坝的时候,好多女的都背着小孩在那里抬土。

(2)单干与集体化的选择

当时妇女们在集体地里干活儿,实在太累了谁不想偷点懒呢!我还是感觉分田到户更好,分田到户之后,干的都是自己的。在集体里面的时候,所有人都去干活儿,干的活儿都是按工分分的。各自干活儿的时候忙,刚开始感觉挺孤独的,但是总体上来说还是比在集体里边干活儿的时候更好。

（3）工分与同工同酬

男女同工同酬，这种说法我也听说过。我们队这边当时应该就是实行的同工同酬吧，反正要是干一样的活儿，干的时间也一样的话，挣的工分就是一样的。我当时的工分都是六分半、七分半。女的当时一天最多能挣八个工分，但是因为要带小孩要做饭，就会耽误一些时间，所以挣的工分都挣不到八分。男的那时候一天都是十分。如果男人和女人要是都干一样的话，但是工分不一样的话，那肯定就不公平了。那时候我们家就我丈夫跟我，我们两个人去挣工分。

（4）分配与生活情况

当时生产队分的口粮、油、薪柴等，应该是按人口分的吧，我也不太清楚。我们家才是标准的缺粮户，那时候劳力太少了，人口多，分的粮食不够吃。后来自从分田到户之后才慢慢地够吃了。

2.集体化时期劳动的性别关照

在集体里边干活儿的时候，女的在特殊时期也是会被得到照顾的，那时候也可以请假，派活儿的时候也相对会派一些比较轻松的活儿。坐月子的时候不干活儿，但是没有工分。以前的时候没有给专门的哺乳时间，都是抽空的时间喂一下小孩。以前的女的都没有好好坐过月子，没有吃过好的，有的都在月子里落下了严重的疾病。以前生那么多小孩都是自己家人带的，那时候我们这个公社里边没有专门照看小孩的托儿所。

3.生活体验与情感

（1）大食堂

吃食堂的事儿我也记得一些。那时候在食堂里边做饭的都是女的，也是找的专门的人去做饭的。食堂里的饭也不能随意吃，那个时候也是分配着吃的。人家才不让你随意吃呢！当时妇女跟小孩们的饭量要小一些，分的饭就少一些。我记得当时男的一顿是三碗饭，女的一顿是两碗饭，小孩一顿是一碗饭。吃食堂的时候，都是地里面种什么就吃什么，煮菜、煮红薯等。在食堂里的时候也没有吃过什么好的。但是不愿意去吃大锅饭也不行呀，那时候都把东西都收上去了，自己也不能做饭。去食堂的时候，我们家的铁锅呀什么的都全部被没收了，家里啥都没有了，除了碗、筷子是自己的。

（2）"三年困难时期"

那三年时间呀，吃的苦可不是说的，一辈子回头想想都感觉很可怕，当时都不知道是怎么熬过来的。

（3）文娱活动与生活体验

在大集体里的时候，社里开设的集体活动这我记得就不清楚了，具体的我也不太了解。那时候在大集体里边干活儿，没有白天黑夜的，真的是给人都快累死了，不过那个时候干活儿确实很热闹。当时我们庄上我们这几个女的一块去地里边干活儿，也是边干活儿边说说笑笑的。

（4）妇女间矛盾

我们庄上这几个妇女在一起都挺好的，在一起干活儿都没有闹过小矛盾。

4.对女干部、妇女组织的印象

我没有听说过有"铁姑娘队"。以前，公社里也有妇联吧。

5."四清"与"文革"

以前的时候就是有"四清",也有"文化大革命",那时候都是斗干部们的。"四清"斗干部的时候,我没有去过,我成天都是在家干活儿,在家带小孩,都没有出过我们大聂盘这个庄。大公社的时候,上集体工,那时候妇女回娘家,走亲戚肯定受影响,自从转社之后在集体里干活儿之后,我就很少回娘家了。"文革""破四旧"的时候,我们家没有那些像佛像、银圆、首饰这些东西,所以也就没有被没收或者被烧的。

(六)农村妇女与改革开放

1.土地承包与分配

承包分配土地的决策过程我也不懂,当时分土地的时候都是我丈夫他们管的。那时候妇女们也都分到地了。我们家土地证上没有我的名字,土地证上都是户主的名字,我丈夫是户主。土地确权后,土地证上也没有我的名字。分田到户之后,哪家的闺女出嫁之后,土地就被村集体收回了。就最近这几年才不再动地了。

2.选举

我没有参加过村委会的选举,选举的时候都是我丈夫去的,我没有填过选票。

3.计划生育认知

在实施计划生育政策之前,都是随便生,生多少个都没有人管,后来都开始实施过计划生育政策了,一家都不能生太多了,最多只能生两个小孩,一超生就会被罚。现在还是有计划生育政策的,还是不让生太多。如果让我再重新选择的话,我最多就会生两个小孩。

4.精准扶贫

我没有听说过精准扶贫政策,我对这个政策也不了解。

5.社会参与

我们村里的老头们跟老太太们也在一起聊天呀,闲着没事的时候大家就会坐到一起唠唠嗑、聊聊天。我们家有电视呀,还是彩电呢!我这个人也不太关注国家大事,有的时候就是听听新闻能知道一些国家政策,还有平时这老头老太太们坐一起聊的时候,也会听别人说起一些。我不知道啥叫网络,也不会用。村里边还是老头们有手机的多,老太太们好多都不识字,都不会玩手机。我的儿孙们有的时候是往家打电话,有的时候回来看我们。

六、生命体验与感受

我这一辈子最难熬的时候就是在集体里那几年时间,那时候我丈夫在队里面当会计,我成天在社里边干活儿,我的孩子们都还那么小,成天把我累得也受不了。家里有点好吃的了,全都紧着给我婆婆跟我丈夫吃了,我跟我的孩子们也没吃过好的。以前的时候人们都苦得很呀。现在的生活越来越好了,不愁吃、不愁穿,我的儿子跟女儿们也都很孝顺,什么都不用我操心了,他们不断地回来看望我们,我感觉现在是最幸福的!

LY20170120HHY　洪怀英

调研点:湖北省武汉市江夏区金水二村万家墩

调研员:李媛

首次采访时间:2017 年 1 月 20 日

受访者出生年份:1936 年

是否有干部经历:否

是否生育:是

受访者结婚的时间节点、生育子女的具体情况:时间:1956 年结婚现有三个儿子、一个女儿

现家庭人口:5

家庭主要经济来源:自己种田、政府补助

受访者所在村庄基本情况:金水二村万家墩位于武汉市江夏区金口街,属北亚热带季风性湿润气候,有雨量充沛、日照充足、夏季酷热、冬季寒冷的特点。地处长江中游南岸、武汉经济开发区东部,南与嘉鱼县毗邻,北与洪山区接壤,西与汉南区、蔡甸区隔江相望。地形主要以平原为主。耕种农作物主要以棉花、芝麻、黄豆、玉米、西瓜等为主,村民现在主要经济来源为外出务工,人地矛盾较缓和。

受访者基本情况及个人经历:老人 1936 年出生,祖籍湖北省武汉市江夏区,现居金口街金水二村。老人以前家里条件一般,是中农。老人娘家有两个女儿。因此老人小时候没有经历过特别严重的家庭差别对待,也没有很多严格的规矩。老人没有读过书,二十岁的时候嫁给第一任丈夫。到了婆家之后,由于婆婆为人太刻薄,婆媳关系恶劣,而老人为人善良本分,经常受婆婆欺压,老人的丈夫也为了逃避家庭矛盾而选择去当兵。在老人丈夫当兵期间,婆婆煽风点火说风凉话导致丈夫要跟老人离婚,当时生有一个儿子,离婚之后儿子留在了婆家。1962 年,老人嫁给了第二任丈夫,这边没有婆婆、爹爹。后来育有两个儿子、一个女儿。第二任丈夫已经离世二十多年,现在老人跟小儿子住在一起,老人身体状况看起来很好,精神也不错。自己种了一片小菜地,平日总在菜地里忙活,有时候卖点菜增加收入。再加上国家的补助,老人觉得现在的生活过得挺好的。

一、娘家人·关系

（一）基本情况

我姓洪，叫洪怀英。我的姓名是我爸爸妈妈起的，出生时候就起了的。我家没有兄弟，我家很可怜，我们是可怜的人。我家以前就是一个姐姐，我们两姊妹。我是 1936 年出生的，田地往日是讲斗，现在叫亩。十斗就是一担，我家有担把地，担把田。土改我家是中农，下中农。我是 1956 年出的嫁。当时丈夫家里有两个哥哥，他家土地都分给别人去了，我也不知道有多少。那时候都解放了，我也不知道。当时他家也是个中农，我就不知道是上中农还是什么，好像是个正中农吧，就是不上不下的。我们最小是老三，有哥三个，姐妹没有，就三个儿子，姐姐死了。我自己有三个儿子、一个姑娘。第一胎是 1958 年生的。

（二）女儿与父母关系

1.出嫁前女儿与父母关系

（1）家长与当家

在娘家那是我老子在当家。

（2）受教育情况

我以前没读书，读书了都还好了，就是一解放来了说读夜校。姐姐也没读，我读了下夜校，也没读多久。过去有人读书，那是发财的人家。我蛮可怜，我的姐姐十七岁嫁走了。她走了我就去放牛。以前生得多捡不起来，我的妈妈生的小孩都是在月里死的，都是七天。现在说了你们不懂，都是口里长像痱子一样的芝麻点，那东西要是落了就救不好了，要把它挑出来还不能掉。我们湾里有人会搞，我们请人到屋里睡都搞不好，鬼晓得是哪样搞的。七个儿子，六个姑娘，就是剩了我跟我姐姐两姊妹。有个妹妹三四岁死的，有个弟弟过了一百天死的。我的妈妈可怜、伤心，眼睛就是那样哭瞎了。那个时候不晓得有多可怜，命苦。末了解放来了，我们都走了之后，电线发火把房子烧了。住的地方也没有了，我的妈妈就在一个侄儿子那里住一年，我姐姐那里住一年，我家住一年，换着住一家一年，后来是在我家走的。我的爹往日也是老害病，我的妈以前摘田割谷，都是摸着割，车水的时候都是把她牵去。真是心里过不得。

（3）家庭待遇

平常吃饭的话那可以在桌子上吃，就是我一个宝贝，那还不在桌上吃？那什么都是给我吃。

（4）女孩的家外交往

小孩就跟去拜年好玩，到别个湾子去，别人给点东西好玩。我的妈妈不去拜年，我的老子去。别个来拜年了就要回拜，我们小孩就跟着去玩。我家蛮苦，我的外婆也没得人守，可怜，一个舅爷被东洋人拉差去了。末了得了病回来死了，我的外婆也是两个姑娘，我有个姨。真是几代人可怜。以前在外面，我的妈妈在放牛又看不见，鞋子都没得穿的，总是打赤脚把脚扎了，没得人做鞋子。妈妈有时候上桌子有时候不上，人多了就不上，要是人少都是自己的亲戚就坐在上面吃。到别个家里也没去什么，就是几个姨子。我们讨饭还没有讨的。往日别人阶级不好的打成了地主那还是有的，我的姐姐往日出去讨饭了的，那是阶级不好。过去讨饭的还是有，现在没有了。现在都是上面政府的好，现在算命的也都没有了。往日在门口敲得响的，现在都是政府的好,政府都把点钱,可以过日子的都解决了,方便多了。

(5)女孩禁忌

过去那姑娘伢不能出门,那长得有十几岁就不能出门了。在屋里玩可以,要是过去的兵人来了就不能出去。生人来了连房门都不能出去。小孩不懂事可以一起玩,长大了就不在一起玩。亲戚的男孩那可以一起玩。往日洗衣服都是女的用女的脚盆洗,上身下身分开洗,往日过去不能伙在一起洗。衣服可以晒在外面,女孩衣服要晒在边上一点。

(6)家庭分工

爸爸那总不是种庄稼,担把俩担田啊地。我就放牛,砍柴生火。家里的地啊、洗碗啊、做饭啊,那都不与我相干,都是我妈妈在家里慢慢地摸着弄,我就专门在外面做这些。小点的时候我姐姐刚走年把两年的时候,我就是放牛。过后大了点,那叫砍柴火,砍了慢慢挑回来。

有钱人干活儿得很少,发财得很好,他的阶级大些,他有钱,请工。穷人没得吃的找他借,一升就还两升,一斗就还两斗。他就是这样慢慢生利堆起来。

我干农活儿,后来大了还是干,摘田、割谷我们都做。十四五岁就学着插秧,慢慢跟着什么都做。家务事我没做什么,都是我的妈妈慢慢摸着做的,洗衣服、烧火、扫地都是我妈做。我都不会纺纱织布,我就是做农活儿,地里、田里。我的妈妈纺得到,我不会。

(7)家庭教育

姑娘伢就是大点就不能跟男的一起玩,那就是规矩,姑娘伢和姑娘伢一起玩。

2.女儿的定亲、婚嫁

(1)定亲经历

我都是从小定亲的。我的娘看着她没得人守,就把我说个人家。他小我四岁,我就是二十一岁才往人家去。没有修到好婆婆,那个婆婆蛮拐(恶)。简直是容不得我们,我蛮造孽。我孩子的爸爸呢,我还没出月子,他就跑去参军去了。他说我去考兵,我要是考得上我就去参军。他说他在屋里不好过,为了我呢婆婆恼气,为了婆婆我就恼气,他只有好坏都不说。他后来考上了就去当兵去了。

那个婆婆跟我的老娘是一个湾子的姑娘,一起长大的。我的老娘要是知道是这样的人,那肯定也不会说这门亲啊。往日总是写个八字,什么时候生的。把纸给了他,就是成舟了。结婚的时候啊彩礼,又谈不得,伤心。我的娘家当时陪嫁还陪了四样大家件,有两柜、一个箱子、一个小柜子、一个抽屉。还有脸盆、脚盆、围桶这些,筷子、碗啊。他的给什么?就是借来的一对金环子,戴了三天还给别人去了。我这个人老实狠了,就是被欺负。还有一个帐子,打了几个补丁,还是他的娘睡的个丝瓜帐子床的。破帐子、破被窝,新被窝都没得一床的,一个红的布袄子,一个绿的布棉裤。她还嫌我家的穷了。她去金口拿我家的东西回,还要我的爹爹接她上馆,她没有接我的爹爹上馆,还倒着来。我只怪我没得用,她才欺负我,我要是有用她就欺不下去。我的二嫂子狠些,她就欺不下去。那都没得钱和粮食的。我的婆婆以前有个姑娘,她以前土地很多,把土地卖了陪姑娘的嫁,就是那样打的中农,要是那土地不卖起码打富农。她姑娘以前就是两箱两柜,四桌四椅。那都是有钱的人。她就是说她的姑娘陪嫁得多,说我什么都没陪。往日一扯皮(吵架),她就把板凳家伙都端到房里去不让我坐。

定亲之后就不走了,差不多要接人的年把两年才走动。

(2)出嫁经过

出嫁是坐花轿。还要跑到祖宗跟前去敬祖宗,把地上铺东西,铺到走到祖宗跟前去敬,就是要走了辞祖宗。往日不送嫁,就是坐了轿子抬走就算了。娘家要摆酒,亲戚都赶情。也没得好多亲戚,几桌酒。要请保长、甲长,往日都是那样。干部坐上席,群众坐下席。

出嫁之后三天回门啊,丈夫也一起回去。那都带点节礼,吃的东西、酒烟啊。再到一个月了就放麻花回去,回去满湾子送麻花。往日的规矩大些。

(3)嫁妆

嫁妆还不是我们在家里摸着做出来的。我陪得少些,我的姐姐陪得多些。我的姐姐说到个发财的人家,他家后来打成了地主,她比我们发财些。婆家是有三金拿到女方家来的,金环子、金簪子、金箍子。没得办法,我家得借钱买嫁妆,就买了两个柜子、两口箱子、大桌子、四把椅子。那就是借钱陪嫁。往日说男一担女一头,男的要是拿一担来,女的就要拿一半过去。

出嫁之前干农活儿赚的钱自己攒着,陪嫁。那哪有带的呢,那都是自己办的衣服东西去了。自己赚的钱,我的爸爸也帮忙做。

(4)童养媳

童养媳我们没有做,不知道。那还是知道有人做的。做童养媳造孽死,年纪小家里没什么人,就把姑娘给别人屋里去,要是碰到个拐妈妈的,糊的烂的都是她吃的。

(5)换亲

还没看到有什么换亲的。

(6)招赘

招上门女婿还是有。我的没有,我的还不是准备说招上门女婿的,我的老娘不肯,她说她看不见,总是造孽的。要是搞个屋里不好,在屋里吵架的就不好。生的孩子那还不是上到哪个屋里跟哪个屋里姓。没得才上门啊,要是屋里有人守就不会要上门啊。

(7)改嫁

我跟第一个脱离之后,到这里来也没得什么彩礼,还不是个造孽的命。我是1962年来的,1963年就生了个儿子。

3.出嫁女儿与父母关系

(1)风俗禁忌

出嫁的姑娘不能在娘家过年的,吃年饭可以吃。出嫁的姑娘跟姑爷在娘屋里也不能一起睡,现在也不能睡,讲究的就不能。往日都不准上坟。

逢年过节都要回去,中秋端午啊,过年啊。那都是看个人的事情,有工夫就一起回去,没得工夫一个人回去也可得。总不是带点吃的东西回去。

(2)与娘家困难互助

出嫁的姑娘有钱就可以管娘屋里的事,没钱就不能管了。娘家有困难有钱的就帮助,没得钱的那也帮助不了。没得的还不是要借,借了要还。

(3)离婚

以前没得离婚的人,过去都是嫁鸡随鸡、嫁狗随狗的。过去的有的男的死了,她不嫁人了,别人就过抢。打比方说她丈夫死了,她就是寡妇。有的人要是想这个寡妇的人,哪个有狠哪个就去抢她回去。他是讨不到人家,找不到人才抢寡妇。抢去了呢,要是好的就跟着他,不好的就不跟他。寡妇那边的家人如果多的话,就抢回去。以前我们洪家的湾子有一个人媳妇死了,肖家的那边有个寡妇,然后把她抢过来了。我的天啊,肖家的姓大,我们洪家的人少些,他那边刀枪都来了,把屋子都戳了,把人拉回去了,这是有湾子里出气啊。

(4)娘家与婆家关系

以前关系那还是可以,就是过后我们去了就搞不好了。

(5)财产继承

哪分什么财产啊,也没得什么财产分。

(6)婚后尽孝

以前我的娘几个,一个人做两个人吃,两个人就混着过啊。后来解放来了,我的爹做不得了,政府有点照顾,那也只有一点。那时候过难关我们都没得吃的,那个时候蛮多困难。后来我的娘三家转①啊,一家一年,在我家走的,病死的。

我爸爸妈妈的葬礼就是我爸爸、妈妈的侄儿子,我叔伯的兄弟主持的。葬礼上面姑娘披麻戴孝跟男的是一样的,葬礼费用那是三家摊,我姐姐家、我家、再我叔伯的兄弟那家。上坟啊,年年回去都上,就是这几年我走不动了没回去,坐车子也坐不得。我爸爸、妈妈的坟还不是我的那个小舅舅照看,沾他的光,他年年去上坟。七月半的时候可以烧纸。

(三)出嫁的姑娘与兄弟姐妹的关系

以前我去我姐姐家做客,现在去不了。做客想住就住那里,不想住就不住。逢年过节就去。儿子结婚的时候,娘家的姐妹可以代表娘家人参加婚礼,姑娘回娘家拜年往日是初三回去。姑娘、女婿一般初三回娘家,要是有舅爷就是初二的去。现在都不讲究了,有时间就去。还不是带些烟酒、金果包。我的孩子们都跟舅舅拜年,年年都是初二去。

二、婆家人·关系

(一)媳妇与公婆

1.婆家婚娶习俗

婆家屋里人还是不好。新帐子、新被窝、新床都没有给我的,都是旧的。他屋里好些东西都卖了,地都卖了,那个老头子②还不是被东洋人拉去当差了,后来回来害病死了,就一个婆婆。接亲时候那是请的轿子,一队人的,吹鼓手、抬轿子的,那都是请的一套。就是把人抬进去就算了,还哪有主持婚礼。在娘家屋里敬祖宗出门,在婆家就是进来把门关了,就在屋里敬祖宗,添了人回来了要敬个祖宗,那地上不铺东西也可以到房里去。两个千金婆婆就把你牵到房里去,到房里去了就端茶喝,交杯茶。当时去的那天就端茶给婆婆,喝了就把个东西把地上丢,要你去捡起来给婆婆,跟婆婆说抱孙子,好彩头。再第三天早上要你去上灶去打豆腐,看你豆腐是打得好还是不好,就是在锅里炸豆腐,炸得不好的豆腐都打碎了,考你烧火手艺。我说我一概都不会搞,炸不到。往日做媳妇烧火,脚还不能抬得太高。我们做媳妇还不让我们穿短裤头睡,你说那热天不穿短裤头热死人,她这也要管着你。

2.分家前媳妇与公婆关系

(1)劳动分工

结婚后,那就是分班烧火,一个人烧两天。再做事种庄稼都是搭伙一起做。家务那就是自

---

① 转:在孩子家轮流住。

② 此处指受访人的公公。

237

己的衣裳自己洗。以前屋里的一个鸡子，生了几个蛋，我把蛋放到桶里面锁着，我的婆婆找鸡蛋找不到，把我的桶提着一摇，鸡蛋都碎了，把里面其他的东西也都糊得吓死人，你说她坏不坏？她后来煽动她的伢跟我离婚，我满口地答应，我真的过伤了。最后她让我把孩子领回来，她说我负责不找你。我娘屋里的叔叔说，丫头啊一刀疼①，你要是把孩子带回来，有个三长两短，还要说你的不是，也不好，算了，不要弄回来。就是那样我也没有把孩子弄回来，留到婆家了。

(2)婆媳关系好坏

1958年生的我的大孩子，十月二十七生的。1958年冬月我孩子爸爸去参军的吧。当了兵，我在屋里跟我婆婆搞不好，没得办法我就搬回我娘家去了。那个婆婆不晓得几拐，这菩萨照人心不能说假话。她不喜欢你这个人她就处处针对你，她说我娘家没有陪嫁板凳来，她不给我板凳坐，她就有这么狠。屋里有个磨子，我一概都是把孩子抱着坐磨子上面。我真是没看到过这种坏婆婆。没有办法啊，她说了你，你喊她，她说你没得脸，你不理她，她又说你不理她。真是被这个婆婆伤了。后来我孩子爸爸参军去了，1959年我就回了娘家。我的妈妈又看不见。我们没有劳力去挖藕吃，我们就挖野草吃。水里长的东西，我们就去挖来吃。1958年还有饭吃，1959年1960年那(饥荒)就狠些，没得吃的。那个孩子又老害病，浑身长包。他爸爸参军去了说没得钱给我，在家里伙家的，没分家，婆婆就说让我去挖藕，说小哥一个人挖藕吃不来，口粮供不上。我说我不会挖藕。那就没得办法，我就把我娘两个的口粮分开啊，那就各吃各的啊。后来在食堂去打稀饭，那个师傅看我的孩子爸爸参军了，他就给我打稀饭就打满一些。回来我的婆婆就看不得，她说我稀饭打多了，她们一家人都只那么点稀饭，我的娘两个就那么多，一钵子稀饭，她就说我的不是啊。真是把这个婆婆没得办法，就是那样狠了心，我就跑回我的娘那里去。我的娘不肯接手啊，我的娘说，丫头啊，你来了是哪样搞呢？是往日有田有地，你在家里做了吃啊，现在又没得田、没得地，都给公家收回去了，那你拿什么吃呢？就是我跟你的爹爹两个人口粮不吃，你的娘两个也不够吃啊。那哪样弄呢？我就说您接不接手，您要是接手，我就去跟干部说，您要是不接手那您就不管我，我去哪里您就不管。我的娘就说，你去啊，你去跟小队队长、大队书记说啊，他们要是接收那就可以，要是不接那我也没办法啊。我就去跟干部说，人家就答应了。我就在我娘家过了两年。我的婆婆就跟她的孩子写信，她孩子参军写信，从来没得我的份啊，没得我这个人啊。我的婆婆三天两头去发信拿信，都是她拿去的。我的孩子后来病了几回，没得办法，我的湾里人就说，要我去找伯爷要个信封，再写个信去。我就去拿，刚进房门，我的婆婆就把信拿去了。她说我的儿子没得她的，要她写个什么信啊？先前一去的年把两年还强些，后来第三年就狠些，她就说坏话，说我不是人啊我拐啊。做事的时候她就盯着你，你跟哪些人一起走啊。我的二嫂子也不是人，阴阳怪气，我的婆婆就跟我二嫂子套消息，她跟我一起走她知道。她说得我要气死了，就说那些无聊的话。后来就写信，说要跟我脱离要解决。我也是伤了心，你要解决就解决，那就算了。当时又没有打结婚证，脱离也没经过政府。我的那个婆婆真是太拐了，谁哪个拐都没得她拐，太拐了，没有看到这种老的。就是这个事情提起来蛮伤心。

(3)财产权

以前压箱钱多少都有一点，那个钱我还不是贴着他们用了，我陪嫁的衣料都给他们做着

---

① 指忍痛割爱。

穿了的。我的嫁妆都自己用的，后来东西我也都挑走了，箱子、柜子我都弄走了。那个时候哪有个私房钱哦？都穷得要死，吃都吃不饱，那都造孽死，过难关正造孽。

3.分家后媳妇与公婆关系

(1)分家

一大家子一起啊，后来分了口粮。一天进半斤米，我的孩子只那么大，我哪有奶给他吃呢，我就专门吃野菜。

(2)离婚

就是男方写了个条子，说我以后不找你，你把伢领去，我也不找你。我的叔叔就是不肯。

(3)改嫁

二十七岁我到这里来生的大孩子。这里也没有爹爹、婆婆，那不是死了，我不会来，我被之前的那个婆婆过伤了，这里要是有婆婆我不得来，我说要是再嫁人我不得要婆婆了。我孩子的老头子也死了二十多年了，二十四年了，将近六十岁走的。

(二)妇与夫

1.丈夫权力

厨房的事肯定要做。孩子还不是在外面到处闯，不小的时候就到处闯，先小的时候就给到别个廖婆婆带，吃五保的，一天一角钱给他们。要是我们煨汤、吃点新鲜东西，那我们就添点给她们吃。是的，那时孩子小不知道走，在摇窝里要摇还要换尿片子。后来晓得走了，那个婆婆就不敢带了，就不带了。就让孩子自己在外面去闯，闯到哪里就到哪里玩。衣服肯定自己洗的，那丈夫都很少洗衣服，他不洗片子的，衣服还帮你洗一下。早上还是弄着我吃，就是不洗片子，片子我洗了他用火钳夹出去晒，他不收。他弄你吃可得，他不洗。

2.娶妾与妻妾关系

往日地主家发财的人娶小媳妇，正房不生孩子就讨个小妈妈生儿子，那是过去有。

3.典妻与当妻

我也不知道，跟前也没得卖媳妇的。

4.家庭虐待与夫妻关系状况

好媳妇你喜欢她，她就什么都好。你不喜欢她那就不好。

(三)母亲与子女

1.生育子女

(1)生育风俗

我那边有一个儿子，这边有两个儿子、一个姑娘。那时头一个才报喜，第二个就不报喜了，别人晓得信就来，送人情，亲戚都来。往日都兴送鸡子、送肉。请亲戚来吃酒啊，一些在来往的亲戚。那都是赶情来，给钱的，送东西的。往日都送毛衫、送鸡子。最多的就是一件衣料，不多的三尺布也可以，四尺布也可以，多的就是六尺布。再就是鸡蛋啊、鸡子啊、面啊、糖啊。不给村里人发红鸡蛋，头一个送娘屋里亲戚送红鸡蛋，到后面就不送了。娘家就是湾亲啊、房份的啊都来，沾亲的都来啊。孩子生下来就可以啊，别个都来看。娘家满月了就会接回去看，回去也是随你自己，你想住就多住两晚上，不想住就少住。你要回丈夫就去娘家接你回来啊。孩子过生日啊，一岁过啊，十岁过啊。

(2)学校教育

我的孩子都上学了,就是读得不高,都读个小学,初中没读完。那他们都读不进。

(3)性别优待

儿子最大,姑娘最小。我家儿子、姑娘都是一样的,我还一个姑娘都是当宝贝的。

(4)对子女财产权力

分了家他们的钱就归他们自己管,没分家就是归我管的。那哪里有几多钱呢,那时候都造孽,困难。

(5)对子女婚姻权力

儿子、姑娘的婚事都是别人做的介绍。没有合八字,这两个儿子结婚都解放了,都是现在的事情了。不能这样讲,只有他们两个人同意了没得意见就可以结婚,就看个日子。姑娘往人家去,别人给了一千二百块钱,就甩干了,就不管了。我的姑娘就陪嫁围桶、脚盆、箱子啊、电视啊、缝纫机啊。儿子结婚那还不是给钱,看是给几多。那时候钱都蛮少,千把块钱。你就给他买东西,打床。结婚都是我们老的出的啊。媳妇陪嫁的东西是归她自己用。儿子结婚之前没有做房子,那都是后来自己做的。以前三间屋子接了两个媳妇,大媳妇先做了房子就先出去,小的后来出去的。

2.母亲与婚嫁后子女关系

(1)婆媳关系

儿子好像是八几年结的婚吧。大媳妇那个时候跟她也搞不好,小媳妇搞得好。大媳妇以前个性不好,现在她做婆婆了就好一些了。我以前还跟我那个婆婆说,我要是有那个福气做婆婆了,我绝对不像你这样。我还不跟她闹矛盾,我懒得说算了,我就不理她。她跟她老头子有点扯筋,隔壁左右的看得不舒服的就说她两句。我就不说,她喊我就喊,不喊就算了。爹爹爱说她,她就怄不过,就吵。

(2)分家

以前大儿子和媳妇两个赚了钱买了个电扇,中午吃饭时候,老头子就说热死人了,把电扇拿出来扇一下啊。那个媳妇就把板凳端过去正坐着电扇跟前,把风挡着不转,爹爹都怄气死了,他就把板凳端到外面去吃,我就说那不吹风了。就是那样分了家的,没得米,就给了他们一盆子米、一壶油,也没得什么分,也没什么钱。我现在跟着小儿子一起住,大儿子出去了。

(3)女儿婚嫁(定亲、嫁妆)

我的姑娘,她是1968年生的,将将①二十岁结婚的。都是介绍的。姑娘定亲的时候跟对方见过面,她出嫁时候还不是给点衣服、箱子、电视、缝纫机啊。男方那边出钱,我们就贴一些。

(4)援助儿女

跟姑娘屋里来往肯定多,姑娘屋里要是有困难我也帮,她现在也过得可以,不困难。孙子小时候我还是帮着带,大了就带不住了,出口粮吃,儿子给你饭吃。我没有带外孙,他有奶奶带。奶奶要是不带,还不是把孩子带着地里去坐着,她做事。

(5)赡养关系

我现在单吃,媳妇打工去了,就是一个小儿子在屋里。我现在是国家养啊,我没有要他们

---

① 将将:指刚,刚刚。

240

给钱。过年的时候,孩子、孙子多少也给点钱。现在国家给钱,我要那么多钱干什么呢？一年有三千九百块钱,要是不害病那就有了。姑娘不要她养,她也有负担。哪个孩子不养老人呢？不养那还不是沾政府的光,政府给钱。儿子姑娘有钱都好,没得钱都不好,可以,现在姑娘、儿子都是一样。我一概都没去我姑娘家,我姑娘又近,就在后面。这么近哪个去那里歇呢？有事就去她家啊,没得事就不去啊,这又近,那容易,一去就回了。她总是说留我歇,我说一脚路远就到了,还歇什么呢？那我一个人住还是好些啊,哪样办呢,一个人住没得屋啊,都是儿子的屋。现在我都满足了,往日要是政府没得钱,还是两个孩子给米啊。现在不种地了,政府给钱了,就没要他们给。

三、妇女与宗族、宗教、神灵

(一)妇女与宗族

该村庄无宗族传统,数据空白。

(二)妇女与宗教、神灵、巫术

我不信教,我不喜欢那样。我们湾里多得很的信教,主要是婆婆多。

四、妇女与村庄、市场

(一)妇女与村庄

1.妇女与村庄公共活动

(1)村庄活动参与

以前也没有搞什么活动,唱戏的时候就去看哈子,不唱就不看,放电视时候就看一看。没出嫁的时候可以看,小的可以,大了就不准去看。出嫁之后的妇女可以去看,有的跟男的分开坐,有的不分,看个人。

(2)开会

过去的女的不参加开会,都是男的参加。那个时候解放了,开会把庙里的菩萨都给烧了。都是干部召集开会,女的也要参加,那还要选代表去学习。学习回来了再讲给群众听,开会我也参加了的,会上有女的发言。

(3)村庄绅士、保长、甲长印象与接触

保长、甲长那都是湾子里的干部,我知道,我们有那大了啊。出嫁之前也不用跟他们说啊。

2.妇女与村庄社会关系

(1)社会交往

以前湾子里的同龄人那有,有文化的都读书去了,我们就做我们的农活儿,玩的日子少。出嫁可以陪,年纪差不多的,你出嫁她陪你,她出嫁你陪她,还是有的。

(2)务工与报酬

往日难得请人,一般都是"大阶级"的干不完的请人做,那都是请男的,发财的人就请人做。做农活儿换工有啊,打比说摘田、割麦子、割谷,你跟我做,我跟你做。女工换女工,男工跟男工。往日请人是少数,都是点把点的事,都是自己做。

(3)交往习俗

我就是跟那个婆婆不过①,跟哪个都可得。在外面别人都可怜我,都说我可怜。妇女之间也没组织什么会的。亲戚屋里要做新房子,有工夫还不是要去帮忙。村里要是有什么红白喜事,别人请了就去,就是去洗盘碗啊、端板凳啊。现在都是厨子自己办,往日都是去借。

(4)妇女聚集与活动

以前聊天就是好比说有时候在我屋里玩,有时候就在她屋里玩,就是这样。洗衣服就是在屋里脚盆洗,各人洗各人的。一般聊天就是说今天你做了什么,我做了什么。打谜语猜啊,会猜的一下就猜到了,不会的死活都猜不到。夏天乘凉都在外面搭铺睡,往日都是在外面。都是自己屋里人讲话啊,要是在一坨②睡就说话家常,就是自己屋里人。以前门口都是一大条,挨个的铺。有的扯帐子,有的没扯帐子。把床都搬到外面去,有的竹床啊。原来多可怜啊,现在多享福啊,享天福,做梦都没想到现在这么好,热也热不到,冷也冷不到,现在极好的条件啊,翻了大身啊。很少到别个村子去,除非队里开大会,那就到别的村子去。现在的还是婆婆跟婆婆聊天啊,还不是说我今天做了什么什么,你今天做了什么什么,谈家常。

(5)女红传承

我会做鞋子,我不会做衣服。还不是自己学,别人会做的就教啊。

(6)矛盾调解

先前有吵架的啊,那还不是转弯就算了,湾子里的人去拉开啊。

(二)妇女与市场

去市场有时候一个人去,有时候跟姑娘一起去。往日晚上我还一个人挑菜去卖,腌的菜啊、葱啊、白菜啊这些,现在挑不动了,以前都是夜晚挑去夜晚回,街上的贩子收菜。

棉花都是自己种,先前跟队里种,队里分。门口有卖货的,做鞋子的那些针头线脑。绣花的花样也都有卖的,我做的鞋子都是自己穿。

以前发的那些布票、肉票、油票,那少了就吃差一点,将就着吃,买又没得钱买。都是算好的一个人的几多,别人也没得卖的。

现在还是有时候做鞋子穿的。以前拿鸡蛋换盐吃,那可以。还有鸡蛋卖了再去买别的也可以。供销社那也没的几多时间去。要去的话就差什么买什么,撕点衣服穿,买点小东西都可以,去就办一点东西回。

五、农村妇女与国家

(一)农村妇女认知国家、政党与政府

1.国家认知

国家是什么我还不懂。解放之前国家都没得宣传过男女平等,都是解放之后了解的。大脑壳和小脑壳,那是袁世凯的③。我的姐姐造孽,打的是个劳动地主。我姐姐的婆婆,她陪嫁陪了一只船的,去下卡子打鱼,是这样发家起来的。她不晓得是有一百还是二百个大头,打成个地主,要那个袁大头没要出来,她把袁大头往田里去埋着,自己也没落到,都不知道到哪里去

---

① 不过:相处不愉快,不和谐。

② 一坨:一起。

③ 袁世凯的:袁世凯就任大总统后,在全国统一币制时发行的货币,袁世凯银元。

了,人还被打得要死,也不知道别人挖去没有。往日那是要交税,当兵的人还不是要出钱。把钱去买,你不给钱就把人拖走。

2.政党认知

以前国民党就是拐①,我不晓得是什么样。国民党他不拐?来了你躲都躲不及,还不拐哦?那我是哪样认得国民党的人啊,小孩子那时候,年纪不大。不记得了孙中山、蒋介石了。现在国家主席是习近平啊,那都在说的,电视里面也有。共产党那就是毛主席啊,毛主席领导的。那时候解放的人,朱德啊、刘少奇。共产党的那多得很,跟前都有,女的男的都有,他当他的干部,有什么事吩咐你去做,没得什么来往。年纪大了就晓得革命这些。我没当过村里的干部,开会是参加,开社员会就参加,开会讲些生产、五好社员啊,做得好的还有奖励啊。代表干部那都选了的,湾里的来问你,要你签字,我不知道就说了让孩子们写。我家的没有党员,就有个叔伯的是个党员,当了大队的干部了的。入党还不是要看你人的形式,看情况。有的党员优秀,有的还不是不优秀,混的还不是有。当了共产党就是比社员的思想好些,他进步一些,社员哪样赶得上党员呢。共产党就是让妇女不包脚就好,不被人欺。那也没什么,我们接触不到长官、干部的,也不会说。

3.政府认知

往日我的妈妈跟我包脚,裹得紧紧地捆着,走路都不能走,等她一走我就给解开了,我疼不过。后来就解放了,越是不包了。剪短头发剪了的,解放来了。先是打辫子,女的梳一个包包头。后来老少都剪了个搭毛头,就是短头发,蓬着的。那都要剪,号召来了老少都要剪,不剪不行。就是剪成后面齐的。剪就都要剪,听政府的话。没有剪过的还不是怕丑。读夜校读了几天,后来去打腰鼓了。到夜校来上课的老师都是贫下中农的人,老家伙们走都走了。我就是认不得字,读了几天认得到什么呢?学个年把两把那都要强些,这几天弄不了。还不是想文化就去学啊,但是学不进去啊。

包办的婚姻肯定不好,自己谈的要好些。我接触过干部,反正我们是老实人,干部也蛮喜欢我们,我们也喜欢他们,我们不是翻翘②的人。以前那没得几多女的当干部,很少。都是男的当干部去了。现在女的肯定能够当干部,多得很,现在男女平等了。哪里不想姑娘、媳妇当干部呢?当了干部不知道多好,但是当不了啊,我的姑娘、儿子都没当干部。

计划生育那时候就是队长开会,说不要这些人,要计划,女的要带环。政策可以,像我们没有人带孩子的不知道有多好,要是有人带孩子的多生几个还可以。我的还刮了两胎去了。那时候开会要计划生育,那年我们队里的女的都带环,结果都得了炎症。后来队长说没得人做事了,就要她们把环子都去取了。有的人带着不舒服,小肚子疼、腰疼。有的带着还可以。那个环子取下来都是血,弄着不舒服。

现在的姑娘肯定是幸福一些了。政府要提倡移风易俗,废除旧的人情礼俗这些肯定是要管的,管得好啊。

(二)对 1949 年以后妇女地位变化的认知

1.妇女组织

妇女翻身了就有妇联啦。那是当干部的妇女联合会,那时三八妇女节要去开会,年年都去。是队里的队长组织,上面有那个政策,下面就照着办。

---

① 拐:坏、恶。

② 翻翘:不讲道理。

2.妇女地位变化

解放了之后就爱说男女平等、妇女能顶半边天这些话啊。

3.婚姻变化

后来都是婚姻自由了,自己谈朋友自己结婚。

4.政府与家庭地位、家庭关系

对你不好就扯皮,对你好就没得扯的。有的就是打了脱离的,有的就是寻短路死了的。解放以后妇女在家里的地位肯定是提高了的。政府的现在没得坏处,只有过去是坏处。过去的人都不能出去。现在都好,往日说个人家还不能到别人家去,女婿到亲家的屋里去了你还要躲着,还不能见面,怕丑。男的打女的事还是有人去转弯,还是有人说直话,哪个不好的还是说。

5.政府与教育

现在的姑娘伢几好过日子呢,肯定有改变的。我的姑娘读个中学都没读完,她一来读不进,二来屋里要人带孩子,带侄儿子。就是下一代,孙子们那都读得高一些,高中也没读完。

6.妇女政治地位

地位提高那是肯定的,那有能力的人就去讲话,当干部的就去。当群众的就没什么话讲。

(三)妇女与土改

1.土改动员与参与

土改我家的成分是中农,土改工作队来调查了的。把会一开,哪个能参加土改就选举。

2.斗地主

我对地主也没什么印象,那时候我们都是小孩。我也没跟他有什么交集,我没有分地主家东西,那是那些坑啊、缺啊是分,往日最穷的就是坑,穷点的就是缺。我们个中农就没得什么分的,那都是别处搬来的什么都没有,没有土地、没有屋子,那种人分东西。我们本地的没怎么分。斗地主是写材料去斗,在你家去调查。那个时候哪个打成了地主,我们就不理他了,都不说话不来往了,该喊嫂子的也不喊,喊姐姐的也不喊了,互不来往了。都是跟地主有气的人就主动斗地主。

3.分田

还不是照人口分,人多就分得多,人少就分得少。那都是一样的,看人分。土地证上面有女的名字。离了婚的赶着分地那就有,打比说我的媳妇她要是走了,那个地就还是归我的。

4.妇女组织

当时一个队就是一个妇女主任。

5.对妇女翻身解放认识

解放来了就翻身了,分到了土地,不被人欺。

6.女干部

土改的时候,女的、本地方的当村干部的人少些,别处搬来的人多些,那都是贫雇农。

(四)互助组、初级社、高级社时的妇女

1.互助组时期

参加互助组好做事,打比说几个人一个组,你自己愿意插哪个组就哪个组。那怎么不愿意跟大家一起干活儿呢？选到一起去了就一起做。

2.合作化时期女干部

我没有当干部,有回选我当代表,我不会讲我也不肯当。我说我当个五好社员就算了,做起事来了还是评模范,五好社员就给你点东西,喝茶的杯子这些的。女社长没有,女组长那有。

3.性别分工

妇女还不是生产那些事。女的分子就少些,男的多些。女的最高的分子是八分,男的最高是十分。有的挑不动、驮不动的就是六分的七分的,那都是按能力打分子。

4.集体劳动

那时候孩子都是给别人带,吃五保的人。全工的一个月都有工,要是害病或者生小孩那就分子少些。我们队定的是二十八天。

5.集体分配

那都要做。往日你挑不得做不得,去牵牛放都要给你打点分子,那是有病的就不能下地做。口粮都是按工分来,工分多的就分得多,工分少的就分得少。不劳动那就没得吃啊,看你自己的板眼①了。

6.公共事务参与

参加开会有妇女发言,队里做得不合理的事还不是有人发言。打比方说你除草,他要检查,你的草没除干净,他就要扣你的分子,你不服就去扯皮啊,就争论起来了。干部还不是有点欺善怕恶,要是老实点的人他就扣你分子,要是狠人会说的他就不敢扣你分子,那种情况也有。

(五)妇女与人民公社、"四清""文化大革命"

1.妇女与劳动、分配

(1)妇女与劳动

队里的队长就讲,做得好的就表扬,做得不好的就批评。做得到的事情都一样地做,像八分的人都是挑啊、驮啊,开荒田每天早上都要挑两担草,那就两分工,一担就是一分工。那个挑不得的人就没得分子。割麦子、打麦子、割谷啊,那是男女都做的。就是捡棉花女的捡得多一些。各个人都分到除草,中午吃饭有时间的男同志就去帮忙除草,没得帮忙的就得弄几天。耕田那都是男的,没女的耕。重活儿都是男劳力干,栽田就是女的栽,男的挑。男的栽田的很少,女的多些。男的还是强些,电工都是男的当的。烧窑那是包给别人做,男的女的都挑。像我们当时怀身子的,都大着肚子去挑。男的挑得多些,挑个十块、二十块,女的顶多挑个七八块,看你的能力。生产队的那些队长、会计、记分员,男的也有,女的也有。干部大多数是男的,生产队的记分员都是有残疾的人,挑不得、驮不得的人就当记分员。反正重事都是男的干,修水库女的也去挑、也去修。都是姑娘伢去,结婚了有小孩的就不去。但是女的分子少一些,我们队男的十分,没得用的男的也是九分。打比方说修水库,你八分的就分八分的位置,七分的就分七分的。各人完成各人的任务,你完成得快你就回来得快,完成得慢就回来得晚。那时候肯定苦啊,那还不苦?又苦又没得吃的,那时候粮食又少。靠工分吃饭啊,工分多分得多那就有吃的。

---

① 板眼:能力。

245

(2)单干与集体化的选择

有偷懒的啊,那多得很。要是做包工,那就完成任务了那偷不了懒。要是做集体的活儿,会玩狡猾的人去上厕所一蹲半天,偷懒的人有。那老实的人做点工呢,就总是做,做包工呢就做不赢他,做包工他快得很,一下都做完了。分田到户还是好些,个人做个人的。你说你热不过早晨早点起做一下,热不过就不去。集体你就必须要去。

(3)工分与同工同酬

女的比男的少两分,那男的还是狠些,挑啊、驮啊、重些啊。我们是女的跟女的比,做不得的六分的七分的都有。男的还是不能比,年轻的就是十分,年纪大的体力差点的就是九分。开社员会评工分啊,那还不是要扯皮拉筋,不管怎样公平都有说不公平的人,少了的人那总是要争。我的老头子往日赚十分啊,我赚八分。再小孩们读书出来就是放牛,有三分。

(4)分配与生活情况

生产队分的口粮、油啊、柴火照工分分啊,工分多,分得就多。哪都是缺粮,都没得吃的。我们吃不到的还要吃回销,要去政府吃供应,去买。

2. 集体化时期劳动的性别关照

妇女的月经来了就照顾一下,少挑点,不下水。怀孕做不得就不能做,那就没得,不打工分的。有的人禁啊,有的人不禁啊。不怕死的人就不禁,来月经也好也去挑啊、驮啊,就想工分多。有的想得开的来了月经就不去挑。生病了的话大队也有赤脚医生,赤脚医生看不到就去医院看。也不么蛮贵,那时候钱值钱一些。

3.生活体验与情感

(1)大食堂

食堂做饭的男的也有,女的也有啊。1958年、1959年吃食堂,1958年的生活还可以,有饭吃。1959年、1960年,就不行了。1958年,你要吃一斤就一斤,半斤就半斤,吃几多端几多,那都是随便的。到了1959年就不同了,那就分着吃,他给你打着吃,粮食少了吃不饱了,少吃饭多吃菜。稀饭、大麦根、小麦根都吃啊。吃食堂那怎么不愿意吃呢?集体要吃都要吃。锅那不交公,都在屋里。有时候还自己搞点菜吃啊,搞点野菜啊、摘棱角吃啊。办不下去那就是分田到户了,个人吃个人的。

(2)"三年困难时期"

困难的时候就吃野菜,我娘两个就半斤米,你说吃什么呢?又没有人挖藕。

(3)文娱活动与生活体验

有班子的人搞活动,唱歌演戏。看戏还是去看,有人唱戏就可以去看。看戏、看电影啊那都去,那时候刚刚看都觉得很新鲜。哎,那时很热闹,好多人的。现在都是电视看,电视里什么都有。

(4)妇女间矛盾

多少都会有一点矛盾的,还不是有的不合理就闹矛盾啊,都是队里干部解决。

(5)情绪宣泄

骂街的那都是气不过才骂街,怄不过的,瞎骂。

(6)自杀

自杀那都是为了谈朋友不自由的就自杀,有这种情况。我们湾里就有一个,谈朋友没谈好,就喝农药死了。家里不同意,男的不要女的。谈得蛮好,男的就不要女的了,女的怄不过。

4.对女干部、妇女组织的印象

我们队里还没有"铁姑娘队"。

5."四清"与"文革"

参加开会我就去看热闹,我们也不斗别人。自留地那只有几大一点呢?一个人半分地,照人分,我家五个人一共两分半的地,没收走,现在还在自己种着的。鸡蛋可以卖,那时候几分钱一个。回娘家走亲戚要看情况,有特殊情况就请假,你不做就没有工分。我家没什么东西收的,家又没有什么哥哥,没有接媳妇的。别人那还是有,有钱的有那种东西的就被收走了,什么金环子、金箍子、大洋啊都收走的。

(六)农村妇女与改革开放

1.土地承包与分配

土地承包那就是分给个人,那就好了。承包单干了。土地是按人分,有几个人就分几个人的,都是一样的,有土地就有证。

2.选举

选举我们都参加的,自己写不到叫孩子们写的。男的女的都有,看情况。

3.计划生育认知

现在可以生两个了,还是可以的。要那么多做什么呢,一个又太孤单了,两个有个伴。

4.社会参与

村里的男老人跟女老人还在一起聊天,讲还是讲。我家有电视,网络我还不晓得,我只看热闹看电视。手机我没得,玩不到手机。平常都是孩子们去联系,他们有什么事就打电话。我儿子跟孙子打电话说,孩子在屋里,有什么事就告诉我。

六、生命体验与感受

最幸福就是现在的日子,往日最苦。感受就是现在政府的好啊,八十岁了拿几千块钱,哪个儿子舍得一年给你几千块钱。有钱的都舍不得,没得钱的更舍不得。我现在都是孙子有时候回来给我钱,没要儿子的钱。现在也可以了。

LY20170207YDY　杨代英

调研点:湖北省武汉市江夏区金水二村万家墩

调研员:李媛

首次采访时间:2017 年 2 月 7 日

受访者出生年份:1937 年

是否有干部经历:否

是否生育:是

受访者结婚的时间节点、生育子女的具体情况:时间:1956 年结婚性别:现有两个儿子、三个女儿

现家庭人口:6

家庭主要经济来源:自己种田、政府补助

受访者基本情况及个人经历:老人 1937 年出生,祖籍湖北省武汉市江夏区,现居金口街金水二村。家里土改成分是中农,老人是家里的老大,小时候没有读过书。十九岁出嫁,到婆家之后没有婆婆只有公公,当时公公年事已高,老人的丈夫也是家中老大,因此老人和丈夫在婆家当家,照顾弟弟们并张罗他们的婚事,较为辛苦。在过难关的那几年由于生活条件艰苦,老人过多地吃食野菜和小蒜营养不良而造成视力受损。老人育有两个儿子、三个姑娘,老伴已经过世二十一年,现在是跟小儿子一起生活,但由于婆媳关系不融洽,老人白天都待在距儿子家不远处的自己家里,只有吃饭睡觉的时候才会去小儿子家里。老人自己的屋子旁边有一片小菜地,平日老人会自己种点菜,自家吃或者出去卖。老人除了眼睛不好,其他身体状况正常,思维清晰。现在时不时跟村里的其他婆婆一起聊天,生活较为轻松。

一、娘家人·关系

（一）基本情况

我姓杨，叫杨代英，代表的代。我的名字是爹妈给起的，一出生就起了的。我也搞不清楚有没有意义，我兄弟的名字也是爹妈给起的，按辈起名字。姑娘的名字没有按辈，我家本来是全字辈，兄弟叫全心、全意、全有。我是1937年出生的。那时候我家田地只怕有两三担田地，十几亩吧，那时候说一亩只有六分地吧。土改时候我家是中农，家里有三个兄弟、两个妹妹，我是老大，我屋里没有兄弟姐妹被抱养。我是十九岁出的嫁，我也搞不清楚丈夫屋里有多少土地，那时候我们来了地都是公家的了，都集体劳动了。丈夫他有哥五个，没得姐妹。我有五个孩子，两个儿子、三个姑娘。生了六个，第二个丢了，害病的。第一胎好像是二十一、二十二岁生的。

（二）女儿与父母的关系

1.出嫁前女儿与父母的关系

（1）家长与当家

娘家时候父母亲是家长，反正我出世的时候婆婆、爷爷都不在世了。

（2）受教育情况

我没读过书，我的弟弟、妹妹都读书了，我那时旧社会就没有读，姊妹六个就我一个人没有读。当时我想过但是不让读啊，过去是男尊女卑。我的兄弟、妹妹都是后来解放来了才读书的。那个时候有钱的人家就读书，就是有的人思想不通，不要你读。读书还不是一起读，反正读的书不同，过去男的读三字经，女的读女儿经。村里没得人管你读不读书这个事，你自己愿意送去读就去读。

（3）家庭待遇

我屋里没得这个情况，都是一样的看待。吃饭也没得么规矩，随你自己，吃几多添几多。反正我的屋里不像那样蛮规矩、蛮紧张，你要在桌子上吃就吃，你要想在一边吃就一边去。随你坐哪里，随便坐。我们那时候出世也还不蛮封建，还可以。冷了时候衣服还是父母亲做，冷了做冷的衣裳，热了就做热的衣裳，过去都是手做。过年的时候我们多多少少有两个压岁钱，反正我的屋里跟别的不同，是说个笑话的话，要是父母亲上街带点东西回，大的还先吃，大的要做事啊就多吃点。姑娘跟儿子压岁钱是一样的，给得也不多，就给个吃东西的钱啊。那时候讲百，给个几百块钱，一百现在只等一块钱。

（4）女孩的家外交往

以前过年的时候姑娘伢不拜年，女的不出去拜年。男孩要是成了人的就拜年，小的就不拜年，给家长们拜年啊，什么叔叔们啊伯爷们啊。妈妈不去拜年，爸爸去。一般的像了客人那时候，没得女的上桌子的。都是在灶门口吃，那里着火的位置，女的就坐那里吃。我们就不坐，我们随便在哪里吃。来了客小孩都不上桌子，在一边吃。要是请客女的也都去，要是办酒做什么事就都去。爸爸不在家那还不是妈妈去，姑娘可以带去。我们那里不兴讨饭，讨饭都是最困难的时候、困难人家。我们那基本上没有。

（5）女孩禁忌

那时候旧社会一般的有个十几岁就少出门了，能在自己屋里附近玩，自己上街就蛮少蛮

少了。姑娘伢一个人走亲戚也很少,旧社会蛮乱啊。人大了不准随便出去。姑娘伢出门还不是跟屋里说一声再走,过去说姑娘不能跟儿子一起玩,有个十四五岁就不准了,可以跟亲戚的男孩玩。晒衣服那可以,父亲衣服都晒在前面,我们跟母亲的就晒在竿子后面。有两个脚盆,大脚盆小脚盆。男的都在大脚盆洗,女的裤子在小脚盆洗啊。女的过去来月经,衣服脏一些,不能跟男同志一起洗。

(6)家庭分工

我们在屋里做姑娘时候做事很少。我的爸爸、妈妈就是种田种地。地主富农他们请长工短工,好比长工就是请一年,短工就是天天请。地主富农的婆婆也做,她做得很少,一般在屋里烧火招呼请工的人的饭,很少下地干活儿。一般家庭地干活儿都是栽田、割谷、插秧、种地、割芝麻、弄麦子啊,这些事的。姑娘大了还不是要下地干活儿,五月割麦子,八月割芝麻,四月弄豆子,这都是有季节的。都成大人了做,有么十五六岁啊。姑娘也做家务,洗衣服烧火。兄弟很少做家务的。我不会纺纱,纺线子我还弄了的,别的搞不到,是到这里之后到湾子里学的。我会做鞋子,我的母亲教我的,我的母亲会做花鞋子,她又会做又会绣。她还绣过龙袍了的,跟唱戏的戏子穿的。我自己做鞋子自己穿,母亲跟兄弟们做。一年大概要做个四五双。我在这里来了之后,添了几个小孩之后才学的纺纱。织了两匹布,湾子里有人纺线子,纺纱了给别人织。

(7)家庭教育

小孩的教育是爸爸妈妈都管,我们这没得什么规矩,吃饭做事。当小孩的时候有个么规矩呢,就是成了人讲点规矩。成人了就是不在外面跟儿子伢一起走,单独玩。我们那没说那些话,原来都是父母说,答应了就答应了。别人没得意见就算了。

2.女儿的定亲、婚嫁

(1)定亲经历

定亲就是两家说好了就那样成功了,是媒人介绍的。就是问你说哪家人家,同不同意啊,你父母亲说同意就算了呢。都没得意见,说成功了,他就去男方家吃酒席。定亲时候就打结婚证,也不交换生辰八字。也没得什么彩礼,买点么东西。两家的亲家没见面,就是征求意见,同意就没得事了。自己同意的,当然满意。定亲之后有一方去世了的情况那还不是有,婚约那就算了。订亲之后有的还是有毁约,那是没有结婚的,谈的时候不同意了就算了。定亲之后两家走动,定亲之后男女双方都见面的。

(2)出嫁经过

我是1956年出嫁的。陪嫁就是陪衣服啊、柜子。娘家办酒席,接亲戚接客。大概是七八桌的样子。我们不兴送亲。只轿子门口来,把你背到轿子上去就算了。爸爸、妈妈那天没有给我说什么。

姑娘刚嫁出去的时候娘家没有派兄弟去看,就是到了三天去接。男方也一起回去。买点吃的,金果、酒带回去。我也没有过过生日。

(3)嫁妆

我的嫁妆就是衣服柜子,穷人家没柜子,就是脚盆。陪田的那很少。嫁妆那些费用娘家承担的。村里一般人家的嫁妆还不是陪几件衣服算了。出嫁之前我自己赚的钱都归父母,过去哪有私房钱哦,都造孽①死。

---

① 造孽:可怜。

(4)童养媳

童养媳我晓得,就是送给别人屋里做童养媳就完了。你是养不活才给别人,有的没有父母是孤儿。哪里有什么关系呢?有关系的那还不是出嫁了就走动啊。

(5)换亲

那是说土改以后,说不到媳妇的人家是那样换亲,我的姑娘说到你家,换亲肯定是有人介绍的。

(6)招赘

反正我们村子里有,他没得儿子,就招女婿上门。不听话还不是要管教。生的孩子肯定跟她屋里姓,上了门肯定跟上门屋里姓。她屋里没得人分什么家呢?过得好还不是都是一样的,哪里地位高不高呢。

(7)改嫁

个别的还是有,二婚时候就没得彩礼。她第一个丈夫死了的就改嫁了。村里也没有说什么歧视不歧视的。

3.出嫁女儿与父母关系

(1)风俗禁忌

我们这里还兴接回去吃年饭的。那是说姑娘不能在娘家过年,吃了年饭回去可以。姑娘跟丈夫在娘家那不能睡在一起。原来有兄弟哥哥的那就不去娘家上坟。就是爹爹、妈妈做生日时候回去,再是一年三节啊,端午节、中秋节、过年。一起回去也行,一个人回去也行。过八月节气就带月饼,五月节气就带糕。

(2)与娘家困难互助

有事需要管的就管,不需要管的就不管。娘家有困难的时候姑娘还是要帮一下,给钱帮,要帮那也是暗地里帮。情况好就帮,情况不好的帮什么呢?

(3)夫妻矛盾调解

闹矛盾还是要回娘家,一个人回去还不是跟娘屋里一起住,自己睡一张床。你回去爸爸、妈妈也不说你什么,过一段时间丈夫还不是要来接回去。

(4)离婚

出嫁的姑娘提出离婚还不是要征求爸爸妈妈的意见,不同意就不离。

(5)娘家与婆家关系

娘家跟婆家关系总还可以啊,走长了时间肯定交往多。那肯定还是娘屋里亲一些。

(6)财产继承

出嫁之后不分财产,我们这里没得那个乡风。要是别个屋里只有姑娘没得儿子就可以分财产。

(7)婚后尽孝

以前有哥哥兄弟的姑娘就不用给爸爸、妈妈养老,要是爸爸、妈妈生病了的话医药费姑娘有就把一点。在葬礼上出嫁的姑娘跟儿子没得什么区别,有兄弟们主持葬礼。清明节的时候姑娘也回去上坟,都一起回去。爸爸、妈妈的坟是有儿子在照看,七月半鬼节的时候,出嫁的姑娘就在自己屋里门口烧纸给娘屋里过世的人。

（三）出嫁的姑娘与兄弟姐妹的关系

出嫁之后跟娘家兄弟关系也一般，就是有什么事你去我来。有什么事还是要带点礼物的，回娘家有弟媳妇、哥哥嫂子，还不是跟做客一样，他们还不是赶着好的弄着你吃。给娘家兄弟结婚送礼的话有就多送点，没得就少送点。我也很少找他们借钱，借钱要先跟弟媳妇说，要她同意。去妹妹家做客就是在那里歇一晚上，有事就去，没得事去什么呢？娘屋里兄弟在娘屋里说话的分量那都不是一般。自己屋里的事自己解决。儿子姑娘结婚不同意也要请娘家兄弟，那非要请，往日是老话，舅爷不到不能开席。舅爷又怎么会反对呢？亲戚只做亲戚啊。姑娘要是回娘屋里去拜年，那总不是初几的，过年总是金果、酒。给父母亲拜年，外甥要去给舅爷拜年。出嫁之后走得都差不多的，过年走亲戚也没得什么顺序。

二、婆家人·关系

（一）媳妇与公婆

1.婆家婚娶习俗

婆家情况总不是那样过，一般。他们都是生产。我的爹爹1951年就出去当兵了，当了六年兵，他是志愿军。结婚时候总不是搞个轿子去，请湾里的人去接。婚礼还不是请的人，男的搞的。老规矩就是说来身上不能拜堂，就是月经来了不能。过去是说新姑娘进门的时候爹妈要躲一下，躲一下就过得亲热一些，不扯皮。别人不用回避。媒人肯定坐一席，舅爷屋里为大，亲戚坐一席，过去说靠神角的那边是一席，顺着那边坐。进门的右手是一席，右手为大。

2.分家前媳妇与公婆关系

（1）婆家家长与当家

总不是父母亲是家长，没有开过什么家长会。

（2）劳动分工

这边都是自己出工，队里分派。家务我也做，洗衣服、烧火啊、带孩子啊。做完了就出去做事。

（3）婆媳关系好坏

我没有看到婆婆，来就没得婆婆。爹爹他不管我。我来他都很大年纪了，都七八十岁了。以前那有婆婆虐待媳妇的，现在没得。我们还没有见过。以前说婆婆蛮狠。

（4）外事交涉

两相都交往，男的可以女的也可以。

（5）过节习俗

娘家人来接可以回去。

（6）财产权

出嫁带的嫁妆我肯定自己支配，以前纺纱也都是全家人一起用，赚钱都是队里出工队里给钱，需要钱就挣。

3.分家后媳妇与公婆关系

（1）分家

没有分家，就是一个爹爹分哪个。那时候我们当家。老头子爹爹年纪大了，弟媳妇也都是我们招呼结的。

(2)离婚

我们没有离婚还搞不清楚。别个我也搞不清楚,那总是过不来有矛盾。过去有休妻的,有的就是不正经啊。也不请什么证人,就是写个休书。

(3)改嫁

以前妇女第一任丈夫去世了,改嫁的话也不用经过公公、婆婆同意,现在说的男的要离婚女的就有财产分。以前要是丈夫死了,她改嫁就不能带财产走。

(4)赡养与尽孝

没有给公公做寿,我们来了他都七八十岁了。我老头子出世迟啊,他四十多岁养的头胎。

(5)公婆祭奠

公公下葬的时候女的都可以参加,送上山。我的公公、婆婆一个在河那边,一个在河这边。我的婆婆的坟后来迁走了,爹爹后来在坟场那里,后来坟场被推了,没搬走,现在也不知道在哪里了。我的老头子好像是一九六二年走的。那个时候不准立碑,封建迷信。

(二)妇与夫

1.家庭生活中的夫妇关系

(1)夫妇关系

我跟我丈夫先就见面了的,怎么不满意,不满意是怎么过一生的呢?结婚之后按着孩子叫,就是孩他爸这样。名字也喊,但是过去喊名字的很少。

(2)当家

我们都一起当家。

(3)家庭分工(家内、家外)

平常的话,请工、借钱、借粮食我们都出面啊,还也一起还。我丈夫没有出去打过工。

(4)丈夫权力

过去的女的是要伺候丈夫,不过我们没有经过那个阶段。厨房的事是我们做,孩子我们都带,马桶肯定是女的倒啊,是女的用的。厨房的事丈夫有时候帮忙做。屋里的衣服是女的洗,要是我生病了或者坐月子的时候丈夫还是帮忙洗一下,衣服是他晒在前面我们的晒在后面。

(5)娶妾与妻妾关系

有钱的人有找三妻四妾的,那都是他自己主张的,要个鬼同意啊。有的不生人的,有的性格不合的就要娶小妾。娶小妾肯定不讲门当户对,妻子跟小妾关系肯定不怎么样。生了男孩是妻子养,那都有佣人照顾。

(6)典妻与当妻

卖妻就是说卖钱。都不晓得,都是丈夫偷偷地卖。肯定是跟她不融洽才卖。那由得妻子她不同意吗?过去男尊女卑,女的没得说话的余地。娘屋里人管不着,卖了就要去。我们这边还没有,反正到我们这里也没得这样的事了。

(7)过继

妻子没有生男孩,丈夫要过继男孩肯定要妻子同意的。那你晓得是一个是两个?肯定都要同意。

(8)家庭虐待与夫妻关系状况

以前多得很丈夫打骂妻子的,村里没得人管。有人说那也是背地里说啊,就说他要不得。

男的打女的,女的她反抗得赢吗?管他的,脾气来了随便哪里都打。家长讲也不得听她的,娘屋里哪里管得了这些事呢。解放之后就还好了。村里公认的好妻子就是贤妻良母,勤快啊。就是外面的说她条条都好,持家,在家勤快。丈夫怕妻子的现象那很少,村里背地里还不是说这个女的要不得。

(9)副业收入

过去纺纱都是弄着自己用,织布自己做被窝。

(10)日常消费与决策话语权

屋里那种日常消费我们都买。

(11)离婚

过去哪里有离婚的啊?就是偷偷地阴着跑了。解放之后提出离婚的男的女的都多了。看是哪个要不得。两方面要不得的就是财产一个人一半啊,要是一方要不得的就都归不离婚的那个。

2.家庭对外交往关系

(1)人情往来

平常屋里的人情往来大多数都是丈夫出面,因为财产都是他掌着。要请客的话就互相商量。平常送情、送东西、请客、给压岁钱这些东西都不用双方同意,都送。家里来了人可以一起吃饭,我们结婚之后都是平起平坐了。到别人家吃饭的话我也可以一起去。

(2)家庭责任与义务

没得那个赌博借钱的事,妻子出去找别人借钱的话别人会借,丈夫肯定承认啊。

(3)婚外情

以前丈夫在外面有婚外情的话,村里人还不是背地说他要不得,不好啊。女的还不是那样子,扯皮。女的要是在外面有婚外情还不是扯皮,村里人背地就讲她要不得,男的还不是不耐烦啊拉着打啊。

(4)人际交往与出行

我有关系好的,到朋友屋里去串门那跟丈夫讲个什么呢,我去过最远的地方就是去新疆了。我有个兄弟在那里,在那里当兵留在那里了。跟我老头子一起去的,坐火车坐了四天四晚上。就是前个一二十年去的。有四个人,还有兄弟一起去的。

(三)母亲与子女

1.生育子女

(1)生育风俗

我有五个孩子,大的1957年出生的,六月二十五。我的几个孩子生日我都记得。以前头胎有风俗,报喜拿东西去。还不是一样地报,送东西、甜茶、酒、红蛋,都是一样,我们这没得区别。生儿子姑娘都办,头胎什么都办,半个月、九天、一个月。办酒就是娘屋里人,亲戚都来,他们就是赶情,送情。村里面有来往的就请,没得来往的就不请。不给村里人发红鸡蛋,就给亲戚发。孩子随时都可以抱出来,生出来都可以。满月了娘家就接姑娘和外孙回去,住个四五天,丈夫去接回来。给孩子过生日的,我们这里是一岁、十岁,姑娘都办。

(2)生育观念

生儿子姑娘都可以,我的老头子什么都喜欢。原来的人是有区别,生儿子都要喜欢些。现在都不想生男孩,男孩多了不好,以前男孩多就是养命啊。男孩女孩过生日没得什么区别,都摆酒。以前媳妇只生姑娘或者生不出孩子还不是要差些,那还不是算了,能怎么办呢。婆家那也不会休,休妻是那样,是在外面闹的,往日说生不出孩子是家运不好。

(3)学校教育

我的孩子都上学了的,就是没有读出来。我的大姑娘跟我的二儿子就读了个高中,其他都是读个初一初二就回来了。往日读书不怎么花钱。

(4)性别优待

我的都是一个样的。

(5)家庭教育

不像那样子说儿子要归爸爸教育,姑娘归妈妈教育这样,我的都一起管。

(6)对子女财产权力

孩子结婚之前挣的钱都是伙着用,也不交给我,就是那样有钱就拿出来伙着一起用。

(7)对子女婚姻权力

孩子的婚事都是有人介绍的,他们认识了以后就请人介绍。有时候合八字有时候不合,我的孩子都没有合。结婚他们同意了我们还哪里有个什么话说呢?我的姑娘都没得聘礼。给陪嫁就是五六床被窝,再就是围桶、脚盆。儿子那是定亲的时候给钱,那时候只给几百块钱,那时候钱很值钱。结婚花了万把多块钱吧,是我跟我丈夫出的钱。媳妇陪嫁的东西肯定归她自己管,是她的东西。都是先把房子盖了再结婚,我们搭伙盖的,原来没有分家,一起出钱做的,没有借钱。出嫁的姑娘不需要帮忙。

2.母亲与婚嫁后子女关系

(1)婆媳关系

那我不管我儿媳妇的,她还给你管哦?有时候还不是跟媳妇有点矛盾,就是争几句就算了啊。媳妇还是做家务。

(2)分家

我先在这里住了十几年,他吃他的,我吃我的。也没有说分家,就是这样过。老大在兽药站的,这里是老二。就在大队那里住。

(3)女儿婚嫁(定亲、嫁妆)

姑娘是二十岁定亲的吧,也是别人介绍的,两个人合适就同意。姑娘出嫁时候嫁妆就是被窝、帐子啊、围桶、脚盆。

(4)援助儿女

我有时候去一下姑娘那里,一向不去。有一个就在湾里,一个在武昌,一个在金口。我们现在都无能为力了还帮什么。以前她也没有什么困难,也没有找我们。我带孙子,带孙子花钱那都没讲那些事,我们自己还生产还种着庄稼在啊。不带孙子那哪里说得过去呢?那不可能。我没有带外孙,外孙有他的婆婆带。

(5)赡养关系

爹爹一九九六年就走了的。我现在自己劳动,慢慢搞。孩子帮几个,把几个钱啊,姑娘没有给钱。农村的老人很少有人不养,那说不过去啊,不养他就自己还有两个钱,慢慢混。国家还有几个钱。每个月有两百多块钱,一年两千七百块钱。村里的人没有儿子他有五保啊,国家给钱,姑娘养的很少,为了防老那还是儿子强一些。我总没有去姑娘屋里住,她在大市场烧火做饭,了不起就去一下就回。我喜欢单独住,自由些。

三、妇女与宗族、宗教、神灵

(一)妇女与宗族

该村庄无宗族传统,数据空白。

(二)妇女与宗教、神灵、巫术

我不信教,村里信教的女的多,没得什么男的信。那谁知道她为什么信呢?她愿意信就信啊。我也搞不清楚,我也不信教。金水一那里有个教堂。

四、妇女与村庄、市场

(一)妇女与村庄

1.妇女与村庄公共活动

(1)村庄活动参与

出嫁之前,吃饭看戏有时候有一些,去一下,那都参加,都围着坐着,没有讲究那些。

(2)村庄绅士、保长、甲长印象与接触

甲长那时候是派的,派到谁就是谁。那时候甲长造孽,可怜,收不到款还要挨打,上级打他。

2.妇女与村庄社会关系

(1)社会交往

娘家时候那一起的姑娘伢都多得很,就是在一起玩啊不做事就玩哈子,在外面门口玩。她们出嫁时候有时候去有时候不去,我是最后出嫁的,那还是要陪的,黑了陪着玩就是。没得规定穿什么颜色的衣服。

(2)务工与报酬

女的参加劳动,都是队里分工。哪里有人请做家务?都是在队里做事。那到我们头上换工都没有了,都是集体做事了,没得换工的。换工那就是你跟我做,我跟你做。女的跟女的换,男的跟男的换。各是各一边。

(3)交往习俗

刚结婚之后不要拜访邻居,跟别人关系一般都是可得的。肯定还是亲戚屋里走得近。妇女之间也没有组织什么会,要是同宗族或者亲戚屋里要盖房子女的也去帮忙。去做轻活,重事又做不起。村里的那种红白喜事邀请就去,不请就不去,一般去帮忙做家务事,帮忙烧火啊。没结婚的女的都可以去帮忙,男女也都是一样地帮忙,一样地做。

(4)妇女聚集与活动

玩得好的就是屋门口聊天,衣服在屋里脚盆里洗。男的也总不是跟人一起在门口聊天,哪个知道他们聊什么呢?以前夏天晚上出来乘凉的话妇女都可以出来,跟屋里人讲话。也没得固定的地点,走到哪里说到哪里。聊天就是有个人主持,你谈这我谈那,她先谈你后谈这样。可以去别的湾子讲话,随便出去玩一下,没得什么事。有的男女坐在一起说啊聊天啊,现在的妇女也还在一起聊天。

（5）女红传承

我搞不清楚技术怎么传授，那还不是慢慢学？别个会做的就教啊。

（6）矛盾调解

以前村里女的跟女的吵架，有人转弯①，村子里面的人来调解，丈夫都不出面，女的跟男的吵架也有人转弯，隔壁左右都劝，男的女的都转弯。

（二）妇女与市场

以前我也去过市场啊，跟姑娘们一起去的。去市场那都是有事，我们往日就是去卖柴火，挑到街上去卖。自己一个人去，有伴也去。去市场不会那样在外面留宿，市场上不认识的人哪样赊呢？熟人可以赊。女的可以参加市场的活动，喝茶、听戏都可以。屋里之前纺纱的棉花是自己种的，做衣服、做鞋子的针头线是街上买的，绣花的花样过去有背着卖的啊。做的这些东西我们不卖，做着孩子们穿。在集市上买用的东西，什么针头、麻线啊、梭子、鞋子料啊。过去有发布票、肉票，还不是将就着用，只发了那一点都不够用。有卖鞋子的以后就不自己做了。像在门口卖东西，过去都是用米去换，一般都是女的去换。要买什么的话，供销社有时候天天去。有时候就不去，去供销社就买酱油啊、味精啊、胡椒啊、面啊这些东西。

五、农村妇女与国家

（一）农村妇女认知国家、政党与政府

1.国家认知

解放来了就接触了国家，有时候开会讲啊国家就是政府。解放之前那没得宣传过男女平等的，解放之后。那时候是说先生，不是老师。一般都是别个借房子教书。有钱的姑娘伢就去上学，没得钱的哪个去上学？那种钱我不知道是什么东西，是银圆吧？以前妇女也要交税，那时候有甲长、保长收，按人头，全家都交。

2.政党认知

国民党那就是坏，那跟我们不是一伙的人。国民党、共产党不是一起的。国民党当官的，他的女人叫太太。当官的没有看到有女的。孙中山还有蒋介石我晓得，上面传的。现在的国家主席是习近平，电视里面一直在放。现在看不得了，先前看了的。以前哪个认得共产党啊？谁知道哪个是共产党、哪个是国民党啊。那个时候看到穿个黄衣服的来了都吓死。解放的时候就听说过共产党、革命这些词。

我没有当过干部，参加开会了，开会讲共产党的好啊。开会都是讲生产，没讲什么政治东西。最早参加共产党组织的投票就是选代表啊、主任啊，都参加，投选票。请人写的，他问你同不同意，你同意就写他。我的老头子是党员，他走了，他是当兵入党的，在部队里入的。入党还不是要看表现，表现好就入党。党员比团员高一级，我没有入党，我就是入团了的。我是做丫头的时候入的团，我们在江堤上面入的，那时候挑江堤。解放来到以后那干部就跟社员走得近。共产党的干部为妇女办得最大的好事就是妇女平等，都一样生活，没得过去那样的折磨生活，受罪挨打。我没有参加国民党时候那些保长、甲长召开的会议，我的父亲几个当过甲长了的。当甲长可怜啊，收不到款还要挨打。有的有、有的没有就收不到。甲长都不愿意当，都吓死。国民党的干部我们看都没有看到，没有接触什么。解放之前的干部跟现在的干部还生

---

① 转弯：调解。

疏一些。

3.政府认知

我没有包脚,到我们头上都放了脚,不让包了。政府宣传,不准梳包包头不准裹脚。后来剪搭毛,就是剪短发。就是开会动员你要你剪,大家都剪了,响应号召。夜校我读了几晚上,我们有小孩的没有时间去读。上课的老师都是队里的人。当时认个鬼的字,把个孩子抱着都吵死。他号召你去学你不去吗?读夜校还是有用的,就是没得时间读。政府号召废除包办婚姻鼓励自由恋爱,当然好啊,自由恋爱啊,那都好些,那比旧社会不好些吗?我没有接触什么干部,好比你这些人都选她当干部,她起到了作用就要她,好比说负责,你负责大家都信任啊。女的能当干部,她接受过教育,有的当干部当得称职,带头领导你们这些人。我当然鼓励我的姑娘或者儿媳妇当干部啊,干部是个人才。计划生育就是减轻国家负担,少生一些呢,不能瞎生。这个政策可以,困难的地方还不是有,有的人要生啊,有的不肯生啊,还不是反抗的多得很,有的姑娘多没什么儿子就非要生儿子。妇女走出家门参加劳动那肯定好,现在的姑娘当然幸福一些。改革开放之前政府提倡要移风易俗,废除旧的人情礼俗,该管啊,管得好,过去的风俗习惯太多了,要改一下。有的风俗习惯不好的就要废除。

(二)对1949年以后妇女地位变化的认知

1.妇女组织

解放以后就选妇联主任,就是参加听会,我没有参加那个组织。

2.妇女地位变化

解放来了就听到男女平等、妇女能顶半边天这些话。

3.婚姻变化

解放之后儿女的婚姻那是孩子们自己选,由他自己做决定。

4.政府与家庭地位、家庭关系

解放之后政府号召家庭要平等,不准丈夫打老婆,但还是有的。现在的婆媳关系、夫妻关系那要比以前强些。现在不准瞎打人。现在就是调头了,过去女的被压住了,现在哪个压得住啊?这都是政府号召出来的,现在比过去肯定好多了。婆婆受虐待了,可以要求找政府帮忙这样好啊。解放之后妇女在屋里的地位肯定是提高了,当然跟政府有关系,要不是政府的号召能有这样吗?现在是当伺候丈夫的时候伺候,不当伺候的时候不伺候。他在外面做事做得累死,回来就给他弄吃弄喝,他要不做事就不用。家务事女的也做男的也做,都做。

5.政府与教育

现在肯定有进步了,知识都要强些。我的姑娘都上学了的,第三个读了个初二,第四个只读了个小学就不想读了。我的个个都挨打了的。

6.妇女政治地位

现在妇女地位那肯定提高了,比先的脚步肯定高一些,知识也强大些。现在选举我们都没有去,年纪大了没有要我们去,还是年年都在选啊。

(三)妇女与土改

1.土改动员与参与

土改我家是中农,土改工作队没有到我家去,他是到其他的贫雇农屋里去。坑啊、缺啊那些人屋里去,坑是最没得的人家最穷的,要是分东西他都分得多一些的。

2.斗地主

那我们没有斗,我们只参加开会。斗地主就是说他那不好这不好,我们就是看看。没有要你斗,你想斗就去斗。当时口号就是打倒地主,打倒恶霸。我对地主也没得什么印象,那时候我们还是小孩。中农不分地主东西,中农只保存自己的财产。总是当干部的就积极带头。

3.分田

土地都是国家分、干部分去了,你哪里晓得呢?妇女跟男的分到的土地是一样的多,那没的区别,土地证有名字,男女平等。我们中农没得什么分的。

4.妇女组织

当时妇女主任就是那个陈贵枝,她是全乡的妇女主任。她蛮可怜,她是逃荒逃到这里来的。

5.对妇女翻身解放认识

那我就搞不清楚了,妇女解放是解放了,平等了啊,翻身做主人啊。

6.女干部

当时土改时候当干部的女的都是外地逃荒来的,穷人。当地的"阶级大"的都打了阶级,地主富农。

(四)互助组、初级社、高级社时的妇女

参加互助组我们估计还不在屋里,我们被调出去打钢铁了。出去了两三年,做那个还累死人,一天到晚都做,长江大桥的桥都是我们弄出来,我们弄了就打砖。回来时候就参加队里种土地,那就是大集体了。

(五)妇女与人民公社、"四清""文化大革命"

1.妇女与劳动、分配

(1)妇女与劳动

人民公社时候唱歌就唱的解放歌。劳动有什么口号呢,就是把钟一敲你就去做事。妇女跟男的没得么区别,都出去做。男的也做,女的也做,都伙着做。好比说就是插田、插秧,男的就挑。反正男同志做的事都就重一些。荒田就用牛拉,熟田就男的耕。都做,男女都做,反正做那些事男的女的都出去做。操作机器的机工、电工那肯定是男的,女的有小孩要照顾啊,懒得出去啊。生产队就是烧窑,男女都弄,就是烧砖啊。生产队的队长、会计那都是男的,没得什么女的。妇女队长是女的,那是个别的小队有。我们修水库时候出去了,去牛头山打砖去了,我们就是炼钢铁出去的啊。男女都做,蛮苦,可怜,比在屋里还可怜些。我就是在牛头山那里,吃小蒜把眼睛吃坏了的。一扯一篮子弄回来炒着吃,就把点盐一炒,哪里有油呢。

(2)单干与集体化的选择

哪样偷懒呢,大家都在一起弄,你偷懒就掉到后面去了。集体做好些,不用操心啊。分到自己要操心啊。

(3)工分与同工同酬

我们是八分,头等分子。男的一天十分,他做的事多些、重些,他挑啊、驮啊。评工分都要开会啊,哪个几多分子,坐下来谈。好比说你也做我也做,我看你做事行不行这样。我家有几

259

个人拿分子,我的老二、老三、老四,那都还在一边上学一边做事。我的一年有一万多分工,那看几多一天,那只几角钱一天吧。我们只这边的二三队高一些,他要分七八角。我们队原来只赚得一盒鸡公烟的钱,一角五分钱。一天只赚那盒烟钱。

(4)分配与生活情况

生产队分的口粮、油还不是按分子来,你分子多的就分得多,分子少的就分得少。粮食还吃不到,不够。

2.集体化时期劳动的性别关照

(1)"四期"照顾

来了月经就照顾,其他的没什么照顾。不挑担子,不下冷水啊。可以请假,请假了就没得分子。

(2)托儿所

那没得建专门的托儿所,只有人带孩子,给他打工分。好比你今天给我带孩子,我给你几多分子。就是五保户来带,没有人守的,没得后代的,老了不能做事的,政府管他吃的。队里没得工分给,就是给点粮食他们吃。

3.生活体验与情感

(1)大食堂

队里派人做,男的也有女的也有。食堂的饭按人分,女的跟小孩肯定少些。食堂稀饭也吃,饭也吃,菜也吃,过难关时候就吃菜,我们食堂没得什么藕呢。不愿意哪样搞呢?吃小锅饭也没有吃的。不做饭了那还不是要劳动,一早上就要出去做早工。后来过难关吃不下去了。

(2)"三年困难时期"

过难关就是种点菜啊,弄点野菜吃。

(3)文娱活动与生活体验

1955年的时候演得多得很,唱大戏。那时候都可怜死,热闹个鬼。

(4)自杀

农村姑娘集体自杀那是为她私人的事去了吧,公家的事不为吧?什么婚姻事啊之类的。

4.对女干部、妇女组织的印象

妇女干部。我们队里都有两个女干部,当干部肯定强一些,羡慕啊,那也是她的板眼①啊。当时妇联也没组织什么活动,就是搞什么宣传队,突击队了的。好比我是突击队,我带头做事。她还不是要说,说你的表现好。

5."四清"与"文革"

那时候我也没参加过新一轮斗地主、斗干部,地主婆、地主姑娘还不是要管制着做事啊,都是一样的做事一样的钱。当时"割资本主义尾巴"的时候,屋里的自留地被收走了啊,鸡蛋都不准卖的,屋里多少还是收益少一点啊。

(六)农村妇女与改革开放

1.土地承包与分配

决策参加了的,单干肯定舒服些,那是邓小平后来搞的单干。我家没有发生什么变化啊。

---

① 板眼:能力。

我们分到了八分土地,最高的,土地证上面有女的名字。

2.选举

选举那肯定要参加。

3.计划生育认知

先是计划生育,按计划来啊。那是现在准生两个,晓得先是几个了。现在让我选那还不是生个把个,这是计划生育,先没有说计划,我都生了五六个。

4.精准扶贫

对男女也没得么区别。

5.社会参与

现在村里的男老人跟女老人也在一起聊天,我不知道网络是什么,也没得手机,他们打电话我都不知道啊,儿子也在跟前。

六、生命体验与感受

我这一生可怜得很,最可怜的就是在外面做事啊,做得苦,吃苦。最幸福我也没得几多幸福,总是觉得劳累奔波。体会就是一生的劳动,就是这些。

SYT20170106FHQ　范换芹

调研点:河南省林州市姚村镇下陶村

调研员:申艳婷

首次采访时间:2017 年 1 月 6 日

受访者出生年份:1933 年

是否有干部经历:是

曾担任的干部具体职务及时间:时间:合作社职务:生产队副队长

是否生育:是

受访者结婚的时间节点、生育子女的具体情况:1951 年结婚;1956 年生第一个孩子,共生六个孩子,三个儿子、三个女儿。

现家庭人口:4

家庭主要经济来源:务工

受访者所在村庄基本情况:下陶村位于河南省林州市姚村镇,以村中间为界,分为西陶村和东陶村。下陶村距离林州市 10 千米,距离姚村镇 0.5 千米,地理位置优越,位于省道旁边,交通较为方便。下陶村主要以种植玉米和小麦等粮食作物为主,村民大都以务工为主要生活来源,很多村民在自己家庭内部置办生产设备,主要以加工汽车配件为主。

受访者基本情况及个人经历:老人生于 1933 年,十八岁的时候出嫁到郎垒。三十岁左右的时候因丈夫去世,再嫁到下陶村。原来的儿子留在郎垒村,两个女儿跟随自己一起来到下陶村。到下陶村又生了两个女儿、一个儿子,总共有六个子女,现都已成家立业。老人现在与二儿子一家生活在一起。

老人嫁到郎垒的时候,刚好是转社时期,因为郎垒土地多,而自己又比较能干,被人选为副队长,在队里面带领妇女干活儿,还被评为劳动模范,老人在队里干了十年队长。老人一生勤勤恳恳、任劳任怨,将孩子抚养成人。现在老人的生活来源主要依靠养老金,二儿子时常接济老人一下,大儿子与老人关系不是很好,老人现在仍然是自己一个人做饭吃。

一、娘家人·关系

(一)基本情况

我叫范换芹,今年八十三岁了。我也不知道我的名字是谁起的,可能是我爸我妈起的。我小的时候,我家里总共才八分地,后来还租了别人家三亩地。土改的时候,我家是贫农。我家总共是姊妹六个,三个闺女、三个男孩。我排行老二,(有)三个弟弟、一个姐姐、一个妹妹。我十八岁的时候出嫁到郎垒,后来就是三十来岁的时候才到了下陶村。下陶村的夫家可穷了,他家以前是要饭吃的。我来到这里的时候还是在队里的时候。那个时候他家就没有地,种的都是队里面的地。郎垒那边土地也不是很多,他家可能是一亩多地,还是二亩多地来。郎垒那家也是老贫农。郎垒那家人里就是兄弟姐妹三个人,他们弟兄两个,还有一个姐姐。我嫁郎垒那里带上下陶这里,一共是生了六个孩子,郎垒那里有一个。我从郎垒那里走的时候,两个闺女全都带到这里来了。来到这里以后才又生了三个小孩,生养了三个闺女、三个男孩,郎垒那边留的是一个男孩儿。我可能是在二十三岁的时候生的第一个小孩,就是我的大闺女。

(二)女儿与父母关系

1.出嫁前女儿与父母关系

我父亲成年不在家,家里就是我母亲当家的,因为家里比较穷,所以我父亲就是去外面打工的。我爹挣回来的钱也都给了我娘了,他那个时候一年也挣不了多少钱。

我没有上过学,就是后来扫盲的时候上过民校,叫我们晚上去上学,那个时候就是晚上学习了一会儿,那能学到一些什么东西。扫盲那是我二十六七岁的时候,那个时候还在郎垒村。

2.女儿的定亲、婚嫁

我们年轻的时候结婚不流行结定(即定亲仪式),就只是这个两个人都愿意,就结了个帖就行了,就是写了一个帖子,这就算两个人成了。帖子都是家里面的大人负责管的,咱们又不知道!反正就知道那个时候的人们都说结了帖子了。可能就是写了个帖子给人家了,就是这个样子的。那会儿都不结定。我出嫁的那个时候没有什么讲究的。

那会儿出嫁可跟现在这会儿不一样,不是像现在一样有车,可以坐着车。那会儿就只是清清静静地跟着人家走了,走的时候后面跟着有两个把轿的人。把轿都是用的一些男人,没有这女人送的。我出嫁的时候就是没有人去送,就是有两个把轿的人。

第二天要出嫁的时候,头天晚上别人就会到我们家来。煮上一些咸豆子,还有一些玉米花(现在的爆米花)呀,大米花呀,就是这些东西,那会儿去哪里还有一些盘子(方言,就是摆酒席)啊。我们那个时候根本就没有盘子这一说,就是到了这里以后,我们出嫁两个闺女的时候才买了一些肉,炒起了盘子来。反正那个时候就是人们来了以后有盘子吃,有咸豆子吃,就是这样的。那会儿哪有什么嫁妆,就是要了两床铺盖,弄了一些棉花,自己过来缝了一下。棉花是我们这边的人准备的。铺盖是人家男方那边扯的,我们这边就是准备棉花,自己过来缝了一下。男方那边有啥,啥也没有。有钱的人家给的东西就很多。人家有钱的人家在出嫁闺女的时候,送的东西就很多。那会儿有钱人家是什么样子的,穷人家又是什么样子的,差别很大。我结婚的那个时候彩礼给了多少就不知道了,记得我娘说用了人家四十五块钱,可能就是那些钱。那个时候出嫁就不需要送,那个时候出嫁就是找两个梳头的人,把轿的人,但是这会儿的女的出嫁都是找的送家。我们那个时候结婚,新媳妇也就都是穿着一身红衣服,上面是红袄子,下面是红裤子。从前的时候,如果女的出嫁的时候还比较小,那她哭的也是很多。小的时候就一直是在她娘跟前的,那一出嫁的时候就要离开了,哭的肯定是多的。

我们那个时候出嫁以后是第七天的时候回门,女婿不跟着一起回门,光闺女一个人回门。那会儿闺女回门的时候没有拎着什么东西回去,什么东西也没有拎。就是到下陶这里以后,出嫁的时候回娘家才拿着东西回去。好像是去叫闺女回门的时候要包着铺垫,拎的是后面那一个角。回来的时候拎的还是这一个铺垫,但是后面这个角到前面去了。但是我们那个时候还没有这个。

我们那边没有换亲这种现象,但是下陶这里有。我们这里姓申的那家,他家就是换亲的。他们当时换亲是三家换亲的。其中就有申文生家,申文生的媳妇儿是成家营那个村的,最后嫁到我们这里来了。她的大姑子嫁给了杨家庄那个村的人。文英好像也是换亲的,文英嫁给了申家岗那个村的人。她的小姑子嫁给了东陶村的一个人,他二哥也是从东陶村娶了一个女的。他二哥娶的那个女的,你①二姨她就应该知道。娶的这个女的到这里后感觉不行,后来就离了婚,最后又娶了一个。咱们这里的换亲大都是因为家里面成分不好,成分不好的人娶不上媳妇儿,都是成分不好和成分不好的人之间换亲,都是成分差不多的人家之间才换亲。三家换亲的话,那三家就都有了媳妇儿了。换亲的时候,有的人家也找媒人,具体我也不知道是怎么回事,反正是有的人家也会找媒人的。

那会儿的时候都不说这个招女婿,说不定偶然间会有个招(女婿)的,但是人家会说是倒插门女婿。那会儿说是倒插门女婿,不说是往家里面招的(女婿),都说是谁谁谁家的倒插门女婿。倒插门女婿也是因为家里面只有一个闺女才让他过来的,和现在是一样的,这会儿说的是往家里面招女婿的,那会儿说的倒插门女婿实际上和现在一样,也是往家里面招女婿的。以前的时候,招到家里面的女婿没有听说过有被赶走的,现在可是有。现在你要说这个倒插门女婿,他招到这个家来了,就是让他来这里当儿子来着,就把他的姓也给改了,那生下来的小孩子肯定就是跟着女方这边的姓了。以前的时候没有听说过有倒插门女婿改姓的。男的来到这里以后如果就是给人家养老的话,那生下来的小孩子就得跟着女方这边的姓。

我郎垒那边丈夫死的时候,就还在队里呢!在队里的时候就根本没有打算过要嫁到这里来,后来就是一直生病,生这病根本就没有钱去看病,没办法才来到下陶这里来了。之前一直是我娘他们那边挑着②的,但是后来咱就知道已经吃不起啦,所以就来到这里来了。那时候三个小孩都还比较小,大闺女那个时候是十一岁,我那个儿子可能是十岁了,二闺女是六岁了。想想那个时候是三个孩子,那个时候生活就是不行的。到后来就是实在不行了,躺在床上就是不行了,没办法了才找个地方又走③了。来到这里以后,他家里就什么东西都没有,咱又带了两三口人,所以干脆就什么东西都没有要人家的。有的遇到这种情况以后也就不会再给彩礼了。

---

① 你:此处指访谈员。

② 挑着:负责医疗费用。

③ 走:出嫁。

3.出嫁女儿与父母关系

出嫁了以后就不能再回娘家这边吃过年饭、吃年夜饭了,就只能等到初三的时候再回娘家去。初三就是去娘家拜节,(出嫁)头一年的时候就是在娘家住两天。不过初三的时候,人家女婿就是去娘家那边磕个头,然后就走了。头年初三女婿跟着闺女一起回娘家的时候,他们俩肯定是住一个屋子的。女儿出嫁以后,回娘家的时候就不需要再去上坟了。

女儿出嫁以后,正月的时候也去走亲戚,正月的时候都是先去娘家人那里,娘家那边去过以后就是去婆家那儿走亲戚,走亲戚的时候就是盛了三升大米。初三去娘家的时候就是拿的是年礼,就是拿了三升大米。还有就是五月的时候去一次,春天的时候去一次。除了走亲戚以外,那就不说什么时候回娘家了,什么时候想去什么时候去都行。春天去娘家走亲戚,用这会儿的说法都是娘家人去追节。娘家人去追节,就是说,给闺女和女婿弄一身衣服,那个时候还有油条,还拿着油条,这些就是娘家人去追节的时候要拿的东西。走五月亲戚的时候女婿不去,就是娘家人去的。娘家人去追节就是把这些东西都给闺女家了,就是娘家人先去,五月走亲戚就是这样的。就是春天的时候走亲戚也是这样的,也是娘家人先去,婆家人再去走亲戚,这是就是闺女去娘家人走亲戚了。说是追节吧,我家也没有经历过,我的娘家人都比较穷。

从前的闺女去哪里还能管娘家人的事儿,一出嫁就成出门人了,再说了家里面还有哥嫂和兄弟,人家谁让你管啊!就不让你管这事儿了。出嫁以后如果在婆家这边遇到什么困难了,娘家人那边也是会帮忙的,娘家那边如果条件比较好的话,肯定会帮忙了。如果在婆家和女婿闹矛盾了,生起气来了,如果是就知道闺女嘴比较厉害的话,就算是回到娘家这边,娘家人也是把她给嚷一顿,就把她给送回来了,娘家人就自己把她给送回来了。那个时候也有女婿把媳妇儿给叫回来的这种情况,但咱也不知道具体是怎么回事儿。

以前没有怎么听说过有离婚的人。从前的时候,都是说休的,不怎么说这个离婚。休的话,就是人家男方那边写出休书,反正就是说你休你了,人家要把你给休了。我们那个时候后来就成了八路军管了,就成离婚了。那个时候如果要离婚的话,家里面的大人都要想着是怎么回事儿,都要问问你们。要是实在不行的话,那两个人也就真不行了。

闺女出嫁以后,娘家那边的东西和财产就没有办法再分了,除非以前人闺女的娘家条件好,分家的时候让闺女去扫圈底,那也就是那个样子了。以前的时候,大户人家盛粮食都是用的圈,扫开的圈底全都是闺女自己的,这都是人家有钱人家才这样的,穷人家就不这样,他自己都没有什么东西可以吃。如果闺女家比较有钱的话,娘家那边要真是穷得一点办法都没有了,那她能不养活啊。一般情况下就要养活爹娘的。女儿家要有粮食的话,就要给娘家父母送些粮食啊,一般就是这个样子的。再说了婆家这边要是有困难的话,娘家人这边也给的,那时候就是这样相互帮忙的。

如果娘家这边的父母不在了,出殡的时候儿子们都是在前面的,儿媳就是在儿子后面,闺女就是在儿媳妇后面的,那就是这样的。一般这个闺女都穿孝衣,但是儿媳妇不穿孝衣。闺女到时候就应该缝被子了,缝那个送老的被子,还有其他东西,还有响子(有人去世时,请来的唱班)这些也都是闺女弄的,所以就得给人家闺女们准备孝衣。人去世以后在草席上铺的被子就全部都是闺女们缝的。如果是很有钱的人家,儿媳有比较少的,那儿媳妇也有穿孝衣的,儿媳和闺女都有孝衣,但是闺女的孝衣就归闺女了,儿媳的就是儿媳自己拿着。儿子们那个时候就都没有孝衣,光闺女有孝衣。那个时候也有响子(去世时请的说唱的人),老人去世的话,用一班响子,还是用二班响子,这些就是闺女们来商议看看用几班响子,就是用的响子多了而已。

清明节的时候去给娘家那边上坟,就直接去了,去了以后就是先到哥哥、嫂子家,直接取着烧纸和贡品。要是早上就去的话,就是中午的时候在哥嫂家吃一顿饭,下午的时候就去上上坟,就都回来了。不吃饭的话,如果家里面有事的话,就是去看看哥哥和嫂嫂们都在不在家,就去上上坟就都回来了,就是这样吧。

(三)出嫁的姑娘与兄弟姐妹的关系

出嫁以后与娘家兄弟间的关系还是好的多,一般姊妹们关系不错的话,就都还走的关系不错。有的人要是不说话的话,那她就不走了。早先去哥哥、嫂嫂家的时候,拿的东西也就没有多少,总要多少稍微取一点的,再怎么说你也还有老人在,总要稍微取一点的。家里面还有一个老娘或者是老爹的话,你不得多少买一点东西。哥哥们那个时候就另开了,那个时候就都不需要再买什么了。要是不另开的话,有老人在的话,也就是都给老人了。那个时候如果老人不在的话,就不会再拿东西了。娘家这边分家以后,回娘家住的时候当然就是都和爹娘住在一起的,就不会和哥哥、嫂嫂们住在一起了。

出嫁以后,如果是和婆家这边的人闹起矛盾,生起气来了,娘家这边有的是有人调解的,但是我这里可是没有。我们可是没有生过什么气,但是有的人家如果生气生得不中的话,那她娘家这边不去瞧瞧的话怎么能行。有调解的,可是有调解的。出嫁闺女和娶媳妇的话,就是都要和娘家那边的兄弟们商议商议的,就都是要商议商议的,但是最后还是自己拿主意的。每年过年的时候,闺女们就都是初三的时候去娘家拜年的。去娘家的时候,拿着三升大米,那个时候就是取个馒头的就是可好了,有的话就是再取上两个馒头,没有馒头的话就不需要取了。过年的时候到娘家那边的话一般都是去给娘家那边的自己家人磕头,可得磕头了。

二、婆家人·关系

(一)媳妇与公婆

1.婆家婚娶习俗

我结婚的时候,两边婆家都是条件不好。那会儿在队里面的时候,人家一限制(不让到外面去干活儿),我丈夫就不能去外面干活儿了。要是不入社的话,那就是去外面给人家劳动了两天,也是开工给别人家劳动的。

我结婚的时候没有什么仪式,我结婚就是坐的马车,那会儿也有很多人是骑着牲口出嫁的。我们那个时候到婆家以后没有这个跨火盆的,我们结婚的那个时候和现在一样,就是吃了个饭,吃了点垫饭就要开始上拜了,上完拜以后才会开始吃大锅饭。垫饭就是这个梳头的人、把轿的人去了以后,他们先吃一顿饭,就是先垫一垫。去梳头的人都是娘家这边的人。上拜的时候需要一个主持的人,那都得是那些识字的人,就都得找一个礼房那边识字的人。结婚上拜的时候没有什么忌讳,怀孕的人或者是属相不合的人就是不去梳头,不去把轿,其他的也都能去,上轿的时候不在跟前,下轿的时候不要去,但是能去吃席。结婚当天的下午肯定是要去上坟了,去上坟的时候需要有人带着去,有亲叔叔婶婶的话就是他们带着去,没有的话就是叔伯妯娌或者是叔伯嫂子带着去。

2.分家前媳妇与公婆关系

我出嫁到郎垒的时候,那个时候还有他娘,但是没有他爹了。在郎垒的时候是他的母亲当家,我丈夫就主要是种地的。我出嫁到郎垒以后就入了社了,反正就一直是在队里面劳动的。到那里以后就是人家让你去干什么就去干什么,那里的地非常多,都是起早贪黑的,又不是说天黑了就可以回来了,那个时候天黑了就还都在地里面劳动呢!那个时候要干什么活儿都是人家社里面安排的。

就我这样的脾气,我到哪也都没有和别人家生过气。反正人家老人不欺负咱,咱也不敢欺负人家,所以出嫁以后和婆家人的关系还可以。出嫁以后就都在地里面劳动了,就是成天在地里面劳动,丈夫也不需要管家里面什么事情。

以前的时候婆婆虐待儿媳的现象多着嘞,以前的这种现象可多了,但是咱没有受过这种虐待。"娶回来的妻,买回来的马,也兴骂,也兴打。"像我们这个年纪的人,在郎垒的就没有不挨打的,除了我就都挨打。那个时候就算丈夫打媳妇,也是婆婆在后面叨叨的丈夫打,多着这种现象呢,跟婆家人生气。那个时候谁还说这个婆婆对还是不对呀!反正对的话人家也是老人,不对的话人家也是老人。儿媳妇挨打的时候,正经人的话如果挨打了、生了气以后,也不说这个离婚,反正要不就是去娘家那边住了两天回来了,要不就是在床上躺了两天。但那会儿要是不正经人的话,如果打架、生了气以后,就是要离婚的。那会儿说这个人不正经,就是说她这个诓诓骗骗的,说这一家好啊,那一家好啊,到谁家也都觉得人家不好,可是到谁家以后都和人家生气,可是多着这种人呢。我来到婆家以后才开始学织布的,织出来的布就不卖了,后来的时候卖布就不行了。要是小的时候,跟我娘在家的时候,织出来的布就是卖钱的,但是那个时候我娘一般不让别人织布,就怕别人给弄坏了。如果弄坏了,卖的时候就不值钱了。来到这儿以后,就是织一点布自己穿一穿,再缝一些被子,就是这个样子的。结婚以后我是没有私房钱的。

3.分家后媳妇与公婆关系

我来到这儿以后他们就另开了,那会儿就有他哥哥,已经分家了,但是那时候就他一个人,所以他是和他娘两个人合着的。我来到这儿的第二年就还是和人家合着吃的,我丈夫那个时候出去外面了,去外面住了四十天以后,回家一看,觉得不行,就马上分家了。我大哥没有媳妇儿了,留下了一个小孩,我来的时候又带了两个女儿,我那个时候就是一直生病,吃饭也不行。我婆婆那个时候做的饭、下的米,有一多半都被大哥和他儿子给吃完了,剩下我们家的三个人,再加上我婆婆,四个人连一半都吃不到。我丈夫回来以后,早上吃了一顿饭,中午吃了一顿饭,一看不行,晚上的时候就分开了。那会儿东西少,有的人那个时候就容不得别人吃。我丈夫家也是要饭才来到这里的,不是下陶村本地的。

我从郎垒来到下陶村的时候,我和那边的婆婆是谁也不需要管谁。我从郎垒来到下陶村的时候,什么东西都没有带过来,我那个时候连个粮食种子都没有带过来。那会儿的时候就是想着自己还在那边留了一个儿子,就想着自己少拿一点,可是没想到自己一出门,人家就把家门给锁了,那个时候还有他叔叔在,就连一个种子也没有拿出来。来到这儿以后,也是一直接着吃的。那个时候她家原本也是想把大女儿留下的,大女儿在家躺了一夜,说不行,最后就把大女儿给我了。那个时候,他们如果再不把儿子给留下的话,那家里面就什么东西都没有了。反正那个时候就是一些红薯片晒干的,再加上四五百斤玉米,就这些东西全都霸占到家里面了呗!我那个时候是一个粮食籽都没有带走。

(二)妇与夫

1.家庭生活中的夫妇关系

我来下陶村那时候是没有办法了,我们家门口的人才给说的媒。说成了以后,我俩还一直去要东西,还去过合顺公社,但是什么东西都要不开,找村上也没用,后来就不要了。我出嫁的时候也是经人介绍的,我记得那个时候是腊月初八别人领着他去东张的,腊月二十五才结的婚,去姚村结了婚以后就来到这儿了。那时候的社会,成了家以后,说话的时候都是"喂、嘿"这些的,就都是说:"喂,你去做些什么什么吧!"就不叫名字的。不过那个时候也有叫名字的,但是我们没有叫过。成家以后,我和丈夫的关系不错,反正来这以后我们俩都不赖,有什么事儿都是一起商议的,大事也都还是他拿主意的。

那个时候家里边种地一个人也顾不上,反正来到这儿以后就是种了一亩园子地,地里边种得满满的,什么东西都有,反正就是种啥卖啥,就一直是卖菜的,卖了几年的菜。我们住的房子都是我来到这里后新盖的房子,老家就在东边一点的地方,那个也是分配的人家老财家的房子,弟兄两个就是一个堂屋五间,一个东屋三间,和老太太在那里住着,后来住的房子都是重新盖的。有我丈夫在的时候还没有盖起房子呢!他在的时候刚把房子的地方给批下来,那一年他出去外面了,是我在家。批下来以后,就是扎起地基来了,但是后来没多久他就去世了。以前,我丈夫如果要去外面打工的话,也是会和我商量的,但是一般没怎么出去过外面,就一直是在家卖菜的。那个时候卖菜能赚多少钱,就那个蒜苗吧,一斤卖三四毛钱,那会儿的钱比较值钱。那会儿两毛钱一斤的米到现在就得四五块钱。

结婚以后,在家里面不仅我做饭,我丈夫那个时候也会在家做饭。那会儿我来到这以后就一直难受呢!每逢赶会的时候,焦家屯村和东张村的亲戚来了,都是人家负责和面、做饭的。我生病的时候也是我丈夫负责带孩子的,家里面的事他什么都管。我们家根本就不分这个男尊女卑。

那个时候我没听说过有卖媳妇儿的,以前我也不很知道,但是应该也有女人主动提出要离婚的。从前那个时候赶集,次数也是很少的。那个时候买东西吧,就是抽空去了,男的女的都可以。以前没有钱,就不怎么去买。充其量就是去买布缝一身衣服,油、盐、酱、醋的话本村就有供销社,不过一般不吃这个调料。

2.家庭对外交往关系

以前的时候,谁家里要办红白喜事都不怎么上礼,你就是到娶的那天,就是看看谁家该添箱了,谁家该拿拜礼了,就是一家去了一个人。那个时候上礼钱一般我去的比较多,但是到那儿写名字的时候都是写的我丈夫的名字。如果家里面来客人的话,我们那时候就是吃的这个大锅饭,也不说什么上桌,又不办什么大事,就是走亲戚这样的。要是家里面办事的话,那就会上桌,那时候妇女就不上桌,只有男人才上桌。

我家娶了两个媳妇儿,就全部都是跟别人借的钱。两个儿子娶媳妇就都是我去借的钱,那会儿就已经没有我丈夫了,就都是我去借的。

我结婚以后当然也会出家门了,那个时候人们都是忙着去地里干活,都是家里面有什么事儿的话才会出去的。我最远就是去过姚村。

(三)母亲与子女的关系

1.生育子女

那个时候,家里面生的是男孩儿或是女孩儿的话都是一样的,那个时候虽说是比较喜欢要男孩儿,但是现在的社会男孩不如女孩呢!那个时候生完小孩子以后也有这个瞧月子一说。闺女瞧月子的话,娘家人那边要是有钱的话就是缝大铺盖、小铺盖这样的,也会取礼这些的。不管生的是男孩子还是女孩子,反正人家婆家人就是说都要瞧月子,第二个的话人家就是想瞧月子的话就瞧,不想瞧的话就算了,一般的话就是只瞧一个。

我家的闺女和儿子们就都没有上过初中,大儿子也没有上过初中,因为我丈夫死的比较早,所以就不上了。以前的时候,我的儿子们就都还比较小,娶媳妇之前也没有挣儿个钱,也没给我多少钱。后来娶完媳妇以后就都给媳妇了。结婚的时候我就和他们说,给你们借钱吧,但是没有钱给你们还,你们得自己还。

我家的闺女们结婚倒都是婆家那边找人说的,儿子结婚也是找人介绍的。那会儿娶媳妇儿结定就是给人家几件衣服,给人家几个钱,结了结定,那时候就是去买了买衣服,再来相家,就是这样吧。相家就是说看看你们家是什么样子的。我的儿子们结定的时候没有花多少钱,结定的时候都是买的衣服、买的鞋,大儿子那个时候就没有钱,那时候结婚人家彩礼就是要了六百块钱,最后也是给了人家六百块钱。我儿子们结婚那个时候没有找过人去算卦,反正是算卦也是那个样子,不算卦也还是那个样子的。我家大闺女出嫁的那个时候给了二百块钱,二闺女出嫁的时候给的是本村的人家,就是让男方那边的人看着办,你家也出嫁过闺女,也娶过媳妇,人家也就给了二百块钱,张了张嘴以后,人家又给了四十块钱。三闺女是上陶村的人,她那个时候出嫁的时候给了六百块钱。我闺女出嫁的时候,我家这边也没有什么东西,那时候就是男方那边给了钱以后,去买一些布,那时候就都是粗布,就是给了她一些粗布。那时候能有什么,那个时候就是什么东西都没有,都是刚从队里面出来,家里面就是什么东西都没有。

2.母亲与婚嫁后子女关系

我大儿子可能就是他二十岁或者是二十一岁的时候结婚,那个时候他结婚倒是不晚。我家大儿子头一年结了婚,第二年没收秋我们就分开了。那个时候要分家是因为儿媳妇觉得不行,儿媳妇要什么的话,咱们又没有钱给人家。那人家说分家就只能分了,以后就是和二儿子一起住,二儿子还病了好多年,后来才娶的媳妇。二儿子娶完媳妇两三年以后,人家说我偏心,所以就又分开了。现在我的腿摔伤以后倒是儿子们去给我看病的,做了个手术,花了七千多块钱。做完手术回家后,在大闺女家住了一年,回到自己家以后就是自己做饭吃。分家的时候自己做决定就可以,没有跟村里面人说,就是和我家侄子说了说,其实就是找一个见证人。粮食的话是我家二兄弟来的,来分了分粮食,单麦子就给了他老大家六百斤。和老二家分家的时候就什么都没有了。现在的话就是说每个儿子给一些粮食,要多少麦子、多少玉米,每个人都是一百五十斤麦子、一百斤玉米,一个人一年还给了二百块钱养老。回家以后就是一直在老二家住着,没有去过老大家,老大家就不让过去住。老二赚起钱以后,看我生活过不下去了,就会再给我个三百或者是二百块钱,人老大家可是没有给过。我在老二家的所有费用都是自己出的,二儿子刚开始出了几年的医疗费,后来就是我自己出了。

我大闺女可能就是十九岁的时候结婚的。我家的闺女都不是自己谈的,都是男家那边的人找的人来说的。我们结婚的那个时候就没有什么钱,充其量男方那边的彩礼就是给二百块钱,还不到二百,就是吃人家的米。那时候有的女儿不愿意在家,但是实在是没有办法,不在家也不行。有的女婿,从家里面招过来,有的是人家家里面条件好,到你了了,有的是家里面没有钱,有的人家和女婿要的钱多了,人家来到这里以后也是看不起你,人家还是觉得你要的人家钱多了,也是和你生气的。往这里招的话,女方家里面也穷,当然也会和人家要钱了。

如果要给孙子和孙女买些东西的话,钱就是自己出。这个都是得看大人了,有的大人就教育的孩子们跟奶奶特别亲,但是有的就教育的孩子不让去奶奶跟前,那你能怎么办。我年轻的时候去闺女家住过,但是老了以后就没怎么去过。今年冬天,老大和老三闺女倒是说让去他们家里面住,但是家里面二儿媳妇出车祸了,所以就没有去,就是在家跟他们做伴的。

三、妇女与宗教、神灵

我也去烧过香,但是我烧得很少。有的时候我的家务活儿比较忙,人家都是去黄骅那里烧香,咱也没有去过。那个时候烧香拜佛都是拜的什么我也不清楚,反正人家拜什么咱也拜什么,就记得去白院那边烧香就是拜的九灵圣母。九灵圣母是保佑什么的,这个我也不知道,反正人家就都去拜她,据说九灵圣母原来还是你们焦家屯那里的闺女。再管拜的是什么神吧,就是那样烧了烧香,反正有一个老灶神爷,不管拜什么,都不说男女。有的勤快人去的就比较多,像我们年纪大了,就是初一、十五的时候烧烧香。拜神的话就是烧香,再用柏纸叠两个元宝就行了,就这样烧烧就行了。以前在队里面的时候,谁让你烧啊!在食堂的三年,谁都没有去烧过。就是后来人们才烧起香来。有时候去土地庙,但是像我们有时候去不了的话,就是在家里面烧的。那个时候也有这个送子观音,但是我们也不怎么去。我家的儿子们婆媳妇儿,闺女们出嫁的时候,我就都没有去算过卦,都说我这个人什么都不信,我倒就是什么都不信。我家除了灶王爷以外,也有财神爷,其他的就没有什么了。财神爷也是初一、十五的时候拜,拜的时候就一起了。那个时候拜神的话,要是有馒头的话就用馒头,没有的话就是去买一些小饼干。

我不信教,我什么教都不信。我就说什么都不用信,只要不操那种害人的心就好。我家二儿子生病的时候,我还信了耶稣、基督教二年,但后来觉得不行,我得去给儿子看病了,所以就出来了。

四、妇女与村庄、市场

(一)妇女与村庄

1.妇女与村庄公共活动

我出嫁以前村里面唱过戏,但是那个时候我爹找的活儿比较多,就没有工夫去。那时候看戏我很少去过,家里面的活儿比较忙,再说早先时候,谁会让小姑娘家去看啊。但后来出嫁以后,还年轻,晚上的时候也去看过戏。当闺女的时候就是成天晚上在纺花,谁让你去看戏啊。那个时候看戏,台子底下男的、女的,哪里都是人,不用分着坐。我也参加过村里面修路、修渠,出嫁到这里以后也去修过路。村里面开会的话我也去过,那个时候就不怎么让你在家。后来在队上的时候,就是到五月、收完秋以后,就是晚上开会评分。人们在地里面劳动就都是要评分的。那个时候评分都是让劳力站队的,还能没有发过言吗?我那个时候还给人家当队长嘞,我在郎垒那边当了十年的队长。我是二十岁的时候出嫁到郎垒,二十一岁的时候就当上了队长。那会儿当队长可跟现在不一样,那会儿地里面的活儿就非常紧张,妇女们干的活儿就都交给我了。那个时候也有男队长,也有女队长,每个队里面都是既有男的,又有女的。我出嫁以前,村里面还有保长和甲长,那时候的保长和甲长都是家里面条件比较好的。后来共产党过来以后就不兴这个保长和甲长了,一改革就不兴这个了。

2.妇女与村庄社会关系

在娘家的时候就是八路军管着了,那个时候有女兵训练,天天早上去出操。那时候谁也顾不上玩,人开会的是开会的,让学什么就是学什么,不学以后就都是往家里面跑的,我们小的时候天天就是拾柴。但是我们从小的时候,就是这个给这个干活儿,那个给那个干活儿,就是这样互助着干活儿的。但是后来到队里面就没有了。没有那种这个人给他家干的活儿多,但是他家给这个人家干的活儿少的现象,像我们十三岁的时候,我爹不在家,我就成天和我自己家的一个叔叔在家里一起干活儿,他家是一亩半园子地,我家种的是八分园子地,浇浇他家的地,再浇浇我家的地,就是这样一起合着浇的。

我们这里面有这个妇联会。那个时候的妇联会就是要检查一下,看看谁家裹脚了。除了这个以外,如果有什么事情的话,人家也都是要开会的。有妇联会还是单干的时候,在队里面以后应该就没有这个妇联会了。村里面有什么红白喜事的话,要是在近处的话,就都去帮忙了。要都是在门口的话,就都自己去了;要是距离稍微远一点的话,就是需要用谁的话,就去告诉谁一声。结过婚的女人和没有结婚的女的干的活儿一样,都是一样的。

我们以前就没有时间坐在一起聊聊天,不管是在队里面还是在单干的时候,都是这样的。冬天的时候,女人就是纺花的,成天纺花,晚上到十二点的时候就还不睡嘞,到腊月二十几的时候还一直在纺,连机器都没有收。那个时候洗衣服就有小池子,有时候要是下雨,河要是不落①的话,我们就去河里面洗,一般都不怎么在家里面洗。我们一般到夏天的时候晚上也出来凉快,出来就都是在家门口,那个时候都是一群人,说说话。那会儿就是在一起乱说,谁知道会说些什么,什么东西都说。我娘就会纺花,她就是纺花卖布的,但是我就是来到下陶以后我才学会的,我婆婆教的。我们这里没有怎么发现妇女之间生气的,那时候嚷也就是嚷儿句,不打架的话,谁也就不去管了。打起架的话,街门口的人就去扯架了,没有人去找村干部。

(二)妇女与市场

我在出嫁以前没赶过集,出嫁以后就是和年纪差不多的一起去,那还是就是去合顺赶集比较多。那个时候去赶集,中午不回来的话肯定要和家里面的人说一声了,就是婆婆也要告诉人家一声。以前的集上也有女人卖东西的,以前去赶集买东西的时候不能赊账,怎么能赊账的,在供销社都不允许赊账。如果家里面要买什么东西的话,反正是我去的比较多,人家就是说你要啥你就去买吧。家里面纺花用的棉花那就是自己种的,以前的时候就都是卖布换花,就都是这样的。我娘和我爹就一直是卖布的。出嫁以后我织的布就都穿了,没有卖过,那会儿就不兴这个卖布了。有一年十月会上,我姥爷去买了一斤花,一冬天就这样来回换,到过年的时候谁不穿一身衣服。那个时候赶集就说不上来要买什么东西,那个时候就是买个刷子,买个勺子这些的,就都是花钱的。以前的鞋都是做的,我以前十一二岁的时候就开始学做鞋了,那会儿谁还买鞋啊。我是来到下陶村以后才开始买鞋了,以前就一直是做鞋穿的。

---

① 不落:指水位下降。

五、农村妇女与国家

(一)对国家、政党与政府的认识

那个时候就是共产党宣传,一直说是男女平等。没出嫁以前,我们村里面是有学校的,那个时候的学校应该是公家的。男的和女的都能上学,只要有钱就行,我们也去上过十来天学,那个时候就是把纺花车给搬到学校,在学校里面纺花。因为家里面没钱,所以后来就不再去上了。

我四叔家一直雇着人,他家就是中农,我家就算是贫农嘞。不管到什么时候还是共产党好。就拿现在来说吧,我这样的一个儿子一年给了二百块钱,两个儿子给了四百块钱,能干点什么?这二年有了养老保险以后,我们这种人一个月都要有七八十块钱,去年就给了六百块钱。

我当队长的时候就算是不开会,给你下达的任务也就够多了。"四清"整党的时候我就一直在开会,我不是党员。后来让我入党的时候,我说我不入,孩子们都还小,说要去哪儿开会的话,咱也去不了。再说咱也没有钱,人家要收党费的话,去哪里找钱给他,就是这样才没有入。共产党的干部任何时候都和老百姓走得近。

我没有裹过脚,我们那个时候如果要裹脚的话,都是要查的,村上就一直是查脚的。西张村那个时候唱戏就是宣传:在旧社会里面,裹着小脚,地不能种,水不能挑,走一步就要摇三摇。当小孩子的时候,就经常去西张村开会。我就一直是短头发,青年头。那个时候当时也一直宣传着让剪头发,我这个人也比较懒,也不想再去扎头发。

民校里面的老师都是本村的。一个村里面也说不上来有几个民校,在东张村上民校的时候,就是一个村好几个呢!在民校教书的都是村里面认识字的人,那个时候上民校,就是中午吃了饭以后去那儿学了一小会儿,我认识的字现在全都扔了,我就不认识字。中午那一小会儿能学到什么东西?还得站着队,有时候还唱歌。那个时候学的是什么东西,那我可都是忘得一干二净了。

我那个时候当队长就可着劲地忙了,端着饭的时候就得去派活儿了。反正当干部在任何时候都得团结点,谁要是不会什么的话,你就得告诉他。我觉得妇女还是参加劳动好,在家里面待着有什么意思!

(二)对1949年以后妇女地位变化的认知

就拿现在来说,哪个妇女不是顶了半边天啊!谁家不是女人当着家,男人当家的有几个?我们家的小孩子结婚都是自己决定,咱也不管人家,我们就只是参考个意见,不能给人家做主张,不能让他们以后埋怨。八路军来了以后,妇女的地位提高了,以前的时候妇女敢去哪里,哪还敢去戏台底下看会儿戏啊。共产党八路军过来以后,哪个妇女不去看戏。以前的时候,妇女伺候(丈夫)的就是伺候,不伺候的就是不伺候,这就是看个人的。有的男人就不做饭,有的男人就做饭。那个时候的村里面也有男人打女人的现象,在郎垒的时候,和我年纪差不多的都挨过打,就我没有。如果妇女被丈夫打了之后,村里面也没有人管,挨就挨了。那个时候有些妇女也就是觉得自己本事可是大着了,那人家可要打她啊。人家让你去干些活儿吧,你就一直骂人,那也是不行的啊。

(三)妇女与土改

土改的时候,就不需要人们动员我,我自己就直接参加了。我是在土改之后参加的贫协,工作组也在这里,我种的地浇不了,工作组的人去给我浇地。在郎垒的时候,就是一直和工作组的人打交道的。我就是一直在队里面当队长的时候,成天在一起,所以就参加了。那个时候不是一直开会,所以就都到一起了。我来到下陶村以后,人家就一直来找我,我就说你们就不用来找我了,我也不去那里了。

土改的时候也斗争过老财,那个时候我们就还小。我十二岁的时候在我姥姥家住着,我姥爷跟我说你们今天别回去了,今天在开你大爷的斗争会,回去以后就要给你大爷穿孝,他家是中农,我家是贫农,也没有帮助过我家什么。土改的时候分给了我家三亩地,分地的时候我就还没有出嫁。土改的时候分到的地不能带走,我们那个时候出嫁就都不带地。

(四)互助组、初级社、高级社时的妇女

参加互助组的那个时候,我爹不在家,我姐姐比我大两岁,我姐姐在家和我娘一起做家务活儿,我就是小孩子们在地里面这样互助干活儿,锄地。互助组的那个时候我就出嫁了。入社的时候就都把地给上交了,入社以后和别人一起在地里面劳动,就比自己一个人在地里面劳动要强。当队长的时候,可都是干的地里面的活儿,郎垒的地可多了。晚上开会,说妇女们第二天要去干什么,就把任务都派下去了。我那个时候就只负责给女的安排。在当队长的时候,可是有难事,难事可多了,也有很多倔的人。到收秋、五月的时候,就要派女人们去场里面拉场,但是一般人家就都不去,那就难得不行,不能一直让另外几个人去啊。那人家不去就不去,人家门子比较硬,不去就得另外找人了,实际上就是干部家的女人不听话。那个时候咱就只顾着去劳动了,就什么都满意。那时候男的工分一天最高是十一分,女的是十分,男的差不多就是十分的多。

(五)妇女与人民公社、"四清""文化大革命"

1.妇女与劳动、分配

村里面也有安排女去劳动,记工分的时候我们倒是没有挣过什么小分,我们挣的都是一天十分。在地里边挣工分的时候我就已经出嫁了,那个时候就是一天挣的人家十分。那个时候能挣十分不是因为我是队长,而是看你这个劳动能力,在郎垒的时候最差的劳动力到外面都是一个能劳动的人。郎垒那里的地很多,领导查得比较紧。那个时候男的最多是十一分,女的最高就是我们,就是十分。那个时候的男人和女人除了推车干的活儿不一样,其他都是一样的。如果男人和女人干的活儿一样,那也是说劳动的这个人,女的里面也有很多挣六七分的人。做起活儿来的话,格局就大了。为什么到五月和秋后的时候要评分,就是大家都往一起站站,这个和这个往一起站一站,这个做活儿是个什么样子,那个干活儿是个什么样子,就都是这样评分的。在队里面没有换工的,郎垒那里的活儿比较多,就说不上来,那里也种了很多花(棉花),妇女一直得管理花,到摘花的时候就得成天去地里面,回来以后论斤的,论斤记工。那个时候的男人反正是一直有活儿干,地多,就一直有活儿干,就不用想着没有活儿干。男人干的重活儿比较多。

在郎垒的时候,就算是妇女干的活儿也没有轻松的时候,郎垒的地比较多。那个时候生产队里面的女劳力也不少。种地的技术活儿那都是男人做的,犁地和耙地就都是男人做的。烧窑一般都是男的比较多,养猪这些一般也都是老头子这些人,都是上了年纪的人。我们没去过钢铁上,那时候就是一直锯树,往炼钢铁的地方送,一个女人能背得动的话,就一个人往那里背;背不动的话,就是两个女人抬到那里去,一晚上能送十来回。炼钢铁的地方也不远,就是距离郎垒二三里地的样子。那个时候不记得有深挖土地,就知道那个时候如果不好犁的话,就都是挖的。那会儿的时候还是集体种好,人们都在一起干活儿,挺好的。

那时候就是按工分分粮食的,劳动日多分的粮食就多,劳动日少分的粮食就少。要是正儿八经劳动的话,就会照顾你,让你吃个平均数。人家一年给你安排多少工,你做够你的工了,那人家该怎样照顾你,就怎样照顾你。一年分两次粮食,五月一次,秋天一次。生产队里面分粮食的时候那都是看你工分的,工分多的话分得就多。以人来分的话那都是一样的,但是以工分来分的话,那就是工分多分得多,工分少分得少。在队里面的时候就没有自留地。那个时候我家里面还有一个老人,就是基本上既不会吃得高了,也不会吃得低了,就吃这一个平均数就好,吃一个中间数就好。他们年纪大了,就不再去劳动了,但总得让人家吃一个平均数。

2.集体化时期劳动的性别关照

在社里面劳动的时候能请假,但是一般不好请。女人们如果有孩子后,就只是在坐月子的时候才不去地里劳动了,就是一直去的,那会儿的活儿比较紧张。怀孕的时候也一直在地里面劳动,只不过到地里给她找的是比较轻松的活儿。我家大闺女是正月十二出生,十六满月以后我去东张住了三天,十八回到郎垒以后,就要求一个妇女浇七天地,抗旱,那个时候的女人差不多就都有了气蛋了,就和男人差不多,就是都累成这样了。到后来的时候看着是实在不行了,就都让这个妇女们休整百日。到医院检查后的女的都是有毛病的,一休整地里面就没有人了,最后就是休整了五六天以后就又去地里面劳动了。家里面的小孩子吧,差不多都有奶奶,没有奶奶的话,就会找一些老婆婆来帮忙看着。那时候妇女们还看什么病啊,就都是这样的。但食堂的时候,妇女们坐月子的时候,也是饿得不行,也不管饭菜冷不冷。

3.生活体验与情感

在食堂的时候也是分着股打饭的,都是一个组多少人这样的。那个时候就是一个人一勺子,可能就是一碗半,也不到两碗。一股里面打的饭都是一样的,六七岁的小孩子们,三个小孩子算是一股,就都是这样的。吃大锅饭也不赖,反正食堂的时候都有专门的人在做饭。饭量比较小的话,一般都能吃得饱,反正我是记得没有吃不饱过。有的大饭量的人在去食堂打饭的时候,就已经把碗里盛上了一些热水。到后来的时候,家里面就不成人了,家里面就倒腾的什么东西都没有了。值钱的就都收走了,不值钱的就都扔了,那还怎么成家?我记得那个时候早上都去地里面劳动,等中午去打饭的时候,发现食堂已经把锅掀了,回到家里面以后连个锅都没有,那天下午就都没有去地里面劳动,就都去买锅了。灾荒年的时候好赖都是得吃饱的。我家那个时候的饭量都不算很大,相对来说还数我最大。实在是饿得不行的话,就去街坊邻居那儿找一些救救急。后来的灾区就比较多了,就都去支持灾区了。不支持能怎么办?那个时候就是说一个人要收多少菜,收起来以后就都送到灾区去了。那个时候人家都是分着任务的,一个人多少任务,你不给就不行。集体去地里面劳动的时候,人们都不敢闹矛盾,也没有那种偷偷摸摸的人。

4.对女干部、妇女组织的印象

那时候我当小队的队长,也比较好当,就是成天去地里面劳动。一个队里面的女人们都是妇女队长管的。吃完饭以后,这个女人去干什么,那个女人是做啥,都得通知到她们。评分的时候是天天晚上开会,但是平常的时候就是偶尔间晚上开一次会。一个队里面有好多人,如果吃完饭再去通知他们，就改打钟了，就没有时间里。那个时候有劳动模范，但是也没有几个。评上劳动模范以后就是会表扬两句，但是没有奖励什么东西。那会儿的时候给两句好话，就觉得可高兴了。那个时候我们这里没有这个"铁姑娘队"，但是有妇联会。

5."四清"与"文革"

"四清"那个时候就是党员和干部，就是整党的，就是怕党员们有贪污的现象，这个时候中农、地主和富农就已经斗争完了。那个时候在村上就是有什么不对就是批评了两句就算了。那一年整党的时候，不管多大的官员，后背上都是贴着白纸条，那个时候也不是说人家贪污了，就是让人家败了一段时间兴，最后不还是那样嘛。我那个时候就是去看了。那时候开斗争会的人可是多了，如果说是在某个村开会，那周围村庄的人就都来了。"文化大革命"的时候我就一直难受呢，那个时候就是"工农"的和"人民"的两边就是一直闹，就是两派的人。那会儿的事情可多了。

(六)农村妇女与改革开放

(20世纪)80年代承包土地的时候，我分到土地了，那个时候都有土地证。这会儿就是只顾着吃了，那会儿就是一直找着活儿去干，现在的生活好很多了，现在的生活再差也就是大米和面，早先的时候能吃些什么？我也参加过村里面的村委会选举，选举的时候就是让全村老百姓都去开会，那个时候就还分选民证嘞。候选人里面就是有男的，也有女的。就是觉得他这个人能干，就选他了，选干部不能说关系远近。我家二孩子的那个时候，计划生育抓得可紧了，就是一直开会宣传，让去做节育。我三十九岁的时候生的我家二孩子，那个时候就开始搞计划生育。生完以后，医院的医生就一直去我家找我，我说我有了以后就去找你们了，你们不要来找我了。计划生育就应该实行，那个时候国家的人就太多了。那会儿做流产的人很多。

好阳光的日子我也会出去，但是也不出去串门，就是门口的青石拱上坐着。我平常也看电视，我知道现在的国家主席是谁，但是也记不住人家叫什么。我觉得每一届领导都不赖，不管人家主席好赖，老人们都不怎么受罪。像我们这个年纪的老人也有有手机的，但是我不会使。我不知道什么是网络。

六、生命体验与感受

这一生最难的时候就是我丈夫去世的时候，我丈夫去世以后，盖了房子，娶了两个儿媳妇，想想那个时候是怎么过来的。二儿子生病的时候，中午顾不上吃饭，就不要命地去捡铁。这一辈子最满意的就是国家的养老金。就我家来说，我觉得男女都一样。我在郎垒当了十年的队长，"四清"的时候加入贫协。有人特别穷的话，如果队里面想借给他一些粮食的话，就都是贫协管的。后来就嫁到下陶村了，来这里后就是一直生病，什么也不做。

SYT20170106LFQ　李伏琴

调研点:河南省林州市姚村镇下陶村

调研员:申艳婷

首次采访时间:2017 年 1 月 6 日

受访者出生年份:1934 年

是否有干部经历:否

是否生育:是

受访者结婚的时间节点、生育子女的具体情况:1952 年结婚;1954 年生第一个孩子,共生五个孩子,两个儿子,三个女儿。

现家庭人口:3

家庭主要经济来源:务工

受访者基本情况及个人经历:老人生于 1934 年,18 岁的时候出嫁到下陶,生有两个儿子、三个女儿,总共有五个子女,现都已成家立业。老人在儿子家轮流居住,访谈时,老人住在二儿子家里。

老人小时候的生活比较艰苦,日本侵略时期,自己娘家的房子被烧了,曾经一度住在别人家喂牲口的屋子里。父亲在维修屋顶的时候意外去世,主要依靠母亲来支撑这个家,曾经到山西逃荒。嫁到下陶村以后的生活也不太宽裕,但是随着社会的发展,老人的生活逐渐变好。现在老人的生活来源主要依靠养老金,自己看病的费用主要依靠自己的两个儿子,曾经摔伤了腰,所以需要长期吃药。

一、娘家人·关系

(一)基本情况

我叫李伏琴,伏是立人旁那个伏,琴就是两个王,一个今字那个琴。我的名字是我母亲她们起的,具体我也不知道是谁起的。从小到大我就一直叫这个名字,没有改过名字。解放以后,八路军过来以后,人们都是叫两个名字。原来有一个名字,随后再起个名字,我忘了自己另一个名字叫什么了。我现在这个名字就是我小的时候,我娘她们给起的。那个时候就是随便起的,也不知道有什么含义,哪里知道有什么含义?

我娘家那边有姊妹五个人,我那个时候有两个哥哥、两个姐姐,我是最小的。小的时候,我家里面有七八亩地。我家那个时候七八亩地吧,地倒是不少,房子也倒是不少,就是让日本人来的时候全部给点①了,所以后来穷得就没有办法过日子,就一直是受苦难的。来到这里以后也是受苦的,我丈夫四岁的时候,他父亲就去世了,他娘也是过不了,没有办法。我娘家那个时候就是贫农,我十八岁嫁到这里以后,他家也是贫农,两边人家就都是贫农。下陶这里的土地倒也是不少,也有五六亩地,只不过这里面都没有人了,我娘家那边是没了房子了。我丈夫他们家就是他兄弟一个,就只生了他一个后,他爹就死了,他娘后来过不了,就又嫁到西丰村了,还把他也带到西丰村去了。等到他十四岁的时候,他就又才回到下陶村了,所以说回到下陶村以后,家里面就什么东西都没有了。他是十四岁的时候回来,二十岁的时候娶的我,他比我大两岁。

我有两个儿子、三个闺女。二十岁的时候生的第一个小孩子,老大是一个女孩儿。以前也有抱养孩子的人家,也有不会生小孩子的人,不会生的话就得抱养了。

(二)女儿与父母关系

1.出嫁前女儿与父母关系

我十来岁的时候,我家就被点①房子了,那个时候没有地方住,就是住了邻居家三间喂牲口的屋子。那个时候一直下雨,一直漏雨,我爹害怕房子塌了,就去给人家收拾去了,但是一收拾被砸死了。就是在我十一二岁的时候,我爹就去世了,我们这几个人就一直是我娘管着的。有我爹在的时候就一直是我爹管的,没有我爹以后,就是我娘管的。我我爹还在的时候钱就是我爹管,那时候的女人们都不管这些事儿。那时候那女人们就只是管做活儿的,不当家,就都是男人管。没了我爹以后,就是我娘当家的。

我没有上过学,一天都没有念过,一个字都不认识,连住处都没有,去哪里来的钱?我的哥哥和姐姐们都没有念过书。那会儿都是只顾着挣钱,那会儿有没有东西吃,都是赖年景,也过灾荒年。那个时候我没有去念过书,人家有钱的人家就都去念书了。和我年纪一样大的小姑娘们也有念过书的,我侄子媳妇当时跟我是一个年纪的,她念过书,我家就是因为被点了房子啦,所以才没有去念书。我家以前开的是木匠铺,如果没有点房子的话,我家条件就还是很可以的。我家里面对男孩和对女孩还是一样的,不偏心。我姐姐十三岁的时候就出嫁了,家里面过不去,我娘怕饿死她,所以就相当于是找了一个养活的人家,就在十三岁的时候把她给嫁了。那个时候就只顾着干活儿了,不干活儿的话,更是穷得揭不开锅,去哪里让你还出去

---

① 点:指被日本侵略军点火烧掉。

玩啊,就都是让你在家干活儿的。以前的时候吸烟,吸的都是那种手卷的烟,烟叶都要分开叶和茎,叶是叶,茎是茎,小孩子十来岁的时候啥也不会干,就都是给人家弄这个的,那也是挣钱的,弄一斤给多少钱。我们家的小孩子那个时候就都是弄这个的。我家的房子被点了以后,就是开了一个烟铺,卷烟、卖烟的,就是这样挣钱的。那个时候就是在家里面开的小铺子,就是卖烟的,卖吸的那个烟。

2.女儿的定亲、婚嫁

那个时候就是下陶村的一个人,现在我叫她婶子,当时她就是我们门口那边的人,实际上她就相当于是给她家侄子说媳妇的。我和我这个婶子的娘家都是在一个村子的,而且还都住在一片,都是挨着的,我娘家在这边,她娘家在那边,就是这样才把我介绍到这里来了。我们出嫁的那个时候没有定亲这一说,就是介绍了以后,感觉差不多的话,就娶来这里了。原来的时候我和我的丈夫就不认识,就是人家介绍了以后才知道的。我都不记得我家那个时候收彩礼了,他家这边这么穷,去哪里还要他家的彩礼。那个时候也是要收彩礼的,任何时候都应该会有,多少总要有一些的。他父亲不在得早,他娘就把他带到了西丰那里了,十四岁的时候回来了,回到家以后就是去给人家拉风箱、打铁,去挣钱去了。那个时候我去哪里知道结婚的事情,人家也不给我说这个。我那个时候也当不了家,都是家里面的大人当家。那会儿的时候小孩子们就不知道!都是跟大人们说的,大人们叫怎么样就怎么样,都是听大人话的。你不能想怎样就怎样,自己就当不了家,就不知道自己要出嫁这回事儿。

那个时候我姐姐出嫁就是为了给她找一个人家,去养活她。她出嫁还是给她借的衣服,是下午出嫁的,早上的时候日本人打过来,下午逃回来以后就把她给嫁出去了。那个时候日本人天天过来。之前就已经说好了日子,说是那一天出嫁,但是日本人那天打过来了,所以就当天下午出嫁。我姐姐出嫁的时候我就没有去,我那个时候还是小孩子,就一直想去,但是我娘他们不让去,就把我锁到家里面了。那个时候的天冷,比现在要冷很多,怕我冷没让我去,那个时候就是煮了一些米星饭,有的人喝了,有的人没有喝。没有了就不喝了,就回来了。

出嫁的时候会写红纸,到任何时候都是会写的。我也不知道红纸上都是写的什么东西,我不识字,也不去看。我们那个时候出嫁都要有一些讲究的,但是具体什么我也不知道!我又什么东西都不管。我出嫁的时候是我嫂子来送的,那个时候出嫁就都是嫂子来送的。我出嫁的时候来了两个嫂子,一个是自己的亲嫂子,另一个是自己家的嫂子。以前的那个时候就说是来梳头的,就算是现在的闺女出嫁,也是要有梳头的人。

出嫁的时候,娘家这边也是要招待的,那个时候就是在家招待的,那就是在家里面吃吃饭。我出嫁的那个时候什么嫁妆都没有,就是一些衣服,嫁妆就是衣服。我娘家和婆家两边都是穷人家,就是两身衣服,有穿的衣服就行了。人家有钱的人家就是多缝制了一身衣服,放着等着以后穿。

结婚办完事以后,先是在婆家这边住七天,再去娘家那边住八天,就回来了,就是自己一个人去。我出嫁以后一般都是第七天回门,第七天的时候回娘家。回门的时候就是闺女一个人回去的,女婿就不去。回娘家的时候不带什么东西,还带什么东西啊,就是空着手回去的,那会儿的时候还带什么东西啊?

我们那个时候有换亲这个说法。那会儿有斗争户,斗争户在过去的时候都娶不上媳妇儿,就是这样换亲的。就是斗争户与斗争户换亲。没有听说过穷人与穷人之间换亲的,主要就是斗争户之间换亲。斗争户以前娶不上媳妇儿，不好娶媳妇儿，就是斗争户和斗争户来换。斗争户就是土改的时候，就是地主们这些人。那会儿就是都要斗争财主他们的，斗争他以后就娶不上媳妇儿了。就像他家有一个闺女，他家也有一个闺女，两家都有闺女，不能姊妹两个人结婚吧，所以就两家人这样换一换。那个时候有入赘的人，招女婿可有。那个时候也是家里面只有一个闺女的话就要招女婿，家里面如果有招过来的女婿，生下来的小孩子就是跟着女方这边的姓。那个时候村里面可能也有改嫁的妇女，二婚的女人。那个时候也有冥婚，什么时候都会找鬼妻的，这个什么时候都有。

3. 出嫁女儿与父母关系

我们那个时候出嫁以后就不能在娘家那边吃团圆饭，(除夕)不能回娘家吃饭，就是在初三的时候才回家吃饭，正过年的时候就不回，过完年以后，初三去拜节。初三去娘家，晚上就回来了，就是等着以后再去。可能就是初三去，住在娘家那边，到(正月)十二的时候再回来。那会儿结婚以后在娘家住的时候，就都是一个人住，男人们就不怎么在家，女婿们就不怎么在那里住着。

结婚以后，娘家那边上坟的时候，姑娘就不用再去了。闺女去娘家那边上坟就是在清明或者是十月一的时候才去，其他的时间不去了。(正月)十二回家以后就要开始做鞋，回到婆家这边做鞋。那个时候做鞋就是自己穿的，去哪里卖啊，那时候的衣服全部都是自己用手做的，哪里有买的啊。那个时候就是没钱，也没有卖的人。(农历)五月的时候也要去娘家那边走亲戚，五月的时候就是拿着馒头去的，我们那个时候也是取馒头去的。去娘家走亲戚的时候一般是自己一个人去的，那会儿的女婿就没怎么去过，就是自己去的，不过在家的话，一般就都会去了，但是要是在外面的话，就不会再回来去走亲戚了。女儿出嫁以后，就不再管娘家人那边的事情了，到婆家以后就是婆家这边的人了，就要管婆家这边的事情了，就不能再管娘家人这边的事情了。娘家人那边如果碰到什么困难的话，有难事的话当然肯定也要去帮帮忙了。出嫁以后，如果遇到什么难事的话，婆家这边的人也会和娘家那边的人一起商量着解决一下。

如果和丈夫生气吵架以后，有的会回娘家，有的就不会回娘家。我和我丈夫两个人一辈子就没有生过什么大气，有时候会小吵小闹一下，但是我们一辈子就没有大闹过。我们那时候就不离婚，那会儿去哪里还有离婚啊，就不知道离婚，那会儿就是觉得不好了，就是不要她了，就把她给送走了。不要这个媳妇儿了，就把她送回娘家就好了，那个时候就不兴离婚。把媳妇儿送回娘家以后，就不管这个娘家那边愿意不愿意接受，反正咱不要她了，就把她送回去了。我记得我一个嫂子，嫁出去以后就是一直哭，晚上半夜想起来就是半夜的时候哭，白天想起来就是白天的时候哭。问她是不是难受，她说不是难受的，给她做好吃的，以为是她嫌弃这个饭太烂了，给人家做出来的面条，人家倒给了牲口，人家就是不吃，实在是没有办法，就把她送回娘家去了。后来给她找了一个山后面的婆家，到那里还是这样，还是哭得不行，人家不要她，就把她又给送回来了。最后又把她给嫁到了东张村，但是人家到那里以后就不再哭了。这就说不上来到底是怎么回事儿。

女儿出嫁以后不能再要娘家这边的东西，你要人家娘家的什么东西，就不能要，反正是我没有要过，谁知道别人家有没有要过，咱娘家人这边就是穷得都过不去了，咱还要娘家什么东西啊。我娘家父母他们就是他的儿子们养活啊，闺女就不要养活，有儿子的话，女儿们就不需要养活。闺女去看娘家爹娘的话,有什么东西直接拿着去就好,没有什么多少。那时候就是有啥取啥就行。在收秋的时候,如果娘家那边的人忙不过来的话,闺女这边会去帮忙,都去互相帮忙,娘家也来帮闺女家,闺女也去帮娘家人。

我出嫁以后,我娘家那边就是合着吃饭的,那也是看人家的。处得比较好的话,就是一起吃饭,处得不好的话,就是要分家了。我娘家那个时候,家里面就只剩下一个孩子了,就是合着一起吃饭的。如果我母亲生病的话,我们也会跟着一起照顾,生病的时候也得去伺候她啊。看病花钱的话,我哥哥他们如果有钱的话,自然就是他们拿,但是如果我哥哥他们没有钱,当闺女的肯定也要拿一些钱出来啊,闺女也要和儿子们一起承担。

清明回娘家上坟的时候,也是得到娘家人的家里面,就是嫂子跟着一起去的,哥哥和嫂子都去上坟。那个时候上坟就没有元宝,没有那个纸,那个时候就是烧了一些柏纸、黄表。七月十五的时候不需要去娘家上坟,那个时候就不去。

(三)出嫁的姑娘与兄弟姐妹的关系

我出嫁以后和哥哥家的关系还不错,两家人就一直都走动着,有什么事情的话也就是相互帮忙的。去哥哥家走亲戚的时候当然需要拿着东西去了,就是五月的时候和过年的时候去走亲戚,平常的时候就不去。如果娘家人那边有什么大事情的话,我们这边当然也是跟着一起去商量。我家里面如果有什么事情的话,我哥哥也会过来出出主意,有事的话他们当然也会来,但是他们很早就都去世了。一个哥哥没婆媳妇儿就死了,另一个是北京医疗队刚到这里的时候就去世了,让医生一检查说他得的是吃不下的病,后来就是这样急死的。我哥哥在世的时候很孝顺我母亲。

过年初三就都要回娘家的,大部分就都是初三回娘家的,也有初四回娘家的时候。初四回娘家也是要看是谁啊,比方说有人初三的时候正好有事情,没有工夫,那人就可以初四去。反正就是什么(时间)去的都有,谁都有个错不开的时候。那个时候,过年去娘家的话,就是取两个馒头,那个时候就没有,要是亲戚比较亲的话,就是取六个馒头,要是外甥的话,取两个馒头就行。我们那个时候去娘家的时候就得取粮食,拿着米或者是麦子都行,就只给娘家取,哥哥家就不给了。取二、三升粮食就可以了,有的话就是拿三升,没有的话就是取二升。麦子和米取一样就可以了,有什么就取什么,没有这一样的话就取另一样。过年回娘家一般都是给辈分大的人拜年,谁辈分大,年纪大就给谁拜年,就是自己家的那些人,全部都去。如果过年的时候正好有事,也能说今年就不再回娘家拜年了,不碰巧的话就不去了,不是说非得去的。我出嫁以后,和姐姐们、哥哥们走得都一样近。年纪大了以后就不怎么走动了,就是刚出嫁的时候还走动,年纪大了以后就不再去了,有时候也去,但是去得很少。

二、婆家人·关系

(一)媳妇与公婆

1.婆家婚娶习俗

我嫁过来的时候,家里面就只有我丈夫他一个人,他娘那个时候就已经改嫁了,他的家里面还有一个老奶奶。我丈夫跟着他母亲改嫁后,他不想跟着他娘在西丰那里,觉得那里面不好,就是因为家里面有个老奶奶,他才回来了,要是没有这个老奶奶的话,他怎么可能回来,他回来以后谁管他啊。他十四岁的时候就出去外面挣钱了,现在的孩子十四岁的时候就还是个小孩儿嘞,人家那个时候就开始就挣钱了,不会干其他的活儿,就是去给人家拉风箱、打铁。

我出嫁的时候不知道有没有迎亲的人,那时候也就都上拜,当然上拜了,主持的就是自己家里面的人,也有邻家的人。负责上拜主持的那个人是男的,负责主持的人就都是男人。上拜就是给人家磕头的,给谁磕头就是让他给钱的,那个时候也都是有礼房的,这些都是礼房管的。结婚上拜的时候,磕头就是给钱的,谁大就先给谁磕头,也是分大小的。我结婚也去给我丈夫的奶奶磕头了,就是上拜的那个时候磕头的。那个时候就是把人们都叫到一起,就和现在一样,就是娶媳妇儿吃完饭以后开始上拜。结婚以后也去上坟了,也是上完拜以后,亲戚们走了以后,就要去上坟了,那个时候都是骑着牲口去的。那个时候的女人都是裹着脚的,脚很小,就都是骑着牲口去的,不会走着去的。现在的女人都成大脚了,都是步行去的,我们之前的时候就是坐轿的,我们那个时候就是骑牲口的。

2.分家前媳妇与公婆关系

我丈夫娶过媳妇儿以后就不再拉风箱、打铁了,到十七八岁的时候就去辉县那里给人家打地道了。打地道就是这个放枪炮和子弹的地方,就是秘密事情,那个比较挣钱,那个挣的钱比较多。出嫁到这里以后我就是一直在家种地的,那个时候他打地道差一点死了,他被回头炮给堵到里面了,那个时候他还没有出来,炮就已经响了,后来还是人们把他救出来的,有的人就死在里面了。就是因为去打地道挣了两个钱,所以才回来娶了个媳妇儿。他娶媳妇儿总得开销钱吧,娶媳妇儿哪有那么容易。我出嫁以后就一直是种地的,其他的活儿都没有干过。我嫁到这里以后,家里面就是我丈夫当家,当时家里面就没有人了,他奶奶那个时候也都老了。

3.分家后媳妇与公婆关系

我嫁到这里以后,家里面就只有我丈夫一个人,没有兄弟姐妹,父亲也很早去世了,母亲改嫁,所以不存在分家。

(二)妇 与 夫

1.家庭生活中的夫妇关系

在结婚之前,我和我的丈夫就没有见过面,之前的时候就没有见他。我想起来了,我们结婚的时候就有了结婚证了,就已经有结婚这一说了,就是在结婚当天才见的他,不愿意也就是那样了。那会儿的时候去哪里喊名字啊,就是看他家有什么亲戚,就是喊"谁谁他爹""谁谁他哥",这个样子的,就不叫名字。那个时候我丈夫人家也要有底下的辈分亲戚啊,我就一直是叫他"谁谁他哥",那个人是他的叔伯兄弟。他也不叫我名字,也是那样称呼我的,那个时候就不兴这个叫名字,反正我们不叫名字。

我丈夫不在家,就是我叔叔管钱的,就是我丈夫的那个叔伯叔叔,我丈夫挣回钱以后就都给了人家了。那个时候虽说和他叔叔家不是一家人吧,那也就是让人家当家的,我那个时候刚嫁过来,还比较小,就才十八岁。在娘家的时候,有我娘,我就什么事情都不用管,在这里吧,有个老奶奶,但是都已经七八十岁了,都已经老了。那个时候就已经跟他叔叔家分家了,虽然分家了,但是也都给了人家了,去买什么东西的话,都是人家去买的,那个时候挣多少钱,就全部都给人家了。如果我想去买什么的话,就都是跟人家要钱的。他叔叔也肯定会给钱了,他拿着我家的钱怎么会不给呢!钱都给了他了,又不是我家里面没有钱。钱是他管的,地也是他管的,种地的时候,就像我刚嫁到这里来,什么都不懂,到什么时候该去干什么活儿了,都不知道!该锄地了,还是该干什么了,那会儿的时候地都是用手锄的,人家就会过来告诉我们一声,就像是自己家的老人一样。我刚来到这里的时候,就不知道地在哪里,都是人家告诉我的。家里面的任何事情都是人家当家的。

我出嫁到下陶村以后,住的是老房子。那会儿住的房子就是,人们进屋以后就得赶紧往里屋走,外屋没有楼板,生怕掉下瓦来砸伤人家。谁来到家里面以后,都是的引人家赶快去里屋说话,不敢让人们在外屋待着。里屋有楼板,掉下瓦来不会砸伤人家。就是后来我来了以后才又翻盖的房子,后来是把房子给揭了,又新盖了两间房。盖房子的时候我丈夫就已经大了,就不需要他叔叔再管了,就是我们自己来管。盖房子的时候可能就是二十来岁的样子。

如果想花钱买点东西的话,当然是要跟我丈夫说一声了,跟人家要钱了,能不说一声吗?那个时候我也会管钱的,他挣了钱以后就会给我,两个人都是一起的,我也拿,他也拿,谁拿都可以。年纪大了以后就不需要再交给他叔叔钱了。我丈夫二十几岁的时候就不再出去外面赚钱了,就不再把钱给他了,他叔叔也就不管了。后来的时候村上就不让出去外面了,就是修渠呀,修什么的。他在家就是他当家。那时候就是修渠、修水库、修什么的都得他在家。

那会儿也就没有什么钱,做一天活儿才挣一个工,一个工就才两毛钱,一天就才赚人家两毛钱。那会儿的时候就没有钱。我丈夫后来也出去过,但是也没怎么出去,大都是一直在家的。我丈夫如果要外出的话,肯定也会跟我说一声。如果我丈夫外出的话,我当然会让他出去了,让他出去外面赚钱嘛。平常家里面的家务活儿就是我负责的,男人们一般都不管家里面的事儿,他们就是管挣钱的,管做活儿的。坐月子的时候当然还是我洗(衣服),那个时候就不说这个坐月子。坐月子就什么活儿都干。那个时候也不是说就不坐月子,只不过是咱们实在是没有办法了,人家有钱的人家照样也坐月子。我们那个时候是觉得家里面什么都没有,所以就狠着劲儿地去做(家务)。

以前的时候有卖闺女的,也有卖媳妇的,就都是没有钱,过不下去,才去卖的。也有丈夫打媳妇的现象,任何时候都有,不过现在比较少了,现在没有听说过打媳妇的。那个时候丈夫看着媳妇不顺眼的话就会打,现在没有,现在都是商量着来的,也没有听说过谁家打谁的。丈夫打了媳妇以后,打就打了呗,打了以后就好了,那还能怎样,生过气以后就又好了。有的人一挨打就跑回娘家去了,到娘家以后也是住两天就回来了,还能不回来吗?媳妇从娘家跑回来,有的人家就去接,有的就是不去接,自己就回来了,那也是分人的。

来到这里以后,除了种地、做鞋以外,那个时候还织过布,我来到这儿的时候,床上就没有铺盖。娶我的时候就是一床被子、一个铺垫,就没有任何东西。那个时候家里面没有棉花,也没有钱,就是买的人家那些不好的棉花去织的布。那个时候织布就是自己用的,就是我结婚以后织的布一直用到现在了,现在说是扔了吧,还觉得可惜,所以床上就还铺着这些粗布。那个时候也有赶集的,到什么时候都有赶集的,都要买点东西的。那会儿就是得着谁去谁去,谁都能去,谁有空谁就去。

2.家庭对外交往关系

如果村里面有谁家办喜事儿需要上礼的话,也是谁有空谁就去,如果到我们家该上礼的时候,但是丈夫又不在家,那只能是我去了。上礼的时候要写我丈夫的名字,谁家也都是写男人的名字,不写女人的名字,上礼干什么的都是写男人的名字,现在也都是写男人的名字。如果家里面来亲戚的话,吃饭的时候都是一起的,要是办什么事儿的话都是一起去的。那个时候亲戚来了以后,家里面没有粮食,就是先做些饭来,先紧着人家亲戚们吃,剩下的再是我们自己吃呀!那时候我家没有东西,就是紧着人家亲戚吃,人家亲戚们吃好了以后,咱们再多少吃一点,多的话就吃一点,少的话就加上汤一起吃。如果有的话,就是跟他们一起吃了。我没有去过什么远的地方,但是近的地方是哪里都去过。那时候也是要活动活动的。那个时候出门就是一个人去的,还能跟着谁一起去呀!我出去外面一般不去串门,出去外面就是有事的时候才会出去,没事儿的话就不出去。去娘家的时候也是自己去的,谁跟着你一起去呀,就没有人。

(三)母亲与子女的关系

1.生育子女

我在二十岁的时候生了大闺女,大儿子跟大闺女差三岁,我们家的每个孩子都是差三岁。我觉得生儿子和生女儿都是一样的,我丈夫不说这个男女,有的人比较看重。我们那个时候生完小孩子以后也有瞧月子这一说,生的第一个小孩子就会瞧月子。不管是男孩还是女孩,就瞧这一个月子,第二个小孩子就不管了。我家第一个生的是个女孩,那个时候瞧月子了,大部分人家在生第一个小孩的时候,就瞧月子了。我们那个时候瞧月子一般就是什么东西都拿,那个时候的东西都是缝的,就不买,就是缝上两身小衣服。有的人家就是什么东西都取,拿着被子啊,拿着铺垫啊这些的,有的人家里面没有,就取上两身衣服就可以了,那也是看家里面条件的。

我家的五个孩子都上过学,我家的孩子们都上学了,我家的二孩子上大学最大。在我的家里面男孩和女孩都是一样的,我家里面没有区别,反正都一样的。我的孩子们上学的时候比我们以前的时候要强了,有时候也去借钱,但借的比较少。借钱的时候谁去借都行。我丈夫他叔叔是做醋的,家里面揭不开的时候就会去找他借钱。

我的孩子们结婚也是经人介绍的,只是随后他们自己再谈谈。我没有记得他们结婚的时候有合过八字。孩子们结婚的时候,反正那个时候我们家是都愿意,不知道别人家是什么情况。我家闺女出嫁的时候,彩礼可能就是这个一二百块钱。三个闺女每个人的彩礼可能都是二百块钱的样子。我闺女们出嫁的时候,嫁妆就是两床铺盖。儿子们结婚的时候,我家给的彩礼也就是二三百块钱。我儿子们结婚的时候,就都还是老房子。就是后来才盖的新房子,规划以后才盖的。

2.母亲与婚嫁后子女关系

我的儿子们都是在二十岁左右的时候结婚的,在我家里面,如果儿媳妇有哪里做得不对的话,我当然会说两句了,有时候也会对着她说两句,觉得她哪里不对的话,就会说她两句。那时候就是怎么好就怎么跟她说。你比如说田做得什么事情(农活儿)不好,然后就对她说怎么做就会做好了,就这样跟她说。

儿子结婚以后,我和儿子也合着吃,也分着吃,合着吃了一两年以后就分着吃了,就分家了。和儿子们分家的时候,是我说出来要另开的。另开以后,他们的事儿咱就不用管了,不另开的话,他们的事儿咱就都得管,当时就是想着躲个心静。要是合着的话,该做什么事儿都是自己管,要是分开的话,人家想做什么就做什么。他们挣起钱来就是他们的,他们想买什么就买什么。两个儿子结婚的时候,就是娶到一个房子里面了。我们家就是两个儿子全部娶了媳妇以后才分家的。和儿子们分家的那个时候就是分了三家,我们就是自己住啊!当时就是我给他们分的,我丈夫给他们分的。当时分家的时候,两个儿子分的都是一样的,要是多少,就都是多少。那个时候要分家就都分了,地也分了,粮食也分了,要是多少就都是多少。一个儿子给多少,那个儿子也就给多少。

现在的农村彩礼可是高得没有影子,那个时候才是二百块钱了,现在是几万块钱,有的是六万块钱。看护孙子的时候,如果要花钱的话,就是自己出钱的,自己给他买东西就是自己掏钱,别人买就是别人掏钱。外甥那边咱就不管了。这个时候我们就是有钱的话就给他买,没钱的话就不给他买了,但是孙子的话就不行。人老了以后都是儿子们管养活的,闺女们不能说不养活吧,但也没那么主动,儿子们都是主动养活的。我现在就是住在二孩子家,我摔到腰已经三年了,就是上台阶的时候摔倒了,腰摔得不行,不能做饭,然后就是一家(住)三个月,儿子和闺女家都去,都是他们伺候我的。

三、妇女与宗教、神灵

那个时候就都去庙上烧香拜佛,男人也去,女人也去。我们家一般就不烧香,就只是在家里面烧烧香,后来八路军过来以后,就不让烧香磕头,现在就只是过年的时候烧烧香。我们家就只是去烧烧香,什么也不懂,就连老爷爷①的名字也不知道。灶王爷、土地庙这些也都有,但是我都不知道! 我一般就不去庙上,年轻的时候去过庙上,但现在不去了。年轻的时候去庙里面,反正就都是跟着人家去的,人家要去庙上,然后就跟着人家去了。我什么教都不信。

四、妇女与村庄、市场

(一)妇女与村庄

1.妇女与村庄公共活动

以前的时候村里面如果有活动的话,也是会让妇女参与的。我们那个时候就已经解放了,就允许参加。如果村里面要修路、挖井的话,我们就是一直参加的,那会儿就是白天黑夜地去修渠了。那个时候渠的岸都很高,但是现在去,哪里还有啊,就都被平了。那个时候就不管男女,就都去了。去修渠的时候是村里面让去的,那个时候就不让在家,抱着孩子也得去。那会儿的时候可跟现在不一样。

出嫁以后我当然认识干部了,那个时候就是成天开会的,一天开三顿会,吃饭也开会,晚上也开会,就是一直开会的。会上有什么事儿的话,就都会说出来。那个时候就是必须得去,抱着孩子也得去。开会的时候也得听,人家让做什么就做什么。那会儿就是一直开会的,起五更的时候就要去出操,就跟现在小孩子们在学校一样,得出操。我们那个时候出操就是去赵家河那里转一圈。

2.妇女与村庄社会关系

在娘家的时候,我跟小孩子们玩儿得都不赖。那时候的小孩子们都不怎么去一起玩儿,都比较忙,都是干活儿的! 去地里的时候就是在地里面忙活儿,不去地里面的话就是在家里面一直忙,那个时候就是纺花,反正就是一直有事儿,就不让你出去外面玩。我的小伙伴们出嫁的时候当然去送她们了,该去送她们的时候就去送她们了。就像是都在一起住着,做嫂子

---

① 老爷爷:指神仙。

的就去送送她们,没有送过同一个年龄的。我们结婚的时候都是穿的红衣服,都是一身红衣服。送新娘子出嫁的时候,那些送的人穿的就是平常的衣服,送人家出嫁的时候就穿的普通衣服,就是人家新媳妇儿穿的是一身红衣服。

以前在社里面的时候,给我们评的分和给男人们评的分是不一样的,男人们挣的分都比较多。男人们一天来说再怎么样,还不挣十二分吗?女人就是挣六七分的样子。我们那个时候也有换工,就是你去给这家做做,这家再来给我家做,也这样互相帮忙,就是合着做。我结婚以后也要去邻居家串一串。结婚到婆家以后,和身边的人处得都不错,关系都好,就都是差不多的样子,没有说是最好的,就都是不赖的那些人。我们叔伯兄弟四个媳妇儿,关系都可以。村里面如果谁家要盖房子的话,我们也都会去帮忙,到那儿以后就是有啥活儿就做什么活儿,挨到做饭就做饭,挨到干活儿就干活儿,人家让干什么就干什么。村里面如果谁家有什么事儿的话,那也得人家通知一下,告诉你了以后你才能去,你不知道的话怎么去啊。人家告诉你,明天要办事儿了,让你们都过去帮帮忙,那咱自己就去了,就不用再让人家来叫了。人家要是不说的话,你怎么知道人家要办事啊!去帮忙的一般都是结过婚的女人,大都是成过家的。去给别人家帮忙的时候,反正是有什么活儿就去做什么活儿就行了,女人们做的活儿就是女人们去做,男人们做的活儿就是男人们去做。

我结婚以后就是在家里面干活儿的。现在的人比较闲,出来闲聊的人比较多,那个时候的人都忙,就顾不上。现在的几个人在一起聊天的时候那就是有啥就说啥。以前洗衣服的时候就是去河沟里面洗,在家里面也洗,一般都是去河沟里面洗。洗衣服就是一个人去的吧,去那里还和别人一起去的啊。要是两个人你也去洗衣服,我也去洗衣服,正好出门的时候碰上了,那两个人就一起跟着去了。后来的时候就有了渠了,也去渠上洗衣服。一般出去外面我都是在街门口坐着。如果村里面有两个人家吵起来了,生气的时候,都不敢去调解。

(二)妇女与市场

以前的时候都是一个人去赶集的,到路上碰到熟人以后,就和别人一起去,但不会专门去找着人家一起去赶集。赶集的时候当然需要告诉我母亲一声了,就跟她说:"我去赶集了。"如果我母亲不让我去的话,那我就不去了。我们那个时候赶集也说不上来都是买些什么东西。出嫁以后,我要是去赶集的话一般没有告诉过我的丈夫。以前的时候,我家里面就是一直种棉花的,嫁到这里以后,家里面没有铺盖,后来就是一直种棉花,就是开始织布。那个时候的织布机就是做出来的,让木匠给做了一个织布机。那个时候虽然花钱,但是也得织布啊。织好布以后就是自己买颜料来煮,那时候有染坊,也会去染坊染布,染红色的就买红色的,染绿色的就买绿色的。我们以前那个时候买东西,有一段时间是用票买的,有布票、粮票,很多,那也是一段一段的。我们以前穿的衣服都是自己做的,就是织起来的布,白色的布就去染坊里面染一染,有时候也去污泥里面浸一下,把布变成黑色,这样不用掏钱,要是去染坊的话就还得花钱。

五、农村妇女与国家

(一)认识国家、政党与政府

解放以后就宣传男女平等了。村里面有专门的学校,我们是家里面没有钱才没有去上学,到任何时候都有学校。没有钱的话,就是去上两天民校,晚上没事儿的时候就去学习一会儿。我的名字是在上民校的时候学会的,现在都忘记了,以前的时候还能记得些。在民校的那个时候也是学书的,那也是教书的,现在已经记不清学的是啥东西了。

我听说过孙中山,但是记不着是怎么回事儿了。我知道打老蒋,但是不知道人家的名字,倒是都听说过。那个时候就是一直开会的,肯定知道,但是现在都不记得了,不知道是怎么一回事儿。我知道国民党,但也不知道具体是怎么回事了。我记不住现在国家主席的名字,问过人家好多次,但是就是记不住,就是只记得毛主席的名字。

我家叔伯兄弟就是党员,党员就都是积极户,做什么都是在前面,那人家就成党员了。党员和我们这些人都是一样的。我参加过村里面的选举,参加选举就是投票的。反正就是都在那里开会的,就是去大队开会,也在街上开会,说不上来会去哪里。

我没有裹过脚。裹脚的时候,我家正好房子被点了,我娘就不让裹脚,成天是这里跑、那里窜的,害怕把脚裹了以后就不能走了。以前的时候就都是裹脚的,但是到我们那个时候就不怎么紧了,人家也是查的。村上也是一直在查,看看谁裹脚了,谁没有裹脚,那个时候就不叫裹脚。裹脚的话人家就要罚钱了,就不让裹脚,我就没有裹脚,一次都没有。我们同年纪的也有裹脚的,裹脚后如果被人发现后,人家就要嚷你了。我以前就都是长头发,没有剪过短头发,后来才剪成了短头发。就是后来流行这个学生头,才剪成了这个短头发。那个时候都是要剪什么头发就都剪成什么头发了,那会儿就是咱们都在一起不错,看着你剪得短头发不错,我也剪个吧。那时候也是开会宣传让剪成短头发,要怎样就都怎样。

民校里面的老师就都是门口的人,都是门口那些识字的人,都是邻家,不是什么老师。像姚村就是四道街,一条街一个民校。下陶村就不知道了,就是小的时候在姚村上的民校,来到这里以后就没有再上过民校。我一般就不和村干部打什么交道,就是有什么事情的时候才去找他们。那会儿的时候可能也有女干部。我家的亲戚里面就没有当干部的。我听说过妇联会,妇联会就是妇女们组织的,就是组织起来,她管做什么,就相当于当了一点家。我是来到下陶村以后才听说的妇联会,但是我没有参加过。

(二)对 1949 年以后妇女地位变化的认知

我没有听说过"妇女能顶半边天",以前的时候就说不上来有没有儿媳妇儿虐待婆婆的,听说过,但是没有见过。以前的时候,都是婆婆管儿媳妇儿的,不过也有厉害的儿媳妇儿打婆婆的,不过我们身边没有。解放以后妇女的地位反正是都不赖,妇女都能出门,也不说这个。

(三)妇女与土改

土改的时候也有斗地主的,那时候也是说事情的,就像这个恶霸之类的,都是欺负穷人的。开会也是让人们提意见的,就是说他苛刻这个穷人家。那个时候是男人和女人都斗地主,就是把男女都召集在一起,都在一起开会。当家的一喊,一说这个事情,一举手,就开始了。

土改的时候,没有地的话就分到地了,我家那个时候有地,没有分到,后来就又分给我家地了。出嫁以后我家的地不能带到婆家这边,哪里的地就是哪里的地,那里的地就是那里的地,这里的地就是这里的地。娘家那边的地就是娘家那边的,婆家这边就是婆家这边的。

(四)互助组、初级社、高级社时的妇女

我家那个时候参加互助组了,互助组就是在一起合着干活儿的,就像是说咱们几个人一组,就是看看谁那一组做的活儿比较好,团结得比较好。组成互助组的都是一片一片的人,就是说你们这一片儿几个人组成一个互助组。互助组的时候,我就已经出嫁来到这边了。在互助组的时候也就是跟着去干活的,就是年轻人和年轻人一起,做得好的话还会表扬你,看看哪个组里面种的地比较好,长的粮食比较多,就表扬一下人家。那个时候也有人不愿意参加互助组的,不参加就是还种自己家的地,参加的话就是几个人合在一块儿,你给我家种,我再给你种种。

我可能就是在二十多岁的时候参加的互助组。初级社和高级社的时候,就都把土地和生产工具这些都交上去了。那个时候就不管你愿不愿意上交,不愿意也得给,愿意也得给,人家就是这样规定的。入社以后也就是去地里面干活了,任何时候都得去地里面干活儿。我没有当过干部。在社里面的时候,男人和女人干的活儿一样,要去干什么,就都去干什么了。挑粪的话就是要挑都挑,男人们去挑,女人们也去挑。我们那个时候都是去姚村供销社挑粪,那里的粪不需要掏钱,白用人家的。那个时候就挣分来说,男的挣的分多,女人挣的分少,虽然做的活儿一样,但是挣的分不一样,男人的分比较多。那个时候的粮食就是看人家一天让你吃多少,就是这样分的。比如说一天让你吃七两粮食,那就是半年吃多少,一年吃多少。粮食就是一年分两回,五月分一回,秋天分一回。在社里面的时候,小孩子们就在家,大点的小孩子就把他放在家里了,小的孩子就找老太太来看,就是去不了地里面的人来看孩子,能去的地里面就让她在地里面干活儿,以前的老婆婆们都裹着脚,去不了地里。我们那个时候也说不上来一个月出几天工,都忘记了,一天就是七八分工。那也说不出来一个月得去多少天,反正就是得一直去,要是天下雨的话就不能去的,就说不上来,有时候下雨也得去,就是看做的是什么活儿。

(五)妇女与人民公社、"四清""文化大革命"

1.妇女与劳动、分配

吃大锅饭的时候也是一个人给多少饭,就是舀水的那个瓢,大人是一瓢,小孩是半瓢,再小一点的小孩就是半瓢里面的半瓢。男人跟女人给的饭量是一样的,反正男的是一瓢,女的也是一瓢。织布、纺花和缝衣服都是女人们干的活儿,男人们哪里会?那个时候不纺花、织布去穿什么,那时候就没有卖家吧,你哪里有钱去买,一年就挣不了人家多少钱,做一个工才两毛五或者是两毛,一天挣人家一个工,就才两三毛钱。犁地和耙地这些技术活儿都是男人做的。锄地的时候,男人和女人都是一样。在队里面的时候就说不上来是男人多还是女人多,我也忘记了。生产队里面的队长也有男的,也有女的。下陶村还有女队长,有的女人比较能干,就叫人家当队长啦,反正就是谁能干就让谁当。那个时候就是谁识字就让谁记工,也是找的人,看一下让谁来记工。搞钢铁的时候,女人和男人就都去了。搞钢铁的时候我就在家里面,没有去,那时候我的孩子们还比较小,走不了,搞钢铁的话就得一直在那儿。村里面搞钢铁就是在东边的石村,那时候我有了小孩儿了不能去,得人家没牵挂的去。去那里搞钢铁也是要几个人去几个人,不是都去的。

土地还是自己种比较随便,别人一起种的话不怎么随便,让你干什么你才能干什么,让你吃你才能吃,不叫你吃你就不能吃,自己种的话,想吃什么就吃什么,还是不一样的。

2.集体化时期劳动的性别关照

在队里面的时候如果生小孩儿了,不能在家看小孩儿,不过有事情的话也是可以请假的。如果女人来例假了,也没有人管你,那个时候谁还敢说这个事情?那个时候可不敢说自己来月经了,谁要说出这个来还让人家笑话呢!就是该怎么干活儿还怎么干活儿。就不当这个是一回事,那个时候谁还能不生个病啊!生病以后就没有请假的,就不去看病。在队里面的时候,家里面的小孩子是集体找个人看,不是在一起的,就是这个老婆婆给这一家看孩子,那个老婆婆给另一家看孩子。

3.生活体验与情感

在食堂的时候就是找做饭的人,有男的,也有女的。那个时候就是一吹哨就都去打饭吃了,都是取了一个家伙事儿①去那里打饭吃,打上饭以后就都去街上吃饭了。后来又有了大饭厅,就去大饭厅里面吃饭了。到任何时候都是自己做自己吃好,吃大锅饭的时候,就是有的人吃不了,有的人不够吃。有的人跟做饭的关系比较好,人家给你舀了一瓢,满满的,有的人跟人家做饭的关系不好,人家就不给你舀满,反正人家就给你舀了一下,去哪里心里有数啊,人家倒得多的话你就多吃点,倒得少的话你就少吃点,你还能说人家什么吗?六岁的人就是半瓢,三四岁的人就是半瓢里面的半瓢。灾荒年间的时候,家里面的粮食当然都是先紧着家里面的男人吃啊!男人们做的活儿重,重活儿都是让男人们去做。我们还去逃过荒呢,就是逃荒要饭。路上就是要饭吃,到那里以后给人家纺花挣人家一些米。我侄子在那里打铁,我们就是有住的地方。

4.对女干部、妇女组织的印象

我们那个时候当然有劳动模范,很多,劳动模范就是劳动好、脾气好。那个时候对劳动模范没有什么奖励,就是说说他劳动好,这就是奖励。我也忘记有没有什么奖励了。我们在的那个队里面的干部是男的,没有什么不公平的。

5."四清"与"文革"

"文化大革命"的时候就都得参加,不管大人小孩就都得去,成天锁着门子,就跟开会一样,得成天去。我们到那里以后就是开会,听人家说。

(六)农村妇女与改革开放

土地改变了好多次,我在下陶村分到土地了。分到土地户就有土地证了,分到土地以后就有土地证,没有土地证怎么能说明土地是你的?有土地证才能是你的地,一家一个土地证,土地证上面写的男人的名字。这些事儿就都是人家男人们管的。我平常会看电视,但就是看热闹的,就是这样消磨时间的,我不知道什么是上网,平常也不会打电话,我又不会接。像我们这个年纪的耳朵都聋得不行了,还玩什么手机呀。

六、生命体验与感受

现在到是好时光,就是难受得不行,身体不好,现在就是吃现成的。过去的事情就都忘记了,况且一直这样来回变,就都忘记了。我平常没事儿的时候,身体不错的时候也出去坐坐。

---

① 家伙事儿:指盛饭器皿。

TPR20170102WXC　王秀婵

调研点：河北省邢台市隆尧县尹村镇西侯村

调研员：田培睿

首次采访时间：2017 年 1 月 2 日

受访者出生年份：1935 年

是否有干部经历：否

是否生育：是

受访者结婚的时间节点、生育子女的具体情况：1950 年结婚；1953 年生第一个孩子，共生四个孩子，两个是儿子、两个是女儿。

现家庭人口：2

家庭主要经济来源：养老金

受访者所在村庄基本情况：西侯村为普通村庄，距离县城 10 千米，全村面积 2.93 平方千米，其中耕地约 2.5 平方千米，人口 3014 人，系平原地带人口密集区，以种植业和养殖业为主，兼有加工业和人力输出。

土改之前，全村共有耕地约 60 万平方米，全部为私人占有。其中土地占有量超过 1 万平方米的有 5 户，少地农民与自耕农较多，约三成农民无地，靠做雇工维持生计。在人民公社时期，西侯村隶属大霍公社，下辖 14 个生产队。现西侯村辖 6 个村民小组，其中田姓为主要姓氏，约有 2550 余人，其次梁姓有 150 人左右，孔姓有 150 人左右，王姓有 130 人左右，除此之外还有一些其他姓氏，刘姓、胡姓共计 30 余人。现西侯村村委会干部 5 名，党员 6 名，村党支部书记与村委会主任"一肩挑"。

受访者基本情况及个人经历：老人生于 1935 年，十八岁和老伴儿定亲，十九岁结婚。生有四个孩子，两个儿子、两个女儿，现都已成家立业，且已分家。访谈时，老人和老伴儿独自居住，除因有多年风湿双腿移动困难外，身体整体状况良好。孩子们非常孝顺，访谈当天下了大雪，二儿子主动来家里帮助父母扫雪；得知近期老人一直咳嗽，二儿子特嘱咐在天津市当医生的儿子寄回药物。老人平时生活主要依靠国家养老金和孩子们一年一度给的养老金。

老人大半辈子没有好过的日子，从结婚开始，到了婆家，婆婆早就没了，公公病着，家里特别穷，老伴儿管地里的活儿，家里的事情都是老人干，手里没有攒住过钱，也没有穿过好看的衣裳，家里经常都是困难，一家人都很节省，养活了这么几个孩子。老人觉得活了一辈子挺累得慌，年轻的时候娘家和婆家都穷，在婆家过了一辈子的穷日子，从来没有时间歇一会，或者去哪里转一转，都是闷在家里，干了这个干那个，一直都很累。现在好多了，什么都能吃上了，也不用干活，什么也不缺，现在比以前好多了，吃穿都有，老伴儿身体也好，孩子们也都有出息，生活条件也好，这时候就挺幸福的。

一、娘家人·关系

(一)基本情况

我叫王秀婵,今年八十五岁。这个名字是我自己改的,最开始我爹娘给我起的名字叫王春田,大了结婚的时候我觉得不好听,就改了名字。其实就是瞎叫的,没有什么意义。最开始叫"王春田",是我爹娘给起的名字。早先的时候也不讲究名字得有啥意义,老辈子的时候爹娘愿意给起个什么名字就叫什么,我们那时候没有讲究。我们那时候没有人管这个,想叫什么就叫什么。我没有姐姐和妹妹,就是有三个兄弟,三个兄弟都是爹妈起的名字,孩子一生下来的时候,一家人都在跟前看着,大家讨论一下哪个孩子给起个什么样的名字,当时就是这样。我有三个兄弟,一个叫春明,一个叫锁成,还有一个叫小院。三个兄弟的名字中间的这个字都不一样,不按辈分儿起名。最开始我叫王春田,也不是按照辈分儿起的。

我是1931年出生的,小的时候我们家地少,差不多得有十亩地。当时我们这些闺女们什么也不管,平时就是在家里纺线、织布,连地也不去。土改的时候我家里是贫农,家里挺穷。我们家一共四个孩子,只有我一个是女孩儿,我上面有三个哥哥。家里的兄弟姐妹没有抱养的,我们家的孩子都是亲生的,我们都是同一个爹娘。

我十九岁就出嫁了,那时候我婆家一共有二十多亩地,土改的时候我们家是中农。我老伴儿兄弟姐妹一共四个,有两个姐姐还有一个兄弟。这四个人都是亲姊妹,没有抱养的孩子。

我生了四个孩子,两个儿子、两个闺女,养活了这四个孩子。第一个孩子是1953年出生的,我生第一个孩子的时候就是二十二岁。

(二)女儿与父母关系

1.出嫁前女儿与父母关系

没有出嫁以前,我娘家都是我爷爷管事,我爷爷管钱。我们家不分内当家还是外当家,内外当家的都是我爷爷。我奶奶从我记事开始早就没了,我爹跟我娘那时候年轻,家里的事情都不做主。像当时,女的没有当家做主的,只管吃了饭就干活儿,家里有什么事情,我们当女人的也不过问。反正我们家是穷家,大财主家是不是这个情况就不知道了。那时候我们家都挺老实,也不打架,也不抬杠,也不串门玩,就是干活儿和歇着,没有出去转悠的。要是没有老头了,那就由儿子当家。一般只要是老爷子还活着,那就是老爷子管事,老爷子没了,就是家里的儿子管事。我娘从来都不管事,整天乐乐呵呵的也挺好,有人管事有人操心,不管事也轻松。三个哥哥当时都是孩子,只管在家里干活儿,家里的事情都是老人做主。

我没有上过学,平时都在家里纺线、织布。我们家里条件差,孩子多,供不起我上学。三个哥哥他们三个都上学了,不过都是上了两年就不上了,紧接着就下地耪地①干活儿了。哥哥上学的时候,村里就有小学。我爹妈也愿意让我上,不过家里的条件不够,孩子们不能都上学。老人也不愿意让我上学,就是让我纺线、哄孩子。当时大部分人家的孩子都是上不了学的,除非是人家地主、富农的家庭,有供孩子们上学的条件。所以我不上学也不羡慕,当时没有上学的女人多了去了。村里有女孩子上学,但是能上学的女孩子家一般条件得好,得趁钱才行。庄稼主的女孩子没有那样的条件。女孩子读书一般都是财主家的孩子,财主家里雇一个老师到

---

① 耪地:用锄翻松土地,指干农活儿。

家里,然后教女孩子学知识。当时不会说上学有用还是没用,男孩子就让他们学两年,女孩子就在家里待着,稍微大一点了就教女孩子纺线、织布,在家哄孩子。解放以后,女孩子上学的就多了。不过我一直都没上学,就是在家帮着大人干活儿。

别人家我们不知道,我们家男女都是一样的,穿是一样的,吃也是一样的,都是一家人,没有区别。我妈给做完饭以后,我们就挨个去舀饭,然后自己就开始吃,没有谁专门管舀饭、端饭。要是我们这些孩子比较小的话,老人给我们舀饭,怕我们烫着。等我们大了就可以自己舀饭。第一个一定是给老人吃,孩子们盛晚一点,然后大家就一起吃。当时我们都是炕,把饭桌放到炕上,老人在上面坐着,孩子们在下面坐着。我们几个孩子都一样,都是在边沿上吃饭。爷爷奶奶和爹妈在炕上。老人坐在最里面,孩子们在最外面。我妈要在外面,方便给添饭。那时候我妈添饭,后来我大了,我也帮他们添饭,肯定是不能让老人去添饭的。谁先动筷子没有要求,我们都是庄稼主,没有太多的礼路,谁先吃都可以。我们过年过节都不添衣服,就是织布机织布以后染一染布,自己裁一裁、剪一剪,然后给大家做成衣服。男孩和女孩都一样,染了布就都给做衣裳,没有偏向。通常先让老人们穿,谁家都是先给老人弄,要把老人打整好。小时候过年我们也有压岁钱,但是很少,也就是给几毛。儿子和闺女的压岁钱都是一样的,给闺女多少就得给儿子多少。

我们这里过年的时候时兴给本家的拜年,小孩子一般都不用拜年。如果是结了婚的媳妇儿要去给别人拜年,没有出嫁的闺女不拜年。没成家的儿子要是大一点了,也要去拜年。当时要给爷爷、奶奶和叔叔、伯伯拜年,我爹娘都要去。要是家里来的客人多,就得再放一个桌子,桌子上要放一样的饭菜。要是家里来的客人少,一般孩子们在一边吃,也吃同样的饭。如果家里没有老人了,那女的可以上桌跟客人一起吃饭,要是有老人,一般紧着老人跟客人先吃,然后自己在另一个桌子上吃。有客人的时候大家都在一起吃,没有男女的区别,就没有那么多讲究了。走亲戚两个人都可以去,比方回娘家,孩子和大人都可以去。要是去别的亲戚家,父亲可以单人去。要是父亲不在家,母亲也可以代替去。我记得当时我们这些孩子也可以代表去,串亲戚的时候没有什么规矩。大一点的家庭礼路多,可能我说的这些就不适合人家了。要饭的情况什么时候都有,要饭的有男的也有女的,挨饿的时候我还去要饭了,转了几家,比较好一点的人家还给了我大窝窝头,有的人家不好就给我红薯片,什么样的人都有。孩子们小,不让他们出去要饭,他们也要不出来东西。

大家庭的人家会给闺女立规矩,我们这样的小家庭没有规矩,什么时候都可以随便出去玩。我们小时候跟邻居家的小小子经常在一起跑着玩,跟本家的也可以,外家的也可以。

在娘家的时候,反正大家都是在一块土地上干活儿,我和我妈就在家里管家里的活儿,有空了就纺线、织布。我爹没有做过买卖,从开始就是种地。哥哥也要跟着我们下地,能干什么就干些什么。穷一点的人家不重视上学,就是注重种地生活。要是家里的活儿多了,忙不过来了,就让他们帮着干,要是我爹能干的过来,一般也不用他们帮。财主家生活条件好,闺女们都不用干活儿,儿子们也不干活儿,家里还有人伺候着。财主家里下地干活儿没有可笑话的,人家财主家根本就不干活儿,都是在家里享福。一般点的人家,女的下地干活儿的少,一般就是在家里纺线。我那时候家务也要干,哄哄孩子,然后织布纺线。哥哥们他们不会,也没什么需要他们干的家务。他们下地干活儿回来,还要去打场,晒粮食,乱七八糟的活儿就没有断过。我十五岁的时候我妈就教会我纺线了,那个也没有什么技术,女的都会。织布我也会,十五岁就会。一般一点的鞋和衣服都会做,要求高一点就不会做了。当时这些手艺都是我妈教给我的,那时候没有女人不会干这个,全靠这个来生活。织布纺线、做鞋、做衣服都是为了我们家人穿。如果织布多了就卖掉换钱,要是少,谁的衣服和鞋坏了谁就用,没有礼路。一天能织布多少小时,没有具体的时间安排,早上吃了饭收拾收拾就开始织布,中午吃了饭后歇一会儿,下午没事了继续织布。一年能织布多少匹这个就没准了,有时候织的多,有时候少,一年怎么着也得5匹布。能做多少双鞋也没有数量,什么时候鞋穿坏了就做新鞋,每年做多少双不固定。入社就不织布了,就是每天在队里干活儿。入社以后大家都不织布了,挣了工分就能花钱。

一般都是妈管着闺女,教会闺女纺线织布。爹管着几个儿子,每天去地里干活儿的时候都带着他们,地怎么种,这些种庄稼的经验都要交给他们。孩子们也都知道听妈的话,不用妈刻意教。

2.女儿的定亲、婚嫁

我定亲是媒人当时给我们介绍的,当时说让我们见一面看看,要是愿意了就定亲,不愿意就拉倒。我娘家就是这个村的,我们家住北头,我婆家住南头。我们都是一个村的,两头的父母也都认识,媒人也就是说我老伴儿这头有弟兄两个,别的什么也没有说。老人都是我认识的,也就不用介绍,我们都知道。我嫁过来的时候婆婆早就不在了。当时的闺女们对婆婆的要求都不一样,我那时候对婆婆就没有要求,不巧嫁过来的时候人家就不在了。人家媒人爱说话,愿意给我们撮合撮合,就是这样说成的,说媒的也没有报酬。媒人都是双方都认识的,她也不能偏向哪一方,也得是为了两方都好。那个时候定亲什么仪式都没有,就是凭一句话,问愿意不愿意,要是愿意就算是准了,帖子、八字什么都没有。也不用合八字,我们没有找人合八字,我们觉得挺痛快,直接就办了。

那时候也有一点彩礼,当时给了两个小戒指。人家富主家里的彩礼就多,我们这样的穷家彩礼就少,意思一下就行了,一般都是这样。也有主动要彩礼的,也可以要,但是条件差,要彩礼也多不了。定亲的双方家长没有见过,当时我婆婆早就死了,一个村的乡亲谁也认识谁,也不用见。没有问我的意见,就是父母给做主,爹娘愿意就算定下来了,我们孩子不能挑。我也没有不满意,那个年代谁家闺女出嫁也不用跟孩子商量,只有大人给做了主,这门亲事就算定了。我们就没有换帖子,一直到成亲的那一天我才见到我老伴儿,这才是见的第一面。反正听老人的话,老人说行就行,我也愿意听老人的话。当时村里也有不同意出嫁的,人家闺女自己不愿意也可以,这就得看是什么样的家庭,看最后是父母自己做主还是孩子做主。

两个人定亲了,有一方死了这门亲事就算拉倒了,另一方不需要去祭拜,没过门就算没事了。已经给了彩礼另一方去世了,我没有经历过这样的事情,所以我也不知道用不用退彩礼。如果反悔的话,给的彩礼还有其他东西就不退给男方了,这门亲事就算没有成,别的什么也不用做。反悔了,媒人要在中间说和一下,要是没有调解好,那也就算了,给女方的东西也就不退还了。定亲以后的两家不走动,什么时候结婚两家才会走动。结婚以前,没有女婿到女的家里看丈母娘和老丈人的,都是结婚以后来家里走亲戚。

那个年代结婚前都不见面,而且我们俩是一个村的,谁也知道谁,也不用见面。结婚的时候我倒是不记得有婚书,就知道口头说了愿意就算亲事定了。我们那时候还是晚上坐轿来的,我换了一身新衣服,梳梳头,脑袋上带了一朵花,别的讲究也没有。走动比较近的几个娘家人来送亲,来了以后吃一顿饭。什么样的人不能送嫁不讲究这个,主要都是亲近的人来送。出嫁的时候,我爹妈就是说让听家长的话,让干嘛就干嘛。结婚的时候那时候穷,也就是请了三四桌子人,当时来往的人家穷,不用叫多少人。只叫了几个本家的亲戚,人家给出几块钱的礼钱,然后晚上在我家吃一顿饭。结婚的时候爹娘也要给我买一点嫁妆,但是不多,买一件衣服,买点壶和盆就是嫁妆。娘家不陪送,婆家也不会挑理,两方条件都差,谁对谁也没有要求。刚嫁过来的时候,因为我们两家离得近,没事的时候我哥哥他们也会转过来坐一坐。我们那时候讲究结婚第三天必须回娘家,回家什么东西也不拿,在家里坐一会儿就行了。不带女婿,自己回娘家待一会儿,也就是这样。我一辈子都没有过生日,当时家里很困难,过不起生日。

解放以前听说有童养媳,但是我没有见过这种情况。我那时候也不经常跑出去玩,我没有见过人家是怎么结婚的。年轻时候我没有见过换亲的,当时我很少出去串门,人家为什么换亲我不清楚。倒插门听说过,但是我没有见过谁是倒插门的。我听说倒插门以后生的孩子要跟妈的姓,家里头都是老人当家,倒插门的女婿不能管事。二婚是有的,一般如果这一家的男人死了,这样媳妇儿有可能就会二婚。二婚的人家男的连彩礼也不给,好多都不招公婆待见。

3.出嫁女儿与父母关系

女儿回娘家没有什么风俗,什么时候想回去就能回去,但是过年的时候不在娘家吃饭。我们都是一个村的,一般在娘家吃一顿饭就回来了,不在娘家住。另外,那时候我婆家只有我一个女的,我还得给老人做饭,连我都不住娘家。闺女不拜墓,上坟什么的都是男的去。什么节日我也不去娘家过,但是别人家不是这样,人家什么时候想去都能去,但是我家里的事情多,只有我这个妇女管,我走不开,我一般去娘家转一圈赶紧就回来。嫁出去以后,娘家的事情我什么都不管了,上面有哥哥,他们做主。就是忙了的时候我回娘家帮忙干点活儿,别的也帮不上。我娘家也很困难,什么时候也没有办法接济我们,只能各顾各的生活。那时候女的都不敢跟男的打架,都挺好的,能吃口饭就不错了,谁也不争执什么。爹娘都不愿意孩子们吵架,谁都愿意孩子们生活得好。那时候的老百姓也都很简单,每天下下地,回家吃吃饭,生活都困难,也没有别的心思。很少听过有人离婚,在我们那个年代,我们都觉得好的家庭没有人会离婚,离婚是一件丢人的事情,都是有不好心思的人才会离婚。平时两方(娘家、婆家)农活儿忙了都要帮的,我这边活儿多了,我哥哥们来帮忙干干,娘家活儿干不过来了,我也过去干一点。比方说今天谁家更忙,那就去帮。回头另一家忙了,互相帮衬着点,不在乎谁先给谁干,就看当时谁家的活儿着急。娘家的亲戚和婆家的亲戚都差不多,都是亲戚,我们上他们那里去,他们也经常上我们家来,平时都要来往的。出嫁以后,父母的财产闺女一点都不能分,不是我在告状说不给,别人家也是,出嫁的姑娘都不能分。没有儿子就给女儿分,那时候一般都有儿子,谁家至少也有一个儿子。嫁出去的女儿平时回家看看就可以了,养老主要还是靠儿子们。父母看病闺女不摊医药费,我的父母生病的时候,我就经常回家看看,不拿钱。父母去世了,儿子要负责办丧事,闺女就是回家尽孝、行礼,办丧事的事情都不用管。儿子都是下葬前摔盆的,闺女就是在后面哭一哭。清明的时候我们家都不上坟,闺女就是买一条一条的白纸挂到树上纪念一下,不用去上坟。七月半的时候也不上坟,我们一年就清明的时候纪念一下,别的时候都不去。上坟就是当儿子的一家去,闺女们都不用去,相当于嫁出来的闺女就不用祭拜了。

(三)出嫁的姑娘与兄弟姐妹的关系

出嫁以后跟娘家兄弟来往一直都很多，我哥哥们岁数也就大了，腿经常疼，他们的行动不方便，平时都是让孩子们来，不过节的时候，时不时来家里待会儿，要是过节都会带着礼物来。一般不过节都不买，要是过节的话两方走动都要买礼物。空手去村里人也没有人笑话，不过自己觉得心里不舒服，平时都不买了，过年过节再不给爹娘买点东西心里就过意不去。大事小情都不用跟闺女商量，他们自己就办了。兄弟跟父母分家也不需要闺女参加，闺女就是平时瞧瞧爹娘，具体的事儿都不好掺合。我们家出礼金的时候，一般都一起商量商量，要不然有的多出，有的少出不好看。没有钱的话跟他们谁借都可以，谁有钱也会借给。爹妈跟哥哥分家后我很少住娘家，一般都是当天来回。我没有姐妹，只有哥哥，没有爹妈以后都是去哥哥家，也没觉得有啥不方便，一年也去不了几次。我那时候也没跟我老伴闹矛盾，有什么事情都是商量着来，不用娘家给费心。我们几个哥哥对我爹妈都挺好的，我们家没有不养老人的情况。我闺女和儿子结婚不用跟舅舅商量，都是我们自己决定的，他们结婚当天来串亲戚。我们一般都是正月初三回娘家拜年，也就是第一年回娘家拜年了，之后都是正月初一那一天去给娘家拜个年，带点礼物，给爹妈送一点钱，不吃饭就回来了。回娘家拜年给我爹妈拜一拜就行了，别的人都不用拜。要是家里有事不能去拜年也可以不去。就是第一年的时候我们一起回娘家拜年，第二年以后就是女婿去拜一拜。要是爹妈不在了，有哥哥、嫂子，女婿过去拜个年就行了。我只有哥哥，我们几个哥哥都来往着呢，关系挺好。现在几个侄子年年都来，给我买好多吃的，花好多钱。

二、婆家人·关系

(一)媳妇与公婆

1.婆家婚娶习俗

结婚的时候我婆婆已经没了，有个老公公，过了几年也不干活儿了，还有我老伴儿他们哥儿几个，家里条件挺差，都是一个村的，情况我都知道。定亲什么仪式也没有，连帖子都没有，也没有摆酒席，全靠口头一句话。男的不迎亲，我就是晚上坐着娇子来到了婆家。我不记得有跨火盆，当时我们拜堂了，拜天地，具体是什么意思我不懂，也没有别的仪式。主婚人就是一个本家的大岁数的人，人家在旁边看着，给喊一喊。结婚第二天不用给公公磕头，也不拜祖坟。

2.分家前媳妇与公婆关系

我们家是男的当家，当时是我老伴儿管家庭事务的，管钥匙、管钱也是我老伴，当时我老公公就不管事了，下面的一个兄弟岁数还小，什么事情都是我老伴儿管。家里挺穷的，也没有钱，平时谁花的时候就可以拿。我们家里人少，我老公公身体不好，下不了床，什么事情都是我跟我老伴儿商量着办。结婚以后，老的老，小的小，家里就靠我们俩干活儿，下地主要靠我老伴儿，有时候我也帮着，家里做饭、洗衣服、纺线、织布全都是我，那时候就是瞎过日子。家外的事情一般都是我老伴儿出面，我基本都不出门，一个街道里的街坊好多都不认识。我老伴儿会跟我商量，当时也没有大事情，都是鸡毛蒜皮的小事儿，有意见就说说，一般我都不管。当时我们弟弟(指丈夫的弟弟)还很小，也没有娶媳妇儿，我没有妯娌。我原来的地都在娘家，没有带过来，收了粮食也是娘家的，我婆家这边也有地，我们有粮食吃。结婚的嫁妆就是两件衣服，别的家人也穿不了，我是想送人还是改成别的衣服或者怎么样都是我自己说了算。女的离婚了也能带嫁妆走。在家里纺花、织布都是一家子一起用，谁缺衣服了就给谁做。我们没有分家，家里人少，不用分家，一直都是一起过的。需要花钱的时候跟我老伴儿说一声就自己拿，那时候一般也花不着钱，衣服和鞋都是自己做的，吃饭家里有粮食，也不买别的东西。那时候没有攒私房钱的，那时候也没有办法挣钱，有了钱大家也是一块花。解放以后也没有变化，我们一家子都是在一起过日子的，钱大家也是放到一起，谁花着了就拿。

3.分家后媳妇与公婆关系

我们没有分过家，家里就是炕和破家具，也没有办法分家。我们当时就没有见过谁家有人离婚，过去的时代老百姓都不出去打听事情，管好自己的家就不赖。改嫁得跟家长商量，结婚是大事情，都得听父母的意见，改嫁的妇女一般都不会带走家里东西的。女儿能带走，儿子得留下。要是只有一个孩子，一般就不能带走。带走了的孩子婆家不管，只管留在家里的孩子。那时候女的没有出去帮工的，当时外面没有招人的，都是在家里干活儿。公婆老的时候，我们家就是两个儿子轮流着管。我觉得没有什么区别，不过我没有养过婆婆，具体我不清楚。只要不改嫁，家里的老人还得管。我们家老公公那时候没有办过大寿，当时一般没有过生日的，平时吃白面都很少，没有过生日的那个条件。

(二)妇与夫

1.家庭生活中的夫妇关系

我就是结婚当天才见到我老伴儿，没什么满意不满意，都结婚了，满不满意都没有什么变化了。结婚以后都不叫名字，一个屋里就两个人，谁也不用叫名字，该说什么就说什么。男的出去干活儿我老伴儿会告诉我，什么时候，他要去哪里干活儿，吃饭的时候回不回来，用不用等着他吃饭，都要跟我说一声。那时候就没有女的外出打工干活儿的，所以也谈不上商量。地位没有高低之分，一个小家庭，谁都很重要。解放以前，人家男的也会管着女的，不愿意让女的经常出去串门。之后可以随便出去串门，但是我很少出去串门，我腿不好，一般都是在家里。四九年以前听说有卖媳妇儿的，但是没有见到谁家卖媳妇。那时候政府不管卖媳妇儿的事，女的也没有能力反抗，只能被有的男的卖掉。卖了媳妇儿以后娘家人得要个说法，要是娘家人厉害，有的时候能把媳妇儿找回来。要是娘家人不厉害，一般就找不回来媳妇儿了。旧社会男的打女的经常有，虽然我没有看见过，但是我总听说谁家男的打媳妇儿了。我觉得那个年代都是顾自己家的日子，谁也不去笑话别的人家。孝顺的、能干活儿的媳妇儿就是好媳妇儿。旧社会女的都听男的话，听话的不一定是好媳妇儿，但是一般好媳妇儿都听男人的话。旧社会没有男的怕老婆的，都是男人当家，男的说什么就是什么。媳妇儿纺花、织布以后卖的钱都交给家里，自己一个女的也没有需要经常花钱的地方，钱都放在一起，要是需要花的时候可以随时拿出来。家庭买东西商量不商量都可以，反正都是为了家，想买什么都可以。四九年以前不商量也能去买东西，不一定得跟男的商量。解放前女的没有要求离婚的，都是人家男的休妻，媳妇儿被休了再嫁就不容易了，所以没有女的愿意离婚。

2.家庭对外交往关系

要是走亲戚，男的可以跟女的一起去，要是办什么大事情，一般都是男的出面。吃饭、送礼这样的人情往来就是男人的事。我们家里那时候从来没有来过客人，我结婚以后，解放以前，家里都没有待过客。别人请吃饭，女的不去，男的要是有时间，关系不错的话会去。不管男的在不在家,女的都不去参加。男人欠的债,不离婚的话,女的就得替还债。那个年代我们一般谁也不借谁钱,谁能凑合也不愿意欠人情。旧社会的女的都得听着老人的话、男人的话,谁也没有胆子敢胡来。再说那时候女的基本都不怎么出门,一个街道的都认不全,一个村的一大半都不认识。我就算出门也就是在一里地的范围,没有关系不错的姐们儿,他们知道我家里有个病的老公公,我平时不能经常出门,有时候姐妹儿会来家里找我坐会儿,但是我经常不出门,人家也不会经常来。

(三)母亲与子女的关系

1.生育子女

我二十一岁的时候生了第一个孩子,当时也要待客,就是满月的时候,孩子姥姥和姨姨、姑姑什么的亲戚会来,在家里摆两桌子饭,花几十块钱,大家一起热闹热闹,吃顿饭。生男、生女都给娘家报喜,等到满月的时候他们会来走亲戚。我没有带孩子回娘家住满月,说来说去还是因为条件差,家里头我走了就剩下他们爷三个,洗衣、做饭都不方便,加上我娘家就是这个村的,生孩子以后我都没有住过满月。我们的孩子们都没有过生日,也就没有什么区别了。那时候都喜欢小子,也没有计划生育的政策,谁家的男孩子都不少。我的孩子们都受过教育,但是那时候我和我老伴儿不是特别注重孩子们上学,我们的孩子没有上到大学的。不管男孩还是女孩,都上了没几年学,然后就都回家干活儿了。当时他们在家里挣不了钱,那时候也不能打工,在家里也就是下地、做饭,有时候捡捡柴火,谁也没有挣钱。

2.母亲与婚嫁后子女关系

孩子们成亲以后,我们跟孩子分家了,自己过自己的日子。当时我们在一起房子不够住,于是就说分家吧,分家以后各自争取都盖一处房子。分家也就是谁都拿一点盆子和碗就拉倒了,别的什么也没有。闺女们不参与分家,就是小子们才分家。孩子们结婚都是媒人介绍的,那时候不时兴自由恋爱。我闺女二十岁就定亲了,当时一般都是媒人来介绍,要是愿意的话就听,不愿意也可以自己恋爱。我儿女们结婚的时候就已经进入了新社会,那时结婚也开始讲究排场了,送亲的坐车把新媳妇儿送到婆家,在婆家热热闹闹地吃一顿饭,变化很大。这时候就多一点了,彩礼应该到不了一千块钱。当娘的给做几床新被子就得了,别的什么也没有。我听说现在结婚光彩礼就得几万块钱,还挑房子,还要买车。现在村里有没有入赘的,这个我不知道,我也没有听说。闺女嫁出去以后我们就不管了,她们自己过日子。我不爱去她们家住,结婚这么多年我一次都没有去过她们家,也没有吃过她们家的饭。

三、妇女与宗族、宗教、神灵

(一)妇女与宗族

我们这里没有祠堂,就是村子里有两个庙,本家没有同一个庙。早先我们这个姓有家谱、有家庙,不叫祠堂。家庙不拜年,也不祭祖,所谓的家庙就是有祖宗的牌位,写着几代传人。就是清明的时候大家一起在家庙里吃一顿饭,有钱的多出一点钱,没钱的少拿一点钱,大家凑钱一起吃一顿热闹饭。那时候一般一家就是去一个代表,女的好多都不去。等到我们结婚的时候就没有家庙了。

祠堂就是一个家族有一个庙,不是每个家族都有,也得看有没有负责人。我们家当时有一个家庙,还有家谱,有专门管事的族长,平时家里生了小孩就写到家谱上,添了新媳妇儿也要添进家谱,但是女儿都不上家谱。如果没有闺女的话,这一家会入赘一个女婿,闺女跟着人家在家里过日子,家里的财产相当于都是给闺女的。离我们家不远的一个人家,他们家就是两个闺女,后来入赘了一个女婿,也就是凑合着过日子。妇女只有闺女没有儿子也没人笑话,谁也想要个儿子,但是人家不生儿子也没有办法,这个是不能笑话别人的。闺女嫁出去以后本家的人不管,再说都是嫁出去的闺女了,没有去人家婆家管事的。

(二)妇女与宗教、神灵、巫术

每个月初一和十五的时候我们都去庙里烧香,我们村里村北是一个刘爷庙,另外还有一个庙不知道供奉的是哪个神仙。刘爷就是个小佛,不是大佛,传说很多年以前,刘爷经常在村里救助生病的人,死了以后升成了神仙。大家平时生病了,或者过节的时候会去拜刘爷。另外,我们家里也都供奉着神仙,像灶王爷。都是女的烧香,然后磕三个头。男的一般没有烧香的,如果男的想烧香也是可以的,没有什么规定不让谁烧香。我们家没有供奉土地公。专门求丰收、求雨的神仙这个是没有的,就是有几个家神,井神、车神、门神,还有关公。主要都是家里的女的祭拜,每逢十五和初一,春节的时候要连续祭拜三天。我不信宗教,就是庄稼主,每个月初一和十五的时候拜一拜。

四、妇女与村庄、市场

(一)妇女与村庄

1.妇女与村庄公共活动

当闺女的时候,村里有什么事情我都不参加,我在我娘家的时候经常就不出门。就是有时候村子里会有唱戏的,有时候我会去听,那也是不跟别人说话,看完戏就回家了。妇女是村干部的话才会开会,要是不是村干部就不去开会。村里开会干部会召集大家,女的可以去,没有人到家里动员,我没有参加过这类会议,保长和甲长都是谁我也不知道。村子里修路或者搞建设都是让男的出工干活儿,女的都是在家里。

2.妇女与村庄社会关系

我没有经常一起玩的女伴,主要是我那时候经常不在外面玩,除了干活儿就在家里待着,跟人家谁也不熟悉,偶尔有两个经常在家里纺线、织布的人聊会儿天。那时候有的结婚早,有的结婚晚,她们结婚的时候我们彼此都不送嫁。四九年前女的不出去干活儿,我不记得有请妇女到家里干家务的,解放以后有女的出去打工,村里有事的时候也让女的去帮忙。当时我们家的爹娘都比较内向,外面的事情都不管,也不让我们这些孩子们管外面的事。红、白喜事一般都是我老伴儿去,我要在家里管事情,去一个代表就可以了。平时主要就是我的姊妹们,有时候冬天不下地的时候来家里找我,我们一起纺线、织布,聊聊家常。

(二)妇女与市场

出嫁前就是我爹妈会去赶集,我们在家当闺女的都不出门赶集。那时候大闺女去赶集,别人会笑话的。结婚以后我经常去赶集,买点吃的、用的。市场上卖东西的男的比较多,也会有女的。在集上卖东西的都是外村的,人家不认识自己,不敢赊账。织布、纺纱的棉花是自己种,种了收棉花,然后弹棉花,织布以后自己用。自己用一小部分,省一大部分卖了换成钱,然后平时家里零用。平时买针的时候都是在村里吆喝卖的,我们就可以去买。有一段时间买东西都得用票,肉票、布票,还有粮票。我们到了供销社也就是买一点家里需要的生活用品。

平时的布票都不够用,只能省一点,少买一点。解放后来过了没多少年,就有卖洋布的了,但是得有布票,没有布票是买不到的。入社的时候我们家就不做鞋了。不过现在村里还有做鞋的,做的鞋穿着舒服,买的鞋都是塑料的。买东西的时候街里有吆喝的,有时候也去集上买,以后成立了供销社,什么都得去社里买,日用品都可以买到。去供销社买东西没有固定的时间,那时候都是随便的,想去就可以去。

五、农村妇女与国家

(一)认识国家、政党与政府

我不知道什么是国家,赶走日本鬼子以后,1949 年成立了新中国。没有人给我宣传男女平等。那时候没有国办的小学,都是几个人一起请一个老师,主要还得是有钱人雇老师,相当于是私人的。女孩子可以上学,但是家里条件好的,闺女才能上学,平民百姓家上不起。我不知道什么是国民党,我没有听说过孙中山和蒋介石,不知道谁是共产党,我心眼少,就算是年轻的时候听说过也忘了。我们家的孩子都是党员,我们的孙子、孙女都非常先进,所以才能入党,都很光荣。入党需要好多条件,满足条件才能入党,任何一个条件满足不了都不能入党。最开始的时候党员都是保密的,甚至自己家的老婆和孩子都不知道他的身份。我裹过脚,过了不知道多久,日本鬼子就来了,我们整天都是在外面跑着躲他们,后来家人也说不让裹脚了。我没有上夜校,我老伴儿上过夜校,但是叫速成班,40 天就毕业了。当时国家刚解放,村子里先让孩子们接受教育,当时我们村子一共有 40 个人参加了速成班,2700 多字在 40 天内得学会,学会以后让去外面的工厂干活儿。我是一个妇女,平时都在家里哄孩子,我们家里也没有事情需要接触干部,所以我都不知道谁是干部。解放以前有妇女干部,但是我都接触不到。我的儿子们当不了干部,他们都不是党员,也没有文化。过去的时候家里生的孩子太多了,社会压力就大,搞计划生育减轻了家里的负担,不然家里养不起那么多孩子。孩子少了,培养孩子的质量也好。现在算是进步了,虽然现在的女性也很累,但是生活水平和教育质量都提高了。

(二)对 1949 年以后妇女地位变化的认知

解放以后我知道有妇女会,就是不知道都谁是妇女会的。什么样的人才能入妇女会这个我就不知道了。四九年以来,妇女地位提高了,不过就算是提高了,我们感觉也不是很明显,因为我们都生活在村里,我又没有文化,什么事情也不清楚是怎么回事,有的时候就不会觉得地位有没有提高。主要就是新中国成立了,女的翻了身。男人打女人的事国家要管,村里的干部也要管,要是不管,女的很难反抗。

(三)妇女与土改

土改时我家是贫农,当时工作队不去家里,就算是来也是在村委会,他们没有动员我去参加土改。村里面开会都是爹妈去,我还小,我不参加。我记得我们家分到过一个大瓶子,深红色的,别的都没有分。我不害怕,也没觉得高兴,有什么事情都是大人做主,添什么东西我们也没有感觉。下地干活儿的时候经常看到地主,他们穿得比普通人家要好一点,人家不穿粗布衣服,有的时候会穿一穿洋布。斗地主的时候好多人拉着一个男的跑,女的也在后面跟着人家,但是打地主的都是男人,女人不能打地主。土改的时候贫农都可以分地,好像是一个人三亩地。

（四）互助组、初级社、高级社时的妇女

我们家曾经入过初级社，那时候全村都入社了，没有人家不入。跟我们一起入社的全村人都有，有认识的有不认识的，我们在队里头耪地、除草，什么都干。我们家里就是有地，农具也就是铁锹和锄头，这些都入社了，别的没有。我们大家一起干活儿，男的一拨，女的一拨，叽叽喳喳，都挺乐呵的。当时没有女队长和女干部，管我们的都是男干部。我们队里的人都挺好的，谁跟谁也不闹矛盾。在合作社，我们女的就是掰棒子、刨白薯，有时候也除草，我们干一点轻活儿，男的干重活儿。干重活儿的工分多，干的活轻了挣分就少。当时我大儿子当时就能干活儿了，别的孩子岁数小，就在家里跑着玩。刚上工了就去干活儿，下了工就弄弄家里的事情。人民公社的时候，吃了喝了就去干活儿，像大炼钢铁都是男人去干活儿，我们在地里管管庄稼。

（五）妇女与人民公社、"四清""文化大革命"

1.妇女与劳动、分配

人民公社的时候，不用动员，谁也得干活儿，农民不种地就没有别的事儿干。妇女就是种地，男的让他们炼钢铁。大块土地上一般种地的女的多，那时候闹运动，男的都被调走去炼铁或者干别的事情了。每家都有几分自留地，自留地很少，回到家稍微干一干就行，大部分时间都是在队里头干活儿。自己家干活儿的时候觉得比较累，那时候在生产队我们一起干活儿，有说有笑的，觉得时间过得也挺快，心里也挺轻松。同工同酬不在乎男女，只要是干一样的活儿，就挣一样的工分。生产队里分东西当时都是按照工分，有多少工分就分多少东西。我挣的工分能养活自己，还能养活别人，家里有余粮。

2.集体化时期劳动的性别关照

妇女生理期可以请假，可以不上工，不能欺负妇女，但是也就不给工分了。生了小孩儿的妇女也得不到照顾，上工就挣工分，不上工一天就没有分。当时我们队上有一个托儿所，里面有两个女的，他们给孩子们做饭，等到我们下工了就可以去接孩子。老人不上工了就在家里待着。

3.生活体验与情感

当时每一个生产队有个食堂，大家都在食堂吃饭，还有管理的干部。食堂里有专门打饭的，人家会根据每一家的人数分一分吃的。那时候就是按人头说，几个人头就打几个人的饭量，不管是孩子还是大人。那时候吃的饼子有时候热乎有时候凉，我们也没有办法。不过就是自己不用做饭了，下了工直接就去打饭，吃完以后就回家歇着，这样也省心。我们生产队里没有吵架的情况，大家都是邻居，住得很近，关系都不赖，没有打架的。

4.对女干部、妇女组织的印象

我不知道什么是铁姑娘队，我不记得我们这里那时候有过劳动模范，村里一般没有劳动模范，大一点的地方比如县城才有。

5."四清"与"文革"

"四清""文革"的时候我见过斗地主、斗干部，也知道"破四旧、立四新"，但是具体是什么来由我都不清楚了。我们家就是穷苦的人家，没有先进的人。也就是打地主和富农家才有被没收或者烧掉东西的情况。

（六）农村妇女与改革开放

我记得搞土地承包是国家的政策，都是国家领导他们决定的，我们是决定不了的。我还是更喜欢单干，土地在自己手里产量高。最开始在集体里干活挨过饿。土地证写的是我老伴儿的名字，不是我的。我们分地的那会儿是一人两亩地，后来一直没有分过地。我什么都不参加，村里的事都是老伴儿出头，我也不爱管。我老伴儿爱看电视，我有时候就跟着他看，有时候也听他讲国家政策，但是我都听不懂，不知道都是些什么。我不知道什么是网络。

六、生命体验与感受

我没有过好过的日子，从结婚开始，到了婆家，婆婆早就没了，老公公病着，家里特别穷，老伴儿管地里的活儿，家里的事情都是我干，手里没有攒住过钱，也没有穿过好看的衣裳，家里经常都是困难，一家人都很节省，养活了这么几个孩子。活了一辈子挺累得慌，年轻的时候娘家和婆家都穷，在婆家过了一辈子的穷日子，从来没有时间歇一会，或者去哪里转一转，都是闷在家里，干了这个干那个，累！现在好多了，什么都能吃上了，也不用干活，什么也不缺，现在比以前好多了，吃穿都有，老伴儿身体也好，就是我腿脚不方便，孩子们也都有出息，生活条件也好，这时候就挺幸福的。

TPR20170210WWJ　王五江

调研点:河北省邢台市隆尧县尹村镇西侯村

调研员:田培睿

首次采访时间:2017 年 2 月 10 日

受访者出生年份:1935 年

是否有干部经历:否

是否生育:是

受访者结婚的时间节点、生育子女的具体情况:1953 年结婚;1955 年生第一个孩子,共生四个孩子,前两个是儿子,第三个是女儿,第四个是儿子。

现家庭人口:5

家庭主要经济来源:务农

受访者基本情况及个人经历:老人生于 1935 年,十七岁和老伴儿定亲,十八岁结婚。生有四个孩子,前两个是儿子,第三个是女儿,第四个是儿子,现都已成家立业。老伴儿于 2000 年去世后,老人和第三个儿子一家生活在一起。

老人小的时候在娘家,因为姊妹多,经常少吃无穿。从结婚后开始,老伴儿外出当兵,老人平时既要管孩子,每天还得下地干活儿,干活儿回来还要管家务事,一天到晚忙个不停,那时候是最煎熬的。现在,孩子们也都大了,也都成家立业了,老人觉得自己很自由,什么也不缺,这就是最幸福的时候。

老人的性格十分开朗,身体也十分硬朗,平时爱在村里跟同龄妇女一起聊天,生活来源主要依靠国家养老金和孩子们每年的养老金。

一、娘家人·关系

（一）基本情况

我的名字叫王五江，我的名字是我爸爸妈妈给起的，这是我从小就有的名字。其实我这个名字是自来的，我一共姐妹六个，五个姐姐，一个妹妹，我排行老五，所以名字的第二字就是"五"。那时候我们家孩子多，我大姐是最大的，也没有人管，所以当时都叫她"舍子"，我二姐有人管，但是不是儿子，那时候就叫她"缺子"，我三姐叫"江子"，我兄弟是唯一的儿子，大家都很惯着他，他是正月十七生日，按照我们这里的风俗，正月十七是蚰蜒日，所以叫他"蚰蜒"，后来改名叫了"石永"。当时我是顺着他的名字叫的，叫"永江"，我妹妹叫"永琴"。知道我的名字叫"永江"的人很少，一般都是按照排行叫我"五江"。我哥哥的名字也是爹娘起的。当时我们几个姐妹的名字不是按辈分起的，有叫"舍子"，有叫"缺子"，有叫"江子"，我叫"五江"，也不是完全按照辈分起的名字，比较随意。

我今年八十一岁，是 1935 年出生的。小的时候我家里有十几亩地，我家里是中农，当时条件还算是不错的。我们家一共六个孩子，只有我哥哥一个男孩儿，我上面有四个姐姐，下面有一个妹妹。我家里的兄弟姐妹都是亲生的，没有抱养的，最开始的时候我母亲还生了两个孩子，但是都没有活下来，就扔掉了。我小的时候，我母亲说家里的孩子的太多顾不过来，想把我给了别人，人家来家里领我的时候，我二姐哭着不让，我二姐把我偷领着跑出去了，就这样，我没有被送给别人。

我那时候结婚是十八岁的时候，我记得当时是腊月二十七结婚的，紧接着就过年，过了年就十九岁。我婆婆家里地不多，但是人很多，当时我们家已经跟他兄弟分家了，光我们这边就有十几亩地，土改的时候是贫农。最开始我老伴儿的母亲生孩子的时候也是有一个孩子出生以后没有活下来，扔掉了。只有我老伴儿和村里向群的爹这两个孩子，这是亲弟兄两个。后来因为我公公跟庚寅的爹这两个人关系特别好，那时候时兴换亲，于是就把向群的爹和庚寅两个孩子换了换，于是我老伴儿和庚寅相当于亲兄弟。另外还有一个妹妹，这三个人就是兄妹三个。没有送给人孩子，也没有人给抱养过来孩子，一直到老就是这兄妹三个。

我生了四个孩子，生了四胎，三个儿子、一个女儿，一辈子就养了这四个孩子。生我大儿子的时候是二十岁，结婚两年后我就生孩子了。

（二）女儿与父母关系

1.出嫁前女儿与父母关系

没有出嫁以前，在我娘家，我爹跟我娘是家长，一般是我爹管事、管钱，要是我娘要花的时候就跟我爹要。以前也不提钥匙不钥匙的，家里也没有什么钱，不会用大柜子和大锁锁起来，一般就是藏在褥子底下或者哪里。内当家就是主管家里的琐事，外当家主要负责跟外面打交道的事情。当时我娘也挺厉害的，什么事情也能干，一般家里的事情都是她管，家外的事情都是我爹管。像当时，我爹的身体状况不是很好，一般不能干活儿挣钱，主要靠我娘，这样的情况我们就让女人当家。后来等到我哥哥年长了以后，能管家里的事情了，爹岁数大了，然后一直就是我哥哥当家。

我上过学，我当时在村里上了四年小学，高小上了两年，毕业后就不上学了。当时不是私塾，就是村里的小学。当时我们家孩子大，只有我和我哥哥还有我妹妹上过学，别的都没有，家里也没有供六个孩子上学的条件。父母愿意让孩子们都上学,但是家里的条件不够,并且家里活儿多,平时需要孩子们干活儿,所以不能让孩子们都上学。我父母说自己没有上过学,所以希望我们都能上学、识字,不当文盲。我小时候的成绩还不错,但是上学的时候还得经常抽空下地,当时觉得没有那么多的时间,加上我原本上学也比较晚,十五岁才开始上学,所以高小毕业以后就不上学了。

其实不仅是父母,连我们几个姐妹也愿意让我哥哥多吃一点好的,上面几个姐姐觉得弟弟小,愿意多照顾一点弟弟,我和弟弟觉得哥哥是要当家、下地干重活儿的,我们也愿意让他多吃一点。

跟外面打交道的时候有男女的区别,平时过年的时候我们这里时兴给当家的人磕头拜年,必须是家里的男孩子才能去,女孩子是不能去的。家里来客人的时候,大人们在一个桌席上吃,我们孩子们在一个桌子上吃,其实跟现在一样,都讲究这样的礼数,大人们喝酒、吃饭都不让孩子们上桌。只有自己一家人的时候,女孩子跟大人在一个桌子上吃这个是可以的,我们都在一个桌子上吃饭,没有说女孩子不让上桌吃饭。

我们小的时候也是经常在家外面疯跑,去这里玩,去那里玩,没有规矩不能随意出门或者在外面玩。稍大一点的时候也没有严格的规矩,那时候我们晚上还经常去上夜校,学写字、学读书。邻居家的男孩子,我们都是一起长大的,见了也得打招呼。

当时家里没有复杂的分工,只要能干活儿,主要就是种地,不像现在,男的出去干活儿,女的主要在家里干干家务,当时可不是这样,没有人专门在家里干家务活儿,地里的活儿什么也不管。不管是男的还是女的,吃了饭就去地里干活儿,等回来了女的做做饭,边做饭就把锅头边上打扫干净了,男的顺带扫一下院子,吃完饭歇会儿,紧接着又就干活儿去了。我哥哥不上学以后,也是经常跟着我们下地干活儿,最开始上学的时候,他很少下地干活儿,后来不上学了也是跟我们一样,我们干啥他也干,不会偏袒他,该干什么就干什么,能干什么就干什么。母亲那时候她还裹脚,但是也下地,锄苗、榜地都可以干。我也下地干活儿,我什么都会做。

不知道别人家的孩子们怎么样,反正我们家的孩子从小就挺听话,从来不会跟父母犟嘴或者怎么着,也不用父母经常教育。

2.女儿的定亲、婚嫁

我定亲的时候是我一个娘姨姐妹给介绍的,我记得我们换帖的那一天,我还说我不嫁,离娘家太远了,我说退帖,当时我娘姨姐夫就把帖子拿走了。说来可能是命,第二天我那个姐姐又把帖子拿过去了,当时我姐姐说她没有姐妹,她娘还得她养,她在婆家没有别的亲人,愿意让我嫁过去跟她做伴,后来我就同意了。当时的媒人就是我那个姐姐,我婆家的条件特别穷,当时我老伴儿经常跟他弟弟穿一双鞋。那时候倒是不提家里的条件怎么样,当时都会告诉家里头有几个弟兄,不说家里条件好赖。当时说我婆婆挺能干,但是家里很穷。我记得我结婚的时候我婆婆只给我做了四床被子,还有一床褥子,家里穷得叮当响。其实当时就是我跟我老头子见面了,人家别的人家成亲前,都不跟老头子见面的。当时是我姐姐愣把我叫过来,这样我才跟我老头子见了一下,不过从我见面以后,别的女的也开始婚前见面了。当时父母也不说什么,他们就是觉得我姐姐在这个村里,谁也不知道家里是什么样的情况。我小的时候经常在这个村里住着,我经常跟我姐姐伺候着她娘,村里什么情况我大概还是知道的。我定亲的时候就是换了换帖子。就连我结婚的时候也才花了一百多块钱,别的什么也没有。其实不光是我,当时的女的都是这样,主要是当时的经济情况普遍都差,有时候女的开玩笑说,自己还不如卖猪的钱多。

我们那时候有结婚证,换的帖子上面不是生辰八字,结婚的时候不用合八字,没有这个讲究。我结婚的时候基本上没有什么彩礼,我记得当时就是给了一百块钱。当时的彩礼没有什么等级,当时都差不多,主要大部分都是穷人。当时算是约定俗成的礼钱,娘家没有开口要,婆家自己就给了,我们也是觉得给多少就要多少。定亲时候根本不找人庆祝,就是换一换帖子,也就是定亲了。双方家长谁也没有见过谁,那个年代非常简单。那时候我姐姐老是去家里说,去的次数多了,我妈就没有了主意,最后就答应了。我不满意,但是人家愣把帖子留下了,我也没有办法了。直到现在我都还后悔,觉得太远了,回一次娘家太费劲。那时候的人也胆小,没有敢说就是不同意、就是不结婚的。换帖以后,我姐姐和姐夫来家里叫我,让我去我当时没结婚的对象家看一看。我还是没有见到过两个人定亲了,但是其中一方去世了的情况。当时是不时兴定亲后来往的,有的人家结婚以后两亲家也没有见过面。结婚前准女婿不能到家里见丈母娘和老丈人,那时候就是封建,结婚以后才能到家里。

当时结婚没有婚书,以前我们都叫传书,有一张纸条,是红色的书皮,我倒是不记得里面写的什么。结婚当天没有可讲的规矩。当时我结婚的时候就是在咱们的邻村山南上的马车,因为我的娘家离婆家太远了,要是从娘家上车当天来不及,我从山南村我一个姨妈家嫁过来的。当时我结婚,人家管事的告诉我,结婚当天不能上厕所,所以不能喝汤水,上车以前要吃几个鸡蛋,但是我不是从我娘家嫁出来的,当时也没人给我煮鸡蛋。那时候我娘家远,加上我结婚那天是腊月二十七,马上就要过年了,我的兄弟姐妹们都没有来,就是我当家的一个婶子,一个大娘,还有村里头一个玩得不赖的来了。现在都讲究寡妇不能送嫁,当时是没有要求的,送我出嫁时还有寡妇呢。不过我们娘家那边的习俗跟我婆家这边不太一样。那时候爹娘就是说,公公、婆婆说什么就是什么,不要顶撞人家。出嫁的时候我有个姐姐在村里,我没有什么害怕的。结婚的时候,娘家没有给摆宴席,就是送亲的到了婆家吃一点饭,那时候的条件很差,送亲也就是吃一顿棒子面窝窝。那个年代大家来往事情的人的范围很窄,没有请一些村干部或者当家的人吃饭。

那时候我们家孩子多,当时结婚一般爹娘就给买一些水壶、碗什么的当嫁妆,我不愿意让我爹娘买,结婚的时候这些都是我婆家买的。婆家都没给什么彩礼,也不能要求我们陪送。刚嫁过来的时候,我哥哥没有来过,那时候我哥哥也不爱掺合什么事情,平时都不来。当时条件差,生活条件都很紧张,那时候又遇上困难时期,回门的规矩也就免了。那时候的穷日子,没有人讲究过生日,也就是到了现在生活条件好了,儿女们想着给过生日。

1949年以前咱们这里没有童养媳。我们村小偶子家和老藕家就是换亲的,当时小偶子娶了老藕姐姐,小偶子妹妹嫁给了老藕,这就算是换亲。像他们家,当时是因为成分高,所以娶不着媳妇儿,所以只能换亲。换亲的家庭,双方结婚不是同一天,是有先有后的,男方结了婚以后,这家的闺女就嫁给人家了。有时候一方已经结婚了,但是另外一方反悔了,这样的话已经结婚的就不过了,直接回了娘家。解放以前是没有招赘的情况,我记得是解放以后才有的。有二婚或者改嫁的情况,二婚不给彩礼。村里没有人笑话二婚,一旦过日子过不下去了,离了婚再嫁一个大家也都理解。二婚也有人家会办婚礼,有的人家不办事就直接过来过日子了。

3.出嫁女儿与父母关系

出嫁的闺女不能在娘家过年,闺女能跟女婿一起在娘家住,但是很少有人会住,一般当天就回来了。出嫁的闺女不拜墓,大部分人家都是在家里供奉祖宗,磕个头就可以了。出嫁以后,一般如果有老人去世了,清明和十月一就要回家上坟。这些时节回家的时候,光闺女去就可以了,孩子跟女婿都不用去。要带礼物的,比方说买一点鸡蛋,买一点点心,或者别的。嫁出去的闺女不能管娘家的事了,家里的哥哥也娶了媳妇儿了,人家有什么事情自己处理,我们这些出嫁的闺女就不管了。娘家有困难一定是要帮的,比方说有什么事情急需用钱,我们就得帮帮。主要是当时我们家的条件也不行,也没怎么帮到娘家。那时候我娘的眼睛不好,我的孩子们都还小,我去看我娘的时候,只买了两斤果子,家里什么也没有,买什么东西条件都紧张。要是闺女在婆家生活条件不好,娘家稍微帮一下还是可以的,帮多了也是不行的,当时普遍条件都差。帮忙的时候,一般都是闺女出面,不用公婆开口,闺女日子过得困难了就会求助娘家。一般公婆谁也不好意思跟亲家张口让人家帮忙,只要能过日子就行,要是遇到了大事儿,该张口还是得张口。

我那时候没有跟丈夫吵架,但是有的人家会这样,当时是可以回家的。爹娘肯定是不愿意看见孩子们吵架,还回娘家,我们那时候不等婆家来娘家接,爹娘主动就说:"回去吧,别吵了。"谁也不去认错,没人认错,我跟我老伴儿没有这样吵过架,不过就算是吵架我也不会回娘家的,回了娘家爹娘更得挂心。那时候说离婚可不是一句话就行的,家里父母也是不让离婚。如果两个实在没有办法过日子了那就同意离婚,但是一般都是先劝,先不让离婚,看两个人能不能继续过日子。离婚以后只能回娘家,到了娘家住下来。当时兄弟一般都是接受的,实在不接受也没有办法,只能回娘家,不然没有别的地方待。娘家和婆家一般不直接来往,都是闺女和女婿在中间走动。出嫁以后的闺女不可以分父母的财产,这些都是留给儿子的,女儿们不能分。没儿子的话就给女儿分,有儿子的话女儿就分不到。但是像没有儿子把财产留给女儿的情况很少,尤其是那个年代重男轻女思想比较严重,一般不会谁家没有儿子。以前嫁出去就不用管父母了,就算是回娘家,也就是给父母买点吃的用的,该回婆家的时候就回去了,一般剩下的管父母就是哥哥或者弟弟的事儿了。父母生病很少需要女儿掏医药费,一般都是儿子负责,没有儿子了就是闺女掏。如果父母去世了,主持丧事的时候得是儿子主持,闺女们拿点钱或者礼物。办丧事的时候,一般儿子都要在外面跪着,女儿得在棺材旁边坐着,这就是不同。一般嫁出去的闺女不掏办丧事的费用,通常就是多拿点礼。如果老人不在了,闺女清明要上坟,也就是烧纸,然后上供,磕头就可以了。我们这里没有七月半的说法,就是清明和十月一上坟。一般上坟的时候一家子都去,没有了父母,兄嫂中午就给做饭。

(三)出嫁的姑娘与兄弟姐妹的关系

出嫁以后跟娘家兄弟也是要来往的,有什么时候都得互相通知。谁去谁家也不会空手,多少都会买点吃的。见到不拿礼物,难免会有人说:"看这人,串亲戚连礼物都不拿!"娘家有什么大事情是不用闺女参加意见的。兄弟跟父母分家的时候,都是让大家的长辈管事,不用闺女们管事。出嫁的闺女在给娘家兄弟结婚和姊妹结婚时候送的礼金都是一样的,都是按照一个标准出的礼金。那时候大家都穷,一共也给不了多少钱,也就是几十块钱,多少都是一样的。跟兄弟借还是先跟姊妹借钱倒是没有男女的区分,主要是谁手头宽绰,借出来方便,就跟谁借。父母跟兄弟分家以后,回娘家当然是跟父母住,不跟兄弟住。按道理,我们回娘家的时候都是去哥哥家,一般不会去姊妹家。以前的时候爹娘在,一个月回去两次,这时候也没有爹娘了,也就是过庙会还有烧纸的时候回去,一般就都不回去了。我当时也没有跟婆家闹过矛盾,从来没有让我哥哥来调解。当时我们家就我哥哥一个儿子,我哥哥和嫂子对父母也都挺好的,没有不赡养老人,也不用我们当闺女的去管。我闺女和儿子结婚的时候早就解放了,那时候也比较自由,也不怎么用我们当爹娘的做主,更不用说当舅舅的了。儿子和闺女结婚的时候娘家人要来的,相当于是串亲戚,但是商量事情的时候不用跟他们商量,我们自己决定就行。闺女回娘家拜年一般都是正月初三和初四,通常都是这两天,极个别也有初六去的。给娘家拜年的时候要带礼物,不然觉得不好看。回娘家拜年的时候要给本家的大伯和叔叔拜年。一般都是先给爹娘拜年,然后再给本家的亲戚拜年。比方说孩子们成家了,这样的话,孩子们初二去姥姥家拜年就行了,别的人就不用去了。父母不在了就不拜年了,就是我的孩子们要去给他们舅舅拜年。姊妹和哥哥都是兄弟姐妹,没有谁远谁近的区别,跟谁都挺近的。

二、婆家人·关系

(一)媳妇与公婆

1.婆家婚娶习俗

我结婚的时候婆家条件特别差,家里头有弟兄两个,还有一个妹妹,另外就是我公公、婆婆,就是这几口人。公公和老伴儿都是农民,当时没有别的职业,就是我结婚几年以后,我老伴儿就去当兵了。定亲的时候没有什么仪式,那时候就是换了换帖子,谁也没有邀请,也没有摆酒席。以前男的不迎亲,就是女方赶着马车来送亲。当时没有跨火盆,也不用拜天地,就是新媳妇儿进家以后上一下供,拜一下就可以,男的都不在跟前。下车以后直接就进门,没有讲究。当时没有主婚的,就是有管事的。结婚第二天不需要给公公、婆婆磕头和端茶,不用去拜祖坟。

2.分家前媳妇与公婆关系

当时是我公公当家,管家庭事务的也是我公公,后来人家在社里也是生产队长,家里的事情也是他管,里里外外都靠他。家里管钥匙、管钱的都是我公公,家里穷得不行,也没有钱。平时家里有事情,只要人家男的商量商量就做主了,不让女的知道,没有女人的事。结婚以后,家里也没有事情,不用专门管家务,都下地干活儿。那时候家务就是下地回来抽空干干,赶紧做饭,都是空余时间干的,不会腾出来专门干。做饭是我和婆婆一起做饭,我婆婆干得比较多。婆婆也不是刁钻婆婆,我也不是话多的人,平时吃了饭,歇够了,就是跟着他们下地,婆婆不怎么管我。

有的富裕的人家,人家会给媳妇儿立规矩,这个不让干,那个不让干,我婆婆没有要求我,可能也是我们条件差,我也没有受过婆婆的管教。谁家里也不会愣折磨媳妇儿,结了婚就是一家人。我们那时候一般都是男的出面做主家外的事情,女的插不上嘴,一般女的不管外面的事儿。媳妇儿跟妯娌们有矛盾了,公婆有的会调解,但是有的时候是调解不了的。旧社会的日子穷,娘家都不让带地。我那时候的嫁妆都是婆家置办的,当时有一个方桌、一对椅子,还有一个柜子,这就是嫁妆,当时娘家都不给陪送嫁妆。要是女的离婚走的话只能走人,有的连孩子都不让带,嫁妆也不能带。媳妇儿在家里纺花、织布,如果分家了的话就只有自己的小家用,要是没有分家,那大家就得一起用。没有分家,卖布挣的钱算是家里的,不是自己一个人的。平时我娘家过庙会还有过年的时候,我婆婆会给我一点钱。那时候都说平时不吃好的,就是结婚的时候吃三大顿,三大顿就是一顿饺子、一顿面、一顿饼,这就是最好的,平时吃得都很不好。我没有私房钱,我记得最开始的时候我跟我老伴儿出去卖鱼,回来挣的钱我老伴儿一分钱都不让我花,全都得交到家里。也就是隔很长时间婆婆会给一次钱,大概就是给几十块。没分家以前,家人穿衣服都是自己做,以前织布以后做成褂子和裤子,没有人去买衣服。解放以后就不一样了,慢慢地,有能力的女的自己就可以攒钱了。

3.分家后媳妇与公婆关系

后来我们跟我老伴儿兄弟分的家,那时候我老伴儿在部队当兵,到了1970年的时候我们分家了,因为那时候我老伴儿他弟兄老是跟我们吵架。有的人家一辈子都不分家,如果家里孩子们多了,能各过各的日子的时候,可能就会分家,或者几个孩子们在一起过日子不和睦,也会分家。我记得我们分家的时候,我大儿子才五六岁。分家的时候一般都是找本家的亲戚来,没有外面的人,跟我家老伴儿是叔伯兄弟。分家的时候闺女不参加,也不给闺女分。分家没有分到钱,地当时也入社了,没有分到地,就是把家里的衣物分了分。家里就没有什么东西了,就是留了一些铁锹和锄。

要是一个儿子死了,没了老伴儿的这个媳妇儿能跟别的弟兄一起分老人的财产,只要人家还在这个家里就要跟人家平分,即使这个媳妇儿没有孩子也可以分配。公婆一般都是让孩子们平分,不会有偏有向。解放以前,女的没有外出帮工干活儿的情况,那时候外面也没有工作,都是在家里下地。公婆年老的时候主要就是儿子管,之前都是儿子自己管。养公公和婆婆的费用没有什么大的差别,也就是公公可能多吃点,婆婆吃少点。老伴儿不在了,留下的媳妇儿也要管公婆,不给她少分东西,管的时候也要一样地管。以前都没有人过大寿,只有人家富主可能有这种情况,只是到了现在家家都有钱了才开始过寿。

(二)妇与夫

1.家庭生活中的夫妇关系

结婚以前跟我老伴儿见过一面,当时我们也没觉得满意还是不满意,反正都是这个样子了,对方也没有说不同意的话。以前都是“你”“我”,是不叫名字的,过了好久才开始叫名字。分家以后,我和我老伴儿都当家,那时候我老伴儿就出去当兵了,家里的事情一般都是我管。没有人说闲话,都是过自己的日子,我公婆也不管,家里又没什么钱,当的也是穷家。

那时候我们就盖了一处房子,我们公婆还有我和我老伴儿都愿意盖,当时还是我和我公公去山上弄石头,这样才盖起来。分家以后,我也要干活儿的,不干活儿是不行的,当时我领着四个孩子,我老伴儿不在家,全靠我公公在社里挣点工分。当时不算是跟公婆分家了,就是跟我老伴儿兄弟分家了,我们自己家里过得挺好的,过得挺自在。当时我婆家和娘家的日子都差不多,也不能说谁接济谁,谁也接济不了谁。分家以后,跟外面打交道男人和女人都能出面,如果我老伴儿在家里就他去,如果他不在家就我去。男的出去干活儿,两口子过日子都要相互商量。那时候就没有女的外出打工干活儿的,所以也谈不上商量。家庭成员都很重要,一般老伴儿和媳妇儿这两个当爸爸、妈妈的算是家里第一位,孩子们比较小。解放以前,比方说我们晚上还出去看个电影什么的,男的都不愿意让我们晚上外出。解放以后,这种情况有变化,解放以后妇女更加自由了,想去哪里就可以去。

解放前,丈夫取妾要经过第一个媳妇儿同意的,当时好多取妾的都是因为第一个媳妇儿不能生孩子,人家第一个媳妇儿也愿意让再娶一个。如果娶了两个媳妇儿,大媳妇儿还得伺候二媳妇儿和老伴儿,人家觉得自己有缺点,愿意对他们好一点,然后不至于被赶出去。这两个媳妇儿也像姐妹两个似的,也交谈,也干活儿,不争不抢,挺和睦的。1949年以前有一些玩钱不争气的男的就会卖媳妇儿,那时候也是把媳妇儿骗过去,其实早就给买家谈好价钱了,媳妇儿骗过去以后就算卖过去了。娘家人也没有办法找了,有的媳妇儿被卖了以后就跑回来了。以前儿子虐待媳妇儿,就会压制她,什么事情也不跟她商量,媳妇儿也不能做主。解放前在家里受气的媳妇儿多的是。村里头有人看到这种情况肯定会笑话,但是大家都会觉得是人家家里的事情,外人不能多管。

解放前,村里人认为不争不吵、能吃饭、能干活儿的就是好媳妇儿。听丈夫的话,听老人的也是好媳妇儿,那时候就是封建的时代,大家都比较听男人的话,女的自己也不会多说什么。没有害怕媳妇儿的,是后来讲究男女平等,慢慢地才有了怕媳妇儿的。那时候的妇女都很顾日子,手里有了钱都想着攒着,不是自己攒着,都是给家里攒着。平时家庭买东西谁决定都行,要是随礼的人大家都认识,那这几家就会商量着随多少礼,避免你多我少的情况。1949年以前,不用经过他们的同意,自己就能去市场上买东西。那时候都说离婚都是男的提出的,女的能忍忍就不愿意离婚。

2.家庭对外交往关系

比方说是男人之间的事情,一般都是男人出面,但是像亲戚家有了小孩了,这就算是女人的事情,男的出面不方便。平时跟别人的人情往来,一般是男的出面,但是有的时候男的和女的可能一块去。要是有了客人,女的是不可以跟他们在一个桌子上吃饭的。如果别人请吃饭,都是男的去,女的都不去。那时候一般男的都在家,又都是种地的,很少会不在家,用不着女的出面。男的玩钱不争气,人家经常去家里讨债,女的就得替着他还债。女的也不会出去借钱,家里要是有了困难,本家的会帮一帮。解放前,村里也有婚外情这样的事情,大家也会谈论他们,谁的不好,谁的不是,大家私下里都会说。没人调解,谁也不会管。刚结婚的时候,我还是不经常串门,偶尔就是去街里抱着孩子走一走,我们村银州爹跟我老伴儿关系不赖,没事的时候我们就会一起玩。

(三)母亲与子女的关系

1.生育子女

我的大孩子是我结婚的两年后出生的,那时候我二十岁。生第一个孩子的时候,当时我们都是办十二天,只有关系比较近的亲戚,没有多少人,他们给我们送馍馍和鸡蛋,来了以后吃一顿饭,然后就走了。有了新生的孩子,要去姥姥家住满月。生男、生女是一样的,都是按照这样的方法庆祝的。有的家里公婆会嫌弃生女孩,但是我们家没有嫌弃过,具体就得看是什么样的家庭了。大人都不过生日,就别说孩子们了,都不过生日。我的孩子们都上学了,都是初中毕业。老大最先上学,老四最后上学,不管男孩还是女孩,就是按年龄上学的。闺女和儿子都是一样的,当爹娘的都愿意让他们享福。我们孩子们结婚以前就没有挣钱,平时也没有交钱,平时花钱我们还得给他们零花钱。我的孩子们都不是自由恋爱,都是媒人介绍的。他们结婚的时候都不合八字的。结婚以前都是父母给盖房,因为盖房欠钱了也是老人还,不把债务给孩子们。

2.母亲与婚嫁后子女关系

我有婆婆和我当婆婆对我们家来说,没有太大的变化。之前我婆婆对我也挺好,我现在对我的媳妇儿也不怎么管,就算是彼此不高兴了,过几天就没事了。当时我们分家的时候是本家的兄弟给作证的,主要就是分一分房子,家里也没钱。我的女儿是二十岁的时候定亲的,当时是我们村江蓉介绍的。我女儿(准备结婚)的时候就比较时兴见面了,不过不结婚两家都是不走动的。女儿结婚的时候,就是给她买了毛毯和被褥,别的什么也没有。当时婆家彩礼给了一千块钱,也是很少的,彩礼给的少,陪送的就少,我们家也有这么多的人,我们也陪送不起太多的东西。当时我结婚坐着马车来的,我闺女结婚的时候他爹开着大客车和一群亲戚去送的,变化太大了,主要是条件也越来越好了。最开始给我闺女介绍的那一家,我嫌弃他们父母不爱干活,后来我闺女嫁给的那一家我也不愿意,但是我闺女愿意,我也就没什么意见了。1949年以后,如果家里的儿子都是傻儿子,这样的话就给闺女招赘。招赘的女婿不孝顺又管不住的话就把上门女婿赶走了。招赘以后,孩子要跟妈妈一个姓,招赘过来的女婿不用跟老人分家,因为儿子不管用,或者是儿子傻,这样的情况下就不用分家了。要是人家自己的儿子挺好的话,也就不用招赘了。招赘的女婿离婚能不能带走家里的财产就要看时间的长短了,要是过日子的时间很长了,那走的时候就要给人家一点东西;要是没过几天日子,这样就什么财产也没有了。招赘的家庭也有招赘的男的当家,具体情况都不一样。

如果两个孩子不能过日子了,两个孩子谁跟谁也没话可说,就算父母不是很愿意,也得同意孩子们离婚。后来社会越来越自由了,父母也不怎么管孩子们的婚事了,一般都是让孩子们自己做主。有的父母觉得儿媳妇儿不好,就会从中挑拨,这样就得离婚。如果孩子要离婚,家里的父母也管不住,孩子们坚持离也就离了。解放前离婚那就得找像政府的机构了,那时候也有离婚的证明。四九年以后,孩子们离婚的时候家长就不参与那么大的意见了。妇女改嫁的时候有的家长会同意,有的家长不愿意让儿媳妇儿改嫁,就让她在家里熬着过日子。妇女改嫁的话什么都不能带走,如果有孩子的话,儿子就得留到家里,女儿可以带走。带走了,婆家就不管了,有的人家如果想孩子的话就会给孩子买点东西。

三、妇女与宗教、神灵

我们这里都是家神,家里都供奉着像灶王、土地,还有全神、天地、南海老母。平时祭拜神灵的都是女的,女的心细,一般男的不管。主要都是家里的女的祭拜,每逢十五和初一,春节的是要连续祭拜三天。

四、妇女与村庄、市场

(一)妇女与村庄

1.妇女与村庄公共活动

出嫁以前,我们那时候经常有唱戏的,我们几个关系不错的经常半夜走着一起去看戏,我们轻易不和男的打交道。解放后,平时村里开会都是村里的干部召集大家,也有女的会参加,女的不去也可以,不作要求。平时不到家里动员,要是愿意去就可以去,没人来家里叫。我没有参加过这类会议,我也不知道村里的保长和甲长都是谁。

2.妇女与村庄社会关系

在村里，跟我岁数比较相似的邻居，大家就能经常一起玩。朋友出嫁的时候，我们那时候没有送的。送嫁是以后才有的，我们年轻的时候都没有。解放前女的都不出去干活儿，也没有请妇女到家里干家务的。解放以后就多了，女的也有出去打工的，村里修路女的也去帮忙。妇女之间没有组织入会，组织就是搞运动的时候才有。村里有红、白喜事，要是邻居或者是本家的话，也要去的，去了给人家刷碗，白事的话给人家缝孝衣。不结婚的话人家是不找的，只找结了婚的。平时玩得好的妇女，一般都是在生产队，边干活儿边聊天。主要就是家长里短，有的妇女会说自己家的公婆不好，有的会谈论生产队的工分或多或少，就是这些事情。

(二)妇女与市场

出嫁前去赶集不用经过父母的同意，赶集又不是什么大事，想去就能去。其实那时候赶集也不是说是为了买什么，我们身上也没有多少钱，其实当时主要就是为了出去看看，看看有什么稀罕玩意，也不买。在市场上卖东西的男的比较多，当时也是老思想，一般不愿意让女的卖东西。主要是人家卖东西的跟我们都不认识，所以肯定是不能赊账的。当时织布、纺纱的棉花都是自己种的，收了花以后弹一弹，然后纺线，纺线以后缠成穗子，那时候我一晚上能缠十几个穗子，然后织布，织布以后卖出去，挣的钱给了家里的大人，该怎么花就怎么花。之后有了供销社，平时我们就去社里买做衣服用的针，之前没有社的时候都是去集市上买。织布以后就是自己家里做衣服，做成褂子还有裤子。从我记事的时候我们一直都用的是织布机制成的布，洋布很少，我结婚的时候才买了两个青色的洋布褂子。当时不光是我，别人家也是自己做靴子和鞋。一直到了九〇年的时候，有了卖鞋的时候，我才不做鞋，平时穿就买。有的时候有钱也不让买，后来有钱了想买什么就买什么。就是供销社的时候，你想买布就得有布票，没有布票有钱也不能买，一个人只有一丈的量，再想要没有票就不能买了。去供销社里什么也能买，但是买的时候必须得有票，没有票的话也是买不到的。

五、农村妇女与国家

(一)认识国家、政党与政府

解放以后才听说过"国家"这个词，新中国成立以后才知道国家。解放前还是比较压制妇女的，后来到解放以后才开始讲究男女平等。解放以前村里当时不算是国立(公立)的小学，也就是几个学生自己雇一个老师，不算是国家正式的老师。女孩子也可以上学，我那时候是八、九岁开始上小学。解放以前我就知道国民党，我还知道我们村里谁是国民党。那时候我们村的镇安爹就是国民党，当时经常在一个村里落脚，还有一个村里的妇女跟他鬼混在一起，后来共产党赶走国民党了。

那时候我们上学考试让我们回答国家主席是谁，但是竟然答不出来，孙中山和蒋介石是我们从小就听说的。共产党员都是在村里的，但是当时的共产党员还不敢露头，以后才慢慢显露出来。我们村的共产党员我都认识，我老伴儿就是党员。那时候老伴儿在塘沽当兵，在部队上表现很好，过了没多久就入党了。是党员就是光荣，一个村里没有几个是党员。入党的都是非常积极的人，非常优秀的人，不是谁想入党就能入党的。是党员当时也没有优待，但是老伴儿先进，在什么地方都挺受夸奖的。有事的时候共产党和老百姓都是一条心，这就是跟老百姓走得近。共产党的干部让孩子们都可以上学，受教育，这就是给我们办的好事。我倒是没有接触过干部,最初的时候家里有什么事情都是父母处理,也不用我。我没有上夜校,我受过小学教育。夜校就是晚上的时候有人教着识字,也不是老师,就是村里文化比较高的人,每天晚上去学两个小时,也不挣钱,只负责教书。解放以前,土改的时候村里就有妇女干部。那时候能干的、积极的妇女,共产党也号召当干部。一般能当干部的就得是积极的人,比如妇女会主任。

(二)对 1949 年以后妇女地位变化的认知

我记得就是我结婚的时候,男女平等就慢慢实行开了。1949 年以来,起初妇女还要受压迫,后来地位越来越高了,妇女想怎么样都可以,主要就是因为政府的新政策让妇女翻了身。男人打女人这就相当于是家务事了,人家干部也不好管。如果妇女告状,这样政府也会管,但是妇女不申诉、不告状,政府是不管的。

(三)妇女与土改

土改的时候我还没有结婚,我娘家是中农。土改的时候最初工作队来家里调查过有多少土地和人口,后来说我们家划成了中农,以后就没有去过家里了。以前也会动员,让我们入妇女会,当时我也不喜欢多管事,我就没有去。去参加的得是积极的人,也得看家里父母的意思,有的人家父母比较开放就让去,但是有的父母比较封建,人家就不愿意让孩子们出去抛头露面。土改的时候给女的分地跟男的数量都是一样多,没有男女的区别。我只是听说过斗地主,没有见过,当时就听说地主原本也是省吃俭用攒钱置办的土地,过了没多久遇到了土改,斗地主的时候用绳子把地主倒挂在树上,让他们交代家里有什么财产,要是不交代就松开绳子把地主扔在地上,想尽办法折磨他。有的妇女想表现自己的进步,也拿着棒子打地主。土改的时候都说妇女解放了,也就是说不再受家里的父母和老伴儿的管制,可以去村里参加斗地主或者其他的事情,说什么就是什么,去哪里也方便,相当于是解放了。

(四)互助组、初级社、高级社时的妇女

互助组和合作社我家都曾经参加过,最开始入组,都是十几户一个互助组,后来就成了初级社和高级社,还有人民公社。互助组的时候我还没有结婚,在我娘家,都是邻居,关系不错。家里的牛、地都入社了。那时候我还是没出嫁的闺女,家里都是老人管事,入社也不用说征求不征求我们的意见。我们觉得入社后干活儿也挺省心、挺轻松,跟男的想法差不多。我没有当过干部。当时在互助组和合作社的时候,男女反正都是干活儿,当时有各种各样的活,有耕地的、有除草的、有耪地的、有拉水车的,活儿的种类很多,也会考虑男女的区别,一般男的干的活儿重一点,女的干的活儿轻一点。男的挣十分,女的挣八分或者九分,很少有女的挣十分。分到的粮食的数量也不一样,那时候都是看有多少工分分粮食,工分多就能多分,没有工分就分不到粮食。那时候在互助组和合作社里面干活,我挺适应的,当时比较年轻,身体比较壮。后来孩子们就开始上学了,他们上学我就下地,平时中午回家给他们做做衣服、洗洗衣服。当时我就没有婆婆了,只有公公,也干不了活儿了。能上学的就上学,不能上学的就在家里跑着玩,也没人看着。有的孩子在家里玩着就在门口睡着了。互助组和合作社的时候还轻松,1958 年到了人民公社最累的时候,我们半夜的时候还在地里推水车,半夜还在干活,家里的孩子也没人管。孩子要是特别小的话,妇女黑夜就不去干活儿,孩子稍微大一点的妇女一般都会去。差不多六十多岁,干不动的妇女就不干活儿了。不干活儿的话就没有东西吃,所以能干的时候都会坚持干。

（五）妇女与人民公社、"四清""文化大革命"

1.妇女与劳动、分配

在人民公社的时候大家下地劳动就不用动员，不干活儿的话就没办法领粮食吃。没有那么明显的分工，反正就是分重活儿和轻活儿，谁能干什么就去干，干了重活儿就多拿工分。当时男劳力和女劳力的数量都差不多，是一半一半的比例。大块土地上干活儿的男的和女的都有，有割麦子的，有装麦子的，差不多男女都是一半。当时技术活儿我就能干，我会耕地，男的不干的话就是我干。生产队上没有副业，我们队上就是种地。男的被抽调去修水库的时候，队里的活儿都是女的干，女的就能干过来，毕竟人数多。反正每一天除了吃饭和休息一会儿以外，都是在干活儿，有时候晚上还要干一会儿。自留地都是下工以后抽时间加班干，自留地很少，只有两三分，也就是种点菜。当时我们都老实，不管是自留地还是生产队的地都是认真管。生产队里偷懒的人会有，是避免不了的，看见队长走远了就开始磨洋工、偷懒待着。分田到户还是不错，土地在自己手里，干活儿的时候比较自由，比如干活儿干得差不多了，想去赶集就赶集，想去家里就去家里，自己就能控制。要是在生产队里，都是统一的行动，不能想怎么样就怎么样。男女同工同酬，就是干一样的活儿给一样的报酬，我们生产队当时就是同工同酬。生产队里分口粮和油男女是一样的，但是也得看工分还有家里的人口数量。我一般就是八九工分，养自己是可以的，但是养一家人就不行了。

2.集体化时期劳动的性别关照

在人民公社的时候，遇到了妇女生理期，妇女照样干活儿，要是生了小孩儿就不下地了，但是没有补贴。不顾生理期、太劳累而落下病症的这倒是没有，一般都没有身体不好。当时公社没有托儿所，大孩子上学，小孩子在家里跑着玩。

3.生活体验与情感

吃大食堂的故事永远都忘不了，我们在食堂里吃过花生硬壳做成的馍馍，后来连这种吃的也没有了。五八年的时候吃的还可以，1959年和1960年吃的就特别赖了。当时在食堂里做饭的只有女的，男的有个司务长，开饭的时候看着打饭。打饭的时候不是随便吃的，人家司务长会看着，每一家有多少人口，该打多少饭，都是经过计算的。反正就是按照人数，人家给舀饭以后自己回家分着吃。我有时候也会怀念在队上干活儿的时候，那时候每天热热闹闹、说说笑笑的，觉得也挺有意思。大家在队上干活儿都没有矛盾，关系都不赖，都是乡里乡亲的。

4.对女干部、妇女组织的印象

铁姑娘就是能干的，相当于是劳动模范，劳动模范是有的，但是没有说整个队是劳动模范的。那时候有妇女会计，有妇女队长，人家也给我们安排活儿，会计负责给记工分。也没有人夸他们，农村里的人很简单。我不羡慕他们，我觉得不当干部也挺自在的。

5."四清"与"文革"

我记得"四清"和"文化大革命"，那时候"破四旧、立四新"，我都见过。当时我们家没有东西被没收或者烧掉。

（六）农村妇女与改革开放

土地承包是国家决定的，村里没有人决定。后来国家有了政策，村里也开始搞土地承包，那时候村干部还都是男的,没有女的参与意见。我觉得单干更好一点,集体一起干的效率不高。土地证上都是户主的名字,不写女的名字。离婚或者出嫁的女性不能带走自己分到的田地,但是有时候人家还可以专门跑回去种地。我参加过村委会选举,前几年经常参加,但是不管选谁,人家也不给办好事,感觉有没有他们没有什么区别。我经常看电视,有的时候也听别人说国家政策。我知道网络,我孩子们经常上网,我平时自己也用手机,也算是用网。男老人和女老人用手机都挺多的,现在老头和老太太都用手机。

六、生命体验与感受

一生中最不容易的就是我在生产队的时候,当时我既要管孩子,每天还得下地干活儿,干活儿回来还要管家务事,一天到晚忙个不停,那时候是最煎熬的。现在,孩子们也都大了,也都成家立业了,我也自由了,什么也不缺,这就是最幸福的时候。我觉得作为一个女的不容易,为了孩子,为了一个家,一辈子都是辛辛苦苦的,不容易啊!小的时候在娘家,姊妹多,少吃无穿,结婚以后孩子们小,我又得着急忙慌干活儿,我老伴出去当兵,然后分配了工作,快退休的时候又因为病去世了。我这一辈子,算是年老的时候有了好日子。

WJJ20170120HFY　胡凤英

调研点：湖北省英山杨柳湾镇北流水村 5 组

调研员：吴金金

首次采访时间：2017 年 1 月 20 日

受访者出生年份：1932 年

是否有干部经历：否

是否生育：是

受访者结婚的时间节点、生育子女的具体情况：1951 年结婚；1953 年生第一个孩子，共生四个孩子，第一个是儿子，第二个是女儿，后两个是儿子。

现家庭人口：1

家庭主要经济来源：子女赡养、养老金

受访者所在村庄基本情况：北流水村隶属黄冈市英山县杨柳湾镇，位于杨柳湾镇镇区边沿，是杨柳政治、经济、文化中心。全村共 10 个小组、550 户、18880 人，面积为 3.5 平方千米。因地处乡镇中心，村民整体受教育文化程度较高，村民在街区经营小生意，少数务农，部分务工。

受访者基本情况及个人经历：老人生于 1932 年，十九岁结婚。生有四个孩子，三男一女。第二个孩子是女儿，其他三个皆为儿子。老人与老伴儿的关系向来不好，老伴儿于 1996 年去世，老人现在独自一人生活。二儿子于 2007 年去世。

老人一生奔波劳累，家里内外事务大多是老人在处理，包括生产劳作、孩子婚嫁、人情世故和亲戚关系。20 世纪四五十年代当过生产队的小组长，在外开会、唱戏，做事泼辣，待人不卑不亢。大集体时期，她一人养活全家，挣的工分换的口粮经常填不满全家的肚子。她独自一人去外讨饭或者用手工活来换取粮食。老人还无私地帮助别人，接济亲戚，而且让自己的孩子接受教育。等孩子成家之后，还帮忙照看孙子、孙女和外甥、外甥女，十分辛苦。

老人很会做人，赢得了全村人的一致好评。为人慷慨大方，坚强乐观，从不计较个人的得失，乐于助人，团结邻里，富有同情心。虽说现在已经八十多岁，但是身体硬朗，依旧在帮儿女们做饭和带孩子。现在老人不能出去做农活儿了，收入来源以子女赡养和养老金补助为主。

一、娘家人·关系

(一)基本情况

我是 1932 年出生的,姓胡,小名叫贵丛,大名胡凤英。我的名字是我爹起的,姐妹中我是第二个,之所以取这个名字是因为上一辈人只生了儿子,这一辈有三个女儿,觉得很珍贵,所以每个女儿名字里都带"贵"字。我本来有两个兄弟,小兄弟先死了,二十多岁就死了,大兄弟七十多岁死的,我还有一个妹妹、一个姐。我是 1951 年出嫁的,婆家这边土改的时候成分是中农。

这儿的大片地有三亩三(约 2200 平方米),其余的都是托儿①,这里几处那里几处。我是 1951 年来这结婚的,1952 年就升了地主,不过当地主就几个月,后来公家说我的驮不上地主(够不上地主)就算了。我们吴家七大房,祠堂的祭,一个房下的管一年。阳炳的爹,是我们三房一个房下的人,1952 年那一年是他管祭,他的儿就在外面做事,一个人在家就叫我的爹下乡去挑收课②,别人就说这是我家的,结果一查出来,不是我的,地主(成分)就下了。

(二)女儿与父母关系

1.出嫁前女儿与父母关系

(1)家长与当家

我的老子③管钱、拿钥匙,除非男的没用或者没有男的,一般都是男的当家。如果没有男的,孩子到一二十岁就(当家长),孩子小就是娘当家。懂事的一二十岁(当家),不懂事的一二十岁都当不了家,还是娘管事。爹(爷爷)不成器还是爹,爸不成器还是爸,男的不成器也还是他们当家。外面一切的是都是归老子,屋的④一些事都是归娘,女的当家是叫内当家的。钱都在老子手上,(用钱)那就对他说,是不是哪个事儿要做,这些都要问当家的人。不像现在的人,他没用,他把钱不当回事就不要他当家。现在,么事做事,做人情,哪个的么事事儿都是女的。

(2)受教育情况

我冇读书,解放前是不能读书的。不仅没得钱读书,而且屋里也不要你读书。女的读书没有用,女的在家是"塞灶洞"(指主管做饭、做家务)的人。那个时候我只想做事儿还没想读书。

(3)家庭待遇及分工

家里对男孩和女孩那都是一样,没有么事好的拐的⑤。吃饭也好、穿着也好、做事也好,都平等,都是一样的。如果家里来了客,儿的外父(岳父)或者女儿婆的(亲家)来了,女的就不上桌,女的上桌看不得,男的可以上桌子。如果你像小雪(指访谈员,十岁)这么大,你就不能上桌子,那个时候东西金贵,大人怕你上桌子去乱搞,把东西浪费了,客少数的时候,女的要等他们把酒喝完了过后才能上桌。客多了要等把碗收了到里屋来再吃。如果屋里要添置新衣裳,你没有穿的,没有裤儿,我没有裤子,屋的要搞点钱给她买件裤儿,给他买条裤子,这没得么事男女不平等。

---

① 托儿:一小块地。

② 收课:收田租。下同。

③ 老子:父亲,下同。

④ 屋的:家里,下同。

⑤ 拐的:不好的,下同。

（4）对外交往

过去是老子引去①拜年，孩子带着一起，孩子一点小的女孩子也可以带，男孩子小也好，大也好，能带的就带，不能带的就不带。到噶屋②去是统一的，和你到你噶屋去一样。原来拜年噶屋的、姑娘的、姨娘的，其他的都不用去拜年。

（5）女孩禁忌

以前的规矩好多，比如说有客来了，女伢（女孩）一般不能上桌吃饭。桌子上的客多，你那个女的莫去，接先生吃饭或者接新亲吃饭，你个女伢也莫去。儿的外父、儿的婆的来了，只能爹去陪着。好比跟大爸（大伯）的一样，大爸，大哥他可以上桌，这些其余的人都不能上桌。解放过后大舅爹（老人的哥哥，访谈员的舅爷爷）家还是这样的情况。我到胡家墩（地名）去吃饭，大舅爹陪我喝酒，大舅奶在灶壁上，那个时候雄儿（访谈员大舅爹的女儿）、她儿媳妇儿都在灶壁上吃。我们在这里喝酒，她们去忙她们的，等把这个酒喝完了，大舅爹就说："你们盛饭来，现在来坐着吃。"她们才敢拢来吃饭，这是大舅爹的规矩。那个时候是解放后好多年了，他家还是这样的规矩。他是那个山龙儿的③，畈下的④那又隔点⑤。

我们名下规矩好点，我的丫⑥在吴家做媳妇儿，杨柳湾唱戏，我想去看戏，我就和我的丫说，我丫不敢做主。她就和我的爹说："她们说下午去看戏，能不能去？"我爹就答应我们去。你男孩子想去就去，他干农活儿就干农活儿，不干农活儿就去玩。女伢你说哪里好玩就跑了，那又做不到。我只晓得我的是这样的，别人家的（情况）我不知道。

但是到我手上，我就是十人不怕⑦了。白天也好、夜晚也好，有人邀我去看戏，我就一起去了。我姐姐比我规矩些，太噶⑧说让她去她就能去，不能让她去就不能去，她要在家织布。那我可以和同村的男孩子一起玩，就是大姨奶她们又不能玩，那个时候大姨奶十七八岁。不知道为什么是这样，我和人家一起玩，没有事。那大姨奶和他们一起玩，坐着聊天，太噶就说不该："你男不男女不女的"，不要他们在一起玩。

比如说到晾衣服，好比是你老子的、你哥的、兄弟的，这都是同样，他们是男的，衣服要放在前面。现在用个衣裳架一起挂，那个时候是竹篙，男的褂儿⑨在前，女的褂儿在后，男的裤子在前，女的裤子在后，在脚盆里洗也要分开，先把男的褂儿搓起来才能放女的裤子下去，拿到河里洗，现在是桶原来是菜篮，这做（放）一头那做（放）另一头，现在不管这些。歌里说了，要分高低、要分上下，这样就叫"分高低、分上下"。过去女人手不能拿到男人头上去，女人手拿到男人头上去了，男人不行时⑩，现在不管这些，剃头都是女的，所以说好些事就和以前不一样，我再都这样（遵守古时的规矩）。

---

① 引去：带你去，下同。

② 噶屋：母亲的娘家，下同。

③ 山龙儿的：就是住在山里，地理位置很偏僻。

④ 畈下的：就是靠近公路边。

⑤ 隔点：有所不一样。

⑥ 丫：母亲，下同。

⑦ 十人不怕：什么都不怕。

⑧ 太噶：老人娘家的奶奶，访问员的太外祖母，下同。

⑨ 褂儿：上衣，下同。

⑩ 不行时：运气不好，下同。

（6）家庭分工

过去女的不下田做事，就是我老子下田地。我的兄弟长大了也要下田干农活儿。我做小孩的时候，我父亲到田去沤田，田里长了荸荠，我父亲就叫我去田里捡荸荠吃，我这么个小孩也到田去捡荸荠吃。我丫在家织布纺线、烧火、做鞋、缝补，就这些事儿。我姐姐她们有的十几岁就开始学织布，我有十六七岁才开始学织布，娘家有我姐织布。我老妹儿什么都不会，只会吃饭。

我在家洗碗、去菜园摘菜、烧火、做鞋，什么都搞。往时候（以前）不像现在，往时候要做鞋、做袜子底儿。衣裳破了要补，鞋破了要补，现在鞋可以买，衣服可以买。我做饭就没有人教，做鞋也没人教，看别人怎样做我就怎样做。刚开始做差些，后来就好点。我和（像）小雪一样大就开始做饭、洗碗、添火、煮米，等后来还大点的时候，就烧菜。那我聪明，学东西学得快。大爸（老人的儿子，访谈员的大伯）只有一岁还是半岁的时候，我金家湾屋因为屋少了又做（盖了）两间屋，漆匠、木匠师傅在家里割横条、割格子，大奶去娘家了，太奶也去娘家了，我在家烧火带孩子。我炒点肉放在锅里，碗里煎点豆腐，那个时候豆腐是打的豆腐，不是说去买豆腐，然后再炒点蔬菜招呼客。我亲自记得大爹和大奶说，说我在家很好，做饭做得好吃。

（7）家庭资金分配

以前织布多就多织少就少织，还不是和吃饭一样，早上吃、中午吃、晚上吃。我们一个人一天一个布，那全家一年就有好多布，一年织的布光做衣服的话够一个湾的人穿。织布不是做衣服，是要拿去卖的。要穿就连①，不穿就卖，卖钱又拿去买线，买线又拿回来织。织布的钱是太噶爹和太噶奶的，不放在我们手里。我们是他们生的孩子，所以织布的钱是给娘老子。弟兄没有分家，钱也不是一个人用，还是集体一家人用，何况我们还不是兄弟也不是妯娌。家里送礼买东西、买衣服都要用钱，钱也不是哪一个人用，哪个要用就给哪个用。

2. 女儿的定亲、婚嫁

（1）婚嫁习俗

以前定亲，父母确定就可以，做媒的来说把你的孩子说到某个地方，也不问那孩子多大，觉得合适就答应。过去说的俗话：嫁猪跟猪，嫁狗跟狗，嫁给杠锤②跟着走。什么样的人，嫁给杠锤就说那个人是个木头，你嫁给他了还要和他一起去。我给你说个话儿③，杨焕（人名）的丫说给杨焕的老子，杨焕的丫又长又大个好齐整人，杨焕的老子又矮，相儿④和小姨爹一样，手爱押宝（赌博）被剁了。结婚之前她不知道这个情况，人家说的时候叫狗子（人名，杨焕的兄弟）的大爸引去的，当时好齐整人，搭配又要得。结果发现还不是那个人，但还不是跟他，往时候又没得离婚的。不像现在，遇到这种情况我不跟你，和你离婚。往时候不同意也做不到，往时候的人和现在的人不一样，你别说是你父母，不管哪个都做不到，那个时候给你说的是怎样就是怎样的。不同意能怎样，有的说这个人不见得⑤。到那天晚上结婚才知道是这样的，那就没得办法改变了。

---

① 连：做衣服，下同。

② 杠锤：洗衣服的一种工具，木质的，下同。

③ 说个话儿：举个例子。

④ 相儿：长相，下同。

⑤ 不见得：不怎么样，下同。

大姨奶不是说到下涧冲陈家的大姨爹,到他那去了结了婚,头年①去的,第年②就回门。就好比你出嫁了,大爸二爸来吃饭,接姑爷,太噶就说这些叔把大姨爹引着在那里晒太阳、在那里玩,太噶就和大姨奶一起,我也在一起,又接姑爷又接姑娘,不从那里过身③,要偏着④,从这里过去。我就想着:我不是傻,去结了婚了不能从那里走,那是为什么呢?后来才知道,原来说媳妇儿,女儿说人家、儿说媳妇儿,没有结婚不要你到一起去,不要你们说话。

我还说一个人,我的姑奶她的孙女说人家,女婿去她家,她这个女儿就不给他看,那的女婿拐⑤,就和她的兄弟说:"我想看看你的姐姐。"她兄弟说:"那看不到,吃饭的时候我不给你盛饭,你去盛饭就看见了。"你自己去盛,那人多,外边弟兄、叔、哥都在桌子上吃饭,姐姐、老妹、嫂子、奶和娘就在里面桌子吃。我不给你盛饭,你就自己去盛。自己去盛就看见了(女方),看见了就认得,虽说没明说但是知道。那女婿拐些,刚开始盛看见了,第二回吃饭他到那个桌子(里面女方的桌子)去吃。那是个拐的,老实的人那就不会这样。

(2)定亲经历

我当时嫁给你爹(爷爷),是太奶(指老人的婆婆,访谈员的太奶奶)和太噶奶(指老人的母亲,访谈员的太外祖母)两个人说的媒。我们算是娃娃亲,我这里是我的噶屋的,就是你妈和你舅妈这个关系,(好比)你也怀孕了我也怀孕了,我要生个儿,你要生个女儿,就给我;我要生个女儿你生个儿就给你。结果爹是太生的,正月生个儿,这儿的太奶叫我的丫:"小妹,你么早要去生个女儿就给我的",我丫就答应要得⑥。我是七月出生的,爹是正月出生的,第二年就说定着,写个庚帖。这边的庚帖是太爹叫人写的,我的庚帖就给我父母。

庚帖就是把个红纸写着女方哪年出生的,哪个月哪个日子,哪个时辰。我的庚帖给他,他的不用给我。结婚的时候算个命,算一下哪一天结婚合适,以后就没有再算过命。

比如说我们今年要结婚,过端午送点礼,过中秋送点礼,过中秋送礼就是送日子,哪个月什么日子结婚,给点钱压日子,多少随你给,压日子的钱娘家收了,那床上的床帐、被子就是你制,这个压日子的钱没有收下去,那就是男方自己制。那个时候我都没有收别人家的东西呢,我置这么多家具都没有收别人家的东西。就这么点东西,哪能和现在一样。现在人家说了,是把女儿卖钱,所以现在喜欢生女儿,几万几万。往时候如果这样,那还没有人要。男方结婚之前需要派礼,送日子也要派礼。这里派礼去(女方那边),把你(指女方)、你爸、你的叔接到他家吃个饭,饭吃完了就聊聊天,喝点茶、拿点瓜子聊聊天,说现在两个孩子都这么大了,想让两个人走到一起,和他们商量,看女方这边同意不。女方这边就说人大了,随你,你想什么时候结就什么时候结,那我这边没什么话说。

我来还没有接我的叔,只接太噶爹一个人,那个时候大舅爹太小。我们是老亲所以不用接这么多的人。现在的人结婚要看人家、过路、请势⑦,那现在都说了没有影(表示对现在复杂程序的不满,下同)。

---

① 头年:第一年,下同。

② 第年:第二年,下同。

③ 过身:从旁边经过,下同。

④ 偏着:躲着走,下同。

⑤ 拐:狡猾,下同。

⑥ 要得:可以,下同。

⑦ 请势:定亲,下同。

定亲之后,两家走动得多。男方到你家来,你个女的不到男方家里去,上人①来往、女婿来往。今天女婿上门,接点人陪着,放点炮子。如果定完亲,突然有一方去世,那说定的亲事就算了。之前男方给的彩礼不用退。人都不在了还退彩礼做什么,这怪不得人②。如果结婚之后,有孩子的认这门亲的多,噶屋的还是她的噶屋的。

(3)出嫁经过

我出嫁那天,是坐轿来的。那一天,这里(指男方家)去抬嫁妆,轿子和抬嫁妆的一起去,轿不能抬空轿,细爹去压轿,他在里面坐着抬到女方去,吃了饭过后,抬嫁妆的走路,压轿的就和抬嫁妆的一起回。到了夜晚的,有的人多,很晚了还动不了身。有的人手就动身得早些。电视上的(情形)你看见了,轿上有四个红灯笼,四个人抬,叫作"四人大轿"。夜晚也有是驮上轿的,有的是牵上轿的,有的是给你换衣裳的人牵,有的人是有哥哥、兄弟牵。如果是牵上轿的,那还要在地上铺上红毯,如果没有铺毯子,那就在上轿的时候把这个鞋就脱下来,换上烧香鞋。之后没有轿的就牵到门外来,到门外来了就把鞋换下来。有的是踩轿上,把后面抬起来,前面轿杠放下去,在那上面卡着上去,这就叫"踩轿上"。有的是钻轿上,那就不用把后面抬起来,就直接从前面钻上轿。女方这边要四个人送,这里送到哪里集合,这里派四个人去接,接着了娘家人就转去③。这里四个人接到家,到家就在上堂屋④里烧香,烧香就拜堂。往时候的姑娘新娘就真是新娘。我结婚还有面花,有的是那个包头,把头这样一包,我戴的是面花。面花就是,你看那个电视上的,女的唱戏,头上戴的,脸上有东西吊着的那个东西。我们结婚穿的是红衣服,叫作堂轿衣,就是拜堂的时候穿的。有的轿上有,有的是借的,就是婆家借,借个堂轿衣,拿到那里(女方)去穿,有的是自己做的。现在的规矩和以前不一样,现在的(婚礼)叫个什么事,一点影都没有,就光脸放在外面,而且还是在白天结婚,还有这么多人看,那结婚还有个来头⑤。

我的娘家人等这里三朝接她来吃饭再来。现在是三朝就回娘家,那个时候一个月(才能回去)。一个月之后娘家人来接你就回去,接你回门。回门那天,大舅爹来接我回去,你爹(你爹此处指访谈员的爷爷)回去了,他吃了个中饭就回来了。那里(娘家)还有两桌客,这两桌客是这样的,三个礼篮子叫了三个人去接,他们都要封脚钱,他们得了这个礼物就要封脚钱。回门有的拿轿接,有的没有,现在第二天就跑回去了。我回门,这边买了粑不是做的粑,挑了三个礼篮子过去了,房下的还有大房、二房和三房,每个叔都有。篮子里有馒头、有糖、有肉,还有我做的回门鞋,一个叔一双。一家一块肉、一包糖。

出嫁的姑娘没到一个月不能回去,不像现在的人,无法无天的,挑脸⑥就跑了。以前回门,回去了要在娘家住一年,在这一年中,你有事或者过节或者其他什么事婆家就接你回去,其余时间都要在娘家住着,直到满一年。我在娘屋住满了一年,我是正月结婚的,下半年腊月二十五回来的,正好回来过年。我回来是太爹来接我的,你爹没有去。我回来的时候太噶奶又做了粑,叫作"回门粑"。她还叫人挑了礼篮子过来,礼篮子里又做是粑、又是肉、又是鱼、又是

---

① 上人:父母,下同。

② 怪不得人:不能怪别人。

③ 转去:回去,下同。

④ 上堂屋:厅,下同。

⑤ 冇个来头:没有意思,下同。

⑥ 挑脸:一转眼,表时间之短。

糖。太噶爹送，叫人挑，这边还给那些挑拿的人封了脚钱。我一个人这样搞①了，我这个湾的就我一个人这样搞了，其余的没有，这是因为太②爱好(爱好看，有排场，有面子)，就说你到这来，不能让别人觉得这里看不来你，所以她做的簸粉粑③，还有饼子，后来就不管了，你来也好去也好，随你。

(4)嫁妆

我们那个时候没多少嫁妆，除非是地主。地主的人家嫁妆多，不是地主的人家，都没多少嫁妆，一般都是三五抬、五六抬嫁妆。一般人家的嫁妆就是一担睡柜，一担箱子，有的有铺成，铺成就是指床帐被子。那个时候，只有床是婆家制的，其余的东西完全都是从娘家带来的。土豪劣绅的女儿有"女随产"④，或者是五担课⑤，有的给三担课。女随产就是说田是人家种，你就光去拿谷来吃，这就叫作女随产。我的嫁妆钱是我老子忙的，家业⑥是砍山上的树自己打的。我家三个女儿，就大姨奶嫁妆最多，多一个铺成。细姨奶伤心，没什么嫁妆。因为那个时候大舅爹胃病做手术，没有钱。她只有一担柜、一担箱子和一个条桌，一担箱子是我打的，就是这么多。虽说她结婚是解放来了，但大舅爹那个时候做手术又做不了事。

大奶到这里来，因为她家人多很穷，所以虽说床帐被子是她家置的，但是，是我家给钱的。棉絮是拿皮子去打的，被子这里两匹布都已经染了，就拿去叫裁缝做。每个人结婚的嫁妆都没有一定(量)的，有的钱多，有的大方，有的不大方，有的女儿多，有的女儿少。应生(人名)他的大姑姑姐妹六个，他的大姑姑嫁妆多，大桌子、条桌、穿衣柜，还有洗脸架、铺成，还有箱子。那个时候他爹在杨柳湾开店，家里请人织布，请长工做事情，嫁第二个，应生的大爸死了，就把他家的东西给第二个女儿；到了第三个就打点家具，后来这几个(女儿)伤心，三抬的、四抬的，到了解放来了，一台都没有，就把旧家具拿去洗(典当)。后来没钱，娘死了，就剩老子，后来解放来了，赚不了钱就穷了。这都是一家人，差别就有点大。有的嫁得这么好，耀武朝天的，有的就这么伤心，嫁妆都没得。没有嫁妆就没有嫁妆，还不是算了。

(5)童养媳

婆家抱来的养大的伢就叫"童养媳"，解放前是有童养媳的。往时候把女儿不当么事⑦，女儿多就把人⑧。和我的姑大⑨一样，她家只有一个女儿也给别人抱去了。我湾里没有童养媳，整个小队也没有。

童养媳结婚，有的和大嫁的女儿结婚是一样，有的在程序上有点不一样。有的童养媳结婚，杀个鸡煮碗鸡汤面，一个人一碗，吃完就算结婚了。有的童养媳有嫁妆，有的又没嫁妆。

(6)换亲

这里女儿给娘家，娘家的女儿又给这里，这种调换的亲，就是叫换亲。我和爹这就算是换

① 搞：这样做。

② 太：做名词解释，指奶奶的婆，下同。

③ 簸粉粑：俗称印子粑，地方特产。

④ 女随产：嫁资地，下同。

⑤ 课：粮食，下同。

⑥ 家业：家具，下同。

⑦ 不当么事：不当回事。

⑧ 把人：送给别人，下同。

⑨ 姑大：姑姑，下同。

亲,他这边是我的噶屋的,我们两个人是表姐妹伙的。

(7)招女婿

解放前没有招女婿的,以前只有立儿①。你没有儿只有女儿,那就立个儿不招女婿。解放后政策不许你生这么多,生儿只能生一个,(头胎)生女儿准许生两个。那随人,说如果你家只有女儿没有儿,那不碍。你的女儿要说人家,那你就可以招女婿,可以把别个的儿招到屋来。招的女婿就算不听话、不孝顺还是在你屋的,还是一样地看待。当女婿就跟到别个去做媳妇儿一样,到别个去当儿。跟那个媳妇儿一样,别人家的儿到你来了,她娘屋的有事儿你还是一样地对待。

我觉得招女婿生的伢应该是跟男的姓,向来就是这样的规矩。现在的人说我招的女婿,现在是我的儿,那生了伢要跟女方姓,以前从来就没有这样的规矩,哪有个伢跟女方姓的?有的人要这样的,伢非要跟女方姓。有的人就不这样,伢还是跟男的姓。你看张艺(人名,本湾招的女婿)的一样的,他两个伢还不是姓张,一个叫张欢、一个叫张乐,女婿有钱,他要姓张。这有的像二奶招的女婿,一个娘生了两个伢,一个伢姓吴、一个伢姓安,这叫的什么事?姓吴就姓吴,姓安就姓安,一家人还分两家姓。跟老子姓有么事不好的?世相②是这样的,伢儿从来都是跟老子姓,哪有个伢儿去跟娘姓?二妮姑姑(奶奶的玩伴)她就洋气,上门女婿生的伢跟女方姓,叫他的爹奶叫噶爹噶奶,他的叔叫母舅,这都是他的老头从中作梗,为此还把亲戚搞生③了。后来伢改了口,还是依着男方叫,叔还是叔,爹奶还是爹奶。我就和她说:"你别做这样的傻事,伢管姓什么都是一样的。"有的人听话,叫他和男方姓他就和男方姓,因为他晓得等你死了之后他还是靠着他老子。我和你妈也说:"你以后把伢儿都放出去,不要留在屋里,你们两个人自己过。如果你们俩死了一个,这就一个人过,跟我们一样,剩着这一个动不得了,两个女儿回来照顾。等以后你死了,东西你两个女儿照分。"

如果上门女婿提出离婚,那我还要问他的话,让他把话说清楚。我要问:那个时候我把你接到我家来,你现在要离婚是个么事意思?如果他自己提出离婚,那什么财产都带不走,你把你的包儿拿着请出,因为离婚是你提出来的。女儿比女婿能力高点、有用点,那女儿地位就要高点;女婿比女儿能力高些、有用些,那就女婿地位高些,女儿地位低些。上门女婿也要好好地对待,要把他当作自己人看待,不能和对待那个媳妇儿一样,把他踩下去,那这就不像话,这就有当他是自己人。

(8)改嫁

解放前很少有人改嫁,解放后随人,有人改嫁也有人有改嫁。过去改嫁是少数,但是现在改嫁的多。改嫁随你个人,你愿意出去,公婆又管不住你。你的老公死了只有你一个人在这里,你只有走。你的家业你可以带走,孩子要是可以丢在这里你就丢这里,能带你就带。哪个女的这么傻,她有儿有女儿的还出去跟别个?我是这样想:你死了就埋了,我还不是要带着伢在这里过。如果我改嫁了,那我的伢哪一个帮我带?儿女带到哪去也不中④,放在屋里又没人照顾。带着儿女改嫁的人叫作二百五,我就问:如果你改嫁了,你把你七八岁的伢放在这里跟哪一个?如果你将伢带着一起,那谁会要你?你改嫁到他那去了,他也想你帮他生一个。如

---

① 立儿:过继一个男孩子,下同。

② 世相:一直以来,下同。

③ 搞生:生分了。

④ 不中:不好,下同。

果他没有伢还好,那他还可以帮你养前面的这个伢。如果他有伢,他的伢又带不到你这个屋来,那没什么用。现在的人真是不问路①,改嫁的时候什么都不考虑。我的②有两个婶娘,其中一个婶娘生了三个孩子,一个儿、两个女儿。叔不在之后,她就带着伢在屋里过,冇改嫁;另外一个婶娘生了一个儿、一个女儿,这一个伢还在肚子里没出世,男人就死了。也就是说男人是七月死的,她肚子里的孩子是八月出世的,她也是带着伢在屋里过,细时候没什么吃就带着伢讨米,伢大了就带着伢干农活儿,还是这样过来了。胡家的两个婶娘是这样,我自己嫡亲的婶娘又没有这样的。自己嫡亲的婶娘有一个这样的,我的第五个婶娘生了两个儿,我叔死了之后,她就带着伢这样地过;我第二个叔生三个女儿,大女儿嫁了,细女儿也嫁了,婶娘不在的就只剩个叔在屋里。这个婶娘没有叔,这个叔没有婶娘,他们两个就合二为一,成为一家人,后来又生了个儿。

3.出嫁女儿与父母关系

(1)与娘家困难互助

就算我在婆家里过得不好那也没什么说的,因为不好又不是我这一家。我的穷,娘家比我过得好些,我也不问他(娘家)借钱。就算问他借钱,他也不把借我。他会说:"你到人家去了你忙不了?怎么还要问我借钱?"借钱的话那不消③说得,那时候和现在不一样,不问娘家要钱。

(2)夫妻矛盾调解

以前夫妻争吵是有的,但我们也没有争也没有吵。我们湾的人没有么事吵架打架,骂娘就更没有。就算夫妻吵架那也不会跑,吵就在这个屋里。他不好就不好,他不好你还要在这里过日子。

(3)离婚

解放前很少有离婚的,解放后有离婚的。我往时候也说你爹没有用,不愿意跟他,不爱他。但是我也冇离婚,因为离不了。这里公婆不同意,娘屋里娘老子也不肯。娘屋里说:"他冇得用算了,你以后靠儿啊,你这果个(这好个)好伢儿④"。

(4)娘家与婆家关系

出嫁之后和娘屋里关系再好也没得用,你要在这里过日子还是要靠着婆家这边。你又不是个儿,你再靠着娘屋里,她也不能帮你做事,也不会养你。你到这来了,生了孩子之后,就要靠着这边。我们出嫁之后,娘屋里虽说有兄弟在,但是兄弟媳妇也在,回去真是一天都过不顺⑤。刚开始嫁过来欠⑥娘屋里,说娘屋里好些,慢慢地就不好了。

我有工夫⑦就去娘屋,没工夫就不去。过时节的时候,娘屋里来接我去过时节。比如说娘家接我回去过端午、过中秋、过半年⑧,有的时候娘屋插秧接回去吃插秧圆子,正月过后就接

① 不问路:不懂事,不讲理,下同。

② 我的:地方语,我家的。

③ 不消:不用,下同。

④ 伢儿:孩子,下同。

⑤ 过不顺:过不惯。

⑥ 欠:想念,下同。

⑦ 工夫:时间,下同。

⑧ 半年:当地一种特色的节气。

我回去过十五。那个时候我哥还没娶媳妇儿，我就没得兄弟媳妇儿。我回娘家也回得频繁，后来大舅奶来了，刚开始几年，我回家他们也不把我当客，但是后来对我差些。有时候回娘家就吃一餐饭或者歇一夜，有时候也住三四天。你在娘家住多少天随你，这个没有一定的，主要看屋里有事不，忙不忙。有工夫就多住，没工夫就少住。

(5)财产继承

出嫁之后，父母留下的财产全部归儿，女儿不管出嫁还是没有出嫁，都不能继承娘家的财产。俗话说，儿得田地女得浮财，嫁出去了就是别人的人，你不能回去得他的东西。

(6)婚后尽孝

结婚后，父母如果病了，你就带点东西去看望一下。养老都是儿的事，要是没有儿那就说女儿要料理她，做饭给她吃，要是有儿，那什么都是归儿负责。现在男女平权，没有儿不碍①，有女儿是一样的，连你妈都这样说。

出嫁之后，娘老子去世，我回去送礼。后来几七几七(比如头七)我要回去标坟②，供一下他们。解放后重视清明，每到清明、冬至我都回去上坟。之后上坟又兴坟标③，我上坟就带点坟标到坟上插起来。上坟倒不分儿还是女儿，那都是一样。我以前年年都去，现在去不了了我就冇去。

七月半烧包袱④，也就是烧网子钱⑤，包袱上写个字：这是多少钱，给某某人。包袱就在稻场⑥的这个大门外烧，一般不上坟，现在也没有哪个七月半(烧包袱)。大爸家还有七月半，嫲⑦家有七月半，她七月半还是烧，在稻场里烧，大爸家也是一样，烧给上辈的老人家，或者是娘老子，或者是去了世的哥们儿兄弟，现在没有人这样搞。

(三)出嫁的姑娘与兄弟姐妹的关系

我的娘家本来有两个兄弟，后来我的细兄弟死了，他就是集体化时期劳动的牺牲品。我记得当时叫他修陶家冲的路，他身体有病，想寻死。家里帮他把被子、帐子都办好了，他在家也吃过饭了但是还没有动身。湾里还有个伴过来邀他去修路，他在家坐着没有出来。我母亲和湾里那个说，我儿还没有出来，你去叫他一下吧。等他到家去，细舅爹在那里喝了药，药瓶在椅子下面放着，他(那个伙伴)出来喊："从华(喝药人的名字)坐在那里涎直流，喊他他也不动"。我母亲在塘里洗衣服赶快回家望，才发现他喝了药，后来就都吐了，自己就死了。他不是不愿意修路，他那是有病，往时候做农活儿不像现在，你有病动不得也要做，你能顶一个劳力。他有病还要做农活儿，没得办法。所以他很难受，干脆选择死了算了。

娘屋里还有一个兄弟，我和他的关系非常好。

---

① 不碍：不妨事，下同。

② 标坟：上坟，下同。

③ 坟标：清明节、冬至节祭拜之用，插在坟头的一种装饰品。

④ 烧包袱：古时祭祀祖先的一种形式。也就是说不能亲自将冥资、冥衣送到坟上，只好采取"邮寄"的办法。一般是七月半有这样的习俗。

⑤ 网子钱：冥币，下同。

⑥ 稻场：家门口的空地，下同。

⑦ 嫲：表嫲，一种亲戚称呼。

二、婆家人·关系

(一)媳妇与公婆

1.婆家婚娶习俗

大姨奶(说亲)说到了下涧冲,是太爹给她做的媒。大姨爹他们爷两个在我家做事情,太爹就说把大姨奶说给他,定亲之后就过路①。

我和你爹(此处指自己的老伴儿)是表兄妹,是在晚上结婚的。结婚两边都办了客,女方是在白天的办客,男的是在晚上的办客。男方这边当时大概办了二三十桌客,来的客有亲戚,也有家门②湾邻。我到这边来,全大队的人都来了。那个时候仓库上要选民兵看仓库,每个小队年龄小的人被选去看仓库,几个一夜看仓库。你爹当时是民兵,所以我的客多。

结婚那天过来的时候是这边哥儿兄弟叔这样的四个人接,爹在屋的跟派夫一样,去接轿。接轿是四个人去,把个灯头一担着,四个人在哪里集合,到哪里去,在哪里等着,这就叫接轿。娘屋里也派四个人送,也是哥儿兄弟叔这样的四个人送。在哪个地方合适就送到半中间这里,这边到那里去接。那里人就转去,这边四个人就和轿一起回。

过来之后,轿被抬到上堂屋的,两个牵娘来了,就说:"官大衙门大,有得新郎大,新郎来开轿门。"这个轿和这个门一样,轿门的门帘子上面贴的红纸,红纸上面写的"囍"字,新郎就来把那个上面一抓,抓了之后,牵娘才能牵新娘下来。新郎没有抓这,牵娘不敢牵新娘。只有新郎官才能开这个轿门。

开轿门后,牵娘两个人来牵,旁边站着两个拾掇③蜡烛的。牵娘把新娘从轿里牵出来,牵下来之后就把被子铺在地上,磕头拜祖人。

然后就是拜堂,拜天地就拜天拜地,拜祖堂这就是拜祖人,会说的牵娘就说:一拜天地,二拜祖堂,三拜公婆福禄,四拜嫲伯婶娘福寿长,五拜五男二女,六拜妻子团圆,七拜八拜新姑娘牵进房。走进洞房,喜相洋洋,铺毡接仔,官后娘娘,上边磴④的七座,西边磴的下牙床,下牙床爬进锦被,锦被盖鸳鸯,鸳鸯成对。牵娘说"鸳鸯成对",我们就说"喜哟"。下面就说"鸳鸯成对,凤凰成双"我们再说"喜哟"。不会说的牵娘,拜了堂磕了头牵着走。

结婚第二天,新房里要拿个果盒摆点瓜子,来的人就是喝喜酒的人会到新房去喝点茶。来了人,就跟新姑娘说:"这是某某人",(新媳妇)就磕个头,他就把一个红纸筒⑤。

结婚第三天就到湾邻去参厨,家家都去走动下。新媳妇从房里出来,去灶上拜"司命老爷"⑥,再出去到上堂屋的拜祖人,磕个头。拜了之后,再到湾邻、家门的,叫作"参厨"。人家引着一起去,到人家去参厨。先在灶壁上磕个头,拜司命老爷,再拜某婶娘、某叔。有人盘⑦你,就在处⑧要你拜,这里叫你拜,那里要你拜,他叫你拜猪圈子、拜猪槽,他说拜了猪长得快些;有

---

① 过路:过去的一种嫁娶习俗。

② 家门:家族。

③ 掇:duō,端着。

④ 磴:dèng,放着。

⑤ 红纸筒:红包。

⑥ 司命老爷:灶神的俗称。

⑦ 盘:此处指的是故意逗你。

⑧ 在处:到处。

的不盘你,拜了就算了。他说叫你拜你就要拜,你要跪下去拜还不能说话。我原来是大奶引着一起去,还有么事亲戚的,在那里行回去的,引着一起到湾去,到你(家)去你引着一起去,到他(家)去他引着一起去,再到那家又跟着那家的人到那家。

2.分家前媳妇与公婆关系

(1)婆家家长与当家

未分家之前,婆屋里是我公公当家长。不管么事都是我公他说的算数。我公虽说冇读书,但他一长二大的,做事好这个(公道)。我公和我婆婆很少吵架,要是事情做得不好,你就说下我,我就说下你。过去,女的不敢打架。么事女的骂娘更是少数,这种人别人说你是个泼妇,这样的女人没有用。现在的人,一点规矩都冇得,那嘴再能得很①。以前的女人顾脸顾味②,现在的人不顾,只顾她自己。

比如说家里要盖一间或者两间屋,男的说要做屋那就做,你只管烧火做饭吃。过去在我公手上的时候,我们屋也有。后来屋少了我们又做了新屋,一做完新屋就土改吃食堂。公家就把我的屋拆了,后来又给我们做。对于这种事,我没什么意见,只要住得下就要得。

(2)劳动分工

解放之后,我出去生产、挑驮、除山、挖岭。我的婆出不去,她就在屋做事情,在屋里带孩子、烧火。如果伢少,她就可以去保管室做事情。大爸(大伯,老人的大儿子,访谈员的大伯)读书,放假回去做一点农活儿,放下书之后他就到油坊去了,给油坊的放牛、打油,他上十岁的时候去捡棉花、挖芋头、捡芋头,收谷去捡谷、割谷草都做。

(3)婆媳关系好坏

我和我婆关系好,我婆好疼我。那我们不像现在的人,我婆说我、骂我,我听着,我在我婆面前,说我婆也不生气,我们不争不吵。有的时候我事情没做好,她也骂我说:"你个东西,你那个女人没有用。"我婆跟大媳妇关系也好,冇争冇吵架,有么事骂一下就算了。她就和细媳妇关系不好,她不爱细媳妇,细媳妇也不爱她。

(4)婆媳规矩与状况

你好人好过的③我就不用给你端茶倒水。如果你不很好④,那我是要给你盛饭和倒茶。我婆有时候说:"到点茶我喝一下。"我从来没给我婆倒洗脚水。

我们没分家的时候都是在一个桌子上吃饭,"平大米再吃饭","平大米"就是打米烧火是一样的,除非一个桌子坐不下去。有真正的那样的客来了,你就不上桌子,不是那样的客还是一起去,老亲老戚的也还是一起去。

以前婆不打媳妇,除非是童养媳,从小时候抱来养大的,这和自己生的女儿是一样的。婆说你不停当⑤,你冇得用,她就打你。那媳妇打婆的事也冇得,婆打媳妇的事也冇得。婆媳争吵还是有点的,就是我和我婆没争吵。原来我湾的都没有这样的情况。

---

① 那嘴再能得很:很会说,嘴巴很厉害。

② 味:同指脸面。

③ 好人好过的:指身体健康,没有疾病。

④ 不很好:身体不好。

⑤ 停当:贤惠。

（5）外事交涉

我公虽说有读书，但是湾邻的哪家的有事，不管是忧事还是喜事，忧喜事他都拢去帮忙。他做事很踏实，屋里有么事忧喜事他比哪个都熟些。

（6）过节习俗

中秋节或者其他节气的时候，娘屋里说这个女儿在人家，就接回去过时节。我娘屋接我回去过时节，我能回去我就去，不能回去我就不去。这个没什么规定，决定权在自己，自己能去就去，不能去就不去。我婆也没个么事这个（没有不同意），像娘老子过生这种事，你不消问得，你都是要回去的。

（7）财产权

过去从娘屋带来的嫁妆没有多少，娘屋里也没钱把女儿。如果娘家爱好①，就给女儿打点家业②，有钱就多打点，没得钱就少打点。往时候不管多有钱都是置家业，而不是给钱。俗话说：红嘴楼黑嘴歪，十抬二十抬都有不好的，五抬三抬也有。地主的人家嫁女儿会给女随产，第一年去的，第二年就到她去挑谷收课。收课每年都收，直到你死。解放来了，不准收课这样就冇挑。

我在家没有财产权，要用钱就是找我公，钱的事他说了算。

3.分家后媳妇与公婆关系

（1）分家

我们是1958年吃食堂打粥打饭分家的，刚开始我们三家是一起打粥，后来因为我们在畈上做事情的人回来得迟些，所以我们三家就各打各的，就这样分开了。

我们冇怎么分财产，各人的嫁妆归各人，东西在哪一家放着就是哪一家用，在大媳妇的就是她用，在细媳妇儿的就是她的。往时候我婆的家业在细媳妇儿的，所以婆的家业就给了她。我这里的老东西，么事罐子还有其余的老东西在大媳妇儿的，就给她了。我又冇得个屋，只有两间屋，只能放我名下的东西。么事坛子、缸子、桌椅板凳，那都在她们两个人家。公东西我一分都冇得，只有一乘③床是我用，这是我名下的。只有这点东西是我的，其余的什么都冇得。

（2）赡养与尽孝

分家之后太爹太奶是我赡养的，太爹死的时候，我还给他做了斋④。太爹死了之后太奶又跟我过。后来细爹大了，她就要跟细爹过。我们人多缺粮，又穷，加上她要给细爹娶媳妇儿，所以她就去跟了细爹，就他们娘儿俩过。细爹大了娶了媳妇儿之后没两年太奶就死了。太奶出殡用的寿枋是你爹买的、你爹做的，寿纸是你爹买的。细爹就是叫漆匠到屋来做，他就是供三餐饭。太奶死之后，细爹家没得吃的，我就叫大爸到保管室去称点粮食给细爹。那个时候大爸在的，大爸去称的。大爸说：大姨家不肯。我说不肯不碍，算我家支了谷十五斤，我就说叫保管算在她名下也秤十五斤，那个时候我说的话还算话。我的口粮是十五斤谷，大奶的口娘是十五斤谷，两家凑了三十斤谷都给了细爹。

刚才说了，太奶和我们都是一起过，吃食堂打粥一起打，立后大奶在食堂的烧火，她就有点光沾，打粥把我娘儿几个的一起打，太爹和太奶两个人的就做他们两个人的，细爹是在学

---

① 爱好：好面子。

② 家业：家具。

③ 乘：此处指数量单位，相当于一张床。

④ 做斋：道士给死去的人做法，一种迷信说法。

校读书就在学校吃。三份粥,她是各做各的。后来,等我做事情回来,我就叫事务长,我说:"你把我的老头的跟我名下的一起打。老头冇做么事,粥少些,我的孩子冇做么事粥少些,我做事情的人粥就多些。"所以老头就这样跟了我。细爹那个时候是读书,那就跟他过没有用。后来细爹在学校,在县高中里读书,放下了书,回来了就在新湾当保管,后来太奶就说要跟她的细儿,细儿冇得媳妇儿,跟我们一起都是缺粮,我家只靠我做,就缺粮,大后来就要跟他。

那只有我,这现在都是年轻的人,老年人都去世了,大队的老年人也去世了,知道我伤心的人现在没得几个在世。这问贵纯表奶,那天我们还搭嘴儿,她丫①和她大②搭嘴儿,都叹息我伤心,说我饿够了,这么多的伢还要赡养两个老儿。我是真正地凭我的良心,我只说倒我的,别个我说不倒。

现在的老儿没得哪个不叹息我,我真正的是个停当的人。这现在后来的冇得,只有吴艳他爹是老年人,其余的都冇得。现在的人都做不到我这样。

(二)妇与夫

1.家庭生活中的夫妇关系

(1)当家

爹在家不管事,他没得这个能力管事。就像我刚刚说姑爷一样,要学问不行,做事情也不中,他就是做事情不中。从他读书到放下书就冇做事,什么事有太爹和大爹做。到后来十七八岁了,他就和我结了婚。做事情他冇做顺③,屋里(家务事)一概不懂,屋里事情他一概不会搞。

家里如果有什么大事,我们两个就商量着办;如果没什么大事,我做主就可以。比如做屋的事两个人就要商量,我们从金家湾那边搬过来,就在这个地方做了两联④屋。因为两联少了,后来养蚕室要卖屋,我就买下来了,让大爸在那里住。我这里还有三联屋,二爸接媳妇儿的时候屋又少了,我就从后面打点屋基下来。将这三联屋拆了重做,搞了四联屋。四联屋平均分,一家一半,二爸两联,你爸两联。比如嫁女儿、接媳妇儿这种事就不用商量,这是两个人共同的伢,伢大了就要说媳妇儿。我和他说:"某人说要这个,你去把他们两个算个命看合不合。"如果屋的要送礼或者请客吃饭,我们首先就在屋的搭嘴儿,某人的个礼这要送,送几多?是哪个去?你去还是我去?有工夫你去,没工夫我去。请客伢要请哪个客?哪个客要接?好比二爸结婚,刚开始我还冇打算接,曾家(对方亲家)的就说来说去的,说"别个说'你的女儿养这么大了,屋里冇得人,那还不把得别人?'"。她(亲家)说:"吴家的又冇说,冇说要。"我就和爹说:"现在么样搞啊?她现在这样一说一着,这现在真要接啊。"后来,我就赶快从姨奶那回来,去把他算个命,看八字合不合。算了之后,别个说和,我们就算个日子把她接过来。算命的说腊月二十二是个好日子,他们就在那一天结婚的。回来之后我就赶快忙,我吩咐爹接客喝喜酒,叫他从新亲二(地名)到赵家山(地名),从赵家山就上李家桥马家的,在马家的那里下来就到下涧冲,在下涧冲就到水口桥,这样的一转,不弯路,再告诉他跑了多远要回来,不能在那里挨(待),因为屋的还有好多事儿要准备。如果我不这样吩咐,他可能会跑到这家吃餐饭,又到那一家吃个饭。那这么多地方估计要跑好多天。

---

① 丫:母亲的称呼。

② 大:父亲的称呼。

③ 做顺:经常做。

④ 两联:大概四间房,60~80 平方米。一联大概 30 平方米。

(2)家庭分工(家内、家外)

结婚之后,我在家里做事情,他就被赶出去做窑。做窑就是做屋面上盖的那瓦,他一年还做不了三百块钱。这样的个没用的人,你说起他,我真是哭哒痒嘴[1]。如果放在你妈这些人身上,估计她们早就跑了。哪个都晓得你爹没得用,你要是不信,你去问一下你二姨,你问下你爹有用不?她以前经常说:"表叔没用,真没用。"

分家过后,屋里没有钱用,要去借债、借农具,那都是我去借,你爹他借东西也借不到。爹跟你爸一样,只会在屋里说、在屋里转,他在屋里跟人家道理不了,什么就是我去借。他说不倒,只会说:"诶,你去。"

屋里要是有人上门讨账,还是找我,要是没钱还给别人,我就和他们解释:"哦,某人不在屋的,我现在没钱,可能要过一段时间才能还给你,等他去忙了钱再还给你。"

爹要出去务工,就和我说:"这冇得钱,我要出去忙钱[2]",那我就问到他哪里去,他就说要出去做窑。我就给他的衣裳、被子都准备着,让他出去的时候带去。这种事我没有什么不同意的,他也不用和我商量。我肯定同意,因为屋的冇得钱用。这也不用正式说,就是在搭嘴儿的时候就说了。跟你爸出去打工一样,他就和你妈说:"诶,这没得钱,这要出去搞点事,到哪里去搞点钱。"

(3)家庭地位

往时候没得饭吃,我就到太湖去,或者买芋头片或者讨芋头片。我出去到野鸡河(地名)去,给人家做事情,拿一张报纸单去剪个样子。你搞点布儿,我给你粘荷包,荷包就是放这里一系着,用来装东西。我给每家都做了两对,然后拿这个去换芋头。家家都给芋头,你给点,我给点,我就这样地挑回来。二爹跟我一起去过,他这么点细伢儿,满湾地去跑着玩,饭熟的时候他在哪家玩就在哪家吃饭。

我出去讨饭没带你姑姑一起,她是女的,要在屋里照顾你爹。我讨饭讨了两三年,这家讨、那家讨,有的人用戳瓢[3]装点芋头给我,没得芋头就给点细萝卜我。我也强,讨饭的时候肚子饿了,就直接跑到别个家里去吃。我记得有一次,我跑到那屋里。那个屋里一个女老儿,她冇几长[4],是个五保。屋里只有她一个人,住一间屋,跟我那个屋一样,也有个灶儿。我到她家的时候她正在吃,我就问她讨点吃的,她说冇得。我把那个锅盖一揭开,锅里有点饭。我拿个碗我就去盛着吃,把锅里的饭都盛去了。她说:"我是五保。"她的意思是她只有这么多吃的,我吃了她就冇得。我说:"那不碍事,我冇吃好多。"还有一次,我没哪里歇,我就到了这一家。她家有两个儿,有一个媳妇儿。我就问能不能借宿一晚。她说:"那我家的歇不下。"我说不碍,我就在你这个灶口的住着。她说:"那夜晚的冷",我说冷我就把脚放在灰团里暖着。她说:"那好冷哦",我说不碍事。后来她就答应我让我在她那住。夜晚吃饭的时候,她就盛点豆糕给我。我说我不吃,她:"吃哟,你英山没得",我就问是么事,其实我是装作不知道,过去我这还少,就是解放来了我家没有吃的。她说是豆糕,我说豆糕我们那里冇得,我就把那一碗豆糕吃了。夜晚她们提水到房去洗脚,她就说:"你去洗个脚",我说:"我不洗。"她说:"你怎么

---

①　哭哒痒嘴:哭都哭不出来。

②　忙钱:挣钱。

③　戳瓢:一种盛东西的工具,材质不一。

④　冇几长:身高比较矮小。

不洗哟。"我说:"我晚上脚就放在这个灰团的暖着,洗了不是等于零,我不洗。"她说:"夜晚跟我和我媳妇儿一起睡吧,你去洗个脚啊。"我老实地去洗脚,洗了就睡觉,她婆媳两个加上我三个一起睡。清早上我就起早回来,那个老儿拿个戳瓢装了一戳瓢芋头给我,芋头还是削了皮的芋头。本来我就挑不起了我就不想接。她说:"你接去哟。"我说:"你真是个好人,昨天在你的又吃了,这你把果(这)些芋头"。她说:"你就拿去啊,叫莫(你拿回家去,有总比没有好)。"我说:"嗯,是的,这再要得了。"我就赶快接着,也有在她那里吃早饭就回来了。

把芋头从那里挑回来,这边天还没亮。你爸果(这)一点细,不像那个大点的,他饿得冇睡着。我在门外叫,我一喊他就听见了,"哎耶,姐姐,快些咧,丫回来了果地,去打门①"。我一回,他们都非常高兴,就都起来了。我问:"过夜②冇",答:"冇"。我说:"你洗的洗、切的切、添火的添火,切一点薄片,将它放在锅的周围,把一把火就熟了。"熟了之后,他们就一个人吃了一点。吃了之后再爬到床上去睡了,这次都睡着了。

那个时候粮食是五天一称,一称只有这么一点谷,拿回来在那个碓③上一舂就没得几多,只好去讨饭吃。那个时候别个家也没得饭,只有芋头。挑一次芋头有八十斤,尽是我出去挑,你爹没有用。他夜晚也不去接我,他睡他的觉。不过他也不知道我回来,也不知道我走哪里。

屋里没有吃的,白天做事情,夜晚我就用那个锅弄点吃的给你爹一个人吃。我做事情就冇吃,你爸在灶口里一坐着,不知道你爸现在还记得不?他就瞄着老子这样吃。这点细伢儿就这样地在灶口坐着,在灶壁角儿这躲着。锅里的东西爹他一个人吃,伢在旁边看着。我想着:你少吃一点,给一点给那个伢吃要得不?我现在说这个心里过不得④,说着眼泪都来了。那个时候我在外面做事情,我还要纺线,大爸在油坊里,屋只有你爸一个伢。这要是你妈哪里做得到?这是七几年的事,这边没吃的。我们还在做工分,土地还冇承包到户。那也只有我家这么伤心,我的伢儿多没有人做,你爹又不中,别人家有劳力,伢儿少,有人做。

屋里地位肯定是爹高,有钱都是他一个人用。我还说个例子,二爸肚子疼,肚子有虫,疼得两头梁⑤,冇得钱。爹不问不管,疼死了算了。人家说:"哎呀,那个伢儿啊,你也去把他看一下啊,去送给医生望哈噻。"我看爹这样不理,那我也不理,你不理我也不理。你做老子的都冇这个,随他去。后来咧,人家这样说的,后来呢,他就把他送去看。他那个肚子里是虫,哎哟,屙⑥出来的光虫,冇得别事。那总说屙了,不说一筊箕,总有半筊箕,要不是送去看下那不疼死了?爹是不问事,问不倒事。这是叫作搭嘴儿,他是天地人。那不是只有我问事,么事有事接客,么事送礼,只有我在中间,我这个(这个就是去做的意思),他一概不管。

(4)丈夫权力

解放之前,女的要给男的打洗脚水,吃饭要把饭端到桌子上去,男的就是别个端好他光吃。有的男的懒,他不动,等饭熟了他来拿着吃,女的把饭端好了吃了好去做事儿。

男的跟别个说话,他在那里搭嘴儿,你不消拢去得。你拢去了别个就说你这个女人不晓

---

① 打门:开门。

② 过夜:吃饭,下同。

③ 碓:旧时的一种捣碎谷的工具。

④ 心里过不得:心里不好受。

⑤ 两头梁:形容非常疼,床头床尾打滚。

⑥ 屙:拉。

得事①,你过身(从旁边过)要得,站一会儿你就走,你莫在那里插嘴,莫在那里站。我举个例子,这不是说过去,这是解放后。毛姨(湾里的一妇女,大概六七十岁),在明纯大爸那个附近站着,大队的干部也好,家属也好,男子汉围一圈,跟你这一样,她就在那中间一站着(又模仿她当时的动作),我都说她不晓得事。过去更是如此,过去的事儿你不晓得。比如说这个堂屋儿有好客,或是有干部在那个堂屋儿的,你个女人莫很从那里过身,少过些身,走后门,看不得。

如果男的训女的,女的也可以还口。那只说女的冇做好的或是有的要做但没做的,男的就说她。她当答应的就答应,不当答应的就让他说,说了之后要改。

如果男的要女的做么事,女的不敢不做。那只是现在说男的叫女的做不敢,女的叫男的做,男的也不敢,还不是照一样的。我们做么事,他说么样做法的,你就要一起去么样做法的。你不敢拗反②,说那个人家可以不去(去别人家送礼),你说要去,那又不行,那只说能去你就去,那就说"你莫去",那就不去。

以往厨房的事情,烧火、洗衣服、带伢儿都是女的。你没有人在屋里,他可以帮你带下伢儿。你有人在屋里,他玩他的,他就坐着不动。比如说像那个孩子一样的这点细,你占了手,你就说:"你抱一下嗞,我去做点事",他就帮你照一下,其余的时间他都不带伢儿。洗衣裳也是女的洗,男的不洗,男的洗衣裳丑。你坐月子的时候,洗衣服有公婆,他也不洗衣服。如果真没得人洗,他也不动。还有噶屋的,有噶奶,还有么事姨娘(洗)。解放之后不管,男的事女的做,女的事男的做,都是一样。你看我这儿的衣裳,连建华表伯都去洗衣裳,他是个老师,往时候男的洗衣裳丑。

(5)娶妾与妻妾关系

以前有娶两个媳妇的,但是这种情况非常少。我娘屋里,我就见过这样的两个人。我的伯伯是一个医生,人也好漂亮,好这个(人好),我的大姨,人是个老实人,相儿不见得③,说话孕摄巴江④的。她和我伯伯生了两个女儿,结果我伯伯不要,把她分到一边,他再去讨个大姨。分到一边之后,孩子归老子和晚娘养,因为晚娘到这来冇生。我前面一个大姨也又没什么说的,这叫作把她打到冷宫。打到冷宫就是说她吃喝穿就不这个,你一个人另外过。这不是叫离婚,和现在不一样,现在不要就离婚,那往时候没有。

(6)典妻与当妻

以前没有卖媳妇儿的,没有人买也没有人卖。那只说那个屋里冇得儿,儿死了,这个媳妇儿卖了。那过去,比如说某某人的没有屋里面的⑤,把这个人挖到那去,这叫作"讨亲"。我的细姑太,马家的细姑太,在彭家生了两个儿和一个女儿。细姑爹不成器不中用,再她又不爱。结果,她就冇跟他。马家的中间人就再把她说到马家,中间人得了棉条、布、线、猪牛,这就是叫作"卖"。这样的卖,不是那样的卖。婆的把东西拿到路上来,那边的送到路上来,就在那里把棉条、布、线,这是几多拉到娘家的,也不是娘家的得了,是这个做媒的人得了。不过娘家的有就是她的,她再在路上上轿到那个屋去。在屋里不能动身上轿,要不得。她这种情况等于说是媒人卖的,当时不是叫卖,当时就答应说要得。要得了,媒人就在中间就说要拿几多的钱,没

---

① 不晓得事:不懂事。

② 拗反:唱反调。

③ 相儿不见得:人长的不好看。

④ 孕摄巴江:啰里啰嗦,话说不清楚。

⑤ 屋里面的:此处指老婆。

钱的就拿猪牛也要得,棉条、线、布。有钱就交钱,没钱就交那些东西,是这样的叫作卖的。不是说"我把东西卖给你,你把钱就交给我",那不是这样的。

(7)过继

分家过后,如果女的冇生男伢儿,如果男的非要个男伢儿,那就要过继一个。男的只要答应了女的不敢说不答应,上人答应了,男的答应了,哪个女的敢不答应?立了也是一个屋的,冇立也是一个屋的,这不存在。

他的儿多,这里没有儿,你的儿凭着祖人①、亲戚写个立约,两方求签字。你的儿把立我,那就成了我的儿。说个比譬,我冇得儿,细爹有,大奶的有。她的儿多,我冇生儿。我就立他们两家的儿,他们两家哪个愿意立这个屋的就立来。如果她们冇得或是不肯,那就立一个姓的。湾邻,么事自己屋的只要是一个姓都可以。刚开始立的这几家的是叫作立系,这是自己亲的。你冇得,你爱立哪家的就立哪家的,这叫立爱。立外甥也可以,这是自己的姑娘生的伢儿。凭证人写个立约,"她,某人脚下无嗣",叫作脚下无嗣,"这个伢儿承继她脚下的嗣"。把立约一写,你就是这里的孩子。立的儿比女儿地位高,孩子从多大开始立那不管,有的大、有的小,有的小时候就开始立,有的怀抱就开始立。

往时候儿多,儿多立到他去了,就是说给他家养。这还是和一个屋的人一样,又不是好远,就是一个湾的。立了之后,有的和之前的家庭还有联系,有的没有联系。明伍(人名,湾里的一个伯伯)是立来的,他是明汉(人名)的兄弟,明伍他的弟兄三个,这里没有(儿)只有一个女儿,就立过来。那这里娘老子都去了世,那他和那家还有来往,弟兄还是弟兄。

等养他的父母百年之后,他家的地和屋,立到那家去,东西是他的,这一家(生父母家)的你就没有份。这家的屋后来就是公家拿走了,后来没有了还是把女儿拿去了,没人去管这些,有的家门不肯,有弟兄的就弟兄分。

我的伯大②,立过两届儿,刚开始是立系,立自己弟兄的伢儿。因为立的这个伢太老实了,不会用钱,他就不喜欢。然后他就要立爱,立别个房下的伢儿。因为这个伢会用钱,那看你的钱有多少。

(8)家庭虐待与夫妻关系状况

解放前有男的打女的,打架的也有。女的么事冇做好,或是男的要用么事冇得,两个人吵然后就打架。女的打得赢就斗打,打不赢就让他打了算了。那个时候男的打女的,没人说话,不敢说话。一是伢儿不成人,二是伢儿冇得用。如果女的被打了,她只会和娘屋里搭嘴儿,那这没得办法。娘屋里就问:"那为了么事啊,某某么样的啊,你以后你就晓得了,你要放好些呀,你莫跟他搞。"大姨奶跟大姨爹两个人,大姨爹打大姨奶不知道打几多,现在解放了还不是驮打③,过去打你没办法,让他打。后来到解放来了,伢儿大了,伢儿就帮娘。现在男的打人,公家说话,娘屋里说话。

停当媳妇儿(好媳妇儿),在公婆面前有孝心,再说对湾邻对妯娌和的,她不分彼此、不抬杠。么事人家有事,人情世故,那她不拗反,要送的照送,要接的照接。解放后的标准还是一样的,解放后这些事你也拗不了。但是这样的,解放后了,媳妇儿不爱公婆的这冇得办法,这样

---

① 祖人:祖先,下同。

② 伯大:叔叔,父亲的兄弟。

③ 驮打:被打。

的情况多。后来都是这样的,就没人说么事,大部分人都不爱公婆。解放前那样的人就少,那真是有个数的。

以前男的从来没有怕女的,就说元先(人名,性格懦弱)这样的个人他都不怕堂客①。在过去,不管男的么样的差,他都不怕堂客。邵明表爹,他比我只小两岁,跟大舅爹同年的。他的媳妇跟我同年的,做事做人什么都比他见(强)些。她都怕男的,她不敢,因为还有公婆管住了,把现在的人怕么事。

(9)副业收入

结婚之后,我没织布,也就没有副业收入。他被赶出去做窑,打工的钱,他没有拿出来。他是个领导,你钱不拿出来,我就说他小气,但是也没得办法。他的钱放在那里放着,要用就找他,他就拿点。

(10)日常消费与决策话语权

解放前,你要到市场上去买东西,你当买的你就去买。大姨奶以前冇去过市场,他的有大姨爹,这样的人是少数。你要买么事,一般的东西你就搭嘴儿,"买么事,布菜,接客,么事买肉儿东西"。买就去,女的在屋的就买块把豆腐、针头线脑儿、一双把袜儿、海绵布儿,女的只说是买这样的东西。解放后就随你,想去买什么就买什么,你挑一担也要得。男女平等那就不管,就说平等,男的也是人,女的也是人,么事是你男的能做,女的也能做。

(11)离婚

解放前没有离婚的,解放后离婚多。初(刚)解放的时候,一天到黑路上都是离婚的人。离婚男的提的也有,大部分是女的提的。那个时候离婚的就跟个做生意的一样,好多离婚的。后来女的都不满意,就都提离婚。连我们都想离婚,那我们是听话。我又不爱他,我们也不说话,太爹就把爹赶出去做窑,免得留在屋里我跟他两个人(不合)。他去做窑,我后来等于外面什么事就出去跑,管在外面么样蘸法的②太爹都不说。你这个人还在这里,但是我不是跟别个样的这么傻,由着我③了,我做照做,开会照开,什么事我都冇这个(什么事都冇越轨、冇耽误做事),我是听话。太爹、太奶不愿意我离婚,再我的娘老子也不愿意我离婚。你出去开会也好,唱歌儿也好,那就说你出去你去搞,后来就是有时候夜晚开会,白天的开会都是在外面,回来就是在屋里吃。

离婚时,男的不要的(男的提出离婚的),你的东西都给她。伢儿是归你的就归你,不跟你的归她的就归她,那有公家判,离婚两个人说了不算事④。我们的公家往时候是杨柳区,现在叫作杨柳镇。区的在老街上,区公所,也有这个会计的,也有这个当财经的。要离婚,你们两家都到那个地方去,么样这个法的,那就果直搞,那就说离婚那就直搞。解放来了,不要么事,几句话,区的把你们就判着,把东西一写,把章子一盖,这是叫作离婚证。你拿一张去,他拿一张去,走路。你要离的,伢儿细点的伢儿归娘,大点的伢儿归老子,或者说你要这个,你不要的就说不要的。

2.家庭对外交往关系

我以前有玩得好的朋友,但是就个嘴上玩得好。我跟你合适,我喜欢你。她又不把东西给

---

① 堂客:媳妇的谦辞,下同

② 么样蘸法的:搞什么,做什么。

③ 由着我:迁就我。

④ 算事:算数。

我,我又不把东西给她。只说么事搭嘴儿,也不过是非①,也不多事,也不做俏②,就是这样叫玩着好。亲戚也是一样,湾邻也是一样,我和小队儿的(人)都玩着好。这是老辈的人过了身(去世),老辈的人都晓得,我真正的算是个人。财经我跟他吵过,我的缺粮;队长我跟他吵过,他排工不合理;保管我跟他吵过,我缺粮,我的油要我拿钱我冇得钱,后来把点油脚③给我。我和他们关系都好。我做事情,外面的也好,在保管室的也好,女的总是邀我,我也不怕好了人④,我做事情我抓得(有狠劲,很卖力),你妈说还赶不到上我。挑、驮,手上的事情,什么事情我都抓得。我又不怕吃亏,所以些人,保管室的,我后去她也邀我,我先去她来靠着我。畈上做事情,你还问一个人都问倒,问你的二姑奶,都是一起去,么得哪个说骗她,韶山表姊人家就不跟她一起去连,因为她做什么事都不中。一做事就不行就踩脚,人家就恨得没改⑤。

解放前去的最远的场儿,就是走娘屋的,和到我姐的去。有时候杨柳湾那里唱戏我和伙伴一阵去看戏,不过唱戏一般很少。

(三)母亲与子女的关系

1.生育子女

(1)生育习俗

我总共生了四个伢儿,三个儿、一个女儿,老二是儿,2010年在外打工去世了。你(指访谈员)姑姑1953年三月初七出生的。他们当时结婚是这样的,大妈(受访者的大儿媳,访谈员的大伯妈)到我(家)来,四抬家具,拿到我家来油(做油漆)的;都不是大家具,都是那些小家具,大桌小桌、箱儿这些东西,叫人去油的,钱是我给的,油漆是我的买。

我的生男孩没有办酒席,光报喜。头胎报喜,后来不报喜。报喜就是你有几个叔,有几个姐,一家一筒饼子,捉个鸡去,拿一瓶酒去。生女儿也是一样地报喜,初生(头胎)都是一样,其余的伢儿就是对噶奶⑥说生了,免得她着急。

大爸一个人大些,我生大爸的时候,噶屋的来送礼就办客,我是初七生的,十八的噶屋的来送礼,就办客。客人就是噶屋的,姑娘的、姨娘的、老噶屋的,就是好比你妈生你一样,我是个奶,奶的噶屋的,你丫的噶屋的。我的湾里冇办客,如果大办湾的一样的送礼、喝喜酒,我们就是自己亲戚的。

生伢办客,我们不接,他们自己过来。他们带礼过来,礼品有肉、面、鸡,有鸡就是鸡,冇得鸡就是肉、糖和鸡蛋。我们那个时候是礼篮子,蔑箱子样的果(这样)个系儿,面在底下,一个托儿,托儿上面放着糖、肉。鸡都收着,把大鸡笼子挑。

噶屋来送礼的那天,就把伢儿抱出来,抱出来给噶爹、噶奶看,看了就抱到屋去睡觉。娘睡多长时间她就睡多长时间。满了月,娘就冇睡了,娘就要起来做事儿。不像现在的人,那个时候满月就要做事儿。她起来了,就把伢儿穿起来,穿起来放在窠儿⑦的。以前生了伢儿,村里的人不会专门来瞄,各是各的,你在你的,她在她的。

---

① 过是非:搬弄是非。

② 做俏:生气,下同。

③ 油脚:打油后剩下的渣渣。

④ 不怕好了人:不怕吃亏。

⑤ 恨得没改:非常恨。

⑥ 噶奶:姥姥,下同。

⑦ 窠儿:摇摇床,下同。

你满了月,娘屋里会接你回去出月。俗话说出了月子伢儿有奶些,如果伢儿说不能回去,那就是你娘回去吃餐中饭。回娘屋去,有的住满月,有的住半个月,有的住上十天的,这个在个人。按照我们往时候老的那个规矩,在这里满月回去,在娘屋里住一个月满月,婆家去接回来。

伢儿周岁的时候,有的办周岁抓周,又是亲戚的来送礼。后来的伢儿就不办,以前的伢儿多,你个个去办,就没人到你来。伢儿生了之后,拜祖坟的也有,在那个月里之内不管哪一天,到坟上去给祖宗去烧点纸,和他们说一下。

大爸和大妈的结婚证是我领的,我是那天下午去领的。我说吃饭了去,他说:"那去没有用",我说:"那怎么没有用,去。"我硬去搞来了,你这样的说,我这样对①,你那样说,我就那样对。后来,我硬搞到了手。他说:"那要问下妇联的",我说:"她本身是个女的,他么样的说法,这里的秘书只有一个吧,那把个个是秘书啊",我这样一问着他,他就冇得么事答复。我说:"诶,那不肯,要得啊,那你说我的伢儿么样的,她屋里也冇得娘,就是一个老子,老子要出差,一个奶在屋里带了他,那我只有把她午(弄)到我来,要得不啊"。他说:"那要得",我是说:"那要得,那你就把个手续我",我就要手续。我说:"好,我们是童养媳,现在转了社,我的伢儿还是原童养媳啊"。我这样一说着啊,我硬搞到了手。那个时候大爸就说了,他说:"丫,今天不是你,管着叫哪个去没有用,哪个去把你这样过细说啊",还没得我这么会说呢。

(2)生育观念

我的生的有男伢儿,有女伢儿,只要是头胎,不管男伢儿、女伢儿,庆祝的方式都是一样的。如果屋的没有男伢儿那就立儿,立爱立系随你立。

(3)学校教育

大爸是读小学毕业冇读,你姑姑读了小学毕业就读初中,二爸也是小学毕业考的初中读了半年,你爸读书读了小学毕业考了初中没得钱冇去读,他们几个都是没得钱冇读初中。三个都考了初中,两个考上了初中,你姑姑读初中是叫作读初中,就说趁去读书的名义在屋的扯猪草、拾柴,在屋里帮下我,帮我做点事情。她就是这样读初中的。

(4)性别优待

我没得重男轻女的观念,我觉得生男伢和生女伢是一样的。

(5)家庭教育

真正大点的伢儿,扫地啊、把火啊、抱柴啊,细伢儿收衣裳、收片儿②,这都是伢儿做。再说这个点,忙不过来了,我就说:"某伢儿你拿个椅子去搭脚,洗下碗,好生点③哈,把碗要放在前面,莫放在旁边,碗放在旁边容易摔。"其余的么事,过去都有田地都有牛啊,你就去放牛。解放来了也是这样的啊。

(6)对子女婚姻权力

大爸结婚是大舅爹做媒的,二爸结婚是表伯做媒的,你爸结婚是二姑奶做媒的,你姑姑说到三门河,是吴艳(人名)的姑姑做媒的。说的时候就说伢儿几大,属么事,要不要得。他们结婚也要问他们的意见,也没哪个不同意,因为都是要结婚的,跟哪个结都一样。你姑姑刚开

---

① 对:应对、回答,下同。

② 片儿:俗语中的"尿不湿",下同。

③ 好生点:小心点。

始不同意,解放来了,她说要跟她们一起去跑,跑到霍山去。她畈上做事情的有伴,吴艳她有个姑姑说到霍山去了,再杨春的那个细女儿说到霍山去了,还有老真他妹妹,叫香儿,现在在蔡家的,蔡西民的。她们都和着一起①,都到那边去。后来我就知道了,那两个去了,这两个就冇去。我知道了后,我里外不打动她。她做俏,趁她夜晚脱衣服洗澡,在那个脚盆里,我把那个条儿②早一办着,放在门里面一放着,不让她找哒。她在那个脚盆的,我就用那个条子蛮刷③,用很大的力蛮刷。"哎哟喂,么地诶,丫,你么地(为什么)打我啊?"我说:"你不知道啊?"她说:"我不知道诶"。我说:"你不知道我晓得。"我打了,后来大爸就跟大妈两个人起来扯,我就捡个锄头把那个门一拴着,他们就进不来。进不来那就拼命地推,后来就把那个门轴搞坏了。那个时候你不这样打,她就跑了。

大爸结婚是在集体的养蚕室买的屋,两联整的;刚开始我这里是四联,二爸分了两联,这你爸就两联。

2.母亲与婚嫁后子女关系

(1)婆媳关系

大爸结婚那天是走来的,水口桥的女儿(人名),表姑和舅奶去接的,胡家墩舅奶是她嫡亲的舅娘,她们两个人去的。原来娘屋里还冇送,她娘屋里是地主,正月初四的她家就要开工,她是初四的结婚的,初二的还是初三的我就把她的老子、叔就接来,接来把饭吃了。后来结了婚过后就接她娘屋里。

二爸结婚就不一样,先要看人家。女的,那再真是从姓曾的起,都接来,还有自家的那些叔,接来这叫"看人家"④。吃了饭,然后又过路⑤,过路就带请势⑥,请势就是说么早要人。

到了你爸头上又是这样的,有的先来的,不是一起来,甩他几多桌,饭吃了回去了。后来过路、请势,我又俭省一下子。过路、请势,后来送日子⑦,我不做粑,买的粑、肉、糖,送日子挑到你妈(家)去。后来,他说不该,结果就把日子钱也收了,什么收了,就是把写的那个纸儿拿回来了。当时是你二姑爹去的,要是二姑奶去的就好些,跟你爹一样说不出来,我还教他说,没有用。后来又到了正月十五的,我又送个礼去,把个提篮拿着,称点肉、买点糖儿、拿点面儿,再又把日子(写的婚礼日子的红纸条)放在篮里,这样地拿去的。你妈嫁过来的时候是三个桌子、一担睡柜、一个穿衣柜。

做媳妇儿和做公婆不一样,媳妇儿是靠着公婆脚下过日子,她叫你么样你就么样。做了婆的脚下这些人那和往时候过去的那就不同,媳妇儿面前的就要放好点。我和媳妇儿之间也很少吵架,我们吵架有得人调解。我们吵架也就是跟大爸的大妈吵了,二爸的,一直冇吵过,就是二爸去世时我问她要钱吵的架。大爸的,那也是为了说话,她冇听清楚过是非。

(2)分家

我这有三个兄弟,这要分家,那就说商量哈,么样分法的,往时候分家是凭股份,三个就

---

① 和着一起:邀约一起去。

② 条儿:竹条,打人的工具。

③ 刷:打。

④ 看人家:婚娶的一种风俗。

⑤ 过路:订亲。

⑥ 请势:订婚期,俗称"要媳妇"。

⑦ 送日子:婚娶的最后一个步骤,男方把结婚的日期写在纸上随礼物送到女方家里来。

是三股份。现在分家是做人分，你的有几个人，他的有几个人。过去是凭股份，三家就分做三股份。

大爸的分家是这样的，大妈是接她老子的职，老子是个教书的，后来退了休，退了休他冇得儿也冇讨亲，就是大妈一个人，就说把大妈接职。接了职她就到学校去了，在学校烧火，烧火拿工资有钱。她回来了就跟个么事样的，眼下她有钱了她就厉害些，后来就禁不住不吵架，后来我就说那还是分家。你爹说："你怎么先前不分现在要分。"我说："现在分，你不晓得，要是在屋里有么事一争，别个就说，'你看冇，婆现在不停当啊，媳妇有钱总是冇拿出来'"。我刚开始说不分，大爸在油坊做事情，你的钱拿回来，养的伢儿，你的伢儿在我这里养，媳妇儿的钱你就留着。后来看见这样的情况，不中，分开，我也不靠你的钱养伢儿，媳妇儿的钱，以后什么事儿就说我问她要钱。"么事啊，现在，媳妇儿有钱，冇拿出来噻，跟她争。"

后来就叫细爹来立个字据，在上堂屋里跟他说，你的家具你拿去。那个时候说我有几个人，几多菜园。我是照人一平摊，她的几个人，这菜园是几多，把她的三个人的。本来她只有两个人的，我就分三个人的菜园给她。饲料地，菜园的地是责任地，责任菜园。

跟二爸分家，因为分家之后他好定媳妇儿。大爸分家的时候冇欠别个的钱，二爸分开欠了别个的三十块钱。二爸就说："哥分家没有债，我分家还有债。"我一个人说："你放心，债，书儿(讲者的三儿子，访者的爸)你驮，这个钱，明年叫你大(父亲)出去忙，这么点钱，忙得了。"

过去分家的时候女的不能参加，但她在那个跟近①。如果她不满意，她就有点不高兴，在那边谈经鼓脸②的。分家都是男的，家门、叔。如果分得有些地方不合理，那也有点抬杠③，就阴着果酷④，咕叽巴拢⑤的。后来分家女的也可以参加，有什么不满意的就当面说。不管女儿出嫁还是冇出嫁，分家不与女儿相干。往时候说了，女儿是黄鼠的卵子是皮外的肉⑥。黄鼠在那个外面掉着，皮外的。后来出嫁的嫁妆由父母负责。

(3)女儿婚嫁(定亲、嫁妆)

你姑姑结婚的嫁妆，三个桌子、三拿箱子、一担睡柜，又加一担箱子柜儿、两个面架儿。我自己做的没有这些，是人家送的。大奶的、细奶的、大姨奶的、大舅奶的，一家送一抬。

我嫁女儿，什么都没有收，他到我家来我还要供应他的饭，供应他的烟酒。我说了我的三个媳妇儿是先嫁女儿后接媳妇儿。我将⑦嫁女儿、做鞋、我的片、我的线、我的鞋面布、我的鞋里子，这问还没人说咧，这是我经手的。不是叫先嫁女儿，油家业(油漆家具)是我的，工钱也是我的。

(4)招赘

招女婿在前面已经讲到，此处不赘述。

(5)援助儿女

女儿出嫁后，我跟她的来往也不多。你姑姑困难帮她，帮不到么事，帮她照伢儿，帮她烧

---

① 跟近:附近,旁边。

② 谈经鼓脸:不高兴,满腹牢骚。

③ 抬杠:埋怨分配得不公平。

④ 酷:脸色不好。

⑤ 咕叽巴拢:小声嘀咕,小声抱怨。

⑥ 俗语,黄鼠的生殖器吊在外面,形容女儿不是自家人。

⑦ 将:刚开始。

火,其余的帮不到别事。你姑姑那个时候虽说穷,但比姨奶的好点,姨奶那个时候没有吃的、没有喝的,你姑姑只说穷没钱,吃喝还是可以的,粮食有。我有事就到她家去,没有事一年都不去。她也是弟兄三个,冇分家。有伢儿,打谷、打麦,么时过时节,她来叫我去过时节,这就去。这在屋里打麦,屋里冇搞过,搞不倒,她的婆不管。有次她叫我去帮她盘麦①,净指望我盘麦,我不去。过几天再去望,麦播了。剩的点忍子②,我帮她收下场,我不这样帮她搞下来,那后来你不趁长指望我。这是一个媳妇儿不在跟前,一个冇来,这个不在跟前,来了就不能给女儿帮忙了。

带孙这个事情都不用问,屋里哪个孙我都带过。大爸的两个,大哥还好点,万林姐细时候大妈在学校的,尽是我带。二爸的两个也是我带,你细时候也是跟我一阵。但是不带孙的也有,燕姐的那个隔壁的,生了孙女,冇生孙,她就不爱孙女。不仅不照③,瞄都不瞄。外孙是女儿生养的伢儿,也是一样地带。

(6)赡养关系

分家之后我和你爹那是共同地养,又冇分。你要另外过你养,我另外过就是我。我和大爸分家后,我就跟二爸和你爸,跟二爸分家后,我就跟你爸。我们往日④,你爹不在的,我不和他们弟兄三个(住一起),我一个人另外过,你一年供应我几多儿米、油、盐、柴、菜、米,我一个人另外过,那就是说这样的,他们几个照看。分家之后还是三个人养,别个没哪个把你养。你姑姑出嫁了,赡养就不关她的事。如果屋里没有儿,那就是女儿养老,住还是住自己各人屋的。如果老了活着动不得了,女儿就回来望下,病了她来料理。我觉得养儿和养女儿是一样的。现在的儿比皇帝都大些,你这现在有儿,有的还不是不照娘老子,这硬是明摆着的,不理。我这个队的冇得,你看新湾的,她还不是有儿,还有女儿,男人死了,她一个人。还是公家说到屋去望一下,大队把一千块钱给得她,把一袋儿米给得她。她一个人,在那个路上果(这样)摇,棍一杆哒。大奶也冇得儿也冇得女儿,就一个孙女,大奶吃不赢穿不赢⑤,钱用不了。她也没有女儿,也没儿,就是一个孙女。所以说养儿和养女儿是一样的,所以有儿也不用炫耀,看各人的八字。如果没得儿,那就是女儿负责赡养。如果无儿无女,像现在的五保,冇得儿、冇得女儿、有弟兄,还有么事叔。要是死了,就是这些叔把她送出去。

三、妇女与宗族、宗教、神灵

(一)妇女与宗族

1.妇女与宗族活动

(1)宗族活动

我们以前村庄有祠堂的,仓库那里有我们吴家的大祠堂,那是我们吴家七大房的祠堂。刚开始在祠堂修谱,就是你们那个房下的一套谱是在祠堂修的。谱修成了功,各个房下的就派人来拿谱。大冠冲的来拿谱,你爸也记得,他说他还在那里看见过。他们拿个大桌子来抬,

---

① 盘麦:把好麦和不好的麦分开。

② 忍子:麦子渣渣。

③ 照:照顾。

④ 往日:过去。

⑤ 吃不赢穿不赢:吃穿不断。

跟个抬轿一样地来抬,把谱放在桌子中间,面上用红布一闷(盖),打锣打鼓抬去回。把谱分了,然后就修这个祖人牌子。一个主中的牌子这么大,有这么高,这个细牌子只有果大、果高、果宽。一个大祖人牌子就这么大、这么宽,我都看见了。祖人牌子,各人房下的都修的有。祖人牌子修成了功,那个祖人牌子他是在管祭,所以就在他家放着。我当时是阳炳细爹的他的一个老儿在管祭,所以祖人牌子就在他家放着。他爹的一个总牌子,我这个房下的就在他家,我都看见了,就放在上堂屋里供着。别个房下的拿到他自己去了,把祖人牌子搞过后,祠堂的就没事了。

修祖人牌子的时候,女的也能去玩,女的去玩也没么事,附近的人都去。跟我这离得近,我们些人就去玩,不到里面去。我们就在稻场玩,跟那个看戏一样,我们细伢儿在外面玩。

(2)家族活动

屋里没有家祠,大户人家才会有家祠,我们小户人家冇得。但是我们有上堂屋,上堂屋的贴个家神,祖人在那里。结婚那天,你要在上堂屋里烧香拜祖人。你往那里去就到祖人面前就烧一炉香,在那里站着鞠个躬。如果驼着的,就是这个驼的人一起去鞠个躬,如果牵的就是她本人鞠个躬。

(3)宗族女长老

解放前,我们宗族没有女长老。我们吴家祠堂有七大房,一个房下的管一年,这些长老都是男的,一般都是房下辈分最高的那一个。长老主要管修谱、修祖人牌子和祠堂的管理、修缮。

以前我们湾的打架,公跟媳妇儿爬灰①,儿就不爱,儿就打老子。结果,媳妇儿依然又去帮男的不帮公,帮男的一起打公。那个时候不像现在,那个时候有家门,就请家门来说话。在上堂屋里烧个香,烧个香点个灯,就点一炉香,上堂屋的祖人面前插着,要她来磕头赔礼,家门说话。像这种惩罚和结婚的事都是在上堂屋里进行的。

2.宗族对妇女管理和救济

村里以前没有溺婴现象,除非是落到塘去,不然哪有人专门去把伢儿淹死的。但是丢女伢儿的现象还是有的,她这个女孩生得多的,有的不爱女儿非要生儿,但是公家又不准许你生这么多。她就将伢儿送去丢,她夜晚把伢儿送到人家门口去。她把这个伢儿的出生年月日时辰都带着,放在伢儿身上装着。有的人过细②,放点奶在里面,有的不过细的就冇给奶。夜晚的人家都睡了,你要把伢儿送到你门外你就要放一夸儿炮子③,不放一串炮子又怕她在门外冻死了,又怕有狗来咬了他。放了串炮子,人家就会打开门看一下这是为什么放炮子。要是看到有个伢儿在门口,他就捡到屋去。万林姐还没有出世的时候,也有人送个伢儿大爸到那里来了。他捡起来一养着,二月送来的,七月伢儿就死了。

丢伢儿一般都是丢女伢儿,男伢儿一般没哪个丢。但是宗族对这方面没有什么管理。在我们这个村,宗族意识一般都比较淡薄,个人与宗族的关系不是特别紧密。相对来说,族规、宗族对妇女的管理和救济内容相对单薄。

---

① 爬灰:儿媳妇和公公偷情。

② 过细:细致小心。

③ 一夸儿炮子:一串鞭炮。

(二)妇女与宗教、神灵、巫术

1.求雨

这个天冇落雨庄稼都欠雨的时候，就有人去求雨。以前王家湾有个五昌庙，有人就去五狷庙去烧香磕头，求五狷菩萨上天去求雨。五狷庙是个大庙，不是现在这样的细庙。求雨之前要先去练，先到庙去练。先开始一个人端着底，先去练，把菩萨抬着求，到了某某一天，大家把五狷菩萨一抬着，从那个大路上往上走，然后过河，从河那边这样上。三步一擦，四步一捱，走几步路就往那个地上一跪，跪着求雨。求雨一般是在六月半年，不戴帽子也不打伞求雨。求雨要洁净，又要诚心，一点不诚心那就没有用。诚心就是不能说反悔的话。洁净就是人要洗澡换衣裳，身上搞干干净净的，手又不能搞脏了。做什么到厕所去，解小手这就是不洁净。这个男的夜晚不能跟女的睡觉。等求雨这个事过了两个人才可以一起睡觉。求雨的事都是男的去做，全大队的男的一起，好些人。我当时就是看到别个这样求雨的。

2.兜水筷①

以前伢儿生病了，一般都不去看医生，总是说这是哪个过世的先人吓着了。一般女的就是兜一下水筷，在灶壁上的灶壁角放点水，在上面立地放三根筷子。你在心里默念祖人的名字，如果这个筷子立住了，那说明就是你心中刚才默数的这个祖人吓着。我们这样问："要是那个人你就站住。"然后再找个懂阴阳的人掐一下，什么时间在哪个方位烧点纸，许下："这买点香纸烧给你，你保佑他好。"这些事那总是女的，没有男的去做这样的事。

3.拜司命老爷

拜司命老爷也是女的拜，在灶壁上洗个手脸，烧一炉香在灶壁头上插着，再去磕个头，就是这样的。一般是女的带着伢儿一起去拜，你以前还不是跟我一阵拜过，以前你爸、你妈不在屋里，你跟我在屋里。在老屋的那个场儿，反正我就说叫你拜。现在就没有人拜这个了。

4.土地庙、社庙

土地庙儿这是土地菩萨，社庙是社稷老爷。社稷老爷事管六畜的，你保佑我的六畜长得快不死，我等过年杀了猪我来供你、拜你。土地老儿就是管丰收的，然后地里面的东西长得好。雷家店圣地老爷，还有子人庵在赵家山那里去，再这里是到六西冲石源祖宗，那这里到处都有庙。只有雷店庙是最大的，什么菩萨它都有。那个庙里有圣地老爷、五狷、杨四将军、文胖武胖，还有看门的，那我只记得那些。你这个人心肠不好，到那一生②去了他把磨子磨，有的说你这个人好拐这个的，他就用碓臼③舂你，碓臼舂，它就把那个人摁在那个碓上，这里把两个菩萨这样一护着，就这样地把那个头摁在碓臼里，这就叫碓儿中。有的说把你用那个磨子磨，两个菩萨把那个磨一拉着，把这个人就摁在那个磨子眼上，周围磨的那个血水一样这样地流。五殿六殿那个菩萨一长二大的，怕死人的，这样个模样不敢瞄，我们往时候去我们都不敢瞄。菩萨那个大恶相，我们又不能说话。年年烧香的有好多人，菩萨总要捆一个把人。捆一个人就是说，你这去的人，一这是不洁净的，二是你这个人呢心肠不这个(好)，它就把你捆在这个地上捆着。你望着那个地上有一个人一捆着，嘴里泡沫直吐，这就是叫菩萨把你捆着了。你凭心做人，在上的好过日子，那就什么样的都不碍。但是心肠不好的人到庙去事先不知道会

---

① 兜水筷：生病请神。

② 那一生：来生。

③ 碓臼：古时舂米用的工具，石头质地。

被捆,他自己觉得自己好得很,只有菩萨晓得你这个人的为人。

一般烧香都是女的去,到土地庙儿、社庙都是男的去,我们也冇去。到雷店那个庙去烧香,那也有男的也有女的,那是许的那儿,那或是健康,或是我得什么病、出门,那就说去烧香。求平安、结婚、出门这些东西,这也有女的去,也有男的去。解放过后到庙去也有女的也有男的。

关于石源祖师,还有这样的一段传说和故事。石源祖宗他到太湖去诊病,不知道是男的诊病还是女的诊病。他是个医生,把那里的人诊好了。诊好了之后那里就问,问他在哪里住姓什么,他说他在哪里住、姓什么。到腊月,那里就挑东西来还他的人情。一直找他,但冇找到他。他就说,说那个人姓石,在哪里住。那门口的人就明白,那是石源祖宗。在那个山上,他姓石。那个时候还没有庙,就是光果一个石头,石头上就说有个菩萨像,那我们也看见了。有的晓得也是果求,拜。后来那个人就这样站在那个石塔上,把手拿个叉,就这样的(老人比划着)。后来就说是那里,那些太湖佬就把那些东西就在那里就都卖了,拿去换的香纸,拿去烧。后来慢慢地就修,冇修庙。有人就把东西搭,搭个棚儿,这样一搭着。这有的呢,这许的保佑他的么样地,就去把他做个屋儿。屋儿做起来了呢,这个屋儿一点细,不大,后来又邀,邀着把它做大些。这样慢慢地给它搞起来的。那次到石源祖师那去,别个说那个菩萨说好灵,有的人出门做生意就到那去烧个香求平安。那个地方好远好远,路又是弯的弯,好难得走。都没得人骑摩托,都是走。不是这样地怎么去,你是不诚心不想走路,过去还难走,比这还远些。太湖到英山来还不是走,也是走。

先头冇得路,真只有这样的个东西(老人用手势比划,大概只有十到二十厘米宽)。我驮你姑姑去也上去了。那时你姑姑四五岁了还走不了路,太噶就和你参说,说那个石源祖师好灵,许(愿)哈,叫他保佑那个伢儿好些。太噶后来就这样说,说了又要保佑她走路。她就去烧香,正月十五去烧香,这样一说,伢儿三十的下午就走路。当时是这样的,河那边的建恒细姑奶的,就是阳炳细爹的老妹。她在我家玩,我在那里筛米,她说:"哎哟,细姐细姐,你看哈,姣儿(我姑姑的小名)走得了了诶。"我急着就去还愿,当时真是亏了我,这样的个山上我还上去了,现在修了路,那个时候冇修。当时还落了雪,雪冇化,山上一片白。我、大奶、九奶、贵纯表爹他丫,几个人一起去的。我们顺着山这样地往上爬,那个路又是这样的上,笔直的,好陡。她们空手搞上去了,我一个人驮个伢儿往上上。她们上去了就说:"哎哟,这个路她又驮个伢儿,这怎么办呢?"我当时还是穿个胶鞋,终于搞上去了。她们就说:"哎哟喂,我们这些人在上面吓得要死。"后来年年都去了,年年正月都去还愿,这后来去不得了我就冇去。

5.巫术

以前算命一世相儿都是男的给人算命,没有女的给人算命。男的是瞎子,他就学算命,算命,算你的八字,你的八字好不好,你的八字差不差,你行时不行时,你要害病不害,退财不退财。那个会算的他就算的了,不会算的就瞎扯。有的也信,有的不信,有的说灵,有的也说不灵,这我就不知道。

6.家神

过去屋的有家神,只说现在没有。拜家神就是过年和十五拜。腊月二十四的接家神,正月要拜家神,正月十五送家神,差不多搞了一个月。二十四的,办点菜,拿到上堂屋去一个桌子上去放着,去拿点炮子放着,放点炮子接家神、祖宗回来过年,过二十四。先朝外一拜,接他

（家神、祖宗），之后就朝上堂屋里一拜，这是祖宗在屋里过年，现在接回来是在屋里过年，就要得了。三十的是三十夜晚的，拿点瓜子、糖儿，拿到那个上堂屋去，那就不烧纸，只放点炮子。三十夜的团圆过三十夜的，这就是这样的。十五的烧点纸，送走了，打那个鼓，这样大的鼓，和电视上那个鼓一样，再摆点东西供他。

接家神、送家神一般都是男的拜，没得男的还有伢儿拜，还和二姨的一样，没有二爸这有哥，一般女的不参与，女伢儿也不参与，都是男的拜。中间一段时间没得搞家神的，现在又有了。上次你二姑姑要接家神，还问我么样地请。

7.鬼节

七月半一般都不上坟，就在那个稻场的烧包袱。往时候是包个四方包，叫作包包袱。现在就是这样一折，中间系个腰写点字，这是哪一个的，几多，那是哪个的，几多儿。把包好的包袱放在筛子上，拿到河岸上去也要得，稻场边下也要得，就在那里烧。那这不管男女都可以烧，有男的就男的烧，没就是女的烧。现在冇得么事分男女，不像往时候。

四、妇女与村庄、市场

（一）妇女与村庄

1.妇女与村庄公共活动

没有出嫁之前，我们做细伢儿的时候，就冇参加村的会。现在女的也可以参加，我们那个时候就管得严些。那个时候在杨柳湾那里唱戏，我想去看戏，那就和家里说声，"我去看戏"，就这样去了。小时候细，有伴就可以去看戏；大了，你就不可以去了。那总说起码有贝贝（访谈者妹妹的小名，十五岁）这样大了，跟小雪（访谈者的侄女的小名，十岁）的这样大伢儿，有伴你要去也不能去。等你大了，家里说准你去就可以去，不准你去就不可以去。村里请吃饭也好，么事有事也好，那都不要你到村去。我到这来了过后，初开始英山放电影，夜晚放，我去看了。以前吃饭看戏男女那都是分开坐，以前肯定要分开坐。

解放前，保长、甲长召集说村里要修路、挖井或者么事挖水库、修水库或者其他么事事，女的就不参加，有男的去，那要女的参加做什么。女的参加没有用，屋里没男的就可以不去。不过这哪家都有个男的，没男的少。没男的也有个数的，那就是他们这些人去。开会说么事是么样的做法，他回来就和屋里人说一下。

解放后，这种情况就改变了。小队儿的开会，男女都去开会，开个会商量么样做法的。解放前也没得么事挖井、修路，那之前只说我这个边上塌方了，或者我这个田边下垮了，要开会讨论，把我这个田边下修一下，就这样的。解放后有女的参加开会，也有女的发言，那就说我这在哪里修路，说在哪里要打个么事井。你是在哪个场子，或是在哪个的田边下，或是在哪个的地边下，或是公地方，那就可以说。那家的人就发言说："这不能修，这是我的地下；那修要得，这里占了地方，你起码要给个说法。"女的说话也有人听，开会那肯定要听。出嫁之后，这种会还是照参加。刚开始是读冬学，在哪里学，男的是什么时候学，女的是什么时候学，这些都要开会商量，你就是这样慢慢地将他们就引上去。引上去了之后，这玩龙水活动，还要扎船①，还要动员这些女的，包括媳妇儿和女儿，动员她们出来这来唱歌。我这要几多个人打莲

---

① 扎船：自己动手做假船。

湘,电视上那个莲湘你看见冇,就是这样地敲就响。还要动员人家驮船,两个船要一个船佬,但是船佬就说男的也要得,女的也可以。驮船是男的,只有女的那就女的驮。这些活动男女都要去,年轻的人起哄,大家一起搞。

把那搞了后来就干农活儿,这个田地么样做法,我想和他的合战,我想比他的还好些,这就写挑战书。写挑战书跟他挑战,我要搞赢,让他输了。五村的妇联主任是胡凤舞,雅实的女儿。七村的是西河的姓余,余齐英,是七村陈家的媳妇,是他们村的妇联主任。我这个村的以前是枫树(地名)的姓胡,胡凤英,刚开始是她,后来她就冇搞了。妇联队长在那里开战,这样的这样开,和妇联队长这样的这样战。比如说我这跟五村的挑战,我去送挑战书。五队的说算了,我不肯,我人矮,我就上那个桌子上去说,挑战书不给她。其余人就说:"别这样傻,你们让她拿去,等到后来我们去拿回来的时候还好些,就让她。"后来她们就拿去了,我这里是杨柳区,河那边是雷店区,往时候是叫杨柳公社,雷店公社,现在是叫区。开会、送挑战书那再都是干部去的,干部有队长、妇联队长、男队长、女队长、大队长,社员冇去。我们把汽灯抬着,送到雷家店小河儿的,岗那边胡锦英的支书,她在那里发表意见的。但是我这是我这儿的,她那是她那里的。

2.妇女与村庄社会关系

我在出嫁之前,娘屋里有玩得好的伴,平时就是在一起玩哈,不争不吵,说啊笑啊,有事就到一起。没事,她也不到我(这)来,我也不到她(那)去。

村里有红、白喜事就请我去帮忙,别人请我就去,不请就不好去。就是亲戚的也要他请,更别说是村的。他请你去一般就是去烧火(做饭),另外你帮不倒么事忙。(用手指)那个屋里我去两届,就是忠儿的他哥和他,两届,明友二伯大的去两届,嫁女儿和生孙,大奶的她过生,建华的他丫不在家,二奶的她老儿往时候过生,舒家的就是舒涛他奶不在家,这也是我烧火。细姨奶的做屋起手①这是姐妹伙的我去了,大妈娘屋里她细佬结婚叫了我,叫我去烧火,儿的外父的叫我去烧火,我去的。再龙儿的,也是大妈的兄弟,他的茅屋拆了,后来做的新屋这我去了。这些烧火的,种山改桑园烧一个月,也是我。在这边一村的改桑园,那里烧一个月,在程家的,正是敏姐她二姨的那个屋那里。在那里烧一个月,这就两个月了。这过去修水库,成了功过后又去整水库,在敏姐那个湾里,在那里又烧一个月,那我烧火烧得有好多。

一般都是结了婚就到别个去帮忙,没结婚还是个细伢儿,做不倒么事,也没人请你帮忙。这种请人帮忙的事,一般都是女的去做,除非你是厨师,不然一般不会请男的去帮忙。那个时候我不知道做了几多人情,要不是那个时候帮人,姨奶的表叔怎么现在还把我看着极重的,买东西都是贵东西,买酒都是高级酒。你二舅妈的她哥不是那个时候我这样地帮他,他怎么现在看见,他还钱给我,那我还做了些人,我只是不说,怕别个说我呀。

以前我们晚上也出来乘凉,在屋的出来,过了夜(吃了晚饭)就在稻场乘凉,肯定不会去找玩得好的。往时候的屋跟现在又不一样,她的屋在那个地方,我的屋儿在这个地方,各是各湾的,这么远不好去找她玩。我金家湾一个湾,到新湾一个湾,跟这里到那个垄儿的这样远。樟树湾的又在樟树湾,我们是在坳这边,还隔个坳,怎么去找她,那各人都是在各人稻场的。

平时也没时间去找她玩,根本就没得工夫去找她玩。你在屋的,牵头、织布、纺线,后来有伢儿,哪里有时间出去跑。有时间我要在屋的做鞋、做袜子底儿、把伢儿补衣裳,根本就没得

---

① 起手:做屋、动工前的一种仪式。

工夫。以前我们有时间就一起搭嘴儿,搭嘴儿的内容都是做么事,穿么事,哪个生胡么样做法,你的伢儿好乖这些话儿。现在的人到一起去了,就说"某人,真不好,某人那天说了么事"。你妈也是说,这些话那我也会说。

我们学纺纱、学织布、做衣裳、做鞋那些技术,我是跟我的娘学的,我是六岁就学纺线,七岁跟小雪这样大,一天要纺一噘线。一噘四个陀儿,一个陀儿是这样大(老人用手比划,大概十到十五厘米的直径)。一天要纺一噘,一噘冇成功,夜晚就不困醒(不睡觉)。她故意这样为难你,她不这样地为难你,怕你以后完不成任务。我们每天都有任务的,大姨奶一天要两噘线,我只要一噘线。做鞋我自己搞,我就这样一瞄着别个做,我也自己做。这些东西,我在娘屋里就学会了,那来这来学了有什么用,没有哪个教得你。这里太奶眼睛不看见,大奶不教得你。这些技术一般都是在娘屋里学的,不会的也有,过去会的多。不会的人差点,吃点亏。你不会做,你就只有讨点破鞋穿。有的人后来人家这样教,她去这样学。

我们以前女的和女的之间冇吵过。我湾的都冇吵过,不连说我冇这个,我在娘屋里和这样婶娘都冇吵过。这里湾有三个姓,那就说你到我(家)我到你(家),跟个自家的一样,跟个客一样的。你到我的了,我叫你坐,给你倒茶喝。不过没么事事儿也不到你的来,来了一般都有事。这跟现在不一样,你到我(家)我到你(家),就跟个没得事一样,跑上跑下的,那往时候不是这种情况。

往时候女的和女的吵嘴,你不管吵成什么样子都不和男的相干。跟现在的人不一样,男女一起去,争啊吵啊,一点儿事就做俏。你看大妈的和大爸,跟细奶的不好,两个人都是一起去的做俏,往时候不是这样的。现在的人,我再瞄着一点影都冇得,现在细爹都是这样个东西,堂客跟哪个搞翻了,他也一起去,这怎么叫的是人?往时候说了,男的要像个男的,女的要像个女的。

(二)妇女与市场

以前到市场上去的都是男的,几乎没有女的。下乡的这个货郎总是男的,他挑着货郎担拿下乡卖。解放后女的做面下乡换面,拗米糖拗那个白糖。女的下乡兑棉花,有桃子就打了拿来卖,有梨子也打了拿来卖,这些都是女的来。解放前卖这些东西也有,卖这些东西,她又不跑到别的地方去。就是我这里卖点,解放前也有,解放后也有。男货郎一般也没么事要跑到外乡去,一般都是卖布、做窑货,黄泥巴货,有男子汉挑着卖。下乡去兑谷、豆儿、麦儿。一般都是白天的去,夜晚的回来,没有哪个人让你在他的住,你的买这样大个土壶儿,她的买个泥巴炉子,我的安个风子钵儿,这样的些东西,如果买这样些小东西还要提供住宿那就划不来。

解放前不管么事事儿,女的都冇到市场上去,一般都是男的去。往时候买东西没得钱就是赊账,赊账也只有认得的人才能赊。你就和别人说:"我赊着,我某某一天我再送来要得不?"再没有钱就不去买,真正不得情已了,你就赊账。那赊账的也冇得好些,块把,几角儿。现在要说一万块钱那就好大的事,那个时候一万块钱就一块钱,往时候的钱不值钱。今天来了人,叫了工夫,要到街上去买一坨豆腐,或是称点肉回来,那女的去也可以,其余东西就都是男的买。么事鱼儿这样些东西就冇得卖的,过年塘里打的就有,塘里冇打就冇得。街上能买的只有豆腐、细干子、肉儿,连千张都冇得,更没有海带。细干子不还是豆腐,除了吃的,别事冇买过,没有么事东西。我在屋的时候,我丫就说叫我跟我大搭嘴儿,问:"屋里要个么事,不知道有不哈?"我丫就说:"你明天去望一下。"

以前我们纺纱的棉花都是自己种,纱是自己纺的,布是自己牵的。牵了纱再织布,织了就拿去卖,卖了钱又去买线。有的人自己聪明,自己画的绣花的鞋样儿,自己去剪的,有的人说,你的好样子我到你来剪一个,她就别个去剪一个鞋样儿来。我的鞋样儿是我自己画的,自己剪的。做鞋也是我自学的,我做的鞋一般都冇卖,有人抓周我就做细鞋做抓周礼。解放来了我就冇织布,这来有大奶和大爹织布,大爹卖布、买线、出去跑。大奶在娘家织布,到这来织布,织一生,到土改来了才不织布。

解放后,后来就发票儿,布票、粮票和肉票。土改过后,乡下就没人织布了,所以布金贵,国家就给你发布票。人多,糖金贵,冇得糖,过年的时候一个人几多儿糖,发个糖票。你要是坐月子的要糖,还只有去和他们说试下,看搞到点糖不,冇得糖。那说布票,一个人时一丈五,有的人买少了,我们买,伢儿细也是一丈五,没得钱,伢儿破的,那再真是打点赤膊儿①,就这样能节约点布票出来。当干部的人,工作组下乡吃,又发个票儿给他,半斤一餐。发给你,你在哪里吃饭,吃一餐饭把半斤票儿。工作组在这里做工作,在我这个小队里住着,你到哪里就在哪里吃,或者是集体地吃或是哪家合适地吃,说叫你吃,就这样地吃。今天到哪去吃,把半斤票儿,不是吃你的,票儿是吃他自己的。后来慢慢地粮食有,充足了,就不要票了。

五、农村妇女与国家

(一)认识国家、政党与政府

1.国家认识

国家这个概念听说过,但不记得这样多,也不记得是什么时候听说过国家的。解放前从来没有宣传这样男女平等,那是解放后国家说男女平等,男的女的都一样。解放前村里小学还是有的,女伢儿能到学去读书的少,女伢儿都不读书,我这个村里都没有女伢儿读书。女伢儿读书读的没有用,不要女伢儿读书。真是地主的人家就读书,地主、土豪、劣绅这样的人才能读书,其余的人家都冇读。往时候我听见说,学校的都是男的,有一个人家将女生送去读,这些男伢儿的家长都不高兴,他说把他的些伢儿带着不聪明。

从我出生到现在,我就记得三种钱,刚开始是明钱,我有用;第二道是角子,那我用了一回。第三种就是纸页,纸页的、银分的。角子只有这样这么大(老人用手比划,只有3厘米的直径),铜角子。铜钱和这个不一样,铜钱有窟窿儿,这个冇得窟窿。它就是一个个的这样角子,就跟现在的这个银分一样。后来就用纸页儿,一块儿的以前是叫作一万,一角的以前是叫作一千,一千、两千、三千、五千的。一千、三千、五千,都不是现在的这个写法,往时候是大写的。一万,这个一万就跟现在的这个一万一样的。到了后来,又是一万的又是一块的,刚开始的我也搞不清楚,我不知道么样这个法的。后来就说一万的就是一块,这个一千儿的就是当作一角的。

以前保长和甲长下乡到你(家)来收费,那我又忘记了收什么税。解放前也拉去当兵,解放前就说你的弟兄几个,能够出去几个当兵。这里就是阳炳细爹他老子去当了兵,我娘屋里有个叔去当了兵。解放前,国家来抓你去当兵,不管你愿不愿意,只要抓着你了你就要去。他们白天的也来抓,夜晚的也来抓,夜晚的那这我又记得,往时候我的有这样些叔,尽跑到大舅爹那去躲,那里山多,夜晚的就都钻到那个山上去,白天的也是钻到那个山上去。他那个时候到那个山上去躲,一躲就躲开了。又不像现在,现在躲不倒。抓不到你的人当兵,他就实行"五家连坐"。好比跟这样的五家,你的一家冇抓到,把这五家哪一家的抓着一个了,抓着一个了

---

① 赤膊儿:什么衣服都不穿。

就拿去,把你这五家当作一家的这样个意思,这就叫作"五家连坐"。五家连坐就说,征兵捉兵也好、派夫也好,原来是出在你的,你的人都躲了抓不着,就到他的去抓一个,抓到一个了就要得,这就算完成任务了。一般抓征兵都是抓男的,没有抓女的。

2.政党认识

往时候说"共产党的会多,国民党的费多"。抓征兵就是国民党在抓,后来共产党来了要兵,他就这样宣传:"你的伢儿,我动员你去当兵,当兵有么样的个好处,你安的上。"有的听了话也去,有的他自己报名去。国民党的那是派夫、派费、抓征兵。共产党征兵,大爸去报了名,大爸什么都检了,后来搞回来,搞落了。你爸也去检过,检上了,后来不知道因为什么冇上。不过话又说回来,当兵刚开始三年,生活好苦。

往时候就听年纪大的人搭嘴儿说孙中山和蒋介石,那只说冇看见过,看只在电视上看见了。现在人家还不是搭嘴儿,往时候蒋介石是么样的。现在那个电视上有,那个蒋介石也有点像,这样个癞痢头①,好高好大一个,不是癞痢头,就是这样光头儿。

现在的国家主席我肯定晓得,就是不记得叫么事名字。我就忘记了他姓么事,我们一转眼我就忘记了。刚开始是毛主席,毛主席之后,这一说就忘记了。这后来是胡锦涛,胡锦涛之后就是宋庆龄(老人有误)。他这他们两个人的,这个主席的屋里面的(媳妇,妻子)我还不知道,只把孙中山的媳妇和蒋介石的媳妇是姐妹。宋霭龄、宋庆龄,这个是宋美龄。一个是国民党一个是共产党,两个党作对,后来就说宋美龄一个人是送到台湾去了,因为她一个人在这里过不下就到台湾去了。

解放前没得么事共产党,那过去就是红军,红军是叫的解放军。这个红军到这里来的时候是在这的,那不是我亲受的(亲身经历),我听见说的,抬回来就说我英山佬,土的红山赤,就说我英山的人成了红军。在这个红军里面办事的人,后来国民党就把共产党这里面做事儿的人还办了好些。所以后来这个土改解放来了,这个当了红军这样的人办了,军属是当兵的,一个烈属,那样的算作烈属。三门河的官保标表爹,他的一家人都是烈属。他的老子,加上他的一个叔,他的一家人,两个烈属。他结果呢,跑反回来,屋里家门就不要他安生。他在三门河住,老家在赵家山大舅太那里,老家在那里。后来就跑到那去,把家门接一桌饭才是安下去。

以前女的冇得入党的,现在有。往时候照说冇读书,那怎么要你入党呢?男的都冇得入党的呢,我是土改的时候听说共产党的,我是1951年结婚的,1952年就土改。土改就是共产党来了,就说这就分界线,分地主、富农、贫雇农、中农,四个等级。这样地就把那都分开了,那就是共产党

我往时候冇入团,入团冇得钱,三分钱我都冇得,入么事入(入什么团)。再个又这样的,我又有点怀疑,入了团,你冇照着他们那样地做事,后来整团,整团跟这个地主一样,也这样地搞,我怕整团、整团员。我不入团,我也不入党。照团没入,党就更加入不了。

共产党就是土改分田地的时候和大家走得最近,共产党后来进了村,那都是一样,有什么走得近。共产党不是什么差别不差别,一直挺好。你困难了,他照顾你;你这个冇得屋的人,他帮你做;你这个老头上了六十岁的,他就把养老金得你。原来哪有这样好的事?

共产党的干部我们也接触过,阳炳细爹他的母舅是我们这里的掌务,他又是地主,我们又是个干部,有时候有好多事要商量,他净到我家来。有一回,他到我家来了,我不在屋里。往时候过年这么长(用手比划,大概四十到六十厘米长)的鱼,那好大的奇事②。我家买个鱼腌着

---

① 癞痢头:秃顶。

② 好大的奇事:很惊奇。

过年,在那个床里面这样一盖着。阳炳细爹他丫是胡策蓝,他的兄弟是胡子蓝,那我又记得。太奶这样说:"今天胡子蓝又来了",我问他来做么事,太奶说:"这今天你不在屋里,你要是在屋里,他怕不是在这吃中饭,他要吃我家那个鱼。"那要是我在屋里,那个鱼肯定做给他吃了。他到我(家)来吃中饭,他是细爹的母舅,但是那个时候不当亲戚。他是来做工作的。但是我们有困难不会找共产党,那个时候不像现在,找他没有用。

3.政府认知

(1)剪头放足

我们以前包过脚,包脚包了之后放的。前届红军来了,红军后来退了,退了就走了。后来就是伪党,杨县长,他姓杨,杨县长在县的当县长,杨县长做共产党的工作,他到这来剪头①放脚,这是杨县长手上的。后来人家这样说,是做共产党的工作,他就这样做工作。他是做共产党的工作,所以人家就说杨县长好。往时候,什么大的、细的,女伢儿就是梳马尾辫,大金②都是髻儿③。那没有哪个说剪个短发,往时候真有得。杨县长来了,叫人剪头放脚,脚要放了,不能包这样点细,走路都走不稳。你这个脚包这样点细,畈上和山上你都去不了。那个脚只有这么大(老人用手比划,只有十五到二十厘米长),我的丫的脚只有这样大(用手比划,只有十三到十八厘米长),那走路根本就走不了,走路这样颤。把这个头毛这样一梳着扎个髻儿,你又要梳头、又要包脚,哪里还有时间干农活儿。现在你说那多好,挑驮都方便。你头毛有剪、脚有放,后来要你出来做,你还是照样地做。

(2)读冬学

我们解放后读过冬学,妇联的没有读书的就去读书,男的没有读书的也读书,读了一本书。解放前也有男的有读书,你看明伍(人名)伯就没有读,你姑父就没读。新湾的徐邵可是我们的老师,那个老师现在还在的,他比我小一岁,冬学就只有他一个老师。新湾的,我这个金家湾的,这中湾的,往拢果一伙④,女的是白天的班,能去读的就去。这个年纪大的,不是年轻的人就不读。跟我们这样一类这样的人就去读,我们是白天读。男的,跟你爸大哥和聪哥这样的些人,那就夜晚去读。

刚开始到学去读,读"山"字,老师问:"这是么事字?",我们说:"不晓得",硬是笑死人。一个"出"字,两个"山"字一摞⑤,老师又问:"这是么事字?"我们说:"不晓得。"后来慢慢地这样教,说这是么事字么事字。所以说要读书,不然工分都不认得。他也把个本给你,做作业。他在黑板上给你写几个字,你照那个上面这样写。我读冬学大概读了大半年,估计学了几十个字。我要留心那我就认得好些,不留心那就没好些。后来老师升了地主,他的媳妇又跟他离婚,他心情不好。后来我们没老师就有读了。

读书没么事好不好,我们伙四伙的⑥到一起去坐,就在那里唠⑦啊、坐啊。我们是在我那个金家湾那个上堂屋读书。那里有桌儿和凳子,老师到那来教。我们自己准备笔和本。一个班

---

① 剪头:剪头发。

② 大金:指已经结婚的妇女。

③ 髻儿:妇女把头发盘起来。

④ 往拢果一伙:合并到一起。

⑤ 摞:叠起来。

⑥ 伙四伙的:玩得好的。

⑦ 唠:聊天。

大概几十个人。

(3)婚姻包办

废除婚姻包办肯定好,以前是个人娘老子办的,现在就说要随他个人,两个人愿意。废除包办,你爱的人你就跟那个人,跟我们这样的,他包办的那你就没有办法。包办那你就非要跟他,那要是我自己选择,那我可以选择不跟你。

(4)对干部的印象

解放前没几个人当干部,更没有几个女的当干部。我的伢儿有读书当不了干部。当干部一般要书读得多点,人娘老子强点,再做事儿正直。那个时候不像现在,那个时候小队有队长、甲长,这一甲有一个甲长。大队的这是保长,不是说大队的队长,是保长。再么事公社的,公社的社长,别事没这这那的。

(5)计划生育

计划生育是因为人口多了,忙不过来。国家只准许你生两个,生个儿就是一个,生个女儿就准许生两个。不是说别事,刚开始是随人生,六个的、四个的、八个的、也有生十个的。刚开始实行计划生育不是罚钱,这后来动员,动员你不生,你躲着生的那就罚钱。那个时候大妈就是这样的,头胎是个儿,但是想生个女儿,一样一个这样的好。她欠个女儿,后来捡个女儿又死了。所以她当时生万林姐的时候,罚了一万多块钱。那个时候是1992年,一万块钱好大的事,一个彩色电视机也只要几百块钱。因为她接他老子的职,等于是吃公家的饭。后来就说罚款,罚了钱照把了,依然你上班。罚钱你冇把,那现在你就没有职业,你就不上班了。

那个时候她有的没有么事政策,一个女的只有生。不像现在,现在说公家有这样的个秩序,有避孕的,那个时候随意生也没得哪个管。又没什么避孕的药,也没么事上环,那一个女的这样年轻怎么不生呢?现在的人你叫她生,她都不生,不像往时候的伢儿,跟那个猪一样的,不管么样的长法①地随她。你只要有个人就要得,吃也好、喝也好、穿也好,你冻让你冻,你晒让你晒。

(6)移风易俗

关于送礼。礼现在还不是照样送,往时候还不是这样送礼。原来就说送礼是这样的,亲戚,噶屋的、舅娘的、姨娘的、么事姑娘的、儿的外父的、女儿婆的,这样的送礼,家门的,这个队儿的你的么事事,大事办客就送礼,小事就没跟现在这样的。现在过生、抓周,都统一办客,那往时候不是这样的。现在有钱,钱在手上,你办我也送,她办我也送。你到我家来,我到你家,不能说不好,这叫孝顺。

(二)对1949年以后妇女地位变化的认知

妇联就是指我们女的,妇联会就是我们女的去开会,我们去开过。今天到哪去开妇联会,这个三月八,三八妇女节,这是妇联的开妇联会。这哪个都晓得,他们都晓得妇联。"某某人,今天到那去开妇联会","今天在哪里开妇联会"。

经过土改过了后,都是妇联和男的一样,吃、喝、做都是同样的。这是说从目前来这个,女的比男的地位高,媳妇儿比婆恶些。屋的男女打架,村的一般不管,屋的真是一把出了事去找村的,村的才管。那你要出了事,再是如果打得好厉害,就去找村的去调解。

---

① 长法:成长的方法。

(三)妇女与土改

1.土改动员与参与

土改的时候,工作组进村,动员你这个社员参加土改。虽说男女平等,但是女的冇参加土改。男女平等,看么事,有的平等,有的这就不属于女的。阶级斗争划成分,土改工作队到我家去划我的成分。刚开始给我(家)划的成分是地主,后来就把我的家业打个封皮①,打个封皮然后又研么样我家升地主。后来别个就说我家收的课。其实当时是这样,他的爹叫作七爹,我的爹是叫作六爹,七爹的管祭收课,叫我的老子去帮他挑课,人家红眼睛,就说是我家收课,跟着沾了光,就这样地升的地主。后来就研究出来了,发现还不是我家收课,就把我家地主下了,给我家划了个中农。但是女的冇参加土改。

2.斗地主

土改那就说划的阶级斗争,富农、中农、地主,那是叫作土改。地主,你是什么样的,你吃人肉喝人血,你不做事,都是靠剥削我们这些人,然后就斗他。开会的时候叫你在中间站着,这样些人发表意见,斗争。发不发表意见那随你自己,细伢儿只要会说那去斗也要得。我当时就冇去说,我自己本身就是升的地主,虽说后来下了,但我也不说。那当时说话的人有好多,到那个时候,你也想往上上,我也想往上上,所以他们肯定愿意批斗地主。

地主的东西没收,他的东西、财产、屋统一没收,大队的拿去了、小队的拿去了。老湾的地主,打老湾的没收,全大队的人开会动员到某人屋去打没收。没收了你就什么都没有,好比你家什么都没有,别个就说你这就跟个打没收一样的。没收真是什么都没收干净,就是留个屋儿在那的,其余的连锄头、杠锤②都没得走了。我在娘屋里还打了没收,我家是我大(父亲)去的,他去拿一把剪子,拿一个果盒。我这里打没收呢,是太奶去的,她去驮一张椅子加一个脚盆,其余的别个就都拿着跑了。打没收的时候,我们把他就赶出屋,或是赶到一间房里关着,屋里统统地什么都往外拿,拿着就赶快拿到自己屋去。有的还把你赶出屋,赶到别的地方去住,你这个屋也是别个的,贫雇农没有屋的过去那就说冇得,"哪个家冇得,你到某人(地主)屋去住"。你姑姑说到三门河,他的公住的就是地主的屋。他们把他赶出屋,把他的东西拿去了。他的那个屋,他公去住。

3.分田

地主的地,就是这样的,没了收。土改的田地都打没收,那这些东西都是归小队的,这个没收的东西,哪个去拿就拿去了,一般是把的贫雇农,你的冇得,把点哪里的田、哪里的地,把点你拿去种,他的冇得,就把哪里的把点他,除他那之外,如果还有多余的地,小队的集体收去充公。后来等于经过吃食堂过后,下放了,又搞一下子,又把田地分到人。我的当时有七亩多的地,王家园的一亩八、一个一亩二、加个三分,大沙田的三亩三田,门口的一个一亩二,还有个七分。我家地有多的,土改的时候就冇分田地。到着后来土改吃食堂,就统一归公。你去做工分你去吃,这田也不是你的田也不是他的田,也不是你的地也不是他的地。

4.妇女组织

土改是男的工作,女的不工作。我们这里贫下中农也有,没听说过什么贫农团。我们这里

---

① 打个封皮:贴个封条。

② 杠锤:洗衣棒。

也有妇联主任,妇联主任是枫树的一个人,姓王,跟我一个号一个姓。她好像是个中农还是个贫农,我不记得了。她冇读书,穷,成分好,我们就选她当妇联主任。

5.女干部

你二姑奶的公之前是大队的干部,他还说:"那个胡凤英退了职,现在你这个胡凤英接职。"我以前当过村的妇联队长,开会。初开始开会在杨柳区的开会,开七天七夜。那是第一次开会,第二次开会是在1958年上半年,在杨柳区的开会,开了五天。开两次会,参两次观。这个修水利、开塘整堰、挑河。哪个地方可以开田,把那里的屋移到哪里做。哪个场儿可以改田。参观就是出去参观水利,五点就吃早饭出去参观,走这边这样地上,走那边走东庄畈过河,走那边下到杨柳湾。别个都是伞这样一担着,我这个女的开会把斗笠这样一担着。那个时候太爹还在的,后来回来我和太爹这样说,我说:"我冇得伞,还戴斗笠,好丑。"后来,我就把个破雨伞送到那边六假(人名)的叫他补,伞送给他补了,就是这样的。到1958年后来吃食堂,你姑姑出了世,我就算了,就冇当干部了。

妇女会我参加了,但我冇上去讲话。那有她们说就要得,我就听着。当说的我就说,不当说的要我说做么事。送红旗、夺红旗,那是我说的,我就说。这不需要我说的我就不需要说。当说的就说,不当说的你去说别个就说:"那个女的好广嘴①",当说的那是要说的。

大队的选妇联主任,先舆论一下。三个大队,只有我这个大队的妇联主任是差的,下涧冲的是西河的姓余,余齐英,读了书,她还可以。五村的妇联主任是胡凤舞,她是胡家的女儿,她也还可以,冇得伢儿。她屋的弟兄两个、妯娌两个,大嫂是个天地人,听她安排。屋里事是她管,么事开会都是她一个人。只有我们这里的妇联主任差点,人也赶不倒②那两个人,也冇几长,说我不中,还赶不倒我。

(四)互助组、初级社、高级社时的妇女

解放后没人织布,所有人都去做事情,孩子也去,女的也去,耕战夜战、挖山、沤田、扯草、挖麦、烧火粪、搭田沟,什么都是男女一样,你做那个我也做那个,就和吃饭一样,你盛一碗我也盛一碗。我做事情的时候正是你大爸出生的时候,后来我们插秧、沤田、挖麦这都是一起,出去做分。

实行互助组的时候,动员全队的人开会,"今天去开会呀,明天成立互助组",这就听着,就要得,那就不用到屋来动员。大家当时都同意转互助组,你不敢不同意,要像你妈说的,今天叫你做么事,你敢不同意不?不同意的只是阴着在屋里说哈,出去说,出去说公家又找你。公家说:"你不愿意成互助,你一个人自私自利,成立互助组是互相帮助。"真正你弱了,你要说了这样个话,就在会上批评你,"某人不愿意成互助,他愿意搞单干,这是自私自利的"。

分田地,你这个田搞互助组,收去了,后来收到公社,是集体的。后来又按照你的人,几个,又拿着这样一分,分点给你。刚开始,什么都收干净,山、田、地、菜园,等于跟那个没收一样,什么搞干净。结果把那过去了,这就把菜园按照你的人平分,人多就多分点,人少就少分点。

当时动员参加互助组,当时干部不是动员我,是动员太爹、太奶,不是动员我。我这是他脚下的,跟他一起去。干部就说:"转互助组,这转互助组好啊,这就说,转了互助组做事情我这儿的搞不赢,新湾的人可以到这来帮。新湾那边的搞不赢,我的人可以到那去帮他",等

---

① 好广嘴:话好多。

② 赶不倒:赶不上。

于互相的。跟我这一样，你帮我做，我帮你做，不是哪个一家的，也不是你是你的我是我的。分组就说，不知道几个人一个组。我这新湾一个湾，我这个湾，找下面徐家的、段家的，这样多家就是一个组儿。做事一喊，这边需要人，你那边就来几个，把几个人到这边来，把这的事儿做了。筬筬、锄子、连城、米筛、簸箕，这都是你做么事你带么事。你养牛，你犁田，犁、锄、耙这你带着一起去。那就说做事情，养牛有分，你一起用牛有分。家业，哪个做么事你带么事家业，家业没有分，人有分。

从开始实行互助组开始就实行工分制，计分吃饭。这个亩儿，几多亩儿，你做几多，那就说这个亩儿要授予几个工，一个工几多分，这就是这样的。如果是做临时的，冇得亩儿的。那你这一天，值到几个工分。你多做的就多得，做了这样些就这样些(做了多少是多少)。

搞互助组的时候男女都是一起去下田去做事情，插秧、割谷、薅田、扯草、挖地、挖麦，统一是一样，这里要几多人，你在这里做。那里要几多人，你们几个到那去做。有的要哪里做石岸，那就说叫哪个去做，排哪个；到那去帮漆匠、挑石头，不管男的女的，那都是一样。那只说你做到这样些就多做些多得分。

后来这个互助组就成立，成立就转社，转社就说人也好，这都是社上的了。田、地、山，这是归社上，那屋里农具还是归自己的。转社也没得哪个不同意，不同意也做不到。当时没么事不同意，转社就转社，反正都是做事情。而且转社又不是你一家，都是这样的。互助组也是做事情，转社也是做事情，都是一样的。

解放前女的一般不下地做事情，过去只说集体不做事情，到了土改过后，个个都做，没有哪个不做事情。你做不到就不做，那做不到的怪不得人，她做不到，没那个用。你只说瘫子，就是个跛子也要做个跛子的事。跛子就在那里做不用移动的事。那哪个不做？集体的，你要吃你不做，想也想个办法找点事做。共产党来了那都做，地主都做，你怎么说得这样好，还敢不做？

互助组和合作社有组长也有社长，一个组的要一个，也有女的当女社长和女组长。当组长跟你读书一样，你读得这个书，老师说你要搞么事，你下去呢就去指示那些读书的搞么事。"诶，我这个队的要找个人，这找哪一个呢，你说哈啊"，"找某人"，"这个人……"，"要得，还不是和做事情一样的"。那当组长就是搞分配的，安排人，哪里有事找组长，安排人做什么，再哪里说去开会，那有个人你一个人去，这就要得，做这样的个事。安排你做事，你做么事他做么事，哪里么样做法。这个田要么事，那个地的要么事种子，这样的。

以前从来没有下地干活儿的人，成立互助组，入社之后都要下地干活儿。做事情这个东西不用人教，看着就学会了。你到那去，么样做法的啊。你今天到那去，把哪个场子的草锄了，用锄子去锄，这去不用学。哪个场子要扯草，这几个人到那去把那个草扯了。那个场子要摘豆儿，邀两个人去把豆儿摘了拿回。那里麦要割，拿个沙镰去割麦，把麦割回。

村里修路，队长就说："诶，今天那里修路，今天你去做，明天他去做"，安排我的就我去做，但是一次安排不了这么多人。而且一个人一直修，身体也受不住。你今天去做了今天一天，明天去做了明天一天，他就给你计分，别个去做别事也有分。修路是计分，计分是计分的时候。你要是计分，专门排几个人，你去修路，把哪个地方的路修成功，分在屋里记。分是屋的这个计分员"某某人在哪里做么事，几多分"。当时，我们去修，哪个地方还要理一下，填坑补缺，在那里去两个人把那个地理一下。那你再有看着，解放来了，女的什么劳动都参加。抬石头挑土粪，犁田都可以。我只说我什么都做，除了犁田，我冇犁田。

(五)妇女与人民公社、"四清""文化大革命"

1.妇女与劳动、分配

男的有得十个工分的,也有得十二分工分的。女的也有得十分的,也有八分的,有的只有五分。工分是根据你做事情来记的,有的事按时间来的,你做一天多少分,有的是根据任务来的,你把这个事情做完得多少分。这个里面是几多分,你一天做也要得,两天做也要得。如果有事你就请假,请假就没得分。刚开始集体劳动的时候我有两个伢儿,你大爸和你姑姑。集体吃食堂,就他们两个人。大爸七岁到学去了,你姑姑是那一年出生的,我就把伢儿带着在屋里做,在门口做,在保管室做。在屋里稻场的打麦啊,簸谷。后来伢儿大了点,我就出去做,我就把伢儿放在屋的。寏儿睡的了,就在寏儿的睡,寏儿的睡不了,就在寏儿的坐。

别个冇搞的时候,我这个女的还是照搞。搞夜战,男的在外面做么事,我照做。更战的时候,清早的起五更①,哪个场子的要割谷,起五更到那个场子去割谷,我起来照一起去到那去割,把伢儿放在床上睡着。男子汉做贼,到山上去捞②树,在那个大山那边,这里瞄的那个大山那边,到那边去捞树,去四个男子汉,我也去了。我空手,在那里摸黑,摸着这棵树要得,我就和有锯的人说:"你有个锯,你把我割着吧,你有个刀,把那个桠把那掀了。"我从王园那个山上,从那里往下驮,驮到金家湾稻场的,他们在山上还冇回。

捞树拿回来计分,我肯定要去。我每天都上工,除非请假或放假,因为我有伢儿而且我的没人做。我们一个月两天假,别个有没有每天上班,那我就不知道,我只晓得我自己的情况。合作社有的女的年纪大了做保管室的事情。捡棉花她可以做,豆儿还是要摘的,保管室的簸谷、簸麦、簸高粱、锄草,这都是年纪大的人做,年纪大也要做。年纪大的人就做简单的,轻巧的③。比如重的活或者下水、割谷、割麦,这些年纪大的人不做。大概四五十岁,五十多岁这些重事就不消做得,挑驮也不消做得。她们只挑土,粪凼④的土,可以半筶筶这样一挑。能挑的,你就半筶筶一挑,这个不能挑的,那就上(土),就是这样的情况。

男的插秧的还少,他要出差,男的还要做别事,么事盘田,有的么事挑驮,插秧那还是女的。后来一把搞多了,分插秧,一个人分几分田得你。当时好多跟我们这样有伢儿的人,分着她插秧,哭了。那我就冇哭,我照去插。她们哭是因为着急,分了这样多,她插不到这么多。犁田、做石岸这是男的,薅田、插秧、割谷,女的也可以搞。往时候樟树湾那个套,河在这里,这个田一直从这里到那个路上,那一个套的谷完全是我带女的去捆的,我捆,细脚女人收。还有么事养猪、养牛、养鱼烧窑这大部分是男的做的,养猪我也养过。

我们当时有村办企业,你爹做窑的那个窑就是村里办的。等他后来出去了,回来就办企业,他和阳炳细爹就这里做窑。烧窑这一般都是男的,女的不敢去。往时候男的烧窑,女的不能到那去,女的打魇⑤。生产队的队长、会计、记分员都是男的,做水库、修水库那是男女一起去,我也去修过水库。修水库,我还把你姑姑带到一起去,带到那个畈上去一坐着,是新湾的杨波的车,他是个木匠,我用车儿车⑥,这样独轮车,独轮车上做个筶筶,用那个东西车,一

---

① 起五更:起床起的很早,天还没亮。

② 捞:偷。

③ 轻巧的:轻松的。

④ 粪凼:猪圈子里的凹地,用来盛猪的粪便。

⑤ 打魇的:禁忌。

⑥ 车:就是用车儿装东西。

回车到两担。挑一回只能挑一点，我就用那个车儿车。夜晚回来，散工在那里过了夜①。还要回来做饭给伢儿吃，屋的有种菜，我从中湾那里过身的时候，就到那个田去捞点萝卜回来。拿回来现洗现炒，炒了连夜就到水库上去。那个时候没得手电筒，走夜路就是摸黑，摸到那个王湾的路。那个时候真是做过了②，作孽。

大炼钢铁，先挖树烧炭，我在稻场烧炭。后来在山上去挖炭窑烧炭，那个炭就拿去炼钢铁，在杨柳老街上炼钢铁。结果劳力去炼钢铁去了，屋里没得劳力，就把我们女的排去炼钢铁，换男的回来。当时把我和倪祝英搞去炼钢铁，正好我又驮个肚子(怀着孕)。我们被子驮去了，走到那里去了，那些男的看见我们来了两个女的还不说，还有一个肚子一驮着。这炼钢铁就要扇炉，炉有这样高，又坐不倒，那就这样的(老人用身体比划，要踮起脚)，就这样搞。后来，别个不要，只有回去。不是我们做不到，那个大炼钢铁的炉，那个大炉，拉不动。你这又是个女的，女的又是驮肚子的，那只有我们。其余的年纪大些，韶山表奶她年纪小些，没有用。她虽说这样长、这样大，做事情不连说我都看她不来，好些人都看她不来。只有我和倪祝英，倪祝英是杨云的媳妇儿。

如果让我在集体劳动和分田单干中选择一个的话，我肯定愿意选择分田单干。我肯定愿意自己劳动，田地到户由我种，由我吃。集体的他是把点的你。

以前做工分的时候，总是男的工分比女的工分多，那我不觉得这不公平。工种不一样，男的是劳力，他的工种和女的工种不一样，女的工种跟男的，你做得男的工种就是一样的分，你冇做男的工种就是不一样的分。做的工种一样就是说做一样的事，做一样的活儿。他挑你挑，他驮你驮，这是一样的。过去过称称，斤两是一样，那就说工分是一样。往时候挑粪挑沙过称，你要得这样些分，一个红签是满分，一个绿签是半分签。你想得红签，过称称，你属于这样的就把红签的你。挑沙，有的半篾篓，有的这样一平篾篓，有的一满篾篓。那我往时候做就是做劳力分，做女人的分我做得少，我的没人做，我不做劳力，屋里就没饭吃。我的只有我一个人，金家湾就我一个人是最苦的，只有我一个人细的。韶山表奶她八字好些，她家靠了好表爹。她是说，做就不中。这个身子这样怯，挑炭，在那里站着说半天。我一走去往拢一插，拿着就跑。"哎呀，你么样的搞法啊，我先来，你怎么还多些啊？"我也不答应她，你在这里站着，你先来。有一次我们在五十亩摘茶，她先去先摘，我后去后摘，后来是她的儿称，不是别个称。她说："么地啊么地啊，我先去你怎么还多些啊？"这是你的儿称的，又不是我称的。我一年要做好多工分，有时候害病，有的时候没得工夫，有的时候人家有事我到人家去。那只说我一个月没有事我能做整个月的。要是说有事我就说冇做这样长时间。有的时候，后来妇联的有两天假，有的时候放假呢，不是一个月有两天假，我一天都没有休息。

我们做一天到黑十个工分，只有一角五分钱。粮食是凭工分称，你小队的你一个人有几多粮食，你有几多人就称几多的你。这个做的分就算钱，算的分值，就说你做得这样些，称粮食你够不够，够那就不是缺粮，不够你就缺了粮。我的永远缺粮，年年都要交钱，每年都要交缺粮款。我的只有这样长一个猪啊，养这样长就来拉去了。我这样两间屋，还有起来，就在那个门外这样一站着，"诶，你的缺粮，我要来牵你的猪"，这后来呢，太爹出去做工分。爹做事不中，交不了缺粮款，他出去做窑还要交副业款，我的副业款冇交，公家不称粮食给我的，我

---

① 过夜：吃晚饭。

② 做过了：劳动超过了承受的程度。

的细猪他非要拿去。小猪只有这样大，年年就这样大，牵着跑了。年年这样大，长了这样大就牵着跑了。

2.集体化时期劳动的性别关照

怀孕的时候事情照做，到了生伢儿的时候，你在屋的就照生。二爸是八月份那个夜晚出生的，我拣一天的棉花，夜晚有吃饭生了你二爸；你爸是十月份生的，挖前面山上的土，垫稻场，我挑一天到黑，挑到黑了散工，下涧冲的丈二表伯送一筐萝卜菜来。当时不知道怎么这么肉头①，萝卜菜拿给猪吃还拿到塘去洗。现在芋头都有洗，当时真是肉头。我把萝卜菜跑到那个塘里洗，回来剁，剁了叫大爸煮，我在那里切。灶里放一些芋头，夜晚就是吃芋头过夜。结果一锅还没煮完还有一锅没煮，就这样放着。夜晚就这样地生的你爸。现在的人真是享福，他们还抱怨："哎哟，我还在做事情。"我们怀孕的时候还要挑土，挑一天到黑的土。细脚的和驮肚子的人上土。我都不愿意上，我还心愿挑，挑是直着腰。

我们夜战、更战的时候，虽说这边有托儿所，但是我们一般很少把伢儿放在托儿所。一般都是丢给我的婆或者是自己带到一起去，让他自己坐着玩。

3.生活体验与情感

我们当时吃食堂的时候，是大奶，贵纯他丫，浩明他丫在食堂做饭，男的就是应生表叔他大在食堂的做事务长。我们的饭就是在锅里打，每家拿个桶儿去，多就多一碗，少就少一碗。每个人有固定的口粮，那只打这么多给你。一个人是几两米的粥，把个瓢儿这样一盛，男伢儿、女伢儿都是一样的。一般人都不够，不够就不够，你名下的把的你了，那就没什么话说。有的屋里有点菜，往时候我在畈上做事情，我就在田畈上扯点野菜回来，用大襟褂儿装，都扯在那个兜儿地拿回来。拿回来这样一摘着②，摘着放在水里煮，煮开了之后就把点腌菜水煮着。要是粥打着了，就把那个菜往里面这样一倒，有伢儿，就在那个桶儿的还滤点伢儿，再顶小的伢儿盛到碗里，菜儿吃了，水儿喝了，剩的这样一点儿渣儿倒给细的。

当时没饭吃的时候也有人去捞（偷）集体的粮食，捞是别个捞，我又有捞。仓库上打谷，拿到仓库去晒，保管室的谷放在那里晒。晒到夜晚的到那去拿。那些人看见看的人还有去，他就拿去了。拿去了结果后来被发现了，去一赶，把袋子赶落了，谷驮到保管室去了，袋子拉到保管室去了。

当时没哪一个愿意吃大锅饭，就是不晓得事的人愿意，虽说不用做饭，但饱不了，饿是真的。每个厨房有个事务长，过个河落了一点，过那的个河又落一点。拿的了过水坝，事务长他名下的落不了，三个烧火的也落不了，他这是一伙手的，他就是敲你们这些人。打饭的锅铲集体买，都是集体办。他把粥打到你的桶儿的，你拿回来就是把个瓢儿挖。那个时候没饭吃，我们就吃粥、吃野菜，保管室的虽说有粮食，但那不是你自己的。工分后来就不搞了，等田地都分到个人，不做了就不搞了。

解放前有的女的自杀，有的害病磨不过了跳了塘，这是叫自己自缢的，有的在屋里拿个绳子到屋去挂的，也有。解放后就有听说过，集体自杀的也没有。后来就不算工分了，你自己种自己吃，那这就不管你了，你种也好不种也好，你吃也好不吃也好，不管你了。

---

① 肉头：傻。

② 摘着：挑选，将坏菜弃之。

4.对女干部、妇女组织的形象

(1)棉花姑娘

我们当时有棉花姑娘,我就是棉花姑娘之一。棉花姑娘队有四个姑娘,我一个、二姑姑是两个,建华她姐是三个,贵纯她姐正好四个人。我是个妇女,她那三个都是女儿。其余的做事情我们都是在一起,吃饭、困醒是各是各的。我们到棉花地去打棉花叶子、打棉花茬儿、摸芽儿、打顶、打棉花几只桠,哪个桠上是怎么样的,就说把那个苗儿上的东西给打了,再在屋里扯些布条儿去,把这跟个梳辫子一样,每棵树都拿着这样一系着。一块地有好些棉花,每一棵上面都要打苗儿,任务量还是好多的。但是我们四个人一起做,没多久就搞完了。之所以叫棉花姑娘,是因为棉花归我们四个人种,而且种得好。你到那个棉花地去,你到那个地去摸。做其余事情又是我们四个一起去,挖麦、割麦、割谷、锄麦都是一起。以前做分的时候给每个人分任务,每个人分几多任务,我们四个人任务多些,因为我们干农活儿比别个厉害些。你要不信的话你问你姑姑,她还在世。我们四天的任务,只两天半就都完成了。我们从下套到上套,上套到海道纸皮湾(地名)那个垄的那个地,估计有几十亩,我们四个人两天半就搞完了。我们后来一天就在那个地里打架,把麦地的麦搞倒一大块。队长问:"完成有完成?"我们说:"那你去看下啊"。他说看见了,我说:"夜晚有做么事,在那个地里打架。"他说:"你们夜晚把那个地里的麦搞成这个样子。"队长是蔡柳生的老子当队长,结果我们完成了,他又把我们四个人安排到别个有完成的地方又去帮他们帮助。我们不想去帮他做,反正做也是给他们做的。我们玩下锄一下,这样地搞,我们四个人一起做的事那再真搞得不少。二表嫂、大表嫂、四奶、九奶、细哥、大姨、自己的大奶,加上韶山表婶,这些人做事情都不中。

(2)劳动模范

做事肯做肯出力量,不怕吃亏,又不自私,这样的人这就是劳动模范。我当时就是我们湾的劳动模范,刚开始劳动模范没得奖励。后来到了1952年做工分,劳动模范就奖励分,后来凭分分超产粮。男的有的有超产粮,有的没得,有的多有的少,我的超产粮和男的是一样的。你工分多就多分点你,工分少就少分点你。虽说我是女的,但我还得了一个劳力的商品粮,当时还分了三十斤的超产粮呢。

5."四清"与"文革"

那个时候"破四旧,立四清"。"破四旧"就是要这些老的东西都不要,老东西上面雕的花儿,么事老家业上的瓶,这统统都不要不要。架子床那个上面的花不要,他就把这旁边的那个牙子都雕了,我的还是我自己亲手雕的。那个时候开会我带头,我就把我的先搞了。我的一个长枕头,两头,有两个枕顶,枕顶上面绣了花。我回来用那个剪子把这些花都一剪,这就是叫作"破四旧"。以前给你说了人家,说了婆家、婆的有庚帖,那个庚帖让婆家的收起来了,现在这个东西也不能要,要交出去。这个老书不要,还有屋的家谱也不要。我们屋的家谱也拿出去了,我的家谱放在杨柳湾炎子二爸家,那个时候是他家放。后来因为明纯大爸炫耀,他就想到大队去搞么事官职,他就把那个谱拿出去交了,交到大队上。不过有的人就拿出去了,有的有拿出去。那个时候各个地方的庙儿都拆了,菩萨也打了。斗有斗干部我就忘记了。

(六)农村妇女与改革开放

后来搞土地承包的时候女的参加了,你的几多人,一个人几多田,这样一划着,哪里是你的,哪里是他的。人多就分得多分一个,人少就分得少分一个,不管是大人还是细伢儿,男的还是女的,只要是个人就是一样得分。土地证一般都写一个人的名字,一般是写一个家庭主中的名字,也就是户主的名字。哪个地方的田是你爸的田,分的你的几多人,这几个人一共几多田。如果出嫁的女儿在娘屋里分了田,那到婆家去就分不了;如果分田的时候已经出嫁了,那娘屋里就不能多分一个人的田,反正只能有一方得田。好比你说了婆家一样,那就婆家得,如果还没出嫁那就是娘家得。

村里村委会的选举我也参加了,填票的时候我是叫别个帮我填的。有我认得的字我就自己勾一个,不认得字那就让别人帮我填一下。我们也有选女的,选妇联主任,那就八岁的、八十岁的都有选举权①,伢儿的都是大人写。

现在没哪个愿意多生,一家都只有一个、两个。没哪个愿意多生,多生的自己苦些,少生点自己轻松些。不是别事苦,现在政策好、生活好,伢儿多负担不起。你不仅要把他读书、又要把他做屋还要定媳妇儿,现在定媳妇儿你听着说了,彩礼都给不起。有的人现在不重究②,心愿生女儿,不心愿生儿。生女儿快活些,一不把她做屋,二不着急给她定媳妇儿,女儿只要有人要,嫁出去了就要得。有的愿意生儿,就生一个。

精准扶贫对男老儿和女老儿那没什么区别。

六、生命体验与感受

(一)生存的艰辛与不易

分家之后,我养老儿,养两个伢儿。只有我一个人做工分,要养五个闲人。做一天是十个工分,根本就不够吃,那个时候亏了我,我尽是饿肚子。我出去挑粪、挑土,上个上坡,人肚子冇得么事走路都走不稳,挑点土都挑不上。有一次挑土上那个路儿上不上去,我走前面,贵纯他大走我后面,他把我往上这样忩③,他说:"哎哟,凤英,你是真正的人饿,肚子饿冇得劲,挑不得,走路走不得。"我现在都懒说得,你爹说是去做窑,一年三百块钱还成不了功,这样的个人。所以我一个人要养五个,真是做过了。当时出去打工就要交副业款,交钱才记工分,一年要交三百块钱。他赚的钱还不够交副业款的,所以财经还把我家养的细猪儿捉去了。我的捉了一个大概四五十厘米的细养猪,捉来养着,养到一百厘米左右(老人用手势比划的,访谈员根据她笔划的长度估摸了一个数值)小队拉去了。那个时候二姑奶的公当财经队长,因为我屋里副业款冇交,缺粮款冇交,他在大门外这样一等着,天还冇亮还冇起来,打开门他就把猪儿称着拉着跑了。

(二)当代的重男轻女

以前村里有的屋里只生了男伢儿冇生女伢儿,还有人偷偷地笑话冇生儿的人说:"她的没儿。"我觉得生男伢儿和生女伢儿是一样的,但是现在依旧有人重男轻女。巧姐(访谈者奶奶的外孙女)生两个女儿,这个细的叫小雅,她婆要把的别人④,要她还要生个儿,巧姐就不作声,邓子(巧姐的老公)就不同意。但是这个细孙女她婆一直不喜欢,伢儿满月之后,就在那个床上这样一放着,出去把那个门一锁,把那个细伢儿就放在那个床上,她说了,小雅乖得很。

---

① 八岁的儿童是没有选举权的。

② 重究:重视。

③ 忩:推一把。

④ 把的别人:送给别人。

355

她(细丹)去了,跟她说哈抱哈,冇去就在那个床上一天,一天睡到晚。大了点儿在床上玩,这现在说是读书、读幼儿园,把她两个老儿搞回,一个小学的,一个幼儿园的。那该遇①她又是这样个八字②,人是各人的八字。这一个儿,生两个女儿又冇生儿;老二到人家去招亲,生一个,也是个女儿,这也冇生儿。一个女儿说个人家,还是生的女儿,又是生两个女儿,所以说要这个儿还生一个。莫信她这些邪,儿和女儿是一样,你有八字好,冇得(儿)你也有八字,说不好,你莫说生儿,就算是生皇帝也没得用,我不信这样些邪。莫争着儿、争着女儿,么样的事是各人命上载的③。

WJJ20170122ZGY　曾桂英

调研点:湖北省英山杨柳湾镇北流水村

调研员:吴金金

首次采访时间:2017 年 1 月 22 日

受访者出生年份:1937 年

是否有干部经历:是

曾担任的干部具体职务及时间:时间,不详;职务,妇联主任

是否生育:是

受访者结婚的时间节点、生育子女的具体情况:1937 年结婚;1959 年生第一个孩子,总共有四个孩子,两儿、两女,第一胎是个儿子。

现家庭人口:2

家庭主要经济来源:务农

受访者基本情况及个人经历:老人是 1937 年生人,1959 年结婚。她和老伴在结合前各自经历坎坷,老伴因为与之前童养媳的关系不好而离婚,带过来一个儿子,而她与别人定亲之后,还未成婚男方离世,经过这么多变数,最终老人与老伴相结合,组成一个家庭。老人与老伴共养育了四个孩子,两个儿子、两个女儿。

老人结婚之后即转为居民,吃商品粮,嫁过来后跟着公公一起开店帮工。在解放初期,老人组织过业余剧团,学戏、唱戏,经历颇丰,思想开放,能说会道。后来因为 1969 年的大洪水,老人为响应政策号召下乡三年,从此在农村落户。之后担任杨柳大队的妇联主任,负责计划生育等工作。老人一辈子操劳奔波,非常善良。尽管现在自己身体并不是很好,但还要照顾老伴儿,而且对老伴儿照顾得非常细致周到。

一、娘家人·关系

(一)基本情况

我叫曾桂英,我的名字是我父^①起的。我们起名字不是按照辈分来的,是按照姊妹伙的来的。我姐叫曾桂芬,我叫曾桂英,我第三个老妹叫曾桂芳,第四个老妹叫曾桂华,每个人的名字里面都带有一个"桂"字。我娘屋家^②生了两个兄弟,我细兄弟在部队牺牲了,留下一个大侄儿,我大兄弟还在世,他在北京。婆家就我老公一个儿,他没得兄弟、老妹。

我是1937年出生的,1959年出嫁的。我们不是农村户口,我是城镇户口。1969年杨柳湾镇被大水打了,我下乡插队落户,这样到北流水这里来的。我们在杨柳老街上是居民,后来都乱了,把钟家湾的周家改成田地,后来我就搬到杨柳街上来了。我两孩子华子和林子是1970年出生的,到这个屋来生的。我的屋是在这里做的,我就住在这里,但我不属于北流水的人,我不属于樟树湾这个队的人,我是属于杨柳镇的人。那镇上的有么事事儿有我们的份,这里北流水的事没我们的份。我细时候是在农村,长大后嫁到杨柳老街,成为居民,吃商品粮。1959年到1969年是居民,1969年发洪水下乡,我们又成了农民,在农村待了三年半,之后又转为城市户口,虽然一直生活在农村,但根本就不是你农村的人。土改的时候我家是贫农,我们没得土地,只有菜园。

(二)女儿与父母关系

1.出嫁前女儿与父母关系

(1)家长与当家

我出嫁之前,娘屋里是我丫当家长。一般人的是男的当家长,但我家是我丫当家长。

(2)受教育情况

我以前在娘屋有读过书,我们姊妹伙的多,但我的其他姊妹伙的也有读书,那个时候穷得没解^③。我的大兄弟读了个高小,细兄弟读了三年级。我的四个女儿都有读书。

(3)家庭待遇及分工

在屋里男伢儿地位高点,屋里对男伢儿比对女儿好些。对儿我说个不该说的话儿,我穷的个么事样的,对儿重视点也要读的个书。我细兄弟有读书,后来再真是伤心,五岁到学校上学,读到三年级,大兄弟多读了一点。重男轻女那再也还好,根本就有得钱读。

那个时候家里有做好多衣裳,都是人家把^④衣裳我们穿。以前屋里有客来了,我们也能上桌子,但是上桌之前大人先阴着^⑤和我们打下招呼,叫我们莫夹菜吃。吃饭的时候,年龄大点坐上方头,你细伢儿肯定是坐下方头,你这一般的这个点的人就坐二面^⑥。座次这倒和男女没得么事关系,那自己的人抢赢了为上,往那里一围就要得。

---

① 父:父亲。

② 娘屋家:娘家。

③ 穷得没解:非常穷。

④ 把:此处意为给。

⑤ 阴着:私下里。

⑥ 二面:旁边。

（4）对外交往

以前拜年就是到噶屋^①去，以前没有几个拜年的，各人有各人的人家，那和现在不一样，拜年的个个来。没有男伢儿就是女伢儿出去拜年，但初一、初二、初三的女伢儿也不能到人家去拜年。只要你屋里没有男伢儿，女伢儿也可以出去拜年。那就说初四初五的时候，你那女伢儿，那是冇得男伢儿，你屋里两个老头老了，年龄大了，就让你们去拜下，一般的都是男伢儿出去拜。

如果说有客要是去别人家吃饭，那要是老子在屋里就老子去，我家一般的就是我娘去得多。我家是我丫问事，和你家你奶一样。我的老子要挑担线出去，再搞点盐回来，搞个布出去，再你自己盘的点土东西。他在外面干农活儿、种田、种地，我丫带的我们伢儿一起做屋的事。

（5）女孩禁忌

在封建时候，女伢儿只能在屋里，不能出去跑，没得你的地位。洗衣服、晾衣裳总是男的衣裳放在面上，放在前面晒，女伢儿的衣裳放在后面晾晒，那是过去抬男人。洗衣裳还是各作各的洗，洗了拿起来了，把男伢儿的衣裳放在面上，那裤子不管它。男伢儿的衣裳放在篮子的面上放，晒也晒在前面。我到现在，还是把我男的衣裳用衣裳架架起来，放在前面晾着。

我们那时候没得几多亲戚走，我父冇得姑大，我也没得姑大。只有噶屋的个嘎爹^②，那再尽是我一个人跑。我只有到我噶爹去，别的没有其他亲戚可以去。

以前的女伢儿和男伢儿如果是一个湾那也在一起玩点把儿，女伢儿玩得多，男伢儿玩得很少。一般肯定是女伢儿跟女伢儿玩，钱正英她丫在娘屋里做女儿的时候，我们一直我噶爹的待着，经常跟她在一起扮饭^③，那再真是扎菩萨扮饭玩。那个时候大湾下一寰^④女儿都在一起玩。女伢儿和男伢儿玩的少，大人怕你玩疯了，也怕男伢儿拐^⑤，那是这样的事儿。伢儿大了，尤其是女伢儿大了，怕你受他的欺负，怕他拐。那一般到十一二岁之后，他就把你当个大姑娘，现在的伢儿二十几岁了还在发狠读书，以前十几岁就到人家去了。

（6）家庭分工

那时候我的老子带着我们种下田地，给他帮下忙、做些事，比如拾柴火。我大兄弟读了点书，他是细伢儿，有我们姊妹伙的在屋里，他细些就冇做事。我们女伢儿在家纺线、打杂、扯猪草、剪棉花，我们就是做这些事情。我丫在家料理伢儿也要纺线。我的有几乘^⑥纺线车儿，每个女伢儿大了都要纺线。我父种田、种地，我娘、我姊妹伙的都是在屋里纺纱、织布，以前女的也下地，但是没干田里的农活儿。我们出嫁的时候到也是十几岁。我冇几大^⑦就开始学纺纱，后来嫁到这边就冇搞了。以前在屋里时候，我们姊妹伙的那都要纺纱，我姐大点，所以她学着织布，我们就是纺线。我们六七岁就开始站着学纺线车，因为坐不够南靖^⑧。南靖有好高，伢儿细了就不中。纺线学起来容易，我在屋看着我丫和我细奶，瞄着多就学会了。那个时候我们都在

---

① 噶屋：母亲的娘家。
② 嘎爹：姥爷。
③ 扮饭：过家家，小时候玩的一种游戏。
④ 一寰：好多的人聚在一起。
⑤ 拐：狡猾，会骗人。
⑥ 乘：量词，计量单位。
⑦ 冇几大：岁数还小。
⑧ 南靖：古时纺线的工具。

一个绦儿①的,别个么样拉我就么样拉。我一天要纺半斤纱,他把半斤棉条称的给我,这么长一根的棉条,很大一根,夜晚你要称半斤线转去②。有时候有做完,我们就赶任务,有时候阴着③把线纺很大一根。

(7)家庭教育

以前女伢儿在屋的有好多规矩,我丫经常在吃饭的时候和我们说:"女伢儿要紧开口慢开言,吃饭的时候不能说话,赶快吃,吃了去做事。"后面这句话到没有特别针对我们女伢儿,那男伢儿、女伢儿是一起说。

2.女儿的定亲、婚嫁

(1)婚嫁习俗

我当时和伯到一起,是人家给我介绍的,介绍的那个老儿④姓石,住在他家隔壁。他到屋来跟我娘老子说,"某人有个儿,几大年纪。他以前结过婚,有个伢儿,问我家里愿不愿"。我丫同意了,因为我跟他年龄是差不多的。结婚这个事我丫决定了就要得,不用问我的意见。其实我自己也有点想法,我自己也愿意。他的年龄比我的年龄还小几个月,我四月过生他冬月过生,他比我小大概半岁。我丫说:"你跟叶家要是有解除婚约,说不定现在也和他一样也结了婚,伢儿也有了。他家娘老子就他一个儿,他又没兄弟老妹,也没得负担。再者他住在杨柳湾的街上,那比到山头上差多点的处场⑤要好点。"中间还有个姓程的人,在我们那个地方的乡政府(工作),他也经常跟我丫说,他说我维柱的屋跟他的隔壁,偶尔在一起玩。我们往时候在农村搞业余剧团唱戏,他有文化,就带队教我们唱戏排舞。我们那个时候经常一起玩,我父听我丫的,我父说:"你们娘儿两个答应了就要得,我没得意见。"

我们俩之前都有见过面,后来介绍了之后他就拉长⑥到我家去。之后结婚的时候就看个日子,然后再算个命,算一下两个人合不合。

往时候我们的彩礼真是罗干⑦,那个时候他家经济上非常困难,没有钱做彩礼。当时的彩礼就是个提篮礼,提篮里面如果有一块肉,两包糖那再是好大的事。我们结婚的时候就是解放后了,那个时候没有庚帖。我们确定了之后,那边就接我们行走⑧了下,往时说叫地看了个人家,吃了一餐中饭。女方到男方家去吃饭不带东西,那一世相儿都是这样的。之后就是接女方来请势⑨,请势就说接日子、送日子,就说婆家男方请算命的看好了日子,确定日子之后就去跟女方的亲戚说,上门。请势就要带东西,他当时带了一块肉,搞了两包糖。有的发财的人家,还有点饼子。饼子给你自己房下的,自己亲房。好比你跟你二爸、你大爸还有你隔壁的这样的关系,就给一筒饼子,或者给一包糖给他们。你这样和他们说:某伢儿他的某个时

---

① 绦儿:厅。
② 转去:回去。
③ 阴着:偷偷地。
④ 老儿:老人。
⑤ 处场:地方。
⑥ 拉长:经常。
⑦ 罗干:什么都没有。
⑧ 行走:结婚之前的一种风俗。男方的人接女方这边的亲戚吃饭叫行走。
⑨ 请势:结婚的一种习俗。

候要嫁人,定的么早①的日子。

(2)出嫁经过

我是1957年结婚的,过去结婚都是在晚上。我们结婚领了结婚证,在北流水上面那里的乡政府去领的。以前没有结婚证,他们是送日子,就写个约字,往时候叫作送庚帖。

我结婚是走过来的,不说没得轿儿,连三轮车或者么事狗头车都冇得。女方那边将我送到半路上,送到河岸上,这边把两个人在河岸上接下。送我的人是我的两个兄弟,因为两个兄弟细些,所以就他们两个送。接的人一般是要男的,只要是他平般辈的,比如说弟兄和的那都可以,这倒不管你。好比你出嫁,你屋的没得兄弟,那你的表哥这也可以送你,或者吴浪涛(访问者的堂哥的名字)跟吴萌(堂哥)、叔这都要得。这边接的两个人也是他的兄弟和叔。当时我们结婚也办了客,冇大办,只有两桌客。家门叔伯爷、街上几个合适的和隔壁左右的凑了两桌。

我出嫁之后,我的兄弟也经常来看我,第三天他接我回门,我带了一点回门礼回去。回门礼一般都是带一块肉、提点面,搞两包糖。过去穷得伤心,只有这么些东西,其余什么都没得。回门那天,我在娘屋里吃个中饭就回来了。满了月之后再回娘屋里,过去是这样的规矩。满月之后娘屋的派个兄弟来接下,就这样个情况。回娘屋里,那一般的碰着两个人一起回去。一个人回去也可以,那个时候我男的在外面没有工夫,我就一个人回去。

如果定亲之后还有结婚,突然一方或者男的或者女的不在了,定亲就此作罢,那这也不消说得也不消退礼。一方去世定亲只好算了,他又不是故意的。如果男方去世,那就更不用在意。

如果一方去世了,重要的事儿可以说,要是他孝顺,做事不如抵②那双方还来往。他有事儿还来接你,或者他将这边当作娘家。好比以后要是我死了,维柱重新说个媳妇儿,他还停当,或者把这个屋我丫把认个娘屋的,这也有。如果女方去世了,那安葬的事肯定是娘屋的这边负责,毕竟两个人还结婚。

以前男女双方定亲之后,悔婚的情况少。好比你说了个婆家,你不同意,你变了心,你另外又找了个男伢,那你就要将彩礼钱退给男方家里,这个钱又归得这个屋的,要给点钱补偿一下。不过这种情况很少,那不准你变。

(3)嫁妆

我的嫁妆就是一担柜、一担箱子、加个桌儿,一担箱子还是我压荷包的钱买的。我就是这样的个嫁妆,这叫的么事嫁妆?别人给压荷包的钱,我没给我丫也没给维柱儿,我用这个钱到前面隔壁吴阳河那里去买了一担箱子。一担箱子现在还有一只,另外一只我细脚儿的那个伢儿在这个中学的读书,我给他了。那个时候一般人家都是这样的嫁妆,你的大爸、二爸结婚也是这样,嫁妆就只么事柜、桌儿、椅儿。

(4)童养媳

解放前有童养媳,我们结婚是五几年,那个时候解放来了就冇得童养媳了。

(5)换亲

换亲那有,我屋里没得。

---

① 么早:什么时候。

② 不如抵:不差。

(6)招女婿

解放前可以招女婿，你没得儿就可以招女婿，但招女婿的很少。女生外向，女的都要嫁出去，招女婿到屋来，那在过去就很少很少。你没得儿，你可以去过继一个过来。要是冇立儿，你就算孤老。过去是这样的，你这个老儿是个孤老，没得儿，这个女儿是半边之子。现在一个儿也好，一个女儿也可以。

3.出嫁女儿与父母关系

(1)风俗禁忌

出嫁之后比如说中秋节或者其他节日，娘屋就接你回去过节。他接你就回去，不接你，你就不回去。女生外向，出了嫁就是别人家的人。冇生伢儿之前，我回娘家一般只有我一个人回去，生了伢儿之后，伢儿小就带着一起回娘屋里。一般回去都是空手回去，没得么事带。

女儿出嫁之后，一般不能在娘屋里吃年饭。你嫁到胡家来就是胡家的人，你嫁到张家去就是张家的人，嫁到哪一家就在哪一家吃年饭。一般过时过节，娘屋里就接你回去过节。不过他只接女儿，而不接你的亲戚和全家。那和现在不一样，现在他说你的人少，那就三个人、四个人一起到他去吃中饭。

出嫁之后我们就冇回娘屋里上坟，因为没得这样的规矩。

(2)与娘家困难互助

出嫁之后，我这边有事，我娘屋里也冇管我，他也没得么事管。我姊妹伙的又多，他把么事管得？他再穷得伤心，也没得其他哪个管。

(3)夫妻矛盾调解

我们夫妻之间吵架还是有的，不过吵架的日子不多，因为他在公家，经常在外面。我们吵架打架，那也不跟娘屋的说。自己忍受着算了，跟他们说了还添麻烦。关系搞僵了，你还是要在这里过。就算和娘屋说了，也没得哪个调解，出嫁之后跟娘屋的关系就和以前在屋的时候不一样。

(4)离婚

往时候离婚的情况不多，不过我家门口有这样的情况。和她结婚的那个男伢儿她确实原来冇看见过，婚姻是父母包办的。直到结婚那天两个人才见面，这个男的长得不像样子，真配不过这个女的。后来三朝那天，女的回门之后就不回来了。女的说她在屋里去做尼姑也要得，在屋里放牛也要得，就是不愿意再回男方家里来。那个男的去找她没用，女的说死就死，她心愿死都不心愿跟他，那个男的也没办法。娘屋里也拿她没办法，你把她往这里系，她还要在这里安生，她要是寻了死①怎么办？你二姨她前面的这个老子，有个媳妇儿在城关飞机场住，姓黄，好漂亮的大金②。那个姓黄的大金看到桂宝他老子这样的个相儿，她就不愿意跟他。后来她里外不跟他同房，我有爷跟她两个人打架，打了之后她就跑到娘屋去了。后来两个人就这样算了，这是一个例子，名副其实的例子。还有一个例子，我姐的伯伯的媳妇哈，漂亮大金，她三朝回门走娘屋里，后来就不来了，这样的情况有。我说了，你二姨的个老子这样一套相儿，他找的几个好媳妇，几个好漂亮人，就她丫丑些。

---

① 寻死:轻生,自杀。

② 大金:妇女。

（5）娘家与婆家关系

我娘屋在西庄畈，婆家在杨柳镇。我娘屋的和婆屋隔这么近，时来时去①的。我们娘屋的和婆屋的走动得多，这个亲戚那没得话说。我的婆，就是维柱她丫，是个好人，那我们两家的关系没得话说，关系一直不如抵②。我丫回来的时候，老远就喊他："大干溜儿"，往时候喊我父不冤枉我的婆，"这个屋的老头在屋里不？我到你来讨完茶喝下"。我一般回去就是吃餐中饭，他也穷得伤心，这里也穷得伤心。出嫁之后过年回去拜年，一般都是他去点把儿③，我也不去拜年。拜年没得规定是哪一天回去，看你自己的时间，哪天有时间就哪一天回去，不过一般都是在初几以内。

（6）财产继承

女儿出嫁之后，娘屋的财产她分不到，一般都没你的份。出嫁了你就是别人家的人，女生外向，就是这样的外。你这个屋的财产、田地都是儿的，如果没得儿，田地就归了公家，或者归了你这个房下，由你房下的人处理。如果女儿的真困难，那也有人帮她说话，在这种情况下女儿能分得一点财产。

（7）婚后尽孝

出嫁的女儿分不了娘屋的东西，也不用养老儿。娘老子有病，你凭着良心可以来照顾下。

（三）出嫁的姑娘与兄弟姐妹的关系

出嫁之后，我和娘屋的兄弟来往得多。娘屋里有么事大事，他一般不消④找我商量，但是肯定叫我们姊妹伙的回去帮忙。比如屋里做屋起手，他来对我们姊妹伙的说下，接我们回去帮忙，帮忙做饭。

出嫁之后，兄弟姐妹的结婚或者生伢儿我也去送礼。兄弟和姊妹伙的礼都是一样的，没什么差别。送礼，我们姊妹伙的都是共同地一起送，因为我们只有一个弟兄。我回娘屋去是住我兄弟的，我娘屋就一个兄弟，兄弟和我娘是住一起。我回去了她也不把我当客，还是和以前在屋里一样。我们和兄弟姊妹伙的来往都多，我们姊妹伙的孝顺得很。

我嫁女儿接媳妇儿，要跟娘屋的兄弟说下，但是不用问他们的意见，要以这里为主，再之后或者那边请势或者接客，你接下母舅。你要说你帮他节约点，少去两个，那接自己的叔伯爷就好。不过接娘屋的也有，就说你接客接的多，那母舅、姑爷都可以接。就像你说人家一样，就是叫下吴浪涛的、叫下你的大爸的，这一般的就可以了。

二、婆家人·关系

（一）媳妇与公婆

1.婆家婚娶习俗

结婚的时候，这边那只有他一个人，我婆没得个女儿，他也没得个兄弟，就是他一个人。结婚那天要跨火盆、拜天地，然后叔帮我们主持下婚礼，我的结婚典礼当时是我的胡四爹主持的。他是我的叔，帮我的问事。他在厅里主持，再在厅里烧个香，讲下话，说："你们新郎、新娘两个人，今后要么样地做人，要孝敬父母。"结婚第三天，我们要到自己的叔家去串门，等

---

① 时来时去：经常走动。

② 不如抵：不差，好。

③ 去点把儿：偶尔去。

④ 不消：不用。

于说参厨①这样个意思。参厨要分嫁鞋,分嫁鞋有钱。叔要接我吃餐饭,但是我的没哪个接我吃饭。

2.分家前媳妇与公婆关系

(1)婆家家长与当家

我在婆这边,那个时候他(被访者的老公)老子当屋的家长,是他管钱、管钥匙。我丫冇当家,往时候尽是我大当家。我丫就在屋里管家务事、管烧火。那个时候是解放后了,我丫是个细脚儿,那比你奶的这个脚细多了,她再不管事,她只管家务事。有什么当家的事儿或者要用钱的事都是他老子管。如果家里男的不在了,那女的也可以当家长,伢儿大了伢儿当家长也可以。

比如说屋里要做屋或者其他什么事开个会,那女的也能参加发表意见。这件事要么样搞,我们自己还要占个主动,我们那个时候已经不那么封建了,我不需要你搞,我再比男的还见些②。我再伤心可怜,我到这来之后什么事都是我。

(2)劳动分工

我丫在屋里带伢儿、养猪、午饭③、料理家务事,他是在合作社的上班。我这边没得田地,就是有一点菜园。我在这里吃商品粮,平时在街上和街道上搞点副业,也就是卖工夫。我们原来是市民,我在饭店的也搞过,在合作商店的也搞过,在居民大队的也搞过。我们市民不管是男的还是女的,都是搞副业。一般是搞这样的副业,帮漆匠、修公路、淘铁砂,在粮管所的干农活儿看包草窗,在中学的再处④做尽了,我们是这样地卖工夫。我们往时候在杨柳镇上是居民,到这来插队落户之后,就跟他一起做工分。

(3)婆媳关系好坏

嫁过来之后,我跟婆的关系冇得事,我们一世相儿好,尊婆爱媳的没得话说。我跟她俩人真冇吵架,那我们婆媳伙的真冇吵架。我婆是个伤心的人,是个好人,我们冇吵过架。

(4)婆媳规矩与状况

那以前我伺候我婆也没么事规矩,不用端洗脚水、洗脸水。后来她老了动不得我应该要照顾她,我就把洗澡水、洗脸水都端到她手上。她动得的时候我们都是互相帮忙。如果家里有客来了或者是请客吃饭,我们上不上桌还看情况。客多点你们肯定不能上桌,要有点马⑤菜儿你还要留在二回⑥,你自己怎么敢吃。

(5)外事交涉

比如说屋里有么事大事,伯和别个在商量,他们在商量的时候,如果我们有理由,我们也能插点嘴,那不碍事。有的事情他们说得算数,那我们就不消管得。那往时候么事做生意或者其他么事事主要还是我公出面。

(6)家庭矛盾

他家只有他一个儿,我们又没得个姑儿,又没得个兄弟就是他一个人。他很少和我的公

---

① 参厨:汉族婚娶习俗,结婚第三天到家族里各家厨房去参拜。

② 见些:能干些,比某人好的意思。

③ 午饭:做饭。

④ 再处:到处。

⑤ 点马:一点。

⑥ 二回:以后。

婆吵架,屋里事他又不管,他尽在外头。

3.分家后媳妇与公婆关系

(1)分家

受访家庭情况比较特殊,婆家这边只有被访谈者的老公一人,没得兄弟姐妹,所以不存在分家的问题。

(2)离婚

他是离婚的,他原来那个媳妇是抱来的。然后政府号召童养媳要离婚,他们关系不好,所以就没有结婚。那个时候就算女的不同意也没得办法。

(3)改嫁

改嫁这种情况是存在的,女的要是要走,那肯定要公婆同意,你要他放手。你嫁到我(家)来了,跟我的儿拜了堂,那你就是这边的人。有的说女的改嫁公婆不同意,婆将那个媳妇儿捧着不想她走,想将她留下来做个女儿。女的改嫁带走财产的也有,也有人带得走。带伢儿走那就很少,除非这边真正没人抚养。伢儿都是放在这边,一般都是这样的。

(4)财产继承

(因为访谈没有问到,所以此处内容空白)

(5)外出经营管束

解放前女的做生意的那很少,几乎冇得。解放前出去帮工的情况那我们居民的有,我们出去帮漆匠、搞副业。居民的还是有,农村的那没得几多①。我们出去帮工也要公婆同意,不要你出去的情况也有。有的他不同意,他不消要你出去搞这两个钱。我们不能偷偷地跑出去,他不要我出去,我就不出去。

(6)赡养与尽孝

公婆年老了都是我们养,公婆几十大寿,那我们也给他们办寿。办寿的时候,他买菜买东西,我们在屋里负责做。如果丈夫去世,那停当②的媳妇儿那也是一样地尽孝。

(7)公婆祭奠

公婆去世的时候,我们冇穿孝服,那没得孝服穿,我们就是戴个孝。戴孝不管男的、女的都能戴,下葬的时候女的也能去。

(二)妇与夫

1.家庭生活中的夫妇关系

(1)夫妇关系

解放前女的要伺候男的,那就说解放后也有这种情况。那你就说到现在还是有这种情况,因为女的料理男的料理习惯了。

(2)当家

解放前男的跟别个说话,那我们女的也能插点嘴。解放前的事我们知道的不多,那个时候我们还是细伢儿。我们解放后的情况和解放前不一样,我们当时尽在外面搞业余剧团、开会。那农村开会,比如开贫雇会,开红卫兵的会,我们男女都在一起。那个时候男的和女的之间界限没那么分明,我们就没得个压力。那我们说个不该的话,那个时候就是我当家的时候,

---

① 没得几多:不多。

② 停当:贤惠。

我们没得什么事不做。我的上人扣①的很,我往这一来当家的事她就都交给我,她把供应证都交给我,她就什么都不管。供应证马上要过期了拿不拿去用随你,有钱没有钱是你,你问不问维柱要也随你,你担的回来担不回来也随你。

(3)家庭分工(家内、家外)

当时,维柱在外面,我大在店上,家里的小事都是我做主,如果遇到么事大事我就问下他。

(4)家庭地位

解放后,男女平权,地位平等,没得么事差别。

(5)丈夫权力

(因为访谈没有问到,所以此处内容空白)

(6)娶妾与妻妾关系

以前娶两个媳妇儿的那有,往时候这个发财的人家,两三个媳妇儿的也有,三四个媳妇儿也有,不过我那只是听着别个。我们伯大有这样的,他有两个媳妇儿。我往时候前面那个公,他也是这样的,他有两个媳妇儿。徐家的徐鸿升就两个媳妇儿。我说的之前男伢儿他就是前面堂客生的,这后面娶的一个叫闰月(人名),后来她生了一个儿,叫徐自纯,就是那个兽医。他前面堂客在那个后面那个黑房儿的,前面堂客跟他困(住)前面天井这边那个房儿的。往时候外面把他们编做叫作恶霸,他当时在国民党里面做事,他可以搞两个媳妇儿。他有这样个权利,他能够霸来。所以他儿往时候到我来看猪,拉长(经常)提这件事。那过去那这样的事有点权力的那有。

讨第二个媳妇就跟娶第一个媳妇儿不一样,第二个媳妇儿一般就没得彩礼。他有权势就直接把你搞来了,管你家同意不同意。两个媳妇儿各人有各人的房,吃饭有时候在一个屋的,两个人共用一个灶壁。就算是这样,大媳妇儿一般也不敢说话,只是在背后说说算了。大房如果脾气不好,那跟你搞的也有,脾气好的她看在伢儿的份上忍了算了。二媳妇儿生了伢儿,还是自己养,大媳妇儿那也不得帮你养。

(7)典妻与当妻

湾里冇看见哪个说卖媳妇儿的,湾的我也冇看见哪个买。以前是么样的情况我们根本就不知道,我不果了解②。

(8)过继

重男轻女的情况是有的,以前如果媳妇儿冇生男伢儿光生的女伢儿,那家里人不喜欢她的情况也有。我们往时候姊妹伙的也是女儿生多了,但我家有兄弟和哥儿,所以就不存在过继的情况。以往立的那也有,男的同意了就要得,有的他跟你说下,有的他自己就决定了,女的不同意那也没得办法。比如说你生的儿多我冇生儿,你把你的这个伢儿的户口转到我家名下,就算是我生的。往时候过继的事一般是家族说了就算事,之后就上了谱。不过没得儿多人愿意把伢儿给别个,虽说这种情况有是有,但是很少,有的人讨米也要带着把伢儿养活,具体的情况我也不清楚。

(9)家庭虐待与夫妻关系状况

以前男的打女的,女的还不能反抗。男的打女的这种情况有好多,但是我们冇得,我们冇

---

① 扣:聪明。

② 不果了解:不太了解。

搞这样的经①。和我刚才说二姨她的老子一样，黄家这样好媳妇儿里外不跟他，于是他就打那个媳妇儿。他本是从外面割草回来，回来的时候他把沙镰这样一噶②着。女的去扯着跟他打，她把个手去把沙镰口一捏着，后来手就受伤了。我姐的那个伯伯的那个媳妇儿要离婚，她伯伯还不是打她。他们俩也打架，这种情况肯定有的。男的打女的，湾里肯定有人说话。在这大湾下，你男的动手、女的有做错就是那你的不是。女的被打了，她也能反抗，也不是让你打，有时候是两个人撕着打，哪有人这么傻让你捶猪？两个人打架，公婆停当的，跟你奶一样的停当人她就说公道话，二面③骂。不停当的人她就为儿，儿打媳妇儿她说你是活该的。公家一般都不会管这类夫妻间打架的事情。

停当媳妇儿就是像你奶一样，你奶这种人就叫贤德的人。往时候你爹再很④得要命，吃一根烟怕别人看见要躲着吃，你奶就不是这样的情况，自己心愿不吃，把点别个吃，人家就说她贤德。尊婆爱媳这也是叫停当，来了人情世故不管的么事，哪个说的开口，那个屋里该去送礼他不反对，这也是叫停当。这就是说我自己，我跟我的婆两个人一生冇吵过架，这就是叫作尊婆爱媳。她也冇说，她搞烦的时候顶多是说点闲话，当我的面从没有骂过，她这也叫作贤惠。

以前男的怕女的情况也有，你爹他自己不中用，他就怕你奶。那往时候我父也有点怕我丫，这是说个譬如的话。他没有用，遇事他做不了主，你跟他商量不了事，他只有苕做的了。他做得主，有理由，算得事，那就能当家，这种人就不怕女的。你爹一点用都没得，我往时候说这话都怕他听见了。往时候我大在这经常说，他嘴里吃又怕鼻子看见了，那是你奶在维持个人家。你屋里总要有一个好抓钱手，不是说光有钱就抓得了，没钱你抓不了你要懂得维护人。你亲戚六眷，你门口人家到你来了，我没饭给人家吃，茶水可以给点别人喝。人家到你来借东西你没得，你要把情况跟人家说下，这也是叫得你结交人。硬对硬不说话，一句话兜头冇得，人家就不理解。这是说个比较的话，本来就是这样的个事实。那往时候桂宝不在屋的时候，表叔提个篮在这后头，这屁股在地下一坐着，半蓝黄蒿他里外扯不出来，他里外总是这样一坨儿。你说这个大男子汉，么样做得了个事，扯点猪草都扯不到有个什么用。我的这个人，我总是说他，我说："你细鼻子、细眼睛，你就是怕，你就是跟发阳表叔一样的个人，嘴里吃怕鼻子看见了。这鸡猪狗猫这样些畜生，往时候说了那个雀儿都有一份粮，你莫这也舍不得、那也舍不得。"我的个嘴我就是这样直说，我这人做事凭道德讲良心。

(10) 副业收入

我们是做女儿的时候，织布或者帮工的钱都要交公，都要交给上人。后来到胡家来了就没得这样的事，后来的钱那归我自己，我当家要买米、买柴。

(11) 日常消费与决策话语权

我到这来之后，我公就把供应证交到我手上。供应证就是我一个月的口粮，我一家的口粮。要买么事我去买，我有钱我就自己去拿。这个供应证过了期，你就买不来了，你就没吃的了。

(12) 离婚

解放前有的女的不中用，过去没得几多说话的地位，总是男的提出来不要你，退到你娘

---

① 搞这样的经：有这样的事。

② 噶：夹着。

③ 二面：两边，都。

④ 很：小气，由指在金钱方面小气。

屋去。离婚有的写休书有的不写休书,不写休书的就当面把人交到娘屋人手上。那离婚的情况是有的,我看见别人有点把^①这样的。

2.家庭对外交往关系

(1)人情往来

往时候请客送礼或者拜年给压岁钱,那都是我父说了算,不过我们没儿多这样的情况。比说正月来了细伢儿,那往时候尽是我大把点压岁钱。这些伢儿都是他的侄儿、侄女的伢,他愿意给点钱就给点钱,反正我们就没得钱给。胡三奶儿多,她一个女抱到我来了,那个时候伤心,胡美荣(人名)给了两角钱,我给了七角钱。这是说个比较的话,过去就是这样的情况。自己的外甥都没么事给,我们哪里有钱去给别个压岁。往时候别个的嫁女儿或者生伢儿,他们冇办客,我们到这来一般的他也不出去送礼,那再街上有点么事,那再是我跟我丫两个人。

比如屋里要请客,我就是说个譬如,就说我的杀个猪,我跟他屋的两个老儿搭嘴儿,哪些人我要叫,哪些人该叫,你就要主动地搞点菜搞点东西。客有时候是他们自己去叫,有时候是我自己去叫。往时候我的徐玉娇在这里脚摔了,人家个个来看,个个花的钱来看你。你亲戚远点他来吃了饭就算了,一般的亲戚还要专门接。这种事都不用商量,没有必要商量。

(2)家庭责任与义务

男人外遇和婚外情在农村为禁忌,所以此处内容空白。

(3)婚外情

男人外遇和婚外情在农村为禁忌,所以此处内容空白。

(4)人际交往与出行

我解放前也有玩得好的女伢儿,我们平时也会去她(家)的玩。结婚之后去得就很少,各有各的人家。这跟三门河刘家的有个男伢儿叫作胜仙,他那个媳妇儿往时候跟我一起玩。我们以前一起玩,我跟你睡觉,你跟我睡觉^②,关系非常好。

解放后女伢儿可以出去,我们后来到解放了之后搞业余剧团,学戏、唱戏、在外面开会,每天到处这样跑。土改的时候我们尽在外面,到这来之后我们开会也开得多,我在杨柳大队搞的妇联主任,那个时候我们也尽在外面跑,那跟你奶一样,那这样年龄轻点能跑能干。

我们做细伢儿的时候一般不出门,没得必要出门。我们细时候驮萝儿、扯野菜、捡棉花、摘豆儿、去捡木子,就是做这些事。我们也没得哪里亲戚走,而且走亲戚也不需要我们细伢儿走。

(三)母亲与子女的关系

1.生育子女

(1)生育习俗

我的大儿是我维柱他前面带来的,1956年出生的。我生的大儿是1959年出生的,叫跃

---

① 点把:一些。

② 这里不是同性恋,只是关系好,在一个房间住。

进(人名)。我生我跃进的时候到娘屋去说了下,一家买了一筒饼子,这是这样个事。慢①正主②儿,捉的了一个鸡婆,搞的了一包糖。要是生个女儿那就捉个鸡公,生儿就捉个鸡婆去。捉个鸡婆肯生蛋③,就是讨这样的彩头。头胎报喜,二胎三胎就不报喜,对娘屋里说下就要得。

以前生伢儿就不办客,就是洗个三朝④办几个客。娘屋的来一下,提几个鸡蛋,有鸡就搞个鸡,没鸡就算了,提的了几仔面。往时候生伢儿没得几多办客的,有发财的人那再这个下(指办客),我们些人再伤心。满月了娘屋的就接回去,如果娘屋的情况好,你就多住两天,娘屋里没得么事,你只住得了两天、三天。住了两三天之后你就回来,因为我晓得娘屋里没得东西。往时候总是你自己要回来,他把个人送下你。我这里也没得人接我,往时候只有我爹。头胎如果是女伢儿,那就是娘屋的来看下,什么都冇得。

我的伢儿冇办周岁,我生我跃进伤心,我丫藏着三升麦,藏在这里藏在那里,后来做得几个滚米粑⑤,再伤心死得的。那个时候真没得,我到这来之后,我的这个说了,拉长溜⑥,过生伤心,吃的破芋头片的粥,这样的烂芋头片。

(2)生育观念

我的生男伢儿和生女伢儿一样,没得么事男女差别。我的华子(人名)我本说要把她给人,胡家的大爸没得女儿,他家欠女儿。他家往时候在我大名下立了个姐。解放前,如果媳妇儿只生了女伢儿,那一般就会过继一个儿。

(3)学校教育

我的几个伢儿那都读了书,我的几个儿都读了初中,我林子和我华子都读了个初中,冇读高中。伢儿读书,爹奶一般没有说话的权利,我和伯决定就要得。我们的伢儿当时读书的时候钱也不要多,也不存在借债让伢儿读书的情况。学文化也冇学个么事,教的搞个事,这是以后读点正业,以前读书那再气死人。他是拿一本书,在那个上面的哇⑦下,在黑板上哇下,上个课啊,你自己还没书,还冇给你发书。我跃进跟我华子的时候根本就没得书,笔和本是自己买的,那他把一本书笔直就在黑板上写下,上下课,慢这里劳动那里劳动。光去做劳动,那到我建子的时候就稍微好点,那就在学校里搞副业去搞下,学校里也搞副业,这只怕你都记得,这在小学的时候搞勤工俭学,还不是那些伢儿摘茶他也要你去摘下。那个时候大点的时候印砖、去驮横条、去抬石头、去捡石头子,我跃进他们读书读么事,一说是叫的个初中生,再气温⑧。他就是在学校里搞建设,什么都冇学好。

(4)性别优待

屋里对男伢儿和女伢儿那都是一样的,没得么事重男轻女。那我的不,我的胡家的,我的华子我本说把她给人,他家没得女儿,他欠女儿,往时候立的个姐,我大名下。

---

① 慢:此处为语气词,无实意。

② 正主儿:一个家的当家人。

③ 生蛋:下蛋。

④ 洗个三朝:亦称"洗三",因旧时一般都在生下第三天给婴儿洗澡,故称"洗三"。

⑤ 粑:带馅的馒头。

⑥ 拉长溜:经常说,经常提起。

⑦ 哇:就是跟着别人和一下。

⑧ 气温:气死人。

（5）家庭教育

（因访谈没有问到，所以此处内容为空）

（6）对子女财产权力

以前伢儿赚的钱，他的钱是把得我，那跟我跃进在这个中学的读书伤心，硬把命不要的。他搞石头子卖，硬是再打了几多饿肚子。搞点钱伤心，把个日记本一夹着，他先交点你。之后，我急破五门的没得了①，他又将其余的钱拿出来了。我后来没了，你又着急没得，他又看不惯了，他就端出来了。我也晓得他有私房钱，我晓得他一天赚了多少钱，他交了几多我，他自己做得累死，我也要让他自己留点。

（7）对子女婚姻权力

我的伢儿结婚，那提前有个人介绍下，然后再合个八字，也要他们自己同意。我的老二跟我的老么的，人家说媒，老么大部分也是自己自由恋爱的，也要人家把她介绍下。你首先就要让伢儿同意，我们意见是参考。我青子是他们自己两个人谈的，就跟周玉莲样的，硬是要打赖来，她先就跟我说，说她的刘安要说给我的青子，硬是打起赖来要跟我说。她自己在中间做媒，我说我是个晚娘，"你是个晚娘，我又不是不晓得，你这个晚娘我不嫌，我晓得你，我的好细女儿。明天要是结了婚带了子，女的要带子长"。刘安一点细晓得吧，一点矮，这到现在还没几大一坨儿，她硬是打赖要跟我开亲。后来我自己把他引到刘安那去，刘安他自己两个人就看对了。刘安在那个老街上那个破楼儿上面，在那里剃头，在剃头铺的，就这样上马一枪，把两个伢儿连在一起了。刘安把那个细鱼儿头拿着一剪，搞个煤油炉子，把锅儿的煎点细鱼儿，到市场上去打点饭。就这样，他们两个人，别个没哪个说，再真是他们两个人自己谈的。

我的大女儿嫁妆就比我们当时多些，细女儿的嫁妆还多些。我的细女儿，也把她，往时候叫铺成，把她搞了几床被子，那垫絮也把她搞了点，那样样东西把她办的都有，还搞了个电视机。大女儿就冇得。

儿结婚前，屋看着好旧，我们就把屋改造下，那就是把屋收拾一下，打扮下，跟个洗脸样的。那我的老大在那边是屋做了的，在那边结婚的。我的老么是在这个屋结婚的，老儿也是在这个屋结婚的，那冇做新屋。而且他结婚还请了出嫁的姑娘回来帮忙。

2.母亲与婚嫁后子女关系

（1）婆媳关系

我跃进哪一年结婚我不记得，我只记得那天落雪之后就晴了，我真不记得。他们结婚和我们差别不大，他们结婚也冇坐轿，她（指儿媳妇）那里把两个人送，我这里把两个人接，一起是四个人，因为要成双。要把那边哥儿兄弟送到路上，在哪一家摆个茶喝下。这家又是去的两个叔，说下光趋话儿②，带个果盒、提点瓜子啥的东西、烟，然后再把人接来。么事拜堂、烧香、主持仪式都是和我们当时一样。我觉得做媳妇儿和做婆没么事区别，我们做媳妇儿的时候尊敬婆婆，做婆婆的时候爱媳妇儿，我把我的媳妇儿看的比女儿还重些。我的媳妇儿冇跟我一阵过，他们各人有各人的人家，各人做各人的事。

（2）分家

我们没有分家，他各人做事，各人就这样出去自己成了家。自己做事后来各人自己忙钱

---

① 没得了：没钱用了。

② 光趋话儿：吉祥的话、祝福的话、吉利的话。

搞了屋,我们有点钱也给他们支援下,但冇分家。

(3)女儿婚嫁(定亲、嫁妆)

我的女儿么早①定亲的我不记得,我记得当时定亲的时候别个来介绍下男方的情况。然后安排两个人见下面,见了面之后就说这个人要得。那时候结婚是别人介绍,只要他们两个伢儿同意就要得。我和女儿说:"人家帮你说的,你都要考虑下,说的相对(两家条件相当),只要两伢儿合适,我们就不反对。"我们不考虑他的条件,我考虑这两个伢儿,这个伢儿成不成熟,你就要看的这样差不多点。你总要考虑一段时间,等你认为你们两个人考虑得差不多了就结婚。

我们李玉娇(人名)还懂点礼,白四喜儿(人名)就是买了一边的细猪肉来,他的弟兄四个都冇搞过,你这个说送礼,他还没这样个习惯,所以他冇送过礼来。我说结婚是这样的事,我这大房下的你要顾脸出去。他没拿礼来,我还要在中间赔本,我自己买肉帮他派礼。李玉盖(人名)的再冇要人说,那再还送了一家有一块肉,送了两道礼。

我的女儿出嫁的时候,我的大女儿、细女儿出嫁有嫁妆。我的大女儿出嫁有穿衣柜,还有五斗柜儿,我还给她买了个电视机。我当时没花多少钱,我的点家业他的端去油的,他的大姨和大姨伢,是个漆匠,做国漆,他们拉去的,冇要我把钱。我林子结婚花了一万多块钱,那这样时候一万多块钱要做好些事,些人说你这里要上万数,那还不止上万数,什么都帮她买了。我们这样个时代,到他们时代的时候就相差不了好些。我华子说得早点,到人家去,到李家去,我去过了路。那他接了女方的男客,都接去了。后来女的也去了,那李家的还像人做事。我大说,怄着李家的婆儿两个是个教书的,么样个三代冇读书做流氓,把他坐下方头②,叫我大硬把怄死了。胡家的自己,那里接的陪的人都有,他都不坐,非要自己往拢一围。他们当时不知道个事上方头下方头,也是我大说把邱园冇做到正席上,硬把李玉盖骂得。"还说你的是个教书的,你的三代冇读书,做流氓"。

(4)招赘

解放前没得哪个招女婿,没得儿就立儿,女生外向,还是要个儿。解放后找女婿的就有,还不少。那人家可以招女婿,我们又没得这样的事。那他屋里没得儿,你没得儿,他就自然的,哪个人愿意来,这里愿意接受他,他就考虑好到别个去做女婿。招女婿也要找人合一下八字,叫人算一下看一下。如果招的女婿不听话或者不孝顺,叫他走的也有。有的之后跟他教育跟他说,"要想在这个屋里过,你就要好好做人,要听话,要成器",有的你真不这个,那你给我滚蛋给我走。

生的伢儿,他开始起的么样的个姓,就么样的个姓,跟男的姓或者跟女的姓都可以。要是以后你结了婚成了家要分家,你可以例外过。跟新湾的老余的那个儿一样,他不是招,到正生来招他的女儿,他做一套楼房把那个女儿了。那个女儿恶得没解③呢,他女儿还说不要他跟她共灶哈④。那是先头他那个娘这样说:"现在不认得人,猪圈子都把她做着了,什么帮她搞得好好的,还不要我跟她共灶哈"。我说还不是跟你一样的,往时候你不爱你婆,现在你女儿不爱娘。上门女婿如果离婚,他么事他可以带走,那人家也不稀罕他的一点东西。上门女婿一般没

---

① 么早:什么时候。

② 坐下方头:坐的座位靠下方。

③ 恶得没解:坏得没救。

④ 灶哈:厨房。

得好多东西,有的说:"我把的个人你了,我把东西你,我把好些的东西给你?"在屋里,女儿和女婿的地位,那有的这样的,这也是说贤德和不贤德是一个理由。这是一个理由,你到我来,我要努力尊重你,把你当人。这跟前面霞儿样的,这小郑到他来,这娘儿伙的就要把他将就下(迁就点)。你不将就点,我的娘老子在左边①,我到这来成个家。那年小郑还喝药,往时候他外母再得大的脾气,据说她一点都不停当,这一伙后来都改了,一说话她就说我勇(人名),管的么事夸我勇。那找的女婿大部分不停当的叫他走的也有,停当的还是要把他花着②(哄着),维护着这个家。

要是有两个伢儿,离婚了你可以带一个走,你这里还要把一个她娘。如果只有一个伢儿,就留给娘让娘养到十八岁左右。以后伢儿要跟娘生还是归老子生,自己做得了主随他。这个也不是么事限定的个政策

(5)援助儿女

关于爹奶带孙这个问题就不消问得,哪个生的伢儿不丢给爹奶,这问个么事?这是毫无疑问的个东西。但是我有把他带,我是搭空儿③带,有空就给他带,没空就有把他带。我当时上面两个老儿,根本就没得时间帮他带伢儿,我都是帮他找的保姆。跟我老儿样的,这个他近点我怎么禁得了不带,远点他各人在外面做事。我们在屋里要做事就有帮他,就把他找保姆,我的三家都是我帮他的找的保姆,后来我把他贴点钱给他。

我和女儿来往的也多。如果她的困难,我能补助点那就补助点,这个是互相的。

(6)赡养关系

现在的农村,儿或者女儿不养老,这样的情况也有点吧,也不多。那他肯定要找村委会的调解,村委会的调解不了那就找法律、找派出所。那你内部调节不了的事,女儿在中间就不好说话,你是帮娘说话还是帮哥儿兄弟说话。你在中间说个公道话你都不好说。要是你妈跟你奶两个人搞翻了说么事,跟你姑姑说,你姑姑在中间出来说不?她绝对不得出来说。本是的,我是说个比譬的话。那天哪个说,"我在中间真为难",那儿我细脚儿说,一边是他娘,一边是他媳妇儿。哪个媳妇儿、外甥媳妇儿本停当,也确实是这样,为了一点事,我细脚儿去剪茶去了,为了两包药有把的那个孙喝,他到别的地方去卖工夫去了。她说交代好好的,"把这两包药要把的伢儿吃着",一把忘记了,去忙去了,结果就吵架了。

三、妇女与宗族、宗教、神灵

(一)妇女与宗族

1.妇女与宗族活动

胡家有个祠堂在芭茅街,我到这里来的时候有看见祠堂,我们街道上以前没得祠堂。我们到这来都解放了,那个时候都没得祠堂,我都有到祠堂去过。解放来了之后,祠堂让公家拿去拆了,拆了做了屋。有的也有完全拆完,芭茅街胡家的那个祠堂让公家拆了,在那个地方建了仓库,收粮食放粮食。

祠堂的一般就是修谱和祭祖,修谱女的很少去,祭祖女的也很少去。大部分事情都是男

---

① 左边:别放的地方。

② 花着:哄着。

③ 搭空儿:有时间的时候。

的去。出嫁和祠堂没么事关系,也没得么事规矩。

以前生了伢儿,那不是到祠堂去,那是在屋的拜个祖人,烧一炉香。好比我们生孙的时候,家里的老头已经不在了,我们就提点贡献①到坟上去说下,报下喜。

2.宗族对妇女管理和救济

以前没听说有把伢儿溺死的,我们还冇发现这样的个事,也冇听见人家说,这样没得良心的事发生得很少。我也冇听说有属于这个家族的钱,真冇听见说过。

(二)妇女与宗教、神灵、巫术

1.求雨

求雨,我们细时候看见过,当时天上晴得放光,地上的禾苗都要枯死了,那这些男的就去求雨。那回再求了一回,好大太阳,秃头晒不准你戴帽子。有道士,还有人主持,这样些男的跪在那里,走几步一拜、几步一拜,走了几远②往下一跪,几远往下一跪,我只看的人家有这样个情况。

2.兜水筷③

以前伢儿病了,有的不去找医生,就兜一下水筷。这种事一般都是女的做,又没得哪个男的去做。不过有的时候也有男的做,有的男的还会搞这样的经,但是这种情况比较少。伢儿要是病了,就去兜下水筷,看是不是哪一方神仙吓着他了。要是知道是哪一方吓着了,就朝哪个方向烧点纸,保佑伢早点好。

3.拜司命老爷

拜司命老爷一般是初一、十五的拜,男的也拜、女的也拜,不过女的拜得多。一般就是在这个灶壁边下烧一炉香许下,有么事事就和司命老爷说。

4.土地庙、社庙

我们冇拜过土地公,也冇到土地庙去。我们不拜不是因为我没得六畜,六畜生的有,但我们冇拜过。我冇到庙去,也冇去求个伢儿也冇去算个命,我就是求的伢儿少点。我们就是不想生这样多,那个时候养不活。

5.巫术

我们冇怎么算命,我们往时候世相儿不爱算命。往时候算命总是男的给人算命,下乡算命没得几多女的。我父,那往时候信算命的人再有,那时关在屋的,什么都不懂,不信这个信什么。

6.家神

我们往时候上堂屋④的供的有家神,过年在上堂屋的要供下祖人。我维柱正月初一一起来就去那里磕下头,磕头要磕半个多月。往时候腊月二十四的接祖人,正月十五的送祖人。一开始过年那没得贡献⑤,只是烧香烧点纸。往时候我们初一、十五的都要拜家神,现在老了,打不了勤俭⑥,总是忘记了,也冇很这个,就是过年和十五的拜下。往时候拜家神是大人带头,男子汉带头,带着伢儿一起拜,女的不拜。我家总是维柱烧香送祖人,送祖人的时候那我也去磕

---

① 贡献:贡品。

② 几远:多远。

③ 兜水筷:农村一种迷信的做法,用这个方法可以让生病的人好起来。

④ 上堂屋:大厅。

⑤ 贡献:相当于贡品。

⑥ 打不了勤俭:不勤快。

个头。拜祖人我们女的也能参加,往时候也拜。

7.七月半

往时候七月半就要烧包袱,我们一般就在稻场的风道口边下点,在稻场边下烧。给你的老辈的祖人烧点纸,这就叫作烧包袱。七月半一般不上坟,就是给老辈的族人祖人烧点纸。烧包袱一般都是男的烧,没得哪个女的烧,我的往时候都是他办的。他就把这些人的名字都一写,最前的人把你落个款。比如说如果包袱是我维柱烧的,前面就写给哪一个,落款就写我维柱的名字:子孙维柱。那也不是个个去世的人都要烧,从上辈到老辈的祖宗,他按照那个谱上来选择烧。现在我们在的还有我们烧,等我们走了之后就没得哪个搞了。我的往时候七月半也有烧几多,只是到这来之后我搭的烧点把儿。

8.宗教信仰

我们不信教,我一世相儿不爱信这样些东西。

四、妇女与村庄、市场

(一)妇女与村庄

1.妇女与村庄公共活动

解放前我们有看戏,解放以后我们看戏。往时候到杨柳来再看了两回财神戏儿,那时黄吉盛的儿搞的唱戏。唱财神戏儿,我看了点把儿。吃饭看戏男女都坐一起,有分开坐。

解放前保长、甲长开会动员村里修路、挖井,那女的就没得参加的,男的决定就要得。解放后这种会有女的参加,那也有女的发言:那我家的有困难,我的伢儿多,我出不去。发言的时候话是要说的,出工的时候你还是一样出,那他要你出那还不是只有出工。

出嫁之前,我们的保长、甲长我都认得,我们不是一个湾的,他是别个湾的人,因为他管得好远,所以我们都认得。解放前村里一般不安排女伢参加劳动,也不请女伢做事情,但是也有女的下地干农活儿。比如他家男劳力一个人忙不出来,你不去帮忙怎么办?这好比和我父一样的,我的田种在水口桥那个对河那里,我父人矮,挑点谷把子也挑不去回,我们只有来含一把①。含一把这谷又歇不了气,又非要挑到曾大坤那个岗上去,靠着那个树桩。这样地扶着,把那个冲担②这样地寸一下歇一下,这是叫作帮忙,也不是叫作请工夫。这是自己的上人,帮下忙。解放后男女都是一样的参加劳动,而且解放后那大部分都是女的参加劳动。比如说哪里修水库,几乎都是这样些女的出工,她们还把伢儿带到一起。我们吃商品粮的也要出去下地干农活儿,搞农忙的时候我们还出去帮忙,搞会战。

我们玩得好的女的之间没有什么社,也没有姊妹会。以前夏天乘凉的时候,女的能出来,那都在一个稻场的。但是女伢不能随便乱跑,不能跑到其他的地方去,你细时候各人要在各人稻场的。而且你也没得工夫到别人去,那你要带细的,你要招呼细的,那你还能跑到别个稻场去?白天只要你有时间那你能去别个的去玩,不过我们一般不是去玩,而是去学做花,去跟人家请教,偶尔去一下。她给你剪下花样儿,给你画点花儿,去搞这样些经,到人家去剪鞋样、剪花样儿,这样的一般的也有。

以前村里女的跟女的吵架也有,那肯定有,我们湾的女的我们总有很跟人家吵架。两个

---

① 含一把:帮一把。

② 冲担:两头是铁的、尖的,用力挑东西。

伢儿到一起玩,爱吵架,女的之间为了伢儿就吵架。女的吵架男的一般很少帮忙,为了伢儿一般关系恢复得比较快。有的个人放停当点,个人管个人的伢儿。这个也不太需要别个的调解,村里基本不用管。

2.妇女与村庄社会关系

比如说湾里有红、白喜事,就请我去帮忙,帮忙烧下火或者做点别的事。村里那一般有得人叫我,只是门口的、左右隔壁的叫点把儿。往时候我们在街上就是跟湾邻一样,你合适①人家就叫你去帮忙。我们以前纺纱、织布、做衣服、做鞋那都是在娘屋学会的,那些都是上人教的。

解放前也有女的出去借钱,那借钱我们再有借过,我丫往时候真是经常去借,她经常阴着从后面出去借米借盐。外面有客人,你不能说不留别个吃中饭,我的没米,所以阴着去借。不能明着借,怕人家误会了。女的去借人家也认,都是一个屋的人。

(二)妇女与市场

出嫁之前我们冇去市场上买东西,比如说买线头、买豆腐这样些东西,那都是我父去。往时候来客买菜也是我父,他提个菜篮,早晨就起来去跑。我们一般都不跟着去玩,他早晨起个大早就走了。解放前我从来冇到市场上去买过东西,一般买棉条、卖布那都是我大去,没得女的去。

我1957年嫁到这边来的,1957年之后就不存在女的不能上街的情况,那我们在街上买东西都方便了。那卖布和在市场上开店的也有女的,女的也能到市场上赊点把账。他记了账之后,那大人承认就承认,不承认也还是这个屋的。好比你赊的账,记你妈妈的名字,然后你就跟你妈要钱,到市场上去将钱还给人家。

以前我们纺纱的棉花都是自己种的,纱是棉花纺的,是从棉花里盘出来的。纺出来的布一般都是担出去卖,而不是拿这个布来做衣裳。这要是赶着一个布出来了清早上就要拿到杨柳来卖。

后来国家东西紧张就给我们发票儿,刚开始就粮票,发粮票我们是到居民来有粮票,一个月规定你几多儿,二十斤或者二十六斤这样的。后来有两年发肉票,那个时候东西金贵得很。一般票儿都不够用,它规定的只有这样多。少了也没得办法,少了就算了,少了就不用。那个时候票都少了,发的票都不够用。我们再真是,我的伢儿总是别个给衣裳穿。

我记得有一次运动,你就跟他一起喊,"打倒么事人",这就是"割资本主义尾巴"。

五、农村妇女与国家

(一)认识国家、政党与政府

1.国家认识

国家就是形势好,现在的社会和过去的社会那要相差好远。现在的社会改得多好,以前就没得么事男女平等和男女平权。这跟你奶说的一样,这是杨县长来了之后才放脚、剪头。

解放前湾的有小学,以前那还是有读书的。女伢儿到学去的也有,条件好点的女伢儿就到学去。往时候那个老票子我看再看见了,我冇用,那个时候是解放来了,那我们就根本没这

---

① 合适:玩的好的。

样些国民党的票子。铭钱和角子我只说看见了，将他们当钱用我也冇用，我们用的时候什么用一分、两分的，往时候一分叫一百，二分的叫两百，我就记得这么多。

以前女的不向国家交人丁税，那只说穷的包点田种着，给地主种点地，他再来收下课。

2.政党认识

解放前听说过国民党，也听说过共产党。那当共产党的人那个时候我也认得几个。国民党的时候哪个记得这样多，我们1937年出世的人，1952年就解放了，细时候根本就不记得这样些。那个时候说国民党来了、解放军来了，我们些人就拥护，总是为人民。国民党里面的性格就不同，就不一样。国家主席以前是毛泽东，后来是胡锦涛，胡锦涛这就是习近平接。习近平当主席，李克强当总理，政协是俞正声。副总理是张高丽，还有张德江，中央就是这几个人。

女党员也有，那刚开始那些女的很积极就入了党。入党有年龄限制，非要到十八岁才能入党。那你到了年龄，在外面跑路认真做事的人那可以入党。但是党员里男的多女的少。

我们是贫雇农，我们和共产党有来往，那来往还不少，那个时候管的么事事都要找他们。那个时候和共产党来往就是你这个场儿，你这个地方的，哪些富裕的，哪些穷的，哪一些人能够评中农，哪一些人能够评富农。不是光我们参加，是所有的贫雇农都参加。哪些人在这里是恶霸，哪个在地方么样的，那他都要拢来商量的。我们就是开会接触，平时也冇接触。

我们以前也参加过共产党的投票，你选组长也好，选区长也好，都要投票，现在是叫村委会选举。不过选代表还是选干部那它是看时代，有时候你选代表去可以，选代表去选那些人，还不是跟现在一样。选举的时候那个名单上写的有他们的名字，你认得的就划一下，不认得你就随便用笔勾一下，或者让别个帮你选。那个时候我们学业余剧团，我认得点把字。

当时我们是贫雇农，政府还培养我们入党，但我在西庄畈又冇入党。一个月要交钱，要交党费。交团员费，交团费过团的生活。我屋里现在维柱是党员，他是在合作社的入党的，那不是所有人都入了党。积极点，工作上把紧事地①实干的人才能入党。那还不是跟现在一样，你这个人能吃苦，在社会上能够为别个做事，就这样才能入党。

我们贫雇农在打倒地主分田地的时候，和共产党的关系最好、走得最近。打倒地主当时就全靠我们贫雇农。

国民党保长、甲长开的会我们冇参加，我们那个时候是不管事的人，因为我们只有这样大个年龄。我们也没找过共产党的干部，除非有矛盾，冇事事儿就找他们，没得么事我们一般冇找他们。他们找干部的人总是有么事事儿，比如打架要找下干部帮你说下话，我们一生冇搞过这样个经。

3.政府认知

(1)剪头发、放脚

我冇包过脚，我姐包过。我姐包脚夜晚整夜地哭，我再阴着帮她解开。那个面上把大棉线索儿把脚一捆，这样大老棉布扯得几门②，这样宽一条，硬再是缠的脚往拢这样一裹，我姐硬是哭得怕死人。我叹息她哭得这么伤心，我阴着去帮她这样解，我就冇包脚。我娘屋里丫的脚

① 把紧事地：努力地。

② 几门：好长。

后面就这样的,这样一个大储兜子,中间一个噎儿下去,好深的一条缝,前面的几尖,还不是把那个脚趾都捆到里面去了。这洗脚都这样,哪的这样团驮儿,两对筒。桂宝她奶还不是两对筒,做鞋前面一部分不管事,后面一部分纳,前面一部分是包。我记得我家来了人,来了干部,我湾的年二婶的个脚大了点,她笔直在门槛这边不敢进去,她说她的脚大了,怕见得人,她那个脚不敢拿进去。往时候就说细脚好看大脚丑。那是年大风他奶,我趁长都记得,来个男的都不敢进来,她说她的脚冇包好。我丫的脚都好大,就是我这个婆的脚都好大。

包脚就是从细的时候就包脚,你先把我包了,我后面就拿着解了,我不想包因为好痛。杨县长来了之后放脚、剪头毛,冇包脚,不准人包脚,也不要扎这样大长辫子。三股难做一步行,当时过去的人说好,到时代了,到那个时候自己都没哪个愿意包,脚包了走不了路。都怕受那个痛苦,那和受刑一样的。

(2)上夜校

解放来了,我们读了夜校。具体是什么时候我不记得,我住在农村,去夜校很远,再真是去一夜不去一夜。我们在西陵祠教夜校,那个时候又没得个电灯,只能摸黑。我们是夜晚读夜校,利用夜晚的业余时间去读书,这样不会耽搁生产。有时候共着有几个人邀着,就帮你搞个火把就搞的了一段路,一段路搞熄了没得。我们当时只有一个老师,那个老师教的书比你好一点,是教得比我们文盲好一点的人。学校除了教我们识字,再就是教我们学点规矩。

我们出来之后就是去搞业余剧团,这是教的了不起。你家长把你放出去了,还要干部做工作,放你出去学演戏,农村搞业余剧团。业余剧团是在业余时间,有时候是晚上去学一会儿,大部分是夜晚去,我们认一个把字就是这样认得一个把字,去学演戏。读夜校搞再搞了一年多,真是去一回冇去一回,我们本是叫做些业余剧团,认得点把字。今天下午排的戏夜晚就要出来,他们连逼二逼的。回来要阴悄悄地把那个门,生怕我丫听见了,听着了就骂我。

(3)自由恋爱

自由恋爱肯定好,你自己选择的。我跟维柱算是自由恋爱,有个人在中间介绍的,介绍同意了,中间人就把男的引来看,让两个人见个面,你同意了就说要得,不同意就算了。我当时是我丫同意了,他年龄跟我年龄是同年的,他还比我小几个月。就是说他前面生了个伢儿,前面结婚结得早些。我前面包办说的一个我不同意,就解除了。

(4)干部印象

解放前没得女的当干部,解放后就有女的当干部,男女平等。妇联主任一般就是群众选出来的,大家就是觉得她做事还公平,能够说话、能够有点时间在外面跑路。如果你门口的伢儿一大堆,又有上人,动不了脚,你再能干也不能选你。

(5)计划生育

多生伢儿多受磨,其实我是不愿意生这么多的,只是当时也没得别的事做,而且避孕技术也不发达。计划生育肯定好,你伢儿生得少也就养得好点,这样大人少受点磨。

(二)对1949年以后妇女地位变化的认知

解放后我们开妇联会,三八妇女节也开会。当时妇联会是由队长管理,大队的往时候叫管理区,它成立后选举出妇联主任。一般就好比你们明天要参加植树造林,我们妇女选个组长,把人带头,邀这样些人一起出劳动,或是搞义务工,没得工分的。那是往时候叶曾芳当妇联主任。

解放后女的在屋的地位提高了,你有理你能够有地位,你能够么事出去当家,我选的是不错有道理,这就是自己的权利。

以前男的打女的,那没得几多人管,就是去找下你自己的叔伯爷来说话。好比说你爸打你妈一样,去找下你大爸,拢来说下公平话,这样的个意思,我们往时候维柱两个人争、吵或者打架,我只跟我大说,我丫说不出来。她再避免做上人的把你一参再说她的儿,关于这样的事我们总有去找干部。

(三)妇女与土改

1.土改动员与参与

土改工作队的里面也有女的,她当时还不是跟这些人一起这样混。倪月英,倪志云的老妹,她出来参加了工作之后搞工作队,还撒尿别个的床上。张红兵和她媳妇儿结婚时间不长,倪月英在她们结婚的很白的老式被子撒尿,把她床上打湿几回。张红兵他媳妇阴着拿到我姐那个后面晒,硬怕说得,怕丢她的丑。因为她有这样的个病,她那个时候还有结婚,这样女儿家。

土改的时候我们是贫雇农,土改工作队家家贫雇农他都去。土改那它什么都要集体,参加开会,哪个够得上格儿斗他,哪个是好人,是个伤心的人。他们到屋去就说:"你今天你去跟我们一起商量下,要哪些人到一起参加讨论,评哪个人中农,评哪个人是地主,他么样的够级。"你的有田包给人,没得人种那时候还算的个破产地主。有的地主懦弱无刚,他就是有点田,这样的也要评个地主。这叫的么事地主,往时候地主赶不上现在的一般的人家,连徐守财的(我们村的一家贫困户,住的是瓦房)都赶不上,他的起码还吃得好点。

那个时候再是伤心,舍不得吃还种点田。我的包点田种,包的是水口桥徐黄连的点田。到了收课的时候,他自己假装杆个棍出来收课,其实自己也非常做人家。我的没么事招呼的,就把个鸡公把杀着给他吃,我兄弟欠吃鸡欠吞了涎①。我们想他那个课少收一点,想让他把这个田再把我多种一年,如果屋的女的能当家,那就跟女的说:"这个田你能不能种,不种我拿回去,我把租给别个",过去总是把那个田看得非常重,总是存田。现在不是叫的租,往时候是叫的包,包的也是他来收租。你说现在你们些人几好的八字。

2.斗地主

"打倒地主分田地",那这往时候总是这样的个口号,"打到地主贫雇农彻底翻身",原来好多口号,这现在都忘记了。有时候把他搞到那里跪下,把他捆起来,"那你平时么事无所作为的"。冤枉了也不准你辩,他把青砖把你这里一绑着,把青砖把这里两边一压着。这样的侮辱人,刚开始是这样的政策,批斗还是当地的人。当时也没得哪个贫雇农上台说话,那就不敢说。你可以去斗他,你要是说帮他说讨宝的话,帮他说方圆你就不能说②,有的时候是避免让别个说闲话。有几个人也说点直话,他说:"某某人他的平时收不了几多课,做人在社会上不差。"往时候普阳他丫,虽说她是地主,你没得吃的到她去借米,只要她有半升米,她都赶快帮助你。她阴着要瞒着他男的,她阴着把升米借你。就算是这样,当时还不是受了批斗。大队的要吴发阳在大队里跪着,把青砖压着,还不是斗他,还不是冤枉的,实际那个粮食是那一个搞的经。

斗地主的时候,我家再真什么有分,就是我把地主家的长枕头驮去回了,我丫气得个猫

---

① 欠吞了涎:涎就是唾沫,这里表示非常羡慕别人。

② 讨宝的话,说方圆:方言,说情,说好话,打圆场。

骨样的,说:"你这样没么事要得,那个里面装的糠头壳儿,有个么事用?"我是看到那个枕顶上面有两朵好花,所以拿了这个枕头。往时候地主没么事,也没么事好去拿的,再赶不倒现在,赶不倒徐守财的,他还有个电视机。

那女的参与斗地主那也积极,她跟你们一个湾的,好比就说在你这个女的好泼妇,你这个人好讨厌,她就趁这个机会,就说你就斗你,说你平时么事么事的。那石家嘴(地名)的一个女的,别个给她编做土地头儿。别个说土地头儿坐首席霸占一方,当时再是把她斗得伤心。那个大冷天、大雪天,把她放在那个上面这样绑着吊着,脚下放个浴桶,浴桶装的一坨刺,那这样大老竹子弯成弓儿,那都是这样些人。我看到了之后硬是吓得心这样颤。

我是1957年10月到他来的,那我们都是(一九)五几年的人。当时开红卫兵的会,开儿童团的会,开团员会,开贫雇会我们都在一起。以前看别个搞红卫兵,我们虽说是贫雇农,但是我们看到红卫兵斗地主,我们硬是吓死①。我们就是跟那些民兵一起这样冲,跟着他们一起搞。看见他们把那个地主捉着,把那个竹子上弯成弓,硬吓死;在那个浴桶里把那个狗肉刺把他浴澡。解放前也有斗地主,那是我们解放后盘地主,这我们都参加了。我们解放后和解放前根本就不一样,跟你奶他们解放前的好些事我们就不一样。

3.分田

打倒地主分田地,我们要把地主的这些东西都搞下去了,把地主的地先没收了再分田地。先把土地印着,看哪些人并光②没得,没得钱。按你的几多人,也要按你那个场子的几多土地,分到几多就分几多,要是土地少也分不到几多。

4.女干部

我们当时的妇联队长是叶春芳,她娘屋的是贫雇农,这她婆的是贫雇农成分,她的觉悟好。当时选妇联主任就要选这样些觉悟好点的,娘屋里干净,没得富农和地主的帽子,做事要公正,还要社会关系,这样别个才选。社会关系就是要你的亲戚没有做么事错事。如果亲戚中有么事不好的这样的又不行,别个也不选你。

(四)互助组、初级社、高级社时的妇女

参加互助组,那我们农村都要配合。你这里有劳力的别人愿意你参加互助,你这里没劳力的别个不愿意你参加。没有劳力的人更要参加互助组,要服从领导的安排。有劳力的他就愿意参加互助,没得劳力的更愿意参加互助,他就别个帮助下他。

上了十几岁的能够劳动的劳力都要参加互助,男女都一样。细伢儿他做不到,他参加也没什么用。但是也有人不愿意参加的,他的田地不多,他自己的有这样些劳力,他能够搞出来,他就不愿意参加互助。就我自己来说,我肯定愿意参加互助组。参加互助组,人也多些,做事也闹热些,齐心些,一个人做没有意思。

互助组之后就入社,地入了社,泥巴艚子、牛也入社。你一般的锄头家业这些东西那还是属于你自己的。我非常同意入社,集体做事有劲点,人多些,而且我的没那么多劳力,我们年纪轻的时候那再巴不得有人帮我做下。

我当过生产队的队长,我带了一个大组儿,当队长都要吃苦些,队长就是带头生产。哪样的去搞么事你就要去喊,你就带头。干部没么事好当的,骂娘的还不是有。那个时候她补助

---

① 嚇死:吓死。

② 并光:什么都没有。

我一点分,我还驮娘骂。你要是出不去出不了勤的,我还要帮她说方圆。

以前我们参加劳动的时候,比如修水库,哪个都要去,哪个都要去出勤,要上工地,屋里就没人照伢儿。这样的你屋里他就选个差不多点的人呢在屋的,把些伢儿搞到一起,让他们帮你照下,你回来了各人领去。当时我在外面干农活儿,我的伢儿交给我街上对门的那个人把我照,有时候是我的老儿把我照。

(五)妇女与人民公社、"四清""文化大革命"

1.妇女与劳动、分配

生产队的一般是男劳力多,等我们到杨柳湾来了,生产队的尽是女的。我们到居民来了,我们搞副业,在外面做事也尽是女的,大部分是女的。出去帮漆匠灌包套餐,包括粮管所、米厂的,都是女的,大部分都是女的。男的在外面开店的开店,有工作的有工作。以前生产队的队长、会计、记分员都是男的,有文化的女的也可以。以前修水库,我们女的到水库去搭工那我们女的都是一起去。修水库大部分都是女的,我们市民的出去都是女的,有的年纪好大了也要出去。

大炼钢铁,农业学大寨我们也搞了。砍树烧窑儿,烧到半夜的,烧煤炭,搞立炭窑儿炼铁,我们也搞了。夜战我们也搞了,累人得很。大炼钢铁的铁是他收的破铜烂铁的,他是把那些废铁收去再大炼钢铁,再在工具厂的再炼铁,那我们那是这样的。如果屋里锅和瓢儿废了,那就可以给他拿去炼铁。他收你的铁的时候,有时候他还给你点钱。

我的分田到户,我的有两个人的田,我的徐玉娇到我来,农业户儿,她名下有田,这娘儿两个有田,我的后来包的人种没人种。我们居民没得田地,我们一世相儿都没得田地。

那个时候你个人做几多就给你记多少工分,大队的要把个人当记分员,你哪一天出勤做么事,他给你记着。以前生产队分的么事口粮是按照工分来的,做多少得多少。我们一天得多少工分,那这个东西没得一定的。那个事情不好做,你分就少些。你活泼点,把紧事的,吃苦,你一天就搞得了十工分。那个时候十分工,收入好的生产队的就搞倒三角五的分值,一般两角多点的、一角多点的都有。我的以前一直是缺粮户,后来要交钱。那你管的哪里来,你要想办法要交,我们大部分情况都是人家把我磨,人家有余粮的把我磨,磨好了再交缺粮款。好比你有我没得,把你名下的分拨到我名下来,你的余多少钱,我的缺多少钱。磨就相当于借,借肯定是要还的。

2.集体化时期劳动的性别关照

以前公社的时候,要是女的怀了孕生伢儿也要参加劳动,只说到生的时候可以不参加劳动,有一个月的产假。放假的时候就没得工分,那就放了你的假有要你出来做。

3.生活体验与情感

以前吃食堂,我们选人在食堂打饭。那一般我们就选打饭公道的、选你不偷不捞①,公道点,男的也有,女的也有。打几多,那是一时一时一时的,有的把你的几个人就一回打的你端去回,有的是按照你一个人几大一瓢儿,几多儿,你担啵儿②来。一般就是光饭,有时候是吃粥。不管愿不愿意吃食堂,你都要跟着形势。当时是这样的形势,不愿意也不行。公家不准你自己起火,吃食堂的时候,你们炒菜的锅铲是在屋里,他要你这样点细东西拿去没什么用。后

---

① 捞:偷。

② 啵儿:碗。

来食堂办不下去了,因为吃不好,有的这个精力人家跟你不合作。那各吃各的打的吃,打的吃,就是你当事务长,我管粮食我管油,我发的你这个烧火的担去煮,他把你按照几多人你这个食堂的几多人的人数,一个人是几两米,他是按人称的,实际老说他私人搞得经。他把粮食扣了,这个打饭的你就打不来,你打饭的人家按照这样些人数,他扣得把的你,你这按照这样些人说是这样多东西,结果又打不出来,以后时间一长就不行了,慢慢就搞不下去了。

吃食堂的时候,好多人缺粮就去逃荒,我们当时种点菜,也讨米,摸到太湖去讨芋头,去搞芋头片。屋的如果有粮食,那要让个个吃点。没得粮食的时候也有人去捞粮食,那这是很少的人。这就说好比新湾一个大组一样,这是有个数的情况,没得那个本事你捞不了。

如果捉着了就斗他,这跟你爹一样的,冤枉的个经还不是斗他,你有本事的,后来把找着了这个了,他就扯这个扯那个。这一个(竖起大拇指)就捞到粮食吃,这一个(竖起小拇指)就捞不到粮食吃。

当时没粮食吃的时候,那个五颜六色的人都有,那是说不该搞集体,那是各人的田各人种,各人的点东西自己收回来。后来也有人提意见说不搞集体了,要分田。

4.女干部、妇女组织形象

(1)铁姑娘队

我们搞互助组的时候,我们队有铁姑娘队。几个能干点的,几个好劳力组成一个铁姑娘队。这和你妈、你二姨一样能够出来能够合作的人就可以组一个队,一起干活,相互帮忙。当时我们是个人组成了一个铁姑娘队。我们在新湾插秧,我插秧我手脚钝些,所以插不赢别个。之后,她们就把我围起来,围一圈笑我。笑过之后,她们又过来给我帮忙,帮我插秧。你这几个人好能干,能够吃苦,不管什么事都冲在前面,这样的人就叫铁姑娘。艳阳的那个老妹叫做细女,她是铁姑娘队的,还有一个在冷水塘,我们都是铁姑娘队的。铁姑娘队的人比别人厉害些,能够吃苦又不怕好了人①。

(2)劳动模范

以前有女劳动模范,政府开会的时候就给劳动模范发一张奖状。那个时候劳动模范也没么其他奖励,就是要带头做。如果你是劳动模范,那你结婚的时候就奖给你一点嫁妆,锄头家业,蓑衣斗笠,箢箕,就是这样的东西。新湾的拉儿(人名),是铁姑娘队里面的人,她出嫁就嫁的这样些东西。政府号召大家向劳动模范学习。

5.“四清”与“文革”

在“文革”期间,吴邵宇当时因为被人诬陷偷东西就坐了冤枉牢。其实邵宇冇做贼,他和我一样嘴多,爱说的玩,这样说的坐个牢。别人说杨柳湾那个曾家的做贼的是他,其实是人家报的冤枉他。我记得,当时他是在稻场里一坐着,我在保管室稻场里捡谷,里面就在开会研究那个案件。他当时就开玩笑说,“那是我,我就是贼”。后来里面的人就把他叫进去,叫他进去。等他出来,别个就说案件有了结果,他就是贼。当时外面报的是杨青,杨青是他的外甥,那我都清楚。我也记得当时在新湾开的那个批斗建生(人名)的事,别个还把他的细伢搞到那个中间斗。那时候,我三娘的那个兄弟在王家湾当队长,他说建生是坏分子的子弟,做贼的子弟,就把他这样点细伢儿放到那个塘里去批斗。当时我的心里真是过不得。

“四清”就是说是土改有的些人的历史冇搞清楚,重新一清,查一下哪些人过去当了么事

---

① 不怕好了人:不怕让别人得了好处。

干部。"四旧"就是你的陈家业,比如说雕花、绣花。这些东西都要拿出来弄掉,金货、银货也都不要,还好我的什么冇得。我大在镇上当干部,他要带头"破四旧",他什么都搜干净了,他把我丫的嫲鳇链搜去了,连我的一点嫁妆床这样雕花那个板都雕了,这就是叫"破四旧"。

文化大革命的时候,婚礼提倡简化,你随时的衣裳就随时换干净的。

(六)农村妇女与改革开放

我参加过村委会的选举,女的男的那都是一样地选。我选举的时候我几届是杨柳街上的妇联主任,我们当时出去开会,选人到县去开会,到浠水去开会,我们都去了。去开会回来,我们就开个群众会,向大家传达一下会议的精神。我们那个时候当妇联主任没得工资,只有补助。一个月不限定补助多少钱,你出勤出得多你就多补点。一般是补助几十块钱,大概二三十块钱。

那个时候计划生育,我们做妇联主任的压力好大,关系好紧张。你叫她刮个胎,你叫妇女刮个胎,有的人要生二胎,你还要去做她全家的工作,叫她到医院去刮胎,有的人就恨你一辈子。杨柳湾徐守峰的脚下那个曾子(人名)他嫂,当时我让她去刮了胎,她硬是不知道把我骂成什么样子了。其实徐守峰对我们蛮好的,我也救了她,只是她不理解我。计划生育好,当时的人都觉得不好,现在才知道它的好了。

六、生命体验与感受

泼辣跟泼妇是两回事,泼辣是什么都会搞,泼妇是指胡乱骂人的人。泼辣就是她什么都能搞,还是个好话。"她做事真是麻利又泼辣、几样的这个",泼妇是完全不懂礼、脾气大。又说跟你奶一样的,脾气有个脾气,她理由有个理由,这不是叫做泼妇。我的细年那个安子(人名)的媳妇儿,她完全不懂礼,光泼,这就是叫的泼妇。人大方泼辣,这挺好的。我们这一生也不是说的这样停当,但也说不倒我这样,想跟你奶一样地做到这样全面,那我也做不倒,但是我这个人是非常善良的。跟我跃进那个说我一样:"自己这样个模子,又替这个操心又替那个操心,又叹息这个又叹息那个"。就像我细脚儿,我觉得他伤心可怜,这杨柳湾的蓉儿,这样的个模子,我跑她去硬是跑了四五次。后来走到周德金那里,我站好大一天,我说不得了,这下去一段路我歇三四道气,走着走下我又走不得了,我又把这心口一按着一站着。回来之后,我把屁股往上大门口放的个椅儿一放,硬是气儿果晔[①],之后就冇去了。

以前女伢儿十几岁就到人家去了,这杨柳湾的蔡少华说了:"我生我茬儿(人名)的时候我只有十五岁,我还怕个么事丑?我是抱的望门媳妇儿,过得日子真伤心",往时候蔡少华本是这样个话儿,她十五岁生的她那个大女儿,现在的伢儿二十五岁了还在读书。

---

① 气儿果晔:上气不接下气。

WXY20170122WSY　王寿英

调研点:河北省沧州市吴桥县于集镇小马家庵村

调研员:王晓燕

首次采访时间:2017 年 1 月 22 日

受访者出生年份:1936 年

是否有干部经历:否

是否生育:是

受访者结婚的时间节点、生育子女的具体情况:1956 年结婚;1962 年生第一个孩子,一共三个闺女、一个儿子。

现家庭人口:2

家庭主要经济来源:退休金

受访者所在村庄基本情况：小马家庵村位于河北省吴桥县境东北部, 东与山东省宁津县、陵县毗连;南与山东省德州市为邻;西隔南运河与景县相望;北与东光县接壤。这里属于暖温带半湿润大陆性季风气候,四季分明,温度适中,日照充足,雨水集中,干旱、大风、冰雹、暴雨、雷电等气象灾害发生频繁。村民以汉族为主,以焦姓为第一大姓氏,村中多种植小麦、谷子、棉花、玉米、土豆等,有大型的果园,除自需外,大都出售。村民多以外出打工为主要经济来源,人地矛盾缓和。

受访者基本情况及个人经历:王寿英,1936 年出生,早年丧母,名字是爸爸给起的。1944年、1945 年老人断断续续上了两年小学,那时候家里支持上学,但她个人不愿意上。小时候家里地不少,有一二十亩,土改的时候被划为中农。当时家里兄弟姐妹四个,一个哥哥、一个兄弟,还有一个姐姐,下面还死了一个妹妹和一个弟弟。老人二十岁出嫁,出嫁那年赶上大跃进,进门没两天就去队里挣工分。夫家是贫农,丈夫有两个哥哥。嫁来的时候丈夫的两个哥哥都结婚了,婆婆很早就去世了。老人生第一个孩子的时候二十六岁。

一、娘家人·关系

(一)基本情况

王寿英,1936年生,今年八十岁。我的名儿是我爸爸给起的,娘早没了,那时候,俺爸爸给起的吧。当时起名儿的时候没有什么意义。那时候小,就随便给起了个名儿,那时候要是起名字就随便起。那时候都是早早地没娘了,不知道我兄弟姐妹的名字谁给起的,都是稀里糊涂的。当时男的女的起名儿的时候没按着字儿(辈分)起,就是想起个名儿就叫。现在起名儿有意义,像从前就是想起个名儿就叫。那时候家里地不少,反正我在家的时候有十好几亩来。土改的时候被划分中农啊。家里姊妹四个啊,就是俺哥,俺兄弟,还有一个姐。一大家子,那时候娘早早就没有啦,还有死的兄弟妹妹的,就剩下俺姊妹四个。没娘了,俺这几口子人过。我是二十岁数嫁到这儿的,来到这儿的时候,这儿就分地了。才嫁到这来,那时候正大跃进了。1958年,那一年,"大跃进",那一年才上这儿来,挣工分儿啦。那时候就不自己种地啦,挣工分儿啦。来到这里,在这儿是贫农啦。俺老头有两个哥,他是最小的。来的时候他就两个哥一个爸爸,娘早就没了。还有妯娌,两个哥都结婚了。我生第一个孩子的时候二十六了。

(二)女儿与父母关系

1.出嫁前女儿与父母关系

(1)家长与当家

我在家里的时候,母亲活着,父亲当家,母亲没有啦,就跟着嫂子过啦。后来又娶了个继母娘,这个继母挺好的,她很会当家,在家管事儿呀,可会过日子啦,再没有这样的啦。女的也是从家里管事儿。当时不分男的当家,女的当家啦,男的女的都能当家。俺爹没有啦,俺娘跟那顶天柱子似的,人家能当得起家,指着人家发起来啦,就是那个继母娘。什么事儿都管,从那就日子一天好一天。这是俺的后娘,俺嫂子跟俺这个继母搞得可好了,那关系,娘儿俩就没抬过杠、拌过嘴。再也没那么好的关系啦,都说亲娘后娘啦,关系搞得可好啦。娶继母的时候俺嫂子早就来啦,她来了以后娶的这个继母娘。俺嫂子看着给说的这个继母娘。俺嫂子心挺好啦。她来了的时候我才几岁。她看着给办的这一锅事儿。俺嫂子来时俺姊妹四个都还在家(未出嫁)啦。

(2)受教育情况

在家的时候上过学,上了一二年级。那时候也是学校啊,也上学校里上学去。就是小的时候上了有一年,后来又在里面混了段时间。那时候家里支持上学,(我)个人不愿意上。他们也上过学,俺哥也上了几年。俺兄弟上得多,上到初中吧。那个时候不愿意上,年头儿不好,自个儿不愿意上。那时候叫去也不愿意去。俺那上学的时候解放了,那时候上学的时候男的女的在一块儿上学。那时候没有女孩子读书没用这说法。

(3)家庭待遇及分工

在家里,没有那个男孩和女孩待遇不一样。没有重男轻女,都一样吧,吃饭什么的大伙都在一个桌子上吃饭,老人坐上座,小孩坐下座,没有什么规矩。原来的时候大伙都在一块儿吃饭,俺们兄弟姐妹四个、俺嫂子,还有俺爹。俺后娘都一块儿,没分家那时候。这个继母娘可不嫌人,一说分家她都难过,就这样,都在一块儿吃,挺好的一大家子。穿衣裳都没有什么区别,不像男的穿得好,女的穿得不好什么的。那时候困难年头,挺朴素啦,那时候。我小的那时候还困难，那时候一个父亲拉拔这几个孩子，怎么不困难呀，干活的少，吃饭的多。过年的时候没有压岁钱，没人给压岁钱。那时候家里干活没有什么分工，像说男的出去干嘛，女的在家干活儿什么的。男的女的没什么分工，想干嘛就干嘛。在生产队上时，男的女的都一块儿干活儿。女的在家时织布，那正是织布的时候。俺嫂子、俺后娘她们在家织布，她们活儿才好呢，指望着织布呢，织布纺线的。我那时候就是跟我嫂子从一块儿干活儿，没有学好。差不多十八九那个时候了，十八九的时候学的织布纺线。那时候织得多的，晚上点着油灯都织。黑天白天地织，能织一扎布。白天在生产队上干活儿，指着晚上点着小煤油灯织布。织了布大家用，缝个包袱，做个衣服，那时候穿的都是粗布衣服，和现在不一样了。那时候被子布、衣服都是用来织，指着织布纺线过日子呢。那时候穿的粗布的衣服，买个洋布喜得了不得。那时候上学对男孩女孩没有区别，没有说让男的上，女的不上什么的，一样地待。

(4)对外交往

过年的时候女孩不出去拜年，小闺女不去，结了婚的去，和现在一样。要是来了个客人，女的能上桌的少吧，有客人，一般都是男的。如果家里男的没在家，女的也可以招待客人。

(5)女孩禁忌

那时候没有那么多规矩，小女孩儿几岁之前不能出去，这就分情况啦，刚解放的时候，有的家长邪，怪呀，就不喜欢到处跑的，管得挺严的，不让随便到处跑。那时候有一个村的男孩儿、女孩儿尽量地玩儿不到一起，内心里有这个印象。俺兄弟跟着的时候都不愿意让他跟着玩儿去呢。那是小的时候。

(6)"早夭"情况

有早夭的啊，我上边就有几个孩子早早地就没了，那个时候条件不好，都是在家里自个生。好多孩子都活不了，死了就挖个坑埋了。

2.女儿的定亲、婚嫁

我们那时候说媒的时候，如果说一个女孩儿好，一般都不说长得好、会干活儿，不是说长得好，就是门风好、人性好，就是这个。不看长相什么的，不看会不会干活儿，那个岁数也不分这个，就是过日子的人家，就是这个。不是自个做主，就是大人看着行不行，就是这个。看家庭，只要过日子就行，就这个。我那会定亲的时候呢稀里糊涂的，定亲的时候也没有要彩礼，稀里糊涂的。那时候那么困难，还要布票买布。那时候正是用布票买布呢，那时候年头不好，1958年"大跃进"那时候。定亲的时候，俺两个见面了，反正稀里糊涂就拉倒了。不和现在眼光这么亮，这么看，那么看。那时候反正稀里糊涂地也就拉倒了，也就这样了。也是媒人介绍的，见一回面就见不到了，就这样儿。见了一回面就到婆。稀里糊涂的，除了登记去见面就再也没见面，那时候兴登记。

定亲的时候没有什么仪式。出嫁的时候坐轿来了，那时候那么紧张，那么黑。黑天来的，天还没亮。天亮了好干活儿呀，黑天就来了。结婚的那天还干活儿。那时候是生产队，很忙。白天就参加干活儿，这是晚上娶的，就这么来的。这是黑天来的，来了第二天我不干活儿，人家过来帮忙去干活儿。结婚那时候没有婚书，那时候就登记了。定亲那时候没让人家算生辰八字，稀里糊涂的就拉倒。也摊上咱这户了，人家事儿多的、仔细的，人家这么看看、那么看看，看看日子，看着合着合不着。像俺这个就稀里糊涂的差不多，嘛也没寻思，嘛也没看。定亲那时候也没有什么彩礼，结婚的时候也没什么彩礼，结婚的时候也没什么东西，就光给买了两身衣裳就拉倒了。还是洋布子，现在做里子穿都没人用那布，就是买的这个。就是这些就拉倒了。要不说么，那时候跟白捡的似的，什么也没有，就用布票买了两身衣裳就拉倒了。买了一双鞋，两身衣裳就拉倒，就这么稀里糊涂的。有没有这首饰、那首饰的。好像就我窝囊点，我那妯娌还有麻线衣服，还有首饰什么的。俺那时候正好赶上年头不好。定亲的时候，双方的家长不见面，就是稀里糊涂的，男家来了一个人到俺家见了个面就拉倒了。见个面就拉倒了，没意见就定下来了。我还记得那时候的事儿，(虽然我)看着老，(但)记性可好了。当时他去见面的，没在那里吃饭。就在别人家见了个面，然后说说话就走。我没说话，我光看看人，当时看见了。谁跟谁也没说话，俺是个愚人。那时候定完亲以后，也能毁约，定亲以后然后再反悔啦。定完亲以后，两家再也没走动了。过个节什么的也不送东西，嘛礼儿也没有，就直接等到娶啦。那时候都不走动，可省啦，什么礼儿也没有。定亲以后男女不见面啊，一年一年地见不着个面。到结婚也见不着个面呀。也有见面的，放到俺的身上反正就这么窝囊。定完亲，就登记，再就见不着啦，就顶到结婚。这期间有一年多的时间吧。出嫁的那天什么仪式也没有，来了稀里糊涂的就拉倒了。出嫁那天没有礼乐队，嘛也没有，就是坐轿接来了，还是晚上接来的。那个时候不都这样啊，没多少晚上的，人家二婚的也不晚上来呀。说句不该说的，像咱这人晚上少少的。就遇到咱窝囊了。出嫁那一天，娘家会不请亲戚，娘家人不送闺女出嫁，自己过来了，就自个坐着轿子接来了。当时来的时候没害怕，是个晚上，那时候也是真大胆。来这里没有摆酒席，没有席，不像现在似的。人家来帮忙的吃饭也是急忙的，随便弄个菜什么的，也没有席。正好赶到那个时候了，正是"大跃进"的时候。那时候也没有什么嫁妆，条件好的陪送的可好了，条件不好的就稀里糊涂的陪送破破烂烂的东西。给了一对橱子，还有一些大概其他的，就拉倒了。人家陪送好的就是四大件，困难的就破破烂烂买几件就可以了。

3. 出嫁女儿与父母关系

嫁过来以后，娘家会叫人过来看，那时候时兴看姑娘，八月节、五月节看闺女。我嫁过来第四天回娘家，没带着什么东西，就光回去看看去。他不去，别人送去，就是他兄弟们。那个时候怎么送呀，就是走着。那个时候连车子都少。过得好的有自行车，穷的就没有啦，他家条件不行。出嫁以后过什么节的时候回娘家就没准儿了，那时候过节什么的，过十五啦就上娘家过去了，俺嫂子也挺好的，有时候过十五了就叫到那过去了，看闺女的时候娘家也来人。俺嫂子可爱面子啦。俺嫂子来看的时候多，提着篮子啥的，她又巧，做的东西上都有花有样的，来了就四处转去。出嫁以后不能再管娘家的事儿了，这个不用我管，俺嫂子过日子好呀，又勤快，不用我操心，她还管我呢。来这儿以后遇到矛盾了，不回娘家。遇到生气的事不出家走，就自己忍着，也不跑，也不颠。忍过去就拉倒。出嫁以后娘家的财产不能分，不能分那个，没有闺女的事儿啦。那时候闺女也不养老人，只管婆家事儿，娘家事儿就不管了。娘家事儿也不需要咱管，嫂子、哥都能承担起来，也不需要咱管。那时候清明节，我不怎么上坟，我对上坟不怎么重视。

(三)出嫁的姑娘与兄弟姐妹的关系

嫁过来以后跟娘家的兄弟关系也挺好的，再也没有这么好的关系了，俺嫂子可疼我啦。那时候我困难，老头子挣一点钱还去管他娘那边的事儿，不怎么管大人孩子的。回娘家的时候就住下，感觉那时候回娘家挺好啦，回娘家后，俺嫂子那么实在。那时候没爹了，没娘了。我大年初二的时候回家上新坟，稀里糊涂的没好好地拜过年，他那时候也不愿意见个人，他也不愿意去。来这儿一年多爹就没有了，第二年就上新坟。就这样，也没好好地一块去拜过年，都是我自己去。

二、婆家人·关系

(一)媳妇与公婆

1.婆家婚娶习俗

才来的时候不吵架，后来因为家务事儿什么的，说话也没有共同语言，就这样过来的。刚嫁过来的时候这边算是困难呀，他哥们儿多，哥们儿多就困难呀，挣不了两钱，还需要他的钱花呢。他是最小的，爹支撑不起来。那时候老二教书，在好几个地方都待过。老大参军复原啦，在家里种地。结婚的时候没有什么仪式，那时候兴拜，到处拜，给一家人去拜。刚结婚那时候也兴到处拜，磕头去。没有多少人叫磕头，说说话，然后鞠个躬，就这仪式。刚嫁到这来的时候，没主持人。轿抬到这就算完啦，人来了就拉倒，就这么好答应。别人不这么窝囊，别人也不是晚上，该怎么办就怎么办。也有长辈主持着管，不跟我似的这么窝囊。赶上那个时候了，摊上这家庭了，没办法。

2.分家前媳妇与公婆关系

刚来的时候就在生产队上挣工分，孩子她爷爷顶不起来，没人管家。没人说了算呀，人家都自己顾自己的。才来的时候没分，来了以后分的，稀里糊涂地分的。才来的时候一块儿过，分家就跟我打了个招呼。一块儿过的时候没有东西，那时候在生产队上吃食堂，打干粮，打饭的，当时我还在食堂里烧过火呢。那时候都去生产队领着吃。成食堂了嘛，吃大锅饭，到时候打粥、打饭、打馒头呀，领到家来吃。我刚来时这里没婆婆，婆婆早就没了。我来了以后又给他说了一个继母，我看着给说的。我和她关系还可以，不管怎样，给娶来了，当疼他爸爸吧。咱觉着就挺知足的了，稀里糊涂地过吧，也挺好的。那时候都自己过了，她六十的时候来的，自己过了，那时候他爸爸自己过。等到她死了以后，孩子他爷爷就在我这个宅子上住。解放前的时候，那时候媳妇婆婆的规矩不记得，那时候不记事儿，那时候小，记不清，听说过。我们那时候没那么多规矩了。那时候婆婆虐待媳妇的就少了。

3.分家后媳妇与公婆关系

(1)公婆关系

他早就没娘了，就一个爹。爹顶不起来，说话没人听，都是自个过自个的。后来我看着给公公娶了媳妇，我和这个婆婆关系还挺好的。就这么稀里糊涂地过。

(2)分家

当时他还上着班呢，他上班挣得那三十、二十的还不够他这个大家庭过日子的呢，他这心跟别人心不一样，他顾着他娘那边过日子。当时他在他家是老小呀，老小他还支持他娘那边。那个时候这边还没分家呢，但是我来了以后他们稀里糊涂地自己过了，连个筷子、碗什么的都没人给。就自己稀里糊涂地借个勺子、弄点棒子面啥的自己过了。我来这儿一年，他们就慢慢地自己过了，也没说分家给分个筷子碗的、锅盆瓢勺的也没人给，就自己借个勺子、借个铲子，日子就稀里糊涂地过来了。结婚一年以后，什么也没有，白手起家，就这么熬过来了。现在过得都挺好了，也挺不容易的。

唉，这样的人家也少。那时候别的分家都给个锅碗瓢勺什么的，这个什么都没有，也没有人给安个家呀。哥儿仨,那两个都有孩子,谁顾着咱呀,实事求是地说的。他有爹呀,他爹顶不起来。都是当哥的什么的主事,没人顾着他,都顾着自己啦,他爹也顶不起来。进门以后,人家就说自己过吧,那俩都自己过了,你说叫我怎样呀,也没人一块儿分家。分家的时候,就让自己过日子去了,别人没人打招呼,就是公公跟我说啦,说那两个儿子自己起火过日子了,你也自己起火吧。就这么一句话,就什么也不给了。我们也没说,也挺难过的。那时候什么也没有,就是自己白手起家,自己过啦,嘛也没有,就是拿着块布到生产队上领点粮食。过年了,给了七斤麦子还在石磨上抱着棍子磨,给了七斤麦子都磨不着,这还不错啦,人家给凑凑,在石磨上磨磨。就是这么难。那时候也没说多给点儿,什么话也不说,说什么呀,遇见这人家啦。跟谁说呢,有老的跟老的说,这老的也不顶事儿。跟妯娌们,跟人家谁谈这个去呀。别人都不管,一针一线都没人给呀,那时候也真难。人家有娘有嘛的,人家给准备得挺好的,咱这情况少。老一辈顶不起来,就遇到这人家啦。跟我这个情况的,人家也给准备得挺好的,铺的盖的。这个弄的孬棉絮,都是发红的。

(3)交往

那个时候正是"大跃进"呢,也没什么交往,有个时间大伙儿的都去干活儿呢。人们干活儿的激情可高了。

(二)妇与夫

1.家庭生活中的夫妇关系

(1)夫妇关系

那时候结婚前我就跟他见过一次面,见面的时候对他也没嘛印象,那时候岁数又小,稀里糊涂地就过来了。当中有介绍人呀,有个老表亲,给介绍的。当时我们什么称呼也没有,什么也不叫,谁也不招呼谁,也不叫大名,什么也不招呼。我俩谁也不招呼谁,到现在也是这样。人家现在招呼大名是吧,我俩现在还是那个样,什么称呼也没有。谁当家呀,我才来的时候他不在家,他在农机修理上班,我反正就豁出命黑天干活儿、白天干活儿,没孩子的时候就黑天挣工分,白天挣工分,有了孩子以后,我就把孩子一扔,往屋里一锁,拿枕头拦着,别掉下来,孩子一岁多了还穿着土裤子呢。就这么的就过来了。刚开始结婚后六年没孩子,后来有了孩子。孩子一看见(家长)走,在窗户这都知道哭了。那时候都没穿裤,还穿着沙土呢,没人照顾孩子,也没奶奶、爷爷照顾孩子。把孩子放家里,然后就干活儿,挣工分去,黑天干活白天干活,豁命地干,可干了活儿了。那年轻的时候积肥、挣工分,两个闺女大点了也跟着拔草去。我大闺女、二闺女放了假就拔草去,给生产队上,生产队给工分。许给她到以后我给买个条绒袄,到以后也没裁了条绒袄来,两个长大地跟着受累啦。我就这样熬过来的。那时候他就上班去,孩子还没人管、没人看,我豁了命地在家里过这个日子。那时候谁管钱啊,那时候钱少呀,一毛钱也是好的,稀里糊涂的也没钱,孩子多了,还从生产队上超支。这么干也分不着钱,还欠队上的,有分钱的就兑兑账,到时候再给人家。那时候也没啥钱,是吧?

俺俩(夫妻俩)有啥事也不商量,谁也不和谁商量,他自己就掌权,人家没爹没娘了,全跟老太太商量商量,这个没有,他自己掌权。我要是有个什么事和他说,反正他也不是那么顺利。我也自己掌权,自己办自己的。过年了,缺少什么东西他买。家里如果要置办个东西,这个不商量,买了就买了,需要用的这个置办就置办吧,谁想置办就谁置办,也不商量,想买就买,俺俩都是自己听自己的。那时候,我下雨往外跑,屋顶塌了,我带着几个孩子,地震了,整

— 388 —

天吓得转了向。他也不在家,他又不像别人挺细致的,照顾大人孩子的,他又脾气大,我就自己这样熬过来了。他一直从外边上班,到以后退休,五十多岁就回来。回了家那时候就分了地了,自己种地了,那时候地没多少收入,户家还交公粮,交完公粮啥也没什么了。要是外面有什么事,他不在家的时候就是我的事儿,他在家的时候,我就尽量让他出去。

那时候指望着养个猪呀、养个羊呀,一窝一窝生,那么受累,去集上卖点钱,也卖鸡蛋,养个小笨鸡什么的,下几个鸡蛋,舍不得吃,也拿到集上去卖。那时候困难呀,指望着这个,给闺女做个衣服什么的,指着这个花钱。如果家里的饭不够吃,谁先吃呀,我反正不能吃独一口呀,吃赖吃好,反正也都一样吧。他们那小的时候可真难,跟小老虎一样,那时候也没啥好的,小孩跟着受罪啦、穷啊。没人看着,连块儿糖也舍不得给孩子买呀。他这脾气不行,他要是挺细致的,看着大人孩子过日子,不是这么困难,我也不是不能干,我也不是胡花滥造的,不该这么难。他这脾气跟别人脾气不一样,他就光孝顺啦,孝顺哥儿们、孝顺老一辈,婶子、叔的,他从小没娘了,跟着婶子和叔的长大成人,孝顺好几层。他心好,别拿老婆孩子这样的呀,全一样的待遇也行啊,又不是挺富裕的日子,是穷日子,省着过的。说到这了,那一年我存起九十块钱,没存起一百块钱来,给我拿出去,就是这样的脾气。俺二闺女小的时候,那时候他好几十啦,从那就存不起钱来啦。还有几百块钱,哥们儿一块儿盖房。那时候一般生病了有医疗,到村里打个针吃个药拉倒,哪有这有个病上医院去啦。小孩们不怎么闹病,感冒发烧的就在村里看看就行,有的时候就土法就过去了。

像是解放前的时候,女的得伺候男的,没遇见那事。我那时候男女就平等啦。做饭一般都是女的做,在这个家庭里就是我的事儿啦。那时候也有男的做饭,他不做饭。要是男的说话的时候女的能插嘴。解放前不知道,反正有客人啥的,不能随便插嘴、滥说话啦。

(2)娶妾与离婚、婚外情

解放前,也有娶两个媳妇的,有这情况,也少,反正也有这情况,那时候要是家里没儿呀,就有的再说个,就是想再要个小子。那时候丈夫有打媳妇的,不能反抗吧,反抗就打,老老实实的,打完就跑,以跑为妙,打完就跑。一般不怎么还手,还手也还不过。那时候老老实实的、好好地做人就是好媳妇。会干活儿,不跟老一辈吵,就是好媳妇。那时候有离婚的,很少。要是过不下去了,也有好几个孩子离婚的呢,那时候也能离婚。

2.家庭对外交往关系

那时候结婚的时候给随礼,随得轻,不跟现在似的随礼那么重。拿着一毛钱,当现在一百块钱花呀。那时候钱实。随份子是随钱,礼不重吧,进来门也随了老鼻子了。那时候也都是我出面随,他也不在家,都是我顶,都是我走,这一大家人家,闺女嫁人、娶媳妇。过得穷,过年的时候走亲什么的,人家都不在这儿吃饭,又在孩子窝咯,那么难,待客人也不在俺这里待,人家不让他待。俺侄子那时候来拜年,我在孩子窝咯,都不在这吃饭,拜个年就走,去双店老姥娘那吃饭。那时候怀着孩子,我还往大口井里挑水去,都没人管。他家来了以后,我就好一点啦。他回来得挺早的,五十多岁就回来啦。他上班的时候,一年到头的,家来的时间也不短,下了班就家来,他就是不细致。分了地以后浇地啥的,他就给安好了井,我自己看着浇地,铺带子,他就走啦,上班去啦。那时候没出过门,哪也没去过。后来去过泰山,去过好几次,去过东北、北京,大闺女在北京的时候我去过一次,那时候去北京带了三十多块钱,去北京的时候正赶上人家修电线啦,修了三天啦,我去啦,还带着琳琳,到那租了个旅馆,就花了二十。到了明天就去找女婿,走着问问,走到半路上就看到闺女了,她正好出来买菜去,就自己哭了,到了家就修好了电线啦。哪知道赶上修电线啊,刚开始的时候,人家旅店里的人说,要是再打不通电话就让回去啦,没回来,我就硬闯着去了,有个小伙子还给我二十块钱,我到现在都记得。

(三)母亲与子女的关系

1.生育子女

(1)生育习俗

1962年生的大闺女,结婚刚几年没有孩子。一共有三个闺女、一个儿子。那时候有了孩子以后过满月,十二日,百天。那时候穷,也过不好,有这么个说法。大闺女那时候还有俺娘、俺姐来给过生日,后来就不过啦。活着继母娘可好啦,孩子多了,她老往这跑,给看孩子。过月子的时候她也照顾我,侍候我。

(2)生育观念

那时候生男生女没区别,反正也是盼小子多,也在人。有的不分,有的就重男啦,也有因为一个闺女,老一辈不喜欢的,也有这事儿。那时候要是给孩子过生日,男孩和女孩没区别。上学什么的也不分男的女的。那当时没有娃娃亲了,少了,听说过,在我记事儿,就没这事了。

(3)子女教育

那个时候天天去地里干活儿去,也顾不上孩子,饭都吃不饱,谁还在家管孩子啊。小的时候都扔到家里,后来大了,就跟着去干活儿,挣工分去。小孩就拔草,把草交给队上,也给工分。大点了都让他们上学,后来都是不愿意上了。那个时候上大学的也少,都是上完初中就下来干活儿了。

(4)对子女权力(财产、婚姻)

孩子结婚前都不自个存钱,都是我放着。后来结婚了,然后就自己过日子了,我照应着他们。闺女出嫁了就跟咱没有关系了。儿子结婚了,我就这么一个儿,都在一块儿过。他们也有自个的事,他们挣得钱自个放着。

2.母亲与婚嫁后子女关系

闺女、儿子的都挺孝顺的,他们隔段时间都回来看看我。他们日子都过得挺好的,我现在也行了。我和老头现在也能照顾好自己,他们到时候来看看我们,也就知足了。

三、妇女与宗族、宗教、神灵

(一)妇女与宗族

咱们这里没有祭祖什么的,也就是拜年,除了拜年也没有这事儿。没有祠堂,小时候也不知道有没有,也不记事儿,后来没有这事儿。有的村里还有呢,不过也是少数。这村里没有听过有德高望重的人管事儿,都是自家管自家的事儿。如果家里没有男的,那将来的财产是给侄子呀。那时候也分人家,这现在是兴闺女继承啦,那时候也有给闺女的,但是不如给侄子的多,人们还是想法不一样。那时候有一大家子,跟另外一大家子之间闹矛盾的,哪里没有矛盾呀。有矛盾揭过去拉倒,出了矛盾,老实人低个头就揭过去了,要不过去,在我这个情况上,就发生这个啦,全分得一清二白的,要是抓阄,要是抓到哪,就是哪,寸草不留,长大的敢说这个话,咱呢,咱就过去了,你们说怎么办就怎么办吧。过去拉倒,不分得挺细的,计较得挺多的,这是说哥们儿多了出矛盾。

（二）妇女与宗教、神灵、巫术

1.灶王爷的祭拜

那时候供着灶王爷呢，上供不分男的女的。男的上供的也有，女的也有，我都是自己管。有一回，供应灶王爷爷，三块钱买香买纸的，他还跟我打起来，从那我就不买了。那时候烧个香、烧个纸的，搬到这儿供应，搬到那供应，放火鞭，两响的，都是我自己的事儿，他不管，在家也不管，过年啦家来啦，提着酒瓶子，到处喝酒去啦，别的嘛也不管，一家人凑着喝酒去啦，在孩子窝里，也不顾也不管。

2.腊月三十敬神

现在不拜神啦，从前拜神呢，从前到处拜神，求着一家人顺顺利利的，求孩子一顺百顺，就求这个，那时候烧香磕头，现在不烧香、不磕头啦。

3.拜门神

以前的时候拜门神，门上贴上门神，过年的时候给门神烧纸、上供。

4.送子娘娘

也有信送子观音的，要是谁家有人不怀孕了，就去送子观音那里抱个小瓷娃娃回来，就能生小孩了。都这么说，管用不管用的谁知道啊。

5.求雨

好长时间不下雨了，也有祈雨的，我没有跟着出去过。

6.宗教

村里有信耶稣的。信耶稣的有男的，也有女的。有的时候人家就来讲道理，人家给说得挺明白的，咱这脑袋瓜不太好，记不明白，当时也能听懂了，一边听一边就忘了，反正记不住，听听人家讲，挺好的，光叫干好事。

7.巫术

那时候生个病了，有请道人的，给驱鬼。

四、妇女与村庄、市场

（一）妇女与村庄

1.妇女与村庄公共活动

还没出嫁的时候，看个戏呀什么的，在于集、双店吧，搭起戏台子来就唱戏啦，也唱也跳。俺不爱看戏，人家别人爱看，那时候就是在村里演戏、看戏，年轻人也排演节目啥的。那时候没有电视，就是看戏、看电影，我那时候在家里干活儿。

出去打基肥去，挣工分，可干了活儿了。跑那么远去拔鸡尾草，挣工分。那时候就别提啦，也能吃苦，也能受累。小时候有玩儿得比较好的，在一块抓石子儿，到处跑着玩儿。

2.妇女与村庄社会关系

那时候没有聚会什么的，也爱串门，就是小孩和小孩，玩儿得好的，你找我，我找你，在一块玩儿。夏天的时候女孩儿也出来乘个凉，湾里有水，热了就上湾里洗洗澡。就是晚上和小姑娘去湾里洗洗澡的话，就是光小姑娘啦，我们那小时候就是去湾里洗洗澡呀，夏天热呀，热了就去湾里洗洗澡，那时候夏天可热了。那时候村里妇女之间吵架没人调解，自己后来就好了，打离婚的有人说事儿,像一般的打架哪有说事儿的呀,吵完了就完的,嘛事没有,没吵出去,没闹出去没人给说事儿,有的闹着闹着,走了可能有人说事儿,有的就生个气窝窝囊囊地就过去了,打架也打不出天去,就是吃个哑巴亏。

(二)妇女与市场

小时候也赶集,也赶集也赶会,赶集赶会也带不了多少钱。过年的时候赶花街去,买花、戴花,那时候都兴戴花。有个岁数差不多的,平时一块玩儿的就去啦,钱少,可能到集上买枝花就算了。那时候买东西不能赊账。现在有赊账的,没有赊账的,有就买,没有就不买。不分男的和女的,一家人家和和睦睦的,谁去谁就去,还可能两人一块儿去呢。织布的棉花什么的都是自己种的,没有买的,都是自己种的,那时候钱少,有点棉花就卖点钱,没有买棉花的,都是自己种。有买线的,自己纺得多。那时候用过粮票、菜票。那时候不是说嘛,买布有布票,买粮食有粮食票。就是进门以后就赶上这个啦,发粮票,发布票。就有这事儿,来到这后用粮票啥的正赶上挨饿。到以后粮票就不值钱了,还有粮票呢,就没用啦。也不知道是嘛时候,改革开放以后就不用啦。供销社那时候不像现在卖得那么全。用的东西一般也都有卖的,没这么全,除了洋布啦、麻线啦,没有别的这个。吃的、喝的不是卖得这么全。买东西都供销社里买,这现在卖东西的多了,那以前就是在供销社里面。也有卖糖的什么的小杂货铺,村里的。卖糖瓜的,有挑着东西来卖的。

五、农村妇女与国家

(一)认识国家、政党与政府

1.国家认识

对国家没有什么概念,就光知道把眼前的日子过好了,就只知道活了命的把眼前的日子过好了。指着力气吃饭。就这样熬过来。

2.政党认识

听说过国民党,没赶上那时候。记事的时候共产党就来了。

3.夜校

没读过夜校,就是小的时候上过一两年的小学,认识几个字。

4.政治参与

没什么政治参与啊,就是参加过村里干部的选举。

5.干部接触与印象

没见过大官什么的,特别大的官见不着呀,咱怎么见着了呀。刚解放的那时也没见着过大官,咱也看不见。

6.女干部

有女干部,女的在队上当会计、当记工员什么的,就有女的当官的了。

7.政治感受与政治评价

那时候就知道干活儿了,干活儿挣工分。一帮孩子等着吃饭呢,不干活儿不行啊。

(二)对1949年以后妇女地位变化的认知

那时候就是男女平等啦。记事的时候就讲男女平等了。赶上这时就男女平等啦。以前的时候还有裹脚,我们那时候就没有了。也不包办婚姻啦,见面就定下,包办婚姻的时候都不见面,那时候包办的时候,结婚前都不知道男的是谁。

(三)妇女与土改

1.妇女与土改

划成分的那时候我就记点事儿啦,成分高低,按成分,成分高啦,成分低啦,那么些个成分低了,奔不上去的,成分高了就是地主呀。刚开始划的时候,我就记点事儿了,分成分高低的这事了。划成分的时候都是人家说了算,就是人少地多成分高,地主富农,那时候分这个。人家说划成什么成分就划成什么,上头说划成什么就划成什么。

2.妇女组织和女干部与土改

女干部也有吧,记不清了。

(四)互助组、初级社、高级社时的妇女

那时候入社什么的,就不太记得了,没接过手。听说过,没经历过高级社什么的。那时候的事记不清了。入社的时候也记事了,没有经过自己的手,不太清楚。

(五)妇女与人民公社、"四清""文化大革命"

1.妇女与劳动、分配

记得人民公社,那时候就是挣工分呢。刚入社的时候人们干活儿有激情啊,人们干活儿干得可有劲头了,别看最后收不下多少东西,人们干活儿可有劲头了,喊着口号黑天干,白天干,起早贪黑的。为了挣工分吃饭呀,当时指望着工分吃饭呢,越干越有劲。干活儿的时候男人女人不分工,像推车了、挑水了什么的,也有男的也有女的。听过学大寨,但是记不住具体是什么了,听了就爱忘。"大跃进"就是黑天干活儿,白天干活儿。社员们喊口号,1958年呼嗨,大跃进呼嗨。1958年"大跃进"时大家可重视了,人们干活儿干得特别有劲,就是最后收不到多少东西,也干得特别有劲。

2.集体化时期劳动的性别关照

集体化对妇女没有什么特殊照顾嘛,反正俺没受到什么特别照顾。集体化的时候有专门看孩子的,有托儿所,几个老人看孩子。大人出去挣工分去了,把孩子放到托儿所。等回来分给人家看孩子的两个工分,把孩子抱回家。俺这孩子就有两个赶上有托儿所的时候了。

3.生活体验与情感

刚开始吃食堂的时候觉得也不好,有什么好的呀,大伙的饭做得也不好吃,菜里面有时都带虫子,吃不出好吃来。我当时在食堂里给掌勺,到吃饭的时候人们拿着票去了,给多少票就用勺子给盛多少,不是随便吃,不管饱。

4.对女干部、妇女组织的印象

在生产队上有女的当官的,有女队长,有女记工员。

5."四清"与"文革"

那时候正斗邓小平来。身边也有,从前当过恶霸、土匪的人,那时候挨斗了。也没大斗,就是拉出来亮亮相,没有真斗。

(六)农村妇女与改革开放

记得改革开放的时候分地的情况,妇女也参加。家里男的不在家的就是女的参加。就是在生产队上越来越不行,后来就分开了。分地的时候都写户主的名字,写的我的名字。他是非农业户口,他那户口不在家,分地的时候就写的我的名字。

六、生命体验与感受

就是从进来这个家门,从以前过那穷日子,把这几个孩子养大,到现在生活好了,这一辈子太不容易,年轻的时候可受累了。反正一闲下来就爱唠叨这些事,有个什么事生气了,就爱想以前的不容易,就爱唠叨唠叨这些事。

WYT20170119LSD　陆胜娣

调研点:江苏省江阴市新桥镇雷下村

调研员:王愉婷

首次采访时间:2017 年 1 月 19 日

首访时受访者出生年份:1931 年

是否有干部经历:是

曾担任的干部具体职务及时间:时间:1951 年,职务:妇女主任

是否生育:是

受访者结婚的时间节点、生育子女的具体情况:1954 年结婚;1955 年生第一个孩子,共生三个孩子,一个女儿、两个儿子。

现家庭人口:3

家庭主要经济来源:养老金

受访者所在村庄基本情况:雷下村地处新桥镇东南,西邻新桥村,南隔张家港河与顾山镇与东岐村相望,东南与顾山镇新风村相接,东北与张家港市杨舍镇河头村为邻,北接六保村。村辖区面积 1.5 平方千米,其中耕地 600 亩(约为 0.4 平方千米)。现有大张家巷、小张家巷、高家巷、朱家堂、旺家庄、缪家堂、雷下、新老潘岸上、白荡桥等 10 个自然村,村民以张、许、赵姓为主。截至 2011 年年底,全村共有 15 个村民小组、503 户、1788 人。

雷下村,1949 年 10 月建新桥乡时被称为和平村;农业合作化时期成立东亚九社;1957 年并乡后改称塘丰十四社;1958 年 10 月与原新桥村合并后,称为塘墅人民公社六工区六大队;1961 年 9 月新桥人民公社成立后,设立雷下大队;“文化大革命”时,改称东方红大队;1982 年恢复原名,翌年 10 月改称雷下村。

雷下村历来以种植粮食为主,南片为圩田,旧时多水灾。中华人民共和国成立后经过开河筑圩,平田整地,成为旱涝保收的良田。进入 21 世纪后,调整农业结构,建成华明绿化和海馨园艺,率先成为无锡市的花卉苗木种植村。目前,大部分耕地流转作为苗木种植用地。

村办企业起步于 20 世纪 70 年代,先后创办并线厂、针织厂、电器厂、钮扣厂、毛纺厂、毛条厂、彩钢厂。2000 年后开始涉足第三产业,开发房地产,建成新隆宾馆、加油站、汽修厂,两边店铺连城一条街,成为新桥东大门的一道亮丽风景线。2011 年,全村销售收入 1.36 亿元,人均收入 25916 元。

受访者基本情况及个人经历:老人于 1931 年出生,1949 年解放之时,父亲因病去世,于是承担起整个家庭的责任,开始当家。在土地改革运动中,老人表现优异,因此被评为土改积极分子。出嫁之后,继续担任妇女主任,因为不认识字,没有念过书,老人后来执意没有入党。1958 年辞去妇女主任一职,在家休养至今。有两个儿子、一个女儿,大儿子因病去世,现在儿女孝顺,儿媳妇特别照顾老人,老人感到很幸福。两年前,老伴儿去世,自己一人独居在家中。老人现在喜欢看电视,偶尔和邻居串串门,也喜欢到社区的放映室听戏,生活比较简单。

一、娘家人·关系

(一)基本情况

陆胜娣,出生于1931年,今年八十六岁,父母给我起的名字,没有找算命先生帮我排八字。我们家三个兄弟、三个姐妹加我,一共是七个,男孩子还有女孩子起名要按照辈分来的。家里面有五亩土地,我们家是贫下中农,我是在二十三岁的时候出嫁的,我丈夫家里面土地也不多的,当时他们三个人,也是三四亩地的样子,他也是贫下中农的样子。我的丈夫有两个姊妹,他的父亲在我丈夫八岁的时候就去世了,他的妹妹还小,我丈夫在家中是最大的。嫁过去之后我生了三个孩子,两个儿子、一个女儿。最大的孩子是我在二十四岁的时候生的。

(二)女儿与父母关系

1.出嫁前女儿与父母关系

(1)家长与当家

我出嫁之前,都是我在当家的,因为当时我是在家是最大的,我的父亲很早就去世了,所以我就当家了。我的母亲是小脚,在家主要就是负责烧饭什么的。

(2)受教育情况

我没有念过书,只有我家小兄弟他是念书的,我们姊妹都没有念过书的。那时候的女子是不念书的,只有地主人家才能念书的。当时是重男轻女,女的是不受欢迎的。我当时想过念书的,但是家里面没有钱,而且家里面还有弟弟妹妹,我两个兄弟也是没有念书。1949年之前,村里面有人去念过书,当时也有女子去念书,其实这也无关解不解放,主要就是家庭困难,没有时间去念书,要忙着农活。解放之后,可以念夜校,当时吃过晚饭,然后大家在七八点钟的时候就是去念书。念书没有老师,主要就是村里面的干部,他们识字,所以就让他们来教我们念夜校。

(3)家庭待遇及分工

当时女性的权利(地位)是比较低,女人说话是没有地位的,只有派男人说话才有用,后来解放之后,男女都平等了。当时在茶馆店,就是相当于现在的司法科,没解放之前,就是大家在一起的时候,都是在茶馆店进行理论,女人不能说的,男人有发言权,如果男人不会说话,还是轮不到女人发言。女人是没有发言权的,不能代表整个家庭。当时吃饭是有规矩的,男人要坐在正位,女人就是不能坐在正位的,当时女人的地位是特别的低下。但是如果是成年女子是可以上桌吃饭的。以前结婚,新娘子敬酒的时候,就是一张大大的八仙桌,然后两旁放着椅子,舅舅、舅妈都要坐着,新娘子和新郎要站着,然后等着他们一旁的人在那边说着,磕头作揖的,然后大家就在一旁,磕头作揖,见新郎的长辈都要磕头的,然后长辈再把红包给新娘还有新郎。

当时衣服我们都是不用买的,都是缝缝补补的,(自己)织布或者让裁缝来做的,不买现成的衣服的,(生活)基本上就是苦。小孩子也是要摸压岁钱的,长辈也是要出钱的,当时会少出点。男孩还有女孩摸到的压岁钱都是一样的。

(4)对外交往

女的能出去拜年,当时也是有独生的,如果生了女孩子,然后就会去算命先生那边记名字的,过年的时候,会去算命先生那边拜年,然后再吃个年夜饭,这倒是也有的。家里面来了亲戚,我们都是不允许上桌的,我们要听父母的话,父母会事先提醒我们不能乱夹菜,那些菜都是给客人准备的。客人吃完饭后,父母把那些荤菜都给端掉,然后我们再吃那些素菜。

(5)女孩禁忌

我们姊妹众多,第二个妹妹去给人家做了童养媳,十几岁就做童养媳,当时她是受到压迫的,经常受到公公、婆婆的虐待。若是公公、婆婆好一点,就会把童养媳当成女儿看待。二月十九的时候有灯会,女孩子可以出去看灯会,但是那时候也是没有什么钱,然后就买点小零食吃吃,吃不到什么东西的。男孩子可以和女孩子一起玩儿。

村上有大户人家,也是要干活儿的,他们都是乡下的地主,街上的地主才是不需要干活儿的呢,他们都是收租的,乡下的地主其实还是农民。我的兄弟十二岁的时候就是专门给那些地主看牛,然后割草。我母亲主要是做家务,烧饭洗衣服了。

我二十多岁的时候开始纺纱,纺纱的时候,我们都是要五更纺纱,纺纱了之后,我们拿出去,然后就去卖。这些女红都是自己学会的,如果自己学不会的话,大人还是会来教我们的。大人来教育我们,讲话的规矩是有的,一般大人说话是不能参加的,但是平时的讲话的话还是可以的。

2.女儿的定亲、婚嫁

在我四岁的时候,我的亲事就定下来的,当时我们称为娃娃亲,是旧社会的风俗。当时也是要攀亲的,也有手镯还有米的定金,差不多有五斗米钱。结婚的时候,有大帖子三石的,现在流行的是结婚证,但是在我们那时候就是红纸头,如果女人不肯的话,会把红纸拿出来,说你是毁约了。

定亲的时候,没什么仪式的,当时这门婚事还是我的爷爷帮忙定下来的呢。要排八字,当时双方互相的八字是要排一下的,如果合了之后,才能定下来的。手镯的钱就是彩礼钱。当时都是银子,五斗的米钱。定亲的时候,没有征求我的意见,我都不懂得,等到我解放的时候,才开始流行自己谈恋爱了,我还小所以我就是不懂了。

当时定了亲之后,不走动的,有的人家,因为定了娃娃亲,不认识自己的丈夫,丈夫有可能是瞎子或者是聋子。为了不让新娘跑了,就会请俊俏的男子(顶替)做新官人,做了新官人然后,生米煮成熟饭了。如果想要离婚的话,那么这个(彩礼)钱就是要还很多的。所以心上不满意,也只能待在婆家,当时旧社会的时候,姑娘是没有选择权的。

当时我结婚的时候,就是抬着轿子去的,不用写婚书。我们家办了五六桌的样子,吃的都是家常便饭之类的,都是黄萝卜饭这种东西。送嫁主要是娘姨还有娘舅,不会牵动大家,都是自己家里面的人。

嫁妆有钱的人家是有的,当时我们家主要就是马桶还有脚盆之类的,其他就没有的,地主他们家是很多的。很长的队伍,嫁妆很多,还有准备的红漆棺材,什么东西都有的,穷的人家什么都没有的,一些小的东西倒是有的。

当时结婚的时候,也是给米的,讲究给多少石米钱的,主要就是考虑钱的通货膨胀的。当时的钱不禁用。借东西都是借米的,借了钞票也是按照米钱算,物价高高低低的。

我出嫁的时候是没有私房钱的。出嫁的时候,娘家会派兄弟去探望,主要就是做舅舅的(来),主要就是吃顿饭,然后就回家了。

童养媳就不一样了,童养媳没有结婚仪式,只会生了孩子再办酒。童养媳能跟娘家走动,但是要等到正月的时候才能走动,平常的时候,是不怎么走动的。

村上有招女婿的情况,那时候招的女婿是被人家看不起的,当时他们都是会被称为"野鸡头"的,现在是不关事(无所谓)了。那时候招的女婿是没有什么发言权的,当然也是要媒人介绍的。招女婿的时候,能分家,一般都是不分的,但是会把他们当成儿子来看待的。鳏夫或者寡妇是可以改嫁(或再娶)的,当时还有抢亲的。还有说亲的,当时如果不肯的话,女家就是要被抢亲的,没有人来管的,毕竟是丈夫家。

3.出嫁女儿与父母关系

出嫁后女儿一个月回家,然后到的时候,给娘家带点粽子什么的,就是回头货,主要就是(放)在饭篮子里面的。八月半的时候,都会用红漆的饭篮子里面装着东西回娘家。

出嫁后能在娘家吃饭,但是必须是结婚后的一个月才能在娘家吃饭的,当时进了婆家门之后,也是要一个月才能去拜访丈夫的姑姑什么的。还有娘家要是有哥哥或者是嫂子的话,也是要满一个月才能回娘家的,但是不能到其他人家去的,不能随便去其他人家的。

女儿还有丈夫挑着篮子回娘家。要是娘家没有哥哥或者是嫂子的话,是可以住在娘家的;如果有了哥哥或者嫂子的话,女儿还有丈夫是不能睡在一起的,他们俩必须要分开睡。总归就是有规矩的。

嫁出去的女儿能帮助娘家,婆家倒是不会有什么意见的,主要就是女儿可以存点私房钱,然后就可以解决娘家的困难,当时女方也没什么经济来源,收入多了,才有私房钱的。地主人家就是人多还有地多的,他们倒是不会管这些东西的,地主家还有佣人呢,还有奶娘的,旧社会的时候,有非常多的佣人,还有黄包车,城里面都是黄包车的。还有恶霸地主的,大本领的医生都是要有轿子去抬着的。说起来,我的父亲因为伤寒症去世的,当时他只有三十九岁。哎,那时候的人真的是奇奇怪怪的症状有很多的。还有天花呢,我们就是会用土方法治疗。那时候的日子真的是非常苦呢。

结婚之后,和丈夫闹了矛盾,当然也是有人会来劝的,大家都是会来劝说的。那时候很少提出来离婚,女方是要很多的钱呢。如果女方回了娘家,婆家也是要来喊话的。

我的婆家还有娘家不是一个村的,平时交往不多的,等到结婚的时候才来往。解放之后,就没有娃娃亲了,解放的时候,可以把这些都给端掉的,直接提出来,然后归还那些手镯银子的钱就行了。当时我跟我的丈夫去民政局办理离婚的时候,看见我的丈夫愁苦的样子我就心软了,我本来是打算离婚的,但是后来看着比较善良的,然后就没有分开的。

父母去世的时候,男方家是要出一身衣服钱,清明的时候,我当时也是会跟着丈夫一起回娘家上坟的,当时也要通知公公、婆婆。

(三)出嫁的姑娘与兄弟姐妹的关系

我跟娘家的兄弟关系还是不错的,和娘舅家的关系,以前还是会走动的,但是后来就不走动了。小的时候,我通常就是住在娘舅家的,后来自己出嫁了之后,我就不走了,因为太远了。后来娘舅不在了,我就不再去了,基本上都是不走动了。

出嫁之后,回娘家的时候需要买点东西,条件比较好一点的话可以买点东西的,也可以不用买东西的,空手回娘家,不会被人家说。能参加娘家的大事情,如果不能参加的,我们也就不掺和了。当时兄弟分家的时候,我们会有娘舅的。我主要就是当时没有娘舅,然后我作为大姐,我就帮助他们兄弟三个分家。当时是我派家的,三个小兄弟都把我当成娘来看。出嫁之后,不是还有姊妹吗,我要送钱或者礼金,要是尴尬时期,能向小兄弟借钱。回娘家的时候,还是主要跟着我的母亲走的,如果我母亲住在小兄弟那边我就住在小弟家的。

出嫁后,女人在婆家受了气之后,娘舅劝说也是因为大事情来劝说的,娘舅也是会来劝说的。要是对大人不好的话,娘舅是会劝说小辈的,但是也是要讲道理的。

我的女儿、儿子出嫁或者是娶媳妇的时候,娘舅会过来,但是后来我的后代娶妻子,也不会叫了,因为太远了,基本上都是不走动了。现在姊妹之间也很少走动,除非是一些大事情。出嫁之后,主要是姊妹之间走动得比较近一些,我最小的妹妹今年七十岁了,我基本上都是一年一次。年轻的时候,走动得还是比较多的,但是现在老了,基本上也是不走动了。

二、婆家人·关系

(一)媳妇与公婆

1.婆家婚娶习俗

结婚的时候婆家也是比较困难的,当时我的公公已去世了,我阿婆二十九岁的时候,公公就去世了,家里面也是困难。我丈夫当时只有八岁,我的小姑子只有四岁,还有小姑子只有七个月,我的婆婆也是不容易。我的丈夫也是专门看牛割草,也是种田人家,养活一只牛。我的丈夫有一个爷爷,是我丈夫的爷爷当家人,当时我丈夫养活一只牛也是不容易的。当时我的丈夫也是经历过很多的。

我结婚的时候,婆家喊至亲的人家、还有一些乡上的人来迎亲,当时我坐在轿子里面,后面就是一个火盆。现在的时候,有一个脚炉的,脚炉里面是要放点糠灰的。先前要叫旺盆,讨吉利,说是要发财的。那时候有一个长台,然后两张椅子各放一边,当时有喜娘娘搀扶着新娘的,然后还有灯笼。

邻居出嫁的时候,有人搀扶的。结婚之前,还要洗澡,让婶娘放水,然后穿新衣服的。当时衣服要放一点糕点,还有甘蔗。要去婆家的时候,新娘要照应一声的。结婚之后,第二天可以回家,双回门的时候要回家的,回家的时候要准备一桌子菜,回门的时候,还要跟公公、婆婆说一声的。路远照顾不了父母的,所以还是近一点比较好点。

2.分家前媳妇与公婆关系

主要还是我丈夫的爷爷当家的,全部都是他管理的,包括什么钥匙还有一些其他的东西。不开家庭会议的,到了婆家之后,都是听婆婆的话,开头不知道什么,干什么都是婆婆教的。婆婆不怎么管(我)的,当时允许我串门,有的人家家里面来不及干活儿了,就可以帮帮人家。一般的普通老百姓是不会端茶倒水给婆婆请安或者给婆婆洗脸,解放之后,规矩就好了很多的。

村里面有坏的婆婆,少,(有的)虽然比较凶,但是还是讲道理的。但是童养媳就是比较不好过了,她们常常会受到婆婆的虐待什么的,童养媳去了婆婆家,总是心里面有担心的。就是重男轻女。

家里面的事情,通常是由男人出面的,男人说的话比较多,男人做主比较多的,要是丈夫和婆婆有什么矛盾,媳妇只能站在婆婆这一边,然后把丈夫骂几通。(媳妇是)不能骂大人的,只能骂丈夫的。

没解放的时候,媳妇在婆家没有财产权,媳妇嫁资地写丈夫的名字,因为是带过去的土地。写名字都是写男人的名字呢。压箱子钱婆婆是不会干涉的,女的提出离婚的话,嫁妆是拿不回家的;如果男方提出离婚的话,嫁妆倒是能拿走。我们村上就有一户人家不满意自己的媳妇,就离婚,离婚那时候是下雪天,场子上都是女方的嫁妆,东西特别的多。后来讨第二个,第二个后来去世了,又娶了第三个。

3.分家后媳妇与公婆关系

我没有分家。一个儿子的话,基本上是很少分家的,要是媳妇和婆婆实在闹得不行的话,也是会分家的。儿子多的话,就是要分家了。要是分家的话,主要就是娘舅来看的。解放之后,主要是队长来看的。儿子不允许离婚的话,婆婆再不满意,也是不能离婚的,我们村子上也是有这种现象的,但是很少。男人离婚的话,先前的手镯子钱都是要赔掉的;如果是女方要离婚的话,女方就要归还钞票的。当时都是要弄得清清楚楚的。

要是村上有谁的丈夫去世之后,妇女能改嫁,婆婆要是不同意,也会让妇女走的。还有就是妇女丈夫去世了,但是有哥哥或者弟弟的,会征求妇女愿不愿意嫁给哥哥或者是弟弟,要是不同意的话也不会强求的。

旧社会的时候,有女人出去干活儿,就是出去住人家,有的妇女做奶娘,或者是做佣人,就是为了赚钱的。帮工主要是因为家里面比较困难的,这样公公、婆婆倒是会同意的。未出嫁的女人倒也是可以去其他人家干活的。当时没有什么工厂的,所以大家通常就是去做帮工的。

(二)妇与夫

1.家庭生活中的夫妇关系

我是到出嫁的时候才见到了我的丈夫。我们互相不叫名字,只叫"嘿",不相互称呼的,到了上年纪的时候,我们都是没有相互称呼的,(名字)我们叫不习惯的。

结婚之后,还是我家婆婆当家的。当时也没什么当不当家的,队里面种种吃吃,然后我们家买了一头猪,买点其他东西,纺纺纱。没有什么收入的,结了婚之后,我婆婆家还亏钱呢。所以后来就养了一头猪,贴补贴补家用的。主要就是还债的。家里面的负担倒是不怎么大了,因为那时候我嫁过去了,然后和丈夫一起劳动和干活儿了。当时我们已经入社了,下面还有小孩子,总是拿不到口粮,但是我们并不放弃,因为我们知道总归有一天会拿到口粮的。做了两年之后,就拿到了口粮的。

我的丈夫不出去打工,当时只会割点草什么之类的出去卖卖,然后晒干什么的,总归也是有钱的。旧社会的时候,当时做任何事情是男人优先的,然后都是要写男人的名字的,女人是在第二位的,小孩子是第三位的。

村上有男人比较好吃懒做,然后还有赌博的,当时他们的老婆追来追去的。当时我们村上有一户人家,赌钱的时候赢了钱,然后不把那些钱交给老婆的,老婆也不知道去哪边拿钱,她们都是睁一只眼闭一只眼。你不知道当时的事情呢。当时有人在外面说书,然后还有人扎牌九,还有赌场里面卖小馄饨,还有瓜子零食的。家里面的家产后来都被卖掉的,赌钱的人家也是地主人家,不然穷人家拿什么东西呢。

还有人娶小老婆,街上有一户人家娶了四个小老婆,我还见过那些小娘子的呢。当时她们的嘴上涂得很鲜红,十分俊俏呢,就像是上海滩的舞女,她们穿的都是旗袍。当然他们都是一些街上的地主,并不是什么乡下的地主的。反正我都是看见的,我十三岁的时候,天天去城里面卖鱼,所以我才看见的。我还看见东洋人,就是日本鬼子,他们都背着枪,当时我们都不敢进城,我还记得当时有一个人比较好,当时我是很小的,比较胆小,而且里面的人是不允许出来的。

只有那些有钱的人家才能娶得起小老婆,家里面都是有一些下人,还有奶娘,他们娶老婆的时候,不用征求大老婆的意见,因为讨的老婆越多才是越好。我们当时有一户人家,离婚了之后,就去做了小老婆,(娶小老婆)主要就是为了传宗接代的。

在旧社会的时候,妻子要是生不出孩子,也是会去领养孩子的,当时要是生不出孩子的,就会和生了比较多的孩子的人商量,让他们把孩子丢弃在自己家门口,不让其他人知道的。这种现象是很多的,其实私下里面都是知道的,心知肚明的。

赌钱的人家常常打老婆,还有比较坏的人家打老婆,有些婆婆是帮助媳妇的,但是要是婆婆也对媳妇不好,帮助丈夫打老婆的话,媳妇在那边就是很难吃饭(生活)了,心里面常常抑郁,离婚也不敢离婚,那时候都是穷碰穷。解放之后,这种现象是一年好过一年的,妇女也是有发言权了,当时开会的时候,常常是在会议上倡导男女平等的。

在旧社会没有什么标准去定义这个好妻子,主要就是大家能够比较懂得道理,然后有知识点,总归是少一点争吵的。再好的妻子也会有一点争吵的。

2.家庭对外交往关系

家中的人情开销,谁掌权就由谁来负责的。没解放的时候,一些人会来换糖什么的,倒也是有的,然后我们就会把一些破衣服跟他们换一些糖之类的,有一些梅片,还有糖果的,都是一些破衣服去换的。当时的衣服都是缝缝补补的,基本上没有什么好的衣服的。

旧社会,人情什么的主要都是由家中的掌权者来决定的,但是到了解放的时候就是由我和我的丈夫来决定的。起先都是我的婆婆当家的,后来就是我们来决定了。要是家里面有亲戚或者是客人,我们可以上桌吃饭的。去其他人家吃饭,必须是大人来领之后才能去的。我嫁出去之后,都是由我的婆婆领着我去其他家的。男的请客的话,我们女人都是不去的。如果家中是妻子掌权的话,基本上丈夫也是不会去赌博的,但是如果妻子做不了主的话,那么男人就是有可能会去赌博的。通常要么就是父母去还的。

我年轻的时候有朋友的,主要都是一些要好的玩伴,都是要好的人家才能玩儿在一起的。没有解放的时候,我没有出过远门,主要就是去外婆家还有娘舅家,小舅妈对我还是比较不错的。我们那个年代,远门是很少去的。

(三)母亲与子女的关系

1.生育子女

(1)生育习俗

我有两个儿子、一个女儿,那时候生了小孩子要报喜,就是跟其他人说一声,有钱的人家就是会给生孩子的人家捉一只雌鸡,或者是其他人家会捉一只雄鸡的。但是我们那时候不会这样子的,那时候主要就是通知一下大家就好了。(给)小孩子还会做一点水布,有钱的人家会做一点袍裙什么的,(给)小孩子弄一点小布衫,还有一些薄棉袄什么的。当时因为没有钱,都是用水布的,手冷。

没有钱的人家是不会办喜酒的。主要就是叫一些至亲的人,吃点团子还有一些其他什么东西之类的。还有就是要是条件好了之后,我们才会办喜酒的。我生儿子的时候,没有办过喜酒的,等我儿子生了孩子之后才办喜酒。当时我媳妇生孩子的时候都吃不到什么东西的。要是条件比较好一点的人的话,就是会发一些红鸡蛋,条件差的,一般不发。孩子生了出来之后,就可以抱出来给大家看了。当时我们对孩子没有什么宝不宝贵的。

孩子是没有这种过什么一周岁的生日什么的,现在才流行的。要是吃么,都是一家人吃吃,然后或者其他大门里面的人烧了菜之后端给大家一起吃的。那时候人不是人,活一天就是一天的。当时的人不穿什么新衣服的,鞋子都是自己做的。

当时生女孩也好或者生儿子也好,都是一样的庆祝,旧社会的时候,生了男孩子,大人会比较喜欢男孩子多一点,这也是重男轻女的思想吧。因为在旧社会,女子的力气没有男人一样狠的,挑担子,或者是其他什么的,还是男人比较来事一点的。新社会的话,就不一样了。

(2)生育观念

旧社会的时候,如果只生了一个女儿的话,能过继一个男孩子。打个比方,当时要是你们家生了两个儿子,我家生了两个女儿,然后会经得父母的同意,可以悄悄地互换。那时候都是悄悄的,那时候有很多的这种现象的,因为养不活啊。我们那时候有一个叫青龙桥的,然后大家基本上就是丢弃得比较多,都是丢弃在桥上的。

(3)学校教育

当时我的孩子都是念过书的,都是念到小学的,但是我的第二个儿子还是比较聪明的,他后来念到了高中的。有男孩子优先去念书,女孩子不去念书的这种现象,女子在家干干活儿就好了,还是有这种人很多的。当时有种说法的,不识字的人是有饭吃的。

(4)对子女婚姻权力

我儿子娶媳妇的时候,还是我们大人做主的,还不是自己谈的,都是有媒人来说亲的,那时候还是不好意思自己谈恋爱的,还是比较难为情的。因为那时候(男的与女的)还是很难接触的,所以还是有媒人的。

2.母亲与婚嫁后子女关系

我儿子大概是在1982年的时候结婚的,那时候谈恋爱就是可以大家待在一起了,两户人家都是可以相互走动了。当时家里面要分家,就是房子分开。嫁出去的女儿泼出去的水,女儿是什么都没有的。家产不管是好还是坏,都是要给自己的儿子的。

我的女儿是自由恋爱的,而且也是等我女儿大了之后谈的。定了亲之后,需要走动,跟我那时候的情形不一样了,未上门的女婿大多数都是在过年的时候才拜访的。我的女儿出嫁的时候,嫁妆是马桶还有脚盆都是必备的,然后比我那个时代的东西要增加了很多的。而且当时我们还有八仙桌还有镜子什么的。总之有很多的风俗后来是改变了的。

三、妇女与宗族、宗教、神灵

(一)妇女与宗族

1.妇女与宗教活动

我们村上祠堂是有的,主要就是大姓的祠堂。祠堂有牌位的,很长的牌位,后来"文化大革命"的时候,这些祠堂里面的东西都被破坏掉了,还有寺庙里面的东西都是推掉的。还有庙会,我们常常都是参加的,经常看那些牛郎织女或者那些戏。二月十九是观音娘娘的生日,地主人家都会办庙会。妇女不能参加什么宗祠活动。

妇女不能进祠堂,那时候做事情才能进祠堂的,而且如果是外姓人家的话,是不能去祠堂的,这是有讲究的。各个姓氏都有自己的祠堂。我们家族的姓氏祠堂要到周庄地区呢。女人也是不能修谱的,只有男人的。祠堂里面只修男人,当时把男人称为丁,如果家里面有个儿子的话,我们会称为丁,现在称为上名字的。

祠堂基本上没有什么仪式,后来解放之后,祠堂没有什么用了,没有地方住的人家就住在祠堂里面,然后把那些佛像什么的都丢掉了。就是"破四旧"的,庙堂都被破坏的。

我们把待在祠堂里面的人叫老长辈的,祠堂是有老长辈的,每一年时候,要是有什么事情的话,我们会贴补一点钱,让老长辈管理的。我看见过的,很长很长的那时候叫长生牌,上面是绿色的字体,祠堂里面有专门看管的人的。还有寺庙里也有一些看庙的人,当时有些人选择去做和尚,是因为自己的命比较硬,然后就会去庙里面的。我们当时去开会的时候,就是去庙里面。我在庙里面还看到过尼姑,当时经常会跟那些尼姑开玩笑的,都是寺姑,我们都是戏称她丝瓜。他们(和尚、尼姑)还会出来化缘的。有钱我们就给他们一点的。

2.宗教对妇女管理与救济

我们这边是很少有宗族的,只有在浙江才有这种宗族的关系的。

(二)妇女与宗教、神灵、巫术

虽然我没有经历过求雨,但是我们那时候倒是听说过这个。就是天气特别的干,河里面都已经干枯了,那时候的人就在河里面搭了佛台来求雨。我们那时候就是也会求雨的。当时有神灵,比如说灶老爷,这个都是有的。当时大家一起祭拜,主要就是能够求得心安的。虽然不知道有没有道理,但是还是会虔诚地拜它的。这个是各自人家的心意的,不一定有这个标准的。咱们这边就是在七月三十的时候,就是流行土地祭公公。旧社会的时候,我们会烧香,烧了香之后,就是会到处插香,井上都要插香。那时候我的婆婆念佛,所以就会祭拜土地公。当时的路面都是泥土地,所以大家都是插香的,但是现在不一样了,都是水泥地,就不会插香。如果一个人在外没有打过什么交道的话,大家会嫌弃他是没有给土地公公插香的。我那时候年纪轻的时候,都是会烧香的,现在倒是不烧了。当时要拜观音菩萨的,现在人还是喜欢拜观音菩萨的。当时的泰清寺很多人都愿意烧香的。

当时有人生不出小孩子的话也要去拜观音菩萨,主要是夫妻两个人一起去拜观音菩萨的,现在还有人去拜的呢。因为那时候主要是科学技术不发达,他们都是会拜观音菩萨的。还有一些人,生下来的小孩子因为体弱多病,会把自己的名字记在观音菩萨那,等到过年过节的时候,也是要去祭拜的。等到娶媳妇的时候,她们会去赎身,拿一点东西,把自己赎回来的就不去了;没赎身的时候,过节的时候就是要祭拜的。当然现在也是有的。

农村里面神婆是非常多的,当时家里面都有佛台,然后大家都是要去他们家里面去祭拜的,其实当时是乱七八糟的,都是糟糕的,其实想修行就要去庙里面。神婆男女都是有的,但是主要还是女的多,男的还是比较少的。我是不相信的,都是乱七八糟的。普通人家是没有家神的,只有那些专门帮人家看风水的神婆才有家神的。

清明时节的时候是要上坟的,而且我们这边对于这个还是比较有讲究的,如果家里面有一个人去世的话,那么大家就是会在清明节过清明的,然后七月半的时候,也是要过七月半的,其余时间倒是不会怎么祭拜了,普通人家的话,那还好一点呢。还有中间的时间,主要隔个一年或者是三年的。

我们家是信仰佛教的,是我们家族的传统,历代都是信佛教。如果自己愿意的话,就可以到庙里面去烧烧香什么的,都是称自己的修行的。

四、妇女与村庄、市场

(一)妇女与村庄

1.妇女与村庄公共活动

村里面要是有看戏的这种活动我要去看,这个是我最开心的事情。当时我们就是会出去,从白天看到晚上,当时的夜晚没有路灯,都是借着天上的星星来(照明)的。(看戏)都是男孩子还有女孩子一起去的。后来解放之后,有了文化站,我们都是花钱进去看表演的。老社戏,我们都是看得很多的。当时都没有椅子,我们都是站在那边看表演。十几里路,我们就是搭伙一起去看的戏,那是我们做姑娘的时候,最愿意去看戏。

甲长还有保长要在村子里面开会,但是贫下中农是很少有时间开会的,都是一些地主或者是富农去参加会议的。后来流行乡长、区长,大队里面有的开会了之后,就逐渐开起会来了。当时我都顾不上家里面了,主要还是因为自己不认识字,所以就没有一直做下去了。当时开会,我们只能记住一些口头的材料,自然是比不上那些会写字的人了。

没有解放的时候,村里面的妇女很少参加会议,贫穷的人家是根本没有资格去开会的。男的也是很少开会的。保长后来是被枪毙了,主要就是他很坏。当时还要开大会的呢,也是因为他人缘不好,又曾经剥削过其他人。

2.妇女与村庄社会关系

我通常有女伴的,通常我们都是在一起玩耍,当时不是大家都是在一起吗,然后一起去看社戏。要是我的女伴出嫁了,我不会跟她们来往了,我们还是待在家中的,我偶尔也是会打听她们的下落的,但是她们都已经不在了。

在旧社会的时候,男的劳动比较多一点,女的劳动还是比较少的。后来解放之后,女劳动力也逐渐开始增多了,我主要是因为在那时候我父亲去世得比较早,所以我才早早地当了家的。一般的女性是很少干活儿的。

结婚之后,我还是会跟其他邻居走动走动的,我们当时把邻居称为"能商量的人",多多少少还是会进行商量的。要是村里面有谁去世了,或者结婚了,会找人去帮忙,如果被人家喊过去的话,是要去帮忙的;如果没有的话,那么就可以不用去,当时不管是自己出嫁还是未出嫁,如果被人家叫过去,都是要帮忙的。后来结了婚之后,也是一样的,主要就是一些婚事还有丧事。

在解放之后吧,大家互相玩耍,然后一下子就认识了,通常是不会出去的,主要是我年轻的时候,出去开会的次数也是很多的,然后就认识的人也是很多的。开会的时候,大家都是在一起的,所以就相互认识的。我们年纪轻的时候,每个礼拜是要开展一次青年团活动的,当时大家要相互认识,就采取很简单的办法,让大家互相摸脸,摸到的人就是要出来唱歌或者是唱戏的,要是不会唱的话,也可以简单地发表几句感言。那时候主要就是青年团活动,每一次活动要缴团费的。当时乡政府要让我入党,我没有入党,因为自己不识字,所以常常感到自卑的,虽然自己曾经担任过什么妇女主任,但是还是没有入党。

夜校我也曾经去过几次的,后来没有去了。我是在二十多岁的时候才会织布的。当时干活的时候就会吵架的,主要就是因为自己干活儿早,主要就是丈夫调解的,双方都是相互沟通的,如果哪一方做得不好,就是会帮另一方的。

(二)妇女与市场

出嫁之后,只要是已经满月了之后,就可以去其他地方了。街上的话还好,店里面都是可以去的。我是农村的,要是上街的话,也是要走三里路呢。

没有事情的话是不会去集市的,除非是母亲让我去,我才去。当时主要是买用的东西,然后吃的东西主要是向那些转乡下的人买的,当时我们都是不会买荤菜、鱼肉什么的,都是吃不到的,只吃素的,而且当时也很少吃油。我还记得"大跃进"的时候,十分穷,吃点白萝卜还有红薯,当饭吃的。就是没有米,当时还有很多人得了浮肿病的。那时候,我也馋,实在是太饿了,但是没有办法的,"大跃进"的时候,真的是苦过一段时间。

解放之后,很少有女的去(茶馆)喝茶的。没有解放的时候,女的也是不会去喝茶的,都是男人去的,还有一些上了年纪的。

家里面的棉花都是自己家里面种植,但是主要是沿江地区种植比较多的,还有人家是去买得比较多的。当时摇纱都是自己来弄的,都是棉花。都是要染色的,要么就是去染色店里面,要么就是自己买了材料自己弄的。现在说起来一些过年的东西都是去杂货店里面买的,当时有好多的店铺呢,有什么肉铺,还有药店等等的。需要买一些过年的货物,还有一些其他东西的。当时都是私人的(买卖)。

自己纺纱之后,不会拿出去卖,除非是在机器上纺的纱才会拿去卖的。一般自己纺的纱都是私人穿的,而且厂布都是很宽的,不贵。但是去布店里面买的布,我是要穿好久。你看我现在穿的都是那时候的布,比较牢固,要穿好多年呢。

自己有时候会纳鞋子,或者有的时候自己去皮匠那边弄鞋子,过年的时候,基本上皮匠的生意是好得不得了的。皮匠基本上都是腿瘸的,还有街上都有理发的。结婚的时候才能把辫子剪掉的。总归那时候,女人不能去理发,或者是从事这种理发的行业,要是烫发的话,都是当时比较有钱的地主富婆,但是在农村里面要是烫发的话,基本上还是要被说的,俏,俊俏。

在我二十多岁的时候开始使用织布机,那个织布机都是木匠做出来的,都是木质的,很大的,很宽的,然后纺纱什么的,当时也是要学纺纱的,后来学会了之后,就上手了。店里面是不能物物交换的,但是上门的话是可以换的,通常是用米来交换的。当时要是米吃不掉的话,就是会去米店交换的,没有粮站的。地主人家都是要收租的。

"割资本主义尾巴"的时候,供销社卖好多的东西呢。可以买面粉,还有一张卡,供销社的时候,还可以拿到分红的。贷款的时候,可以去信用社。

五、农村妇女与国家

(一)农村妇女认识国家、政党与政府

1.国家认识

我在解放之后,才知道有国家这个概念的。解放之前,没有人来宣传男女平等,虽然有小学,男女都可以上学,但是穷人家的女孩子还是很少上学。我见过汪精卫的钞票,还有孙中山头像的钞票,当时钞票都是认识的。还有银子、洋钱,就是袁大头。还有一个小头的铜板,就像是现在的一块钱的大小样子的。我们那时候还是在用,后来到了解放之后,这些东西就没有了。

当时有人丁税,若是抽不到男孩去当兵的话,就是要拼钱,几岁几岁的时候要多少钱,如果满了岁数的,但是不愿意参加的话,那么就是会出比较多点的钱,但是要是自己家里面没有钱,就会把儿子拉去当兵。当时因为要打仗,所以都不敢的。当时我们有一个邻居,专门做旗帜的,后来被拉去做了壮丁。他当了三年的兵,回来的时候瘦得要命,我们都当他已经战死沙场了。

2.政党认识

国民党当时穿的咖啡色的衣服,我见过的。解放军我也看到过的,他们穿的都是草鞋。我知道孙中山、蒋介石的,蒋介石比较坏的,孙中山是好的。孙中山照样是十分受尊敬的。当时我们就非常盼望毛泽东过来的,因为当时在没有解放的时候,听说毛主席照顾穷人。私下里知道,当时都是悄悄地说的。

国民党的话我们基本上也是不怎么听的了,面上虽然都是服从,但是心里早早就不承认了。只知道街上看到国民党在撤退,共产党后来进城了。那些参加共产党的,后来都被提拔了。当时是在土改的时候,是走得比较近的。然后干部都是下来走动的,老百姓都是十分信任那些干部的。

3.政府认识

有一年是让大家把头发剪得很短。我还记得那年,有一户人家患了精神疾病,然后每次走在大街上,让大家把头发都剪掉的,一个都不允许留长发的。当时外庄的一户人家经常拿着镰刀要把人家的长发剪掉的。当时没有一个人是长发的,不允许留长发的。

我参加过夜校,但是都是断断续续的,给我们上课的都是村里面的老干部那些人,乡长还有农会会长。当时政府有宣传废除包办婚姻,还让我们参加念夜校,识字的人也是有的,只不过大多数都是一两年级毕业的。

解放之后,开始流行女干部了,女干部也是很多的,后来小分队来搞计划生育,然后当时我们也是出动一些人去劝说多生的家庭,当时还是比较困难的,因为有一些人不愿意结扎。我们动员的时候,有七户人家愿意结扎,当时还是需要思想比较好的人才可以的。当时妇女权利也和男人一样的。

(二)对 1949 年以后妇女地位变化的认知

在 1952 年的时候,我听过妇联了,当时有好多的民兵还有营长呢。我们当时小组还有比赛,得了头奖。解放之后,儿女婚姻比以前要好很多,当时都是可以自由恋爱,我还做过媒人呢。解放之后,政府号召家庭平等,不许娶童养媳还有欺负媳妇的事情发生的,老封建的时候,都是虐待媳妇,媳妇欺负婆婆的。解放之后,妇女的地位提高了,是政府的帮助才让妇女地位提高的。家中的活是由夫妻两人一起干,夫妻两个人一起劳动,当时在大队里面劳动,谁先回家谁负责烧饭。如果家中生了孩子,又没有公公、婆婆,那(马桶)就会男人倒,洗衣服都是谁有空谁来洗的。旧社会是不行的,都是妇女烧好饭。马桶男人是不倒的,都是女人来弄。

小孩子有托儿所,三到四岁就是去幼儿园,当时托儿所的人都是老年人,没有什么劳动力的。幼儿园是我最早成立的,我婆婆主要就是看管孩子。有钱人家的孩子是照样去念书的,穷苦的孩子都是免费的,我的小姑生了孩子之后,就免费念书的。解放之后,女的代表多了起来。

(三)妇女与土改

当时有土改的工作队员到我家里面去,我看到他们的,他们挨家挨户地询问,然后他们再把一些事情记录起来。我们当时还跟土改同志住在一起的,是一个女同志。晚饭的时候,我们都是去开会的,我们都是叫他们土改同志,他们让我们讲讲那时候的事情,然后诉诉苦什么的。当时妇女也是能够分到土地的,都是按照男人的分法的。

批斗地主我们也是要参加,当时有一个专门带头人,带领着我们喊口号,说让我们打倒某某某,然后大家一起再喊:打倒恶霸地主某某某。那些地主就是街上地主,我们当时批斗的时候,把他们的衣服给扒下来,然后还要问他们这些衣服从哪里来的,然后大家回应:是从贫农身上剥削的,然后我们就会把那些衣服都统统地扒掉的。当时审了好多的地主,还有一些地主会被打,但是后来就不允许打他们,因为要把那些材料统统地说出来。当时贫农会把某某事实说出来,地主都不敢发声了。收上去的金银财宝都是由政府收上去的,收上去的东西都是放在场地上的,然后按照等级来分的,大农具都是分给顶穷的人家。统购统销的时候,我们还要抄家,因为有些人不愿意把那些粮食交出来的,当时还有民兵。

当时的妇女也是很积极的,土地证上面不能写女人的名字,还是男人的名字。土改女人也是要参加的,但是出嫁的时候,女子不能将土地带走的。农会里面有女子,我还在那时候做过妇女主任,当时我们非常开心,妇女有了自己的发言权了。

(四)互助组、初级社、高级社时的妇女

我们那时候的互助组都是几户人家合伙起来,我们那时候不用动员的,也是要相互合得来才能参加互助组的,要是不行的话,就不会成立互助组了。要是有点能力的话,还可以成为组长,识字的还可以成为记工员呢。女人还是比较少干活儿的,都是男人干活儿。我是互助组的妇女主任,主要就是在工作中要做好沟通。当时三村的社长是女社长,就是有能力,她什么都管,包括男人还有女人的事情。她虽然不识字,但是会说。男人干的活儿是比较多的,然后女人的工分是十分少的。男人要插秧、浇水浇田。当时粮食分配都是一样的,没有人会多或者是少。还是集体干活儿比较好,集体干活儿比较有趣的。当时自己有比较尴尬的时期,比如生孩子的时候,还有自己要哺乳孩子的时候,会有一些照顾,要挑担或是做一些轻点的活儿。孩子主要是由老人看的,要是自己还是想要干活儿的话,也是可以干活儿的,但是主要还是按照工分来的,都是要打折的。晚上开夜工的话如果说自己有孩子的,但是没有老人的,就可以不用去干活儿了,但是如果自己家里面有老人的话,就可以去干活儿了。我们每月出工的次数不会超过三十天的,我们还可能缺点工的,不满三十天的。当时村里面有不干活的妇女,当然如果不干活儿的话那是没有工分的。我们村上菊英的姑娘就是不会干活儿,说自己做不动,主要还是她的丈夫干活儿。

(五)妇女与人民公社、"四清""文化大革命"

1.妇女与劳动、分配

人民公社时期,我们劳动的时候都是要唱歌的,还有一些口号也是需要的。我们这边是集体养蚕,主要是一些比较困难的女人去专门干这些活儿。一张蚕纸就是十几个工分的。生

产队男的劳动力比较多,机器操作都是电工来的,当然这些都是有专门的人,就像机械工一样的。生产队当时主要养养猪还有养养鱼,还是劳动力比较少的人去做这些副业的。养鱼就是去卖,或者大家一起分的。生产队的队长还有会计、记工员,记工员大多是女的,但是队长还有会计大多数是男人。

当时有男人去挑河,小姑娘都是要挑河的,来不及就得开夜工。妇女很少参加大炼钢铁,男人比较多。土地需要平整的,然后还有一些劳动力比较强的是要去干活儿的。"大跃进"时期,我要到哪边干活儿就是去哪边吃。"大跃进"的时候还要唱歌,产量不高而且也不好。当时在田地里面干活儿是要受到监督的,如果干活儿比较马虎的话,人与人之间也是要被说的,懒一点的人就是会被人家看不起的。

我个人觉得分田到户好,集体比较自由。当时分到的土地就是这么干的。生产队给妇女评工分,会按照劳动力来分工的。缺粮户是要拿钱出去的,余粮户是贴钱进来的。我们家通常是缺粮户。

2.集体化时期劳动的性别关照

人民公社时期的集体生产劳动,对妇女的生理周期有照顾,月经期间大家是不会干活儿的,还有不会插秧的,但是干活儿还是有一些安排的。不过有些人倒是不管。妇女也是会注意,也是会当心的。当时托儿所主要是一些老年人来干活儿。托儿所的工分会少一点,后来到了幼儿园的时候,基本上是几个大队一起的了,我们当时还要一起唱歌,还要教小孩怎么学习。还有教学写字的。还有当时七岁就是小学一年级,都是集体生活的,后来托儿所解散了。

3.生活体验与情感

我吃过大食堂,食堂里面有一些保管员,还有一些记账的人,我们都是和一些上了年纪的人一起吃饭。当时还需要票证,不是随便吃。"大跃进"的时候倒是随便吃,但是后来吃穷了。当时我们的锅子都是没有了,家里面不能生火,还有人来监督的。大家虽然是一起吃饭,但是大家干活儿的时间是一样的,老人是会照顾的。

三年的自然灾害,那时候我们都是吃红花,有人患了水肿病,然后整个人都是虚脱的,油都吃不到,苦得要死。但是还是幸福的日子比较多。当时有人去骂政府,大多数是老年人。大家在上工的时候,都是各自干各自的。

4.对女干部、妇女组织的印象

有"铁姑娘",当时也是要选出来的。政府是要奖励的,但是还是比较少的,她们也是主要为我们解决一些问题吧。

5."四清"与"文革"

我的亲戚有些人参加过"四清"运动的,"文化大革命"主要针对四类分子,主要是批斗那些权力比较大的人。"割资本主义尾巴"当时什么东西都不能卖。自产自销的是不能卖的。有规定的地方卖东西。"破四旧"的时候有突击队,当时灶神爷都破坏了,还有一些牌位,都被扔掉了。

(六)农村妇女与改革开放

我们参加过土地承包,分配土地的决策过程,女子也是能参加的,都是平等地分大土地。20世纪80年代的时候只能生一个孩子。现在改革开放了,我手机是不经常用的。家里面也没有电话。

六、生命体验与感受

解放的那会儿,我觉得我是最吃苦的,因为我的父亲去世了。还有深翻的时候比较吃苦,我们每天都要干活儿,而且还特别累。

XN20170124WYY   王银玉

调研点:湖北省孝感孝南区新华街苏旮旯村

调研员:许诺

首次采访时间:2017 年 1 月 24 日

受访者出生年份:1938 年

是否有干部经历:否

是否生育:是

受访者结婚的时间节点、生育子女的具体情况:1958 年结婚;1961 年生第一个孩子,共生五胎,前三个是女儿,第三个女儿三岁的时候夭折了,后两个是儿子。

现家庭人口:1

家庭主要经济来源:养老金、子女赡养

受访者所在村庄基本情况:苏旮旯村位于江汉平原,地势平坦,在澴河南边,由一道桥通向外界,土地星罗棋布,与孝感老城区毗邻。气候为亚热带季风性气候,温暖湿润,雨水丰沛,四季分明,地势较低,经常淹大水,农作物深受其害,田地比较分散。苏旮旯村以种菜为主,部分种植水稻,主要菜品有白菜、油菜、菜薹、藜蒿、苋菜、大蒜,同时有喂猪、养鸡等家禽以供自需。以前有一个顺口溜:"有女莫嫁苏家湾,只见萝卜不见饭",可见当时苏旮旯村的物质生活较差,生活水平较低。村中劳动力多外出务工,目前城区搞开发,修桥建房,苏旮旯村被划入拆迁范围,田地基本被占用。

受访者基本情况及个人经历:老人生于 1938 年正月,2017 年七十九岁,娘家在云梦三县镇,有兄弟姐妹四个,一个哥哥、一个姐姐,还有一个弟弟,爸爸在外面挖壕沟,哥哥在银行工作,弟弟去当兵了,家里就是老人与姐姐和嫂嫂种田,有一石田左右,划的中农,老人娘家的经济条件还不错。

老人二十岁嫁到苏旮旯村,亲事是老亲戚重亲,老人的婆婆是她的姑妈,丈夫是她的表哥。婆家有两个弟弟和三个妹妹,第二个弟弟去世早,两个妹妹给别人做了童养媳。老人在婆家排行老大,婆家的田地较少,划的是下中农,以种菜、卖菜为生,经济条件远不如娘家。老人觉得姑妈家太穷不愿意嫁过来,但是在父亲的压迫下无奈结婚。因为老伴儿经常说老人做事动作慢,经常吵架,夫妻关系不太好。老人到婆家与丈夫一同种田挑粪,在淮河堤上做了三年的堤,经常挑土干力气活儿,做事积极,在刚嫁过来的三年里担任女队长,带头出工做事。

老人结婚三年才生孩子,一共生了五胎,先生了三个女儿,后生了两个儿子,第三个女儿三岁的时候夭折了,大儿子年轻时到东北打工把腿摔断了,落了一个残疾,小儿子因小时候发烧得了乙肝病,小女儿的肺上长了白泡,老人的赡养费用基本上全部由大女儿承担。由于年轻时干重体力活儿,老人身上落下了很多疾病,每年都会住院,每月吃药的开销不小,目前老人的大儿子在外做散工,小儿子在外喂猪,老人一人留守家中。

一、娘家人·关系

(一)基本情况

我叫王银玉,今年七十九岁,1938年正月出生。我有个姐姐叫金玉,所以我就叫银玉,我的娘屋在云梦三县镇,家里有父母和姊妹四个,我有一个哥哥、一个姐姐,还有一个弟弟,一共六口人,大多数时候屋里就是我和我的姐姐,还有我的嫂嫂三个人,我哥哥到银行去了,弟弟当兵去了,我的爸爸在断壕①,他们都不在屋里。我是1958年嫁到这个村里来的,那时候我二十岁,嫁过来的时候正饿饭,丈夫家跟我家是老亲戚,我的婆婆是我的姑妈,也就是我爸爸的妹妹,我的亲事是老亲戚重亲。我的姑妈有三个儿子、三个姑娘,六个伢,一个儿伢死的早,我的老公是大儿子,还有一个很小的弟弟,两个妹妹给人家去做小媳妇②了,还没长大就结了婚,那时候屋里养不活就给到人家去过日子了。早先我家一个叔伯婆婆在汉口做事,我的姐姐就管闲事③把妹妹给她家去了。土改的时候我还在娘屋里,屋里有一石多田,一个人几石田,够一家人吃的。家里划的是中农,婆屋这边划的是下中农,跟贫农差不多。我生了五胎,死了一个女伢,剩下两个儿伢、两个女伢。我生的第一胎是个女伢,1961年7月16日出世,我嫁过来三年才生伢,那年我二十三岁,我生了三个女伢之后才生两个儿伢。

(二)女儿与父母关系

1.出嫁前女儿与父母关系

(1)家长与当家

娘屋是我的爸爸当家,屋里就我跟我的姐姐、我的嫂嫂三个人种田,攘④田、扯秧都是我们帮忙,老人多数时候都不在屋里。我的哥哥到银行去了,我的兄弟当兵去了,爸爸出去断壕了,屋里男劳动力都走了,田没有人管就我们姊妹三个种田,男将都不在屋里,我的爸爸就指挥我们田怎么样种,具体做就是我们自己去做,他告诉我们这个田是么样弄么样攘,我们就照着攘。再就是栽秧,秧长起来了就去扯,半夜都要起来去扯秧,然后日里⑤栽秧,晚上吃了饭就把秧都扯着,天亮了就去栽。再就是车水,田里干了就去车水,我的爸爸告诉我们哪里干了就用车子自己蹬,能车脚车⑥的就车脚车,不能车脚车的就车手车⑦。老人不在家,我们姊妹三个就是家长,我的嫂嫂是长子,就是她带着我们下田做事。我家当时也没有外当家、内当家的说法,我的婆婆、我的妈都是个小脚,不管是外面的事情,还是屋里的事情都是爸爸当家,用钱的话就是爸爸做主,我们伙⑧着帮忙做,收入是爸爸帮忙管,接了两个媳妇,还有两个姑娘,往日也是不容易。

(2)受教育情况

我在娘屋没读书,要是读了书就好了,我的哥哥和兄弟都读了书的,我家里的老人重男

---

① 断壕:指挖壕沟。

② 小媳妇:指童养媳。

③ 管闲事:指说媒、做亲。

④ 攘:做。

⑤ 日里:指白天。

⑥ 脚车:指用脚踩的车水工具。

⑦ 手车:指用手做的车水工具。

⑧ 伙:意为混合着、一起。下同。

轻女,两个儿伢读了书,我跟我的姐姐两个女伢就没读书。跟那个算命的说的话一样:"男伢去读书,女伢去喂猪",老人想着有两个儿伢就去读,想着我们是个姑娘就要做事,儿也读、姑娘也读那办住①也不容易,我们就在屋里当家种田、做事帮忙。儿伢读书有用,姑娘读书没有用,哥哥在银行里,弟弟当了兵,我们女伢又不能做什么事,给人家做小媳妇就行了,往日重男轻女。不过村里还是有女伢读书,那是家族好一点的,后人②少一点的就去读,她们都在学校里面读书,男伢跟女伢都在一个教室里面读。往日教室不多,学校不大,我们湾上建了个学校,这边湾子的伢在这个学校读,那个湾子的,伢也在这个学校读,两个湾的人都在一个学校读。

(3)家庭待遇

我在娘屋的时候,家里就是男伢读书,女伢种田。吃饭添饭的话没有什么规矩,吃饭吃完了就去盛,那没讲规矩,也没有谁坐桌子,都是夹了菜在旁边端着碗吃。那时候不在灶台子上头吃,还是有小桌子,但是不在桌子上吃,夹了菜就在旁边去吃。原来生活很穷,过年没有谁给压岁钱,过年供你吃一餐白饭就是好的,平日里都是吃菜饭,把菜剁得细细的下到饭里面吃,过年能吃一餐白饭那就是大喜事。过年的时候姊妹伙的都能去拜年,自己家的亲戚就去拜下,我们姊妹伙的去玩儿下就回来,到家家③和舅爷家去拜年。娘家要是来了客人的话屋里有老人招呼,我们不上桌子吃饭,客人在桌子上吃饭,大一点的就陪下,我们没坐在桌子上吃,平时的话男伢女伢都可以坐,那欢喜坐就坐,不欢喜坐就不坐。对外的事是我爸爸出面,湾上的人要是接媳妇送礼都是他当家,爸爸妈妈都可以去,我们欢喜去就去,有时会去玩儿下,去别人家坐席都是坐在桌子上吃。屋里要是饭不够吃的话,每个人少吃点就行了。

(4)家庭分工

我的哥哥到银行去了,兄弟当兵去了,然后我的爸爸在断壕,他们出去当工人做事,妈妈在家煮饭,种田就是我跟我的姐姐,还有我的嫂嫂。妈妈把饭做熟了我们就回来吃饭,吃了饭我们就又到外面去做事,耕田、操田、栽秧都是我们姊妹几个做。往日扯兜子要五更的时候去踩,踩在泥巴里面烂着,烂着就可以栽秧。然后像割谷的话,我的嫂嫂会捆草头④,我就搂抱子⑤,开个田,我看着就去搂抱子,我跟我的姐姐搂抱子,我的嫂嫂就捆,捆了做草头就往屋里挑,我们都帮忙挑。而且我们还要做堤,这个村子地势低,容易淹水,我们就把堤做高一些。土改的时候分了任务,我家几个人的田,几个人的任务,然后我跟我的姐姐两个人就去做堤、挑土,那时候我才十几岁,就是因为以前做事做狠了现在就腰疼,得了一身的病,总是吃药。我那时候没有纺线子,往日老年人是小脚,就在屋里纺线子,我的老婆婆会纺线子、会织布,我们没学,我们都在田里做粗事去了,没有纺线子,往日因为小脚不能在田里去,就坐在屋里纺线子,我的婆婆就纺了线子的,一点点的脚,我没纺线子,但是自己看着就会纺。纺线子很容易,把棉条捏着,另一只手一点点地往外拉。栽秧也好栽,捏一把秧往田里栽,望着别人是怎么栽就照着栽,一下一下,栽秧、割谷都很容易学。

---

① 办住:做得起,办得成,这里指供读书。

② 后人:指子女儿孙等。

③ 家家:指外婆家,下同。

④ 草头:指稻草。

⑤ 抱子:指一抱一抱的草。

（5）女孩禁忌

往日的规矩蛮多，屋里的老人不准我们去看花鼓子戏，看了怕跟着别人跑了。女伢不能在外头去跟儿伢一起玩儿，裤子都不能卷高，卷高了老人会说："你卷这高做么事"；洗脚不能在河里洗，要到房里去，像下地种田还是可以把裤子卷起来，不卷起来裤子就打湿了，但是在屋里就不能卷。那时候封建得狠，姑娘伢不能随便出去，有的人家女婿来了，女婿跟他的姑娘洗了个脚，就一直骂。往日非常封建，裤子卷起来就说女伢不讲规矩。现在就不一样了，往日女婿来了姑娘伢还要躲着，女婿来了姑娘伢怕丑。女伢出门还是可以出，就是不能跟儿伢们在一起玩儿，只能跟女伢们一起玩儿。洗衣服就是男将单独洗，女将单独洗，往日有三个脚盆，大脚盆、二脚盆跟小脚盆，大脚盆就是洗男将衣服的，二脚盆洗女将的衣服，小脚盆就是女将洗裤头①的，衣服洗了就晒在外面，男将的衣服晒在前头，女将的衣服晒在后头。在屋里老人都管后人，我的爸爸压力还是狠，你有什么事做完了就回来，他怕我在外头躲着玩儿，外头的事做了就要回来，不准在外头玩儿，那姑娘还不能随便动脚出门，女婿来了不能随便跟着女婿走。出去玩儿不能回晚了，白天可以出去，晚上不准出去，往日都是一样的封建。

2.女儿的定亲、婚嫁

（1）定亲经历

我的亲事是往日我的姑妈管闲事说成的，是老亲戚重亲，婆婆是我爸爸的妹妹，就是我的姑妈。我的姑妈有三个儿子、三个姑娘，一共六个伢，一个儿伢死的早。我不想做这个亲戚的，这里穷，我早先到这个屋里来了一次的，这里一个草棚子，墙壁都是用草搭起来的，三间屋。我硬是不愿意，我不欢喜这里，他的弟兄伙、姊妹伙又多，又没有饭吃，我不愿意，我爸爸压迫着我来的，我那时还反抗了，我说这里太穷了，姊妹伙得又多，我不愿意来，我爸爸说怕人家说，这都是姊妹伙的，老亲戚做着要是不认，抹不下面子来。我爸爸怕人家说闲话，我不想来，我的爸爸就说狠话要我来，他讲往日的老亲戚，就把我害死了，这里又没有吃的又没有用的，硬是穷死，我到这里来睡了三天没吃饭，我到这大年纪活过来还真是不容易。往日定了亲之后不能反悔，老亲戚不准悔婚。所以我爸爸就压迫着我做亲戚，我不同意还是要我同意，往日封建社会，悔了婚老人的名声不好听。

定了亲之后两家人之间会相互走动，像过年的时候我会去玩儿下，都是自家的姑妈，去也没有固定的日子，欢喜去就去，不欢喜去就不去，路又远，我们去得不多。我定了亲之后跟男方见过面，他是我爸爸的外甥，我跟着家里去拜年的时候见过，老亲戚就可以见面，不认识的人就不能见面，我这是老亲戚自家的去玩儿。

我那时候结婚拿的结婚证，没写过婚书，（一九）五八年结的婚，那时候能拿结婚证，跟现在的结婚证不一样，那时候的结婚证就是一张纸，跟现在的奖状那样的，就相当于一个证明，结婚证上面有照片，还是去照了相的。那个时候结婚证可以拿可以不拿，有的人就没拿结婚证，拿了结婚证就定到人家去了，老人压迫蛮狠。

（2）搭样子

往日做亲戚都是父母包办的，摇窝亲蛮多，还在摇窝的时候要是哪个管闲事，亲事就包办了，女婿也不能随便见面，说个什么样的人就是什么样的人，往日还有搭样子，要是女婿长得丑、不像个东西就搞个好看的人跟姑娘见个面，这就是搭样子。好比说她谈的个女婿不

① 指内裤。

像个东西,老人的压力狠了,就搞个漂亮的人跟她的姑娘见个面,嫁过去了才发现不是那个人。现在不一样了,现在的姑娘看中了谁就是谁,老人当不住家,往日你要是不同意就要拖家伙打,往日还有童养媳,老人把后人掐住了。

(3)媒人说亲

我往日定亲没有媒人,我这里的婆婆是我爸爸的妹妹,是我的姑妈,老亲戚说亲就没有媒人。有的人定亲有媒人,有的定亲没有媒人,要是老亲戚的话亲事就直接定下来,没有媒人去说,都是老人管着,像做媒的都是其他人,不是老亲戚,做媒的就说"我跟您管个闲事,哪个湾上的谁谁谁怎么样",老人要是同意了就不愁你不愿意。往日媒人说亲的时候男方女方各有一个媒人,以前讲成双成对,有两个媒人,那些媒人管闲事还要给她报酬,往日就给几件衣裳、鞋子给媒人,然后把媒人接到家里来弄东西给她吃。现在的媒人也是这样,送酒、送烟、送节礼,人家跟你说媳妇肯定要给人家点东西,那往日说"媒撮①媒撮,四十八桌",接媒人要在桌子上头吃几十次,不过那是这样的说法,实际也没有那么多,但是吃还是要吃几次,没有四十八桌那么多。

(4)过封

往日过封就是写生辰八字,生辰八字年纪都差不多就行,年纪相差大了就不行。过封就是写个条子,男的是多大年纪,女的是多大年纪,都写在一张红纸上,这就是过封条,这相当于一个凭证,表示男方花钱买了东西拿到女方去的,跟现在上门一样,拿一对耳环、两套衣裳过去,还有猪米酥,往日猪米酥就是好东西,这些拿到女方去了就写个过封条,亲事就定下来了,结婚的时候就做凭证,是买了东西的凭证,再长大了就结婚。往日过封就说她过了封的,就好比亲事已经说定了,再就不能说人家了,然后长大了男方就要结婚。

(5)嫁妆

嫁妆是我的爸爸跟我办的,办了箱子、被窝,那种的棉花收起来就打絮跟我做被窝,婆家这里穷死,生活都难得过,办点嫁妆到婆家来生活上还是有用的,我的爸爸还是造孽②,四个姑妈都是他办的嫁妆,再加上我跟我的姐姐,六个人的嫁妆都是他办的,爹爹婆婆又死得早,只有他来办,要是不办点嫁妆到人家屋里去人家会糟批③你说"你就只来个人,随么事都没有"。我那时候的嫁妆就是两个箱子,箱子里面装的衣裳,还有被窝、枕头,再就是帐子,出嫁就抬到婆家来,两个人抬一个箱子,都是接亲的人抬。往日接亲的有二十人,有的拿高帐④,有的挑脚盆、帐子,有的吹喇叭、打锣。我们出了阁的姑娘都没有田,走了就就了⑤,没有嫁妆田。

(6)出阁仪式

出嫁的前一天要陪十姊妹,就是十个姑娘伢一起坐着吃饭,都是湾上没有出阁的姑娘。我出嫁那天是穿的红衣服,衣服是自己做的,戴的珠子,穿的云锦彩裙,往日兴那样,然后头上一个红盖头搭着,然后挑盖头,往日唱"新姑娘搭盖头,新姑娘屁股在外头""抬轿的慢慢地走,四个伢狗抬母狗",那一唱笑死人。往日出嫁是坐轿子,有彩轿、花轿、板轿,我是坐板轿来

---

① 撮:cuō,指媒人说亲。

② 造孽:意为可怜。

③ 糟批:指说坏话。

④ 拿高帐:婆亲时举着的一个物件,一根很高的杆子上面用彩布装饰着。

⑤ 就了:方言,可以了,成了,行了。

的,板轿就是用树做的,不好看,彩轿好看些,彩轿上面有绣花裓子①,花轿就是板子旁边都是花。轿子来了就抬到堂屋里,男方有两个庆亲的②,一个手拿着镜子,一个手拿着红烛子③,就在轿子里面照,首先就照外头,外头照了就照里面,照里面四个角,往日坐轿还是有蛮多规矩,照了轿子里面就干净些,把龌龊东西照走。上轿是自己姊妹伙的背,我的嫂嫂背我上的轿,轿子起身就把轿子一锁,锁轿的人是安排好的,把轿子一锁。我从云梦一路抬过来,这远的路,抬轿子的人要换班。接亲是二十人上路,有的挑箱子、盆子,有的抬轿子,有的拿高帐,有的敲锣打鼓,那时候从云梦过来这么远也是一路打着回来,接亲的人就换班打,我坐在轿子里面,都不晓得走了多长时间,坐在轿子里看不到外面。我出嫁的时候屋里办了酒的,办了一两桌,男方接亲的就去了一二十人,加上屋里自己的亲戚、湾上的人、再就抬轿的人。

(7)哭嫁

我那时候没有哭嫁,往日出嫁哭得吓死人,现在出嫁没有人哭,都是笑,人家的老话说,嫁姑娘是号丧哭嫁,嫁姑娘就是妈妈哭,姑娘要嫁到人家去了,把日子定了就回来哭,首先就哭着放着,那个荣国(音译,人名)的二姐把日子一看,她的娘就天天在屋里哭,哭得头昏眼肿。在路上坐在轿子里,把轿子底坏了,还有我们湾上的小冬(音译,人名)就是坐在轿子里面,轿子的底掉了,亏得人家在轿子底蹲着,只有把轿子泅④着,这样就不掉下来,中途都不能下轿子,就是走远了可以歇下,轿子门是锁着的下不来,在女方新姑娘进了轿子就特意派一个人锁轿子。

(8)辞祖宗

出嫁的时候要辞祖宗,我往日都拜了祖宗的,娘家走了一个人,就辞祖宗,走了一个少了一个人,在婆家接亲的时候也要供祖宗,添人进口也要供下祖宗,这是往日的规矩,在娘屋里辞祖宗,比方走了一个人就跟祖宗作个揖,跟下户口一样消了一个,再到婆屋来,又供祖宗,又跟祖宗跪头,就上了一个户口,都是流行这个老规矩。

(9)禁忌

往日规矩还是蛮多,姑娘出嫁的话,怀了孕的女将就不能去看,还有就是身上来了的⑤就不能去看,人家姑娘出阁要讲敬意,都是讲这个规矩,不能去看。

(10)回门

回门一般就是三天、六天、九天,要回三朝、六朝、九朝,我往日是一个月回的门,路远了就过一个月回门,叫跑满月,回去是步路走过去,不抬轿子,跟老公一起回去,回去要带东西,拿回去给叔姊婶妈,我不记得当时带了些什么,反正带了东西回去的,老人、叔姊婶妈,一人给一包。出了嫁的姑娘回娘屋,不能跟老公在一起歇夜,可以在一个屋里,不能在一个床上睡,歇夜不能在一个床上睡,那不管走到哪里,在人家屋里男将跟女将不能在一个床上睡,要讲规矩,只能在自己屋里才行。

(11)二婚

我们湾上有二婚的人,二婚的没有嫁妆,来个人就行了,也不坐轿子,只有出嫁的姑娘才

---

① 绣花裓子:指装饰在轿子上好看的布条。

② 庆亲的:指接亲的人。

③ 红烛子:指红蜡烛。

④ 泅:意为抓、扒。

⑤ 身上来了的:指月经来了。

坐轿子,二婚没有轿子坐,二婚的进门还要跨火盆,我们姑娘出嫁就没跨火盆。

(12)小媳妇

"穷"。往日把小媳妇多得很,我的婆屋里有两个妹妹,两个妹妹也是造孽,把(给)的人家去做小媳妇了,还没长大就结了婚,那时屋里没有吃的,在屋里养不活就给得人家去过日子。那两个妹妹都是我的姐姐管的闲事,我的姐姐嫁到汉口去了,早先我的一个叔伯婆婆在汉口做事,就给她嫁了,不给得人家自己又养不活,家里有六个伢,三个儿伢儿三个姑娘,根本养不活,再像我来又接了个媳妇,都没有吃的,那两个妹妹现在好了,在厂里做事。再早先我们湾上有两家给小媳妇给得人家去了,她的伢们多,丈夫又走了,女伢不愿意去,她的妈妈就用笤帚抽,把她带着走很远过去,女伢的妈妈在屋里又没有吃的,负担不起。往日都穷,饭都没有吃的,这回才翻了身,往日连菜都没有,塘里长的草都捞起来吃了。

"压迫"。我们湾上有个姓蔡的,他的一个儿子接小媳妇,他就推着伢烧个香就行了,不管你愿不愿意,不愿意就拖家伙打,往日压迫得蛮厉害,有的地主家给小媳妇给他,他根本不把你当数,三更半夜做事、挑草头。我们还算好的,我们姊妹伙得不多,我的哥哥弟弟不在屋里,就是我跟我的姐姐、我的嫂嫂种田,幸亏没把我们给人家做小媳妇,要是给人家做小媳妇不知道多造孽,不做事就拿条子抽。我们在屋里做事做得不管好还是坏老人都不会打,小媳妇给的人家屋里就把你不当数,我们湾上有几家人是给的做小媳妇的,那是真是造孽,屋里人拿条子抽,又不给你吃饱,什么事都要你做,我们幸亏没给小媳妇。

"哭诉"。小媳妇嫁出去了还是跟娘家走动,回来就哭,说婆家的婆婆蛮狠,他家吃饭就倒给自己的孩子吃,再就是锅里的一点锅巴兑着水一烧一煮就这样吃稀饭,没有小媳妇吃的饭。

3.出嫁女儿与父母关系

(1)回娘家

我是1958年结的婚,来就到田里去挑土,我还是出了一些时的工,再到了回满月①就去跑满月,我们兴跑满月,在婆家过了一个月就到娘屋里去,回去是我的嫂嫂来接的,接回去玩儿了十天就回来了,老公说家里要做事、要挑土,我家的人都在说年轻人不要一直玩儿,回来还要挑土,玩儿长了这个任务就都完成不了,这个田分下来的任务非要完成,就又把我接回了,回来就做堤。再出了嫁想妈妈就回娘屋里去,一两三个月去一次,去一次歇个两晚上,回去看下妈和爸就回来。回去有六七十里路,往日没有车子搭,都是走得去走得来,我一般回去得少,路太远了,而且屋里又忙,没有时间去,回娘屋一般就我一个人回去,我的老公要做事,我想老人、想妈才回去的,才离开妈就想,那时候也没有伢,我过来了三年才生我的大姑娘,有伢就更加走不开,你要是走的话她要跟着,几十里这么远的路根本抱不动。回娘屋的话自己想妈就去玩儿下,没哪个压迫,也没有固定哪个节日要回去,路长了也没人接,都是自己走,要是婆家忙了怕老人说,就隔一段时间去玩儿下,回去了玩儿两天就回来,怕这里说走人家不做事,那时候靠工吃饭,队里出工,靠工写分,不能回去玩儿长了。

(2)拜年

拜年的话我们算是外甥家,外甥家是初二的时候去,女婿家就是初三去,我们算是外甥家,我这里的老公是我爸爸的外甥,是我姑妈的儿子,过年就是初二的去。初二初三都能去,

---

① 回满月:指回门。

一般的亲戚就是初三的去,我们是外甥家就初二的去,湾上自己家的亲戚就是初一的拜。我们回娘屋的话自家的亲戚还在来往,叔姊、大爹,都买了东西去给他们拜了年的。往日买的东西都用纸包着,包糖是一包,老人吃的东西是一包,那时候没有袋子就用纸包着,到娘屋去拜年不能空手去,买什么就送什么包去。娘屋自家的亲戚拜年的时候去下,其他的没怎么去。

(3)娘家人的支援

我嫁到这边来都没有吃的,我的哥哥来看我,看见我的姑妈在旁边凑了一碗饭就炒给我哥哥吃,我哥哥说"我吃不得,我刚刚吃了饭来的",他回去就跟我的爸爸讲,"那怎么办呢?姑妈家都没有吃的,凑了一碗饭炒给我吃,我不吃。"就这样跟我爸爸讲,我姑妈是我爸爸姊妹伙的,我爸爸心里过不去,就弄了一些米挑着送过来,这么远十几里路挑过来,这些米就把这伢们的度①着。娘屋里我的哥哥给点钱屋里,我的爸爸就积着一次给一两张钱我用下,往日的钱值钱些,原来的米卖三角钱一斤,现在的米卖两块四五。在婆屋有困难也就是回娘屋去看下妈妈,看下妈妈的时候就说下。

(4)婚后尽孝

出了嫁的姑娘一般不管娘家的事,出了嫁就到婆家屋里去管。有的娘屋里没有人的话就还是会管,娘屋有人的话,过得好点就不管,过得不好也是支援下娘家,自己要是拿得出来就管下娘家。出嫁的姑娘刚来婆屋没给赡养费给娘屋的老人,刚嫁过来自己也没钱,就是以后自己有钱还会给一点给老人。

(5)葬礼

老人走了肯定要回去参加葬礼,我的爸妈走的时候我们都要穿孝衣,把人送去埋着,在那里烧纸然后就回来,在娘家守着过了头七就回。在葬礼上我和我的兄弟都是一样的,都去送葬,湾上的人也一起去送,送去埋了就回来。出堂的那时候都一顺念名字,湾上赶了情的都一起念。伢们的话自家的就上孝袋,把名字都写着拿到坟上去烧,自己的伢们的上名字、戴孝。

(6)分财产

爸爸妈妈走了姑娘没分娘屋的财产,家里有儿子,我还有哥哥弟弟,没有我分的财产,姑娘出了嫁就就了,都是哥哥弟弟分,没有姑娘的份,像苏昫儿这里分田地,田都卖了钱,姑娘占了田都没有钱,钱都分给儿子去了,钱不给姑娘。

(7)上坟

清明节的时候回娘屋上坟,我们回了两三年就没去了,路太远走不得就没去了。后来就是折点元宝,再买点纸把他们的名字写着就在门口烧下,烧钱纸②,这么远的路没有办法,过去回来太远了,就折了点元宝,白金的、黄金的,金元宝、银元宝。七月半的时候也是烧纸,七月半到坟上去烧,婆家的老人就在坟上烧,娘家的老人就没去。

现在上坟都要跑到蛮远,那是集体买的墓地,我们湾里死了人都送到那里去,在那里去烧了就埋,都是一排一排的,把骨灰盒放在里面,名字写在上面,去上坟就叫个车子,买点纸、爆竹去放,这里现在不准放爆竹,烧点纸就就了。去上坟的话就做个袋子,把纸都装在里面,袋子上面写名字,然后就拿去烧,不烧怕有人去抢,烧了就照袋子上的名字清,你家的谁谁谁

① 度:指养着、过生活。
② 烧钱纸:指冥币。

写了名字就拿钱去用。只是那样说，人家都像这样做我就跟着这样做。

（三）出嫁的姑娘与兄弟姐妹的关系

我的哥哥在银行做事，弟弟没结婚就去当了兵，后来接了媳妇添了伢之后就分了家，我就跟我的爸爸、姐姐单过，末了我的姐姐长大了就嫁人了，她走了我再走。我在屋里做姑娘的时候，兄弟姐妹他们走婆屋里、走娘屋里就联系下，我出了嫁之后就没怎么联系了，就是年轻人去走下亲戚，我没怎么去。

我刚出嫁回门的时候，就是我的嫂嫂来接的，我的嫂嫂来就歇一晚上，第二天早上吃了早饭就回去，就到娘家去玩儿。出了嫁之后跟娘屋的兄弟时不时走动，他单独有工夫就来，没有工夫就不来，他走这里是走姑妈屋里。平时做大事还是赶情，像生孩子、过周岁、十岁都去送礼。伢们的长大了有志气就赚钱，做什么大事就帮忙用钱，比方兄弟家有什么大事，像接舅俚媳妇我们就去送礼，再像过周岁、生伢都去送礼。

二、婆家人·关系

（一）媳妇与公婆

1.婆家婚娶习俗

（1）男方定亲

男方这边也是有人管闲事，把姑娘说人家，哪个管闲事就说着，男方媒人再就来看下家里，长大了人家要就出嫁办东西，男方女方都要用钱，男方用的还是多些，现在接个媳妇得几十万，往日没有这么多。

（2）抬轿

往日兴定轿子，不定就来不及，跟现在一样，什么时候的日子就提前去定着，到那时候去拿，不定着人家就拿走了，抢手得很。抬轿子的人就是看哪个结实就选哪个，再就是有缺点的，老了人①的就不能抬轿子。

往日这苏吞兒娶亲的人很拐②，新姑娘坐在轿子里面，抬轿子的人进轿的窟窿就拉新姑娘的衣裳要烟要钱，他们要喝茶上路，就要新姑娘把钱拿出来，新姑娘身上肯定带了红包的，就从一个窟窿里面递出来给他们买烟、买糖吃，抬轿子的在路上就要，再到婆家也要拿红包出来给小孩子一些。有的娶亲的人半路上就把人丢到下面去，把空轿子抬起走了，他不准你坐你也没办法，就穿着云锦彩裙一摇一摇地走回去。我从云梦抬过来的，这么远的路都是换班抬，往日坐在轿子里面闷死人，那轿子抬着在路上走还会晃，一歪一歪的，有的人在轿子里面吐得吓死人，用孝感话说里面就像养了猪娃儿的，什么东西都吐出来了。抬的人还是有把握，前面一个人抬着，后面一个人抬着，把棍子扶着，轿子抬着都会晃，就是晃得人难受。那往日出嫁上路还是热闹得很，旗子、喇叭、锣响一路，蛮热闹。

（3）婚娶仪式

婆屋这里发亲，请人过去抬的来，现在兴车子结婚，我们那时旧封建，都是坐轿子，我就赶着坐了个板轿。再到婆屋来就要"拦车马"，在门口设个香案，抬着轿子围着香案打三个转

---

① 老了人：指家里老人死了。

② 拐：意为凶、坏。

之后轿子就放在地上，人在轿子里面坐着，抬轿子的人还是嘱咐："姑娘抓好，拦车马了"，我就抓好，再下来在屋里给祖宗跪个头，我嫁过来的仪式就是那样子的。下轿子的时候是背到屋里，男方这边要拜堂坐帐，拜了堂就去坐帐，坐帐就是在床上两个人挨着坐，再就吃红蛋。现在都是抱到房里，往日是走到房里去，把帐坐了就出来倒茶人家喝，饭熟了就喝团圆酒，喝了团圆酒就要陪新姑娘。也是接洁净的人陪，像有缺点的、老了人的、没有丈夫的那不能陪，就是接没有缺点的人陪，都是女的，跟现在不同，现在都是接没结婚的儿伢陪，以前都是接洁净的女将陪，变化是蛮大。

婆家吃酒的有湾上赶了情的，自家的赶了情的，再就娶亲的二十几个人。坐席的时候座位就是家家的舅爷们为大，他们坐一席，有一席二席，一席二席都是长辈坐着，一席就是家家的，男方这边的舅舅、家家爹爹，二席那坐的是老表这些亲戚，只要把一席摆了再大家一围就行了，一席为大，我们是坐一般的席，我们在这个湾上下辈，最晚的辈分，我这还有爹爹婆婆婶妈。

(4)骑马

有的新姑娘月经来了的话出嫁就骑马，因为月经来了就夹了片子在，要骑马夹着，人家有个老话，"骑马拜堂，家败人亡"，人家说骑马讲禁忌，你要是骑马的话，拦车马就把腿都放在一边，这样就不像骑了在，烧香也不碍事，骑马的话人家会特意嘱咐的，马要拉在半边，你不拉在半边就不好。

(5)拜堂

拜堂就先拜老人，老人拜了拜天地，再夫妻两个拜，往日先辈人都那样做，遗留下来的，再袭着它的走，照着那个样法，坐轿啊、坐帐啊、拜堂啊，都是往日兴的，照着学。拜堂的时候也是那些有缺点的不能来看，有的没有男的，有的月经来了的，有的就怀着身的那就不能来看。

(6)闹婚

结婚那天到黑了在屋里划彩龙船，就是两个棍子把你夹在中间，后面还有一个丑角拿着扇子摇，那个划彩龙船一划就要划一两个小时。那往日才叫会闹，首先就把床上都占了，来了不准在床上睡瞌睡，三晚上不准你睡，男将睡在床上，新姑娘好比今天结的婚，亲戚就都把床占了，不准你睡，没有地方睡还要坐半晚上，新姑娘还要坐半晚上，往日就是这个规矩，现在结婚的话没有哪个闹。

(7)拜茶

往日兴第二天早上拜茶，第二天早上就在门口敲锣、吹喇叭，人家就晓得这边要拜茶，都过来赶热闹，拜茶就在桌子上头摆着，旁边都坐的人，给自己的爹爹、婆婆拜，拜了就给自己的叔姊们的婶妈们拜，拜茶就丢钱，两个人一起跪头，跪了头就作揖，然后就喊老人，老人就给钱。往日都是第二天拜，现在都是当天就着就拜。那时候拜茶还有蛮多人过来看，看热闹。

2.分家前媳妇与公婆关系

(1)家庭成员与分工

我嫁过来的时候婆屋里有三四个人，公公、婆婆，再加我的丈夫、一个兄弟，还有个小兄弟没有几大。我的公公是没种过田的人，他在街上跟人家掌柜台、卖东西，跟人家打工，就混个日子。我的姑妈有六个伢，三个姑娘、三个儿，他的大儿就是我的老公，在人家磨房里筛粉子，帮忙做事。我的一个姐姐说到了汉口，屋里又没有吃的又没有穿的，准备给人家做小媳妇的。我家隔壁的一个大婆在汉口在做事，就把她弄的去在茶叶厂里给人家摘茶叶。还有两个妹妹，也是造孽，屋里养不活就把的人家做小媳妇了，还没长大就结了婚。再一个兄弟十来岁就卖油条包子，赚几个钱，后来就在外头捡纸烟头，纸烟头的丝子系在一坨就去卖。我们这里几个伢都接了媳妇，妯娌三个，说到这个屋里真是见鬼，这个屋又矮，三间，十几人在一个屋里，要坐在床上吃饭，在床上做桌子。屋里就靠种田兴园①讨生活，再就到外头去打下工，你要是没有事做，人家哪里做屋就去帮忙，就有钱赚。

我来了就在园里挖地、打地，再就种菜、兴园，田还是种了一点，靠兴园为主，把菜长起来了就卖菜过日子。我在这边没纺线子，这边只种田兴园，那往日小脚不能在外头做事就纺线子织布，我们就去做事，往日做堤，非常狠的任务，就是往日在娘屋，我的老婆婆织布纺线子我跟着学了下。婆婆就做屋里的事，引伢、煮饭、洗衣裳，我们就出去做一般的事。在婆家那还是老人当家，我来了几年才分家，分家之前是老人当家，我们就出去做事，老人把饭煮熟了吃了就又到外头去做事。他们两个人都当家，钱是爹爹婆婆管，再分了家就是我本人管。

(2)婆媳规矩

没分家的时候，婆婆对我没有什么要求，也没闹过怨，一起和着过了几年，要是做事吵架闹怨，屋里人多了，吃饭吃不好就要分家，我们过了两三年才分。婆婆还是说过我的不好，我要是玩儿，不想做事的话，她就嚼舌根，"你去做事还光②玩儿"，但是她没打过我。湾上要是有热闹事可以出去看下，但是不能走远处，黑了有什么热闹事就不去看，怕回晚了，白天的时候可以出去。婆婆骂的话我也不反抗，那往日都不敢较劲③，要是较劲的话那要用条子抽，婆婆骂就听着气得哭，你要是较劲她要打，往日的老人狠，不准你在外面长时间玩儿。

在家里没有伺候婆婆的规矩，屋里有个老人她动不得还是要服侍下，老了身体不好，她要喝茶就倒点茶送到跟前去，要洗脚就倒点水，动不得就送点饭去，动得了就动，冷了起不来就得照顾下。

我平时在屋里不上桌子吃饭，桌子上头坐着难为情，我不愿意在桌子上头吃，吃饭的时候欢喜坐桌子就坐，不欢喜坐也不压迫，我觉得在桌子上头吃不好，端着饭在外头吃好些。公公、婆婆也是有时候坐有时候不坐，桌子上头放着菜，咽完了就去夹，也不限制。公公、老公他们商量事情的时候我们能插嘴、能商量。回娘屋的话要跟婆婆说，但也不管她，你回去玩儿下也可以，只要跟她说一声就可以了，她不会怎样管。我带过来的嫁妆都是自己用，其他人不会用我们的，婆婆早先来也是办了嫁妆的，卫桶④、脚盆都有。

(3)婆媳关系

我嫁过来婆婆是我的姑妈，我的老公在花园给公家拖砖，姑妈就叫我到那里去，人家说"那里花园在卖豆腐汤，两角钱一碗，你的媳妇去买点吃下，去度下命，天天在屋里睡着不是办法"，姑妈就让我去花园买点豆腐汤喝，末了我的婆婆就把我弄的去，找了一个去花园的人说"您再回了把我的媳妇带得去下，我的媳妇两三天没起床，就那样睡着，这叫我怎么办，没

---

① 兴园：方言，种菜园。

② 光：意为只。

③ 较劲：意为对着干。

④ 卫桶：指上厕所用的容器。

有东西给她吃",我就跟那个人搭车,他就买了点我吃了。往日兴粮票,就用票买了两个包子我吃了,我走不动路,搭车去花园是人家给的钱,结果我去了之后豆腐汤都卖完了,人家卖了一些时的,我们没有得到消息。到那里去我的老公就每天拖砖,一天三餐,一餐只有半斤饭,我去了他就擗一半饭给我,他个出力的人擗一半给我去了,我又怕他没有劲,我就不要,他就抢着擗给我吃了,就这样在那里歇着度命。

3.分家后媳妇与公婆关系

(1)分家

我去做了几年堤,回来过后就分了家,那是结了婚两三年之后,这一大家人老人养不活,老人怕我们受了苦没有吃的,我们就单过日子,单独煮饭吃,不跟他们和着吃。老人说你们人又多,伙着家难得过日子,一大家人在一起伙着吃饭,粮食都放在一个棚子弄的吃,会吃的妄①一点的就吃饱了,没有事慢慢吃就吃不饱。老人怕我们受了克②就提出来商量我们去单过好些。"他们人又多,你们又老实,妄的就一直吃一直吃,你们吃又没有,怕把你们饿着了,把你们分开过",我说那也可以,人太多了,吃饭都要抢着吃,她家两个姑娘,大儿就在外头卖油条,还有一个小儿子,你吃不饱他就抢来了,没有一点饭都被他抢着吃了。老人就把我们分开,免得受了委屈,就这样分了家,也没有闹。

分家的话也没有什么分的,就是自己单独过日子,没有钱老人就把几个钱我们去买锅灶,自己去打个灶自己煮饭吃,还是都住在一个屋里,往日房子有三间,十几个人,我们就单独做个灶屋,烧柴火煮饭。分家的话我带过来的嫁妆都是我的,有垫的、盖的,我的爸爸知道婆家这边穷,我出嫁的时候就跟我办了这些嫁妆自己用。分家之后就是我们两个人做事,分家还要分任务,把任务剖开,我们两个人田里的任务就自己做。

(2)公婆关系

再末了我的婆婆得病死了,后来接的两个媳妇是没有老人接过来的,自己谈的接过来的。

(二)妇与夫

1.家庭生活中的夫妇关系

(1)夫妇关系

我跟我的老公是老亲戚,定亲之后见过面,他是我爸爸的外甥,过年过节我来姑妈家玩儿见过他,他人还是可以,就是我嫌这里穷了,我不愿意来,这里人又多,屋又很小,我在娘家的屋要大多了,但是老人压迫着,那不满意也要满意,我爸爸把狠我看③;要我来,这是他的姊妹伙的老亲戚,要是姑娘去退了婚人家会说的,他就是个老封建。嫁到这里来了我喊婆婆还是喊姑妈,老公就喊妈,我叫老公就喊号,他喊我也喊号,他叫金河(音译),我有的时候叫他疯子,他做事蛮狠,总是压着我做,我就叫他疯子。屋里如果饭不够吃的话肯定要让老公先吃饱,他是男将,家里的生活都要靠他。

(2)家庭分工

分了屋之后就是我管钱,老公管事,兴园卖菜都是他管,事要怎么做都是他来安排,钱就是我管,老人不会说我,就是老人提出要分家让我们自由一点,我管钱他们都不干涉。家里花

---

① 妄:意为泼辣的、无忌惮的。

② 克:音译,kěi,指节约、吃不好。

③ 狠我看:意为给狠颜色我看。

钱的话就是两个人商量着花钱,我要是花钱的话老公还是都同意。分家之后老人就给两厢园我们种,我们就各种各的,不跟老人一起,自己去挖土、攘田,自己去种菜,长起来就把菜割了去卖,不管轻活重活,只要是我做得到的事情都做,跟男将一样挑担、挑水、挑粪一样挑,我挑得动就帮忙挑水,天气热了就去泼水。屋里厨房的事情都是我做,比如吃了饭我就把筷子碗一洗,场①一收,安排好了就都一起到园里去做事。男的不做厨房的事,他们都做外头的事,这都是女将做的事,煮饭、洗碗、洗筷子、洗衣裳都是女将的事。如果说身上来了也是我洗,带着病去做事,碰到下水的事还是不做,热天的时候都不要紧,冷了狠些。

(3)家庭矛盾

我跟我老公以前总是闹怨,还打过架的,我做事做得跟他不一样,没有他做得好,他就说我,闹怨闹了一些时候,我做事做得不合理,他就说我做事慢了,说我没到菜园去做事,说我出去做事晚了,说我地上没挖深、没打烂,就总是这样吵架。我们闹怨没有人会来管闲事,都是各人忙各人的,我也没跑到娘屋去,那太远了,就是公公、婆婆说下他,说他总是闹怨,闹下就就了,总是闹耽搁工夫,害人家害自己。我都想离婚,总是跟他闹怨,后来他得了癌症走了,我的日子就好过了(这里怀疑是气话)。

(4)离婚

以前的时候这个湾里有离婚的人,两个人打架闹怨不和,做事也是闹怨,在屋里也是闹怨,搞不拢就离了,离婚那两方都愿意,女方要走的话就走,男方也不留。我家隔壁婆婆的媳妇就离了婚,两个人总爱打架,做事搞不来,媳妇总嫌家里穷了,就重新去找人了,你要走就走,没哪个拦着,就这样离婚了,一般都是女的提离婚。那时候离婚没有离婚证,女方直接走就行了。

2.家庭对外交往关系

屋里分了家之后人情往来就是我们出面,我们夫妻两个都可以去,比如自己家的亲戚接媳妇或者嫁姑娘就去送礼,送礼就到那里去吃,你不送礼人家说你狠。饿饭的时候我们也没借过米、借过钱,大家条件都差不多,也没有人借。这个湾上没有一个地主,没有一个富人,我娘屋里田还是多,我回娘家爸爸就把几十块钱给我回去用下。我们湾里一个三四十岁的男将得了軥包病(音译),天气一冷就軥住轴死了,死了用了六七万,我们还去吃了,吃三天的泡饭,像我们自己队里人就一个人送三百,隔壁队里还有人来吃,办了百把桌,把席办好要不少钱,我的伢在外头喂猪,我说我这明朝老了都拿不出去的。

(三)母亲与子女的关系

1.生育子女

(1)生育状况

我有两个儿伢、两个女伢,第一胎是一个姑娘,1961 年 7 月 16 出的世,大儿子是 1969年,正是过荒的那年出的世,第二个儿子是 1972 年。我来了三年才生伢,一是人受苦没有饭吃,一还是自己有炎症,有病就没有伢,要是没有病的话一结婚就生了伢,我来了三年没生,我妈跟我去看了诊,还弄了药吃了的。

我生二胎三胎就生得蛮快,我做事做狠了,人家说这个做事做狠了的人就生伢生得快一

---

① 场:指地方,"收场"意为收拾地方、打扫卫生。

些,有的人一天在屋里歇着不做事,那样血和骨头就轴①些,生伢就慢些,还有的到医院去生,医院又贵,我生几个伢都没到医院去,都是在屋里生的,做了事感觉到腰胀就晓得要发作了。我生头胎的时候不知道,那时候没有生过伢的,人家说"你腰胀只怕是发作了,你再不要去做事了",我就在屋里煮饭、洗衣裳,做下园里的轻桑②事,不挑重担,就在屋里做点事,只要感觉腰胀肚子疼就快要生了。我生头胎伢的时候难一些,生头胎伢早上没天亮就发作了,到中午才生,搞了大半天。后来的伢们就生得快些,生小儿子之前我在外头摘菜,摘了菜就觉得腰疼,我就跪在地上摘,肚子搁在腿上往后退这样摘,摘完回来就煮饭,人硬是不行,腰胀得不得了,我不煮饭又没有人煮饭,老公在外头挑水、泼水,我摘的菜他就泼水,泼了水回来我就正在拿力,我家前头的三娘说"你发作了"。我说"你快去把四婆喊来跟我接生,这伢要是掉在地上都没有人捡"。她就把四婆叫来了,当时生得蛮快,一个钟头都不到,饭也熟了伢也生了,就是生我的小儿子快些。二十多岁生的我大女儿还是蛮慢,头胎是难些,末了快点,做事做得狠就生伢生得快,越不做事越是坐着骨头就动不了。这回(现在)都在医院一生生几天,怀着孕吃得又好,伢长得大就难得下来。我们早先造孽,吃菜饭生伢,在月里硬是没有吃的,那个时候又没有油又没有糖,那几年买不到糖,还是打了个证明搞了一斤糖。往日生伢都是请人家接生,队里有一个接生的婆,我们队里的人生伢都是她接生,她来接生还不是我们弄的她吃,还要给她钱。

伢生下来了我就自己招呼伢,血片子还是自己去洗,我到了第二天就把片子放在脚盆里,婆婆不管我那些事,我妈隔得又远,只有自己慢慢去洗,脑袋上头系个片儿,怕被风吹了落下病。月子里硬是没有吃的,我们就到人家家里借了一斤面,下了几次吃了,有的湾上家世好的就借我们一点,我家是太穷了,什么吃的都没有,就到人家家里去借了一斤面,我在月子里就只吃面,管了几天。

(2)生育习俗

生头胎还是有点风俗,生了就到娘屋去给信,拿红蛋去报喜,只有头胎报喜,后面的几胎都不报。头胎报了喜,然后娘屋的人来就买的摇窝、伢们的小衣裳,都买过来穿。我生了家里什么都没有,只有靠娘家的妈买,小衣裳、单的、絮的、夹的,都做着送过来,有的人还抬盒子,盒子里面有很多东西,我的妈也是后人们多,就没抬盒子,就给伢买的衣裳,再给大人买的鸡蛋,蒸点面,买了几只鸡子,拿这些东西来。往日说生女伢就是生了个酒坛子,说起来也是好笑,往日出阁的时候人家拿酒过来用酒坛子装着,就说女伢是个酒坛子,生男伢就没说是个什么。

屋里生了伢会办酒送礼,办酒的日子跟娘屋的人说着,湾上的人送礼的时候把日子告诉他们,娘屋往日还要抬盒子来,湾上前三天就把礼送着,到待客那一天就都接来吃饭。选日子还是有点规矩,要选双日子,不选单日子,往日娘家就把摇窝、被窝,伢的小衣裳、鞋袜都买着送过来,满月就不办酒。

伢满周岁的时候要办酒,我的伢都过了周岁的,过周岁家家的都来了人送礼的,过周岁也不是来花钱的,我的妈妈都来了,我出嫁了的姐姐、我的嫂嫂都来了,再就是叔伯妯娌伙的,来了吃了餐饭就走了,婆家又穷,他们看样子这里难招呼当天就走了,办席的时候家

---

① 轴:意为紧实。

② 轻桑:意为轻松。

里不能开火,还在食堂去拿饭,还要给干部请假,给干部做声气①,"我的媳妇生了伢,那里来了客"。

(3)生育观念

往日湾上很多人都重男轻女,我一开始连着生了三个女伢,一开始是爱珍,再是小珍,第三个是叫媛珍,第四个怀着的时候就跟湾上前头的一个女将做事就闹起了怨,她说我是个"绝户头",她说"你没有儿伢的,你光生姑娘,你是个孤老,没有儿子生",她跟我骂架闹怨,结果第四胎生的是个儿伢。我怀第四胎的时候人家说要成双,又要生个女伢,我吓不过,本来打算打掉他的,结果生了个儿伢。我的大儿子叫争气,人家有的女将气不过,那时候骂得蛮狠,说"你没有儿生,你今生没有儿,来生没有伢,你光生姑娘",后来生了个儿伢就叫争气,被人骂得太狠了,他争了口气。小儿子叫响气,她们说"还要生一个的,就叫响气,这争了回气就响着去了",我家就叫争气、响气。我的响气在外头喂猪,往日的人很拐,你不生儿伢就要骂你。我家里都没怎么重男轻女,就是跟前头一个女将闹怨。湾上有只生了女伢没生男伢的,没生男伢也没有过继的。

(4)抚养情况

我出去做工的时候,屋里也没有人,伢们都放在屋里睡瞌瞌,在屋里屙屎屙尿也没有人管,如果不出去做工的话,工分赚少了要拿钱出去。我每次回来就到处找伢,我的大女伢也是聪明得很,她在堤子那里,往日满处都有堤子,堤上有草,她就在个草里面躺着,一个大热天,没有人管她睡中觉,她满处找不到我就在草里面睡午觉,我的大女伢也是菜②起来的。我们在家对男伢女伢都一样,添衣服什么的没有哪个优先,只要是没有穿的就都买。我还做了鞋子的,做鞋子做靴,伢们的鞋脚都是自己做的,白天不做,都是晚上点着灯,往日没有亮就搞个煤油灯点着,往日没有电,天黑了都是点的煤油灯,那真是造孽,现在就好了。

(5)子女教育

我的伢们读了书的,读到了小学毕业,我的大女儿读到了初中毕业,末了伢们就回来赚分,学着栽秧、出工、做事,他们赚两分,不赚分的话家里的口粮拿不回,四个伢再加我们两个老的,六个人的口粮。

(6)对子女权力(财产、婚姻)

我的伢的生活还是靠老人,大儿子到东北去做事,回来就结了婚,结婚之后都要用钱,我的伢们还是没有多大个志气,他们没赚多少钱,老人在家里兴园卖的钱就寄过去。伢们结婚都是老人当家,他们结婚我们自己有房子。首先大儿子接媳妇,大儿子接了小儿子再接,伢们没有住的我们就自己当家做,他们没赚着什么钱,房子都是我们出钱做的,反正他们赚钱还是给我们老人,老人有钱就给他们用。

我的姑娘的亲事是外头有人管闲事说的,往日兴管闲事,现在都兴自己谈,往日有人管闲事就把她说的街上那个城东村,离城里没多远,人家管闲事说"我跟你撮点酒喝,酒坛子说个人家",姑娘长大了人家要就给他。我的女伢算良心,自己做生意赚的几个钱办的嫁妆,她三更半夜跟她爸爸两个人去卖菜赚钱,就自己办的卫桶、脚盆、箱子、被子,到人家去要用,女婿家也是穷,现在结婚兴拿钱,那时候没拿钱,嫁妆都是自己做生意办的。大姑娘的这个亲事

---

① 声气:指告诉别人消息。

② 菜:方言音译,这里作动词,粗放养大,受到粗糙的对待。

我还是蛮满意,我的女婿蛮好,他现在在当村长,她家生了两个姑娘,没有儿子,再到五十好几了也没有再生。

结婚是大的先结的,小儿子末后结的。大儿子是自由恋爱,他自己在学校读书的时候谈的朋友,他谈了朋友又不说,自己闷着,再末了要结婚的时候才说,他说"我在学校谈了个朋友",我说:"你谈了个什么朋友?她能不能做事?"他说是孝昌那里的人,在家里也没做什么事,我说"她栽过秧的吗?"他说她在屋里栽过秧的,我说"你惑①我,她要是来不会做事怎么办?"儿子说要结婚我也同意了没阻止,是他自己选的,不过媳妇还是没有我们女将泼辣②。小儿子是人家管的闲事,媳妇就是对面湾上的,没有多远。人家管闲事首先就要经过老人,经过老人两个伢再相互去看下,都同意了,我们就答应了,不同意就就了,只要他们同意我们就给钱,他们不同意我们又不能压迫,他们同意就一起出去玩儿,一起去买东西,欢喜什么就买什么,结婚都是他们自己当家。

(7)"早夭"情况

我家淹死了一个女伢,当时候我在外头做事,我家婆婆死得早,家里伢们没有人照顾,我去做事她就到处找我,她当时只有三岁,到处找我,找到河里去玩水,结果掉到水里救的不及时淹死了。当时没有人看到,后来有人看到了就说"这是谁家的伢匍在水里",我在河那边在出工,河上没修桥,我就用划子③渡过去的,人家喊"银玉,你的伢掉的水里去了"。说了一声我就听见了,我说"完了,是我的伢",我晓得是我的伢淹死了,我出去做事她没有人管,到处找妈。

(8)病痛情况

我大儿子在东北做事把腿摔了,走路像个锯头一样,现在还在吃药,腿又酸又麻又抽筋。他早先在家里没事情做就到东北去打工,打工的时候从六楼摔了下来,掉下来的地方有一棵树,就掉到那个枝丫子上挑了一下,要不是一棵树挑了一下,人就摔死了,那地上的血流了一趟子,人家摸心说这个人的心还在跳,还没断气,就弄去抢救过来了,他还瞒着家里,怕屋里怄不过,我晓得了真是哭死,心里难受日更半夜地哭。我的伢的腿里面还有一块钢板,把骨头夹住,夹在上头的一块就取出来了,底下一块钢板长到肉里面去了,要割肉就不敢取,怕把伢割伤了就没取,他现在就骑着那个电动车到街上去,就搞个广告纸在跟前,腿出了事后就不能做重事了。

我的小儿子得了乙肝病,跟他同年的都死了,他种不了园,种园又吃亏,五更起来就去种园,半夜才能睡觉,他这个病不能熬夜,现在就在喂猪,城里不准喂猪,他就赶到梁阁院④那里去喂了,三更半夜搞得蛮晚,我还是担心,又怕我的伢发了病。他的乙肝病是以前发烧闷出来的。我的老公压力又狠,以前在园里栽大蒜,栽了大蒜就要盖草,看着要下雨了,人家都往屋里跑,他不准伢跑,非要把草盖了才跑,结果伢淋了雨,毛衣都打湿了,回来又没洗又没抹,伢就总闷着烧,伢老实又没说,闷着烧就烧起乙肝来了,现在吃药就吃得不少,两个老的作死⑤,做的卖几个钱就伢们吃药,女伢也是的,我的四个伢就有三个伢得病。

---

① 惑:意为骗。

② 泼辣:这里指做事得力。

③ 划子:指船。

④ 梁阁院:音译,地名。

⑤ 作死:口语,玩命干活。

2.母亲与婚嫁后子女关系

(1)分家

我们早先都住在一个屋里，都是草屋，后来一个屋住不下就分了家，不记得是什么时候分的，可能是他们结了婚两年后分的家。分家是我们提出来的，儿子在外面做事，媳妇又爱玩儿，没有钱就跟老人要，我就说你们单过，你们赚的钱与我不相干，我不要你一分钱，她钱不够就找我们要钱，我们负担大了，她在外头赚的钱不拿出来还要找老人要，我说："你们赚的钱你们自己去弄，我们不要你们的钱"，如果不这样我们老人负担不起。有两个媳妇，一个向我们要，另一个也向我们要，我说你们都分了去单过，单过还舒服些，她赚的钱不拿出来还问我要钱。这个小儿子小媳妇还是在姑娘那里到处借钱做的房子，往日太穷了，现在算是翻了身。往日的老人狠，媳妇觉得日子难过就离婚。这会儿的婆婆还要给媳妇洗床上用的，洗伢的衣裳、大人的衣裳，婆婆做成了媳妇，媳妇做成了婆婆。以前的老人对媳妇狠，都是踩着脚①过日子，现在媳妇比婆婆还享福些，隔壁的老人买了早饭媳妇还没起床，还要送到床上去给她吃。

媳妇的嫁妆是她们自己用，我们老人不会用她的，各人的各人用。分家就按人头把田分开，看有多少田多少人，一个人多少田就把田给他们，婆家这边的田少得很，这边老人往日在汉口做了几年工，土改之后就没分什么田，分到了田还是在外头打工赚钱，家里没有什么田，一个人两斗田，总共也就是六斗田。

(2)与子女关系

我的大儿子生了一个儿子，就是我在带，他在街上开餐馆搞小炒，学生伢就去吃，他们就那样搞生活，他们一天到晚做事忙得不得了，伢只有几岁就是我在屋里带，我一直把孙子带到了上学，外孙我就没带，姑娘女婿家有爹爹婆婆带。我的小儿子还是蛮老实，我的小媳妇要离婚，闹了一些时要离婚，末了我就叫她的哥哥来劝她，她还喝了药，到医院去用了一二十万，都是亲戚支援的钱，就把伢救回来了，八天八晚上在重病房里，一天一万多，还把她救回来了，还没丢人，我在屋里愇死了，日更半夜哭，我说这个媳妇要是走了怎么办，儿又老实，再孙伢还在读书，把我愇死了。

(3)赡养关系

伢们平时还是跟我联系，但是我的生活全靠我的大姑娘负担，她昨天晚上又送了菜来，她说"我怕你饿着，您再不要吃小菜，我这送了些菜过来"，卤的一点藕、海带，再就是买的卤鸡子，我喜欢吃鸡爪，这些都一样买了一包来了，还拿了秤把米，包了点饺子送过来，她说："您要是煮不得饭就早上把水烧开了下点饺子吃下，免得煮菜。"因为我一站就腰疼，我的女伢怕我受了苦，我的生活都是大女儿在负担，再还有个女婿，这个女婿还是好，要是脾气不好的女婿，你光把你的妈养着还要吵架，我的女婿还是好，他还当了村主任的。

儿子们没有钱负我，小儿子在喂猪，没有经常回来，他离得又远又走不开，回来也不能给我几个钱。然后大儿子是个残疾，他也没赚着钱，还是时不时给我百把块钱，他的伢现在要接媳妇，没有钱给我，他有次关了门跟我说，"姆妈，您再不能问我要钱了，我现在愁得不得了，去上门还很要用几个钱，上门还要给打发钱，女伢来了还要给打发钱"，现在去上个门要四五千，金银首饰、项链，再还要拿上十万块钱过去，要装修房子，要买家居电器，接个

———
① 踩着脚：指小心翼翼。

儿媳妇要十几万,大儿子他底子又空,接儿媳妇也没有钱,还要去到处去借,根本没有钱给我用。

我的小姑娘的肺上长了个白泡,在汉口住院做检查,一个礼拜用了两万,她工作就是拆了迁的,在楼房里面扫灰、做卫生,天天扫渣滓,扫了就倒到垃圾桶里,然后就拖到公路上面,人家大车子来了就往里面倒,一个月扫下来只能赚千把块钱。女婿就在做保安,也是赚千把块钱一个月,他们的田都被占了没有事做,这还是政府照顾他们的,拆了迁,女将都派去打扫卫生,男的就去做保安。他家还有两个伢,一个儿伢、一个女伢,儿伢还在读书,女伢读出来了在外面打工,她(孙姑娘)昨儿晚上还来看我了,跟我买了两盒药来,她怕我没有钱,我就是舍不得吃,这个药这段时间没吃就发了。我说:"你再要谈朋友了,到二十三四岁了",她说慌什么。我的孙女伢还是蛮排场①,长得蛮漂亮、蛮白净,现在在汉口卖房子,她家就是全靠她赚几个钱,儿伢还在盼。

我一个礼拜没喝药心脏病就发了,只要不喝药就会心里慌、乱,乱得人不能吐气,慌狠了一口气不来就轴死了的,我的儿子要把我弄到医院去,但是要三千块钱才能进院,我说"算了,姐姐买的那个药我跟着喝。"然后我还有脑梗,脑里的血不走,血停着就死了,我们湾里就像这样死了一个人,在医院里做手术,脑壳里面成了豆腐脑,血都稠了,把血管都堵死了。我就总是发昏,睁眼睛望着这个屋像往下在倒,我就吓不过,怎样打针也治不住,有次就打120的车子送到新医院去检查说我后脑的筋弯了,脑壳里面的血流不走,非要吃那个活血的药。活血的药几十块钱一盒,一个月得几百块钱吃药,前几天我的女伢问我在吃药没,我说人到了七八十岁再走不走的过都不知道。她说:"您不要这样说,您往日造了孽的,现在多活一年是一年",活着把她们都拖苦了,我的女伢算良心,送米送油送菜,硬是她把我养在,儿伢要不下去钱,大儿子现在愁儿媳妇愁得不得了,还满处借钱接媳妇,没有钱给我。

(4)孙子结婚

现在我的大孙子要结婚,女方那边要十万,屋里还没有装修,我的大儿子算了下要三十万才能接个媳妇,要不然女伢不会嫁过来。我的孙子还是蛮年轻,他说自己还没打算结婚,但是如果不答应出这个钱这个媳妇就没了,孙子又要重说人家,儿子家又没有钱用,他就到处去借钱,贷款也要把儿媳妇接了。他现在不接以后接媳妇就更难了,女伢们又挑剔,要你家庭条件好,又要儿伢聪明、有排场,这到哪里去选呀,我就跟大儿子说:"你就借几个钱接了算了",也是没有办法。

三、妇女与宗族、宗教、神灵

(一)妇女与宗族

1.妇女与宗族活动

我们湾上原来有一个祠堂,那个祠堂里面供了祖先的牌位,一排一排地摆着,我没去过,那个祠堂就是个学校,有人到那里上学。

2.宗族对妇女管理与救济

(老人没有接触过宗族,村上的祠堂主要做学校用,数据空白)

---

① 排场:指长的好看、体面。

（二）妇女与宗教、神灵、巫术

1.基督教

我大姑娘的外甥媳妇得了白血病，就信了基督教，信教也不作揖，就是站着念，然后唱基督教的神歌，她就在外面讲这个信教的好处、福音，说有病信了教就好了，人家就都相信。我的老公得了胃癌，吃不得粮食，我们就让他去信教信了三四年。他脾气又倔，叫他出去讲他就不管怎样就是不出去讲，他反对信教。信基督教不烧香、不跪头，就是要隔一个礼拜去教堂唱歌，我还去搞了一段时间。我的老公走了伤了我的心，我说这个病不吃药是看不好的，我们湾上的人都说没有看到得病有信教信好的，我的姑娘就想着她的外甥媳妇信好了，就把她爸爸弄的去信教，病还是没好，得了癌症也不是那么容易好的。我的老公走了，信教的还来了几个人，他们在屋里做祷告，跪着念，有的人相信有的人不信，我的姑娘伢巴不得信好，外头人就说："这被他姑娘害死了，癌症都得了哪里信得好。"

信教总是开信教的会，蛮多人信教，在街上谁的家里，一屋人就跪头、唱歌，信教的平时就是一个礼拜去一次，跪着念，也不像我们拜菩萨什么的。然后信教的家里就放一个十字架，我家现在没有十字架了，末了老人走了就没信了，就是他得病了指望他信好的，还是没好后来就走了。那时候还在屋里跪着念，我还记得念的那个词，"我们在天上的父，愿人都尊你的名和圣，愿你的国降临，愿你的旨意行在地上，如同行在天上，日用的饮食今日赐给我们，免我们的债，如同我们免了别人的债，不要叫我们遇见试探，救我们脱离凶恶，因为国度、权柄、荣耀全是你的，直到永远，阿门"，有些都忘记了。信教还要家里的后人都跪着念，以前儿子们全部跪着念，有一个人反对就不灵验，要全家都信这个教，都不反对才有效。在街上有个信教的地方，楼上楼下很多人，还有年轻的女伢、学生伢信，都是在人家的屋里聚会，那还不算是个教堂，在楼上蛮多人上下，也有人招呼。

2.司命菩萨

往日拜灶王爷就是点灶灯，我们这里叫司命菩萨，我没有信这个菩萨，有的信司命菩萨的初一十五都要点灶灯，为了求司命菩萨保佑自己安全，拜灶王爷那是女将的事，男将不搞，都是女将的事。

3.土地菩萨

我们以前有土地公公、土地菩萨，供土地菩萨就是逢年过节的时候湾上就有人拿纸拿香去土地庙烧，去作揖。土地庙没有多大，只有一点点，里面供的土地菩萨，湾上的人就去烧香，拜土地菩萨一般是男的去拜，也是为了安全去拜，过七月半、过年都要去供土地菩萨，一般是早上就拿着香去供。往日兴土地庙，这几年就垮了就没有了，往日元宵节在土地庙那里还玩儿了灯的。

4.送子娘娘

我到木兰山的一个庙里去拜了送子娘娘的，木兰山上有个观音庙，里面都供的是菩萨、娘娘，庙里面的帐子上挂了很多用布做的莲花叶子，长得两头尖，就像个鞋底一样，上面绣的花蛮好看，你要是求儿子就摘一个回去，有很多一指长的莲花叶子，我就去摘了一个回，结果都生的姑娘。拜送子娘娘也是一样跪头，跪着烧纸，丢香钱，烧了香就去丢钱，我丢了十块钱，以后要是生了儿子还要去庙里还愿。我生的姑娘就没有去谢，有的人生了儿伢就要去谢，求儿子生的姑娘就没有去还愿，还愿还是蛮热闹。拜送子娘娘的话是女的去拜，没有男的去拜。

5.神婆

我们这里没看到哪里有神婆。

6.龙灯

过年玩儿的龙灯要讲敬意,有个伢在彩龙船边上休息,他就在龙灯旁边屙尿,后来回去身上就发烧,人家就说那个伢在龙边上屙了尿,冒犯了龙,伢的家人回去就祷告、烧纸、跪头,给龙认错说"伢不知道事,大人不计小过,伢屙了一泡尿,把您恶意了,您再原谅,对我的伢行行好",去拜了之后伢就好了,这都有讲究的,不能冒犯它。

7.供家神

家里中堂供的就是家神,平时过节气就去拜,过年的时候就开始烧香,到初三的时候就送年,每月过月半,再就是过七月半又要供祖宗,在中堂这里烧香,烧蜡,香案两边放的是蜡烛,一般就是供祖宗的时候再点,中间有个香炉,把香炉里的香烧完了就把火吹了,香炉前面用四个小杯子盛了饭供着,然后煮四个碗的菜,鱼、肉、炸豆腐、丸子,拿来供祖宗,八双筷子,八个碗,四碗菜就摆在桌子上,筷子架在碗上面,烧了香就酹三道酒,酒酹在小酒杯里面在桌子上放着,酹酒吃菜,祖宗们就过年喝点酒,吃点新鲜饭菜,把三道酒酹了就盛饭,过了半个小时就把筷子一担,然后就烧纸、放炮竹。那些饭菜自己还是吃了,那吃了相当于得到了祖宗的保佑,不过我没有吃,饭菜我都没动,供祖宗就是这个意思,村子里都是这样。

四、妇女与村庄、市场

（一）妇女与村庄

1.妇女与村庄公共活动

我做姑娘的时候没去过庙会,往日老人上过庙,我的老婆婆总是到城里庙堂里去,我没参加过庙会,现在人家都去烧香,我没去烧过香。

我们以前元宵节的时候玩儿龙灯,现在都没玩儿,往日过年的时候玩儿灯那热闹得很,舞狮子,人用个篙子举着摇,我去看了的,我嫁过来在这边还玩儿了几年,末了就没玩儿了。往日元宵节玩儿灯是玩儿三天的灯,三天玩儿了之后正月十五就把灯烧了。正月十三、十四的晚上就去玩儿,白天不玩儿,都是吃了晚饭出去,玩儿龙灯那扎的龙蛮好看,龙头龙口,还有扎的龙角,都扎得蛮好,然后人就举个篙子两边摇,还有采莲船、踩高跷。那时候都出去看,屋里人都不限制,湾上的人都出去看,一出去都能碰到认识的人。

往日端阳节我在娘屋里看过龙船的,婆家这边没有龙船,这边有河但是没划龙船的,我嫁过来就没有看过,划龙船也是蛮热闹,男将都坐在上面划,最前头的一个人喊口号。

往日我还看过电影,现在都没看了,电影也没有什么看头,往日湾上全队的人都去看。现在电视里面什么都有,我就没有一起看电影了。

以前湾上的妇女组织了会议,我还参加过,开会讲的什么我现在都不记得了,都是村子里出工的一些事情,再后来开会就是宣传结扎。

2.妇女与村庄社会关系

我在娘屋的时候,跟我家隔壁的女伢都玩儿得好,还有湾上的女伢,我们一般在屋外头满处去玩儿,还在一起去学着唱歌。我在娘家的时候她们出嫁我都去陪了十姊妹的,我没有哭嫁,哭嫁都是家里的老人哭,新姑娘要走的时候老人就哭,别人都不哭,现在都没有人哭嫁,现在姑娘出嫁大家都是笑，跟我一起玩儿得好的现在有的死了，就是我这么大年纪了还没有死。

我嫁到这边来了之后，跟隔壁左右的邻居都有来往，比方隔壁生了伢，我们就去送礼，等到我家做大事的时候他们也都送我们礼，再末了关系就淡了。

（二）妇女与市场

1.市场参与

我在娘屋的时候会去街上买东西，自己要用的东西就去买，玩儿得好的女伢们都一起去，出去要跟奶奶讲下，跟她说："我要出去买东西"，不跟家里人说就出去玩儿他们不放心，怕我玩儿得不见了，出门肯定要跟他们讲下，跟个告茶一样要告下。我往日到集市上去，那卖菜的有一些女的，集市上还有卖各种东西的。

2.市场交易

我在娘家，婆婆纺线子织布用的棉花都是自己种的，棉花长好了就摘下来卖给公家去洗、捻，用机器轧，轧了之后棉籽就是棉籽，絮就是絮，然后我们就把絮买回来搓棉条，搓了棉条之后就开始纺线子。做衣服、做鞋子的那些针线都是买的。往日买东西都用票，布票、粮票都有，再就是往日过年吃肉就要用肉票、油票，一个人三两油，往日没有什么油吃，"政府批准三两油，不够点锅带搽头"，那基本上没有油吃，家里的油只能抹下锅，煮菜就省着用点。

以前糖很少，平时基本上都买不到糖，坐个月子的话干部还要做计划上去批准才能拿到斤把糖，生了伢要吃糖补血，往日不管哪里都买不到糖。做衣裳买布要布票，买米要粮票，买什么都要票，肉和糖是计划票，就更难得买到了，好比你要是生了孩子，村里的干部就给点糖，一般随便的人都买不到糖，只有在月子里才拿得到一斤糖，坐月子要吃鸡蛋加糖，这样能补血活血。现在糖到处都可以买到，往日买糖要糖票，还有油票、布票，都是计划，在集市上头买，不能多买，按着票来买。

五、农村妇女与国家

（一）认识国家、政党与政府

1.国家认识

（1）钱币

总听着说国家，我也不知道国家是什么意思。往日用的钱和现在都不一样，往日用了蛮多不一样的钱，有硬币，当五十块、二十块的铜硬币，然后还用过活钱①，活钱只有一点大，中间一个窟窿，不记得是当多少钱用的，上面有写字，我只记得我们湾上用了那个钱的。还有个票子，是个蓝颜色的票子，现在是个红票子。往日用了好几样的钱，用活钱、用硬币、再用那个票子，都不一样，现在都解放了，用的钱都是一样的。那个钱不知道是哪里发出来的，反正跟现在的钱不一样。

（2）保长

往日有保长，保长坏得很，湾上要是有富一点、条件好一点的人家他就去巴结，解放来了还把保长弄到台上去斗了的。我们湾上有个魏保长，他跟地主是一家人，总是跟地主搞得好，像我们贫农他都看不起，他就帮地主做事，贫农他管都不管，解放来了之后就斗了他的。像现在的村长还是可以，村里的贫下中农村长都管，保长就分了级别，富一点的他就捧着，这贫下

---

① 活钱：音译，一种钱币，类似铜钱，中间圆形镂空。

中农他就不管,我们都不喜欢他,都去斗了他的。

（3）交税

往日种田的人都要完税,要交钱给地主,我们就是完税完穷了,地主他们就发了财,我们就越过越穷。往日保长就是管交税这个事情,我们种了田还要完税给他们,地主就是我们喂着,末了土改就划阶级斗地主,要是不划地主他们要富到天上去,穷人就穷死,往日穷人没有田种,就租地主的田种,你种田就要你交税,田里收的粮食都给地主去了,自己没剩一点。

2.政党认识

（1）国民党

我知道国民党,我往日还跑了日本人的,国民党、日本鬼子,国民党就是日本人（老人对国民党存在着误解）。国民党过来就抓壮丁,把人家女将弄的打,要她们把丈夫交出来,"你的丈夫呢？把你的丈夫交出来","我的丈夫不在屋里,去做事了","在哪里做事啊,去把他弄回来",抓她的丈夫就去给他们拉袱子①、挑东西,他们行军走几十里路,走很累就要男将去拉袱,我家的一个大伯被抓去挑东西,都没回来,那应该是1952年的事（老人应该记错了,可能是解放前）,我只晓得1952年妇女团结心,团结一起去开会,开会就说女将要在一起做抗战的鞋,送给当兵的,往日当兵的没有鞋子穿,他们总是在外头打仗没有鞋子穿,现在才是有鞋子卖。"听说要做抗战的鞋哟,良家妇女把会开,妇女把会开",我唱了那个歌的（老人时间记忆可能有误）。

蒋介石,我们跑了的,蒋介石、日本鬼子我们都跑了的,那时候真是吓死了,我们在田里做事,他们来了就吓得跑,如果不跑去躲着被他们逮着去了他们就使坏,那好看的姑娘伢脸上还要搽黑,不搽黑的那漂亮女伢就逮着去害你。共产党来了就好了,那个日本鬼子的长相跟我们都不同,看着是个哈②像,再就说"嗨"（模仿日本人说话）。

我还在娘屋的时候,有一次我去栽秧,在三县镇那里的一个桥,就听见"咚咚"打枪的声音,晓得是日本人（以老人的年龄及老人的认知推算,可能不是日本人,是国民党）来了,当时栽秧腿上、手上都是泥巴,我们一些人就拼命地跑,跑到山上一个菜苗里躲着,日本人来了就要花姑娘,我吓死了,就跑到山上去躲着,躲了一天一晚上不敢出来,当时我家喂了一二十只鸡子,我妈就把鸡子捉在大笼子里面,我就背着笼子,躲日本人就把那个笼子贴在边上靠着,他们走路我们都听得见,硬是吓得打颤,我又怕那些鸡子咯咯咯地叫,怕日本人听见了,他们来就把这鸡子用手一撕,然后就烧火搁点油煎着吃,再到天黑了我就出来问旁边的人,说是日本人都走了就放心了。有的人躲在麦子里,在河塘上有个山坡,河塘上种的麦子,那个人爬起来望,吓得抖抖森③,被逮着去给日本人拉袱子了。往日过兵过队伍就都要背着挑着,走蛮远的路,有的都走跛了,男将就都躲着,有的躲在屋里用东西都捂着,有的跑到远处去躲,往日跑日本人跑不赢就把菜园前头挖一个大坑,垫点板子,然后上面堆草,来了就去坑里躲着,他来了放不放枪还不知道,就那样躲着。日本人见了人他就逮,男将逮到了就去拉东西,跟着一路行军,女将逮到了他就害你,往日真是吓死了,只要听见打枪就都跑去躲着。

---

① 袱子:指行李、重物。

② 哈:音译,hǎ,意为笨、蠢。

③ 抖抖森:形容打颤的样子。

（2）共产党

后来共产党来了解放了就好了，"红日出东方啊，来了共产党啊，来了共产党啊，丢下手中讨米棍，咿啊呀啊哟，扛起了红缨枪"，唱了这首歌，丢下了讨米棍就扛起了红缨枪，再就共产党员来了，解放了。我不记得什么时候听到共产党、革命这些词的，我们只是唱了共产党的歌的。

我的大女婿是党员，他入党是因为思想好，再就是为人民服务，不贪污，不为自己，为群众，上面再把他的亲戚六眷①一调查，发现亲戚里面有没有阶级高的，我们这里都是贫民，都是做事的人，要是哪个亲戚家有地主、有富农那就不行，怕走资本路线，他的亲戚都是贫农，都肯做事，也没做坏事。大女婿的亲爷老头其他事情都不做，专门种田，是个老实农民，人家调查了他，就当了个党员，他现在在街上的城东村当村主任。我的女婿思想好，早先当干部的都拉下去了，三年选一次都选垮了，我的女婿没选垮，他的思想正确，不贪污，人家塞一盒烟给他，他不要人家的；人家送酒来，他也不要人家的，现在不准请客送礼不准塞东西，他思想好，就没垮台，还是个老干部，当了几年的村主任。当党员福利还是蛮好，还有照顾，去年大热天的时候，干部一家人送一箱降温的东西，再就是过年送米。

3.夜校

我上过夜校，夜校上了十几天就垮了，就是在湾上一个人的屋里上的，晚上天黑了大家就都去上夜校，那没有什么用，在夜校学不到什么文化，还是没有老师教得好。夜校上课的是湾上识字的人，有文化的人，他就教我们这个字怎么写，左撇、右撇，怎么读，就这样教我们，教认字我们就学着写，我蠢得很，不会写字，我说："这几个字太难学了，不想读了"。我刚开始还是愿意去上夜校，末了就懒搞得，上夜校没有用，都是好玩儿，学不到什么东西，上课就像好玩儿的，上面在教下面就在玩儿，不专心，还是这回的老师整着好些，现在的学生伢都教得这么好。

4.女兵印象

往日队伍里面还是有女的，很少有女的当兵，她们跟男将一样挑东西行军。电视中就有放，那些女兵蛮能干，她们跟男将一样的打仗，都锻炼得蛮好，蛮大的劲，打仗能干得很，脚手不停。

5.政治感受与政治评价

（1）包脚

我往日没包过脚，那时候政策来了不准包脚，不记得是哪一年不准包脚了，我的奶奶就是一点点的小脚，在外头颤啊颤②。

（2）剪发

我以前剪了短头发的，"戴红花、戴绿花，剪了头发好参加"（歌词），那时候唱了这个歌的，我早先是扎的辫子，到腰这里，两个长长的辫子，往日都兴扎辫子，还有缠粑粑，就是把头发绾在一起缠在后面，我是末了解放的时候就把辫子剪了，"要参加、要当兵、要打敌人呐"（歌词），我就这样剪了。

（3）计划生育

计划生育的时候，我都听了政策去结扎了，计划生育蛮好，伢生多了没有人照顾，家里又

---

① 六眷：指亲戚，三姑六婆。

② 颤啊颤：形容走路站不稳的样子。

没有老人,我家就掉到水里面淹死了一个女伢,就是因为没有人招呼,我在外头做事,伢丢在屋里满处哭着找大人,真是造死的孽,瞌睡来了就不知道在哪处睡着了,哪像现在都抱着,往日我出工回来,伢就自己坐着睡着了,两条腿吊着都麻了,在摇窝里面睡着全屙湿了,屙得吓死人,家里的老人走了没有人照顾。现在一个伢就总是抱着,往日大人忙了,伢丢在屋里没有人照顾真是造孽,我的女伢淹死了,我在屋里真是哭死了。

(4)政策

政策来了个人的力量是犟不住的。我们这里现在要修路修桥,大队就在旁处买了墓地,队里的人死了就把人都送到那里去埋着,这里早先埋人的地方要修路就都移到那边的墓地去,干部家庭都带头移过去了,再就是社员还没移,社员就说队里不给清免费就不移,那栽的树都被修路的搞乱了,不帮着处理就不移,我说"你看扭不扭得住"。政策来了扭不住的,政策说不准放炮竹,现在就没有人敢放鞭炮,现在嫁姑娘、接媳妇都没放鞭炮,往日那就一直放炮竹,白天夜里一直放,现在放鞭要罚钱,大家都不放鞭了,这政策来了大家都一样,也不是针对哪一个人。

(二)对 1949 年以后妇女地位变化的认知

解放前跟解放后妇女的地位还是有变化,往日的女的又造孽、又吃苦,现在的女的享福多了,往日只要说日本鬼子来了,听到打枪就吓得往山上跑,到山上的草里去躲着,解放了多好呀,那唱的歌里面就说"红日出东方,来了共产党",都高兴得不得了,往日真是造孽,日本人来了就马上跑,他们不管男的女的都抓,被抓的去就要你交丈夫。

现在废除包办婚姻,鼓励自由恋爱多好呀,我往日还唱了男女平等的歌,土改当基干民兵的时候经常唱歌,解放之后妇女在屋里的地位提高了,早先真是造孽,现在都翻了身,以前女的都要包脚,现在都不用了,那是往日的老规矩,解放了就不用包脚了,以前没包脚就喊"大脚片",往日说亲事要小脚包得好看得就可以说门好亲事,大脚说亲事的时候就要把脚缩着,怕丑,大脚不好说亲事,往日欢喜小脚,都觉得小脚好看些,小脚走路一崴一崴、一扭一扭的,又不能下田,又不能挑担,我们现在大脚舒服多了,"来了解放军,女人像男人"(歌词),现在男女都一样平等。

(三)妇女与土改

1.唱歌

土改的时候我在娘家,屋里划的是中农,我土改的时候参加了基干民兵,那时候有男民兵、女民兵,都动员参加,我参加了女基干民兵,学着唱歌,"十想""十恨""十把扇子"都是往日的老歌。到婆家就唱毛主席的歌,"十把扇子"我还会唱。还有一个"往日地主不劳动,谁养活谁呀"这个歌,"谁养活谁呀,大家看一看,没有咱们劳动,粮食不会往外钻,耕种锄割,全是咱们下力干,地主不劳动,粮食堆成山"(歌词),地主不劳动,不做事还有粮食,不做事吃得好穿得好,往日要是不划阶级那地主都要富到天上去了,穷人就要穷死,粮食都被地主剥过去了,地主的田租给农民种,他们就用大斗①到农民家里去收粮食,往日都是剥削。还有唱这个"想起往日苦"这首歌,"想起往日苦"一唱就眼泪流,"想起往日的苦啊,两眼泪汪汪啊,家破那个人亡啊好凄凉,哎哟哎哟",把人剥削光,"把我剥削光啊哟,我只有那锄头啊哟",就只

---

① 大斗:一种量器。

有去讨米,"东家讨一点啊,家中没有人啊,西家讨一点啊,家中关了门啊,讨到那个地主的家,恶狗……"他的门口有一只恶狗,"咬死了,咬得我不敢撵了",就往屋里跑,"只有那回家门呐哟",米也没讨到,被那只狗撵得汗流,只有回家门,"空手进门来,无米又无柴,饿得不得了,只有靠墙歪"。再就是"红日出东方,来了共产党",再就好了,唱得笑眯了,"红日出东方啊,来了共产党啊,来了共产党了啊,丢下手中讨米棍啊,依啊呀啊哟,扛起了红缨枪",把讨米棍丢了,再后来解放军来了就好了。我们还唱了斗地主的歌,再就还有解放了的歌,唱歌都有人教,学会了就组织一起唱,像我们那差不多年纪的都组织在一起唱歌。

2.斗地主

土改的时候要斗地主,我们湾上都是三家人去清理地主的东西,清理完了就在门上打个封条不准进去,房子就充公了,有的地主在外面逃难,我们就唱斗地主的歌。然后斗地主,就把地主的东西都拿到稻场①上摆着,柜子、床,什么东西都摆在中间,末了贫下中农就分那些东西,你斗了地主就能分东西,分柜子、分床、分缸、分坛子,什么东西都拿来分,然后要地主扫地出门,把地主捆着在高台上面斗,地主在台上就向人们低头。有个地主叫熊东(音译,人名),一伙人就说"打倒熊东咯,消灭咯",他往日剥削了人的,把贫下中农的田都收去然后租给农民种,他就到人家屋里去收粮食,他往日剥削了贫下中农的,斗地主就把他都剥削光,他的脖子上面挂一个石头压着,脑壳朐着,脖子抬着,旁边的人就叫他把头抬高点,一个石头压着很难抬起来,那也是造孽,用石头把脑壳一压就斗地主,让他们把粮食交出来,往日的金银首饰、现洋②都交出来。那时候人人都要斗地主,你不去斗就说你维护着他,你跟他有关系,"你不斗你跟他是什么关系啊?你还在包庇地主"?你不去斗地主别人就要整你,开批斗大会的时候人人都要发言的,他们说"是不是要打倒地主"?"是的,打倒地主",下面的人都要举手,你不举手,别人就说你跟地主有勾结、有来往,你维护着地主,你还不解放,开会的人就会整你。

3.分田

土改分田地我们家都是老人在管,我们没有管,就是把田照人头分,看外面有多少亩地,多少个人,就按照这个算出来一个人分多少田,那是我家的老人在管,我们没参加。往日地主家里都没有粮食,不知道他们是不是在之前就把粮食都处理了,可能是支援国家或者都卖了,他们屋里都没有粮食分。土改我们家里分了田经济条件就要好一些,分了田就有田种,往日没有田种的人造死的孽,没有粮食吃,分了田就可以种点田,在高处就兴点园种点菜,就这样过日子。

4.干部接触与妇女

土改工作队有女队员,我们家里还接待了工作队的,我们是贫农,工作队就在贫农家吃饭。"工作队,下乡来,贫下中农笑颜开,笑颜开","贫下中农,翻身的日子红又红,如今我们掌了印把子,紧紧抓住不呀不放松啊喂,紧紧抓住不放松"(歌词),这都是我们往日唱的歌。村里有妇女会,妇女会是我们湾上年纪大一点的人组织的,她们就是去开会,然后她们也去斗地主,地主的东西怎么分就是她们去编出来,哪家是地主,哪家是贫农、中农,就把地主的房

---

① 稻场:指晒稻谷的场地。

② 现洋:一种钱币。

子分给贫下中农住,这样地主的房子就充了公,那时候你不斗地主就没有你的房子,斗地主真是斗得吓人,像我们年轻人就是基干民兵,就去唱歌。

(四)互助组、初级社、高级社时的妇女

1.互助组

最先开始是搞互助组,按家分组,一个组就有十家,十家有几十个人,一个组的组员都合着做事,湾子大的有三四组,入组是干部决定的,他们规定哪十家人一组,往日的牛也要入组,种田要用牛耕田,往日牛少就分着用,哪个组用多少天,一个组用多少头牛,然后轮流着来用,比方一组用了然后二组用,二组用了三组用,我们湾上的牛用不过来我们还要去田里踩谷兜子,田里割的谷兜子就直接用脚踩,踩了就在田里烂着做肥料,之后栽秧的话就有肥料,如果不把它踩在田里之后栽秧就会硌手,谷兜子是硬的,踩烂了就化在了田里。入互助组我们都愿意,不愿意入的话就只能一个人单做,这样就没有人照顾,合着一起做的话有的组没有钱买种子、买肥料,政府就会贷款买种子、买肥料,要是不入互助组自己一个人遇到困难就没有办法,只能一个人望天,没有人照顾,要是入互助组就有个帮助,当时入组我家都愿意。

2.合作社

互助组末了发展成合作社就成了大集体,一个湾子的田都一起种,那时候我们都同意搞集体。都是集体种田,有了集体就有了队长、组长。屋里的农具都归到社里去了,犁、耙、栽棍①,我们都去耕田、耙田,这些活我会做,还有扯秧、栽秧我都去做。

3.女干部

我们湾上有一个妇联主任,不记得是哪一年当的,我嫁过来的时候当的是妇女队长,我是1958年来的,就是1958年、1959年当的女队长,队里看我没有伢,看着我会做事,我总是在种田的地方做事,队里就选我去当女队长,当女队长就是去做无名英雄,我就把湾上的女伢们,把才嫁过来没有孩子的女将集合起来,去把人家黄了的谷割着,白天就去看哪个田里的谷能割,就在那插一个旗子,晓得哪个田可以割,晚上就去把人家担把田的谷割了,然后人家发现了就说"我的田被无名英雄都割了",之后放电影人家就表扬这个无名英雄,把名字念下。我当女队长都是带头做事,栽秧、割谷、挑草头都做,人家没来上工我就先去挑,开会的时候就去喊湾上的人,然后去搞下宣传。开会一般是男将多些,开会的有妇女队长、男队长、组长,就是这些人去开会,然后开群众大会就是上面的人讲话,那队里的人都去,开队里的小会就是队里的小干部们去开会,开干部会人就少些,干部会是干部到位开会,开群众会就是群众到会。村里有人吵架的话就是妇女主任去调解,女队长一般就是带头做事。

我当队长的时候,最为难的工作就是这个种田的农具不足,还是需要上面支持,要是有支持的话,田里的收入就大些,要是没有钱的话田里肥料用得少,那收入就小些,那就没有多大的收入,搞合作社末了都集体了就好了,有政府贷种子、贷肥料,那有困难的人都贷好了。

4.分工与分配

合作社的时候男女都出去做事,女将做女将的事,男将做男将的事,男将就挑担,女将就做轻桑(松)事。女的扯秧,男的就挑担,打出谷来就按人分,看一个人分多少,要是工分做

---

① 栽棍:**zǎi gùn**,指一种农具。

够了,粮食就都拿回去,要是做的工分少了,你分的粮食比工分多那你还要出口粮钱,好比你家有六个人,工分换这个粮食的钱不够你就要出钱,把粮食做出价来,把对应的钱给队里,出口粮钱,你的工做少了,工分少了不平衡就要出钱。有的还要退钱,有的家里工出得多,那队里还要退钱,我家一年就喂一头猪给人家,我家六个人,伢们在读书,就是我们两个老的做,做了工分拿不回就出口粮钱,像有的人家里孩子少,那工分就能做平衡,工分换这个粮食就够。

(五)妇女与人民公社、"四清""文化大革命"

1.妇女与劳动、分配

(1)妇女与劳动

人民公社的时候一个大队的男将女将都一起挑担,也不管你挑得动挑不动,像挑草头要到顶前面去挑,看你挑多少担数回来,按担数计分,挑到稻场里来要挑一里多路,栽秧也是在顶前面去栽,就要挑粑粑过去吃,还要挑水过去化糖水喝。热天的时候热得不得了,人都受不了,我们有几个女将热得直接倒到地上去了,那是热干季,一直闷着不出汗,热气就闭在人心里去了,一闭就倒了,我们湾上几个女将都倒了,不做事又不行,不做事孩子口粮多又拿不回,收回来的谷都要用钱买。那时候在合作社,粮食和着收了就是公家的,你的分拿得回就不出钱,口粮拿不回就要出口粮钱。我的屋里六个人,还有一个爹爹,六个半人,一年就拿大几十块、百把块钱出去,一年就喂两头猪,到了腊月份人家算钱就把猪拿出去给人家,分做少了口粮拿不回,就只有把猪卖了把口粮钱给人家。现在撑到头了,我也不喂猪不喂什么了,但是人又病了,早先年轻的时候总是在外面做事,也没有病,还经常饿饭,人家吃午饭的时候我就没有饭吃,一两点要补货,我就要去把地里的白菜割个百把斤起来,我的老公就用一个板车拖到街上去卖,然后我再回来吃饭,差不多就是吃晚饭的时候了。

我嫁过来过了三天就去出工,塘里的水干了,里面都是浓泥巴①,可以当肥料,就要人去挖泥巴,挖了就用个篓子②往田里挑,挑了就泼到田里,往日没有钱买肥料就用泥巴施肥,施了肥就栽秧,这样挑泥巴一天可以赚五分,我就赚半个工。我的老公给我的压力蛮大,总是要我去挑粪,他一个人挑不了,两个粪桶有百把斤,在街上走五六里路挑回来倒到茅厕里,天亮了就又往园里泼,菜长起来就摘起来卖钱过生活。那时候我们还到街上去偷粪,偷粪回来给菜园里施肥,我们去偷粪就带一个粪桶,我守着粪桶,他就到处去偷粪,偷了把粪桶放在车子上面我就拖回来,到了白天就去泼粪。那时候日日夜夜挑,夜里到人家家里去挑,日里回来就到园里去挑,人家都说我家的老家伙总是把我弄着去挑粪。天天这样挑,队里有事还要出工,要是没有事还要做自己园里的事。队里出工也要到街上去挑粪,在队里浇一担粪记多少分,看那个粪是真还是假来打分,然后还要挑氨水,往日兴到那个化肥厂去挑氨水,一天看你挑几担,挑几担就写多少分,有人在那里守着记分。我们挑了就往茅厕里倒,倒了之后就可以去田里施肥,因为氨水都有肥气,粪就有真有假,氨水就都是一个样的,化肥厂里放氨水就去挑,回来就可以施肥,然后我们就到处去砍青草,那个草一长了一点就砍了,挑一百斤草记五分,就是半个工,我一次能砍百把斤回来,现在长得很深的蒿子也没有人砍,要是往日才长一点就都割了,割了就丢到田里踩在泥巴里烂掉当肥料。往日还要修堤,五月份去栽秧,栽了秧

---

① 浓(音译,nòng)泥巴:指掺了水的泥巴。

② 篓子:指挑土的器具。

就不管田里了,田里的水不让它干着。再就去做堤,做堤也要挑土、挑泥,每个人都分了任务,不修堤也就没有分。

(2)工分与同工同酬

男将做事赚十分,我们女将就赚七分,女将做的事要轻桑点,像那些挑草头、捆草头的事都是男将做,女将一般不会捆草头。生产队里反正一家的男将女将都去劳动,所有人都去,一般的活男的女的都会做,耕田的话一般就是男的耕,女的耕田的不多,会做的就做下。我会耕田,我在娘家做姑娘的时候学了的,我的爸爸不在屋里我就学着做。下秧一般也是男的下,下了秧就晒,晒了之后就有露汽,然后就上点水把秧养着,让它去长,长深了就到田里去栽,那不管男的女的都是一样做事。然后队里还有会计,有记分员,你今天出了工他都跟你写着多少分,会计、记工员一般也都是男的。生产队里面养猪、养鸡子是私人养,没跟队里一起养,我家养了一头猪,养了就交口粮钱。

(3)分配

生产队分口粮男女分得是一样,只按人分,不看男的还是女的,每个人都是一般多,就是如果你的工出少了,和粮食不平衡你就要拿钱出来。每个屋里都有自留地,自留地是统一的,队里按人口给自留地,一个人要给多少菜园是固定的,家里有多少人就给多少菜园,自留地都是自家种菜自己吃,其他大部分的地都是公家的,公家收的谷子,集体来分,菜就是自己在屋里做,自己的一点自留地,就是自己抽空做,要是工出少了该你自己活该,那样口粮就越是拿不回,口粮钱就出得越多。做工就写工分,你的工跟这个口粮平衡了那你就不用出钱,你要是口粮不平衡,你还差钱就要出口粮钱,就要跟人家打兑同①,好比你家要进钱,我家要出钱,就先借钱赊着,以后猪子长大了就赔给你。

2.集体化时期劳动的性别关照

合作社的时候队里对女的有照顾,女将怀了孕的就做轻松事,要是月经来了就不下水,我们在田里栽秧,田里的水到了膝盖,身上来了就不下田栽秧,不去挑担,像来了月经、怀了孕的女将就都在屋里烧开水,烧了开水就端给做事的人喝,或者在屋里扫渣滓、搞卫生,像我们没有什么事的就去做事,挑草头,挑里把路到稻床去,很有点远。要是身上来了的话就不做重事,不挑担、不下水,就跟妇女队长打报告,"我今天有情况",我当女队长的时候就跟我打报告,我就跟上面队长说哪几个人有情况不能去做事,到做事的时候就不喊她,这样就不扣分,还是算出工了的,她们还是去做轻松事。那挑泥巴还要薅水,薅了水到田里去倒,那怀着孕的人不能做那个事。总之有原因的就不去做事,挑不得的就不去挑。

在月子里就没有照顾,在月子里就一个人休息一个月,没有工分。其实照顾得也不多,像怀孕的人只是做事轻松一点,要是都照顾,人太多了也不行,那照顾不起,湾上那几年都是没有节制地生,一家生几个,根本照顾不起,队里又没有收入,那时候政府又没有计划生育的政策,一家生五六个,我生了四个就去结扎了。

有的女将会去做下夜工,有的女将孩子在屋里吵闹没有人招呼就不能去做,上夜班蛮少,就是我们去搞无名英雄的时候上夜工,那也是看情况,像才结婚的女将、没有孩子的女将,姑娘伢们,那就喊去当无名英雄,那有孩子的人不能去,去了孩子在家里没有人招呼不行,那都是要看情况的。队里没有专门照顾小孩子的托儿所。

---

① 兑同:音译,类似欠条。

3.生活体验与情感

(1)大食堂

我嫁过来的时候这边吃大食堂,饭都拿到食堂去煮,队里的人都去食堂吃,自己就不用在家里做饭了,家里没开火,都在食堂一起吃,刚开始都随便吃,没说哪些人分量不同,想吃多少就可以吃多少,再后来就严格了,我们在淮河做堤的时候就一个人半斤饭,肚子经常是饿的,我们打夯非常耗力气,总是吃不饱饭。那时候饭就用桶装着挑到堤上,做堤的人都来盛饭吃,会吃的就还是吃得多些,不会吃的就吃得少些。在大食堂吃就轻松些,我们年轻人都欢喜吃大锅饭,都觉得好,我来的时候正吃大锅饭,在家里吃很麻烦,在外面吃就很好,吃了把筷子碗一丢就行了,也不用洗碗,吃了就出工,免得在屋里油盐都没有,烧的柴火都难得弄到。我们在食堂吃了饭就去集体出工,"人民公社好,人民公社好,人民的公社好处说不了"。大炼钢铁的时候屋里都有锅有铁,那些都没拿出去,我们到食堂去吃饭,菜还是在自己屋里做,锅自己家都要用,没有拿出去。

(2)"三年困难时期"

后来大食堂垮了,没有粮食,我的公公就跑到街上去买菜粑,用一点粉子做的个菜粑,在那去排队站了蛮长时间买了粑回来度命。再就满处去买糊子、买糠,回来炒了泡着吃,就那样过日子。长的草、塘里长的虾蝇草、喂猪的虾蝇草都弄的炒着吃,真是造孽。那个时候我幸亏没有孩子,我来了三年才生孩子,那要有孩子更是不得了,生活都没办法过。

没有饭吃的时候借米的地方都没有,湾上都是种田的,都没有米吃,除非是富一点的家里,你就跟他借一点米他还看人,你还得起他就借,还不起他就不借,他看你穷了,要是借去没有还的就不会借。

(3)生活体验

我嫁过来的时候正饿饭,抬过来三天就去出工,做堤、挑土、挑泥巴,那时候没有饭吃,塘里面有野藕,队里就派人到塘里去弄藕,再拿到食堂去蒸,一个人半坛藕,就这样吃着过日子。我在这边做了三年的堤才添我的大女伢,淮河堤都是我们去做的。天天都要做事,不做事就没有饭吃,工分拿不到就要出口粮钱,我家也要出口粮钱,家里有三四个伢,工分做不回来就一年喂一对猪给人家。那时候没有私房钱,我家穷死,伢们太多了,五六个,现在一个伢、两个伢都养不起,那时候五六个,往日把伢们没当数。

往日国家穷死了,我们在家里种菜、种胡萝卜,每天就蒸胡萝卜吃,还把胡萝卜用袋子装着带到食堂去煮着吃,我的婆婆怕我们吃不饱,就用袋子把胡萝卜装着,拿到食堂里去蒸着给我跟我的老公两个人吃,这样贴下肚子也好一点。屋里的一点地都种菜园了,自留地都是私人种,地也不多,往日的地都是公家的,自己种菜园没有多少地,我们就在地里栽点胡萝卜,胡萝卜蒸着蛮好吃,吃蒸的吃够了,就把它剁得细细的弄点米一煮,和在饭里面吃,那时候都是吃菜饭,不管什么菜都剁得细细的放到饭里面吃。

后来家里没有烧的柴火,我就到八一农场里去砍草,到人家黄了的梗子上去割,结果被人家看地的人逮着去了,他把我的镰子抢去了,我就望着他说,说得都哭起来了,我说:"您做点好事,把镰刀给我,我半夜才来,我们在家里又饿,又没有柴火,回去家里人要说我的,男的要说我回去没砍到草,就硬要闹到蛮晚的",他把镰子放在仓库里面就把门一锁,我就在那里坐着哭,他就说我,"你的老公呢?"我说:"我一个人来的,我的老公没来,我要砍点柴火回去烧下,我煮饭吃没有烧的",我说我在梗子上头刚刚开始砍,还没砍到什么,又没妨害他的庄稼,他栽的秧都黄了,他不许人家弄,怕把他的庄稼弄坏了,就把镰子一下抢走了,我就在那里哭,湾上有些人就说,"把镰刀给她,这个女将造孽,她要是这样回去,她家老的看到没砍到柴火,就说在外头玩儿,要闹怨的,把镰子给人家",我拖板车去的,我说"您在我车子上头看,我车子一根草都没有",我刚刚下田他就来了,来了就把我的镰子都抢走了,我说要是我割了一车草就让他抢去算了,我又没砍到草,他还把我的镰子都拿走了,我说我回去交不了差,我家的老人压得又狠,看见我没砍到草肯定要说我在外头在玩儿,没砍柴火,我说"您不给我,我回去难的交差",有些人也是在旁边帮我说话他才把镰子还给我了,然后我就把车子拖到堤边上去,到那个陡堤边上去划草皮,挨着地上划,把草皮划了两片回来晒干了就拿着烧。

往日硬是没有烧的,我在化肥厂用个舀子把废水拦着,然后就把油撇①上来搞两个粪桶半夜挑回来,弄那个油回来烧,把草把子放到油里面一蘸,然后丢到灶台子里面蛮大的火,人家说这个烟子熏人,以后要得病的,我也是没有办法,硬没有烧的,不能煮饭吃只有这样弄。再后来就更加困难了,饭都没有煮的,完全没有粮食吃,我们就到人家种菜园的地方去捡胡萝卜叶子,捡回来洗了就做饭吃,放几粒米在里面一煮,煮了一滤,滤了一蒸,蒸了就做菜饭吃,没有粮食吃只能吃这个,往日能活过来也是不容易。

以前煮饭都是打灶、烧柴火,现在就是烧煤,往日我们都要去砍柴火、砍蒿子烧,真是造孽,我总到山上去砍蒿子、砍柴火,砍了把柴火晒干了就用车子往屋里拖,半夜都往屋里走,走回来就又拿出来晒,晒干了就扎成把子放在灶里去烧,现在都是烧煤气的,没有烧灶的,往日打灶把砖一砌,泥巴糊在外面,上面就放一个大锅,下面烧柴火就可以煮饭,煮、滤、蒸,煮个饭都蛮麻烦,现在把米一放饭就煮好了,现在方便多了,往日那就是造孽。

(4)妇女间矛盾

那时候一群人一起上工,女将之间总有一些矛盾,有的做事做得多的粮食就分得多一点,会多给个几两,有的不怎么做事的粮食就少给一点,拿得少的人就吵,"她是一个人,我也是一个人,为什么她的粮食多些,我的少些?""那是因为你出工出得少些"。有的人有时做有时不做,要是大家都不去做事,那个事没有人做,粮食都拿不回来,热天的时候蛮多人都不去栽秧,天气太热了在外面栽秧也是蛮造孽,那腿在水里泡得都起疹子,背后也晒,总是弯着腰栽秧腰也疼,蛮多人热天都不愿意去栽秧,结果分的粮食又少就要吵架。开会的时候就会批评教育,"有的女将又不愿意做事,东西又想要得多一点,像那样就不行,那样就要改变,要都出工,那大家分得都是一样的,你时做时不做,要是都像这样那队里的事谁做?那热天谁去?"那时候热天到田里做事又热,队里就挑一篮香瓜去,做事的人就一人发一个,在屋里不做事的人就不发,有意见的人没有地方去提,人家会说:"你也去田里做事,还不是可以一样的吃香瓜,你不做就不发,那是当然的",太阳底下晒死,又要在田里佝着做事,吃个瓜也不过分,有的人在屋里还要骗粮食,又想不做事,又想吃国粮,没有这个道理骗。

4.对女干部、妇女组织的印象

合作社的时候,我在队里当过女队长,队长是带头做事的队长,我没有文化,当时要选妇女主任,队里要我当我不当,妇女主任要有文化,有什么事情要讲话、要写字,我做不来

---

① 油撇:指撇开水舀油的动作。

就不干,我当时来了三年没有孩子,我就爽脱①些,队里就非要我当妇女主任,我说我不当,我没有文化,做事那是哈巴②事,出去做事带个头不用什么文化,当妇女主任就要有文化。当妇女主任也是有人骂,做事要是太积极、工作抓紧了、搞严格了就有人骂。像搞计划生育,妇女主任要人家去开会,不许人家多生,就有人骂她,"老子生伢与她有什么关系,还要她管着? 要我去开会我非不去,老子生伢吃她的喝她的?"当干部也是被骂,像这村里当干部一样有人骂,有的人队里的清免费没给,做事不合理那就一直骂干部。我家的清免费也没有给,我家没有谁去骂,我先要了几次,他就说迁坟的时候就跟我算,之后我就没去了,人家当个干部也还是难,像这迁坟还要到人家屋里去动员,有的不同意,要大队给多少钱才肯搬,干部做事也是难。生产队里面的干部大多数是男的,除了妇女主任、妇女队长其他就都是男的。

5."四清"与"文革"

我记得"四清",我家那时候还接待过"四清"的工作队,工作队的人在贫农家里住着,有的家里有金银首饰就拿出去,往日的老东西都要交上去,那做双鞋子上面绣了个花都要拿出去。我往日也拿了东西出去的,一对耳环拿出去了,再我的伢戴的一个万年箍③,还有一双绣花缎子鞋子都拿出去了,那原先遗留下来的东西都要收走,这是上面的一个政策,不知道是什么政策,反正每家每户都要搜到,有的人想得通就自己拿出来,思想不通的工作队就在屋里搜。我家是自己交出去的,我的女伢戴的一个银万年箍,邻居看见过的,我要是不拿出来隔壁的人就会来斗,"她的伢戴了万年箍没拿出来",他就要斗你的,要是工作队在他屋里搜东西,他就会说谁家的伢戴了万年箍没拿出来,他们有人说,我们就都拿出来了,我那时候一对耳环都拿出来了。那些老式东西都收走,不准留那些老东西。

"破四旧"的时候我屋里没有什么东西拿去烧,"文化大革命"那时候我们家里没受什么影响,我只听到说"文化大革命"革那些有缺点的人,有狠气的人都逮着就打,打得吓死人,有的人拖家伙打,那打得满处跑。

(六)农村妇女与改革开放

1.单干

往日先是入互助组,后来搞合作社,末了就分了单干,单干还是按人口分,看有多少田,一个人能分多少地。单干和合作社各有各的优缺点,单干的话自己的收入好一点,不用拿钱出去,不管做不做得出来都是自己的,合作社都一起做事,要是工分做得不够就要拿钱出去,出工的人多的工分就做得回,像我们做不回的人一年就很要拿几个钱出去。我家六个人,就是两个老的做,伢们就在读书。不过单干也难,合作社也难,合作社工分做不回要拿钱出去,单干自己做自己的也是累人,搞合作社不过是不操心,有什么事都是集体去做了,自己单干就要愁肥料,又要愁农具,锄头农具都要弄齐全,不齐全没有用的,集体就有政府贷。

2.土地证

往日老人有土地证,我们没有土地证,土地证上写的是爹爹的名字。现在这里要修路修

---

① 爽脱:指没有顾虑。

② 哈巴:指呆板、不灵活。

③ 万年箍:音译,指戴在小孩脖子上的饰物。

桥把田都占了,我的六个人分了三亩八四的田,把田占了,就照那个量算钱给我们。

3.选举

我在村委会投过票,选了村干部的,投票就是上面把人的名字说出来,你同意了就举手,举手就给你一张票,你同意就把那个人的名字写着,不举手就不写。再就是通过大会的时候把这个票数拿出来给大家看,看哪个人的多些,哪个人的少些,多些的就当书记,当大点的干部。再就是当村主任,村干部里面就是一个妇女主任,没有什么女的。

4.政府补贴

政府有对老年人的照顾,只要到了六十岁的老人都有这个补贴,我去拿了八百块钱,一年八百块钱(可能是政府养老金),我没有养老保险,养老保险是年轻人缴钱就有,他们年轻人也是缴几百,有钱的就缴千把,我的伢就缴了两百块钱,还是没有用,缴了以后老了就可以拿钱,我们老人就是缴钱保险公司也不会要,我们老人都已经完了账。我的姑娘伢也是有病,花了两万块钱,以后五十五岁一过就拿钱,像我们老人这一生就完了,都是年轻人买养老保险,我们老人缴钱他要都不得要。

5.合作医疗

合作医疗我年年都在办,合作医疗一百五十块钱一个人,我家四个人,花了六百块钱。我的媳妇加我的儿子两个人,还有孙子加上我,花了六百,我前几天就打电话给我儿子,我说我交合作医疗是借的人家的钱,他就把钱还给我了。合作医疗的钱每年都在收,腊月就收走了,一住院就报。买药没有报,买药要办一个证,要有四种病才能办,冠心病、糖尿病、血压高,还有一个病不记得了,只给这四种病办证,一年就可以补贴六百块钱,像我没有糖尿病,旁的病没达到他说的那个数字,糖尿病狠一些,不能吃甜的,吃饭还有滤米糖,粥都不能吃,说是粥里面含了糖,然后甜的东西不能吃不能喝,还是蛮严重,要打针打到肚皮上头,一个月很要花几个钱,那样政府就会照顾。

6.拆迁

苏岔兒这里要做房子、修桥,还要把河拉直,我们再过三四年就要搬迁,不过说是几年就搬可能还很要几年,村子前面修了桥,拆了十二家,现在做了环境房,做了还是不许住,做房子的人都是自己从口袋里搜出来的钱,自己买东西做的,房子都是上面承包给他做的,没给钱也没给担保,他就把门锁着,上面不给钱不给担保他就不把房子给人家住。

这里修桥把我的田都占了,我家四个地方的田都被压了,那块地之前种的包菜、栽的大蒜,那些大蒜坨要是挖起来要卖六七百块钱,现在那些地全都占了,大队里说要给清免费到现在都没给,实在没有办法,所以我昨天就到大队去闹,我说"你们给我的几个钱不把,我明儿要是发了疾病走了的话,我的伢要给你们贴大字报的,该给婆的钱都压着,去年要的时候不给,今年要的时候不给,你们没有好名誉的,你们不得自在的,我的伢要闹的"。大队的人昨天还跟我说好话,"过了年过了月半我就把钱算给你,清免费都算给您",他说得这么好就是要把我骗走,去年就说过了月半再说,今年又说过月半,他说"你先回去,我还有事,我要出去办公",然后我就走了。有的女将去就跳起脚来骂干部,我不像这样,骂了丢面子。有些脾气不好的人要是地被占了就拍起桌子闹,队里就把钱给了,我们又老实,慢慢地跟他说他就把你放在一边不管你,而且我的伢们又老实,他们算几个钱我的儿子就认几个钱,半个不字都不说,我说我的伢们太老实了,估计他还是不会不给钱。

7.休闲

我现在平时就跟婆婆们聊下天，没做事也没去打牌，打牌要钱，我不打牌，吃这些药就要花不少钱，没有钱去打牌，那前面屋里都是晃晃场①，都在打牌，我都没去。

六、生命体验与感受

现在我就落了一身病，腿痛、腰痛、肾积水，肾里面灌了水，到医院去看医生说要抽水，两百块钱一针，我怕把骨髓抽出来了就不要打针，这个病吃药也吃不好，病发了就腰疼，走路感觉腰这里放了一块砖头。腿也疼，我的儿子也说我，"你就在屋里坐着，不走哪里，你发了病屋里又没有人，那就不得了"，我说我没做什么，就是身上总是出汗，衣服都打湿了我就弄了个毛巾在背后隔着，不隔着就把袄子打湿了，天天都是这样，这个汗病就是因为往日做事做太狠了。现在那个水药，一个疗程就是七服药，七服水药就是三百六十块钱，那八百块钱的补贴就是两个疗程，一个疗程要喝七天，我去年的时候喝了六个疗程，屋里放了几袋子药。我家前面的一个女将说："您不用吃药，越吃越垮，我的一个爹爹也是出汗，不管在哪里都办不好，一个熟医生就跟我说了实话，这个病您不用吃药的，越吃越拐，我的爹爹往前拖还拖了两三年，拖到了八十岁走的，医生说这个病治不好"。这是熟人说的实话，要是旁的生人不会说实话，旁边的孙医生巴不得你在那里捡药，捡药他还有奖励。熟人说了实话我就听信了，我说我再不吃那个水药，那个罐子烧水用火熬，一天要熬三次，太磨人了。后来我的女伢买的这个水药弄的圆丸子，她说跟水药一样。那前几天又买了两盒，我说我还是在出汗，她说："您这吃了一盒哪里好得了"，我吃了十几颗，不晓得要用多少钱吃药，我说不管它，让它去，慢慢地撇②，这个汗病没有办法的。还有这个肾积水坏事，肾里面积了水走路就腰疼，腰后面像棍子在打，这不是什么病，就是往日挑重了担落下的。

像我这七八十岁的人都造孽，现在的年轻人快活得很，现在的伢不怕多，吃得好、穿得好、玩得好，只怕我这老一些的人造孽，总是种菜园，赚一两个钱买的吃、过生活。现在生活好了，我们人也走到头了，没有办法，八十岁，到了这么大年纪也要死了。

---

① 晃晃场：指麻将场。

② 撇：指勉强支撑着身体过生活。

YC20170104LHG　李焕果

调研点:山西省襄垣县西营镇磁窑头村

调研员:尹超

首次采访时间:2017 年 1 月 4 日

受访者出生年份:1935 年

是否有干部经历:否

是否生育:是

受访者结婚的时间节点、生育子女的具体情况:1953 年结婚;老人共生了四个孩子,1954 年生了第一个孩子,第一个是女儿,第二个是儿子,后两个是女儿。

现家庭人口:5

家庭主要经济来源:务农

受访者所在村庄基本情况:磁窑头村距西营镇政府所在地有 2 千米,全村由 3 个自然村组成,共 261 户,916 口人,有党员 51 人。全村共有耕地面积 1980 亩(约 1.32 平方千米),是纯农业村。全村均为汉族,大部分青壮年外出经商或打工,大部分老百姓以种植业为主,其中主要以种植玉米为主。近年来在镇党委、政府的引导下,支村两委紧紧抓住沼气建设的契机,积极发展沼气用户,现在已经有 35 户村民顺利地用上沼气。为增加农民收入,支村两委2017年准备新建农业蔬菜示范园区,目前正在施工。村中现有一所小学、一个农家超市、一家卫生所,基本满足全村村民上学、购物、就医的日常需要。

受访者基本情况及个人经历:李焕果,2017 年八十二岁(1935 年生)。从小吃了很多苦,父母早早就去世了,在继父、继母家里长大,家境十分贫寒。十八岁出嫁,十九岁生育第一个孩子。生有四个孩子,第一个是女儿,第二个是儿子,后两个孩子也是女儿,现都已成家立业。丈夫家境贫苦,老奶奶是一个特别勤劳的人,吃苦耐劳,里里外外的活儿都做。一生心血倾注于自己的孩子和家庭。老奶奶和老伴儿单独居住,儿子经常在外打工,有时回家看看老人。老奶奶身体还算可以,就是腿脚不好,走路需要人搀扶,好在经过老伴儿的悉心照料,老奶奶能拄拐棍走几步了。老人勤劳一辈子,为家庭奉献了一辈子。

一、娘家人·关系

(一)基本情况

李焕果,木子李,火字加免,果就是果实的果。1935年出生,今年八十二岁。我爸爸叫李福保,我妈妈叫范来弟,小时候早早就没有了爹和娘。像我在七八岁就没有爹了,没有了当家人了,我在十二三岁就没有娘了,我娘带我改嫁到这家人来,后来我娘死了,我后爹就又娶了我后娘,我后娘对我好,因为我肯劳动、勤快。后来在她手里边我出嫁了,人家对我不错。因为我们这辈都有个焕字,我四爹家有的叫焕英,有的叫焕真,我叫焕果,在我家里是老大。老一辈们给起的名字。我们家兄弟四个,有一个哥哥、两个兄弟。哥哥早就死了,两个兄弟当时养不活,早就给了人家了,现在一个死了,另一个还在。我爹死了,我娘领着我和两个小弟弟,当时担心孩子们养不活,就把那两个小弟弟送给了夏良的一户人家。我娘改嫁了,我哥哥放羊,没有人管他,我跟着我娘到了另一户人家。没有人管我哥哥。我哥哥叫李幸未,有四个儿子、一个姑娘。我哥哥是个党员,他三儿子叫李来生,当初是把他三儿子给到了剧团。他有一个姑娘,去年才死了。他四儿子叫李贵生,他二儿子叫李贵芬。我三兄弟的两个孩子都不错,一个是国税局的局长,另一个是土地局的局长。他们管我叫姑姑。我十八岁出嫁,十九岁生了第一个女孩,叫赵兰英,第二个生的是男孩,叫赵英棠,老三叫赵小英,这是个姑娘,还有一个姑娘叫赵巧英。

我这一生也没有好活了,现在生活好多了,不愁吃,不愁穿,每天吃白面,想吃什么就吃什么,好生活呀。

(二)女儿与父母关系

1.出嫁前女儿与父母关系

(1)家长与当家

小时候家里面的钱一般都是父亲管,父亲死后,一般都是我母亲管。我母亲去哪里她都要带着我,后来我母亲不在了,继父就又娶了后妈,继母的名字叫白贵才,嫁的这个老头叫周武海,也就是我的继父。我母亲去世了,把我留在了继父家里,我每天劳动,他们看见我勤快也就留下了我。小时候我可受苦了,走到哪里也都得伺候人家,受了一辈子罪,命苦呀。钱财一般是我的继父管着。我的继父下窑了,挣回来的钱也经过我后妈的手,内当家就是说我后妈,把家里整理得利利索索,外当家就是说我继父。但是遇到大事都是我的继父做主。

(2)受教育情况

我小时候没有上过学,不识字,当时也想上学,家里条件不行,后来又早早地嫁人了。家里穷念不起书,要不也不把兄弟早早地送给了人家。上学虽然花不了多少钱,但是当年家里困难上不起学。我每天在家里劳动,扫地、喂牲口、切草、和面、磨面。那会儿家里没有钱,每天只是能吃饱饭就行了。没有人给你买书、买本。那个时候在后妈、后爹手里,每天能吃饱饭就行了,天天在家干活儿,农村里的孩子苦呀。没有人支持女孩子去上学,因为大部分都是穷苦人家,都上不起学,所以不支持女孩子上学,女孩终究是要嫁人的,嫁出去的姑娘泼出去的水。

(3)家庭待遇及分工

在家里当一家人吃饭的时候,先给男孩子盛饭,男孩子吃饱饭了,然后才给女孩子吃饭,男孩各方面的待遇要比女孩子好一些,男孩子能传宗接代,女孩子不能呀。所以男孩子和女孩子是有区别的。到现在也是重男轻女,生下男孩子,全家高兴都说好;如果要是生下女孩,就说那"也"好。给压岁钱,男孩子和女孩子给得也不一样,男孩给得多一些,女孩给得少一些,重男轻女一直就有。在这家里男孩子是想吃啥有啥,女孩子就不一样了,女孩是有啥吃啥,截然不一样。洗衣、做饭、纺花、织布一般都是姑娘们的事,男孩子不干这些。我哥哥就是给人家放羊,挣点钱回家。

(4)对外交往

民国以后男孩女孩都可以随便出门了,没有什么特别的讲究,大家在一起吃饭也没有什么禁忌的。就是在遇到赶庙会、赶集市、看戏剧、喝茶等一些社会活动女孩子不能参与,父母看得特紧,女孩子不能随便出门,怕出门后遇到坏人欺负了。

(5)女孩禁忌

女孩子在出嫁以前,不能与男孩子随便乱跑,衣服穿得要整整齐齐,可以和邻居家的男孩子在一起玩耍。到了十四五岁就不行了,大人就不让随便出门了。一般办事情不打发女孩子去办,出门办事一般用男孩子。女孩子不能随便出去见人。洗衣服的时候,男孩的衣服和女孩的衣服要分开洗,一般情况下先洗男的衣服,后洗女的衣服,男的和女的衣服不可以在一起晾晒。男的衣服晒在上边,女的衣服晒在下边,这是有讲究的。

2.女儿的定亲、婚嫁

我在十八岁的时候定的亲,我们那会就是自由婚姻了,家里已经干涉不到了,我们前一辈人都是父母主婚,到了我们这一代就是自由结婚了。结婚的时候,新娘那个红头盖是不能随便揭开的。结婚的当天女孩子赶天黑才来了,一般是提上草把、点上灯笼去接亲,晚上才能来了,直到进婆家前,新娘的红头盖一直不能揭开,不让见星星。那会儿大概是解放后,1952年时期。娘家陪驴子、扁担、耙子、箩筐,就是以后要劳动呢。那会儿就是那样的形式,改革了,让人们以后要劳动。我们当时在一块儿已经很熟悉了,只不过就是找了个媒人,这家说说,那家说说,其实家里的人已经都熟悉了,媒人就是走个形式,他什么也不管。媒人就和交易一样,那个年代就是买卖婚姻,媒人也要钱的。我们那会儿没有要钱,搞成了就是多少现洋,陪什么东西事先说好了。现在比以前要的彩礼钱更多了。当年因为我个人的思想就是觉得人家可以,愿意嫁给人家。人家当过民兵指导员,当过小干部,那会儿经常在一块儿开会,开会的时候就觉得人家是个上等人才,就愿意嫁给人家,觉得人家是人头前的人,当的小干部,我觉得就想嫁给人家。当年我们没有用媒人,只是当时找了这么个人,从中间说了说话,看看两家人有没有疙瘩,从中间说合说合。媒人说媒是要给报酬的,大报酬给衣服,小报酬给一些吃喝,烟了、酒了。过去的媒人说成个对象不容易,他就要从中说一些好话,那会儿媒人就要二十元现洋或者三十元现洋,最少也要十元现洋,这里给不起。介绍人也算一个职业,介绍人不是坏人,就像现在买猪,要把钱放在那里,现在也有介绍人。现在做个买卖也要给中介人钱的。越穷越要得多,穷人找穷人就要彩礼了,要不然他就没有办法活。就是这样的,越穷越要彩礼多,越富越不要彩礼了,她要上彩礼有什么用呢?没用。当年结婚要写婚约的,还要合一合生辰八字,不过我们当时没有写婚约。我们那会儿抗战胜利结束了,新中国成立了,我们是1952年结的婚。在当时就算是先进了,没有找什么麻烦,谁也干涉不到我们。有的人写婚约了,什么时候上轿,什么时候回门,三天做什么,七天做什么,都有了,直到现在还有婚约。我们结婚就没收什么彩礼，就是娘家给陪了一些东西，给买一些衣服，给陪一些衣服，给买三身衣服，一身单的，一身夹的，一身棉的。一里一表的衣服，就算是夹衣服，这是最简单了。我们那阵八路军就是强调这一些，现在就不行了，现在的彩礼大，一般最少要十万元钱，您给人家买上家了，人家才嫁您了，或者买上家，买上车了，人家才嫁给您了。女方就好说了，有了就陪一些，没有就不陪了，最低也要陪个柜子，我妈就给陪了两个柜子。后来我的姑娘们出嫁的时候，陪裁缝机呀、柜子呀，陪得就多了。我婆婆结婚的时候陪送了七套，太师椅子也是两个，在那会儿就算是陪得多了，嫁妆最多。找个有钱人家就不要钱，财主找财主家就不要钱。越富越不要钱，越穷越要钱，现在的社会也是这样的。

姑娘刚嫁出去，一般哥哥都要过去看一看。最多十来天就要回门，一般叫九了，到了第九天，娘家的人就要派人来叫您回门，姑爷也要一块儿回门，一般没有硬规定，现在没有这些规定了。回门的时候都要带点东西，带不带都行，没有什么可带的，不带也行，带一些吃吃喝喝就行了。我们这里没有什么讲究，出嫁的姑娘回娘家了可以和姑爷同宿，有的地方就不行，特别是家里有男孩子的，据说是对这个男孩子不好，怕给这个男孩子带来灾难。

解放以前，咱们村里还有童养媳，童养媳就是没有结婚以前就到了人家家里，伺候人家，直到能结婚了再办酒席。童养媳不要写契约，就是把姑娘给了人家，过一段时间给他们办了就行了。娶媳妇就是年龄到了自然娶过来。童养媳就是不到年龄，先放到男方家养的，到了年龄再从娘家娶走。彩礼钱没有什么区别，多少也要陪点东西。童养媳和娘家的关系不走动，在人家那里劳动、干活、伺候人家，到了结婚的年龄再回来。从1938年到1949年之间天天都在打仗，日子不好过。前方打仗，后方送粮、送衣服，天天打仗，农民参战，日子过得可苦了。

在咱们村里当年还有换亲的，您家也没钱，我家也没有钱，咱们两家谁也不用麻烦谁，我把我家的姑娘给您家当儿媳妇，您把您家的姑娘给我家当儿媳妇。当家人感觉两家条件差不多，孩子们愿意就这样办了，否则也不行呀。解放以前，男孩子家里条件不好，找不到老婆，兄弟们多，女方家里没有男孩，只要两个人愿意，这样就可以招入赘女婿，也就是现在说的倒插门。如果入赘的女婿不孝顺了，他还可以走呀，也可以离婚啊。婚姻以男的为主，如果离婚了让男方走，男的心里不好受呀。因为这个家以男方为主，这种情况少。解放以前入赘的男的不能分家产。如果当家人死了，入赘的男的是可以作为当家人的。入赘的男的如果生了孩子，这个孩子的姓可以跟男方的姓。

3. 出嫁女儿与父母关系

出嫁的姑娘可以在娘家吃年饭，但是不能在娘家过年。如果姑娘离婚了，年三十和初一是不能在娘家过的，必须要到姑姑家或者姨姨家去过年。出嫁了的姑娘，除了过年、大年初一不能在娘家过以外，剩下什么节日都可以回去的。有时候过年都是自己回去看看就行了，随便带一些东西，带一些吃吃喝喝的东西，想给父母买点衣服也行，就是觉得他需要什么了给他买点什么。出嫁后的姑娘再回到娘家就是客人了，娘家里的事情管得也就少了。娘家里有什么事情了都是男的可以管的。家里有兄弟、哥哥了，他们主事，您只是可以帮忙就行了，您要是有条件了，就可以多帮助一些的。如果出了嫁的姑娘管娘家里的事情多了，婆家就会有意见的，那就要看这个姑娘能不能主了事呀，姑娘有这个权利了，男人就管不着；姑娘如果没有这个权利了，她就要和这个男人商量商量，看看能管多少。如果我和丈夫闹矛盾了，我自己就回到了娘家,回去还是住自己的屋子。过段时间,他也会去接我的,他也认个错,把话说开就没事了。那会儿的时代和现在的时代不一样,思想就不一样。一般情况生气了,男方就找个中介人前去说和说和,这种情况现在少了。父母也是看情况了,如果姑娘在男方家里不好过,太受苦、受气,就主张离婚;如果要是还能将就过,就主张他们继续在一块儿过,总要把这个事情办妥了。嫁出去的姑娘泼出去的水。这是古代老人们留下的话,没有错。

二、婆家人·关系

(一)媳妇与公婆

1.婆家婚娶习俗

我们那会儿就是自由婚姻了,家里已经干涉不到了,我们前一辈人都是父母主婚,到了我们这一代就是自由结婚了。结婚的时候,我在家里等着,人家骑着驴、吹着音乐就来接亲了,派一些咱家的亲戚,还有人家的一些好朋友。这里不需要跨火盆,没有这项仪式,当时拜堂的时候没有什么禁忌。吃完饭了,给大人们磕头。有些属相不合的要回避,二婚的和怀孕的也要回避,家里有办过白事的也要回避。结婚以前我们要到地里去上个坟。坐席吃饭不分男女,只分长辈和晚辈,长辈坐上席,晚辈坐下席或者旁边,媒人也要坐上席,和新娘一起过来的送亲客也要坐上席。九天之后回门,在娘家吃顿饭再回到婆家,这事儿就算是结束了,没什么过余太讲究的。

2.分家前媳妇与公婆关系

我们结婚前公公就死了,我就有一个大伯子,平时大伯在外地干活儿,不回家来,只有嫂子和她的孩子们在家。我婆家没有什么讲究的,每天在一起生活了,和睦相处就行了。到我生完孩子之后,婆婆一直帮我在家里带孩子,我就能下地劳动、挣工分了,等中午下地回到家的时候,婆婆已经把午饭做好了,我们婆媳关系相处得很好。假如媳妇和婆婆有矛盾了,有的男人站在妈这边,有的男人站在媳妇这边。懂礼的男人怕自己的妈受气,就站在妈这边;有的男人怕老婆,就站在媳妇这边。我与婆婆之间没有什么特别的讲究,没有严格的尊卑之说,和现在的情况没有什么区别,不需要格外对婆婆照顾、行礼或者请示。

3.分家后媳妇与公婆关系

我和婆婆家相处得一直都很好,我们结婚前公公就死了,婆婆一直和我们在一起生活,有时也避免了拌嘴,我当小的了,我不吭声,拿上农具就上地里去干活儿了,等下工回到家也就不气了。我把婆婆一直伺候到死,我婆婆八十八岁走的,在炕上整整躺了两年,都是我每天一口一口地喂她吃饭、端屎送尿,没有生过气。老人年龄大了,老人当年带的两个孩子,把他们拉扯大,不容易呀,所以我们应该对老人好点。上行下效,儿子现在对我们也挺孝顺。

(二)妇与夫

1.家庭生活中的夫妇关系

(1)夫妇关系

因为我们是自由恋爱、自由结婚。婚后我们的生活相处得一直很好,有时也有一些吵吵闹闹,有时生气了,我就跑回到娘家,一住十来天不回去,老汉就到娘家来叫我,给我说两句好话,都是自己家的人,我消消气,然后就跟着人家回去了。两口子之间就是吵吵闹闹一辈子。现在有时也吵,不过我厉害,他一般让着我。遇上大事情了,还是人家做主,家里的小事情我做主。

(2)娶妾与离婚、婚外情

解放前一般是大户人家有钱才娶妾,他们娶妾的时候根本不和老婆商量,有的甚至娶二房太太、三房太太,大老婆不能管,也不敢管,要不然就把你休了。以前不允许女方离婚,女方要是离婚了,娘家的人在村里没有脸见人,抬不起头,整个村里的人都会在背后指指点点,感觉很丢人。解放以后实行了一夫一妻制、男女平等了,男子娶妾的情况少多了,女人在家的地位也提高了。就离婚呀、婚外情这些都要是看夫妻之间的感情了,夫妻之间的感情好了,就不存在这些情况了。

2.家庭对外交往关系

家里遇上什么大的事情都是老汉往外跑了,他经常在外干活,接触的男人比较多,家里有什么小的细活儿都是我干了,我接触的女人多,家里婆婆妈妈的细活儿我干。遇上一些事情了,两人商量的来。

(三)母亲与子女的关系

1.生育子女

(1)生育观念

从老人的思想观念都是要儿子,如果要是生了儿子提东西去报喜,挨家挨户告诉要做满月,心里感觉是要儿子好。一般请亲朋好友、左邻右社的邻居,村干部也要请一些,带上二尺布来捧个场面,大家高兴高兴。娘家给姑娘做一身衣服,给小孩子四尺布还给大人、小孩都要买一身衣服、鞋子、帽子,有的是做了,有的是买了。如果要是生了女孩,就不摆宴席了,自家人在一起吃顿饭就可以了。生男孩和生女孩不一样的,婆家的态度就不一样了。孩子出生以后,三天以内要去祖坟祭拜了。

(2)子女教育

我共生了四个孩子,一个儿子、三个姑娘,老大是个姑娘,老二是个男孩,老三、老四也是姑娘。姑娘、儿子都让他们去上学了,当初是我家的成分不好,姑娘没有被推荐上去,人家只推荐贫下中农的孩子去上学。我的孩子们没念好书。只要孩子们要想学,我们就会供他们继续上学。在家里面,对儿子要优先对待,有新衣服先让儿子穿,做好饭了先让儿子吃,姑娘最后再吃饭,有新衣服了也是先尽儿子穿。

(3)对子女权力(财产、婚姻)

在结婚前儿女也没什么钱,有钱都是我保管着的,这么大一家人,儿子、姑娘要吃饭、要娶媳妇、要嫁人呀,都用钱呀,娶媳妇、盖房要花钱呀、嫁妆也要花钱呀,钱都是给儿子盖房、娶媳妇了,俩姑娘的嫁妆也花了不少钱呀。现在不实行娃娃亲了,现在是自由婚姻,他们自己找的,不用媒人说媒了,能过到今天不容易呀。

2.母亲与婚嫁后子女关系

我和儿子从来没有分过家,儿子只是搬出去住了,他也经常回来吃喝。现在还没有分家,就他一个儿子,不分家。他经常回来吃饭,住三五天就走了。他经常领着媳妇回来吃饭,不给钱花,我们就是靠着国家每个月给的生活费活了,够我们自己生活就行了,不用问儿女们再要钱。两个姑娘对我蛮好,经常回来给钱、买吃的、买衣服,衣服都穿不完了,还有好多吃的。我就是把自己的身体搞好,不要给孩子们添麻烦。

三、妇女与宗族、宗教、神灵

（一）妇女与宗族

该村庄无宗族传统，数据空白。

（二）妇女与宗教、神灵、巫术

1.灶王爷的祭拜

灶王爷的祭拜一般都是老人做的。阴历腊月二十三，把锅灶刷洗得干干净净，然后给锅里放一些供品，还要在灶门口烧香、磕头，一般磕三个头，把灶上的一切准备好之后，去后边山上的一个山神庙里烧香、烧纸，祈祷来年能有个好运气、有个好兆头，来年生活红红火火，有吃有穿。

2.腊月三十敬神

腊月三十去土地庙敬神，带上家里面好吃的、好喝的。一般是男的去，如果家里没有男的妇女也可以去，到土地庙之后放鞭、点灯、烧香、烧纸，土地庙敬神之后就可以回家吃饭了。过年祭祀主要是为了祈求平安健康，避免鬼神来找麻烦。

四、妇女与村庄、市场

（一）妇女与村庄

在出嫁前正月十五去看灯时，一般都是和爹妈一块儿去，如果爹妈不去了，那就和兄弟姊妹一起去，总之不让一个人单独去。如果有伙伴儿一路去了，就可以在正月十五去看灯啊，看踩高跷啊。村长、社长都知道的，都经历了这么长时间呀，姑娘出嫁以前是不能随便出门的。到了土改时期，我有时候也去开会啊，那土改的时候我天天开会去啊，平常开会都是老伴儿去得多。

（二）妇女与市场

出嫁前也去上街啊，只不过去得少，没钱去上街。我是结了婚以后才开始学纺纱、织布的。纳鞋、织袜子都是手工织了，晚上点一点煤油灯，纳鞋、织袜子可辛苦了。我母亲早早就死了，是我自己学的。在我母亲活的时候，我就跟着她学，那个时候普遍人都会，只要您去问一问，看一看都能学会了。当时就是那样的社会。做好了给自己家里的人穿，给哥哥、姐姐等，那会儿晚上点上洋油灯纳鞋、做活。我一天做五大尺布，有一些人能做一丈布，纺半斤花，我手慢，有时也给部队织布，那会儿国家收一斤线，给二斤花。织成布了，过年染成黑色的，给孩子们做裤子。把黑豆煮一煮，用黑水把鞋边刷黑，白鞋就变成了黑鞋了。一年能织五六丈布，做七八对鞋，仅供自己家里人用。集体化以后就没有人穿了，就是做好了也没有人要啊，集体化以后就不用织布了。在抗战时期，共产党让人们都纺花、织布，国外的东西进不来，只能这样，要不没有穿的。

五、农村妇女与国家

（一）认识国家、政党与政府

1.国家认识

那是从 1949 年解放以后开始知道了中华人民共和国这个词的，知道有国家了，在解放以前1948年的时候,就有人讲共产党怎么好、怎么好,做事怎么公道、公平,就开始给人们灌输这些道理,这些理念。共产党是宣传、演戏、唱军歌,国民党是飞机、大炮、坦克车。共产党是搞宣传了,家家户户、大人小孩都知道宣传抗战了,不当亡国奴。把日本人打跑以后,国共两党就开始战争了。

2.政党认识

解放以前,经常有人来村里宣传,宣传共产党好。我就知道了共产党,也知道了国民党。共产党来了,解放了妇女,提高了妇女的地位,经济独立,打倒了地主恶霸,让穷苦人们翻了身,允许妇女走出家门,参加各种活动,允许妇女加入共产党,参加革命活动。现在大部分女干部都不在了,最早的党员就剩下1948年的党员干部了,1948年的党员干部待遇高了。国民党来了就是抢东西,这些经过的逃兵看见什么就抢什么,不讲道理。

3.夜校

我父亲死得早,家里穷,没有钱念书,后来土改以后有了夜校,白天开会,晚上上夜校,从那开始知道了我的名字是怎么写的。是共产党来了以后,打倒了恶霸地主,提高了妇女的地位,男女平等了,我们才有机会上了夜校,才会写我自己的名字,上了时间不长,就不去了。因为家里的事多,忙不过来。

4.政治参与

我们家有两个党员,我老伴儿是党员,儿子是当兵时候入党的,党员的觉悟就是比老百姓高,我老伴儿做事情可认真了,从来不马虎,做出的事情还算是公道的,大伙都比较赞同,所以选队长、选组长,大伙都选他,他为人好。

5.干部接触与印象

解放以前的干部都是地下党员,不公开,您是个党员站在我对面也不知道,悄悄做着地下工作的活,老百姓只能维护他们的工作。解放以后的干部就公开身份,共产党执政了。解放以前如果您要公开身份是共产党,早就把您弄死了。所以解放以前的干部都是地下党,谁也不知道谁干的工作。他们一般在野地里开会,开完会以后三个传两个,两个再传五个,悄悄地传播信息。

6.女干部

解放前没有女的当干部,再大的能力也没有工作的资格。解放以后就讲男女平等,提高了妇女的地位,男女地位是一样的。成立了妇联委员会,女的当妇女主任,以前的妇女没有文化,一般都在家里待着,不出门。现在的妇女有文化,能说、能干。走出家门,不差于一般的男人,有的女人比男人能干。那些旧的礼仪、风俗习惯该废除的就废除,这对妇女也是一种解放。在1949年解放以后,妇女翻身得解放,在村里大部分妇女开始就知道了男女平等。这是共产党给妇女带来的好处,要不然村里的妇女可受苦了,地位抬不起来,总是围绕着锅台转。是共产党让妇女们迈了家门槛,解放了妇女,真正体会到了男女平等。这要感谢共产党,感谢毛主席,他们是我们的救命恩人。自从解放以后,妇女在家里的地位也慢慢地提高了,有些家里的大事情也和妇女商量,妇女也可以提意见了,也可以随便上街赶庙、唱戏、做买卖了。女的和男的一样了,什么都能干了。也没有什么禁俗的了。男人能干的活,妇女一样可以干。

7.政治感受与政治评价

国家搞计划生育是因为人口多了,控制人口的增长,要不然地球都站不下了,搞计划生育是必须的。但是人多些还是好事情呀。现在村里大部分年轻人都外出了,只剩下老人和孩子了。现在的年轻人不吃苦,人家只生一个孩子,说什么负担重,都不要二胎。不管怎么样,再生一个啊,管他儿子、姑娘都要两个,要不将来他们的养老负担很重呀。

(二)对 1949 年以后妇女地位变化的认知

解放前妇女受旧的传统思想的束缚,她们大门不出,二门不迈,天天待在家里,经常受婆家和丈夫的欺负,也不敢诉苦。解放后妇女翻身解放了,男女平等,妇女地位当然提高了,婚姻自由了,也可以出去参加工作了,妇女在家里的地位也提高了。

(三)妇女与土改

1.妇女与土改

当年在土改的时候,我还小了,也就十二三岁吧,不够格,没资格参加土改,也就没有人上门动员我参加土改,最低也是十六岁才能参加农会、参加土改。我只是见人家搞土改了,但是我没有参加。那些妇女在批斗大会上高声喊着:打倒恶霸地主谁谁谁,打倒富农谁谁谁,妇女的声音比男人的嗓门还洪亮,最后把地主、富农的土地、房屋分给贫下中农。那个时代就是把富的打下去,把贫穷的人拉起来,不让你太富有了,也不让你太穷了。

2.妇女组织和女干部与土改

土改的时候,咱们成立了妇女会,隔三岔五就要开个会。每年到了三八妇女节的时候,就要召集全村妇女们开大会,谁有苦难了都可以诉说,妇女们可以自由发言。土改的时候,全村就一个妇女主任,如果是个小村就一个常委,妇女主任都是上级委派下来的,她们也是穷人,当年穷人多。当年土改的时候,我娘家是贫农,分土地了,分得不多。爷爷家(丈夫家)是中农,他家就没有分到土地,他家刚跨上中农的线,他家就没有分。中农在"文革"的时候也受到害。

土改对我们这些穷人来说还是好的,没有田的分田,没有房屋的给你分屋,让这些穷人富起来。那会儿地主、富农的日子不好过呀,经常被揪出去批斗。

(四)互助组、初级社、高级社时的妇女

当年叫农业生产互助组,是共产党领导来了以后成立的互助组,是当年的农业生产合作社,分临时互助组和长期互助组。临时互助组就是三五个人组织起来,谁家有困难,谁家忙不过来,就去谁家帮忙,互相换工,您到我家干活,我到您家干活。长期互助组是有组织领导安排的、集体的行为,有组织、有计划的劳动。会经常开会,在开会的时候,就问愿不愿意加入农业生产合作社,如果同意加入农业生产合作社了你就举手,如果你不同意加入农业生产合作社,说说原因,就不用入社了。不过当年人们都愿意加入农业生产合作,都想把自己的土地搞好,多干活,多打粮食。当年也是我自愿加入的农业生产合作社。当年咱们村的妇女们也都是愿意加入农业生产合作社的。因为入了农业生产合作社以后,大伙一起干活儿,一起互相帮忙,谁家有困难了,大家一起去帮忙,挺好的。

当年在农业生产合作社的时候,有女组长了,我也当过女组长,记过工分。当年就是干得好的、干得积极的人就选拔你当组长。让你领导大伙好好地干,把粮食产量搞上去。当年就是有文化的人、有能力的人,不论男女,只要您能干,人家就选拔你当社长。当年在土改以后,妇女就可以在队里发言了,妇女就有了发言权了。当年在人民公社的时候,大部分男人都在外面,妇女在家里,当时妇女劳动得也过硬了,女人们干的男人的活,有的女人上水库劳动。我记得我们当时唱的是《社会主义好》,当时大街小巷都唱这首歌,大伙干劲可高了。

冬天刮的西北风,在地里冻得没有衣服穿,人就把草裹在身上,在地里干活,当年的妇女可受罪了。当时在人民公社的时候,经常喊的就是"农业学大寨,工业学大庆,学大寨,赶大寨"。队里挂的佘太君队、穆桂英队,打的旗旗,互相比拼。咱们那个地方是受苦的,妇女们什么也能干。过去有一种说法是不让妇女参加,比如在打仓的时候,不让妇女参加;就是收了粮食了,堆在一块打粮食,最后往起堆的时候,不让妇女参加。原因是妇女来堆了粮食,粮食就少了;妇女来堆粮食了,粮食就跑了。现在没有这个说法了,现在不论干什么都离不了妇女。

在我们队里,女劳力多,男劳力少。当时我们队里有五十来号人,女的占了二十七八号人,女的多,那些女的真是不一般,一个赛一个,个个都能干。就拿耕地来说,一般耕地都是男人干了,但在当时都是女的干的,女人干的活儿不比男人干得差。那时农业社要求高,要求一亩地要产三千斤粮,他们来了瞎指挥,又是查,又是量,什么等棒棒、划线线,天天在地里指手画脚,弄得老百姓没办法干活儿,农业社就是瞎指挥了,最后没办法干下去,农业社就解散了。

(五)妇女与人民公社、"四清""文化大革命"

1.妇女与劳动、分配

当时在合作社、在互助组的时候,男女没有什么区别,都是一样的干活。男人干的活儿女人一样也要干,没有区别的。有些女人干的活儿男人都做不了。现在女人在地里干的活儿比男人还要精通,女人在地里干活儿,不荒地,女人比男人干得细。比如秋天在地里打粮食了,女人都要把地里的粮食捡干净,女人也能把地里的活儿干好干细,不比男人差。有了孩子的妇女照样上夜工。因为当年家里穷,家里吃得紧张,白天干完活儿以后,晚上还要去上夜工。因为晚上干活儿既挣工分,人家又管饭,减轻家里的粮食问题。因为晚上管饭,人还抢着去了。

2.集体化时期劳动的性别关照

当时生孩子没有假,你自己知道了就不用去了,人家也不会给你算工分的,我记得很清楚,当时要生孩子了,人家劝我回家休息,那会儿我生完孩子以后,没有人帮我带孩子,我一边带孩子一边劳动,没有专门的人帮我带孩子,晌午干完活儿以后,赶快回家里看看孩子,给她弄点吃的、喝的,洗洗涮涮。村里的媳妇们可受罪了,又要下地干活儿,又要带孩子,回到家里还得做家务活儿。

3.生活体验与情感

当年去吃食堂时,那会儿也是一阵子,后来就各回各家里吃,我家里的铁锅、铁铲留在家里了,没有上交。那会儿吃的是份饭,有的人打上饭后,就回家吃了。

在"三年困难时期",我们家里是吃了上顿没有下顿,没有粮食了就去亲戚家里借点粮,来年打下新粮食还给人家。家里的粮食是优先男人吃,因为他们是家里的顶梁柱,他们吃饱了就可以到外面干活儿了。当年困难时期,家里人多,没有办法,我们经常上山挖野菜、苦菜,捡一些玉菱皮,有时山上的野菜、苦菜吃完了,就把野草也弄回来,开水煮一煮,拿上碱面水冲洗了,和淀粉搅拌在一块儿吃。

4.对女干部、妇女组织的印象

妇联主要是解决一些家庭矛盾,给妇女撑腰,给妇女做主了,不让欺负妇女,提高妇女在家庭里的地位。妇联主要是组织人们开会,现在的妇联只是个形式了,也没什么具体的事了。

5."四清"与"文革"

当年"割资本主义尾巴"时,只是听说了,但后来没有没收自留地。自留地是"资本主义尾巴",当年在墙上贴的了。有的自留地多了,赶快要减少;有的自留地少了,要往多里分。自留地多了,是要"割资本主义尾巴"的,所以谁家也不敢多留。

(六)农村妇女与改革开放

土地承包与分配。村里的分田都是按人口分的,妇女也分到了一份田,土地证上只有男人的名字,土地证是以户来说了,一般只写男人的名字。后来土地也确权了,农民有了一份生活保障。

20世纪80年代计划生育的政策和执行,刚开始人们接受不了,村里的人们主要是想生儿子,没有儿子的家庭就要被人家瞧不起、被人家欺负。所以计划生育的政策跟人们的思想风险发生矛盾了,有的人就冒着被罚款的风险也要生儿子。现在不一样了,生得多了,一般人养活不了。所以现在的年轻人只生一个、生两个,不敢多生。

六、生命体验与感受

现在老了,最苦的时候也过去了,最苦的时候就是小时候,我爹娘不在了,吃了不少苦。小时候,那会儿吃不上、喝不上,还得劳动,看别人的脸色。现在就算是最幸福的,要什么有什么,想吃什么吃什么,如果家里没有了,姑娘就给买回来了,现在就算是最好的。过去孩子们多吃不饱饭,有什么吃的也是先给小孩吃,每天早早起来就去地里劳动,晚上回到家里还得收拾家、做饭。等您什么也做完了过去吃饭了,一看没有饭了,孩子们早就吃完了。现在的时代好了,苦日子过去了,感谢共产党。

YC20170105FXM 冯雪梅

调研点:山西省襄垣县西营镇城底村

调研员:尹超

首次采访时间:2017 年 1 月 5 日

受访者出生年份:1934 年

是否有干部经历:否

是否生育:是

受访者结婚的时间节点、生育子女的具体情况:1954 年结婚;1955 年生第一个孩子,共生三个孩子,第一个是儿子,第二个也是儿子最后一个是姑娘。

现家庭人口:5

家庭主要经济来源:务农

受访者所在村庄基本情况:襄垣县西营镇城底村地理位置优越,位于西营镇东部,与红色旅游区王家屿接壤,交通便利。曾因优越的地理位置遭到日本兵的烧杀抢掠。邻村有北崔岭村、常家坪村。此地物产丰富,风景秀丽,空气好。全村辖有 1260 余人,2388 亩(约 1.592 平方千米)耕地。村民以种植业为主,外出务工人员较多,人均收入 4000 元。全村有 46 名党员,其中包括 6 名女党员。当地的主要农产品有樱桃、美洲南瓜、西兰花、水稻、洋蓟、透明包菜、莴苣。其中村内资源有黄河矿、冰长石、黑云母、铝土、膨润土。此地有机砖厂等企业。

受访者基本情况及个人经历:老人生于 1934 年,今年八十三岁,小时候上过几年学,二十岁结婚。生有三个孩子,前面二个是儿子,最小一个孩子是女儿(有轻微残疾),现都已成家立业。老伴已经过世多年,如今老人身体较为康健,略微驼背和耳聋,可以独立生活,大儿子在外打工,儿女们比较孝顺,经常回家看看老人。

老人的婆媳关系较好,一旦有发生冲突的时候,老人多半选择回避。一生心血倾注于自己的孩子和土地。因为生活没有其他经济来源,就是靠种地收粮食养家糊口。她特别的勤劳贤惠,只要有土地有粮食心里就踏实,是一位独立自强的受人尊敬的老人。

一、娘家人·关系

(一)基本情况

我叫冯雪梅,马字加上两点,下雪的雪,木字加每天的每。今年八十二岁。我的名字是当家人给起的。当年是腊月里生的,所以就起了雪梅这个名字。当年没有按辈分起名字,想怎么起就怎么起,很随意的。姑娘家就是随便叫了。我家兄弟姐妹有三个,我有一个哥哥,有一个姐姐,下来就是我,我排行老三。我哥哥叫冯水英,他已经死了。姐姐叫冯兰秀。姐姐是老大,她大我八岁,哥哥早就死了。姐姐也死了。我二十岁出嫁,我生了三个孩子。其中两个儿子,一个姑娘。小儿子不会说话。大儿子叫赵志明,二儿子叫赵玉明,姑娘叫赵玉萍。我大儿子今年六十一了,我二十二岁生的大儿子。老二和老大隔两年,玉萍和志明隔了六年了。

(二)女儿与父母关系

1.出嫁前女儿与父母关系

(1)家长与当家

那个时候都是父亲当家了,旧社会妇女不管钱,妇女不当家。解放以后,就是女的当家了。现在就是我当家了。当家的也可苦了,每年辛苦种地劳动,每年没粮食吃。过年了,家里没有粮食,没办法生活了,只能出去借粮食。有的人家过年了,家里没有粮食,为了生活,只能出去讨饭吃,过去这种情况可多了。正月里大过年的,两三个人拄着棍子上门来讨饭,没办法,当家的看到这种情况,从家里拿出两个窝头给他们,他们再三磕头,然后就走了。

(2)受教育情况

那会儿是封建社会,就不让女孩去念书,女孩只能在家里干活儿,我还是算不错的,当年念了几年书,后来火焰把脸、头发烧着了,就再也没有去念书。我哥哥当年是民兵,在家里做炮药,让我去点火,后来火焰一下泼起来,就把我的脸和头发烧着了,后来去医院住了一年多。从那以后就没有念过书。我的哥哥和我的姐姐从来没有念过书,他们不识字。村里念书的女孩子不多呀,大部分都是男孩念书,女孩在家里纺花织布,干活儿了,不让姑娘去念书。

(3)家庭待遇

我们家孩子少,父母对我们也不错,我觉得都一样。有的人家吃两样饭,女孩吃的饭就没有男孩吃得好,男孩和女孩不一样,在我家吃得都一样,没有这种情况。只不过是男孩子吃的饭稠一些,女孩子吃的饭稀一些,当年的社会就是这样的,我们家也是这样的。做好饭了先给男孩吃了,男孩吃完饭以后,女孩才能吃。家里重视男孩,有什么东西也是先紧男孩。当年我们小时候,也是这样认为的,家里男孩重要,有什么吃的,也是先紧男孩子。那阵子不买衣服,都是做衣服了,晚上点个小油灯,连夜做衣服。那会有钱也没有地方买布,都是自己织布了,当然是先给男孩子做衣服,男孩穿过的衣服,不穿了,女孩才能穿,那会儿的封建社会就是重男轻女。直到现在的社会也有这种观念,这是祖辈们流传下来的,根本改变不了。

(4)对外交往

过年去给别人拜年,家里大人一般是领男孩去拜年了,偶尔也领我去过一半次。过去男孩、女孩吃的两样饭,男孩吃白面,女孩吃玉茭面。吃玉茭面能吃饱也算是好的。一般往外借东西或者送东西,都是男的去了,不让女的去。外面露脸的事情都让男的跑,女的一般不出门。

(5)女孩禁忌

一般姑娘没有出嫁以前,是不让出门的。不能跟男孩一块玩,当家的就不让出门,更不可能和男孩一块玩耍。那会是旧社会,对女孩管教是比较严的。那会男孩重要,肯定是先给男孩洗衣服,最后给女孩洗衣服,人们根本不重视女孩。在晾衣服的时候,男的衣服晾在前面,女的衣服晾在后面。女人的衣服不能压住男人的衣服。现在没有这么多讲究了,男人的衣服和女人的衣服一块洗。在晾衣服的时,也不分前后了。

(6)家庭分工

我父亲下地劳动,我母亲在家里做饭,收拾收拾家,看看孩子,喂喂猪。哥哥和姐姐也是种地的,他们也没有干过什么。我也种过地,就是跟着大人们干一些轻松的活儿。哥哥耕地,爸爸撒种子,我跟在后边帮着撒。所以一般种地这些活儿,我也会。

(7)家庭教育

大部分家里都是男孩念书,女孩在家里纺花织布,干活儿了,不让姑娘去念书。我父母还算是不错的,让我去念书,哥哥姐姐都没有念过书,他们不识字。我是在村里念书了,上了几年小学,后来就因为烧着腿、烧着脸不能念了,我的父母很想让我们都去念书,只因家里穷,没办法只能让我一个人去念书。

2.女儿的定亲、婚嫁

我是解放后定的亲,那会条件也很苦的。当年媒人来介绍时,我父母感觉还可以,就同意了,结婚前不让男女方见面。如果结婚那天,你看见男方是个瘸子,你也得嫁给人家。父母之言,姑娘们是不敢反对的。父母主婚,好也是这,坏也是这,不允许姑娘反抗。那会是当家人跟媒人见面说了,就不问你姑娘愿意不愿意,如果父母定好亲了,姑娘不愿意也不行。父母之命,媒妁之言,到日子了,姑娘不嫁也不行。当家人愿意就行。当年媒人介绍完以后,要给媒人点东西,但也不多,主要请人家吃点饭。那会没钱,不给媒人钱。当年我定婚的时候,需要看我的生辰八字,要看看女方的生辰八字和男方的生辰八字冲突不冲突,是不是相克了,如果女方的生辰八字和男方的生辰八字冲突了,就不能结婚,男方情况再好,也不能嫁给他。当年在你定婚的时候,没有定婚仪式,只要双方大人同意了就行。婆家给姑娘买两身衣服就行了。在结婚的时候,就是不愿意也不能说呀,家里来了一堆亲朋好友,咱不能凉场(冷场)呀。当家人已经把你许配给人家了,只能说愿意,那会当家人压得了,姑娘不能反抗婚姻,只能顺从。满意也得嫁,不满意也得嫁。当家人已经主婚了,不满意也得说满意。我那会定亲简单,人家来给了一条裤子、给了一条腰带、一包针、一双袜子,碰够四样就算是定亲了。那会儿家里穷,没有多少穿的,碰够四样就算是定了。到日子了,婆家过来娶媳妇就行了。

当年定婚了,如果男方先去世,女方能解除婚约的,女方可以另嫁别人,但彩礼是不退的。不过那会也没有什么彩礼。一个被子提起来还透明了,还能看见太阳。那会穷,没有什么彩礼。被子里面没有棉花,拿套着添进去,薄薄的一层,盖着被子还冷了。当年在定婚了,如果男方先去世,女方可以允许过来祭拜。如果女方未嫁而去世了,不能埋入娘家祖坟里,女方必须埋在婆家的坟里。定了亲以后,女方就是婆家的人,不能往娘家祖坟里埋。定了亲之后,没有领结婚证之前,是可以悔约的,有一方直接出面说就行了,不需要媒人出面说。

悔约不需要补偿,不要写悔约书,如果对方不同意了,再去找媒人说说,不能强迫人家。结婚以前,男女双方不能见面,结婚的当天才能见面,如果结婚那天,男方是个瞎子、瘸子,你也得嫁给人家,当家人不说话,你是不敢悔婚的,当家人一手遮天,不敢不听当家人的话。

我结婚的时候,不写婚书。我结婚那天是骑马了,男方骑着马过来接我,我也骑着一匹马,路上放了一些鞭炮,就直接去了婆家了,我们这里讲究娶亲,武乡那边讲究等亲,男方在家里等女方上门,就不去接亲。

我出嫁那天,哥哥和爸爸来送我了,姐姐和妈妈不可以来送。他们不骑马,他们是走过来的。他们是来送亲的。我出嫁那会没有摆宴席,就是做了一锅饭。有的人摆桌子,有的人不摆桌子。请亲戚、邻居、好伙伴来吃顿饭就行了。我出嫁的时候,娘家就陪了一对柜子,不大的一对小柜子。我来到婆家的时候,婆家没有桌子,没有椅子。有的婆家不管有没有嫁妆,人家是要人了,就不说嫁妆不嫁妆了。有的婆家就不行,如果嫁妆少了,娶过门以后,处处为难你,挑毛病,婆媳之间就不好相处。我的嫁妆是当家人给准备的,当时没钱买柜子,父亲找人做了两个柜子。

在我刚嫁出去的时候,我哥哥经常过来看看我,看看我过得怎么样,好不好啊。在我们结婚第九天就可以回娘家了,如果家里有大伯子了,就要在娘家里住两个九天,二九十八天,才能回去。在回门的时候,新女婿不回,只是女的回门,回娘家。在回门的时候,不带东西。什么也不带。

我们村里有换亲的这种习俗,家里穷的,儿子娶不到媳妇,正好家里有个姑娘,就拿咱家的姑娘给别人家做媳妇,把人家那家的姑娘娶回来,做自家的儿媳妇。这是解放以前的事情,解放以后就没有这种情况了。现在是自由结婚。

女方家里没有男孩,家里缺少劳动力,姑娘就愿意招男方上门,当倒插门,男方也得同意,然后征得双方当家人的同意,就可以招赘。如果招的这个女婿不孝顺了,主要看姑娘的意见,姑娘要是愿了,不孝顺也不能随便把人家撵出去。当家人也得慎重考虑。小孩子姓男方的姓,她们怕小孩分家产了。招的这个女婿也能分家产,姑娘家里没有儿子,这个女婿就顶儿子用了,将来是可以做当家人的。

出嫁的姑娘在年三十晚上和初一是不允许在娘家过的,到了初二以后才能回去。如果离婚的女人在年三十晚上和初一也是不允许在娘家过的,要到姑姑家,或者亲戚家里去过夜,要不然,这样对娘家的运气不好。清明节的当天,姑娘不能到坟头祭奠。

3.出嫁女儿与父母关系

(1)婚后与娘家关系

出嫁了的姑娘就是人家的人了,娘家事情一般不管。父母亲的事情孩子们都要管了,弟兄们的事就是各管各的。姑娘家条件好了就多管管,条件不好了,自己的事都顾不过来,就没办法照顾父母亲了。出嫁了的姑娘,如果经常回娘家,婆家就有意见,时间短了,婆家没有意见。咱也当婆婆了,咱能理解这个事情。除了过年以外,其他过节可以回娘家,平时也可以回来的,女婿也能一起回来,不过有的时候,只是姑娘回来,女婿不回来。

(2)婚后尽孝

假如娘家的父母去世了,姑娘能回来参加父母的葬礼,但她不是主事的了,家里的哥哥、兄弟主事了,有钱了,就多给点,没有钱了,就少给点,再没有钱了,就当个孝子算了。这是看条件了,它不是绝对的。姑娘不是主要的,主要的是在儿子身上了,姑娘条件不好,她不出钱也行了。在出葬礼的时候,一般男的站在前面拿根绳子拉着棺材,姑娘站在后边扒着棺材哭。

姑娘不能在清明节和阴历十月一日当天去坟地里祭拜。女方是前一天或者推后一天去,男方是正日子去了,这些只是这里的风俗习惯,别的地方就不一样。姑娘回娘家上坟烧三炷香、磕三个头,再烧点冥币就行了。如果回来祭奠三周年了、五周年了,姑娘要回来买点穿的衣服,这是真衣服,把这些衣服烧了,以表自己的心意。坟地的维护,一般是儿子管了,姑娘不管。姑娘只是烧烧纸。

(3)离婚

土改以前,大部分都是父母包办的婚姻,许多妇女不满意自己的婚姻,在土改后,妇女的思想解放了,提倡男女平等了,于是有许多妇女提出要离婚,解放前,有个老汉四十多岁了,一直是光棍,他就攒了些钱,知道邻村有个姑娘,家里很穷,后来老汉花了点钱,就把这个姑娘娶到家里,解放后,这个女的不满意自己的婚姻,就提出了离婚,政府也支持她离婚。有的离婚的妇女就再也没有出嫁,因为婚姻给他们带来了伤害。

(4)婚嫁习俗变迁

当时我们结婚的时候,婆家也是两辈人去接亲的,男方的当家人也要去的。我在娘家,出门的时候,脖子上带的锁了,要等开了锁以后才能出门,上了马,骑到婆家门口的时候,婆家的人不让下马,要红包了。我那会儿不跨火盆,进门后,先拜天地,后拜父母,最后夫妻对拜。不需要给公婆敬茶。一般是男方的当家人和媒人在主婚了。当天在结婚完以后,第二天清晨,我们给公婆请安磕头后,公婆要给钱的。这是磕头的钱。现在结婚就不一样,结婚前还要给人家买楼,买车,给女方家彩礼钱,少说也得给十来万。现在娶个媳妇没有两个钱,娶不回来。

(5)娘家与婆家关系

姑娘结婚了,两家就是亲人了,不管谁家有了困难,都要互相帮忙了。我的娘家和婆家就不在一个村。娘家有事了,我们就回去帮忙了。婆家遇到困难了,我们娘家人也积极过去帮忙。

(三)出嫁的姑娘与兄弟姐妹的关系

1.我与兄弟姐妹(娘家事务)关系

我嫁出去了以后,跟家里的哥哥姐姐相处得很好,我们互相走动,互相来往,带点吃的东西,带点喝的东西。要是经常来往就不给带东西了。我结婚以后也常回娘家,哥哥嫂嫂对我都挺好。回去以后,总是把我当客人对待,家里有什么好吃得,嫂子总是先紧着我吃。那会儿家里白面紧张,我每次回去以后,哥嫂自己吃玉荞面窝窝,让我吃白面,我心里总是过意不去。

2.兄弟姐妹与我(婆家事务)关系

如果我在婆家受气了,我的哥哥也可以来婆家调解矛盾。把双方都说说,不能说女方不对,也不能说男方不对,把话说开了,也就没有矛盾了。他来是为了合家了。姑娘出嫁的时候,婆家要请娘家人去吃饭的,坐在婆家的首要席位,婆家的人要好好招待娘家的人,娘家的人是来送亲的,所以要让娘家人坐在上等席位。如果在儿子、媳妇不听话了,需要娘家人过来出面调解了。一般要请当家人出面,有父不显子,当家人出面了。

3.亲戚来往

姑娘在过年的时候,回来一般都带十五个馒头,也没有什么好点的东西可以带的。给长辈们拜个年,如果当家人不在了,姑娘就派她的孩子们回娘家看看。也是走亲戚了。我出嫁以后和娘家的兄弟姐妹走得挺近,当年嫁过来的时候,就是有婆婆、公公,有个老大和媳妇,还有老大家的姑娘和儿子,接下来就是我们,一共八口人。我们相处得也挺好的。

二、婆家人·关系

(一)媳妇与公婆

1.婆家婚娶习俗

当年我出嫁的时候,婆家要请我们娘家人去吃饭的,婆家的人要好好招待娘家送亲的人,让娘家送亲的人坐在上等席位上。我们结婚很简单,没有定婚仪式,只要双方父母同意了就行。当年婆家给我买了两身衣服。我结婚当天是骑马了,首先男方骑着马过来接我,我也骑着马,一路上有的放了鞭炮,有的敲锣打鼓。一路上吹着小曲去了婆家了。我们这里讲究娶亲,有的地方讲究等亲,男方在家里等女方上门,就不用去接亲了。我出嫁的那天,哥哥和爸爸来送我了,一般是要两辈人送亲,我的姐姐和妈妈不可以来送。他们不能骑马,他们是走着过来的。一路很辛苦,他们是娘家的人,是来送亲的。

2.分家前媳妇与公婆的关系

(1)婆家家长与当家

当年嫁过来的时候,就是有婆婆、公公,有个老大和媳妇,还有老大家的姑娘和儿子,接下来就是我们,一共八口人。在婆家老公公是当家人,旧社会都是男的当家,男人养家糊口。妇女在家里没地位,不让妇女当家。当家人去世以后,就以老大为主了,长兄如父了。有什么事情找老大。

(2)劳动分工

男的在外种地,女的干家务活儿,洗洗涮涮、缝缝补补、做饭、收拾家全是女的干。不过外面种地呀,女的也干,女人比男人要操心,要受累。

(3)婆媳关系好坏

我刚嫁过来时,跟婆婆相处得关系好,相处是互相的,一家一个样,我这个婆婆还挺好的。我不和人家吵架,有时候也避免不了嚷嚷两句。遇到这种情况,我就下地去了,等中午回来了,也就没事了,婆婆帮我看孩子、做饭。我们婆媳相处的还是挺好的。没有跟婆婆高声吵过架。

(4)婆媳规矩与关系

解放以前,媳妇每天要给婆婆打洗脸水,在婆婆面前不能高声说话,婆婆坐着,媳妇就得站的。我婆婆的脚丫只有三寸长,她在小的时候裹脚了,不能站的时间长了。

(5)过节习俗

过年、过节都必须和公婆一起过,其他时间就可以回娘家过了。娘家人不用来接,我自己回去就行了,公婆是通情达理的人,不管你那么多。

3.分家后媳妇与公婆的关系

(1)分家

我们就没有分过家,嫁过来的时候,老大就在四川生活,一年到头都不回来。我们一直跟着婆婆在一块生活,没有分开过。我把我婆婆伺候到八十多岁,最后(她)得了心脏病,当时走得急时,没办法。我和我儿子分家了,老大一个家,老二一个家,我们一个家。孙子现在三十五岁了,分家也就有三十五年了,有了孙子以后,我就和儿子分家。分家一般是当家人提出来的,当家人感觉到儿子们都成家了,自己也老了,在自己活的时候把家分开,免得以后惹麻烦。一般是和和气气把家分开,让儿子们都要去独立生活。分家的时候,一般要请舅舅,或在家里有威望的人,或者村长呀,大队支书呀,等等,有一个做证人,有一个担保人。还要立字据。在分家单上有儿子的名字,也有媳妇的名字,但是媳妇不参与。最后要按手印的。家里财产是给儿子分的,姑娘不参与分家产。婆婆也不能参与,分家是男人们的事,女人不能参与。如果当家的不在了,长子为父,长子就应该承担起家里的大梁。假如老大担不起这个担子,就要靠老二了。我分了一张桌子、两把椅子、二个瓮,家里也就没有什么。分家主要是分老人的东西。如果是儿子买的东西,在分家的时候,这些东西还给了儿子。如果老二置办的东西多,老大不能分老二的东西。他只能分老人的东西。

(2)赡养与尽孝

我和妯娌相处关系还很好,从来没吵过、闹过,没说过生气的话。一般家庭都有吵的、闹的。我们从来没有红过脸,相处还是比较和睦的。老人一直跟着我们生活,妯娌也经常过来给送饭、送衣服。平时相处都是和和气气的。我婆婆的后事都是两个兄弟一起操办的,各出各的账。我们住的是老屋,老人不在了,后来我们都翻盖了一下,老大住的是西屋,后来他们一家子搬到了四川,直到现在再也没有回来。

(3)公婆祭拜

祭拜的孝服都是一样的,全是一色白的。男的、女的都一样,下葬的时候女人一样可以参加。祭祀的时候,不管男女都可以去上坟祭奠,清明节当天和阴历十月初一不能去上坟,其余时间都可以去上坟祭奠。

(二)妇与夫

1.家庭生活中的夫妇关系

(1)夫妇关系

老汉他人挺好,很勤快,也很能干,苦了一辈子。现在生活条件好了,我们的身体也不行,年轻的时候在水库劳动,落下一身毛病,我的腰也疼,腿子也疼,老伴的腿前几年摔了一跤,腿脚也不方便,现在孩子们都比较孝顺,经常过来看看我们,每次过来时都要拿点东西,有时过来也买了不少的药。有时我们也免不了吵两句嘴,过后就没事了。

(2)家庭地位

在我们家里没有高低之分,大家都是一样的,一起下地劳动,谁先回家,谁就做饭,土改以后,妇女地位提高了,现在是我管经济,遇到花大钱了,两个人还得商量,遇到办大事情了,还是男的做主。

2.家庭对外交往关系

(1)人情往来

村里遇到办红白喜事的人家,我们都要去帮忙的,这些人情往来的事情还是要走动的,谁家有个什么事情了,大家都要去帮忙,一样,如果我们家有个事情了,大伙也来帮忙了。人情往来,这是互相的。有个事儿,都是两个人互相商量了,商量着把这个事儿做了。

(2)人际交往与出行

谁家盖房子了,搭棚子了。都是我家老伴儿去,亲戚朋友家用大工、小工了,他都积极地去帮忙。那会不收钱,只管顿饭吃,心里都乐呵呵,有的时候骑上自行车跑三公里以外去给人家帮忙。

(三)母亲与子女的关系

1.生育子女

(1)生育习俗

如果生育了儿子了,孩子在过满月时,就要大摆宴席,家里父母都很高兴,如果生姑娘了,就不摆宴席了。孩子在过满月时,大摆宴席了。在过百天的时候,就不摆宴席。那会儿家里穷,摆宴席要花钱的。娘家人也过来贺礼,一般娘家人过来给小孩买点衣服,买点吃的东西。当家人也过来了,当家人是姑娘结婚时不来,过满月的时候要过来的。孩子刚出生了,就要去上个坟,过满月的时候,也要去上坟的。生男孩和生女孩祭拜的时间是不一样的,如果生男孩在过满月的前一天去祭拜,如果生女孩在过满月的当天去祭拜。

(2)生育观念

生男孩和生女孩公婆肯定是不一样的对待,公婆肯定是重男轻女,如果你一连生了四五个女孩,公婆就看也不过来看了。如果你生了儿子呢,对待就不一样了。过满月时,如果是儿子了,就大摆宴席,家家户户都要告诉到,如果是姑娘了,就不摆宴席了,在家里吃顿好些的饭菜就算过了。

(3)子女教育

当时家里穷,交不起学费,就让儿子去念书,姑娘没有上过学。直到现在姑娘有埋怨了。姑娘在家里纺花织布、干家务,姑娘没有文化。

(4)对子女权力(财产、婚姻)

孩子们的对象都是他们自己找的。我们没有管过。大人的意见只能作为参考,听不听你的意见,孩子们自己拿主意。现在时代不一样了。孩子们在结婚的时候,都要找一个算命的人看看双方的生辰八字合不合,如果不合的话,就不让他们结婚,这样对双方都有好处。

2.母亲与婚嫁后子女关系

(1)婆媳关系

我们婆媳关系好,我现在四世同堂,孙子也有了孩子了。有我媳妇带了,我不管了。如果老两口都健在,是由儿子赡养了,赡养费也由儿子出,姑娘没有赡养的责任,姑娘家里条件好了就出个赡养费,姑娘家里条件不好,就不出赡养费,但是儿子必须出赡养费。现在身体好了,不需要他们照顾,我们自己住的了,不跟他们在一起生活,他们想看我们了,就过来看看,这样矛盾也就少了。

(2)分家

当年儿子他们结婚有好几年了,刚开始没有孩子在一块过,后来生了孩子以后,我们就分家了。想让他们早点独立生活。

(3)女儿婚嫁(定亲、嫁妆)

姑娘在二十三岁结婚的,到她那个年代就可以自由恋爱了。父母一般不干涉儿女的婚姻。解放以后,这些婚丧嫁娶有改变了,一切变得简单了。女的地位也提高了。婚姻可以自由恋爱了,媳妇在婆家也得到尊重。现在是妇女当家的多。

(4)与已出嫁女儿关系

姑娘嫁到另外一个村里了,不算太远,姑娘经常回来看我们,每次回来都提着东西,一般不空手回家,有时给家里放一些钱,让我们买东西,姑娘挣钱也不容易呀。

(5)养老

老两口都健在,是由儿子赡养了,赡养费也由儿子出,姑娘没有赡养的责任,姑娘家里条件好了就出个赡养费,姑娘家里条件不好,就不出赡养费,但是儿子必须出赡养费。如果有一天我们爬不起来了,他们就得轮流照顾我们,老大就应该说话了,应该先到老大家里去住,老大家、老二家轮流去住。

三、妇女与宗教、神灵

我不信仰宗教,村里有一些信仰宗教的。在咱们村里,有人来祭拜神灵的,神灵是地方性草根神灵,有些人得了病了,他们不去医院看病,相信神灵,就每天叩拜神灵,祈求神灵保佑他们,让他们的身体快快好起来。在咱们村里,女神婆比较多,女神婆或者男神婆,他们只能起到暂时的心理安慰(作用),其实他们什么问题也解决不了,拖延了疾病(治病)的时间。以前在村里,这些女神婆、男神婆都是为了挣钱,他们不管病人的情况,每到一家都不能空跑,最后拖延了病人的病情,导致后来病人不治身亡。现在人们思想解放了,不相信那些女神婆或者男神婆了,有了病,及时去医院看病,不再像以前那么愚昧了。咱们村里有一个三观庙了,每月的初一和十五人们就去祭拜了。也有的人前去拜灶王爷的。咱们村里,一般烧香的是女人多,男人去烧香的少。妇女们生了孩子了,或者是过满月了,或者是办什么事情,祈求平安、顺利,前去烧香的。

四、妇女与村庄、市场

(一)妇女与村庄

1.妇女与村庄公共活动

我是在解放以后成的家,那会儿的姑娘们允许到外面活动了,可以参加村里的活动。有时候村里的庙会呀、唱戏呀、赶集呀都可以参加了。解放以后,妇女的地位提高了,思想也得到了解放,村里的一些活动都可以参加,聚会、吃饭、看戏的时候妇女与男人还是要分开坐的。思想解放有个过程。慢慢地人们才能接受。

2.妇女与村庄社会关系

我出嫁了以后,经常参加村里的一些会议,当年经常开批斗大会,批斗地主、富农,当年喊的口号就是打土豪,分田地,把地主、富农的土地没收了,分给贫下中农,穷人一下就翻身了,把地主、富农的房屋也分给了贫苦的农民。后来开的会就是学习毛主席语录。在解放以后,村里的会议一般是由村长来主持,妇女也能参加会议。在大会上有妇女发言了。

(二)妇女与市场

在你出嫁以前到市场赶集过?没有赶集过,以前家里没有钱,只要有衣服穿,就不去上街赶集了。那会儿的衣服都是自己做了,上街买点棉花,回到家里纺花织布,自己做衣服,一件衣服要穿好多年的,衣服破了,缝缝补补还要再穿好多年的。有一些妇女为了生活,她们没办法,走出了大门,到赶集市场上赶集卖点东西,维持基本的生活。一般到集市上赶集都是男人,男的上过学,认识字,女的没有文化,能维持了生活的,一般女人不出门的。解放以前,在集市上想买东西了没带钱,如果认识人家,比较熟悉是可以赊账的。不认识、不熟悉人家是不会赊账给你的。

五、农村妇女与国家

(一)认识国家、政党与政府

1.国家认识

解放以后,村里经常开大会,才开始听到过国家这两个字的。解放以前,村里也宣传男女平等、共产党好、毛主席好、共产党万岁、毛主席万岁。经常有人到家里动员开大会,提倡解放妇女,提倡男女平等。真正妇女解放是从 1949 年解放以后,妇女翻身做主人,成立了妇联协会。妇女打破了以前的封建思想,走出家门,从事了社会工作。

2.政党与政府认知

民国时期,孙中山下令男人要剪辫子,女人不用裹脚了,这下彻底解放了封建社会统治下的妇女。蒋介石是大坏蛋,小时候我们经常唱的一首歌里,就是这样写的。现在国家主席是习近平,我们经常看电视、听广播,经常看新闻,想了解一下国家大事,虽然我老了,但是也想知道一些国家大事。国家安定就好。解放前,在村里有人宣传共产党了,要拥护共产党,拥护毛主席,多多少少我也知道一些。在我认识的人当中,人家就是共产党,我也不知道,人家的身份是不公开的,怕国民党杀害了,解放以后才公开了身份,大家才知道了原来在身边有好几个人都是共产党员。

(二)对 1949 年以后妇女地位变化的认知

1.妇女地位变化

现在妇女地位提高了,以前妇女当家的少,现在一般家里基本上都是妇女当家,妇女掌管着经济。

2.婚姻变化

解放以前的妇女大部分都是父母包办婚姻,妇女不做主,只要父母同意了,就把姑娘嫁出了,根本不考虑姑娘本人的意愿。婚姻大部分是买卖婚姻。解放以后,妇女在家里的地位确实提高了,男女平等了,这都是在共产党的领导下,妇女得到了解放,在家里男女的地位一样了,妇女也开始当家了。这都得感谢共产党呀。政府废除包办婚姻,鼓励自由恋爱当然好了,那会父母包办婚姻,姑娘不愿意,也必须嫁给人家,嫁给人家了就不允许离婚,即使生活再艰难了,也不允许离婚。嫁鸡随鸡,嫁狗随狗。

3.政府作用认知(祭祀等习俗)

改革开放前,政府提倡移风易俗,新事新办,废除旧的人情礼俗,减轻了老百姓的负担,简化了办事情的手续,没有那么多的人情礼俗了,那都是政府在提倡了。

4.政府与教育

现在男女平等,不管男孩和女孩,都要供他们去读书,要想走出这大山,就必须去读书,现在国家的政策好,他们赶上了好时光。

(三)妇女与土改

那会土改时,我们家成分是中农,土改工作队来过家里,他们动员过妇女参加土改,有的妇女愿意去参加土改大会,有的妇女不愿意参加土改大会,认为那是男人们的事情。思想守旧,不愿意出门。当年土改的事情具体记不清楚了,就记得每次开大会时,把地主捆绑住,头顶上戴的尖尖帽,胸前挂的牌子,牌子上写着每个人的名字,开会中就有人高喊打倒谁谁谁,打倒恶霸地主谁谁谁,开完会后,领着地主游街,前面有个领头的,这个领头的拿着个铜锣,边走边敲。一群小孩跟在后面。那会儿地主的日子可不好过了,三天两头开批斗大会。我那会儿还小了,没有上台诉过苦、斗过地主。村里有的人诉苦了,诉说当年日本人来了,把她们家的房子点着全部烧了,后来村委会给人家重新翻盖了房屋。当年我家是中农,我家也没有分到地主什么东西。当年村里的妇女,有的积极上台一遍一遍地喊打倒地主、打倒富农,当年口号就是打土豪、分田地。妇女们比男人们还积极勇敢。当年土改政策,妇女有权利参加土改分地,男女平等了,女人和男人能分到同样多的土地。那会不论大人、小孩、男人、女人都能分到同样多的地,小孩子们多的(家庭)分的地多,小孩子吃的粮食少,这样家里的粮食就够吃了。地是一样多,但大孩子吃得粮食多,这样家里的粮食就不够吃了。土改以后,土地证上写妇女的名字了,离婚的妇女土地也可带走。这是对妇女保护的一种形式。那会儿的政策不健全,可以带走,现在的政策不允许带走。当年的土改工作队里,有妇女参加了,那些妇女很朴素、很能干,每天早出晚归,晚上经常开会,时间长了,有的家里人不同意她们晚上出来开会,她们只能白天参加一些活动。

(四)互助组、初级社、高级社时的妇女

互助组是群众自愿地组织在一起相互帮助劳动,互助组分为临时互助组和常年互助组,临时互助组为季节性互助组,就是每年春耕、秋收需要人员的时候,大家自愿的三个一群、五个一伙组织在一起干活儿。今天你到我家干活儿,明天我到你家干活儿,互相帮助,谁家有困难了到谁家。常年互助组就是定型的长期地在一块干活儿。入社以后,有活大家一起干。不分彼此你我,谁家有困难了,到谁家去帮忙。是的,当年在合作社时期,入了社的妇女都得下地去干活儿。大家为了生活,都愿意下地干活儿,多干活儿,多挣工分。当年在人民公社的时候,我二十四岁了,那年生的我家老二,1958年生的。我记得当时唱的歌就是"人民公社好,社会主义好",那会正是宣传这些了。"共产主义是天堂""人民公社是天梯"插红旗拔白旗、破中游争上游"的口号。

(五)妇女与人民公社、"四清""文化大革命"

1.妇女与劳动、分配

当年在互助组和合作社时期,男女分工一样,干一样的活,但报酬不一样,男的干一天活儿挣十分工,女的干一天活儿,只能挣八分工。粮食分配是按工分来给大家分的,工分多的,粮食就分的多,工分少的,粮食也就给的少。妇女和男的分工上没有区别的,女的也能干男人的活儿,挣一样的工分,有人管得了,人家让你干啥就干啥。妇女没有固定负责的活儿,什么活儿都要去干。地里的活儿,妇女什么时候都能做,就没有不能干的活儿,比如犁田耙地、育秧,什么活儿都做。在村里生产队的副业大部分都是女人做。女人在回家的路上,捡上点菜叶、拾点玉米喂猪、喂鸡,这些活儿都是妇女做了,干完这些活儿,还要去地里干活儿。家里的活儿、地里的活儿都得干。

2.集体化时期劳动的性别关照

当年集体派工的人没有对经期、怀孕、哺乳的妇女有特殊照顾的,自己感觉身体不舒服了,就不要下地干活儿了,不下地干活儿,咱也就不挣工分了。自己感觉干不了重活儿,可以干轻活儿。就是挣得工分少了。当年我们生了孩子以后都是自己带了,大概休息了三四十天,我们就要下地劳动。没办法,为了一家人的生活,就得早早去干活儿。落得现在身体不好,经常腰痛、腿痛,落了一身毛病。

3.生活体验与情感

当年最苦的时候,就是粮食不够吃,东借西借,经常上山挖野菜,就这样也是常常吃了上顿没下顿。在集体农业时代,集体分粮食主要不是按照工分数量来分配的,那是按照"人七劳三"比例分配的,所谓"人七劳三"是指全部粮食分配中间,百分之七十是按照人口数来分配的,这部分称为口粮,百分之三十是按照工分数来分配的,这一部分称为工分粮。如果一个家庭完全没有劳动力参与生产队的劳动,他们家的口粮一斤都不会少,这个"人劳比"一般是生产小队社员大会确定的,一个大队之内的各个小队都不同,共同的一点是口粮占绝大部分。没有工分就不分粮食的情况,一个也没有发现。也就是说,主要按照人口来分配粮食是铁律,不会因为是否挣到足够的工分而改变的。

4.对女干部、妇女组织的印象

解放以后,听说过妇联,至今最少有六十多年了。每年的五一劳动节、三八妇女节,都要开大会。全村的妇女都要去开会,大会是由妇女委员组织的。当年我也经常参加妇女会,在会上每个妇女都能自由发言,家里人一开始不同意我参加妇女会,他们不愿意让我出门,后来经过我再三地说服,家里人最终同意了。

5."四清"与"文革"

"文革"开始以后,就不让从事这种非集市交易活动了,在"割资本主义尾巴"的时候,我们大概十来天才去一次供销社或集市。还好自留地没有收,分下就是那些,一直就没有动。

(六)农村妇女与改革开放

1.土地承包与分配

当年的土改政策,妇女们有权利参加土改分地,男女平等了,女人和男人都能分到一样多的土地。那会按人头分地,小孩子多的分得地就多,小孩吃的粮食少,家里的粮食就够吃了。地是一样多的,但是大孩子吃得粮食多,家里的粮食就不够吃了。在土改以后,土地证上能写妇女的名字了。这是对农村妇女保护的一种形式。

2.社会参与

现在都有了,人人有手机,我也有手机,他也有手机,这个人也有,就是来回和儿女通个电话。就是老人们,老汉们,不能动弹。我看电视了,我没有网,只能用手机给家人打打电话。

六、生命体验与感受

最幸福的就是吃得好、穿得好,很高兴,有花的,有吃的,这就好了哇。现在就是哈哈大笑,吃的苦就忘了。现在有多少衣裳了。这每年给我买衣服,以前破裤子也穿不上。苦也受苦了,都是受苦了,老汉入了农业社,我还去放羊,农业社买的羊,两个人放羊。现在高兴的活一天算一天。以前孩子们吃饱了你就吃不上,那时候不行,早上碾面,要是天气不好遇上下雨,就没有吃的东西了,那时候可没有加工厂,现在年轻人都不知道了。当时我们也磨豆腐,都是人在推,现在都活得好。

YGP20170203LLB　刘灵便

调研点:山西省永济市栲栳镇南苏村

调研员:于国萍

首次采访时间:2017 年 2 月 3 日

受访者出生年份:1937 年

是否有干部经历:否

是否生育:是

受访者结婚的时间节点、生育子女的具体情况:1954 年结婚;共抱养两个孩子,一个儿子、一个女儿,1961 年抱养第一个孩子。

现家庭人口:5

家庭主要经济来源:务农

受访者所在村庄基本情况:南苏村位于山西省永济市栲栳镇的西南方向,东面与卫村为邻,西面有大面积的黄河滩地,北与北苏村相接壤。现有户籍人口 367 户,共计 1600 人,18 周岁以下的留守儿童大约为 400 人,除春节等特殊节日外主要以老人和留守儿童为主,是有名的"空巢村"和"留守村",在家务农的大多数都是老年劳动力,年轻人选择外出务工,多流向北京、河南、河北等人口密集且经济发达的省份,多为个体,以经营小型餐饮机构为主,平均年收入在 5 万元左右。

南苏村现有的 6 个村组中,1 组、2 组、3 组位于原南苏村旧址处,4 组、5 组及 6 组因三门峡水库移民,搬迁至坡上。该村经济作物有桃、苹果、芦笋等;桃 800 多亩(约 0.53 平方千米),苹果有 500 多亩(约 0.33 平方千米),芦笋有 2000 余亩(约 1.33 平方千米)。其余的土地以种小麦、玉米及棉花为主。

受访者基本情况及个人经历:受访老人刘灵便,有两个妹妹、三个兄弟,家中共有六个孩子。兄弟刘刚娃、刘铁娃、刘铜娃。刚娃是老大,铁娃是老二,铜娃是老三。两个妹妹,一个在太吕,一个在卫村。受访老人没有上过夜校。刘灵便老人以前居住的村子小,后来黄河涨水把村淹了,就移到坡上,然后从这个村搬几家,从那个村搬几家,凑一凑,凑成了现在这个村。受访老人有两个孩子,都是抱养的,但都和老人亲,也比较孝顺,每月有养老金,老伴当兵退伍养老金,每月有 300 元,不缺钱花,生活也好。

受访老人是十七岁嫁过来的,那时候丈夫家没有多少地,单干的时候大概有三亩地(0.2 公顷)地,他们这边地不多。娘家人多,地比较多。大概有十亩(0.67 公顷)地。后来老人嫁过来以后,刘灵便老人的父亲就把老人的两个妹妹都嫁到这里来了,就希望姊妹几个别离太远,好相互帮助。婆家这边(兄弟姊妹)有三个、两个兄弟、一个姐姐,他们家这边比较穷。老人有两个孩子,两个孩子都是抱养的,一个儿子、一个女儿,老人抱养儿子的时候二十四岁。

一、娘家人·关系

（一）基本情况

我的名字是我奶奶给我起的。我有两个妹妹、三个兄弟，共姊妹六个。我叫刘灵便，我的兄弟叫刘铜娃、刘铁娃、刘刚娃。刚娃是老大，铁娃是老二，铜娃是老三。两个妹妹，一个在太吕，一个在卫村。都是我奶奶给起的名字。这些名字没有什么含义，就是乱起名字呢，刚娃、锁娃，那时候老人就说给起个名字，没有想那么多，刚开始的几个孩子都不在了，都早早夭折了，就想把几个孩子养大，就说铁啊、铜啊什么的，铁铜这些东西比较硬，就希望这几个孩子能活下来。那时候我家的地比较多，我家里大概有二十亩地，我们不是贫农，是上中农。我爷爷、奶奶都喜欢孩子，孩子都在家里，没有被抱走的，就是这还不算我大爸的孩，我大爸那边还有一个儿子。

我是十七岁嫁过来的，那时候丈夫家没有多少地，单干的时候大概有三亩地，他们这边地不多，我们娘家人多地比较多，我们家那大概有十亩地，那时候我们才分家的，我大爹、我爸地比较多。后来我嫁过来的时候我爸就把我的两个妹妹都嫁过来了，就希望我们几个不要离太远，有什么事情的话我们几个离得比较近，相互有照应。他们这边有三个，两个兄弟、一个姐姐，过去我(家)比丈夫(家)的条件要好一点，我到这里来的时候才十七岁，过了年才十八，我娘那时候比较富裕，我想吃啥我奶奶就给我弄啥，他们家这边比较穷。我有两个孩子，两个孩子都是抱养的，一个儿子、一个女儿，我抱养我儿子的时候二十四岁。

（二）女儿与父母关系

1.出嫁前女儿与父母关系

(1)家长与当家

我们那边我爹当家的，管钱、拿钥匙都是我爹，我大爹一辈子都在外面，是做生意的，经常不在家里，所以就是我爹当家的，我们不分内当家和外当家，我家里那些活都是我爸当家。不分内外，家里的大小事情像弹棉花什么的都是我爹管。

(2)受教育情况

我们那时候条件差不读书，那时候环境和现在不一样，女孩子基本上不念书。我爸不让女孩念书，那时候有一个老师叫我过去读书，我也非常想去，可是我爸那思想比较顽固，就是一根筋，说什么也不让女孩念书，所以我最终也没有去成。那个老师姓李，去了没有几天就开始放暑假了，暑假完了以后我爸就不让我去了。那时候上学就能认个一二三四五，其他的少。那时候也是按图念书的，认识的字少。要是那个时候我多读几年的书，我现在肯定不一样。解放前我都十六七岁了，那时候整个社会的思想都比较顽固，都是不让女孩念书。那时候有日本人，在村里瞎胡闹，还有日本人在我们家里睡觉，那时候我们也是大户人家，院子都比较大，有两个院子。"文化大革命"①时就开始大炼钢铁，我那时候才多少岁啊，就开始去炼钢铁了，那时候基本上所有的女孩都不让念书。你那几个老舅都是念过书的，虽然文化不高，但都是念过书的。小学毕业，我家的女孩子都没读过书，我那几个妹妹要读书的时候，我爸就说："你姐姐都没念过书，你们都不要念了。"然后我们家就只允许男孩读书，不允许女孩读书。

---

① 这里是时间误记，不是文化大革命而应该是大跃进。

（3）家庭待遇及分工

那时候女孩都出去干活儿了，那时候不分工，基本上都是单干。男人有男人的活儿，女人有女人的活儿，大部分女的都去地里干活儿了，我爷爷、我爸爸都能吃苦，我家过得比较好，都是苦干的，那时候不做生意，基本上都是靠苦干的，所以人还是勤劳一点比较好，你想要过上好日子你就得好好下苦干。基本上女孩子都要学会织布，那时候学缝纫机①，基本上家里的活儿都会干。刚开始我就不会，我奶奶她不会织布，她干活儿不利落，我爷爷怕她织布的时候把人家的线弄断，然后我织布都是跟着别人学的，那时候都是抽时间，哪个要紧干哪个事，只要搭起布机子，就集中时间开始织布，其他的事情都靠后，一般都是冬季不忙的时间开始织布了。现在社会多好，不用干活儿，吃好的，穿好的，不用织布，不用做衣服。我家里是我爹当家，对孩子都管理得比较严，不让你念书，只能织布纺线。女孩七八岁都要干这些东西。那时候有媒人说的，才能嫁到这里来。那时候结婚都是父母包办的，孩子不愿意也没有办法。1958年"大跃进"时去太原，有学习文化的时候了，我想去，可是家长不让去，把我放在储存粮食的地方。我两个妹妹嫁的妹夫都识字，但现在看看，她俩还没有我嫁给文盲过得好。

（4）对外交往

那时候女孩就不出去，那时候自行车也比较少，人们思想比较顽固，拜年只在自己相近的村里的亲戚拜年，拜年的时候都是磕头了，我记得我们拜年的时候都偷懒呢，去拜年的时候站在门口我们就给主人说：给你拜年来了，结果在主人走出房间的时候，我们就说已经磕过头了。我那时候过年来这里拜年也磕头了。

（5）女孩禁忌

女孩吃饭不能上桌子，小时候不让，不过没有那样讲究，就是不能先吃，得等大人们到了以后才能开始吃饭。那时候，我还记得我站在我家的窗户前偷偷地看过日本人，我娘家还搬过一次家，搬完之后我家还是有两座院子，还有雇佣的伙计，我和奶奶给人做饭。这边家里比较穷，我到这个家里没有吃过晚饭，人们都说吃晚饭是浪费，所以晚上很少吃晚饭。到这里一天就没有吃过三顿饭，1959年到这里的，刚来就遇到了饥荒。

那时候对女孩管得比较严，都不让女孩念书，后来我都不认识字，那还是那时候跟着幼儿园的老师头头念字了。那时候女孩和男孩也不玩，到长大以后也基本上不怎么玩耍，不在一块儿。以后在外炼钢铁，男女才开始一起干活。

（6）"早夭"情况

我只有两个孩子，都是抱养的，没有早夭情况。

2.女儿的定亲、婚嫁

男孩要干男孩的活儿，女孩就干女孩的活儿。我结婚前基本上双方都是没有见过面的，哪里还知道对方的家庭条件了。没有人打听，现在打听了，那时候没有，那时候就是见面，见面的时候，没有说过一句话。我那时候结婚三年两人说话都是有数的，对象就是老实，没有话，勤快，说话少而已。（说亲时）你爷爷（老人的丈夫）那时候光着头，还穿着大腰裤，我大爸就不同意，就说这边的条件不好，后来别人就说他，说又不是他亲闺女让他别管，他就不管了。就是到领结婚证的时候，你爷爷也一句话都不说，我那时候就在想：这人都不说话，以后的日子怎么过呀，父母包办，就是这样，哪有人给我们算八字，没有人算。那时候我们的彩礼

---

① 缝纫机：应该是织布机。

是 260 元,那时候条件比较差,现在的彩礼可就太贵了。

彩礼是给粮食,那时候给粮食的少,大部分都是给钱了。家长也不见面,不结婚就都不见面,就是靠媒人说,因为你爷爷没话,所以我们那个时候有两个媒人。父母从来不听孩子的意见,那时候谁听你的话,结婚的事基本上都是父母说了算。我十五岁订婚,十八岁结婚,那时间一年拜一次年,你爷爷骑个破自行车,过年的时候你爷爷给我家拜年,我就出去不回来了,那时候就不见面,我不像其他女人就因为女婿来家里拜年就疯来疯去的,我就出去了藏起来了,等着你爷爷走了,我看见啊门口没有那辆自行车了我才回来。光是过年的时候能见一面。一年就见两次,没有多久他就去当兵了。那时候不像现在,那边的人都可以过来,那时候出嫁的时候娘家人就来了舅、姑父,就过来一个能做主的人,能说得上话的人,我的彩礼,总共就是 260 元。那时候我们也有结婚证,就相当于你们现在的奖状。我们那时候,就是来个舅舅,来个姑父,家里的大人都不来,现在都是有多少来多少。那时候也摆酒席了,肯定没现在排场大,就四个小菜,吃完就没有了,不像现在流水席,刚开始就是满满的儿盘菜,吃完还给你上,啥肉都有还吃不完。我那时候基本上陪嫁(嫁妆)都陪的差不多,我的嫁妆都算是不错的了,我娘家是大户人家比较有钱,给我陪了四个包袱,那时间不陪钱,也不陪地,还有三床被子。一般情况下的嫁妆就是两个包袱。那时间一个人凑一张画,一张画不值钱,大概几毛钱。现在给的都是十几万,那时候钱顶钱,不像现在还随礼还随钱,那时候就是你出嫁,跟你玩儿得好的那个小伙伴就一起给你买一张画,一张画就一毛钱。

家里谁大谁先结婚。咱们这结婚前不能见面,你嫁给瘸子就是瘸子,你嫁给拐子就是拐子,那时候我们村里有一个人让另一个人顶替着去见面了,就是今天和你见面是一个人,结果结婚的时间却是另一个人,白天结婚的时候都是这个人,晚上入洞房的时候就是另一个人,女孩进了洞房就不能走了,不管是啥你都得认命,那时候的女人就是这样。一辈子就这样了,那时候只要家里有钱就能娶到媳妇,现在的女孩条件可厉害了,要房要车,要这要那,以前的时候有点钱就能结婚,结完婚该是啥就是啥。

3.出嫁女儿与父母关系

嫁出去的女孩能不能在娘家过年,这是祖宗传下来的,现在也一样,女孩出嫁后不能在娘家吃年夜饭,不能在娘家过年,现在有的人家还讲究这个,像离过婚的女人回来后,除夕那天晚上就不能在娘家住,没地方去就去宾馆,嫁出去的女儿泼出去的水,你过年回娘家会带来一些不好的东西。

我(没出嫁)那时间都希望过年,过年大家玩儿得好,我们家那时间起早,过年那天三更半夜就起床敬神仙,嫁过来之后他们这边不这样,他们都是睡到自然醒,睡到天亮。就是过年的时候正月初二或者正月初三,那时间只有大年初二回娘家。平时一些节日也去,就比如说是过十五啊,女儿都会回娘家。那时间人比较穷,过节过的也比较少。女孩出嫁以后,娘家方面的事基本上就不管了,不然这边的婆婆不乐意了,那时候家里管得都比较严。婆家的事,娘家基本上也不管。

女孩出嫁之后不能分到娘家的财产,不能分到人家的财产了,那句话就是说:"儿子是地里的,女儿是柜里的",你嫁出去之后就不是人家家里头的人,家里这些地啊房子啊都是人家儿子的。清明节女孩不回去,一般都是男孩回去给祖先上坟,那时间还弄一些吃的,敬祖先,那些男孩给祖宗上坟就是垒一些烧饼。女孩不让回去,现在男孩和女孩分不清,人们的观念也改变了,开放多了,没有以前那么严格了。

娘家的事也不能管了,人家说:"女出外乡,家是另当",说的就是这个意思。娘家的事基本上不管了,你嫁来以后,兄弟结婚时,那时候不给钱,那时间流行做衣服、袜子之类的东西。回去后和父母住。一年也回不了几次,很少回去,除了逢年过节。我出嫁后,只要回娘家我这些兄弟见了我都很亲呢。

兄弟对父母也好,那时候基本上听话,不听话都是父母管。自己的兄弟对父母都好,一年过年过节都是兄弟来,父母不来。我嫁了之后,我娘家才分的家,我这一生,入农业社、互助组再到单干,现在又是分田到户。假如要是生孩子,只有母亲来,父亲不来。那时间结婚不经过舅舅同意,自己家里的家长就能管这个事,和现在不一样,现在家里的孩子都少,孩子婆媳妇啊结婚啊都会听听人家舅舅姑姑的意见,要是刚结婚,第二天回娘家,要是过年的时候,是大年初二回娘家,要是家里没有什么事,基本上都是这一天。第一年必须是大年初二,以后就没有那么严格了。

每次回娘家的时候跟父母住,回去就是住在父母家,我每次回去就是跟我奶奶睡,我奶奶那时候还在。出嫁之后,兄弟他们都比较尊重我这个姐姐,我们家到底都是那种特别讲礼节的家庭,不是那种野蛮不讲理的家庭。后来父母不在了,年龄大了,就让自己孩子去了。老了以后,和自己兄弟们的关系都很好。

(三)出嫁的姑娘与兄弟姐妹的关系

兄弟们一般来叫你去他家吃饭,就是骑着自行车过来接你,去他家坐坐,大家伙聊聊家常,还是以前的兄弟们亲啊,现在的话就是逢年过节来,平时没事的话也不怎么来,就是我大爹家的那个儿子,也算是我的兄弟,现在在太原呢,几年都不回家一次,人家就算是在太原定居了,去年回来了一次,见到我都哭了,他也不容易,走的时候还给了我五百块钱,好多年都见不到。兄弟结婚的时候,需要出礼,但不是出钱,那时候就是出"几件活儿",看你是出"两件活儿"还是"三件活儿",那时候的"活"就是东西,比如说是一双袜子啊,一条裤子啊。

二、婆家人·关系

(一)媳妇与公婆

1.婆家婚娶习俗

嫁来时,他这边有两个姐姐、他的哥哥、嫂子、兄弟、母亲,基本上就是这些。那时候基本上都是种地,媒人那时间基本上都是婆家派的人,简简单单就定了。定婚就是照张相,就照张相就定婚了。

结婚时就这边过来帮忙的,新郎带着帮忙的。我那边就是我弟弟,还有一些人。现在结婚的这些习俗和那时候差不多,跨火盆,磕头。那时候必须跪下磕头,嫁的那天就是手上戴着铃铛,走一步磕一个头,那个铃铛就叮叮当当的响。拜堂的时候,旁边不能有生孩子的,也不能有离过婚的,那时候这方面讲究还是比较多的。现在没有那么严格的了。刚嫁过来的第二天,就要早早起床,给婆婆端茶倒水,问候问候,给长辈请安。就问问昨天晚上睡得好吗?那时候家里还住着其他亲戚,你给每个亲戚请安之后,每个亲戚都会给你发钱,那时间家长给钱了,就是一块钱或者两块钱。

我们那时间不拜祖先。那时间就是亲戚没有来得及回家的,你要过去请安。我嫁过来时,这边他的母亲是家长。家里没有男人了，女人就当家了，孩子还不能当家，当家也没有什么，那时候基本上没有什么收入，当家就是去挣钱了，一家大小事基本上都管了。那时间晚上干活，大家都坐一起，这样能节省一些东西。那时候洗脸水都不能乱到，洗脸完了以后，把水放一段时间，等水沉淀了，还可以干其他的。那时候人都比较节俭。以前媳妇都比较服从，现在不一样了，基本上没有人服从。那时候的人把地里活儿干得干干净净，拾柴火、锄地，那会儿基本上什么都干。

2.分家前媳妇与公婆关系

娘家和婆家的关系好，那时间关系比较好，你家女孩嫁出来之后就不怎回去，双方就没有啥意见，有意见也是保留，都不说出来，女孩嫁出去以后，娘家的财产就是娘家的男孩的，就是你的兄弟的跟你没关系。有老人死后，男孩和女孩的穿戴方式也不一样。

那时间也有婆婆虐待媳妇的，不过比较少，我这边婆婆比较好，还是好婆婆多一点。那时间基本上都是家里的婆婆当家，婆婆地位相对高一点。媳妇做饭得问问婆婆，早上起来先给婆婆倒尿盆，完了再打扫院子，还要给婆婆烧炕。我嫁过来的时候，我婆婆可把我当回事了，因为我有个大嫂，我婆婆怕我和她闹意见，我每天早上起不来的时候，我婆婆就在我们门口使劲跺脚，我一听见跺脚声就赶紧起床干活儿。那时候丈夫和婆婆基本上没有问题，有矛盾族内基本上也不管。

回娘家还得婆婆同意，那时间媳妇回娘家，准备什么礼品，基本上都得经过婆婆的同意，你做得不对人家会教你的，一般情况下不会打骂的，不像现在，媳妇睡觉睡到大天亮，婆婆起来扫院子、做饭。不过婆婆是好的就一直是好的，我婆婆过的难，然后我长得比较高挑，婆婆就很自豪说娶到了一个好媳妇，女孩嫁过来，娘家大部分都是陪东西，有的陪得多，有的陪得少。那时候就没有钱，更不用说压箱钱了。嫁妆比较少，基本上没有什么嫁妆。嫁妆都是归我，只有薄薄的四个包袱。

3.分家后媳妇与公婆关系

(1)公婆关系

不过现在说良心话，我婆婆对我确实不错，对我确实好，那时候我兄弟的棉衣服没时间缝，我婆婆就偷偷地和我一起做，不让我大嫂知道，换成其他婆婆，你敢把你娘家的活儿带回来做人家就不同意，别说还帮着你做了。

(2)分家

分家比较迟，是第二年分家的，分了以后我们俩分了一缸粮食。我那时候还从娘家拿粮食了。分家是婆婆提出来的。分家都是按人头分的，那时间没有吃的，分家比较吃亏。是我大嫂要分的，那时候还是大食堂，她想要她的馒头票。我们那时候分家有人主持，是我们当家的主持的。我们那时间分馒头、房子，还叫来了我的舅舅，我们分了三间小房子，那时候房子还没有窗户，那时候我不爱争不爱抢，她说啥就是啥，分房子的时候我们俩口和婆婆，还有一个小兄弟我们几个是一家，我们几个分了三间房，没窗没门，她也分到了三间房，挑的都是好的，有窗有门。

(3)交往

女人一般都不出去，女人一般都在家里。解放前男孩能继承财产，女孩不行，我嫂子他们就是两个孩子，她们负担轻，我们负担大，那时候我们工分多，我们养婆婆，大嫂也没有出什么东西,那时候就认为吃亏是福。大家也都没有怎么计较。我们那时候没有孩子,抱养了一个孩子,分家时没有要什么东西,基本上都是自力更生。我记着三兄弟去世后,本来就是我儿子顶盆守孝,我嫂子不行,她就哭的说我儿子不是亲生的,是抱养的,应该让她儿子出面,她就是想要那座院子,我就给她了,她争了抢了一辈子也没我过得好,所以说是吃亏是福。给婆婆拜寿,那时候也拜,那时候比较简单,就是弄个馒头,四个菜,都是媳妇做的。婆婆和公公死了以后埋在一块儿,基本上都是男左女右。刚开始不在一块儿,公公死得早,两个人隔了四十好几年才死的。我婆婆死后先是埋在坡下,因为他两个之间隔的时间太长了,后来有了那个条件,我们就把婆婆的坟挖开,把她的骨头从棺材里拣出来,然后把她的坟移上来和她的丈夫埋在一起。

解放以后能去坟上拜祖先们,能去,很少去,人家主要是想让男孩去,现在都是小孩子去了,我记得那时候去上坟的话还有吃的呢,坟地里有烧饼、有麻花。

(二)妇与夫
1.家庭生活中的夫妇关系
(1)夫妇关系
那时间女孩基本上什么都会做,你嫁的男人,男人穿的吃的你基本上都得会做,就是从头发根到脚跟你都会做,你不会做,婆家就会不乐意。我婆婆那时候就好,那时候就是娘家的活儿就是娘家的活儿,婆家的活儿就是婆家的活儿,你要是把娘家的活儿拿到婆家做的话,婆家肯定就是有意见,我婆婆那时候就是没意见,还帮着我一起做,还不敢让我大嫂知道。过去人的思想比较落后,你爷爷(老人的丈夫)当队长的时候不允许我乱跑,出门也不行,我记着我爷爷三七的时候,就是我爷爷刚死没有多久过三七呢,我要回家,他不让我回家,我就偷偷地跑出去,我那时候就心想着只要我跑快点我跑出大门了就没事了,结果你爷爷追上我,就拽着我的头发把我拽回来,然后按住我的头在墙上撞,撞的“咚咚咚”的,隔壁邻居第二天还问他是不是在家打羊呢,他一辈子对我都好,就是那件事我现在想起来我还是生气。那时间夫妻基本上不会吵架,让你做什么,你就做什么。那时候活也比较多,不能让你走。

结婚后相互就称号“他”,那时候基本上不叫名字,叫名字就叫不出来,现在我也叫不出他的名字来,然后有了孩子才叫名字,叫的孩子名字,比如我叫他就叫儿子的名字,他叫我就叫我女儿的名字。那时候老公当家,婆婆单独当家,只是每年给婆婆一些粮食。其实那时候当家也没啥,又没钱又没权当家当啥呢。那时候都是当家的说了算的。那时候都是生产队,不分内外,大家都是分工干活儿,后来修水利我还在水利上干了好几年。

(2)娶妾与离婚、婚外情
那时候没有离婚的,很少,基本上没有。也没有乡政府,大家很少离婚,嫁给谁就是谁。我们那时候基本上没有离婚的,都能过下去。也没有因为婆婆和媳妇有矛盾过不下去,那时候女人主动离婚的少,除非就是男人把女的打得受不了了,完了女人才离婚的,基本上都是丈夫说了算的。

很少有改嫁的。只有男人死了,有孩子的话,女人基本上就在家里守寡了,不再改嫁了,没孩子的就走了,有孩子的人家就指望着孩子呢,我婆婆就是啊,三十岁就守寡了,那时候你姑奶奶才十几岁,你爷爷六岁,还有个三爷爷才两岁,她就没改嫁,那时候也是害怕改嫁后人家对孩子不好,让孩子受委屈。那时候咱们这里也有改嫁,改嫁的少,改嫁的时候也不给彩礼,给也是象征性地给一点。就是给上个"三个核桃两个枣"的,给得很少。

那时候有的家里穷,家长把自己的孩子寄养在别人家里的,只给你一些钱。我们这里有一个,女孩在家里寄养,差不多到结婚时,女孩就回到自己家里。那时间结婚时还是坐轿子的。那时间的媒人也起很大作用,家里有钱的坐轿,没有钱的就不坐。也有结婚的时候骑马的,各种方式都有。

那时间有换亲的,就是一家有一个儿子一个女儿,这边的女孩给那边的男的,那边把女孩嫁给这边的男的,这种基本上都是家里比较穷的人。那时间也是这边给那边,都是些家里比较困难的才会换亲。

咱们村里的红军他妈就是童养媳,童养媳就是十一二岁的女孩,养不起了就提前养在这边,就养到结婚的时候,给人家把婚礼一办就可以了。童养媳他们结婚是没有彩礼钱的,你想啊,替她养了那么多年的闺女,从十岁左右就开始养这个孩子,就不给你彩礼。解放后就可以自由恋爱了,但自由恋爱的很少。

上门女婿那时候少,那时候基本上就是家里比较穷的男孩子这么弄,一般情况下不招。那时候就是"一门有子,十门不缺",家里就不允许外姓加入。那时候没有计划生育,家里愿意生几个就生几个,一般情况下家里都有儿子,家里有两个女儿的也少,基本上都是兄弟好几个。那时候男孩子再穷也能结婚,基本上没有这种说法。那时候有一种说法就是"一门有子,十门不缺",就是只要你的弟兄里面有一个人生了儿子,那么你这个家的香火就不会断。

那时候都是家里有钱的才能一个人娶很多媳妇的。我有一个妹子,她男人就是娶了两个,人家两个媳妇关系还是很好的,都有钱,不是地主就是财主家,前二三十年,那些人打麻将输了,就把老婆卖了,完了顶债。也不是卖了,也是有期限的就是借给你几年,不是长期的,几年之后这个媳妇就回来了。那时候有收入,每个人弄一些棉花,完了做棉布,染色后媳妇自己做着穿。那时候的棉花都是分的,一个人就是一斤棉花或者两斤棉花。家里也没有钱,基本上不花钱,没有菜吃了就是去地里挖一些野菜,你爷爷他还靠我呢,我娘家有钱,我从娘家过来的时候身上带了四五十块钱,我俩就靠着那点钱过呢。

2.家庭对外交往关系

那时候和外边基本上没有什么交接,所以处理的都比较好。丈夫第一,媳妇第二,孩子往后排。那时候男人责任大,到地里弄一些野菜吃,没有多余的吃。那时候丈夫打媳妇也比较少,男女打架,女人骂的厉害,男人打的也厉害。那时候女人就不怎么出去,没粮食的时候你家男人带回来啥你就吃啥,你知道那个红薯叶子吧,那时候把红薯叶子挂在墙上,里面有鸡屎、鸟屎,冬天没吃的时候就把红薯叶子拿下来,把里面的垃圾抖一抖就吃了。

(三)母亲与子女的关系

1.生育子女

(1)生育习俗

女人生孩子了一般都是家里的大人伺候呀,没有大人的话就是男人伺候,虽然我们分了家,但是我大嫂坐月子的时候还是我婆婆伺候。那时候洗衣服、做饭,基本上都是女人做饭,男人基本上不下厨房。

(2)生育观念

家里基本上没有客人,也没什么人串门,以前大家都是想着怎么过日子里。没有时间去想别的，大家都老老实实过日子。那时候都是第一个孩子弄(办)满月了，生第二个孩子的时候就基本上不弄了。那时候基本上都是亲戚过来。那时候大家基本上没有重男轻女这么一说，生的孩子基本上都一样。我儿子没有办满月酒，我儿子是抱养的，抱养来的时候已经五岁了，他五六岁的时候都不会走路。我抱养女儿的时候我婆婆很开心，因为我没有生孩子，所以我婆婆对我抱养的这个女儿很亲，给她弄了满月。

(3)子女教育

那时候都能上学，只是家里孩子都不愿意去上学。没有说孩子想上学，家长不让的。我那时候能供养得起他俩，是他俩自己都上的。娃娃亲也不少，只是大家结婚都比较早。我给儿子娶媳妇的时候我女儿就很操心，帮着干这个干那个，那时候我女儿相亲，她第一次觉得男方不好看，等十六岁的时候媒人又开始说了，因为两家关系比较好，所以就同意了。女儿结婚的时候男方给了两千元，完了买个毛毯，那时间嫁妆就是家长给织布，其他的没有什么了。女儿陪嫁的嫁妆都是彩电、洗衣机、缝纫机，其他的基本上没有什么了。我儿媳妇嫁过来的时候她们家比较拮据，那时候什么都没有，嫁过来的时候就陪了一个收音机，啥也没有。

(4)对子女权力(财产、婚姻)

跟儿子没有分家，我就一个儿子不分家，刚开始我儿媳妇闹过一次，闹得要分家，那时候我女儿还没出嫁，然后我周围人就劝她说"人家有三个劳力，你们只有两个劳力还带着两个孩子，你分家之后你负担重得很"，然后她就不分家了。那是她伺候她妈的时候听她妈那边的话。女儿十六岁定亲的，定婚时见过对方，那时候也见过，都在一个村，刚开始家里人基本上都不同意，见面以后孩子没有意见，大家都比较满意。我家只有两个孩子，我家的负担就比较轻，我女婿他家有弟兄五个，过的就比较拮据。我女儿结婚的时候对方总共就包了两千，我还给我女儿陪送了两千。

2.母亲与婚嫁后子女关系

过去没有上门女婿，解放后有，解放前没有，那时候解放前不论怎么样都不会出去做上门女婿，就说是"一门有子，十门不缺"。解放后就有家给女儿招了上门女婿，他有儿子但儿子好像精神有问题，所以就给女儿找了个女婿，但是这种情况很少见，那时候只要是上门女婿，过来后基本上都得改姓，现在的上门女婿基本上都不改姓了。上门女婿离婚后什么都不能带走。村里的孩子不赡养老人的生活，村里的大队管，咋能不管呢，那时候村里大队就管这些事情了。女孩嫁了以后，基本上都不去家里住。

三、妇女与村庄、市场

(一)妇女与村庄

1.妇女与村庄公共活动

咱们这里没有祠堂和祖堂，咱们这里没有那些东西。原来咱们这里的庙比较多，好多庙，村里好多人都去拜神仙了。那时候当我能记事时，那是我五岁的时候，我们村有三户人家，我们村里就只有三家人。像出嫁前，村里的那些人的活动不参加，那时候这些聚会、看戏，我们都没有，村里太小。

2.妇女与村庄社会关系

在娘家时有女伴，我们出去都是做一些小游戏，这些你们估计都没有听过。女孩出嫁时我们不送嫁,基本上都是家里的亲戚送嫁的,其他的女孩都比较少。

那时间都是单干,不挣工分。大家都忙着过生活,出嫁以后就不能出去瞎玩儿了。村里的红白喜事我们一般都不去。我们一般嫁过来后基本上都不出去,夏天晚上基本上都在家里院子里乘凉。

(二)妇女与市场

出嫁后赶过集,那时间咱们这里的蒲州赶集,大家伙都去,赶集的时候都得家里人同意了。集上女人比较少,大部分都在铺子里头。那时候大部分的布料都是以前的旧衣服,线是自己做的,其他的基本上很少买,那时候的衣服就是旧衣服染一下颜色就当新衣服穿了。解放后那会儿去集上都需要票,但是票基本上都不够用,布票、粮票、肉票,基本上都有。那时候还可以用小麦换西瓜。主要是粮食缺,人过得比较可怜。

四、农村妇女与国家

(一)认识国家、政党与政府

1.国家认识

解放前国家建立过一些学校,专门让女孩上学。那时候也有,基本上都是少数的,那时间女孩子上的学比较少,

2.政党认识

解放前有国民党,听得少,共产党我听的还多一点。那时候因为逮捕党员,大家伙都比较害怕,所以就没有入党。

3.夜校

我没有上过夜校。咱们这里没有,我们那里村小,总共也没几家,后来黄河涨水把村淹了,我们就移到坡上,然后从这个村搬几家,从那个村搬几家,凑一凑,凑成了我们现在这个村。都是这里几家,那里几家。

4.政治参与

有参加过村里的选举,那时候就是混了,去了也不说话,都是一个生产队在一起,大家对这个不关心,人家说是谁就是谁,刚开始的时候就是人家三五个男人坐在一起就把很多事情决定了。以前人的思想就是那样,那个时代就是那样管得严,如果现在也管那么严的话都没法过了。

5.干部接触与印象

踏实地干活,不怎么接触干部,我老伴当队长的时候接触过。

6.女干部

女的当干部很少,基本上没有。

7.政治感受与政治评价

那时候还实行游街,你半夜听见行里"咚咚咚"的声音,那就是又要有人被拉出去游街了,那时候被游街的人很可怜的,还有些老太太,年龄都很大了,给脖子挂上那个牌子开始游街,尽折磨人了,还有很多人都是被冤枉的,整天都是斗这人、斗那个人,告这个人、告那个人,瞎告状,咱村有五六个人就喜欢干那个,斗起人来往死里斗,现在那些人没几个过

的好的。

（二）对 1949 年以后妇女地位变化的认知

女孩的婚姻基本上都是父母决定的，不过女孩的地位提高了，大家可以见面，谈话了，不过决定权还是在父母手里，我女儿结婚那几年才流行起来见面，见面归见面，决定权还是我们家长做决定。解放后女孩还得伺候男的，把饭端到桌子上。基本上没有男人打女人，大家都过日子了。也有很少一部分，不过有大家也没有办法管。

（三）互助组、初级社、高级社时的妇女

那时候我也去地里干活儿，不过那时候活儿比较轻，互助组以前，男人把女人的活儿都干了，有了互助组，大家基本上干活儿都是干得比较慢。那时候还有哪句口号"上工一条龙，地里一窝蜂"，"地里干活儿，家里敲钟"，那时候上工敲钟。到合作社的时间大家都干活儿。那时间得有面子的人才能不干活儿。

（四）妇女与人民公社、"四清""文化大革命"

1.妇女与劳动、分配

那时候我们孩子少，吃得少，大家都享福了。那时候女人生孩子，弄一包红糖，十几个鸡蛋，那时候也是你干活儿就有工分，不干活儿就没有工分。自己孩子自己养，那时候吃的面汤也特别清，人们吃饭的时候有那种勺子盛饭，有时候勺子不平把一点点汤洒掉的话大家就很不愿意。大家那会儿都不愿意吃大锅饭，盛饭的时候大家有的着急，把好多都弄到外边去了。集体活动的话那时候有一年，后来就没有了，以前上工时大家都开开心心的，那时候也因为分的活儿多活儿少，活儿重活儿轻而有一点意见。

2.集体化时期劳动的性别关照

那时候男人和女人的活儿都不重，还是单干好。都是把孩子放在家里让婆婆看着，等孩子大了以后，把孩子带到地里。只要你能做，你就得一直去地里干活儿。那时候共产党开会女人基本上不参加，咱们这里少，共产党在山区比较多。公社的时候男女都一样，大家都一样，没有什么区别。男人出差比较多，去修水利等活儿。干部是男的干，男人出差时，农活儿都是女人干的。

3.生活体验与情感

单干比集体干好，那时候大家都觉得分田到户，自己干的时候两天活儿一天干，集体干的时候都是一天活儿两天干。那时候是早上三分，中午两分，下午三分，这就是八分，干活儿干得好就是十分。男人女人都是一样，都是评分，那时候谁干的活儿多，谁分多，那时候一年挣好几千工分了。一年分的最多是九百元了。那时间大家收的粮食，先给你按人头分下去，等到年底大家再看工分，工分多的再领一些，工分少的再往外退一些。我还记得我大嫂因为我比她高一分，她就六亲不认到队里闹腾，其实她干的活儿就没有我重，她要带孩子，干的活儿本来就不多，分比我低一分是应该的。我和你爷爷两个劳力，孩子少，我们工分少，但我们每年都能从队里领点粮食回来，我们一直是余粮户，大嫂他们人多分多，但一直都是缺粮户。

4.对女干部、妇女组织的印象

咱们这里没有"铁姑娘队"，那些都是山区才有的。那时候可不公平了。那时候斗你、游街、绑住，都不敢去集上，怕说错话。那时候不公平，假如你和大队的领导关系好，你就偷偷地给大队领导说谁谁不对不好,大队就把那个人拉出斗了,那个社会很不公平。

5.“四清”与“文革”

弄革命时大家都是简简单单弄的,那时候不让人哭,不让人穿白衣服,结婚也不大办。

(五)农村妇女与改革开放

以前都是媳妇伺候婆婆,现在都是婆婆伺候媳妇。后来分地的时候按人头分,土地证上都有名字。开放了,妇女的地位肯定是提高了,现在家里都是人家女的掌权。

五、生命体验与感受

那时间男人基本上不干家务,男人都去地里。我婆婆命苦,三十岁守寡,要养大五个孩子,我嫁过来的时候每天晚上都要坐到她跟前纳鞋底,然后晚上点煤油灯都舍不得,然后我还从我娘家偷偷的带点煤油灯回来。不过我这一辈子也算是平安,我说就好着呢。

ZYN20170112HXZ　贺秀珍

调研点:陕西省宝鸡市陈仓区阳平镇新秦村

调研员:张亚楠

首次采访时间:2017 年 1 月 12 日

受访者出生年份:1931 年

是否有干部经历:是

曾担任的干部具体职务及时间:妇女主任,1949 年至 1955 年

是否生育:是

受访者结婚的时间节点、生育子女的具体情况:1948 年结婚;共生了四个孩子,三个儿子、一个女儿,1952 年生的第一个孩子。

现家庭人口:4

家庭主要经济来源:务农

受访者所在村庄基本情况:新秦村原名秦家沟,解放后直至人民公社前都属宝鸡市凤翔县管辖,人民公社时期属宁王公社,公社解散后划归阳平镇。南边紧靠陇海铁路西宝段,北临凤翔县虢王镇,新秦村西靠阳平镇中心的窑底村,东与岐山县蔡家坡镇相连,西宝中线从村中穿行而过,交通十分方便。新秦村位于渭河北岸的川道地带,属典型温带季风气候,夏季高温多雨,冬季春季寒冷较旱,村里以种植小麦、玉米为主,两年三熟,气候宜人。村里现在祁、杜、秦、王四个姓氏人数较多,其他姓氏如张、李、焦等也分布于村中,从过去至今一直不太讲究宗族观念,村中也从未设有祠堂。虽然村中人多地少,但在土地改革时期运动并不激烈,村中共有一家地主,也并没有批斗,因他本人对村民很好,也不放高利贷,所以被认为是开明地主。

新秦村在改革开放时期办了一系列的集体组织,水泥厂、纸厂、化肥厂,在当地走在新农村建设的前列,后来因为经营不善,这些工厂相继经历破产收购,现在的新秦村仍以农业为主,村中开始发展种植经济作物,如红薯,草莓,西红柿等各式水果蔬菜,以振兴农村经济。

受访者基本情况及个人经历:受访老人叫贺秀珍,这个名字是她父亲起的。老人原来是(甘肃)徽县人,十七岁的时候被卖到这里,十八岁就嫁到这个村子来了。她家原来住在城里,家里没有地,在城里做生意,她父亲抽大烟,后来因为吸大烟把家里钱都吸干净了,家里什么都没有了。

来到这边以后,嫁的丈夫要比她大十六岁。她来的时候她丈夫的小儿子三岁,另一个女儿都十三岁了,她那时候才十八岁。她在二十二岁的时候有了第一个孩子,她这一辈子生了四个孩子,三个男孩、一个女孩,其中有一个夭折了。

贺秀珍老人从解放后就在村里做事,先是在妇联工作,当的妇联主任。1956 年的时候她学习做了接生员,回来就在村里给人接生,然后就在产院待了二十几年,1976 年的时候产院解散了。然后她就继续在村里给人接生,近十年才不做了。老人一生经历丰富,拿过很多奖状,懂得很多东西,身体到现在也很硬朗,是一部行走的中国妇女现代史。

一、娘家人·关系

(一)基本情况

我叫贺秀珍,这个名字是我父亲起的,那时候我们家的孩子都没有按辈分起名。我哥那时候比较宝贝,由我的奶娘照顾,他叫土生,我二哥叫润生,我是家里的老三,我还有一个弟弟叫全生,我还有个姐叫丹娃,我是在家里逃荒的时候出生的,所以小名就叫荒儿,所以后来我结婚以后,村里人就叫我黄嫂。我们家总共有六个孩子,大哥、二哥、姐姐、弟弟,还有一个妹妹。我姐去世得早,她去世那会我刚十岁,那时候她有病,医疗条件没有现在好,治不好然后就去世了。姐姐去世以后就剩我们兄妹五个了,我二哥学习不好,后来就去了新疆当兵,我们这边入农业社的时候才回来。我十五岁的时候我的母亲也去世了,我大哥后来经过"三反五反"运动,脑子不行了,五十五岁就死了,我二哥活到七十多岁就走了,我的弟弟也才活到五十五(岁去世了)。现在就剩我和妹妹了,她现在住在宝鸡的贾村原,也有八十岁了。

我原来是(甘肃)徽县人,十七岁的时候就被卖到这里,十八岁我就嫁到这个村子来了。我们家原来家庭情况也不太好,我父亲抽大烟,我们家原来住在城里,家里没有地,我父亲原来在城里做生意,后来因为吸大烟把家里钱都吸干净了,家里什么都没有了。我来这里的时候我哥已经在县上工作了,我哥那时候已经是县上的什么科长了,我哥不愿意把我卖到这儿来,他还给我介绍了几个在外面工作的对象,但是就是没钱。那时候是旧社会,我哥虽然在城里有个工作,但是也不挣钱,最后我哥拗不过我父亲,我爸就把我卖到这里来了。来到这边以后,嫁的丈夫要比我大十六岁。我来的时候我丈夫的儿子都三岁了,一个大一点的女儿也都十三岁了,我那时候才十八岁。我来了以后没多久就土地改革了,当时开群众大会,我也跟着人家去开会,那时候这边的乡下人还比较封建,我在城里长大,不管那么多,跟着人家去开会。刚开始的时候村里开会不让我去,害怕我开会的时候跑回娘家去了。我十八岁结婚,我二十二岁的时候有了第一个孩子,我这一辈子生了四个孩子,三个男孩、一个女孩,其中有一个夭折了,那是1957年我生的第二个孩子,是一个女孩,那时候小孩生病了,但是家里没钱看病,这个孩子半岁就夭折了。

我从解放到后来很长一段时间我都在村里做事,先是在妇联上班,当的妇联主任。1956年的时候我学习做了接生员,我先是1956年去凤翔县学的接生,回来就在村里给人接生,1957年又去宝鸡学接生,1958年的时候村里就把产院办起来了,然后就在产院呆了二十几年,1976年的时候产院解散了。那时候上来一个新领导嫌产院不挣钱,大队赔钱,没有办法,那时候产院是福利事业,也确实不挣钱。产院解散以后,我就到家里帮人家接生,这家那家地跑。最近七八年我才不干了,现在都是独生子女比较宝贝,一般也都是去医院里面,比家里地条件要好。我因为接生参加过很多的劳模会,我们产院那时候在中央还得过奖,中央那时候的表彰会是1960年,我那时候刚好怀孕了,3月开会,我4月要生,去不了,最后人家就把奖状给我捎回来了,后来省里开劳模会我就拿回来了。

(二)女儿与父母关系

1.出嫁前女儿与父母关系

(1)家长与当家

那以前的旧社会都是家里的男人当家啊,我们家就是我父亲当家。我母亲她管不上家里的事情,她性格太老实了,就听我父亲的,她就只管我们吃穿、做饭之类的家里的事情。后来我嫂子来了就是我嫂子做饭,她就不做饭了。那时候家里的妇女没有什么地位,我们这些孩子都已经很大的时候,我父亲还打我母亲,我嫁人以后我母亲身体都不太好了,她管不上家,她也什么都不管,后来我嫂子就把家管上了。

(2)受教育情况

我以前也是上过学的,我读了两年的小学,我娘家以前住的地方离小学很近。那时候我们家附近的小孩子都去上学,我也就跟着一块儿去上了两年小学。其实那个时候女孩上学的不多,我父母也不想让我上学,上了两年以后就不让我上了,那时候旧社会不让女孩上学。我妹妹没上学,那时候家庭条件不好,十五岁的时候家里就找个婆家把她领走了,和童养媳一样,但是这个婆家对她不好,总是打她,她就跟人家离婚了,后来就来了宝鸡,在贾村跟了一个做生意的,后来就在人家家里帮忙管一些事儿。我大哥倒是上了学,而且在旧社会那时候我哥都算是大学生,他那时候在兰州上大学然后去了西安黄埔军校上了军校,军校毕业后人家要留下他,但是他自己要出来,回来就在县上参加工作了。我二哥上学不行,然后就去当兵了。我的弟弟上学上得比较迟,也就上了没多久,一年还是两年我记不清了,到十五岁就参加工作了。

(3)家庭待遇及分工

我觉得我们家男孩女孩都差不多,重男轻女的思想不是很严重。平常吃饭的时候,我们家里摆一个桌子,放上饭菜,然后一家人都上桌吃饭,没什么讲究,就是我爸吃饭的时候,他要看着生意,他所以他在做生意的门面房里吃饭,我们孩子和我母亲就坐在后面吃饭。过年的时候压岁钱,那是都有的,我记得就是年三十晚上发几个几分钱就行了,一般是按大小给,不分男女,大的给得多,小的孩子就给得少一点。

(4)对外交往

我在娘家的时候,是在城里面,那时候不怎么拜年,我们家对面住的是回民,我叫她马姨,她家里没有女孩,她走亲戚常常叫上我,让我和她一起走亲戚。过年要是家里来亲戚的时候,我们这些孩子都不上桌吃饭,有亲戚来就不上桌,人家亲戚来了,吃饭的时候会嫌小孩弄得太乱了,所以亲戚和大人坐一桌吃饭,我们小孩子就在另外的地方吃。其实那时候小孩子也不怎么吃饭,白天小孩都出去玩了。那时候我们家一天就吃两顿饭,早晨吃一顿,下午吃一顿。母亲在亲戚来的时候可以上桌,就是要把饭做好以后。我母亲那时候身体不好,她也经常不上桌,她也不愿意去。

(5)女孩禁忌

我小时候是旧社会,那时候小女孩的规矩多,小女孩不能和男孩在一块儿玩,我们家对门附近有十来户人,我们这些小孩子玩儿的时候,女孩和女孩玩儿,男孩和男孩玩儿。女孩的话,一般上了十二岁就不让你随便出门了,不然怎么不让你念书了呢,上了十二岁就不能出门,不让你和别人随便说话。如果自己偷偷跑出去玩,回来了要挨骂,有时候还挨打。那我自己也不胡来,就是和伙伴们一起去菜地里转转,去河边洗个衣服,这些都不说什么,要是逢会的话可以大家一起赶会,去赶会,父亲一般不说什么的。那时候规矩多,我们女孩的衣服,不能和兄弟的衣服晾在一起,洗衣服也要分开洗。大人的和大人的一起洗,小孩的分开洗。衣服干了以后,自己都有自己的柜子,衣服收了以后就放在自己的柜子里。

(6)家庭分工情况

我娘家住在城里面,不像农村有地要种,平常也没有什么活儿,等我睡醒的时候我嫂子把什么都做好了,就不需要我做什么。我记得我小的时候家里人多,我们家还雇得做饭的人给我们家做饭。我那时候也不用做家务活儿,在我结婚以前我没有做过什么家务活儿,就洗过一些衣服,帮我嫂子带过一会儿孩子。我也不会做饭,我到结婚来的时候也不会做饭。纺线织布的话,我只会纺线,不会织布。等有织布机器的时候,我已经在大队帮忙干活儿了,那时候产院也办起来了,我一天没有时间织布。纺线我会,我就是不会织布。以前在娘家的时候我只是看着我奶奶织过布,我自己不会。那时候人穿的衣服鞋子好多都是自己家里做的,我会做鞋,但是我不会绣花,我没有学过绣花。其实做鞋也没有怎么学,就是看别人做自己就跟着学,做衣服做鞋也没什么学的,我觉得很简单。我做过不少的鞋子,那时候就是到了冬天就做过年的厚鞋,到二三月的时候就做春天穿的单鞋。二三月做上一部分鞋,夏天农忙完了再做一部分鞋,到秋粮完了再做鞋。那时候做的棉鞋穿上一冬天就坏了,每年都要做新的鞋和衣服。我到五十多岁的时候就不做鞋了,那时候市面上有卖的,而且我在产院的时候眼睛弄坏了,有时候也看不清楚,所以后来就不做鞋了。

(7)家庭教育分工情况

教育小孩的话,都是一家的小孩,对男孩和女孩的教育没有什么区别,反正我们那儿没什么要求,那时候的小孩只知道玩儿不用管其他的。

2.女儿的定亲、婚嫁

我刚十七岁就被人家说到这边来了,都结婚了我都不知道(丈夫是谁)。当时媒人给我说的媒,叫我去看,他在墙那边,我在墙这边。那个媒人说(指的)是他的女婿,在宝鸡这边。那人就是长得好看一些,他穿的也好看,他看我的时候就在墙后面看我,媒人那时候问我的意见,我说我也拿不了什么主意全听家长的。家长就同意了,然后就结婚了,结果结婚以后发现是这个男的,我当时特别生气,不愿意来。我是六月结的婚,但是到第二年正月的时候才到这儿来。那时候说是拿了人家的钱,要是不来的话不行。我哥哥说你要是不去的话就要拉壮丁也要把你拉去呢,我那时候不愿意去,说走到山路上的时候要从车子上跳下去,结果车子封得太严实没跳成。当时说媒都是人托人,就没有那么多讲究,谁还懂那么多呢,也不管那些。结果来了是这个样子,你来了也没什么办法了。我那个时候太老实了,放到现在的社会,人家小姑娘早都回去了。

就是送礼的时候,我才知道我已经定亲了,我对面有个小孩儿管我叫姑的,我那时候正在人家玩儿,然后那个人说妈妈你看,这是给我姑找的女婿。我一听回去哭了一下午,我嫂子怎么劝我都不行,后来听说那个(小女孩)他妈还把那个小女孩打了一顿,嫌她说那个话了。我那天真得是哭得不行,眼泪一直流。那时候只要是定了亲,那就可以见面了,我丈夫来见我,我不见他,我看到他我就生气。他腿也瘸了,人也老了,人还特别瘦。他前面有个姐,姐姐嫁人了,生了两个小孩,有一个死了,后来就剩他一个人在家。家里也没有老人,他自己把家里吃光败干净了,在当地找不到媳妇,就去我家那边找媳妇了。刚好我们家又没有钱,就把我嫁给他们家了,算是卖的。

我结婚的时候就几百块的彩礼,也没有什么嫁妆。就结婚做了两身衣服,还有我嫂子给我缝了床被子,我丈夫这边是他姑姑给他缝了一床被子,我们结婚以后就这两床被子。那时候结婚已经讲究送礼了,结婚的时候就光接待一下亲戚,也就没什么了,旧社会的时候没什么讲究。还有一些人是娃娃亲,从小定婚的这种就没有什么仪式了,就是结婚的时候送点儿彩礼、送点衣服就行了。还有的人是换亲,换亲一般是亲戚和亲戚换,对门回民马姨就是给她儿子换亲,和她姑姑的儿子换亲。汉人也有换亲的,也都是亲戚和亲戚换,我们村的,秋燕和赢贤就换亲了,秋燕的女婿死了,赢贤的女儿没了,就把秋燕的女儿给赢贤了,这就是换亲,我就见过这一家换亲。这都是以前的东西,到最后解放以后就不管这些事了,什么也不管。叫开会就开会,叫做什么就走了,那时候村上的人还挡着我,不让我去。你看看现在的社会多好,共产党多好。现在共产党一个月给我养老金一百,高龄补贴一百,我现在够花。我在产院干了那么多年,现在人家也给我给钱一年有一千多块。

3.出嫁女儿与父母关系

女儿出嫁了以后,到了逢年过节也是要回娘家的,我们这就是过年要送核桃,过端午要送粽子,二月二送豆子。要是和丈夫一块儿回娘家的话,男方是不可以在女方家过夜的,现在房子多了就想住下也就住下了,原来就一间房,一张床,这也没有地方睡。如果女儿有困难娘家也是可以帮的,主要是看你夫家,夫家情况不行你也不能娘家一直管着。那时候要是和丈夫闹矛盾了,就回娘家,回去了父母也会劝说,有的娘她就向着女儿说话,大部分都不会,尽量让女儿回去,都是劝和。过了几天丈夫一般都会过来接,然后父母再劝一下,就跟着丈夫走了,那要是家里有小孩的话,也不能住太久啊。要是实在过不下去了,那也有离婚的,不过一定要和父母商量,不商量怎么行,离了这个丈夫去哪儿呢,不和父母商量连去哪儿都不知道。

(三)出嫁的姑娘与兄弟姐妹的关系

我们这里离我娘家有点远,我娘家人也不常来,我也不常回去,我也有些生气。我们这边的闺女出嫁以后就是人家的人了,娘家父母要是去世以后,女儿不能分父母的财产。当然也是有分的,如果说你出嫁了以后还养着父母就能分父母的财产了。如果说娘家父母有儿子养着,那女儿就不能分娘家父母的财产,同时女儿在平常的时候也不用承担赡养父母的费用,不用管父母。父母百年的时候,我们这边出嫁的女儿不像现在一样去买一些东西,那以前就是要蒸馍馍,去了以后就是给东西给钱,那时候也没啥钱,主要就是给点东西,就是蒸馍馍。葬礼上儿子女儿都是一身白衣服,原来是给女婿缝一个白褂,女儿就是一身白,儿子也是,儿子要穿长衫,现在的人都不穿了,没有以前这么讲究了。丧礼之后,每年的清明,女儿也是要去回娘家上坟,上坟的时候就是提个小兜装点馍馍和纸钱,回来祭拜一下就行了。我出嫁以后,我家里人都不在家,我弟弟后来去兰州了,我就不怎么回去,我来到这边几年以后,我大哥就死了。我大哥去世的时候,我都没有去,那时候我们家的小孩多,顾不上回去,也没钱去,那时候穷得没钱回一趟娘家,那时候还没有火车要搭汽车,家里真是没有钱。我们这边走远处的姑娘都不回去,那时候交通不方便,1958年才通火车,汽车太贵了。

我第一次回娘家了都是结婚八年以后了,那时候小孩大了才去了一回,第二回是我父亲去世了,我去了一回,我母亲去世我都没回去。最后就没怎么回去了,家庭条件不允许,家里孩子多了就走不了。我知道父母有人赡养,我二哥那时候当兵去了不在家,我兄弟也是去外地工作了,他们也没有分家,我父母也就一直跟着我大哥、大嫂一起。我走了以后我父亲戒了大烟,不吸大烟只吃饭就谁也能管了,也就是管顿饭。

二、婆家人·关系

(一)媳妇与公婆

1.婆家婚娶习俗

以前的这边人都是你过你的,我过我的,他们这几家亲戚也都没什么关系了。然后我就和我老汉两个人一起生活,我来了以后也没怎么见过他们家的亲戚。我丈夫家里也是比较穷,就是农民,几辈子都是在农村种地。他从小是他奶奶养大的,等他奶奶去世以后,他就给一个姓鲁的地主当长工。我那时就算是被骗过来的,所以结婚的时候没什么仪式,也没有什么拜天地,跨火盆之类的,这边也没有这么多的规矩,这个村其他人结婚的时候,第二天要去给村里其他家人请茶。我当时是结婚半年以后才来这儿,什么都没弄。我过来以后只见了我丈夫的姑姑,其他人我都没见,他姑姑那时候已经年纪大了,是个老太婆。

2.分家前媳妇与公婆关系

我是十八岁的时候嫁到这个家的,我丈夫从小就没有父母了,我就没有见过这边的公婆。

3.分家后媳妇与公婆关系

我老伴和我结婚的时候,他父母已经去世很久了,我没有和他父母一起生活过,也没有分家。

(二)妇与夫

1.家庭生活中的夫妇关系

结婚以后还是我丈夫当家,生产队的时候我一直在产院做事情,家里还是他当家。我在产院一年得的工分比在地里干活多很多。解放以后我们村子里还大部分是媳妇当家,其实那时候也没有什么好当家的,家里也没啥钱。现在大家都有钱了,出去打工能挣钱,过去就是凭工分分粮,有什么钱,现在家里有钱了,才算是当家,管着钱。我结婚以后,就没有怎么去过地里。原来地少,我就不用去地里,后来地多了我就去产院干活儿了,就没有去地里干活儿。农业社的时候我也没怎么在地里干过活儿,分田到户以后我也没有干地里的活儿,家里的小孩多,一天光做饭就来不及。

2.家庭对外交往关系

在家我就是做饭,有时候做着饭人家就叫我去接生了,我就放下手里的活儿跟着人家走了,他自己回来再做。我这接生和别人不一样,不是在医院上班,吃饭的时候也有人叫,干活儿的时候也可能会有人叫,半夜也叫,没黑没明的,只要人家来叫,我就去。

那时候这边没有出去打工的,要是家里实在过不去就是给地主打工,我刚来的时候我老伴一直在那家姓鲁的地主家住,地主家管他吃管他住,我刚来那会儿都是一个人自己在家。我也经常去那家地主家吃饭,地主对我们很好。在农业社的时候外出的活儿都是队长派的,他叫你去你就去,回家和我也没有什么可商量的。那时候队长叫你做什么你就做什么。他也不常出去,他在队里当了一辈子的饲养员,一个腿瘸着什么也做不了。我们两个过日子,刚来的时候我不干活儿,他就打我,后来我对他好了,他就不怎么骂我了。他是当家的,我也管不了他,要是在外面赌博的话,我不会直接说他,说了他也不一定听,我就给大叔一说,我大叔就会骂他,我不直接参与。我在家很多事情都是我自己做,赶集什么的,多数都是自己去市场上买东西,他也让我去,我都是给小孩买穿的用的,不胡乱花就行了。那时候算账很细的,能花个什么钱呢。

那时候没有人提离婚,到农业社以后就有离婚的,老的人都没有离婚的。咱们这儿我就见有一家有生气的,后来也就不生气了,因为她来的时候还很小,才十四。那个时候咱们这儿的男人结婚年龄都很大了,把女孩都当小孩一样疼了,谁还和她吵架离婚呢。

要是过年家里来客人的话,我经常要伺候他们吃饭,要把饭菜做好,等他们吃完我再自己吃,经常就在锅上做饭,把饭菜做好以后,我就随便吃点东西对付一下就好了。要是到别人家的话,我一般不去,他一个人去。要是走亲戚的话我也要去的,走亲戚的话就是男的一桌,女的一桌,我也不和他坐一桌。那时候过得确实苦,但是都嫁人了,也没有办法。

(三)母亲与子女的关系

1.生育子女

(1)生育习俗

我的第一个孩子是1952年生的,名字叫宝甲,1957年生了第一个女儿,她活到半岁就夭折了,宝伟是1960年生的,最小的是1963年的人。我们这边生男孩女孩的风俗都差不多,我生宝甲的时候,是我自己生的,没有叫人帮忙接生,就是叫人家给我把脐带剪了一下,1957年我生女儿的时候我已经会接生了,我自己剪的脐带自己生的小孩。那时候我女儿和儿子一起感冒了,打针的时候就是说给女儿少打点针,给儿子多打点,因为我丈夫他喜欢儿子,结果女儿就得肺炎死了。

以前要是第一胎生下来会办酒席的,生女孩也会办酒席。一般是满月的时候办酒席,我那时候生了小孩,本来说不办酒席的,但是我们队里的人不同意,说你大老远来了,几年了才生小孩,一定要办一个酒席,然后我们就弄了几桌酒席,那时候家里就是来的队上的人,然后就是我姑姑也来了,我们家那时候也没有其他亲戚了,那时候家里都没有什么钱,就是给小孩做一身衣服,带点布就过来了。

我办酒席的时候没有通知娘家那边,那时候也联系不上。我们这边的规矩是孩子满月以后才能抱给别人看,其他的规矩就很少了。

(2)生育观念

以前生女儿多的话,就会说这家怎么又生了个女儿,但是现在就不说这样的话了。以前谁家要是生个儿子,就会很宝贝,会让婆婆照顾好几天。在我们家,我觉得是一样的,但是我丈夫自己说他爱儿子不爱女儿。按照规矩的话,男孩女孩第一胎都是要过头月和头周岁的,亲戚就是做点鞋买点衣服带过来庆贺一下。

(3)子女教育

我觉得小孩不上学不行,所以等我的小孩上学的年龄,我都让他们去上学了,那时候男女基本都会上学,那时候就是妇女解放了,还是比较平等的。我那时候就没有女儿,也没有什么优待的,儿子就是小的穿大的衣服,捡剩的,家里条件不好,没有办法。

(4)对子女权力(财产、婚姻)

我们家孩子还都是比较听话的,结婚之前他就把钱给家里了,结婚之后他就自己拿钱,自己管自己,我们也就不要他的了。我们家的大儿子宝甲结婚的时候都二十八岁了,他比媳妇要大五岁,结婚以后他就自己管自己了。

2.母亲与婚嫁后子女关系

我家大儿子结婚的时候就和以前不一样了,他结婚是说媒,在说之前家里人就已经知道了,我这媳妇都是附近的人,人家都比较清楚情况。从定婚到结婚都是家里办的呀,儿子也是同意的。仪式的话,也没什么太大的变化,我儿子结婚的时候就是拜了天地,喝了个交杯酒,宴席的时候让大家看了看媳妇,然后就没有了。

彩礼的话,就是带人家去做了两身衣服,还给的钱。这些仪式到现在也是有的。现在结婚花的钱就多了,我当时那几个儿媳妇就没有花多少钱。我们那时候不买三金什么的,连结婚一共就花了一千多块吧。二儿子当时结婚应该就是花了一千四百块钱左右,三儿子当兵回来以后结了婚,他当时结婚花了一共就是一千六百左右吧。那时候结婚粮食都是自己的,也不用买,就买点肉菜就行了。

儿子结婚也是要房子的,要是老人有的话就不需要重新盖房了,装修一下就行了。我儿子结婚的时候就是在我家这个土房里结婚的,拿白灰一抹就那么结的婚。儿子结了婚以后,他们家的事情我才不管呢,儿子都多大了自己能管着自己的事儿。那个时候我有二孙子了,我去给儿子家管孙子,媳妇也不太高兴,最后我也不管她,反正一家人处得还是可以的。我也和人家不争不吵,关键是媳妇什么也都做得挺好的,我也就没必要说人家什么了。我和大儿子在孙子两岁的时候分家了,那个时候他们在家里另起了一个灶,给他们自己做饭。后来那边的房子盖好了就彻底挪过去了。分家是我媳妇提出来的,那几年粮食比较短缺,她嫌我给这个孩子也吃,那个孩子也吃,家里攒不下粮食。最后她就跟我说她们要单独过,自己攒点粮食。我就说那你跟队长说一声,让队长把你们三个人的粮食单独出来。也没说其他的,家里也没什么可分的,就三间土房,他自己出去买的村上的地,所以就没有分家里的房子。

三、妇女与宗族、宗教、神灵

(一)妇女与宗族

1.妇女与宗族活动

我们村子没有什么祠堂,整个村里就是以前大的家族有一个祖先案,就是一张布,上面写着整个大家族里不出五服的人的名字,这就是祖案,是布做的,其他时间就不挂这个,只有过年的时候挂。正月初一去拜一下就行了,男的去,不让女的去,丈夫不在的话就让他的男孩去。这个没什么的,你看现在的话整个家族的人还坐在一起,以前就是正月初一的时候要拜一下祖先,人家还是只能男的去不让女的去,正月初一去敬一下,还是家里挂的老祖案,年三十的时候挂起来然后初一的时候大家来拜,到破五的时候就把这些东西收起来了。一般他们就是早晨在一起拜一下先人,再没有其他的活动。我来的那个时候还有这样的活动,挂的祖案,家族里有大人,那个时候不是还有地嘛,地里收的粮食,到正月的时候每家去领一个大的馍馍,早晨去的时候不吃不喝,有人管饭。就用地里打的粮食给你做的馒头,祭祖的时候就给这个。

2.宗族对妇女管理与救济

我们那以前结婚的时候家族里还给点东西,那时候就是给的香皂什么的。现在家族离得近的人家给你分个什么你再给人家买个什么,原来就是家族里的人会给你分个镜子,离得远的人就买的是小镜子。以前的人要是家里小孩多,养不活就会抛弃。我们村里有的人还把男孩扔了,因为生得太多了。最后我在产院,就给人家介绍小孩,让家里没小孩的人抱走,总不能让小孩死了。现在的小孩都可宝贝了,现在没有这种情况了。我们队里有个人抱了个小孩,结果小孩脑子有问题到现在都不会走路。别人都跟他说把这小孩丢了吧,但是他还舍不得,因为他从正月里就抱回来了,有感情了。

还有一些特殊情况就是庄里面的寡妇,要是家里的男人没有了,寡妇还是可以改嫁的,就是得自己找下家,有的是娘家帮忙找下家,有的就走了,现在不走的多。寡妇要是改嫁的话,带来的嫁妆也不是说随便带走的,一般户族都不愿意让她带走的,要是带走的话你就要和人家商量好。那时候带走小孩就给东西,现在你离婚了就能把小孩带走,但是以前你就带不走。还有一些人家里没有小孩的,就会过继人家的小孩,家族不管这个事儿的,你抱来的小孩儿你自己养,家族不管。我老汉的大女儿在宝丰村,她那时候生的小孩多,生了两个男孩、一个女孩,他嫂子生了两个女孩,生的男孩死了。他们家的婆婆就说把我这个女儿的男孩抱上就行了,都是亲弟兄,他嫂子不同意,后来抱了别人家的。

(二)妇女与宗教、神灵、巫术

1.灶王爷的祭拜

敬灶王爷就是过年腊月二十三的时候、腊月三十的时候男的把灶神买回来一贴就行了,女的不管。女的管敬神,不管贴灶神贴对联这些,女的就光拜拜神。

2.腊月三十敬神

我们这里以前有老年人敬神,到解放以后咱们这儿就不太有人去敬神了。现在就是佛教道教都兴起来了,大家现在就又信这些。原来解放以后把村里好多庙都拆了,有什么信的,现在又开始了。敬神一般都是女人,没有男人拜神,这里的男人一般都不信迷信。

3.送子娘娘

观音这些都是在庙上,都是女人去拜,男的不管。现在敬神还挺正式的,佛教香火很旺,过去没有。我一直都不信佛教,最后我们这修这个禅龙寺的时候,我跟着本村一个和尚信佛信了十几年,现在老了不去了。我去了就是帮忙做一些寺庙的事儿,也不掏钱,人家有人掏香火钱。

4.巫术

现在各个村里都有神婆儿,看病、敬神、问事儿。以前没有佛教的时候,神婆多得很,现在有佛教了,神婆那一套就兴不起来了。基本上都是女的求,男的不管。男的一般都不信神,妇女迷信的比较多。人家信神的人家里会供着佛,菩萨,我去寺庙都不烧香,人家神婆说我这手挖了太多脏东西,不让我烧香,我就不烧。上庙不烧香,去转个圈就走了,也不磕头。信神这个习惯这是祖传的,一个影响一个。家里要是有人信这个的话,一定是因为有老人信。有的人家里也都不供什么神,就是去庙上拜一下,有的人就是现在也初一十五的把土地爷灶爷拜一下。不敬神的人还是多一些。不过现在有些青年人也信佛,他们念经还念得好。

四、妇女与村庄、市场

(一)妇女与村庄

1.妇女与村庄公共活动

解放以前这边也没什么活动,我也不去。解放以后妇女翻身了,就都可以参加会议了,劳动妇女也可以去。开群众会的时候男的女的都要去,不去就来叫你,村上就会来人把你叫去,村里的女干部就会来叫你,有的不用叫就去了,有的也不来,有些有孩子的就不来了,不来就不来了,没办法。不过我去开会不发言,都不懂发什么言,就是听一下。那时候也不发言,那个时候开会都是工作组来开会,村上的人也不会讲,都是工作组来讲。

2.妇女与村庄社会关系

解放以前村子和现在一样也有干部,那时候叫保长、甲长,那时候一个甲就是现在的一个小组,保就是现在的一个村。要是结婚的话,也得知会保长一声,要是关系好的话保长会自己来的,那以前结婚也是要登记的,我们那个时候结婚不叫领结婚证叫公证。我们这边以前小女孩的规矩多,所以一块玩儿的女孩就不多,我在娘家的时候,和同一个街道的女孩儿玩得都挺好的。那个时候流行踢毽子,我们总是在一块玩儿。结婚的时候,我结婚早,这些小伙伴们都是哭得不行,你哭她就哭,都是和我一样大的,或者比我小一岁,或者比我大一岁,我们街道的女孩比较多。以前和我一块儿玩的这些人都死了,我有一年回去,发现她们已经都去世了。

我到这边以后,和这边的妇女们关系还是挺好的,就是一天在一起劳动,在一起聊天,没有什么专门的组织,要是谁家有事情,男的不好做的,我们也去帮个忙。没事的时候,我就去找邻居几个妇女玩耍,就是你去我屋里坐坐我去你家里坐坐,农村就是冬天坐在炕上聊聊天,夏天坐在院子里聊聊天。以前很少的,都在管孩子,一般不去别人家里串门。晚上一般都在院子门口坐着聊天,家里院子大的就在家里的院子里聊天。农业社那会儿不太聊天,因为白天干了一天活了很辛苦,晚上回去就想睡觉了,也不怎么出来。如果有关系好的在外村,你在这个村结婚了,她在那个村结婚了,结婚以后也是可以相互走动,你去她家玩的。过去的人一般都不怎么去玩儿,如果去的话家里的人会不高兴的。我们妇女在一块聊天,也不是光聊天,也都是带着活,一般都是在做鞋,大家互相学习做鞋,鞋有鞋的花样,你可以跟村上的人学,有人做得好有人做得不好。这会儿都没人做鞋了。衣服就是你把布买来找个会做衣服的人给你一裁,你自己缝了就行。后来人家在学用缝纫机做衣服,学了衣服花样以后就自己捏样子。我比较笨,我来的时候连饭都不会做,做衣服就是等有孩子以后就必须得做了。人家其他的妇女都在娘家就会了,我们家是我嫂子来得特别早,所以我们家我什么都不用做,我也不会做,我饭都做不好,不过我丈夫当时也没有说什么,他也很笨的,他什么都不会做,我做什么他都吃,我来了以后让我姑姑给我把衣服的样子剪好,我自己缝。我后来做衣服还是不错的,街坊四邻的都让我给他们帮忙。

要是谁家里有红白喜事的话,有的人也叫我们去帮忙,有的不叫,那时候过事主要是男的在做,这些红白喜事做得也不大,主要就是户族里的人在帮忙,以前去叫你帮忙的话不给什么,就给你个大蒸馍,现在会给你给一块肥皂一个毛巾。

(二)妇女与市场

旧社会没有妇女出去卖东西的,更别说站市场里卖东西里。解放以后就有女的在市场上卖东西了,因为在旧社会还是小脚女人比较多,和我一样大的都有缠脚的,小脚女人走路很不方便。那时候的东西就是多少铜板,这个东西值几个铜板你给人家给了就行。我那个时候还总是去市场上买东西。不过这个老板要是你认识的话就可以先欠着,还是看关系。农业社的时候,就没有人在集市上卖东西里,都是用布票,油票了,那都是去供销社买。在农业社的后期,布票最后就不够用了。我记得有一年一个人发三尺布,一家才能做几件衣服啊,最后就都去黑市上买布。人家家里要是有剩的话就可以卖掉,有人会找你买。一般就是买盐买醋,买一些生活日用品在供销社买,其他东西咱们不在供销社买。比如说要是买化肥的话就不在供销社买,这些东西都是男的买,我们不管。化肥也是到农业社时候后面了才有的,之前没有化肥,以前上的都是土粪。

五、农村妇女与国家

(一)认识国家、政党与政府

1.国家认识

打解放来我就知道国家了,过去旧社会我也知道国家,旧社会的时候说是蒋介石,那时候的国家(首都)是不是在重庆? 解放以后成立起来国家(首都)就在北京了。

2.政党认识

我很早就知道什么党了,最早知道是国民党,因为我哥哥就是国民党党员,他上的是黄埔军校,黄埔军校里大部分都是国民党党员。本来我哥也没有入党的,后来我哥哥听说我入党以后他还调侃我,说:"你还入了个党,我都当不了共产党员,上了大学都当不了。"他上的是黄埔军校,蒋介石是校长,他那个时候上学还见过蒋介石和胡宗南。我哥后来上完军校就自己回去了。解放以后才知道共产党,地下党。我们一个家族的人就有人是地下党员,但是他那个时候是国民党员,跟着地下党员一起工作来着,就是鲁诗的叔叔。他叔叔和他哥哥那时搞地下工作。土改的时候我才知道的,那时候他们家不是地主,工作组要了解地主的情况,后来我们才知道他们家以前这两个人是地下党。

我后来也是加入了党组织,我原来要去凤翔县开会,我经过虢王区,虢王区的妇联主任给我说叫我参加组织,我说什么组织啊,那时候还不懂组织是干嘛的。她就跟我说,叫我回去参加团员会,我问团员会是干什么的呀,她说你先去跟着人家开会,以后就知道了。1952年开会就见到这个妇联主任,她说这回去了叫我入党,然后我就写了申请入党,1954年我就是正式党员了。我是我们家族第一个女党员,还有几个是地下党,他们中间有个人是我的介绍人。我也算是解放以后村里入党比较早的,很多人都比我迟。我们大队长都是1959年入的党。现在我们村上入党最早的人就是我了。这会儿我看入党容易了,以前我们那个时候入党很难的。那个时候我就是先当团员,然后写申请,后来就上党课就入党了,我那时候也不知道入党是干啥的,他们说入党是干革命呢,我就入党了。当时也是虢王区那个妇联主任看中我了,叫我入党的。我这个二儿子是党员,当时我让大儿子写申请入党,最后他也不愿意了。我三儿子也是党员,他在部队待的时候就入党了。以前入党的人,你一定要能干、老实,能够替党做一些工作,这样你才可以入党。我这个二儿子还在大队干了一段时间。他那个时候和一个新上任的领导不合脾气,就从大队出来了,刚开始两三年也没做什么,后来就养猪了。

3.夜校

我以前上过两年学,那个时候是政府办的青年识字班,人家叫我嫂子去上,我就替我嫂子去上了,后来我就报名去上小学,我爸那时候知道了以后还打我,所以最后我就再没有上学了。我觉得还是上学好,上学你多少懂点知识。那时候我们就上的是语文课,还有算术,当时只有两门课。你把算术学一学,语文课人家就给你讲点字,你跟着人家念念文章,没有这时候这么复杂,解放以后的学校都复杂呀,那时候学的东西都很简单。

4.政治参与

1949 年解放以后,那个时候三个乡选一个妇女代表,然后我就去凤翔开会了,回来以后要在三个乡给人家传达会议精神。反正要把那些材料给乡里人带回去,我不识字的话可以交给乡里的文书,让文书给大家说。也不用我讲什么,那个时候我还是小孩,也不需要讲太多。后来下半年就开了一回会,第二年开会是土改开会,后来就是农业社,然后就是社教,村上的人觉得我在产院,就好像把产院的钱贪污了,最后工作组的领导也来我家好几回,一看家里就是这个半截窑,家里什么都没有。社教结束以后要整党,结果党员会上给我什么都没定。最后我是清白的,后来我就说,产院一天就只有四毛钱的收入,还有很多的开销,我能往家里拿什么东西呢?那个时候我们在农业社挣的钱我没有在家里放,因为家里也没有柜子盒子什么的,万一被别人偷走了怎么办,所以我那个时候把家里的钱就放在产院,丈夫找我来要钱的时候,我就给他在产院拿,所以别人就误以为是我是把产院的钱拿给我丈夫用。但是其实不是的,后来工作组也就明白了。

5.干部接触与印象

我第一次接触女性干部就是 1949 年的时候,那个虢王区的妇女主任,还有县上的妇女主任,人家妇女主任还来了把你慰问一下,我们那时候都说还是新社会好,妇女主任还来慰问。

6.女干部

那刚解放的时候,妇女翻了身,也有很多女干部。土改的时候区上的妇联主任给我把工作都找到外面了,说是让我到哪个乡去当妇联主任,但是我老汉不让我出去,我最后也没去。实际上我到陕西来以后还算是旧社会里面那种比较开通的人,我们这儿的陕西人太封建了。我村上的人开会都不让我去,说是如果我去开会的话我就会跑了,害怕我出去。

7.政治感受与政治评价

我觉得这些年政府的大部分政策还都是搞得不错的,就说政府的计划生育政策吧,有些人觉得不好,我觉得政策好啊,如果不计划的话现在小孩得有多少呀。现在小孩又少了,政府又放开了。我那个时候也跟着村上搞计划生育,计划生育在农村不好做,有的人为了不结扎还有跑了的,把人家叫来给她好好说。也有家里小孩多的,当时计划生育村里来了工作组,我们就给他说,算了,这家小孩年龄都还小,家里负担也重,等小孩大一点再计划吧。关键是结扎要好几天,家里有活儿的人,实在是脱不开身,所以我觉得计划生育政策还是好的。

还有现在为了解放妇女,宣传男女平等,政府现在要妇女走出家门,参加社会活动,我觉得政府的这个提倡好,妇女出去可以多学点知识。现在妇女真是翻身了,没有过去辛苦,过去农业社的时候每天都要干活,还要顾家务。现在有工作的人他们自己挣钱可以找人帮忙管孩子。还有家里的老人给帮忙。过去人家里丈夫和媳妇的年龄差距太大了,婆家人都帮不上什么忙,年龄太大了,但是现在都是年轻人,婆婆也都还很年轻,可以帮帮忙。现在好。

(二)对 1949 年以后妇女地位变化的认知

我们这边土改以后才成立的妇联,原先村上只有一个妇女队长,那个时候他就跑到家家去叫开会,土改以后才成立的妇联,原先就没有妇女的这种组织,以前大队上都是一些男队长,然后有一个女的妇联主任,主要也就是负责叫大家来开会,大家都还不来,那时候难得很。妇女主任一般都是思想先进的人,妇女主任就要找这种开放的当。不开放你怎么当队长,怎么叫大家来呢。那时候选妇女队长就要选那种会说话的,能把人叫来的,但是那个时候的这种人很难找。农业社开始的时候找的妇女队长都是上年龄的,年轻的少得很,就这找来了也是干不成的,他们怕得罪人,也不叫人,后来找的那些妇女队长还都挺好的。刚解放的时候工作不好搞。

刚解放的时候就说妇女能顶半边天,那个时候村里的人就讲妇女能顶半边天,有些人封建得很,说妇女能顶什么半边天呀,最后就是农业社的时候男的和女的都在一起干活儿,男的做什么女的也做什么。你想在地里担粪女的也担呢,那个时候当然是能顶半边天了。解放以前不能顶是因为她们都是小脚,解放以后都是大脚,就都能顶半边天了。你看现在女的当领导的有很多。

与以前妇女的生活比的话,简直一个天上,一个地上,现在当然变化大了,现在的婆婆都很聪明,谁还骂媳妇,现在都是尽量婆婆干活儿,不让媳妇干活儿,以前都是媳妇娶来了婆婆就不干了,拿我家来说,我给儿子娶的这个媳妇,娶来以后一直都是我在家里干家务,她去外面找活儿干贴补家用。那个时候她刚生小孩时,我们还住在半截窑里,中午做好饭了,她在炕上一坐,孩子一搂,我给人家把饭盛好放在跟前。可以说从农业社以后开始就是婆婆在忙家务了,现在媳妇干活儿的少得很。婆媳关系还是看个人,有的人心思多脾气不好,这关系就处都不好,有的人脾气好,关系就处得好一些。

在家庭里面,这妇女的地位也有很大的提高,现在妇女都能出去工作了。以前丈夫打媳妇很正常,现在没有了,现在有的女的都打男的。现在妇女和丈夫一样干活儿呢,你挣钱我也挣钱,你凭什么要打我。现在女孩儿上学的也多,我过来的时候听人家说陕西有一年遭了灾,把好多女孩都扔了,现在女孩多了,念书的也多了。过去女孩就不念书,现在你看学校里念书的女孩还比男孩要多呢。现在生下来的人都要念书,从幼儿园就开始念书,过去没有幼儿园,只有小学,过去人上小学的时候都已经很大年纪了。

(三)妇女与土改

1.妇女与土改

土改的时候我们家里的条件不好,就划了贫农成分。当时土改工作队还到我们家了解了情况,我们村土改的时候,工作组来了四个干部。康五耀当时是组长,当时我们就在一个院子里开会,那个院子里的窑洞很大,我们就在那家开会,那家是贫农,那家是村里最贫苦的,就在他们家开会。那时候开会讲什么咱也不懂,就是跟着人家听一听。那个时候我才二十岁,还没有生孩子。

土改工作队刚到这边的时候,他们不直接动员妇女,那个时候村上有小组长,开会的时候就让小组长去叫,但是来开会的大部分都是男的,女的都不去。小脚多得很,一般都不参加。个别少数才来呢,多数都叫不出来,因为家里都有孩子,有一堆家务事。我有时候跟着金智英,金智英那个时候年纪已经大了,韩秀英年龄比她小一些,他们俩都是有文化的人。我那个时候和韩秀英总是去别人家看家里的情况。那个时候的家里男的都大一些,女的年龄都小,男的也不让女的出来。最后开一会,解释清楚了,后来也就都出来开会了。开始开会的时候你就叫不来人。土改的时候有歌呢,但是我给忘了怎么唱了,后来家里家庭负担重,我也没去记那。歌我是唱过的,咱们村里来的工作组的女的年龄都大了,她们也不唱歌,一般也不教歌。我嫂子那个时候说是甘肃土改晚,她们还教歌了,她还会唱,但是我不会唱。

我们村没有斗地主,我们村的地主是开明地主。人家联合村斗地主了,我们当干部的还去看了看。我们村上的地主就没有分他们家里的东西,他的地很多,就是把他的地分了。我们家还分了他五分地。我们村上的地主就是地多一些,雇的长工,他们家没有劳动力,他的兄弟儿子都在外面上学或者工作,他兄弟那个时候在县上搞地下工作,晚上就睡在我们城墙上的房子里,听别的村说还有打地主的。我们村的地主在村里印象还是好的,反正解放以后就是这样。他们家的人都在外面工作,他们都有文化,对政策也懂,也没有在人面前做坏事儿。土改积极分子我们村里也就只有两三个人,还都是外地人,不是本村人。他们都死了,我把他的名字都忘了。他们家里人就和媳妇两口人没什么事儿,丈夫在外地工作过,其实他们也不懂在干什么,都是看热闹,就是跟着人家工作组的人去转一转看一看。年轻人都是看热闹,上年龄的人都不出来。加上过去旧社会的人上年龄的人都比较害怕部队,年轻女孩都把头发挽起来了,没人剪头发,装妇女,所以积极分子不多。

2.妇女组织和女干部与土改

工作队来我们家了解情况的时候,就在我家里转了转,还有两个女的干部。一个叫金智英,一个叫韩秀英。韩秀英是从西安来的,金智英是咱们这儿附近的人,她是凤翔那边的地下党。金智英解放刚过就参加了工作,她是凤翔县的妇联主任,土改的时候他就来我们村了。土改的工作我参与了,还有另外一个妇女队长参与了,其他人没人参与。人家都不来。分地,算账都有男的呢。村上有年轻人就是帮忙干点儿活,量一下地的尺寸,登记一下。我那个时候就总是跟着玩儿。

土改我们这些妇女主任就是帮助妇女翻身,说妇女翻身解放,就是说妇女能够参加劳动,参加工作,就是给你讲政策,让你做一些事情,不能把你踩在脚下,过去都说是女人做不了什么事,因为女人是小脚,你连自己的地都去不了,这么一点脚能去地里吗?解放初期像我们这样年龄的人都已经不缠脚了,我们这个年龄的人还有缠脚的呢,男女平等,人家一天给你讲男女平等,你就平等一些吧。现在就是人家能上地,你也能上地干活儿。

(四)互助组、初级社、高级社时的妇女

我们这个地方以前也都有互助组,高级社什么的,我记得1955年是搞了互助组,1956年下半年就转农业社了,1956年就是初级社,1958年就成高级社了,有的人还不愿意不参加,到高级社的时候都参加了。开始的时候我不愿意和你把地放在一起,我的地好一点,就不愿意。然后干部开会的时候就一直讲,有的还是不愿意。最后到高级社的时候人家来硬的,都要参加,和你好好讲不听,那也没有办法。我们家那会儿参加了互助组,我那会儿常在村上干事儿,1957年在农业社里干活儿,在地里不会干活儿。我在地里不会干活,和我一起的几个人她们都笑我,都给我教怎么干活儿。我那个时候参加的是青年组,都是青年人,思想比较好,我们就在一起干活儿,青年组里八队的人比较少,九队多一些,我们那时候就在一起干活儿。我们那个时候一个(自然)村一个青年组。他们给青年组还分点地,互助组的时候我没有在自己家呆,成立互助组的时候我就去了我们村的青年组,我们这边是高庙村,我就在这边的村上干。

入社的时候是家里的男的去开会,这都是上面政策决定的,你农民自己怎么决定呢。没有说不愿意的。这回互助组做完了,到高级社都是服从决定,都没有什么意见。那时候妇女都要下地干活儿了,初级社的时候就要下地干活儿,有些小脚缠的不严实的人家也跟着下地干活儿。积极的什么时候人家都很积极,落后的到什么时候他都不积极。互助组转社的时候,土地入社,农具不入社。像架子车,这种大农具一般都要加入农业社。其他的小农具都是自己家里留着用,自己去干活儿的时候拿的是自己的。关于是不是入社,我没什么想法,反正怎么样都要劳动。放在一起干活儿,干活儿还轻松。要是自己家的话,干活儿的人少,地还是那么多。把地放在一起的话,那只有你自己干比较少的活儿,这样大家都出力,就轻松了,因为有劳力的都要下地干活儿。到1960年的时候没有吃的,肚子很饿,那时候你每一家、每一个人都要干活儿,不干活儿就没有饭吃。那时候都在食堂吃饭,你要是不干活儿,你就不能去食堂吃饭。

生产队的时候全都是靠工分吃饭,你要是不干了也行,就是没有工分。你要是年龄大了,你在地里干的就是清活儿,比如说你只负责撒种。干活儿的时候男女也是有分工的,像在地里除草也算是轻活儿,一般就是妇女干,重活儿就是全劳力做了。那有的人家里孩子多的基本上都不去干活儿了,因为要做家务,还要做饭,家里顾不过来。有些人孩子生的密集,一年一个或者两年一个,她家里顾不过来,还去地里干活呢。但是女的不干活儿的话,家里就只有男的在挣工分,这样你分的钱粮就少。如果分粮的时候你们家的工分不够,你还要给人家给钱呢。我在产院的时候还是每一天都有六分工,活儿多也好,活儿少也罢,反正每天都有。最早的时候没有妇女当队长,后来也选过妇女队长,妇女队长就是妇女队长,男队长就是专门管生产的事儿。什么时候种地,什么时候施肥,这都是男队长来安排生产的。女的你就不懂这些,参与不上。现在我看这些女的都行了,什么都懂,人家都有文化。过去你没有文化就不懂人家这些东西。现在我看男的女的都懂地里的这些活儿怎么做。现在都是机械化了,过去种地都是人种呢,现在都是机器种麦子了。

(五)妇女与人民公社、"四清""文化大革命"

1.妇女与劳动、分配

初级社以后就是公社了,那个时候都在食堂吃饭,你干活儿完了以后就不用在家里做饭了,都去食堂吃。后来干活儿的人磨洋工太多了,而且食堂饭菜质量也不好,后来食堂就解散了。我觉得大锅饭还挺好吃的,那个时候我在产院,那个时候吃大锅饭,都是我等人家吃完了我才去吃,我在产院也不给人家下地干活儿,吃饭的时候不敢在前面吃,所以我吃饭的时间都比较靠后,你给人家什么活儿都没干,你吃饭还那么积极。比如说你们一伙人去干活,人家都在前面可积极地劳动,你就在后面慢慢悠悠地干,偷懒呢。比如说人家锄头下去了都在翻地,你就在上面轻轻地划。老实的人都会干得很好的。所以我觉得还是自己种的地好,自己种的地少,就能把地管好,放在一起种的时候就管不好。

在生产队里面,虽然说是男女平等,但是过去女的最多就是六分工,上年龄的和再年轻一点的还只挣五分,人家男的劳力最好的能挣十分工,还是不一样的。分粮油的时候这些是一样的,这个是按年龄,按人头分。我们家那时候工分也还勉强够,基本上也够吃。现在分田到户以后,家家都是余粮户。现在国家还不要粮了,你打多少就吃多少,现在家里打的粮食都吃不完。

1958年"大跃进"的时候,我们村上当时办了托儿所,把孩子放在一起照顾,这妇女不用照顾孩子,就可以干活儿了。不过也就是办了两年,1958年到1959年这两年,到1960年的时候就解散了。主要是孩子少得很,这个花费要村里负担。也没有怎么花钱,当时就找了两个人说管一下小孩。一个是妇女主任,一个是专门找的幼儿教师,她们照顾小孩有工分。那时候吃饭还成立了大食堂,就是老的人做饭,或者就是在家里能做饭的人去做,大部分的妇女像男人一样去地里干活。那个时候一个队一个食堂,在一个大锅吃饭。吃饭也不是想吃多少就吃多少,都是食堂里面按照人口来打饭,每个人一铁勺饭。把一家的饭都舀在一起,你端回去自己吃。1958年我去宝鸡学习的时候就吃了大锅饭,那个时候也不要钱,让你往饱的吃呢。1958年那会儿应该还是每个人管够,1959—1960年的时候就是按人分配了,我们每一家都端个盆子去领饭。吃大食堂,那个时候都是执行的硬政策,你也说不成什么,都不发表意见。谁愿意在里面吃饭呢,到底是没有家里做的饭好吃,大锅饭不好吃。那个时候在大食堂就是喝玉米糁子,1960年的秋天,玉米熟了,我们把玉米搬回来玉米粒剥下来,连皮碾碎吃。有的人家里会偷着买点麸子,用麸子烙馍吃。这样的时间不长,只有半年时间左右。

2.集体化时期劳动的性别关照

妇女要是在生理期的时候就不干活儿了,家里有丈夫,妻子这几天不干了,没有工分,但是丈夫能挣工分就行,这也没有什么特殊照顾的,你要是不去的话人家肯定就知道你不能去,别人也不会说什么的。要是妇女生孩子的话,也是没有工分,生产队都是看劳动评工分,你今天不去今天就没有工分,劳动一天就有一天的工分,没有照顾。要是生病了你就自己管自己。咱们这儿家庭好的还是会有存粮的,家里粮食不够吃,人家会去黑市上想办法。咱们这儿"大跃进"的时候妇女身体都还差不多。

3.生活体验与情感

大食堂吃了没有多久,我们这边吃饭就困难起来了。家里还有点钱的,你自己就偷着买点粮食吃,就1960年一年是最困难的。我们这儿说起来还是可以的,就算口量标准再低也还是有的。平时饭量大的人感觉不够,但是平时吃得少的人感觉还可以。吃不饱的话,偷粮食的肯定有。那个时候剥玉米的时候,有的人会把玉米棒带回去,后来被人发现了,以后都要搜身。后来就没有人拿了,就是偶尔有小孩去拿一下。队长那个时候盯得很严的。大家一块也有好处,就是干活儿的时候热闹,讲讲笑话,很热闹的。有些人也不说话,但是他也在旁边儿听呢。在农业社干活儿就是热闹。

解放以前没有听说有妇女自杀,反正我来那会儿没有。解放以后就有了,我给你说就是1960年的时候,有一个人自杀了,是1960年的腊月。那家那个男的腊月买了些馒头,但是他单独放着,女的就说,家里还有两个孩子呢,你不给我吃的话你也给孩子啊。两个人之前就有些不合。1961年正月初一的时候,她公公在前面的那个房子睡着,听见后面屋子的板凳一响,过去一看发现媳妇上吊了,其实他们家一家的孩子都还挺有出息的。就是为了吃的,那个女的性格太刚烈了。那个男的把馍馍买回来放在这儿没给小孩,那个女的意思就是你把馍馍放在小孩这边,他又放到别的地方。正月初一的早晨那个男的吃完饭就出门玩牌去了,最后那个女的也没救下来。死的时候都有三个小孩了,两个男孩、一个女孩。最后这个男的又重新找了一个,和新找的这个又生了两个男孩,把一个男孩给别人了。一般的人不到逼到一定的地步,没有人愿意去死,自杀的毕竟是少数。

4.对女干部、妇女组织的印象

我们这边没有"铁姑娘队",我以前听说过。要说女干部的话,我以前也干过。我接触的其他的女干部,印象比较深的就是彩萍,她干的事时间也长了,过去就是雪秀也在村上干过,雪秀干的时间长,她是党员,她们虽然干的时间长,可是都没有我干的时间长。我是在最艰难的时候当的,她们都是后来什么都好干了干的时间也长了。妇女主任也没有什么事情,主要是就是开会了去听一听,搞计划生育,平时没有什么活动。劳动也是在各个小队,反正我感觉村上好像没有组织过什么活动。

5.“四清”与“文革”

“文革”我们这边也搞过,社教的时候给人家说我是村里的“四类分子”,实际上社教也好,把有些事情就说清楚了,运动其实没什么,感觉还是搞一次运动好一次。我们村“文化大革命”的时候就斗了一个人,说是在旧社会的时候当过保长,有些人还跑去说这个人,但是女人就没人去。

(六)农村妇女与改革开放

要是集体和单干比,我还是比较喜欢分田到户以后的单干,自己干比集体收的粮食多,过去集体收的粮食少。集体一起干的时候都不好好干,地现在自己种了就操心了,粮食也就吃的多了。自己做就是没有集体做那么快。自己做的话就是没人给你帮忙。

现在政策和以前也是不一样了,以前天天都是计划生育,现在也放开了,然后很多又不愿意生了。要我说,还是生两个孩子好,生两个孩子虽然负担重一些,但是这样他们生病了我们就不害怕,如果只有一个小孩生病的话,我们就很担心,得个重病治不好可怎么办。

现在的社会多好啊,没事要么出去和人家聊天,要么在家看电视。网络我不懂,我搞不懂网络是干什么的。我问过我儿媳妇,儿媳妇说是人家现在网络上就能打电话发照片。我也没有手机,我儿子从去年开始就跟我说要给我买手机,我说我不要。我嫌太麻烦了,在这个问题上我还比较封建。人家有个老婆天天把手机带着,我就不想用那玩意儿,我也不给谁打电话,平时看看电视就行了,要是跟儿子联系的话,我儿子都离得近。

六、生命体验与感受

我觉得我这一辈子还挺好的,刚解放的时候我是妇女主任,经常要去开会,人家给我们吃好的喝好的。经常去开会什么好吃的都吃到了,过去总是参加劳模会,有很多的酒席要去吃,我觉得我还挺好的,坐车也不要钱,把好多地方都玩到了。去西安也逛了好几回,去西安开会,看亲戚,把西安也逛好了。后来去山上去庙上,因为帮人家办了一些事,所以人家也带我去了好多地方参观寺庙。和我一个年龄的还有好多人是哪里都没去过的,我主要是开的会多,我1958年还在宝鸡的卫校里学习了半年。学回来就在产院了。后来在产院的时候,卫生局也经常叫开会,我去过商洛,也去过柞水,还去咸阳开过会,差不多,我这一辈子也算是哪儿都去过了。

在这周围几个村子,大家对我都是挺好的,我经常给周围村子的人接生,所以人家都叫我黄嫂,感觉很亲切。因为外村人就只知道我的黄嫂这个称呼了,但是其实我姓贺。感觉一辈子好像也没做什么就这么过来了。人家外村的人现在都可关心我,都问我好不好,因为知道我年龄大了,但是其实我身体很好,不得什么病。现在一切都是挺好的。

ZYN20170207ZQF　张祈凤

调研点:陕西省宝鸡市陈仓区阳平镇三联村

调研员:张亚楠

首次采访时间:2017 年 1 月 12 日

受访者出生年份:1937 年

是否有干部经历:否

是否生育:是

受访者结婚的时间节点、生育子女的具体情况:1955 年结婚;1961 年生第一个孩子,共生两个孩子,一个儿子、一个女儿。

现家庭人口:3

家庭主要经济来源:务农

受访者所在村庄基本情况:三联村属于陕西省宝鸡市阳平镇,是在阳平镇的最东侧,与陕西省宝鸡市岐山县蔡家坡镇相邻。三联村位于渭河北岸的川道地带,属典型温带季风气候,夏季高温多雨,冬季春季寒冷较旱,村里以种植小麦、玉米为主,两年三熟,气候宜人。

三联村由于靠近蔡家坡镇,村里发展了一些小型加工业,也有部分集体组织,在新农村建设中表现势头良好。现在的三联村仍以农业为主,村中开始大力发展种植经济作物,如开发了百亩草莓采摘园,带动村子农村经济的发展。

受访者基本情况及个人经历:老人叫张祈凤,属牛的,今年有八十岁了。这名字是张祈凤老人父母给起的,家里的老人说那时候打仗,害怕得很,张祈凤的母亲十五岁就结婚了,结婚四五年以后才有的张祈凤,所以张祈凤这名字的意思就是神庙祈求得来的凤凰。哥哥的名字也是父母给起的,他的名字没有什么辈分,当时老人家里有五亩多(0.33 公顷),不到六亩(0.4 公顷)地。土改的时候老人家是中农,老人兄弟姐妹多,那个时候又没有什么计划,老人有四个兄弟,算上老人还有三个女儿,姊妹三个。张祈凤老人是十八岁出嫁的。当时丈夫家是贫农,他们家有四亩多地。也是有弟兄四个,两个姊妹。因为他父母养不起,就把一个孩子给了别人,剩下三个兄弟。张祈凤老人有两个孩子,有一个男孩、一个女孩。

一、娘家人·关系

(一)基本情况

我叫张祈凤,这名字是家里大人起的,是我父母起的。我这名字就是生下以后起的,家里的老人说是那时候打仗,害怕得很,我母亲那时候十五岁就结婚了,结婚四五年以后才有的我,所以我这名字的意思就是我是神庙里祈求来的。哥哥的名字也是大人起的,他的名字没有什么辈分,我家好像不讲究这些辈分名字。我只知道我是属牛的,今年有八十了。当时我家里有五亩多、不到六亩地。土改的时候我家是中农,我兄弟姐妹多得很,那个时候又没有什么计划,我有四个兄弟,算上我还有三个女儿,姊妹三个,你看我姊妹多。我是十八岁出嫁的。那时候听我家的老人说这边家里和我家差不多,他们家有四亩多地。当时丈夫家是贫农,他也是有弟兄四个,两个姊妹。他们家有个小孩给别人抱走了,剩下了三个兄弟。因为他父母养不起了,就把一个孩子给了别人。我有两个孩子,有一个男孩、一个女孩。生第一胎的时候我已经二十四了。

(二)女儿与父母关系

1.出嫁前女儿与父母关系

(1)家长与教育

我们家反正是我父亲当家,村里人家也有女的当家呢。我没有念过书,没有去过学校,当时父母让我去念书呢,我一到学校自己就跑回来了。我的兄弟人家都是念过书的,姊妹们也念过。不过总的来说女孩念书的很少。那时候男孩女孩是在一起念书的,但是家长他们其实是不同意女孩儿念书的。

(2)家庭待遇与女孩的家外交往

那时候他们会把好东西先给男孩子,先给男孩儿做新衣服。过年给压岁钱,这时候男孩儿女孩儿都是一样的。那时候我们家吃饭上桌和座次没什么讲究。女孩可以去走亲戚,大人走亲戚的时候她们也会跟着去,家里要是没事的话我母亲也会去的,有事情的话,她就会待在家里不去拜年了。来客人吃饭母亲是上不了桌的,她要在厨房给人家做饭。过去家里的情况都不好,做的东西给亲戚吃一点就行了,应该是男孩儿、女孩儿这些小孩子都不能上桌的。过去人家里都很困难,都是先给客人吃饭的,等客人吃完走了以后,剩下的就是家里人自己吃。我母亲是可以到她的娘家去,要是去别的亲戚家里,过去的人都缠的小脚,走的时间长脚疼得很,所以可能很多地方都去不了。

(3)家庭禁忌

那时候家里对女孩好像没什么讲究。对女孩管教很严的情况是(在这之前)早几年的事情了,我们那时候这附近已经没有这讲究了。我们家在北坡那里,就是居村那。我们那边女孩可以自己在家附近玩儿,但是自己不能去街道,要大人领着才可以。那时候男孩、女孩可以一起玩儿到十几岁,女孩儿的衣服可以和男孩儿晾在一起,没有那么多讲究。

(4)家庭分工

那时候父亲都是在地里干活儿,在外面干活儿,母亲就是在家里做饭,做一些家务。父亲主要管地里的事,母亲就负责管家里的事。兄弟那时候要念书,念完书以后在家里也是要干活儿的,我倒是不怎么干活儿。母亲她也要下地干活儿的,她干拔草、拿锄头翻地,稍微算是轻松一点的活儿。反正我母亲那时候，不光要下地干活儿，回来还要给家里人做饭，还要给家里打扫卫生，那时候我要是能做的话肯定要帮着做的。兄弟就是看能帮的活，就帮着做一些，比如去厨房帮着看一下锅，烧点柴火，他大了也要干活儿的。我会纺线的，我是十岁左右的时候学的，我也会织布，我十五六岁就会织布了。绣花、做鞋、做衣服，这些我都会做的，我大一点的时候，我们邻居有一个阿姨，她的手很巧，那时候我们附近的女孩都坐在门口，跟着她学绣花。不过一般都是我母亲给我们几个姐妹做衣服，我兄弟要是没有鞋子穿了，就是我母亲给做，我不给他做。那时候织布纺线没个准数的，能做多少就做多少，一年一般都不确定。就是到人需要新衣服的时候，一年做两三丈布，给家里的人帮忙做完衣服以后，然后继续纺线，继续织布，一年基本上要织两三机子的布，差不多就是十丈多布。我农业社的时候还在织布，现在不怎么织布了，我应该就是七八年前的时候就开始不做衣服、不做鞋了，我做的鞋现在也放着呢，不过没人穿罢了。

（5）家庭教育

那个时候父母对男孩和女孩的教育没什么区别，家里也没什么规矩，我家都是普通家庭，没有专门对女孩的家规，也没什么言谈举止的要求。媒人说媒的时候，一般就说这个女孩比较听话，比较腼腆，一般不说女孩会干活儿这些话。那时候女孩儿小的时候就不能吭声的，人家大人说怎么办就怎么办。人家怎么跟媒人说的我就不清楚了。那时候就说这女孩好腼腆呀，说话也腼腆，做事儿也腼腆，不费事儿，这就是好女孩。

2.女儿的定亲、婚嫁

（1）定亲经历

我结婚是家里的人包办的，我结婚的时候我们相互是没有见过的。就是家里的大人说怎么办就怎么办。我记不清具体是哪一年了，我只记得那个时候我才十三岁就定亲了。那是大人早就定下的，小孩子就不知道，光是听大人说给我定婚了，但是我们一个都没见过一个，不知道这个人长得是什么样子。我是十八岁正式结婚的，但是十八岁以前我一直待在我家里。那时候不讲究条件这些的，农村家里的条件都不是很好的。家里情况都差不多，也没什么好介绍的。说的就是这个男孩儿自己怎么样，比如说他干活儿很厉害，个人品质怎么好，然后大人就听媒人这么说，觉得这男孩不错，就把这亲定下了。那时候媒人找到我家里了，父母听人家说男孩好嘛，就同意把我给人家家了。说人家这个男孩儿是干活儿很麻利地，不是磨磨唧唧那种人。后来我们当时给了媒人二十块钱，那时候生辰八字还是要算的。我是十三岁的时候定的亲，当时给了三百块钱。当时的说法就是，过了十岁以后，长一岁就是一百块钱，这是媒人说好的彩礼。定亲的时候双方的父母要见面，当时定亲我父亲去了，我母亲没去。双方父母见面不说什么的，定亲的时候不见人家男方，定的是人家家里的。定亲的时候就应该是，嗯，他们家他奶奶过来把我见了一下。然后我父亲见了一下人家男方。反正我到见面的时候还没有见过他是什么样子呢。那时候我父亲他不问我什么，那个时候我十三岁，我也不知道什么，人家大人说什么就是什么。农村那时候你满意不满意也就是这个样子了，你也不敢说什么的，过去那些人都笨得和（像）什么似的，怎么会说不同意这样的话呢。那个时候大人说什么就是什么，由不了你自己的。不过那时候也有人毁约呢，不过少得很。定亲以后，两家就开始走动了。结婚来要人的时候，他来过我家，他也见我，但是我就害怕得跑到一边去了不见他。他来我家的时候也买东西呢，过去的人都很缺钱的，他也不买什么贵重的，提着一包干麻糖就来了。不是和现在一样的,那个时候绝对不可能拿几样东西,没有这个事儿,那时候很穷的。反正我们俩结婚前没见过,见了也认不出来的。

(2)出嫁经过与嫁妆

我是十八岁出嫁的,我们结婚的时候都已经领结婚证了。定亲的时候我爷爷、我伯伯他们也不说什么,这事情我父亲一个人就做主了。当时结婚的时候家里的亲戚都来了,出嫁的时候父母好像也不说什么。唉,从家门出来的时候也哭了。唉,那时候苦啊。人家那个时候也有规矩的,就是闺女出门的时候要哭的。有些女孩是笨还是怎么样哭不出来,她奶奶还会拿拐棍打她让她哭。我结婚那时候基本上没有摆桌。我们结婚的时候也特别简单,就吃了点臊子面就算结婚了。那时候很缺粮食的。结婚三天以后你要回娘家,然后再过一个礼拜左右兄弟就来了,就会叫兄弟过来住几天。那个时候是第三天回门,回门的时候要带点农村蒸的大馍馍回去,这是大礼,然后再买点小东西,就是小礼,一共要拿五样东西。那时候人就没什么讲究,生日都不过。

当时就是给我陪嫁了几床被子,其他的好像也没有陪什么东西,过去那时候东西都很缺的。陪点被子,陪点床单就没了。那时候很困难的。再往后1960年那时候,就只能在食堂里结婚了,那个时候东西太缺乏了。

(3)童养媳、换亲、招赘、改嫁

1949年解放以前,童养媳那时候就是多少给点东西就行了。我不太清楚童养媳的事儿,反正我们这附近我没见过,我们这个村好像没有换亲的。那时候要是家里只有一个女儿,没有儿子,那就要招女婿,这肯定是整个家族要一起商量,商量以后才能招的。招女婿是要有约的,中间也要有人说媒作证呢,也是要写个手续。要是女婿不孝顺的就肯定不要他了嘛。生的孩子跟谁姓这也是由人的,有些人生下来就是跟他母亲姓的,有些人也会跟他父亲姓,这也是家庭里自己选择的。招的女婿他肯定是不能分家的,要他就是为了让他养活老人。女婿当家呢,现在多了有时候也是媳妇当家呢。村里那个时候也有二婚的,二婚的也要给人家彩礼的,有的就是少一些,多少也要给人家陪点嫁妆。二婚的婚礼会办得小一些,事儿做得小一些,二婚妇女人家不受歧视的。

3.出嫁女儿与父母的关系

(1)风俗禁忌

出嫁的姑娘回娘家好像没什么风俗,不过年夜饭是不能吃的,这是老讲究。姑娘和姑爷不能在娘家同宿,人家不让他们同宿的。出嫁的姑娘回家上坟是可以的,不分什么上不上谁的坟,时间上没有个准数的,现在的姑娘是想什么时候回娘家就什么时候回娘家,我们当时也是想回就回的。平时的话就是自己什么时候想回就回去了,要是娘家家里有什么事儿的话,就要和丈夫一起回去。女的要是舍得的话她就回家买一点东西,要是舍不得的话不买也行。

(2)与娘家困难互助、夫妻矛盾调解

当时嫁出去的女儿就管不了娘家的事儿了,要是娘家有困难,自己情况好的话,就会帮助的。你要是自己的情况不好的话,自己的生活都快过不下去了,还怎么帮助娘家呢。娘家情况好的话也会帮的,还是看自家的力量大小。

要是和丈夫闹矛盾的话,也会回娘的。过去人家里的炕都很大的,回去以后我就睡在我母亲的旁边。吵架回家以后父母不说我的。丈夫来接的时候就会被我家里人骂一顿,就来收拾他呢!他来了以后他不敢说什么的,娘家的人要是厉害的话就会收拾丈夫的。

(3)离婚、财产继承、婚后尽孝

要是出嫁的女儿提离婚的话,娘家的父母多数情况下是不同意的。父母不同意的话,过得不好也要离婚呢,不过这样的情况很少的。

我这个娘家和婆家不算一个村子算两个村子,但是这两个村子就是离得比较近。我觉得姻亲和宗亲都还差不多,这边人对我也挺好的。

出嫁以后就不能分娘家的财产了,户口都迁走了。要是只有女儿的话,家里就会招女婿,然后女婿就继承这笔财产,哪个女儿在家里这笔财产就是谁的。如果有两个女儿的话有一个嫁出去了,有一个在家里,那这个财产就都是这个在家里的女儿的,这个女儿和女婿的。

1949年以前,女儿有能力的话也要养娘家父母,有钱的就给点钱,心好的话就会把父母接到她家来了。父母生病的医药费女儿要承担的,承担多少在于女儿的条件呢,女儿要是舍得的话,就多承担一些。女儿要是舍不得的话,就多少承担一点。有的女儿家里情况好的,就把父母的医药费都掏了。

丧葬仪式上,出嫁的女儿和儿子没什么区别。女儿是不能管葬礼的事儿的,她已经嫁出去了,怎么能管呢。葬礼的时候,儿子就站在前面,女儿就站在人家后面。儿子要穿白大褂,女儿要穿白衣服,戴一个尖尖的白帽子。清明节的时候,姑娘要上坟的,上坟的时候要给在家的兄弟们说一声的。父母的坟是儿子在管,七月半的时候,女儿给家里人也要烧纸的。

(三)出嫁的姑娘与兄弟姐妹的关系

我出嫁以后和娘家兄弟关系也挺好的,一般情况下娘家有什么大事的话,我也要回去的。兄弟和父母分家的时候,这我就不管人家的事了,你要是回去管的话,别人会说你的,别人会有意见的。他们爱怎么分就怎么分。要是兄弟和父母已经分家了,我就回父母家。要是去看姐妹,没什么事儿的话就可以过夜,要是家里忙的话,就在人家家里吃一顿饭就赶紧回来了。我一年去两回到三回兄弟姐妹,这就是最多的了,自己有家,为什么要去别人家呢,我们那个时候家里也忙,也没时间去人家待那么久。要是我和婆家吵架了,娘家的兄弟能帮就会帮我呢。要是娘家的兄弟和媳妇吵架了,有时候我也会去调解,因为我兄弟有时候会来叫我去调解,他要是叫我的话我就会去,不听话我就不去了。我要是在婆家受委屈的话,我兄弟那个时候还小呢,那时候有我父亲帮我。过去的媳妇也很听婆婆的话的,也不跟人家吵架,他们说什么就是什么,你不敢惹人家的。

要是我自己的儿子结婚女儿出嫁的话,肯定要给我娘家兄弟说,娘家也是要来人的,他们就都来了。我的儿子女儿还都挺听话的。姑娘过年回娘家的时候,有人初二回娘家,有人初三回娘家,这也不太固定,要是人家里要待亲戚的话,肯定也有一些调整,就是看你过年哪天有时间回去就行了。这几年都是我的孩子去,我现在不回去了。

二、婆家人·关系

(一)媳妇与公婆

1.婆家婚娶习俗

当时结婚的时候婆家就是贫农。他们家有弟兄三个,两个女儿已经嫁出去了。丈夫那个时候就是种地嘛,在农业社干活儿嘛,那个时候已经没有公公了。当时也算是摆了桌子吧,摆桌子吃了臊子面。结婚的时候也迎亲了,找到和他家关系好的、脾气差不多的人去。我们当时也拜了高堂,也坐了轿子,再没什么意思了,那个时候的人都笨得和(像)什么似的,哪知道什么别的什么仪式呢。当时就是自己家里人主持。当时司仪是男的,女的就只管女的事,男的就管一切。我们这里结婚要结两天的,第二天早晨,要给婆婆磕头端茶,不用管嫂嫂她们。刚结婚以后不用去祖坟上扫墓。

2.分家前媳妇与公婆的关系

(1)家长、分工与婆媳关系

结婚的时候,他父亲已经去世了,就是他奶奶在管事。我给人家做饭打扫卫生,家里的零碎杂活都要做的。那个时候基本上已经在农业社里了,我也要干活儿的,他们家没有结婚的人也要干活儿的。我和我婆婆关系还可以吧,她说什么你都要听的。人家说让我今天做什么饭,我就做什么饭。人家说让我饭吃完去干什么,去我就要去干什么。我婆婆不骂我,她说什么我都听她的话的,她为什么要骂我。

那时候她不让我出去的,那时候村上好像也没什么事,你在农业社干活儿就行了,我也经常不参加,经常就在家里干活儿。早晨我婆婆还睡着呢,我就要去给人家把尿盆倒了,然后把家里打扫了,再去厨房给人家烧点洗脸水。饭做好了,也要给婆婆端去,平时也要给婆婆洗衣服。我肯定是不敢和婆婆吵架的,人家说什么了我都不能反驳的,还跟人家吵架?那时候你给人家把饭做好,端到炕上,人家在炕上吃了,我就在厨房的灶火旁边吃点饭就行了。我婆婆不骂我的,我家这个婆婆是什么情况呢,她就是在她儿子面前告状,然后让她儿子打我。要是我和我婆婆有矛盾了,丈夫不能向着我说话的,他只能帮他母亲。咱们这里人家也有婆婆对媳妇不好的,媳妇也不敢反抗,你要是反抗人家就会把你赶出家门的。

(2)外事交涉、家庭矛盾

家里的事儿都是我丈夫出面,我不能插嘴的,也从来不管。丈夫和婆婆有矛盾的时候我不去调解,我调解这做什么。我丈夫和他妈也不吵架的,他很听他母亲的话。他母亲说的话很顶用的,说一句话算一句话,他儿子也从来不顶嘴。

(3)过节习俗、财产权

过去婆婆不叫我回娘家去,媳妇在婆家没有财产权,她不能管人家的钱。解放以后也不行的,女人还是管不了人家的家。我一直没有私房钱,那个时候就没有钱,拿什么攒私房钱呢。

3.分家后媳妇与公婆的关系

(1)分家

我结婚以后有十来年了我们就分家了,那时候没什么讲究,你结婚了什么时候想分就分了。当时我们俩谁也没提,是她母亲提出来要分家的。当时我婆婆一个人就把主意定了。分家的时候,我们家里一共有六间上房,弟兄三个,一人两间。不对,我们家是老二,我们和老大一人只分了一间半的房子。房子当时分成了四股,老人跟着老三过了,给老人也分了一间半的房子呢。当时也没有什么财产,就这六间房子。家产没有给女儿分,嫁出去的女儿就和原本家里的财产没有关系了。分家那时候你自己房间里的东西就是你自己的,不过那个时候也没什么家具。

(2)离婚、改嫁、财产继承

1949年以前两个人要是总是打架,脾气实在合不来,也是可以离婚的,家长也会同意的。要是丈夫去世的话,妇女改嫁要经过人家允许的,人家要是不同意的话你就不能改嫁的。要是公公、婆婆有财产的话,有儿子的寡妇也是可以分财产的,人家有儿子就可以分。要是你没有儿子的话,就不能分人家的财产了。

(3)外出经营管束、赡养与尽孝、公婆祭奠

解放以前,咱们这里的妇女也有打工的呢。出去的时候肯定要家里人同意的,要是不同意你是出不去的。公公、婆婆要是老了就是儿子养嘛。有的是轮流养,有的就像是我家这边一样,把家产稍微多分一些给某一个儿子,然后就让这个儿子养。要是公公、婆婆去世的话,我和丈夫穿的孝服肯定不一样,我是媳妇嘛。多少穿一点白就行了。当时公公、婆婆的墓地是这么个情况,因为老人是三儿子在养,所以老三出的钱就稍微多一些,因为他把房分走了,这两个儿子就出的钱少。公公、婆婆去世埋人的时候都是一样的。

(二)妇与夫

1.家庭生活中的夫妇关系

(1)夫妇关系、当家、家庭分工

我是结婚那天才和丈夫见了面,当时我没敢看他。之前人家把我骗了,开始说的是比我大五岁,结果最后比我大了七岁。我们什么也不叫,他跟我不叫什么,我也跟他不叫什么。分家以后有什么家可当的?那个时候又没有钱,但是也是他当家呢。那个时候每天吃完饭就到农业社去干活儿了,也没有什么家里要忙的事儿。你要是在家里想做你就做什么,但是家里也没什么事可做的。那个时候出嫁也不陪送什么东西,生活也困难得很,我们家那个时候就给我陪了一床被子,当时他们家也就有一床被子。我们俩经常就只在凉席上睡着呢。那时候很困难的,要是有什么事也很简单,家里又没钱。他要是出去打工的话会和我商量的。

(2)家庭地位、丈夫权力

我们家儿子女儿排最大,然后是他,最后是我。要是饭不够吃的话肯定先紧着儿子吃。那个时候就是要给人家丈夫把饭盛好,把洗脸水打好,那时候的人也不洗脚,不讲究那么多。小孩穿什么衣服都是我在管,我带孩子,厨房的事儿都是我在管,他不管厨房的事儿,他不会做饭的。丈夫和别人说话的时候我不能插嘴的。

(3)娶妾、典妻、过继、家庭虐待与夫妻关系状况

咱们这里解放以前没有人娶小老婆,解放以后也没有,咱们这里的人一直没有。过去媳妇没有生男孩的话丈夫要过继一个男孩,这是不用商量的。1949年以前丈夫还打媳妇呢,解放以后打的就少了。以前人认为腼腆的人,不串门的人,说话少的人,这就是好媳妇。村里也有人怕媳妇呢,这是少数,很少才会有这样一个人。村里人就会评论说,这个女人好厉害。那时候自己织的布都是自己用,也很少卖钱。你去市场的时候要给人家说呢。咱们这里1949年以前有个别少数人提离婚呢,总之是少得很。

2.家庭对外交往关系

平时的人情往来多半是丈夫出面的,媳妇只是在厨房做饭能做主,其他事情她也做不了主。家里要是来人吃饭的话是丈夫决定的,要是过年给压岁钱,还有请客这些事情,一般都是两个人一起商量着来的。家里来人了,我不能吃饭的要给人家做饭。过去出去走亲戚都是一

个人去的,他们不带媳妇,没有这样的习俗。像借钱这种事一般都是男方出面借钱的。要是丈夫在外面有别的女人的话,村里人就会骂这个人,自己家的媳妇不好好疼,跑到外面去找女人。我也有关系好的人,是嫁过来以后认识的,我和邻居关系比较好。和邻居聊天不用说的,随便就去聊天了。解放以前有时候也出去,但是次数比较少。1949年以前去的最远的地方就是蔡家坡了,就是和关系好的人一起去玩。1949年以后最远我去的地方应该是临潼,当时去山上祭拜了,转回来还在西安逛了一圈。

(三)母亲与子女的关系

1.生育子女

我有两个孩子,我儿子跟我一样也是属牛的,算起来他就是1961年的。生男孩是满月办的酒席,百天的时候不办,当时娘家人都来吃孩子的满月酒。孩子能抱出去这是要看天气的,天气暖和的话两三个月就可以抱出去了,天气冷的话肯定就不能抱出去,这不是说的有一个准确的时间的。孩子一岁的时候要给他过周岁生日的,生女孩儿的话都是一样的。我婆婆不重男轻女,基本上是一样看待的。以前多多少少会有一些重视男孩而不重视女孩儿的情况,但是现在就感觉好多了,女孩都是一样的。我儿子女儿都上学了,孩子没结婚以前有时候也会交钱给家里的,那要看家里的情况。多多少少会给家里一些。当时我孩子结婚都是找媒人说的,也算了八字,过去人结婚的时候不盖新房子,还是家里的老房子,稍微收拾一下就行了,农村人比较缺钱嘛。

2.母亲与婚嫁后子女关系

(1)儿女的婚嫁与分家

我儿子是二十二岁的时候结的婚,我自己觉得婆媳关系没什么变化,我才不管他们夫妻的事儿,现在他们做什么我都不管。我和我儿子没分家。只有这一个儿子,还分什么家呢。我女儿是十九岁的时候嫁人的,当时是我给她找的媒人,当时她要是能自己找的话,我也同意啊,但是她太笨了,没有这个本事,不会自己找对象。现在说不来了,有十八九岁就定亲的,还有那种自己找的,还有人到了二十多岁还找不到对象的,要是在外面打工的人可能还好找一些对象,他们自己会认识一些人。大小这都说不来的,人家要是找得早,结婚就早。我女儿定亲的时候,他们见过面了。定亲以后两家不走动,结婚以后才走动的。当时我给她陪了一辆飞鸽自行车,一台缝纫机,还陪了一些小件的东西,对,还陪了一台电视机。

(2)招婿

1949年以后家里没有儿子只有女儿就可以招女婿,是要写个约的。招女婿的时候就把这个东西说清楚了,找女婿之前就要把这个事情跟人家定好呢。(招的女婿离婚)钱女婿是拿不走的,他只能自己一个人走。要是家里有什么手艺就会传给女婿,让女婿做的。在这种家里肯定是女儿地位高,要是女婿好好劳动,好好料理这个家,地位也会高的。他要是不好好管这个家的话,人家会不要他的。

(3)援助儿女、赡养老人

现在我和我女儿有时候也走动呢,我老了,也帮不了她什么了,她一般也不管我,我现在一般也不去女儿家了,去女儿家还不如在自己家待着呢,不方便嘛。村里也有儿女不管老人的,那老人就一个人吃饭,咱们这里也有老人打官司的,但是还是不顶事,该不管还是不管。要是有人只有女儿,没有儿子的话,女儿出嫁了还是要管老人的。

三、妇女与宗教、神灵

(一)妇女与宗教

1.妇女与宗教活动

咱们村没有祠堂，也没有家祠，咱们这里的人对这个家族看得很淡，没什么家族的事情，也没有家族内部的活动。比如祭祖、拜年或者修族谱这样的事情，这种事情这里都是没有的。

2.宗族对妇女的管理与救济

解放前后咱们这里生男孩和生女孩没什么区别和讲究，女孩也算给家里添了人呢。要是家里只有女孩，没有男孩的话，在这个家族也不会受歧视，顶多就是说你两句。咱们村里没有把小孩掐死的。咱们这里自己家的事情要是事儿大了家族里也要讨论的，家里的小事是不用放在家族里说的，现在的人也聪明了，不会把很多事情就放在家族里说。

(二)妇女与宗教、神灵、巫术

咱们这里拜神都是女人做的。灶王爷是不用拜的，给灶王爷献点干粮就行了，这个自家就做了。咱们这里没有男人专门拜的神，不讲究这么多。

咱们村子里神婆多一些，咱们这里的男的一般不信神，信神这些事儿都是谁信谁来弄呢。咱们这里还是靠一家一户的，家里要是信神的话，他就会在家敬神，家里要是不信神的话，他可能就不管这些事情。咱们家有灶王爷，有土地神，我一般就是初一、十五的时候烧点香，有时候忘了就不烧了。我也很懒的。七月半的时候现在是孩子去上坟。我信呢，我信道观神。一般我就是初一、十五的时候给灶王爷土地神烧点香，北边有个庙有时候我会去庙里烧点香，我丈夫他不信神的。咱们这里是女的信神多，人家心里喜欢这个神就会信嘛。

四、妇女与村庄、市场

(一)妇女与村庄

1.妇女与村庄公共活动

出嫁以前我没有参加过什么村上的会议，村上唱戏我也不去的，我不喜欢这些东西。村里以前开会要去的，大家都要去的。那时候村里队上人家有队长让开会呢，出嫁以后没参加过村上的会议，没去过，人家就不让你出门嘛。1949年以前村上的保、甲长我一个都不认识，我不知道他们。那时候我好像不管这些事情，我也不知道保、甲长是谁，现在我都不知道这个村的村长是谁。

2.妇女与村庄社会关系

我在娘家有好朋友，当时她出嫁的时候我去了，我还穿了个红衣服。1949年以前，村上的女孩干活儿呢，1949年以后也干活儿。结婚以后要去看望周围邻居的，我嫁过来以后就认识了他们，关系都还挺好。我过去的脾气很奇怪，我不喜欢和那些爱说话的人接触，和我在一起的都是那种比较文静的人。要是亲戚结婚搬家的话，我肯定要去帮忙的。当时是他们来叫，他们要是不叫的话我是不会去的。我和关系好的人就是坐在一起说说笑笑，有时候去人家里坐一坐，有时候就在路上聊天，晚上也出来呢。我们也可以去外村转一转，在路上聊聊天，就回来了。我们这伙人在一起都是比较平等的。嗯，当时学做鞋做衣服都是村里的婆婆教的，大人干活儿的时候，旁人在旁边跟着学也就会做了。要是女的和女的吵架了的话，那时候大队有调节组的。

（二）妇女与市场

结婚以前我也是去赶过集的，当时就是看我想买什么就买点什么，看屋里缺什么就买什么。那时候卖东西的很少有女的，多半都是男的。那时候女的不去听戏、聊天喝茶。织布的机子在没有解放的时候就有了，那时候纺线的棉花是我自己买的，有人也是种的，但是种的人很少，针线也是集市上买的。我做的鞋够我们一家人用就行了，十年前我开始自己不做鞋了。最开始家里还没有发布票、肉票，好像就是三十年前吧，那时候发布票，凭布票扯布。解放前咱们这里用粮食换鸡蛋啊，或者用其他的换东西，这种情况那时候不多的。解放以后一直也很少。

五、农村妇女与国家

（一）农村妇女认知国家、政党与政府

1.国家认知

我也说不清楚我是什么时候知道国家这个词语的，我不懂这些，反正就是慢慢地听别人说的。我不知道国家是什么，不知道怎么说。解放以前国家也宣传男女平等呢。咱们这里1949年以前有没有学校我不清楚，我没有去学校。我好像没用过几种钱，我倒是见过过去的老钱，就是解放以前国民党用的，但是我没有用过，我只见过。咱们这里1949年以前女的交不交人头税我可不清楚。

2.政党认知

1949年以前，我只是听过国民党，不知道他们是干什么的。我那时候真的不知道这些，反正就是听人家说呢。蒋介石我也听人家说过的。我不认识什么国民党员。孙中山这个人我连听都没听过，过去的人知道的很少的，又没有念过书，什么都不清楚，现在倒是好多了。现在的国家主席人家总是说呢，我突然一下子忘了是谁了。1949年以前总是听人家说共产党，但是不知道共产党是什么。我认识的人里面有共产党员的，也有女党员的，女党员少男党员多。小时候就知道共产党、革命这些词儿了。我可没当过村上的干部，开会倒是去呢。我不知道人家在干什么，我就是跟着人家坐在那里听人家讲。投票这个我投过的，选村长、选干部的时候。我们家里没党员。我们见人又不会说话，就只知道干活儿吃饭，一家子人都不管这些的。我只是听人家现在说共产党的政策好，社会好，但是我也具体不清楚是怎么回事，我也不关心这些事儿，广播里通知大队要做什么我听不懂，我也不听。我1949年以前没有参加过保、甲长的会议，也没有接触过共产党、国民党的干部。

3.政府认知

我没有裹过脚，那时候政策不允许裹脚了。我剪过短头发，我不记得当时让我们干什么了，反正就是叫我们都剪了短发。就是农业社的时候吧，那时候女孩儿头发太长了，好像是，有一个女孩跟着人家干活儿的时候，把头发缠到机器里了，然后那个女孩儿就头皮就给扯烂了，从那开始人家就让我们剪短发了。我参加过识字班，老师就是咱们村里的人，他是来扫文盲的。那个时候农业社把分好的东西写在我名字那里，我都找不到自己的名字，然后扫文盲的时候学会了自己的名字。那时候都是晚上上课呢，白天要干活儿，老师就会在黑板上写几个字，你就跟着老师学，学着学着，慢慢地就把自己的名字学会了。每天学一个半小时，两个

小时,这就是扫文盲呢。

我不认识什么干部,咱这人能接触什么干部啊。咱们这里1949年以前没有女干部,1949年以后就有了,这个女干部我认识,人家也能做好。我挺愿意咱家里人当干部的,咱家里的人都不积极嘛,我愿意,咱家里人没这个本领嘛。那时候计划生育好啊,这样对小孩大人都能好些,小孩能很好地长大,大人身体也好些,要是有很多小孩大人也很辛苦的。现在好嘛,人家现在妇女挣点钱想怎么花就怎么花,政府管一管是对的,不管就收不住了。

(二)对1949年以后妇女地位变化的认知

我听说过妇联,我觉得那些在妇联工作的女的还挺厉害的,我没有参加过妇联。男女平等,妇女能顶半边天这话我听说过的,老早就听说过了。现在这是人的观念变好了。我觉得妇女的地位提高了,这和政府是有关系的。那时候的人们就说,妇女翻身了,女的能管事了,男的把钱拿回来了还管不了事。现在女的伺候什么呢,男的伺候女的呢。村上那时候也不怎么管村里男的打女的,这都是人家的家务事。现在的女孩就是上学多了,我女儿就在村里念了五年书,孙子孙女上的学时间都长,村里投票的话我就是投给女的。

(三)妇女与土改

土改那时候我家是中农,当时土改工作队的人他们来我家了,当时不知道他们来干嘛呢,反正就是来我家看了看。当时土改给我家没分东西。当时村里有工作组的,人家也成立了妇女会。妇女主任这我记不清楚了,我那时候是小孩,就是跟着大人去看热闹。妇女翻身解放我可不知道是什么意思,就是总是听人家这么说。当时我村里有个阿姨,村上老叫她去开会,她好像是妇女主任,就是那种性格比较开朗,爱说话的人。

(四)互助组、初级社、高级社的妇女

我不太记得互助组、初级社那时候的事儿了。反正当时就是哨子一吹就开会去了,我们就跟着去,但是也不知道是做什么,当是去玩儿了。互助组、农业社的时候妇女也干活儿的。我没有当过干部,我对农业社那时候的事儿都不太了解,我一直不太关心这些事情。那时候有女队长的,那时候是女的管女的,男的管男的。女的就负责拔草、锄地,干一些相对轻松的活儿。我在我娘家还是个孩子的时候就学会干农活儿了。那时候一起干活儿还挺习惯的,不一起干活儿能做什么。

集体派活儿的时候这没什么照顾的,你不去就不去了,今天没有工分,你要是实在不舒服也没有办法。开始参加劳动以后孩子都有啊,那就干点轻松的活儿,孩子小的时候有时候婆婆也帮忙管一下。和人民公社相比,妇女的劳动在互助组、初级社的时候就是轻松一些。有些妇女不上工就不挣工分,家里没办法了只能这样。这是要看自己的情况的,有时候也是要帮着家里的,要不然一年到头还成了倒灌户。当时共产党开会的时候妇女去开呢。妇女讲话、人家讲话别人也听的。

(五)妇女与人民公社、"四清""文化大革命"

1.妇女与劳动分配

我对人民公社这事儿好像不清楚,光知道跟人家开会呢,不知道人家说的什么。那时候开会的时候每家做一个纸的小红旗,每个大队和每个大队排成一行,就记得这样了,我不太会唱那个歌,我都不记得了。那时候队里男劳力多些吧。那时候技术活什么的都是男劳力干,女的不干这些,生产队的副业也是男的在做,女的主要是打下手,那时候队长啥的都是男的当。大炼钢铁深翻土都是男的去,女的都不去的。我觉得肯定是自己管自己的好嘛,自己劳动的好嘛。我没听过男女同工同酬。当时生产队分口粮男女一样的,评工分就是看你能干什么活儿,人家要是觉得你基本上什么活儿都能干,那就是六分工,你要是身体不好,就可能是五分五。余粮户、缺粮户我们家那时候什么都不是,反正每次都没剩的。

2. 集体化时期劳动的性别照顾

那时候妇女怀孕了,生孩子没什么照顾,你不来了都是自己的事儿,没有工分了而已。我们农业社那时候没有托儿所,孩子都是自己管。

3. 生活体验与情感

吃食堂的事儿我还记得。那时候食堂是几个上年龄的妇女在里面做饭呢,那时候就是一个人两铁勺的饭,按铁勺给你舀饭呢。大人是两铁勺饭,小孩是一铁勺饭,那时候就是吃搅团、喝菜汤、喝玉米粥,吃的是包谷面蒸的馒头。食堂的饭不好吃,最后拿着馒头就扔了。食堂就是不用做饭了。当时食堂从1958年就办起来了,到1960年下半年才解散,好长时间呢,最后吃得不好就解散了。农业社集体上工热闹是热闹,就是干不了多少活儿。那时候妇女上工也有吵架呢,少得很。咱们这里一直以来妇女没有自杀的。

4. 对女干部、妇女组织的印象

我不知道有"铁姑娘队",咱们这里没有。我们村里有个媳妇当过妇女主任的,人家就是上过学,当了几年的妇女主任。当时妇联就是管计划生育呢。

5."四清"与"文革"

"四清"和"文革"这个说法我听不懂,可能我经历过,但是不知道人家那个叫什么。

(六)农村妇女与改革开放

20世纪80年代分田到户的时候有没有开会记不清了,说不清楚了。后来也参加过选村长,人家把投票的箱子就拿到家里了,咱也不会写字,就问人家个名字就写上去了。80年代计划生育那时候严,现在就松了,现在就是可以生第二个了。关于扶贫政策我不知道,现在说的这些我一点也听不懂。咱们村里上年龄的老头老太太也聊天呢,不过很少的。我现在不了解国家政策,我怎么去了解啊。我不知道网络,我也不懂这些,我连电视都不看,嫌它太吵了。我没有手机,人家说给我买我说我不要,别给我买,我也不用。

六、生命体验与感受

我不太会说这些,我这一生中没什么印象深刻的事儿,最幸福的就是现在,现在这时候好啊,不欠粮,吃得多,吃得饱,生活好就幸福。作为女人我没什么想法,我也不会说,女人就是把家庭管好吧。

附录　口述调查小记

陈璐　口述调查小记

（调研员单位：华中师范大学中国农村研究院）

今年寒假我准备回我的老家——河北省邯郸市磁县岳城镇界段营村进行调研。我的爷爷、奶奶年龄均在八十岁之上，并且他们都是"明白人"，我爷爷从成立初级社的时候就一直当会计，我奶奶年轻时候当过妇女队长，我准备从他们两个开始访谈，先了解一些基本信息，再去访谈村内其他的老人。

界段营村是移民村，在 20 世纪六七十年代，为了修建岳城水库而移居到此居住地的，界段营村为修建岳城水库做出了巨大的牺牲。界段营村地下矿产资源丰富，为了给移民村增加收入，确保群众生活，根据实际地质情况，由国家出资，在界段营村西侧投资建成扶贫煤矿，70 年代动工，80 年代初产煤，俗称界段营煤矿。在 2010 年之前村集体收入主要依靠煤矿承包费，在 2010 年之后，根据国家政策，界段营煤矿进行政策性的整合重组，目前仍在整合之中，村集体收入主要依靠荒岗承包费用。

村民除务农外，大部分在周边城区打工，男性多从事建筑业、运输业，女性大多为服务业，和务工，务工主要聚集地位京津冀。现任村"两委"班子成员 9 名，其中支委 5 人，村委 4 人。

2017 年 2 月 13 日的访谈对象是我的奶奶。她叫苑自英，是一位特别明事理的老太太，目光长远，在过去的贫穷时期，还坚持让自己的五个子女全都接受正规教育，现如今儿女子孙全都有出息了，对她十分孝顺。作为她的孙女，我曾经并没有想过要去了解她的过去，在我的印象中她就是一位慈祥而又善良可亲的长辈，我忽略了她也曾豆蔻年少，她也曾经是一个无忧无虑的少女。当得知自己有妇女口述史访谈的任务时，我脑海里第一个浮现出来的受访者就是她。凭借这次机会，我当然要好好地了解一下自己的亲祖母。作为我的祖母，她当然也非常支持我的访谈工作。

她曾目睹过我和爷爷做的土改口述史访谈，所以知道大致流程。吃过午饭，收拾好碗筷，我们就正式开始了访谈。毕竟奶奶年龄大了，耳朵有些背，我每个问题最少要重复两遍，并且需要大声喊出来，祖母听得很费劲，但是她非常用心，认真回顾过去发生的事。听祖母讲她的过去，与做过的其他访谈不同，我从内心自然而然地产生了温暖的感觉，这不仅仅是我的调研任务，更重要的是，这是一次祖母与孙女之间感情的沟通。看到她微笑的面庞，以及回顾过去时唏嘘的神情，我觉得自己与她的心贴得很近。经过这次妇女口述史访谈，在孙儿这一辈人中，估计没有人能比我更加了解自己的祖母了。

她出生于一个中农家庭，小时候家里有两个哥哥，就她一个女儿，比较受宠，她的爷爷出门看戏时还会带着她一起去。家里开着一个药房，挣了零钱还会给她买小零食吃。二十岁时她结婚，丈夫家是下中农，夫妻二人共育有一女、四子。无论是小时候还是结婚后，她都未曾出过远门，没有打过工，一辈子就是过相夫教子的生活。无论是对待家人，对待亲朋好友，对待邻居，她都能无私付出，不与人斤斤计较，有一种博爱的胸襟。

由于祖母的听力限制，整个进程有些困难，全神贯注的回忆让祖母有些疲劳，为祖母的身体着想，我把访谈分为三次，午饭后和晚饭后访谈两个小时，第二天晚上又访谈了一次才全部完成。

2017 年 2 月 14 日,受访者关秀英。今天采访了一个妇女口述史,整个采访的过程几乎都是含着泪做完的,老人一辈子过得十分凄惨。小时候家里边穷,哥哥姐姐都死了,她兄弟姐妹六个人,就活了她自己一个,其他的没有养活,有一个活着就被扔到井里,实在没有办法。她出生的时候被奶奶拿着破褥子包了包,扔到院里边,没有人管了。她的亲奶奶嫌弃她是个小姑娘,不让她妈妈养。她妈妈在屋里边哭,她在外面哭,冻了好长时间才被心软了的父亲抱回去。

老人年轻时生了一个男孩,由于没有人照顾,在坐月子期间自己用凉水洗衣服洗脚,伤了身体,之后再也无法生育。儿子结婚后,儿子、儿媳都不孝顺,不赡养老人。现在受访者和她老伴身体都不好,可是受访者和她老伴的身份证、养老保险存折都在孩子手里,所有的钱都被孩子取走了,自己没有一点收入来源,如果再这样下去只能出去要饭了,老人甚至都流露出了轻生的念头。

采访期间老人几度痛哭,但每次都努力克制自己的情绪,尽量配合我的采访。前去拜访老人时我是拎着一箱奶过去的,但出于对老人的怜悯和同情,我又给老人买了十斤鸡蛋。我做得再多也是杯水车薪,希望老人能得到别人的帮助,早日通过法律途径拿回自己的养老补贴。

2017 年 2 月 16 日,历时一个多月,我的寒假调研工作也接近了尾声。中华人民共和国成立前妇女的地位与如今无法相比,妇女总是受到社会的苛待。经过这次妇女口述史调研,采访了两个境况完全相反的老太太,我才算真正地走近那段历史,听到的这一个个有血有肉的故事,让我对于中华人民共和国前成立普通妇女的认识更加丰满也更加客观。

陈明真　口述调查小记

(调研员单位:华中师范大学中国农村研究院)

  2017年2月6日,早上醒来,发现窗外竟是少有的一片蓝天,不太刺眼的阳光从小区最东边的围墙外斜斜地撒进来,将整个小区都笼罩在一片金色之中,每一栋楼,就连每一棵树上光秃的枝杈都溢出了流光。早起的老人已经开始锻炼,舞剑的音乐悠扬着传得很远,这是我记忆中最熟悉的清晨的声音。

  这次调研的对象是亲戚的一位邻居,就住在同城的另一片小区里。据说这位老人年轻的时候生活在农村,年过半百以后,随儿女搬进城里,生活至今,如今已经八十九岁高龄。也正因为访谈对象是一位和我同城居住的老人,才给本应紧张的调研之路多了一份从容,让我有时间去感受一下这熟悉的家乡的早晨。吃过早饭,经过简单的整理之后,带着调研材料就上路了。出门后,我自己也置身在了这忙碌而宁静的暮冬的清晨,风还是有些凉的,吹在脸上十分提神,于是我不顾已经吹红的鼻头,深深地呼吸着,感受这冰凉干爽的空气。随后,我乘坐9路公交车去往调研目的地,在车上浏览着这久别的小城。下车后,穿过马路,又步行了一段路程,来到了小区门口。按照亲戚给的地址,穿过了整座小区才找到老人所在的那栋楼。这栋楼位于小区的西南角,楼里住的大部分人都是从开发区搬迁过来的,老人居多,还有一部分是中年人,年轻人很少。亲戚和这位老人住在同一栋楼上,于是我先来到亲戚家,感谢他们为我联系受访老人。然后亲戚陪我一起去拜访了这位老人,这时候已经是上午的十点多钟。

  初次见面,老人的和蔼可亲让我很快放下了局促。老人矮小且精瘦,眼睛炯炯有神,看起来十分硬朗。她热情地请我们进屋坐下,于是我首先对老人的基本情况做了简单了解,确定老人的条件是否符合。确定老人符合基本条件以后,又询问了提纲的一些大体内容,以确定老人的思路是否清晰,从而最终确定老人是否为合适的访谈对象。经过简单的了解,发现老人是一个十分合适的访谈对象。

  这位老人名叫庞心爱,是河北省定州市尧房头村人,现年八十九岁,独自居住在一套一百多平方米的公寓楼内,孙子偶尔归来陪老人几天,每次孙子过来,老人都会做好他爱吃的饭菜等他。而我过来找老人做口述史访谈,她也十分开心,并且愿意把自己的经历讲述给我听。上午的访谈就这样简单地结束了,主要目的是确定老人的基本情况和访谈条件。和老人约好下午的正式访谈时间后便和亲戚离开了老人的家。

  下午我独自来到老人的家里,开始正式的妇女口述史访谈。进门后,老人仍然是一个人在家,桌上已经摆好了水果和茶水,顿时一种暖意袭上心头,感受到了老一代人的朴实、热情与善良。开始正式切入提纲主体以后,我惊喜地发现,老人虽然不识字,但记忆十分清晰,能够详细地描述出早年的场景和感受,她的思维逻辑性也很强,对一些人与事都有自己的思考。在他们年轻时候的那个年代,女性地位比较低,她也因此没有机会上学,直到现在仍然不识字,落下终生最大的遗憾。老人十分渴望读书,渴望能够识文断字,然后有一个可以发挥自己作用和价值的工作,不想一生只做生孩子和养孩子这两件事。可是时代还是让她难以逃脱那样的命运。老人虽然没有读过书,也不识字,但是却记住了很多只属于那个年代的谚语和歌曲,并从当中总结出了一些生活和做人的门道。

三个小时后,访谈结束,感到受益匪浅,老人将自己的经历娓娓道来,仿佛为我展开了一幅历史长卷,让我可以真切地感受到一个完全不同时代的气息。

段明杰　口述调查小记

(调研员单位:华中师范大学中国农村研究院)

2017 年 1 月 15 日,经过前期的充足准备,今天开始了我的第一个口述史的访谈,虽然访谈地点是在自己的家乡进行的,但想到培训时提到的要"熟人开路",这样的访谈可以进行得比较顺利,再者因为第一次,所以自己也有点胆怯,于是就想和母亲一起去,母亲嫁到这里将近三十年了,村里的人也基本都认识,今天访谈的这位奶奶之前就和我外婆认识,所以可以说和母亲去是再合适不过了。上午我准备对其先进行试访谈,就没有想过录音,于是就拿着合作化的口述史提纲和母亲一起去了。

进去奶奶家后,母亲很自然地打招呼,简单寒暄了几句后,并且顺理成章的引到了我今天要进行访谈的主题(之前是和母亲说过的),我就直接开始问了,本想简单试问一下,可以的话,下午再进行,出乎意料的是奶奶特别能说,问开后,都不舍得打断奶奶的谈话,这一试访谈直接就进行了两个多小时,在问的过程中就感觉很是后悔没有顺便进行录音,两个多小时后才结束了访谈,回家后心想,总不能拿合作化再问一遍吧,这奶奶应该会嫌烦的,既然奶奶这么能说,何不进行妇女口述史,这才决定了对这位奶奶进行妇女口述史的访谈。第二天来的时候依然是母亲陪伴来的,因为昨天已经和奶奶访谈了那么长时间了,所以今天来之后,奶奶就直接进入主题,说那时候的人特别苦,我就顺着奶奶的话题,在两个半的时间里将妇女口述史问完了。

第一次问就这么顺利,可以说是给了自己很大的信心。

1 月 17 日,由于第一个妇女口述史的顺利进行,心想就直接将两个妇女口述史做完后再进行合作化的口述史,于是今天又和母亲来到一位老奶奶家里,老奶奶今年八十三岁了,口齿也都清楚,耳朵也好使,同样是母亲引的话题,因为母亲今天有事,母亲引入话题后,就先走了,我心想今天会和访谈第一位奶奶一样顺利,但不曾想到,母亲走了没几分钟后,老奶奶就有点不耐烦的样子了,一会儿说今天中午也没睡好,一会儿说问这么多没什么用,总之感觉就是不想再接受访谈了,我见势不对,就说明天再来,奶奶也答应了,虽然没有访谈很长时间,因为感觉奶奶大部分也都记得,也算是成功找了一位访谈对象。第二天我一个人去了老奶奶家,没想到的是,老奶奶直接说今天有事比较忙,并说到这几天都比较忙,老奶奶都这么说了,看来老奶奶是不欢迎访谈了,虽然很不舍,但也很无奈,就放弃了这个访谈对象。

1 月 20 日,做的第二个妇女口述史的时候吃了一个闭门羹,但也要继续经过家里人的推荐,想到继续做妇女口述史的一位奶奶,这位奶奶还是自己的一个亲戚,按辈分应该叫老姨。她是我奶奶的姑姑的女儿,老姨身体好,耳不聋眼不花,这次是我和奶奶一起去的,老姨很亲切,又是给我们倒水,又是洗水果的。说明来意后,老姨也非常配合,一边说还一边提醒我记,谈到老姨娘家的时候,老姨是含着眼泪说的,自己都不忍心问,老姨的母亲很是命苦,曾经嫁过三个人,都一一去世了。还谈到那时候吃不饱肚子的日子,没想到今天能这么好,种地不收税,还给发钱,上了六十岁老人国家还专门有老人钱,按照年龄大小,发钱的标准不同,从六十岁开始,每十岁一个档,老姨是八十岁这个档,因为老人一般也不花啥,自己种点菜,大队发面、米,吃的基本不买啥,穿的一年就那几身衣服,所以老姨现在生活得很知足,还一直说到"可没想到能活到这个年代"。

今天来之不易的生活，对于我们生活在这么好的年代，还有什么理由去抱怨，我们应该珍惜今天的美好生活，活在当下。通过做这些口述史，不是简单的访谈，在访谈的过程中，我们对过去人们所生活的环境，人们的心态有了进一步的了解，对这一辈人，更加的钦佩，不会再简单地把顽固、封建的标签贴到他们身上，看任何人、事都一样，将其放到其特定的背景下，也许我们更能理解，也就会学会宽容。

冯娟娟 口述调查小记

(调研员单位:华中师范大学中国农村研究院)

2017年1月19日,怀揣满腹憧憬和思念回到我久违的故乡——任丘市,这是一个面积不大,但却精致的小城。走下火车,扑鼻袭来的是那久违的、温馨清雅的乡间味道。火车站司空见惯,一如既往地处身于县城的边缘。每个人都面带笑容,处处洋溢着真诚和关切的情怀。

大约下午四点钟,我乘坐公共汽车到达了我家乡的小镇,这里是熟悉的气息。我们这是长丰镇,也是一个很大的集市,在集市公路的两侧均是做生意的小商铺,由此可见,这里经商做点小生意是常态。

几分钟之后,我像燕子一样飞奔着冲向家门,先打开客厅的门,因为我知道爸爸平时都在客厅的。很久没有回家了,我对家人的思念是这千里的距离隔不断的。在我的家乡,我们的姓氏是个大家族,大家都是关系非常亲密的,淳朴的民风和清晰的气息打造了家乡这一方清明。

在家里爸爸听说我要回家,早早就妥善安置了一切,烧好了我最爱吃的鲤鱼。爸爸平日里非常疼爱我们,属于那种含到嘴里怕融化的宠爱。

这个村庄包裹着浓郁乡情很美味,我的家庭气氛和谐而惬意,这份怡人的使我一生留恋于此。

1月20日,今日温度颇低,我从小害怕严寒,爸爸是细心的,当然知道我这个特点,所以爸爸把暖气烧得特别热。在家里待了一夜,我的心情依然是亢奋和激动的,我就是从内心迸发出对于家的爱,一种情怀,一种感情,没有多么赏心悦目的理由。

当然开心之余,也是不能忘记调研任务的,我们没有假期,别人的假期是我们崭新课堂的开始。在返回家乡之前,我就和爸爸沟通了我需要完成的调研任务,爸爸非常给力,为我联系了很多符合要求的老年人。爸爸是个善良的人,平日里能帮到乡亲的地方绝对不拒绝,所以帮我寻找访谈对象是举手之劳。

早上七点二十,我来到寇奶奶家,家里有寇奶奶和她老伴两位老人,两个老人平日里嘻嘻哈哈、无忧无虑,听说我要访谈妇女口述史的事情,便津津乐道地打开了话匣子。寇奶奶的性格很好,平日里和乡里乡亲都相处得非常亲近,四邻的孩子们天天围着寇奶奶转,喜欢和寇奶奶玩儿。

这是我进入中农院以来,第二次到村庄进行调研,寇奶奶的态度非常好,十分配合我的调研。中午寇奶奶留我在家吃午饭,我再三答谢和推辞,终究是盛情难却,奶奶包的饺子,厨艺非常不错,很好吃,有家的味道。说真话,因为自己的个人习惯一直是完成工作再休息,所以这些天一直在加班加点忙于调研。而今身在家乡,此刻心里真的感觉好幸福,好温馨。

寇奶奶在生活中并不是一个要强的人,而且从年轻开始身体便不是很强壮,所以极少到地里干农活儿,一年到头只能够在家里负责家务和看管一下孩子,身子骨经不住劳累,寇爷爷则负责打理家庭外边的事务。寇奶奶家的生活一直都不算宽裕,可是从寇奶奶的话语中饱含的都是她对于生活的感激和满足,我想这就是知足常乐的最好诠释吧。慈眉善目、和蔼可亲的寇奶奶给了我顺利完成调研的信心和勇气。老人们神采奕奕,面容和蔼可亲是我最深刻的记忆。天空飘落着淅淅沥沥的雨滴，而我的心恰似晴空。

　　1月23日，在我的家乡，通过与老人和长辈打交道，了解了他们的生活经历、久经锻炼、锤炼到精妙的处世之道越来越多，我对于他们的敬仰之情愈加深厚。调研内容是全新的，挑战是齐聚的，同时是饱含知识的，它需要的是自己去体会和领悟，收获多少凭借自己的能力和素质。随着时间推移，我希望自己伴随成长而进步。

　　爸爸为我选择的第二位受访老人虽然并非与我家同族，可也是和我家关系不错的人家，即黑炭伯的妻子寇从，这位老太太已经八十多岁了，身体状况还算可以。按照村庄的辈分，我应该称呼其为大娘，大娘的精神状态不错，可是对于婆婆和丈夫的怨恨极深，大娘是一个非常要强的女人，可是因为夫家有一个年幼的小叔子需要大娘为其建房娶妻，而且大娘的婆婆尤其偏向出嫁的闺女，导致大娘满含抱怨，与其说是调研，不如说是诉苦和倾诉吧。大娘对于那段陈旧的历史记忆犹新，思路清晰，仿佛发生于昨日。经过老人的配合与我的努力，调研任务终于得以顺利完成。

　　很多时候，一个人的性格直接决定着自己的收获与成功。心中的倔强和执着敦促着我迈开脚步。若想顺利完成调研访谈，就要自己认真总结，为不同的访谈对象设定不同的方案，才能使调研保质保量地圆满完成。

冯雪艳　口述调查小记

(调研员单位:华中师范大学中国农村研究院)

1月4日 星期四阴

今天又是跑了一天,为了寻找合适的奶奶,也算是呕心沥血了。之前找的奶奶要么年纪轻,要么身体不好,记忆模糊。感觉自己找老人找得好辛苦。自己在通过爷爷的介绍以及和妇女主任的介绍下认识了两位奶奶,这两位奶奶记忆算得上清晰,最为关键的是当我遇到两位奶奶的时候,两位奶奶还带着老花镜,感觉是十分有学问的样子。我的心中甚是一阵欢喜。内心的小波澜又有了回荡。

在做妇女口述史的时候,我访问了一下奶奶关于中华人民共和国成立前的彩礼问题,这位奶奶八十六岁,奶奶当时没有彩礼,也没有嫁妆。奶奶是 1930 年出生,等奶奶结婚的时候是 1954 年,这段时间内奶奶对于彩礼的认知也是有所见闻的。经过访谈,奶奶回忆较深刻的还是说这段时间的聘礼是比较轻的,而且讲究并不是很多。奶奶从四岁起父母就离婚(不在一起居住)跟着自己的外婆居住,奶奶在外婆家生活的时候,舅母其实是不愿意让住的。所以说这段时间也是比较心酸的。

1月5日星期五雪

今天又和这位奶奶聊了半天,奶奶的故事讲得很精彩,过去的妇女生活的回忆都掺杂着很多的心酸与无奈,还有很多可爱的人和事,她告诉我自己的婚姻很是简单。奶奶描述道:"我当时出嫁的时候就是媒人介绍的,媒人那会儿就是简单地夸夸这个姑娘,一般就是怎么好,怎么来,我那会儿也没怎么说,就是说了几句就结了。结婚的时候也没有说什么门当户对,能凑合过就行了。我老伴儿是个工人他在工厂干活主要就是管理车床机器。我在当时就是图了一个工人,媒婆说了说相了相就结了。当时不用给媒婆钱,就是如果说成了,做成媒就给一篮子馍馍,馒头大概有二三十个。当时结婚的时候就找几个人说了说,吃了顿饭就结了。在当时结婚的时候虽然说也是要彩礼的,但是彩礼要得比较少,多少也会给点儿。我结婚的时候连酒席也没有办,舅舅姥子送我去到那吃了顿饭,就算完事了。"可见当时婚姻的简单性。

1月6日星期六雪

今天依旧比较顺利,成功地做了两个合作化口述史和一个妇女口述史,今天的妇女口述史给我的感触比较大,因为今天找奶奶找得有点儿"心塞",本来昨天约好了一位奶奶,可是她都八十四岁了还包了工厂的一批活——钉扣子,奶奶很勤劳,可是我被放鸽子了,奶奶说:"小姑娘,没办法,奶奶得干活儿,不能陪你聊了,你看看要不改天再来。"于是我只好厚着脸皮说,奶奶你一边缝,咱一边聊,成不? 奶奶说,我不能一心二用,我只好离开了。于是我就去找第二位奶奶,居然还给走错门了,四处打听终于到了奶奶家,和奶奶开始了漫长的聊天,聊天中,我发现奶奶年轻的时候应该是个很能干的人,奶奶对于男女同工不同分,有很大的意见,奶奶说男的干那么多,同样女的也干这么多,女的工分就少,奶奶提倡的是同工同酬,这和一个人的性格是相关的。奶奶还给我讲起了自己的学习生涯,奶奶提到,她们那个年代男孩、女孩都在一个教室读书,很少有不让女孩子读书的情况,那个年代她仅仅上过一天学,因为村里的小姑娘们上学的时候都要买裙子穿,然而她家里没有钱买,所以只是报了个名就辍学了,大多数辍学的都是因为家里穷,上不起学。她还提到了,家里的其他兄弟除了一个弟弟读书了,但是也只是读了两三年就去当兵了,所以她现在就想着让她的子女们能好好读书。奶奶在家里排行老四,上有一个姐姐、两个哥哥,还有一个弟弟。家里很穷,一天只能吃两顿饭,有时候只能吃树叶维持生存,为了摘树叶有一次差点从树上摔下来。后来国家下发土豆丝,但是每天只能吃一顿。当时奶奶不能读书,就想着以后要让自己的孩子们读书。可见,奶奶是个很爱学习的人,一直在渴望着学习。

胡丹　口述调查小记

(调研员单位:华中师范大学公共管理学院)

2017 年 2 月 6 日,我去采访了我同学的姥姥舒碧芳老人,当我的同学提前向我介绍他的姥姥的时候,我万分欣喜,因为这位老人身份有些特殊,她的娘家家庭成分是地主,丈夫以前是黄埔军校的学生,老人一生命运跌宕起伏,为我的采访可以提供很多宝贵的口述历史访谈素材,所以我很是欣喜。

当我的同学带我去他姥姥家的时候,我喜欢上这位老人了,尽管她耳朵不太灵敏,眼睛也不是特别好,但是老人很愿意说话,并且性格很温柔,轻言细语的。她说到了她小时候的事情,她家里是地主出身,自己的父亲是那里有名的地主,家里有两个有名号的店面,自己有姊妹三人,其他两个妹妹读书都出去了,就剩下自己在农村里,自己小时候读了一点书,现在时间太过久远,已经不记得多少了。中华人民共和国成立以后自己才结婚的,男方家里很穷,都是住着茅草屋,那个时候国家已经要斗地主了,所以他父亲做得很多嫁妆,都没有派上用场,到了复查的时候,家里的什么礼篮子都被拿走了,老人说了很多她小时候的事情。

由于是春节期间,老人的儿子和儿媳都在家里面,访谈的时候,老人的儿子和儿媳妇一边能够给我提供更多的信息,另一方面会打乱访谈的节奏,所以我总是试图将话题引到老人身上,让老人自己阐述,老人也很乐意讲述,但是这次的访谈碍于一些因素,很多问题我并没有很深入访谈,所以希望有几次回访的机会。

2017 年 3 月 7 日,天气晴朗,我到我家对面的一位爷爷家,想和爷爷的母亲聊天,他的母亲,老人叫徐秀英,今年有九十四岁了,我也是第一次见到这位姥姥,她看上去精神很好,特地说明了我的来意,姥姥表示以前的很多事情有些记不清了,但是我还是安慰姥姥,没关系,我们就随便聊一会,没有什么严格的要求,姥姥这才放下心来同意和我聊天。每次访谈我都会遇到这样的问题,老人总是谦虚地说自己已经不记得以前的事情了,但是当我消除了她们心中的不安时,访谈就万分自然。

姥姥说她是远房姑姑家的童养媳,自己丈夫是傻子。当初自己父亲做生意失败,卖了田地和房屋,举家搬到武汉纸坊,但是因为自己是最小的,是没有生产能力的女儿,父亲就直接将自己给到了姑姑家做小媳妇。一直以来娘家就是自己的大伯和三叔帮忙照看自己。到了自己二十岁的时候,姑姑说要放她一条生路,所以大概二十岁的时候,就改嫁到朱姓人家,朱姓人家的原来的媳妇儿去世了,嫁过来以后就帮忙照顾朱家的孩子,大概照顾了十几年,直到朱家的男人去世,由于姥姥觉得她的婆婆对她不好,所以丈夫去世以后,她选择了离开,嫁到了周家,直到现在,姥姥一生生育三子,但都过早夭折。

3 月 8 日吃过早饭之后,我就到对面姥姥家门前坐着和她聊天,由于今天是"三八妇女节",村里的妇女都相约到鄂州去玩,然后几位奶奶互相打趣,和姥姥聊天是很零散的,我没有划框框,姥姥对于接连的提问不是特别感兴趣,多数情况下,我会选择她故事中的某一些问题来询问。

3 月 9 日我选择回访舒碧芳奶奶,她身体还不错,正在门前晒太阳,老人还记得我。刚好前一天是三八妇女节,于是我就以这个视角着手,她说她们年轻的时候经常过三八妇女节,甚至会跑到镇上或者别的镇上去过妇女节，就刚开始一两年去了，后来因为划成分，奶奶娘家是地主，大家都不叫自己了。奶奶由于已经出嫁了，没有遭受批斗羞辱。

3月10号，今天去了舒奶奶家，她一个人在家择菜，于是我就坐下来和她一起择菜。老人讲起了他叔伯哥哥结婚，当时自己的嫂子家也是地主，做大生意的出身，哥哥结婚的时候，家里准备了很多东西，那是富人的婚礼，仿佛电视剧里面的场景奶奶说她见过世面，言语之间，我能够感受到她的那份自豪。

访谈了两位老人，感觉她们的生活十分艰辛，感觉她们经历了很多认识坎坷，因为性别，因为身份，她们受到不公平的待遇，在这种不公正的对待面前，自己无力反驳，这是个人的不幸，也是社会的不幸，因为社会没有赋予她们自由选择的权利。同时她们也是幸运的，随着国家经济和社会的快速发展，人民生活水平不断提高，老人们得以安享晚年。

靳守姣　口述调查小记

（调研员单位：华中师范大学中国农村研究院）

　　2017年1月2日，我趁着元旦放假回家做口述史访谈。做合作化的口述史还好，妇女口述史的访谈让我感觉到有些难度。虽然八十岁以上的老年女性比男性多，但问题是"明白的"老年女性比较少。所以在做妇女口述史访谈之前，首先我把提纲反复看了一遍，明白了提纲大致设计的几个专题，主要考察的是哪一些方面，好在与老人交流的时候做到心中有数，不至于聊到自己陌生的东西。其次我在网上查阅了20世纪四五十年代女性在生产、生活方面的情况，还有在家庭中的地位，好在与老人交谈的时候做到有根有据。

　　在对提纲和当时的访谈的时代背景有了初步的了解之后，我就开始寻找老人了，听我母亲说我们邻居有一位适合的老人，今年已经九十岁高龄了，耳朵不聋，眼睛不瞎。我听到后确实比较惊喜，但是也有自己的顾虑，老人年龄比较大了，访谈的过程中身体不知道是否能吃得消，另外对以前的事情是否能够记起来也不好说，所以我决定进行试访谈。下午吃过午饭，我母亲就将这位老人约到我家中，我跟老人说明了来意后，老人决定配合我的调研。于是我就开始与老人交流，在交流的过程中，我明显感觉到了问题。首先老人对我提到以前的事情很多并不是很了解，其次老人身体有些吃不消，不想访谈，一直想要回家。看到这种情况，尽管已经访谈了三个小时，但是提纲才问了三分之一的我决定放弃，因为这样既浪费了时间，而且也收获不到我想要的东西。只能再寻找其他老人了。

　　1月3号，今天凉飕飕的，在我们村没有找到适合访谈的老人，我母亲就带着我去我姐姐家那边寻找老人了。姐姐所在的村庄土改之前地比较多，所以他们这边土改时候被划分为地主、富农的特别多。为了保证样本的多样性，所以这边的老人特别适合做合作化口述调查。上午的时候跟一个老爷爷做访谈，老爷爷身体比较健康，声音比较洪亮。在访谈的过程中得知老爷爷以前是富农，遭到过贫雇农盲目的打击报复，当时的干部也是睁一只眼闭一只眼，为的是不打击贫雇农土改的积极性。在土改时候，自己的土地、房屋、牲口都无条件地分配给了贫雇农。自己应有的一份都没有给。老人在谈到这些时眼睛都湿润了，可以感觉到老人那个时候的委屈、无助。这就是时代带给人的悲哀吧！希望老人能够平平安安地度过余生，在剩下的日子里能够对过去释怀，不要在晚年还背负着时代给自己的包袱。

　　中午在我姐姐家吃过饭，正好碰到姐姐家的一位邻居来串门，我看到是一位耄耋之年的老人，问及年龄已经九十有余，可以看出老人的身体非常硬朗，跟老人攀谈了几句，老人吐字清楚，逻辑比较清晰，是个不错的妇女口述史访谈对象。在跟老人的访谈中，得知老人的夫家当时是贫农，家里没有田地，老人的丈夫当时会瓦匠活儿，也算会个手艺，不至于饿死。听老人讲，自己的丈夫是自己的亲姐姐给介绍的，当时自己也没见过面，只是听姐姐说了夫家的一些情况。老人说那个时候不像现在男女双方可以自由见面，那个时候就是到了定亲的时候还不让见面，只是双方父母见一下。老人说那时候自己比较小，所以定亲和结婚都是父母操办，自己什么都不懂。从老人谈及自己的婚姻状况，可以感觉到当时妇女的地位是比较低的，没有隆重的婚礼和彩礼是因为当时的经济条件所限制，这个无可厚非，但是事关自己一辈子幸福,竟然结婚之前连人都没见过,跟别提两人相处了。真的是全靠媒人一张嘴了,是瘸子还是瞎子都是媒人说了算的,所以当时媒人的地位还是比较高的,没有人会得罪媒人的。因为终身大事全掌握在一个外人手中,稍有不慎,一辈子的幸福就毁了,真是可悲可叹啊!

李克义　口述调查小记

（调研员单位：华中师范大学中国农村研究院）

2017年2月22日，刚出正月十五，大多数人还在回味春节和家人团聚的幸福感，我和忙碌的人们一样，踏着新春的气息，开始了忙碌又充实的调研和学习工作。为了保证调研内容的丰富性，年前我就发动朋友们帮忙寻找合适的调研对象，经过我"层层选拔"，于婆婆排到"档期"，约好在过了正月十五后，跟于婆婆见面。妇女口述史是一项新的调研项目，之前我没有过调研经验，所以提前做好了充分的预习工作，希望能通过调研挖掘出更加丰富的内容。虽然已经步入春天，可今天天公不作美，竟然飘起了雪花，我带着礼物和略紧张的心情，于上午九点到达于婆婆家里面，婆婆亲自到门口迎接我，看到婆婆以后，我心里踏实了很多，甚至还略带一丝找到宝的小兴奋。跟朋友介绍的情况一样，于婆婆今年已经九十一岁高龄了，身体非常健康，说话清晰，耳目清楚，腿脚灵活，一见我就拉着我就往屋里暖和的地方去，想来今天的调研应该会非常顺利。

通过拉家常，我简单地了解了于婆婆的情况，于婆婆生于一个相对比较富裕的家庭，年轻的时候待在闺中学习针线，生活也算是无忧无虑，在那个"父母之言，媒妁之约"的年代里，嫁到了钱湾村，日子虽算不上富裕，倒是也没什么大的烦恼，但是因为生下的第一个小孩不幸，于婆婆的身体便大不如从前，后来也再无法生育，就抱养了一男一女两个孩子，并将两个孩子都抚养得常优秀。老伴儿去世以后，于婆婆觉得自己身体还比较硬朗，不愿意与孩子们在一起生活，就独自居住在邓州市的钱湾村中，逢年过节时，两个孝顺的孩子也会接老人到自己家住，老人也对自己目前的生活状态表示非常满意。上午的时间过得快，简单地家常后，就到了午饭时候，我也"不客气"地留在于婆婆家里，和朋友一起为于婆婆做上一顿午饭，等吃完午饭再与婆婆进一步访谈。

吃完饭后，让婆婆小憩了一会儿，我就跟婆婆一起回忆了解放前的故事。提起过去在娘家的日子，婆婆总是会说，那时候的女孩子在社会上的地位低，"大门不出，二门不迈"，从出生开始就得不到家长的喜欢，连读书的权利也没有，日常的生活就是在家做做女红、干家务，就跟那戏文里面唱得样，在绣房里面不出来。还打俏地说，过去女孩子的地位可是真的很低下，现在讲求男女平等了，比那时候的女孩子自由幸福多了。婆婆在谈到婚姻问题时，生动地形容当时的婚姻是"布袋子里面卖猫"，就说这婚姻大事都是父母做主，直到结婚的当天，结婚的双方才能看到对方的模样，在结婚之前，谁也不知道对方的长相和脾性，就像赌钱一样赌上了女孩子的一生。解放前的女孩子根本没有权利选择自己的婚姻，俗话说"家里的灶台才是一个女人一生的一亩三分田"。结婚之后，双方才开始了解对方，很多不满意的女孩子除了哭没有别的办法，除非男方休掉女方，旧社会根本就没有女人离婚这一说法。于婆婆娓娓道来过去的故事，我像是看电影一样，感受着解放前的社会中，一个女人的心路历程，一个社会的礼教缩影。

等说到这解放后，婆婆显然觉得社会风气明显有了转变。婆婆说在解放以后，妇女们的社会地位提高了，到处都在提倡"妇女能顶半边天"，当时这妇女都有主动去提出来离婚的，婚姻生活中男人和婆婆不敢随意打骂媳妇，包办婚姻逐渐减少，这些在解放以前是想都不敢想的。在劳动中,涌现出来越来越多的妇女干部,她们负责着越来越重要的角色,这些思想的转变带来社会风气的转变。改革开放更是让生活越来越好,婆婆说她根本想不到现在的美好生活。

经过上午下午,将近六个小时的访谈,我就像是挖掘了一座宝贵的矿藏,我从婆婆生动细致的描述当中,看到了解放前后,一个传统女性视角下,社会环境的变迁和妇女个人命运的转变,真实地感受到妇女这一鲜活的角色悲喜交加的生命旅程。于婆婆身体硬朗,生动细致的故事讲述,让我的调研内容鲜活起来,不仅任务顺利完成,心中也感慨颇多。带着满满的收获,踏着早春的小雪花结束了今天的调研!

李璐 口述调查小记

(调研员单位:华中师范大学中国农村研究院)

2月21日,今天是开启2017寒假妇女口述史调研的第一天。截至昨天下午,我终于把8个合作化口述史访谈做完了。尽管就差两个口述史访谈完任务就结束了,看似就剩最后一公里了,但是我并未感觉到有多轻松,此时的心情跟去年第一次参加我院开展的土改口述史调研时的心情有一拼,因为是第一次做妇女口述史访谈,心里多少有一点忐忑。总之其原因有两点:一方面是担心找不到"明白老人"。如果访谈对象不合适,很多问题都不清楚,很难从中挖掘出详细的历史细节,这样访谈就没有多大意义了。另一方面是担心调查对象不愿意长时间配合访谈,毕竟妇女口述史的访谈提纲要比之前做过的土改口述史访谈提纲,以及刚刚访谈完的合作化口述史的提纲厚几倍,之前访谈的时候总是担心时间不够两个小时,现在是恐怕三两个小时完全就访谈不完,就怕老人失去耐心,中途停止不再"陪聊"。为了调研能顺利进行,访谈者的在访谈之前一定要做足功课,首先一定要熟悉访谈提纲的内容。因此,今天上午在家中,我把妇女口述史访谈提纲详细地看了两遍,看着几十页的访谈提纲,说实话,心里的压力还是很大的。

中午吃完饭之后,我弟弟陪我去了我们村的陈德兰老人家,按照辈分,我们要向陈德兰老人叫老奶奶。陈德兰老人生于1936年,今年正好八十一岁了,年龄方面很适合访谈条件。老人身体很硬朗,也不糊涂,我感觉她很适合做访谈。经过试访谈知道,陈德兰老人在娘家的时候成天就是在家纺花织布,基本上不出门。老人十六岁和老伴儿定了亲,十八岁结婚。结婚之后也是个标准的好媳妇,一辈子都没当过家,也没管过钱。陈德兰老人总共生育9个孩子,全部都是儿子,但是只养活了6个,现在最小的孩子是个女儿,这个女儿是抱养人家的,老人的子女现都已成家立业。老人的丈夫去世得很早,现在老人跟她的第三个儿子一家生活在一起。老人一生心血倾注于自己的一群孩子和土地。生了一大帮孩子,想尽各种办法把他们喂饱、养大成人。除了孩子就是种地,因为生活没有其他经济来源,就是靠种地收粮食养家糊口。她特别勤劳贤惠,针线茶饭都很拿手。老人勤劳一生、为家庭奉献一生。现在老人的子女、儿媳都很孝顺,把老人照顾得很好,老人身体也很硬朗,很健康,老人整天都乐呵呵的。老人说,虽然她没有什么本事,这一辈子也没办过什么大事,没当过家,但是看到现在的子女们老人就感觉到很骄傲、很幸福! 老人十分和蔼可亲,从老人的身上就能看到幸福的光芒!

在这寒冬腊月,从下午一点钟一直到傍晚时分,老人一直都是面带笑容地与我聊着过去她们年轻时的事情,从解放前一直到建国后,老人把自己知道的都对我详细地进行了讲述。赶在吃晚饭之前,我的第一个妇女口述史访谈终于顺利地完成了,在此,非常感谢陈德兰老人的配合!

2月22日,今年寒假的最后一个口述史访谈就要在今天完成了,此时心情有点小激动。最后一公里,访谈结束,就可以安安心心地在家整理访谈资料了。今天下午我弟弟又陪我去了聂盘冯金太老人家,这次不是找冯金太老人做口述史访谈了,这次是找他的妻子魏芝兰老奶奶做妇女口述史。魏芝兰老奶奶今年八十二岁了,非常健谈,每次我来他们家,她都跟我聊很多很多。因为几天之前找冯金太老人做合作化口述史访谈的时候,我就跟老人说过过几天来找她聊聊天,魏芝兰老奶奶非常热情地说:"中啊,你能来跟我聊天我都非常开心了,我可高兴啦,老奶虽然不识字,但是我知道的只要能记起来我一定知无不言、言无不尽。"当时听到老人这样说,我内心相当高兴!今天是最后一个访谈了,本来今天身体就有点不舒服,有点感冒,嗓子疼得不行,但是一直坚持着聊了一下午,我都已经聊的口干舌燥了,但是看到老人还在不知疲倦地讲着以前的事情,我感觉怎么着我也得坚持到访谈结束,一直到晚上快六点的时候才访谈完,我们回家的时候天色都有点晚了,至此,2017 寒假口述史调研全部顺利结束!通过与两位老人的深入访谈,可以从她们的讲述中挖掘出更多被隐藏的历史细节,以此还原农村妇女的形态与时态特征。

李媛 口述调查小记

(调研员单位:华中师范大学公共管理学院)

2017 年 1 月 20 日,周五,晴

今天我来到了外婆家所在的村——武汉市江夏区金口街金水二村万家墩,准备正式开始寒假的口述史调研。小时候我在外婆家待得多,对这个村的情况也比较熟悉了。因为之前和外婆说过寒假要来找八十岁以上的婆婆做调研,所以外婆已经帮我和两个婆婆说好了,我可以直接去找婆婆做访谈。

今天来到的是一名八十一岁的婆婆家,婆婆名叫洪怀英。外婆所在的这个村,我感觉许多婆婆现在都还在种菜地,包括我外婆也是,平日里都忙活着自己的小菜地,然后卖卖菜。外婆总是让我快点问完,因为洪婆婆菜地里很忙,但是洪婆婆人很好说让我慢慢问,菜地的活儿可以放一放。洪婆婆现在是住在她小儿子的楼房里,他的小儿子建了两栋二层楼房,相对而立。很快我们就进入正题开始访谈,当问到基本情况的时候婆婆已经眼眶红了开始抹眼泪,因为小时候她的家里是没有兄弟的,只有一个姐姐。这些都是她的伤心事。婆婆是个很健谈的人,能说很多事情。在过程中我一直听着洪婆婆讲过去的一些事情,感慨万分。洪婆婆是改嫁过来的,先前由于遇到了恶婆婆导致跟丈夫脱离。那辈的人真是过得很苦,听着婆婆诉说的种种,我的内心总感觉有一股无名之火,很想指责当时她的婆婆。

洪婆婆的记忆力很好,很多东西都还记得,而且还能说上一二。不知不觉访谈也进行了一个多小时。考虑到婆婆的精力问题,我也就暂时停止了访问,准备换时间再继续。

2017 年 1 月 21 日,周六,晴

因为和外婆家隔得近,所以我都是早上自己搭车从家里过来。今天下车之后我先直接去找了洪婆婆,洪婆婆果然在她的小菜地里忙活。我也就在一旁跟她聊天,时不时帮她扯点菜。其实有时候我都在感慨,像洪婆婆这样的农村妇女虽然大字不识没什么文化,但是有些方面她们懂得真的很多,尤其是在各种植物上面,我能识得的植物很少,很多树、菜我都不认得,但是婆婆她们就都认识,这一点我真的有点羡慕,应该算是生活实践太少,书本上的知识丰富也没有用啊!婆婆忙完了以后我们一起来到了她家里,继续昨天的访谈。天气虽然很冷,但是有太阳照着暖暖的,整个人还是很舒服的。整个访谈过程都很顺利,婆婆一直都很热心地回答我的问题。访谈进行了 1 个多小时,到午饭点,为了不影响婆婆吃午饭和午休我便结束了访谈回外婆家,跟婆婆说好了吃过午饭再去。

下午 2 点多来到了婆婆家,继续开始访谈。外婆陪着我一起的,在访谈过程中,外婆也会时不时说几句,然后两个婆婆就一起聊着天,我还得把婆婆带回我的问题上来。

2017 年 1 月 22 日,周日,晴

对洪婆婆的访谈进行了两天,差不多也快到尾声了。今天问的国家部分,可以感觉虽然洪婆婆对国家、政府不太了解,但是她对政府是非常感恩的,总是在念叨着政府的好,国家的好,让她们现在有依靠。今天外婆带了一包旺旺仙贝给洪婆婆吃,当是感谢婆婆的辛苦帮忙。

2017 年 2 月 7 日,周二,晴

在过了一个舒服年之后,又要继续开始口述史的访谈工作。其实我还是一直拖了很久才过来,在临近开学的时候终于过来要完成任务。还是外婆之前帮忙联系好的婆婆,这个婆婆今年80岁,叫杨代英。婆婆的家就在路边的一个小平房,坐车过来下车就到她家门口。这个小平房非常的破旧,杨婆婆由于跟儿媳妇关系不好,所以平时白天都待在这边的小平房,只有吃饭睡觉才会回到儿子家里去。小平房后面有一块儿小菜地,婆婆平常也是在菜地里忙活。

在正式开始访谈之后,感觉到杨婆婆的话没有洪婆婆多,基本上就是一问一答的形式。还好有外婆在旁边,能时不时跟杨婆婆交谈一下,我也能从中发现一些关于问题的答案。杨婆婆的家位置比较便利,所以总是有来来往往的人过来打招呼,还有几个婆婆过来坐了一会。在访谈的时候,婆婆还在炕上蒸着饭。饭给蒸糊了,我就很不好意思地跟婆婆说先走了,下午再来。

其实在做这个口述史访谈的时候总是会不被人理解,觉得这么多东西问来干什么?有什么用呢?这个时候我总是有一种无力感,就连我外婆都说我们怎么搞这个东西?不知道有多麻烦,要是采访她让她来说她都不愿意。听多了这些话我还是挺不开心的。外婆说要不是她去找的人家,人家都不会愿意帮我说这些。也让我了解了人情有多么重要,因为去年暑假的时候我确实遭遇很多拒绝和不理解。

到了下午,我又来到了杨婆婆的家。其实跟杨婆婆的访谈我觉得不是很尽兴,因为她不是很愿意跟我说过去的故事,不像洪婆婆那样能吸引我。但我还是尽力的将问题深入进去。口述史访谈确实是一件不容易的事,问题多,耗费时间长,总是口干舌燥的。但是在过程当中能了解到很多过去的事,还是觉得很值得的。

2017年2月10日,周五,阴

前儿天下了雨,我也偷了个懒在家待着没有继续访谈。今天终于雨停了,想着就要开学了,还是得赶紧结束这个访谈任务。我便又来到了杨婆婆家里,我到的时候她正坐在屋内休息。其实现在农村妇女的活动真的很单一,如果让我这样我是一刻都待不住的。时代的差距呐!

在外婆的督促之下,我在今天加紧的问完了杨婆婆。其实我觉得我做事拖拖拉拉的,真的需要人督促。每天放假做口述史的任务,都是在爸妈的督促之下,让我早点完成任务早点休息。

寒假口述史任务至此终于完成!

申艳婷　口述调查小记

(调研员单位:中国矿业大学外文学院)

　　截至目前,自己已经参加了五次口述史访谈,相对而言,调研经验比较丰富,但是就此次调研来说,心里仍然有一丝的不安,因为此次的调研内容是之前没有接触过的,对于很多内容的把握仍然比较模糊。在做了相对比较充分的调研准备之后,开始了对此次口述史的摸索调查。

　　这次调研的主题是妇女口述史,毫无例外,一样地要去寻找八十岁以上的老人。由于之前的口述史调研,我已经将自己所在村庄的老人寻找得差不多了,其中符合妇女口述史访谈条件的老人并不多。为了找到合适的老人,这次我将访谈的范围扩大,开始求助于自己的亲朋好友,希望能够借助他们的力量找到合适的访谈对象。有一次在和亲戚聊天中,谈到了需要寻找老人的事情,幸运的是他们村子里的老人比较多。经过一番询问和了解后,我最终将访谈的地点选在了下陶村。下陶村相对而言村庄规模比较大,老人也相对较多,另一方面,这里的老人也相对比较集中,每到上午9点和下午3点,都有老人聚集在村中央的广场上。除了寻找老人方便以外,很多老人聚集在一起还可以激活老人的记忆,使访谈质量更好。然而集中访谈也很容易造成访谈混乱,你一言我一语,有时候甚至会出现前言不搭后语的现象,为了使访谈效果不致过于嘈杂,我寻找到合适的老人并,了解大概情况后,便与老人约定好时间,随后再去老人家里进行单独、细致、深入的访谈。

　　李伏琴老人是我访问的第一位妇女老人。之所以选择李伏琴老人,是因为老人的孙女正好是自己的初中同学,有了这个关系的存在,能够很好地缩短与老人之间的距离,减少老人的心理防范,能够尽可能多地打开老人话匣子。此外,老人的口齿也比较清楚,虽然没有什么特殊的经历,但是对于很多事情的记忆还是比较清楚的。刚见到李伏琴老人的时候,老人在床上躺着,我当时心里难免有一些担忧,害怕老人身体不适,打算再约时间下次来谈,意外的是老人竟然说没有问题,可以进行访谈。访谈的过程中,老人一直咳嗽,中间很多次我都想结束访谈,但是老人仍然坚持说可以继续聊下去,没有关系。调研不仅仅是调研员一个人的事情,更需要的是调研员和受访者之间良好的配合,如果受访者只是一味地消极应付,那么整个访谈的质量将会大打折扣。

　　范换芹老人是访谈的第二位妇女老人。老人在过去的时候当过妇女队长,相对于一般妇女来说,对历史的见解比较深刻,所以将范换芹老人作为访谈对象不仅可以了解普通妇女的生活,同时也可以了解政策是如何改变农村妇女的思想和行为的。在和范换芹老人聊天的过程中,我能够感受到老人的一生非常艰难,无论是在过去的岁月里,还是在当下的日子里,老人的家庭总是在不停地发生着一些变动。同时,也正是因为这些苦难的生活,使得老人更能将过去妇女的地位和形象更为具体生动地展现出来。范换芹老人非常热情,刚到家里就招呼我坐下,嘘寒问暖,问东问西,似乎我才是受访者。老人是一个非常健谈的人,每回答一个问题都像是讲故事一样,有时候甚至能够模仿当事人的语气、动作和表情,整个访谈的过程都非常愉快。

　　这次的妇女口述史访谈虽然只有两份,但是不得不说对于妇女从过去到现在的地位转变有了更为直观的认识。知识来源于生活，通过实地调研，一方面去验证书本上的知识，另一方面还可以发现书本上所没有的新知识。

田培睿　口述调查小记

(调研员单位:华中师范大学中国农村研究院)

2016 年 12 月 29 日,因被学院派往大西南两所高校进行外校口述史培训,偶然错过了中农院一年一度的寒假调研培训。听同学说今年寒假的口述史调查任务十分艰巨,我已完全无心在憧憬已久的西南地区停留,在对西华师范大学培训结束的当晚便经达州站转车,毅然踏上了前往我的寒假调研地——保定的旅程。今天的火车旅途显得格外漫长,或许因为近期的培训和车程搞得我疲惫不堪,或许因为我这颗胆小到一人在外、深夜便久久难以入睡的心太久没有安稳下来,亦或许是我太期待火车终点那端的城市和人。夜深了,我在疲惫中浅浅睡去,睡梦中依稀记得中途停留的每一站,火车鸣笛声由远及近,一拨又一拨的行人有的上车,有的下车,一片喧嚣过后,卧铺间又恢复了深夜中的宁静。就这样,保定,可谓我人生中的第二城市,我来了!

保定,我大学母校的所在地,在这里,我用四年为自己拼搏着一个新的人生。容城,我研究生好友美露的村调所在地,在这里,我将开启本次寒假调查的新旅程,期待与惶恐并存。下午一点钟,终于,南张村的村牌映入我的眼睑。北方的冬天真冷,在南方读了两年书的我此时此刻或多或少有些格格不入,手握手机想给美露打电话,手机刚掏出口袋便重重摔在地上。捡起手机拨通了美露的电话,两分钟后,美露接上了我,我们来到美露居住的南张村村委会。我片刻钟收拾好驻村的衣物,下楼后跟村委会值班室的村干部打过招呼,便决定前往邻村北张村找寻美露预先为我联系的王秀婵老人。

机遇往往更加眷顾有准备的人。王秀婵奶奶此刻恰巧在家,我便顺利开展了此次妇女口述史调查。调查中我发现,自己在有些问题上太过拘泥于提纲,比如,当我问道:"1949 年以来,您觉得妇女在家里的地位提高了吗?"老人连连摇头答道:"提高了,不过就算是提高了,我们感觉不是很明显,因为我们都生活在村里,我又没有文化,什么事情也不清楚是怎么回事,有的时候就不会觉得地位有没有提高。"此刻,我换了一种更为简便的问法:"您觉得这种地位的变化跟政府有没有关系呢?"老人直接答道:"主要就是新中国成立了,女的翻了身。"此时此刻,虽不是恍然大悟,亦可为当头一棒,有时候不是老人不知情,而是我们不够接地气,于是好多问题的答案未能挖掘。谈到当下的生命体验与感受,老人告诉我:"我没有过好过的日子,从结婚开始,到了婆家,婆婆早就没了,老公公病着,家里特别穷,老伴儿管地里的活儿,家里的事情都是我干,手里没有攒住过钱,也没有穿过好看的衣裳,家里经常都是困难,一家人都很节省,养活了这么几个孩子。现在好多了,什么都能吃上了,也不用干活儿,什么也不缺,现在比以前好多了,吃穿都有,老伴儿身体也好,就是我腿脚不方便,孩子们也都有出息,生活条件也好,这时候就挺幸福的。活了一辈子挺累得慌,年轻的时候娘家和婆家都穷,在婆家过了一辈子的穷日子,从来没有时间歇一会,或者去哪里转一转,都是闷在家里,干了这个干那个,累!"是啊,从历史中走来的老人太不容易了,尤其是从旧时代跨入新时代的女性,饱经时代剧变的考验和磨砺,终于以一种崭新的姿态与男性并列屹立于国家政治、经济等各个方面,感谢经历,感谢新的时代!

12 月 30 日,今天美露就要回武汉,这样我有些无助感。上午,美露带我找寻可作为访谈对象的老人。我十分担心无法记住老人居住的具体位置，美露带我逛着拥有一万人口的北张村，每到一位老人的住处我便拍下门牌和标志性建筑，一次次叮嘱自己千万不要忘记，一旦忘记便难以找到，毕竟，对于这些老人的名字我一无所知。送走美露的返程中，我陷入沉思，社会的磨炼和打击犹如千斤重担，但是每一段旅途中我们总能收获课本中学习不到的知识和经验，感谢那些曾经在人生旅途中帮助我们、教导我们的每一个人，也感谢一直未曾放弃的自己……

1月1日，美露走后，我便快马加鞭地展开了我的调研。每一天，早上8点出发，骑自行车到北张村，上午访谈一位老人，到了做午饭的时间便离开老人家，在村内火烧店吃上两个热腾腾的火烧，喝上一碗暖暖的鸡蛋汤，稍作休息后便前往下一个老人家。下午五点，伴着冬日北方的寒气，在冷风中借着稀薄的灯光寻找返回的路，在村口的饭店随便吃上些什么，便匆匆回到住所，反锁所有的门窗，来到暖暖的房间，坐到电脑面前跟爸爸、妈妈视频，报告一天的收获、调研的进程，当然，还有我的安全。但是今天显得截然不同，因为今天是元旦，是个与亲人团聚的日子。访谈老人时，我为老人买了火烧还有豆奶，今天采访的是王五江老奶奶，再次问到老人的生命体验，老人不禁流下了眼泪，"一生中最不容易的就是我在生产队的时候，当时我既要管孩子，每天还得下地干活儿，干活儿回来还要管家务事，一天到晚忙个不停，那时候是最煎熬的。现在，孩子们也都大了，也都成家立业了，我也自由了，什么也不缺，这就是最幸福的时候。我觉得作为一个女的不容易，为了孩子，为了一个家，一辈子都是辛辛苦苦的，不容易啊！小的时候在娘家，姊妹多，少吃无穿，结婚以后孩子们小，我又得着急忙慌干活儿，我老伴出去当兵，然后分配了工作，快退休的时候又因为病去世了。我这一辈子，算是年老的时候有了好日子。"经过历史的老人真的很不容易，他们从历史变迁中挺过，时至年老，还有一颗未曾忘记感恩国家的心，唯愿每一位老人都能够老人所属，老有所终。

总结这两位奶奶的生命感悟，说不清楚此时自己的心里是一种什么样的感受。这一路上，采访过近50位老人的生命历程，当触摸跟自己同为女性的老人的心路历程，早已不是感慨二字能彻底诠释出此刻我心中的柔软了。人这一辈子啊，总该是为了点什么而生活，生活不能缺了奔头，否则心底必将是一片荒芜。珍惜！感恩！

吴金金 口述调查小记

(调研员单位：华中师范大学公共管理学院)

1月20日下午,在回家之前就给奶奶打了"预防针",让她给我讲讲过去的故事。今天是回家的第二天,调研就紧锣密鼓地进行了。在访谈前,为了有一个好的效果,我讲出此次访谈的目的和我的调研员身份,并且摒弃一切闲杂人员,选择在一个小房间里进行。刚开始的时候,奶奶还有一丝紧张。但随着访谈的深入,我们之间的对话也进行得越来越顺利。奶奶回忆过去,和现在对比,每次对过去事实的回顾总会引起她对现在现象的不满,奶奶深深感觉现在不如过去。不过在我看来,她们这老一辈人就属于传统思想严重不能接受新现象、新想法的人。我认为过去到现在有了明显的好的转变:妇女地位有明显的提高,妇女能随意出门了,妇女在家说话有分量了,妇女的意见也能得到尊重了,妇女的自主性增强了。但奶奶对这种转变却有一种鄙视,她认为妇女应该遵从三从四德,要做男人背后的小女人,不应该在外面抛头露面,凌驾于男人之上,让男人没有面子,这是一种不守妇德的表现。她们一直被夫权社会的等级制所残害,身处弱势地位而不自知,我感到一种深深的悲哀。不过这次访谈只是一个小小的开端,相信随着对访谈内容的熟悉和对往事的了解,后来会越来越顺利,得到更多有用的信息的。

1月20号晚上,看到家家户户都在准备着年货,明天又是一年一度的小年,访谈的万里长征才开始了第一步,顿感压力倍增。为了充分地利用时间,在奶奶睡觉之前,我又拉着奶奶谈了一会。这次访谈也触动了我敏感的神经,我不觉潸然泪下。奶奶讲爷爷怎样地不成器,她是如何在那段缺吃少喝的日子凭借自己的双手和双腿养活一大家子人。有好吃的东西要给爷爷吃,要用钱还得和爷爷商量,爸爸、姑姑小时候是怎么在饿着睡不着的情况下急切地盼望奶奶回来。古代妇女嫁给了一个不满意的对象,没有权利也不能选择离婚,只能一步一步地挨过去。奶奶讲着过去的故事激动地泪流满面,几次停顿,我听着她讲,我都能感受到当时的日子是多么的艰难。奶奶越讲越难过,越讲越气愤,想起自己过去所受的苦和所遭的罪,奶奶就不说啦,于是就终止了访谈。

1月22日,小年已经过了,看着街上来来往往的车辆和忙忙碌碌的人群,我看到年味已经越来越浓了。趁着爸爸、妈妈和妹妹去逛街,家里就只有我和奶奶两个人。我搬上小板凳,和奶奶坐在阳台上晒着太阳继续我的访谈,整个访谈进行了4个小时,不过因为外来人员的打断,这次访谈还是分为两个部分进行的。奶奶口齿清晰,表达有力,对过去的记忆深刻,访谈完奶奶我如释重负。通过此次访谈,我对农村、农民妇女有了更深刻的了解。解放前和解放后虽说只跨越了1949,但我切实看到了妇女是如何一步一步地提高自己的家庭地位和政治地位。男女平等、妇女能顶半边天是如何深入人心的。但是这种改变对老一辈人来说是有好有坏的,好的是妇女慢慢有了自主权:婚姻自主、决策自主、出行自由、行动自主,可是妇女地位太高形成阴盛阳衰的局面却让她们无法适应。但也许这只是我奶奶单个人的想法,我需要努力甄别,通过更多人的想法去验证这是不是普遍的现象。也许是我和奶奶的关系太熟,平时也零零碎碎地听说过一些过往的故事,所以奶奶并没有把我当成是研究员,只是单纯的聊聊天。也由于我在农村待的时间够久,所以对大多数事情都习以为常,也可能会忽略一些很独特的事情。但我要努力独立于村庄之外而寓于村庄之中,去发现探究村庄之实。

1月23日,此次访谈对象是一位刚刚满80岁的老人,她家的男主人也是80多岁,以前就住我家斜对面,我们的关系相当熟悉。本以为此次访谈经过几轮预热应该会进行得很顺利,可是似乎结果并不如人意,访谈勉强进行了一个小时就匆匆结束。

回家不久在街上碰见了她,我向她说明了我的意图并约定拜访,她满口答应。访谈那一天的下午,我奶奶问了问她什么时间比较闲,她说晚上可行。我心里想着,既然约定了时间,她应该会好好和我说说过去的事情。晚上6点,已吃过晚饭我和奶奶就直奔她家了。农村不比城市,作息时间很早,9点睡觉就已然很晚,对老年人来说尤其如此。刚进入她家,她感觉很疲倦,准备去洗澡。访谈过程中,她很消极,不愿意和我深入交流,在访谈过程中只是"嗯啊啊啊"地对话,我不知该怎么办。访谈进行到一般的时候,她说:"别再搞了,好烦人。"因为这是人情社会,我只能结束访谈,约定下次拜访。现在才明白了什么叫成也萧何败萧何。凭人情进入现场,碍于人情也只能出场。本来准备年前再去访问一遍的,可是妈妈告诉我,他们两老身体不好,过年一大家子要在她们家吃年饭,他们无心和我交流,白天很累想睡觉,晚上病痛缠身无法安睡,所以别人的拒绝是很正常的事。买卖不成仁义在,既然别人不愿意,那就只能挑选一个合适的时间再去了。

3月17日,今天天下小雨,我回家进行补充调研。这会儿年已经过完了,该忙的忙完了,该走的也已经走了,我满怀信心又去了这个老人家里。刚走到院子里,两个老人在急忙收拾晒在地上的菜,我赶紧过去帮忙,不一会儿就将菜收拾完了,还将院子打扫得干干净净。不知道是老人的身体有了好转或是我的勤快感动了老人又或是老人对上次访谈理想的歉意对这次访谈产生了积极影响,这次访谈进行得很顺利。这个老人不同于上次的敷衍,她真正展示了她作为一位妇联主任的风采,她侃侃而谈,时而激情洋溢时而悲伤消沉。她一生奔波劳累,自结婚之后就当家。她的男人在外面帮工,家里的一切大小事情都是她说了算。她和婆婆的关系相处融洽,很少有过争吵。娘家和婆家也亲如一家人,在农忙时候互相帮助。此次访谈进行了两个小时,本来想趁着这个热情的劲儿将访谈继续进行下去。但是她散步的男主人回了,"怎么搞了这么长时间还没搞完啊?",他话里有话,我怀着歉意离开了。

3月18日,我在和另外一位老人访谈的时候,妈妈给我打电话。她说昨天那位老人来我家了,让我赶快回家。于是我匆匆结束了和这位老人的访谈,急急忙忙地赶回家。这次访谈在我家进行,差不多进行了一个多小时。我对老人的生活有了更深的了解,她们的生活的确不容易,这远远不是文字和语言能形容的。我后期一定好好整理,尽可能地还原真实的历史,让更多人了解历史,铭记历史,珍惜现在的美好生活。

王晓燕　口述调查小记

(调研员单位:华中师范大学中国农村研究院)

2017年寒假,我院新增加了妇女口述史调研,这对我们来说无疑是一个巨大的挑战。

我的调研访谈时间为2017年1月20日至1月30日,访谈地点是河北省沙河市。我首先是去到沙河市档案局查阅"合作化"和妇联的相关资料,将看到关于合作化的所有材料进行拍照留存,并进行前期整理,收获颇丰。我共访问了10位老人,包括陈子禄老人、张庚申老人、张老涛老人、李催才老人、张新生老人、王三妮老人、贾金生老人、秦子的老人、李珍瑶老人、王寿英老人。我每天白天进行访谈,晚上整理照片和录音,这样的工作模式也成为我之后每天晚上的习惯。

访谈的第一天,我有幸访问到一位孤寡老人,也是村里的五保户,土改时期是地主成分。老人八十多岁,自己一人,没有自己的房子,住在村里给安置的20世纪30年代的老房子里,家里只有几把椅子、一张床、一台电视。虽然生活很苦,但老人生活态度乐观,笑容常挂在脸上。他不善言辞,但一提到党和政府却能够滔滔不绝地说上半个小时。他很感谢党和政府在生活上给予的帮助,对国家的惠民政策赞不绝口。从老人那里我懂得了什么是乐观。

调研的第五天,上午采访了一位曾是中农成分的老人贾金生。贾金生老人是个老党员,非常健谈,而且头脑特别清晰。合作化时期和人民公社时期老人一直是村内干部,是个很好的访谈对象。在与老人交谈的两个小时内,我了解到很多有价值的信息。其中记忆最深刻的是合作化之前试办农业社的历史。据老人介绍,初级社成立之前,全村有几个党员干部先试办农业合作社,他们都叫老大队,他那时候也在老大队工作。老大队先搞了一个样本,后来生产队开始搞集体,骡马等牲口、拖拉机、农具都集中起来,入了高级社。合作社一开始创办的时候,农民有的家里喂了牲口,有的没喂牲口,没有牲口的磨面比较困难,总大队就试着搞磨面这方面的副业,想试试看可以不可以,就先找了三个人,弄了三盘磨,就是牲口拉的那种石磨,一直倒着班轮流磨,磨了之后,全册井街的社员们水箱换面就换面,街里的小饭店谁想买面就去买。后来,又成立了一个大型养猪场,一看这个可以。后来,老大队感觉农民看病难,又组织了两三个老中医,搞了一个小医院。社员们看病掏不了多少钱,看完病之后,需要草药就给抓草药,需要西药就给开西药,花不了多少钱,不像现在看病一样,动不动就花很多钱,那时候主要是为群众服务的。成立医院之后,又找了两三个兽医,成立兽医院,给牲口看病。后来,这些都成立起来了,感觉农民们吃油困难,又搞了一个油坊,大型的油坊,用棉籽、小菜籽打油,谁愿意换就用粮食换,谁愿意买就花钱买。后来,又成立了一个运输社,以前火车不通、汽车没有。所以就成立运输大队,搞了7辆马车,买了21头骡子,一个马车配3头骡子,往沙河、邢台、邯郸来回跑。后来看这个可以,这些都搞起来了,又在白坡搞万亩林,一开始栽柿子树、枣树、洋槐树、大白杨。看这个可以,又到了后麦地,后麦地后面都是河滩,河滩两边又搞了五六十亩,全部栽成洋槐树。这些地方都长起来了,又在贸易街东河路两边栽了五六十亩洋槐树、梧桐树、大白杨。这些树是搞副业用的,做木材生意。这些都搞起来了,看得都可以,老大队后来就分了,分了四个大队,一个道街一个大队,等于一个道街一个支部。老人是西南街大队的,还有东南街大队、东北街大队、西北街大队。后来才各个街道成立了一个初级社,后来又合起来,成立了一个高级社。

最后两天,我又对之前进行访谈的几位老人进行了一次回访,把之前遗漏的问题或没有涉及的问题又进行了一次深入的挖掘。老人很配合,整个过程进行得很顺利。

经过 10 天的调研活动,我顺利完成了本次调研任务,唯一不足的是还差一位富农成分的口述史老人访谈对象没有约谈,总结这几天工作,虽然条件艰苦,工作繁重,但的确收获了不少。

在口述史项目的调查和研究中,我们深感对女性访谈的困难,面对提问,她们经常的回答是"不记得了"和"忘记了"(当然在许多情况下是我们提的问题有问题——提问内容和方式不对),或者直接让我们去问男人,因为那个时候是男人当家或老人(男性长辈)当家。我们深知在社会生活的口述史研究中女性的讲述又是不可或缺的,因而女性的记忆和讲述就成为研究过程中经常出现的困境。在今后的调研中,我将汲取以往研究的经验和教训,力图在搜集女性能够讲述也愿意讲述的生活经历的基础上,对记录和分析女性生活的历史做一次探索性的尝试。

王愉婷　口述调查小记

(调研员单位:华中师范大学中国农村研究院)

　　2017 年 1 月 11 日,冬天的雨说来就来,夹杂着凛冽的风,吹得人直哆嗦。掰着手指头算了一下,我在家已经待了好几天了,但是适合访谈的老人一直没有找到。正在家里面发愁的我下楼去散心,突然看见一位老奶奶,头发虽然全白,但是看上去却十分硬朗。长期的调研,我已经形成“条件反射”,立马和老奶奶攀谈起来。在谈话中得知老奶奶已经八十六岁了,口齿十分清晰,而且对 1949 年前后的历史十分熟悉,这让我如获至宝。更让我惊喜的是,老奶奶正好是隔壁邻居阿姨的婆婆,我们两家离得很近,采访也十分容易。真是“踏破铁鞋无觅处,得来全不费功夫”！于是我和老奶奶约定下午访谈。

　　为了了解老奶奶是否真的是“明白人”,我先进行了试调查,问了老奶奶一些基本情况。在访谈中我得知老奶奶叫陆胜娣,老人从小家境不好,在土地改革时期被划为贫农成分。因为老奶奶在土改中表现积极,所以被评为了土改积极分子。老奶奶自愿参加青年团,我问了奶奶青年团的意思,大概就是类似于共青团的组织。老奶奶因为干事认真负责,被大家推选做了妇女主任,后来因为婆家的关系,婆婆不主张女人在外面抛头露面,加上老奶奶觉得自己知识文化水平有限,做了几年之后,就没有再做妇女主任了。老奶奶回忆道,她以前是要入党的,村上的村书记动员了好几次,但是老奶奶觉得自己没有文化,十分自卑,于是就不愿意入党了,老奶奶为了此事一直十分惋惜。听了老奶奶的事情之后,我也觉得十分惋惜。在那个年代,女子大多数没有办法念书,因而失去了许多发展的机会。

　　随着交谈的不断深入,我对老奶奶经历的事情有了越来越深入的了解,这时候,我直接切入了主题,将采访切换到妇女访谈。在此之前,我还是询问了老奶奶是否愿意做妇女访谈,因为这也是尊重老奶奶,老奶奶没有拒绝。老奶奶说,和人家聊聊那过往的事情还是比较不错的,就像和自己的亲孙女在聊天一样。在访谈的时候,我看出来老奶奶眼神中也是充满着期待,或许上了年纪的人,更希望晚辈们能多多地去探望他们。老奶奶说她的丈夫去世了,现在大儿子也去世了,她有些无法接受。我也为老奶奶感到悲伤,年轻的我们应该特别关注老人的身心健康。

　　不过老奶奶还是比较坚强的,她还是开开心心地跟我讲述那个年代发生的事情。老奶奶说,在解放之前她和父亲一起抓鱼拿到集市上卖,那时候城里面有日本兵驻守,进城还需要和日本兵打招呼,说自己是良民。老奶奶说那个年代饥荒时常有,吃不饱穿不暖,后来解放了,土地分好了,一切都好了。老奶奶的婚事是娃娃亲,在老奶奶很小的时候就定下来。解放之后,流行自由恋爱,在解放前定的婚都可以不算,本来老奶奶打算和老爷爷到民政局离婚,但是看到老爷爷为人忠厚老实,决定还是不离婚。老奶奶说起老爷爷的时候,不由自主地笑了,我也笑了,或许是老爷爷的忠厚打动了老奶奶吧。

　　1 月 20 日,经过多日寻找,在小区广场上我找到了另一位老奶奶,老奶奶叫陶玉秀,1932 年出生,家中有一个姐姐还有一个妹妹。老人没有念过书,在合作社时期,因为自己表现优秀,被推选为妇女队长,常常背着行囊参加会议,但是因为不认识字,所以一直没有入党。现在老人在社区里面居住,经常到社区的老年活动中心走走,爱听昆曲,有时候自己也喜欢来几段。我跟老奶奶攀谈之后,就开始进行访谈。

老奶奶的记忆力十分好,在访谈中我得知,老奶奶的婚事也是娃娃亲,我不由地感慨了一下:那年代,婚姻大事都是由父母做主,女性的婚姻甚至是命运都无法掌握在自己的手中,女子的地位更是低下,吃饭不得上桌,需等客人吃完饭之后才能上桌。老奶奶亲眼看过地主人家嫁女儿的情形,老奶奶手舞足蹈地跟我描述了当时婚嫁的情形,我也听得十分入迷。

对陶玉秀老奶奶的采访进行了好几天,但是老奶奶没有一丝不耐烦,而是十分耐心地向我讲述,这让我十分暖心。临走的时候,老人很客气地留我吃饭,但是因为家中有事情,而且我也觉得十分不好意思,所以没有在老人家中吃饭。在整个采访中,我感受到老人的真诚。采访结束后,老奶奶对我也十分不舍。其实做了许多次调研之后我发现,很多老人其实很希望有人能够倾听他们,不需要做到十分理解,只希望有一个人能够陪他们聊聊天。如今村庄的年轻人都外出打工了,留守在村里的老人越来越多,而谁能理解老人的心情呢?想到这,我自己也十分惭愧,好久没有耐心陪奶奶和父母了。

妇女口述史采访完毕,我越发感觉老人就像是一本活着的字典,他们拥有着丰富的阅历,他们的人生经历是无穷无尽的财富。他们是大时代下的小人物,但是也正是这些小人物成了那个年代美丽的一部分。我用访谈的方式跟随他们了解那个波澜壮阔的年代,他们经历的风风雨雨足以写成一本书。或许我穷尽一生也无法完全了解透彻,但他们是一本读不完的书。

许诺　口述调查小记

(调研员单位:华中师范大学公共管理学院)

2017 年 1 月 24 日,晴朗的冬日,阳光洒在身上感到十分的温暖,今天我一大早便出门前往苏旮旯村,因为老人们都起得很早,午餐吃得也早,到了下午很多老人都会去打牌,为了能顺利地找到访谈对象我便早早地来到了村里。一路上我不断回忆着前两天看的农村妇女口述史提纲,心里盘算着要如何向老人表明我此次的目的以及如何向老人提问,大概形成了一个整体思路之后也差不多到了表姐家。

这个村子在我表姐家附近,她对这个村子也不太熟悉,只是有亲戚住在村子里,我到了以后表姐便带我去村中找八十岁以上的老人,首先映入眼帘的是一个大红色的牌坊,这是苏旮旯村的入口,上面写着"苏旮旯社区欢迎你",两边则是一副对联,通往村子的小路上还挂着一串接一串的红灯笼,颇有一番年味。那鲜艳的红色招牌虽有些突兀,但也让我感到政府在努力建设新农村,不远处也明显地看到"苏旮旯社区服务中心"的几个大字,感觉跟我以前所见的传统农村不太一样, 所以农村是变化的, 不一定所有的农村都长一个样,"实践出真知",只有真正接近、体验才能把握它的变化、它的不同。

原本以为寻找的过程会很顺利,但是没想到却屡屡受挫。进入村子后先碰到一位老人坐在家门口晒太阳,询问后得知她有八十多岁,于是我向老人说明了来意,但是老人并不愿意接受采访,她表示自己有心脏病,前不久刚刚做过手术,回忆以前的苦日子怕心脏病复发,乍一听,周围的人都笑出了声,但之后想想就不禁感慨,以前的日子得有多苦啊!旁边还有一位婆婆,她有八十八岁,但是也不愿意访谈。于是我们接着往前走,这时看见一位老人正在洗痰盂,上前询问后得知她已经有八十八岁高龄,我表明来意后老人也不愿意接受访谈,她说自己的耳朵听不清楚,但是在寒暄的过程中讲了一点自己小时候的经历,我正想着有希望找到访谈对象时一位婆婆来找她打牌,于是她洗好痰盂便拄着拐杖走了,与她的访谈被扼杀在摇篮里。这时正好碰见老人的儿子,表姐在与他交谈过程中得知老人今年其实已经九十岁了,有时头脑不太清楚,看来她也不是一个合适的访谈对象。无奈之时正好有一位认识表姐的阿姨经过,她知道我的来意后十分热心地帮我找八十岁以上的婆婆,她带着我们到一处人家,有一位老人坐在门口做针线活,阿姨说她是这个村子里年纪最大的老人,我上前询问,这位老人已经记不清自己的具体年龄,说自己今年九十多岁了。说明来意后老人便说到"那个时候好造业(可怜),经常出去讨饭",说着说着就开始抹眼泪了,本以为有希望成为访谈对象,但是老人拒绝了访谈,她表示过去的日子太苦了,不想回忆,而且孙子也在旁边,不希望孙子听见,阿姨和表姐都说服无果的情况下我们只好离开。接下来就跟着阿姨继续寻找,姐姐说这大过年的谁愿意想那些掉眼泪的事情呢,劝我如果找不到的话就放弃好了。虽然这个村子有一些八十岁以上的婆婆,但是大部分都不愿意接受访谈,当时我真的感到心灰意冷。我们继续跟着那位阿姨来到一户人家门口,阿姨叫唤着老人出门,询问之下得知这位老人今年刚刚满七十九岁,老人也很热心地跟我聊天,我心想虽然老人尚不满八十岁,但是只相差一岁记忆差距不会太大,而且老人十分健谈,是一位很好的访谈对象,于是我就开始了与老人的访谈。

最近老人正在为低保奔波，刚开始先向我吐了一些苦水。老人有两个儿子、两个女儿，大儿子年轻时去东北打工摔断了腿，落下了残疾，小儿子有乙肝病，不能做重事，自己年轻的时候做事挑担做狠了，落了一身的病，现在完全靠大女儿微薄的收入养着老人，儿子们几乎没有钱给老人生活费，但是家里的儿媳妇因为有严重的风湿病，为了跑保险的工作就买了一辆车，因此不符合申请低保的条件，于是老人的低保一直都没有批下来，老人也正在为此事发愁。之后访谈便开始进入正题。老人出生于1938年正月，今年刚满七十九岁，老人的娘家在孝感云梦，娘家的家庭条件还可以，爸爸在外面挖壕沟，哥哥在银行工作，弟弟在外当兵，自己和姐姐、嫂子在家种地，虽然每天辛苦劳作，但是能保证基本的温饱。后来家里为老人说了一门亲事，是老亲戚，婆婆是自己的姑妈，也就是亲上加亲，但是婆家经济条件不好，尤其在"三年自然灾害"时，老人饿得直吐清水，不过老人吃苦能做，在集体时期当了队里的女队长，带领妇女开展劳动。老人很乐观，她喜欢唱歌，土改的时候她还在娘家，经常和一群女孩子一起唱歌、打铃响，那时候的歌老人都记得，其间还唱了两支小曲给我听。

　　今天寻找老人的过程比较艰辛，在熟人带路的情况下都如此艰难，我难以想象自己一个人去找老人会是怎样的情境。有四位老人都不愿意接受访谈，她们都表示以前的生活太苦，不愿意回忆那段日子，有的老人说着说着都抹起了眼泪，甚至有老人说自己有心脏病，怕激动了心脏病复发，可见那真是一段太苦太苦的时代。访谈完老人之后，走在回家的路上，我不禁想起了我的外公、外婆，尤其是外婆。她是一个很温柔的人，每次我回去她总是笑眯眯的，每天变着花样为我做好吃的，晚上总是为出去玩儿的我守门到很晚。我从来没有听她讲过自己年轻时的故事，只是从妈妈口中知道她以前是地主家的小姐，中华人民共和国成立以后特别是"文革"时期吃过很多的苦，可是现在我想听她讲故事却没有机会了，想要为她拍张照片、录段视频都不可能了，只能时不时听妈妈讲她们年轻时的故事，时间真的真的太残酷，在你想要为身边的人做些什么的时候却已经物是人非了。今年过年回老家一定一定要用力地看看以前他们住过的地方，印在脑里、刻在心里，更要对健在的父母尽孝，我们无法留住时间，但是我们现在做的事情可以将时间无形化有形，保存下来，供时间流转，生生记忆。

尹超　口述调查小记

(调研员单位:华中师范大学中国农村研究院)

2017年1月2日,刚刚过完元旦,清晨匆匆踏上采访行程。由于商定好的调研点临时有变,决定去我母亲的故乡——湘垣。似乎长这么大只回过自己的故乡,从来没有去过襄垣,这个听过无数次的地方不禁让我充满想象。一路长途跋涉坐火车来到襄垣,已经快中午了,还没有进门,舅妈就热情招呼我赶紧进门吃饭。和很多认识的、不认识的亲戚吃过饭后,就开始寻找老人。为何要选择李焕果奶奶进行采访?这要从1月4日那天说起。那天我采访了赵效云爷爷,他爱聊天,坦诚而有见识,有干部经历,我觉得他很有领导才能,不自觉被其吸引吧。他喜欢邓小平,他说改革开放之后才真正让他们拥有自由,曾经的生活大家饱受饥寒交迫之苦云云。在我眼里,他像一个大孩子,很可敬也可爱,也不嫌我烦,就喜欢和我多说说以前的故事。他的妻子也很贤惠,这才让我萌生了一个念头,我想与他的妻子做访谈。李焕果奶奶1935年生人,调研的时候已经八十二岁了,她的神采焕发,真的是人如其名。当我开始对奶奶访谈后,我只能用"一发不可收拾"来形容。奶奶的青少年生活复杂到难以想象,仅谈她自己的身世问题一下午的时间就过去了。奶奶告诉我,她从小就没有了父母双亲,他们走得早,小的时候随母出嫁,有了继父,后来母亲走了,又有了继母,一直跟着继父、继母一起生活,直到她十八岁出嫁。奶奶没有什么文化,但是干活儿很勤快,思想也很开放,遇到爷爷的时候,她能主动追求爱情,值得我们现在好多女孩子学习。访谈并没有按照我预期地进展,我计划半小时问三页,但实际访谈中半小时大纲问题还在原地踏步。可是我和李焕果奶奶的情感在加深,我能隐约感到爷爷和奶奶不把我当外人,当亲孙女般疼爱。奶奶坚持不收我的水果,接起她儿女的电话也提到我,真的很高兴。一下午一页提纲都没有问完,但感觉有种蜜汁般的自信,这样就伴着夕阳回家了。

1月5日,我找到了在城底村的冯雪梅奶奶,选择她也并非和选李焕果奶奶一样有缘分,只是因为奶奶有些文化,应该能记起很多事,可以回答很多问题。下了雪的道路泥泞又湿滑,我费力地找到奶奶的院子,奶奶见到我的时候正在做饭。天气特别冷,奶奶叫我到家里的火炉边坐下,我就很利落地把本子和笔掏了出来。奶奶头上总是包着围巾,她添了炭火,说你问吧。看得出奶奶人缘很好,家里坐着很多爷爷和奶奶,我就表明了自己的来意,把奶奶的身世挖了个遍。奶奶今年八十三岁了,二十岁出嫁结婚,结婚的时候只有一条花棉裤,奶奶笑我今天出嫁要多少彩礼,她出嫁的时候骑着马,穿着棉裤就那样嫁了,穷苦人家的女儿出嫁都没有嫁妆和彩礼。采访到那个时候,我看见奶奶的眼中并非充满失落和悲伤,反而是喜悦和希望。现在的生活很好,很幸福,奶奶也有了三个孩子,两个儿子和一个有残疾的女儿。奶奶在我的印象中永远都是最有正能量的,她遇到困难从不逃避,遇到矛盾从来礼让三分。这种男子身上都少有的坚韧品性的确深深感染了我。访谈了三个小时后,奶奶有些疲惫,相约改日再叙。这次访问完之后我改变了策略,不能一天对着一个奶奶访问三四个小时,我选择了少量多次的方法,每天去找这二位奶奶其中的一位,访谈时间不超过两个小时,虽然辛苦了点,但是互相都是最舒服的聊天。

在之后的几天时间里我总会抽时间去李焕果奶奶和冯雪梅奶奶家,有时候中午顶着寒风独自走 2.5 千米回家,有时候晚上天黑走在泥土和冰水混合的路面,踩到深水区靴子也湿到了脚踝。但在访谈之后,感觉这一切都是值得的,她们的历史会被完整地记录下来,她们的青年时代会通过我们的手努力地复原出来。即使奶奶的人生经历并不惊天动地,但仅凭这些鸡毛蒜皮的生活点滴也一样会吸引你。和李焕果奶奶分别的时候,奶奶和爷爷在门口站着将我们目送到几乎看不到;和冯雪梅奶奶分别的时候,太阳已经落山,奶奶在寒风中孑然一人,拄着拐杖,头上还是包着那粉色洗旧的厚围巾。这些老人的笑容在我脑海中挥之不去,是我口述史访谈中印象最深的人和经历。

于国萍　口述调查小记

(调研员单位:华中师范大学中国农村研究院)

2017年寒假,这是进入中国农村研究院后第二次正式的调研。此次调研地点是自己的家乡山西省永济市栲栳镇南苏村,访谈时间是2017年1月10日到1月20日共11天,共完成八位合作化口述史与两位妇女口述史,虽为自己的家乡但为了顺利调研,在出发前几天我还是查阅了大量的资料,期间共采访了十位老人,曲折不断却也收获满满。

山西省永济市南苏村,南苏村位于山西省永济市栲栳镇的西南方向,东面与卫村为邻,西面有大面积的黄河滩地,北与北苏村相接壤。现有户籍人口367户、共计1600人,十八周岁以下的留守儿童大约为400人,除春节等特殊节日外主要以老人和留守儿童为主,是有名的"空巢村"和"留守村",现有的6个村组中,1组、2组、3组位于原南苏村旧址处,4组、5组及6组因三门峡水库移民,搬迁至坡上。

2017年1月10日

访谈第一天,为了快速进入调研状态,我首先找了最熟悉的姥爷作为访谈对象。姥爷小时候家里有四个人,妈妈,哥哥,他和弟弟,父亲很早就过世了,父亲的离世使这个原本幸福的家庭分崩离析,那时候姥爷的弟弟八岁,姥爷十二岁,哥哥十六岁,一个母亲带着三个孩子,既要操持家务,又要种地糊口,还要抚养幼儿,并且又没有粮食。一个幸福的家突然间没有了父亲,一个单亲母亲养三个男娃,日子何等的艰苦、清贫可想而知,后来姥爷自己当上了生产队队长,在村里是出了名的为人正直、刚正不阿,一直到现在还有人亲切地唤他"老队长",在生产队当队长时人们都很尊敬他,既不是因为权力大,更不是因为家庭富裕,而是因为他一直坚持公平正义,正如姥姥所言,姥爷在生产队当了二十多年的队长,家里从未享受过任何"多余的福利"。在谈及当年的经济收入及花费开销时,姥爷略显激动,"一分钱的小吃,五分钱的香烟,一毛五的大碗烩菜,赶一次集带三毛钱都花不完",毋庸置疑,姥爷所说的物价水平与当时的经济发展状况密切相关,可深挖背后主观因素,这是一种知足,一种心态,更是一种幸福的体验!

2017年1月12日

今天天气寒冷,调研也进入了瓶颈期:老人数量不足,很多符合年龄条件的老人多多少少都会存在沟通上的障碍,为了保质保量地完成调研任务,就必须放低要求,思考再三,在姥爷的陪同下终于来到了邓继山老人家,邓继山老人与姥爷可以说是革命战友,但由于上了年岁耳朵有点背,所以一直没有列入受访备选人内,交谈片刻后让人庆幸的是虽然老人耳朵有点背,但老人思路还是清晰的。老人1935年出生,今年八十二岁了,从大队队长到村会计,老人前前后后当了三十几年的干部,对村庄事物了解的也甚是清楚,老伴身体不好,1973年瘫痪以后只能卧床休息,自己每天就是照顾老伴,给自己和老伴做饭吃,为了不让老伴寂寞,自己一般情况下是不出门的,在家就是看看电视跟老伴说说话,只有在傍晚的时候才会到门口和街坊邻居聊聊天,单纯而简单的生活,没有杂念,没有欲望,没有钩心斗角,人生也没有大起大落。

2017 年 1 月 20 日

今天进入访谈尾期,在姑父的介绍下前往刘灵便老奶奶家做访谈,南苏村因为 1960 年的黄河洪水分为上南苏和下南苏两个村,刘奶奶是住在下南苏村,前一天晚上打电话约好后一早便出发,初次见到老人时,刘爷爷站在门口笑呵呵地迎接,左边不远的灶头,奶奶正在熟练地切擦着土豆丝,准备生火做早饭,后面院子里偶尔会传来鸡叫声,一切都是那么的和谐,最真实朴素的生活不过如此。刘奶奶今年八十岁,土改时被划的成分是贫农,全家九口人,只有两亩地(0.2 公顷),父亲为了让家里人吃上粮食拼命劳作,但不幸的是在一次农活中被树枝插穿左脚,从此无法下地行走,弟弟、妹妹接连夭折,作为家里的劳动主力军的哥哥也在二十八岁时不幸患病去世, 这个原本就并不富裕的家庭被接二连三的不幸折腾得支离破碎……可老人并没有因此一蹶不振,依然笑呵呵地面对每一天,有些经历是深入骨髓的,可以在心里隐藏,可以被时间冲淡,然而让人羡慕的不仅仅是刘奶奶硬朗的身体,还有积极的心态,即使经历种种苦难与考验,也笑对人生,笑对生活,笑对生活中的大小烦恼。

张亚楠　口述调查小记

(调研员单位:华中师范大学中国农村研究院)

今天是 2017 年 1 月 10 日,我依样在新秦村寻找合适的老人进行集体话访谈。在村卫生院这个人流量最大的地方,今天一个叔叔的话引起了我的兴趣,叔叔告诉我说可以找他的母亲,他的母亲今年已经八十六岁了,还当过妇女队长,身体也很好,对村里的事比较了解。我一听就来了兴趣,妇女,八十五岁以上,明白老人,或许这是一个很适合的妇女口述史的访谈对象。我马上就问叔叔的母亲住在哪里,决定去拜访一下这位老人。中午稍事休息后,下午就按照叔叔指的位置找了过去,当一位看着只有七十岁左右的老奶奶告诉我,我就是你要找的贺秀珍时,我着实还是震惊了,很少有老人的容貌看着是这么神采奕奕。我表明来意后,奶奶很热情,并且非常配合,她说自己的小孙子也在读大学,搞社会调查,所以她也是备感亲切。跟奶奶客气一番之后才发现奶奶真的没有把我当外人,她马上就讲起了她这一生的故事。原来奶奶不是本地人,是甘肃徽县人,而且以前并不住在农村,出嫁以前是住在县城。她说:"这边的农村媳妇都很封建,思想保守,那时候刚解放,人家叫我当村里的妇女主任,我就当了,人家村里这些本地媳妇没人关心这些,但是我觉得没什么,我就去了,没想到这一干就是这么多年。"奶奶又追忆起解放前在娘家的往事,说到动容处还落了眼泪,这使我很不好意思,我陪着奶奶回忆过去, 也思考着妇女这些年来的变化。奶奶后来在产院当过很多年的接生婆,十里八乡大部分的孩子都是奶奶接生的。或许是因为从事过的事,或许是因为出身,奶奶对待社会人情世故看得很通透,这就是一个饱经阅历的老人沉淀后的宝藏吧。

由于奶奶当过多年的妇女主任,又是村里的第一位女性共产党员,奶奶虽然识字不多,但对国家大事却想得很清楚,她知道一个公民对待国家大事应有的态度。奶奶中庸却又意志坚决地支持着党的每项决定,而且并不盲从。我真的很佩服奶奶。

在几日的交谈中我与奶奶结下了深厚友谊,虽然我的妇女口述史调查非常漫长,但是奶奶也一直做到知无不言,和我推心置腹地谈论很多事。我想,在为奶奶保留这一份记忆的同时,对历史也是一份尊重吧。

时间不知不觉过了十几天,这十几日我一直奔波在周边村子中,但就是找不到合适的妇女口述史调查对象。后来还是母亲帮了忙,联系了一个远房亲戚、才解决了我的燃眉之急。这个奶奶名叫张祈凤,名字就很有讲究,说是那些年日子不太平,父亲就去寺庙里祈祷,后来就有了这个名字,祈凤。奶奶家境一般,后来土改时娘家被划为中农,但是那时候中农的生活条件也并不好。奶奶在传统的家庭中长大,也受着很多传统规则对女孩的束缚。奶奶虽然读过书,后来又参加过扫盲运动,识得一些字,但是却很不关心政治,不关心村里的事,对于过去土地改革一直到现在的国家大事都甚少关心,但是对家人和子女的事情却非常关心。或许,这就是那个年代妇女的一些共有的特色。

由于奶奶身体不是很好,口述史调查分了多次进行,但是奶奶也都尽量配合去讲清楚自己知晓的情况。奶奶育有一子一女,但其实这一对子女并不是她亲生,这也是我口述史调查结束之后才知道的事。所以我将这个情况写在这里,希望有助于各位了解她家的历史。虽然奶奶当时并不愿讲明这些,但是奶奶却很关爱这两个子女,奶奶的话语间是可以看出来的。

我们虽不能勉强老人说出所有的真相,但是我们也会尽可能地了解背后的故事,找出事情的前因后果。

　　妇女口述史调查于我而言是一次非常有意义的活动,虽然口述史的调查问题非常繁杂,但是我们能够从这些琐碎的小事中去洞悉这个妇女的一生,甚至那个时代妇女的身份特征,这已经远远超出了调查本身能否带给我们的收获。遥想起那时候冒着寒风刺骨去寻找老人,遥想起那时候和两位奶奶坐在热炕头聊着家常,我想这样的场景,会留在每一位调查员的心中。

授权说明

    本卷所出版之妇女口述相关成果（访谈材料、照片、资料等），获得了受访老人的书面或口头授权。经受访老人许可，华中师范大学中国农村研究院享有相关成果的占有、使用、出版等权利。在此，也对受访老人的慷慨支持表示衷心感谢！

教育部人文社会科学重点研究基地

华中师范大学中国农村研究院

后　记

　　2015 年,华中师范大学中国农村研究院启动了"2015 版中国农村调查",旨在深度调查中国农村,深入研究和认识中国农村,《中国农村调查·口述类》正是该项目的系列成果之一。其中,围绕"关系·惯行视角中的农村妇女"主题开展的妇女口述调查,主要研究农村妇女与家庭、家族、宗族、村庄、市场、国家、政党等的互动、互构关系以及农村妇女自身的发展变迁历程。

　　本卷所收录的口述材料,主要源自于 2016 年末和 2017 年初的妇女口述史调查,经入户访谈、资料整理和筛选编排,前后半年有余。本卷六十余万字的口述材料,正是从众多口述成果中择优选编而成,依次收录了陈新泰、范红福、方政、黄莺、纪安、刘安宁、潘雪芝、芮秀妹、王彬彬、王莽莽、王晓菲、吴金芝、周世东、周志姚、李丹阳、郭皎皎、袁晓丽、郭艳艳、王顺平、张毅、丁秋菊、余成龙 22 位调查员对 30 多位老人的口述访谈。在此,首先要对所有的受访老人表示衷心的感谢和崇高的敬意!调查之时正值冬季,天气寒冷,受访老人多已年过八旬,身体状况欠佳,言谈行动十分不便,然而他们依然热情地接纳了年轻来访者,敞开心扉回顾往事,声情并茂地讲述他们的人生经历,许多老人讲至动情之处不禁潸然泪下。老人们的慷慨和支持,让调查员备受鼓舞和感动,面对这些耄耋之年的老人,更加增强了调查员"抢救历史"的责任感、使命感和紧迫感。其次,要对所有的调查员表示诚挚的谢意。调查之时正值严寒和春节假期,大家牺牲与家人亲友团聚的美好时光,走街串巷、入户访谈,有的为了找到合适的老人费尽周折,有的甚至饱受误解、委屈和指责,然而他们毅然坚持了下来。访谈后,还要结合录音整理文稿,撰写日志,无法休息、加点熬夜成为假期的常态。

　　在本卷的编辑过程中,徐勇教授承担了总体指导和后期审定工作,邓大才教授全程参与并悉心督导,两位老师在百忙之中稍有闲暇便对材料整理和编排进行指导,有时候直到凌晨还在进行审阅;刘筱红教授逐字逐句地审阅,认真严谨,就出版规范、内容要求、编辑问题等都做了详细的批注,三位老师为本卷的出版倾注了极大的心血。正是他们的辛勤付出,本卷才能够迅速、高质量地完成。同时数十名调研员深入扎实的调查、认真细致的整理,才使得本卷有了翔实的材料可供选用。本卷入选的二十几位调查员,反复修改口述材料,正因他们的负责态度和执着精神才使本卷得以顺利出版。

　　本卷的出版还得到了华中师范大学人文社会科学高等研究院石挺副院长、徐剑主任的大力支持;华中师范大学中国农村研究院刘金海教授、刘义强教授、陈军亚教授、熊彩云副教授、郝亚光副教授、李海金副教授、黄振华老师、杨嬛老师、张晶晶老师、任路老师、肖盼晴老师等给予了许多指导和帮助。在此一并表示感谢!余成龙、王锐、胡丹、李媛等同学协助刘筱红教授设计、修订调查提纲,并进行了扎实深入的试调查工作,为提纲完善和调查开展做出了贡献。本卷的编辑工作主要由王琦、郭艳艳等完成,从材料筛选、联系沟通和整理校对,他们承担了大量细致入微的工作。此外,非常感谢天津人民出版社王玮和王倩老师在材料的校对、编辑、排版与出版方面所给予的耐心指导与大力支持,对她们的辛勤付出表示最诚挚的感谢。

由于编者的水平有限,错漏之处在所难免,敬请专家、学者批评指正,我们将在今后的编辑工作中不断改进和完善。

编者谨记